Andrés Trapiello

Las armas y las letras

imago mundi

Andrés Trapiello

Las armas y las letras

LITERATURA Y GUERRA CIVIL
(1936 - 1939)

Ediciones Destino Colección Imago Mundi **Volumen 167**

Esta obra ha sido publicada con una subvención
de la Dirección General del Libro, Archivos y Bibliotecas
del Ministerio de Cultura, para su préstamo público
en Bibliotecas Públicas, de acuerdo con lo previsto
en el artículo 37.2 de la Ley de Propiedad Intelectual.

GOBIERNO DE ESPAÑA MINISTERIO DE CULTURA

Diagonal, 662-664. 08034 Barcelona
www.edestino.es

Primera edición en Destino, revisada y ampliada: mayo de 2010
Segunda impresión en Destino: mayo de 2010
Tercera impresión en Destino: junio de 2010
Cuarta impresión en Destino: julio de 2010
Quinta impresión en Destino: febrero de 2011
Primera edición: marzo de 1994

Diseño y maquetación: Alfonso Meléndez y Andrés Trapiello
Imagen de cubierta: *Las armas y las letras,* Carlos García-Alix, © 2010
Viñetas : Ramón Gaya (portada) y Eduardo Vicente

ISBN: 978-84-233-4191-7
DEPÓSITO LEGAL: M-2.683-2011
Impreso por Brosmac, S.L.
Impreso en España - *Printed in Spain*

El papel utilizado para la impresión de este libro es 100% libre de cloro y está calificado como papel ecológico.

... tomando ora la espada, ora la pluma.

Égloga, III, 5

... las armas y las letras.

Quijote, I, 38

Cuando los hombres acuden a las armas, la retórica ha terminado su misión. Porque ya no se trata de convencer, sino de vencer y abatir al adversario. Sin embargo, no hay guerra sin retórica. Y lo característico de la retórica guerrera consiste en ser ella la misma para los dos beligerantes, como si ambos comulgasen en las mismas razones y hubiesen llegado a un previo acuerdo sobre las mismas verdades. De aquí deducía mi maestro la irracionalidad de la guerra, por un lado, y de la retórica, por otro.

Juan de Mairena, 1937

PRÓLOGO A ESTA EDICIÓN

A LO largo de estos quince años se le habían ido añadiendo a este libro algunos datos y corrigiendo otros, pero nunca hasta ahora la revisión de conjunto había sido tan minuciosa ni los documentos inéditos y testimonios aportados tan significativos. En cuanto a la melancolía que produce saber que esta obra no podrá terminarse nunca del todo, queda mitigada en parte al constatar que la visión que tenía uno sobre el asunto, hace tres lustros, sigue siendo más o menos la misma.

Que el interés por la Guerra Civil lejos de disminuir ha ido en aumento, contra el vaticinio de algunos que lo encontraban de mal gusto literario o político, es evidente, y precisamente por ello no debemos separarlo de algunos hechos relevantes, como que aún, tres cuartos de siglo después de aquella guerra, queden todavía miles de víctimas enterradas en las cunetas y en fosas comunes, contra el deseo de sus familiares y debido a que muchos siguen encontrando la exhumación de esos cadáveres un asunto de mal gusto político o literario.

El paso de los años le confirma a uno en la idea que tuvo en aquel rapto de tres meses en los que escribí este libro, a finales de un ya lejano 1993, a saber: que la literatura no estuvo casi nunca a la altura del momento histórico, porque casi nada ni nadie lo estuvieron tampoco. Por suerte conservamos cientos de documentales y un conjunto inapreciable y excepcional de fotografías, esta, sí, extraordinaria y veraz aportación que pone de relieve con cuánta retórica se emponzoñaron o anestesiaron desde la literatura la mente y los corazones de la gente, mostrando, con mayor eficacia aún que novelas, poemas o crónicas lo que Walter Benjamin llamó «la estetización de la política» en el fascismo y «la politización de la estética» en los comunistas y otras fuerzas revolucionarias.

Entre los defectos que se le han achacado a esta obra, muchos de ellos seguramente incontestables, hay uno injusto: el de creer que su autor ha tratado de mantenerse en esa equidistancia que ha ido ganando terreno últimamente: la de pensar que en la guerra todos fueron iguales, y que tanto un bando y otro, hermanados por las tropelías, venían a ser poco más o menos lo mismo. Dejemos zanjada esta cuestión: los crímenes, de una zona y otra, fueron, ciertamente, equiparables. Pero, por suerte para España y para nosotros, no todos los que vivieron aquella guerra fueron asesinos ni representan lo mismo: los irrenunciables principios de la Ilustración sólo estaban representados en la República; la lucha del otro bando fue por la civilización cristiana de Occidente y los privilegios seculares bendecidos por ella, mediante una cruzada que trataba precisamente de conculcar tales principios, sabiendo, desde luego, y como se repite hasta la saciedad en este libro, que ni todos los que combatieron con la República fueron demócratas o ilustrados ni todos los que arroparon a los fascistas fueron fascistas ni dejaron de ser ilustrados, si acaso lo eran antes. «Nosotros tenemos ahora que cerrar la frivolidad de un siglo. Que desterrar hasta los últimos vestigios del espíritu de la Enciclopedia», diría Franco al recibir su laureada de San Fernando, terminada la guerra. Podemos enzarzarnos en debates eternos sobre quién empezó primero y quién tuvo mayores responsabilidades, sobre la legalidad y la legitimación, y sobre si la determinación de exterminio del enemigo animó únicamente a uno de los bandos o a ambos, pero tales porfías no deben hacernos olvidar lo primero, médula de todo lo demás, lo que cada cual defendía, por lo que cada cual estaba dispuesto a entregar su vida. La literatura de una y otra zona reflejó estos dos puntos de partida diametralmente opuestos (y de llegada tan a menudo idénticos), pero las frecuentes fisuras en los monolíticos discursos hace que los de un bando puedan encontrar apreciables algunas de las obras que se escribieron en el contrario, y al revés, ya que la literatura, por suerte también para todo el mundo, se ocupa principalmente de fisuras.

Nada más. Que la vida, lector, vuelva a reunirnos dentro de otros quince años. Si es así, será con nuevos datos, documentos y testimonios, eso es seguro, pues la verdad la construimos entre todos poco a poco.

Las Viñas, 1 de septiembre de 2009

PRÓLOGO A LA PRIMERA EDICIÓN

I

Es difícil hablar de cien escritores y dar opiniones de cada uno de ellos y de sus libros, y esperar que todos los lectores se muestren de acuerdo enteramente con uno. O evitar que se embosquen los pequeños errores. Como decía el bachiller Sansón Carrasco, es «de toda imposibilidad imposible componerle tal, que satisfaga y contente a todos los que le leyeren». Eso es un sueño irrealizable, pero no, en literatura y en la vida, defender al débil de los fuertes, y a los fuertes y poderosos, de sí mismos.

Nuestro más admirable caballero, el de la Triste Figura, ¿fue un perdedor o un vencedor? Nadie puede dar, me parece a mí, una respuesta convincente a esta pregunta. Se puede escribir un libro sobre la cuestión; ahora, una respuesta clara y terminante no la hay.

Dicen quienes pisaron los campos de batalla, desde el Stendhal de las campañas napoleónicas al Martin du Gard de *Les Thibault*, de Homero a Jünger, que los hombres, en las guerras, descubren de sí mismos lo más valioso o lo más mezquino y degradante.

La literatura política de los años treinta, leída hoy, resulta en general imposible de digerir. Es raro que nadie pueda leer con gusto ni las elucubraciones de Ledesma Ramos ni las exaltaciones fascistas de Giménez Caballero o los discursos de Sánchez Mazas. De Laín o Tovar y sus arrequives y *vol au vents* nacionalsindicalistas ya ni hablamos.

Las crónicas de alguien como César Arconada o Herrera Petere, de un sentimentalismo abusivo, cuesta leerlas, y aquellos versos de Rafael Alberti, en los que se celebraba «al padrecito Stalin» o el caviar que todos los obreros comen en la Unión Soviética, hoy se entenderían mal.

Un libro que tratara solo de la literatura que se escribió durante esos tres años de guerra sería seguramente un libro corto y sin interés. Vieron la luz miles de páginas, pero la mayor parte de lo que se publicó entonces entra dentro del apartado de la agitación y la propaganda.

Si no se es un fanático, en las guerras, en las revoluciones incluso, es difícil creer, y menos en las degollinas de las guillotinas, que habría dicho un bohemio modernista. Ahora bien, en la historia se dan, de vez en cuando, circunstancias de sugestión colectiva en las que los pueblos en masa empiezan no solo a desear, sino a reclamar de sus jefes, políticos o religiosos, la guerra y la revolución. «Locura colectiva» y «suicidio moral de España» llamó Unamuno a aquella guerra. Tampoco podría nadie explicar el porqué de estos entusiasmos prebélicos o prerrevolucionarios, ni lo pueden dilucidar los mil tratados escritos al respecto.

Ridruejo, en su *Escrito en España*, hizo un análisis bastante objetivo de julio de 1936: «La guerra era un hecho terminante frente al que no cabían matices: aceptarla o marcharse, y en la mayor parte de los casos simplemente aceptarla o sufrirla». Sin embargo, esta frase no cubre toda la responsabilidad moral: es lógico que quienes aceptaron la guerra, la sufrieran, pero ¿los que no la aceptaban? Sería algo así como subvenir a los gastos de un sangriento festejo al que no se ha sido invitado.

II

Todo lo que concierne a un escritor y a su vida suele ayudarnos a comprender mejor su obra. Hace unos años circularon por Madrid unas cuantas cartas de Gómez de la Serna dirigidas a Giménez Caballero, extremadamente fascistas. Una de ellas es de noviembre de 1939 y se encabeza con un «¡Arriba España!» y una banderita pintada por el «arribista» Ramón: «Sigo la vida de España en una perspectiva de adorador ferviente. Todas las torres están más en pie que nunca. ¡Feliz paisaje! Nuestro Madrid sé que ha vuelto a ser el que queríamos, el que nos habían deformado y que sentíamos esa deformación dolorosa e íntima, como si nos hubiese dado una parálisis infantil retrospectiva, algo así de incongruente y grave [...]. Tiene usted mi aquiescencia para reunir como quiera las páginas nacionales de mi obra literaria [seguramente para continuar la serie que Giménez Caballero había empezado con Baroja en aquella miscelánea que tituló, con el consentimiento de don Pío, *Comunistas, judíos y demás ralea*]. Nada me enorgullecerá ni me emocionará más. Con Sánchez Mazas, con José María

Alfaro, con Manuel Aznar estoy gestionando hace meses un puesto en el periodismo madrileño. Lo necesito con urgencia, porque soy el más náufrago de todos, ya que aquí solo viven los que se unieron a lo otro, a lo nefasto, para que su vida resultase fácil. De no llegar eso me ahogaré el primero de año». Etcétera. Estas cartas siguen inéditas. Cuando se publiquen, si se publican, no favorecerán la difusión de la obra del extraordinario escritor que fue Ramón ni ganarán para él nuevos admiradores. Su ocultación, en cambio, sería algo así como engañar en el peso o sisar en el cambio, al amparo de la penumbra o de la buena fe. Fue Lorenzo Villalonga quien dijo, a propósito también de la guerra: «Creo que es mejor no hablar de estas cosas, aunque quizá sea peor el olvidarlas».

Hasta donde pueda uno, es gran virtud la de ser comprensivo con los malos pasos, y entre negarlos o sacarlos a plaza pública suele haber algo intermedio: aceptarlos con naturalidad, sin hipocresía ni cinismo.

Es conocido el poema en el que Alberti nos describe los palacios saqueados al comienzo de la guerra: «¡Palacios, bibliotecas! Estos libros tirados / que la yerba arrasada recibe y no comprende, / [...] estos inesperados / retratos familiares / en donde los varones de la casa, vestidos / los más innecesarios jaeces militares, / nos contemplan partidos, / sucios, pisoteados, / con ese inexpresable gesto fijo y oscuro / del que al nacer ya lleva contra su espalda el muro / de los ejecutados». En una entrevista que publicó el *Abc*, el 18 de septiembre de 1936, en la que habla del palacio de los Heredia Spínola, en la calle del marqués del Duero, adonde la guerra le llevó a vivir, Alberti nos habla de los libros que encontraron en sus habitaciones particulares: «Los más recientes de El Caballero Audaz, Ramón Martínez de la Riva y otros escritores monarquizantes». El primero, como es sabido, fue un notorio panfletista con escaso talento literario. El segundo, un periodista sin brillo de *Abc*; el primero agitó durante la guerra y después de ella con escritos furiosos contra la República; del segundo, al que fusilaron en Madrid una semana más tarde de que lo señalara con su dedo justiciero el poeta revolucionario, poco más se sabe, aunque sí lo bastante como para no justificar que se quemaran sus libros, pues, de algún modo, quien quemaba los de El Caballero Audaz podría estar justificando a quienes quemaron, durante los siguientes cuarenta años, los del propio Rafael Alberti. Pues es con los libros, buenos y malos, con lo que los Quijotes hacen sus vidas y los Cervantes su literatura, y esto no tiene vuelta de hoja.

III

Los límites temporales de este ensayo se establecen entre el 18 de julio de 1936 y el 1 de abril de 1939.

Un libro como este, no obstante, es como un cesto de cerezas, del que es imposible sacar una sin que arrastre tras de sí otras que a su vez se enzarzarán con dos o tres más, y así sucesivamente.

Tal vez a algunos autores se les dedique mucho espacio y muy poco a otros. Los novelistas sociales están peor representados aquí que Baroja o Unamuno, lo que sería explicable, pero Pedro Luis de Gálvez mucho mejor que Madariaga, por ejemplo, lo cual no lo sería tanto, entre otras razones porque fue él el primero en anunciar la idea certera de la tercera España. Se le concede más espacio a un escritor como Risco, gris y anónimo en su provincia, que a Pemán, cuya importancia en aquellos años fue infinitamente superior, y algunos, como Wenceslao Fernández Flórez o Sánchez Albornoz, únicamente se asoman como si se hubiesen equivocado de puerta; otros, desgraciadamente, ni siquiera asoman...

Este no es un libro de historia. Si hubiese sabido uno hacer un libro de historia, lo habría hecho. Si hubiese sabido escribir un libro de crítica literaria, me habría puesto a ello con entusiasmo. Al fin y al cabo lo que lleva una fecha se recuerda, aunque haya muerto. En cambio lo que no es de ayer ni de mañana, y está vivo, se olvida, porque la gente piensa que lo que no es de ayer ni de mañana, tampoco es de hoy. Para ser un libro de historia le faltan fechas; para serlo de crítica, una visión de conjunto y maneras que no tiene. Quizá, como la vida, sólo sea un híbrido.

Suele ser habitual considerar que las cosas *son* porque *han sucedido*, dándole a la *existencia* sentido de *valencia* y, además, de utilidad. En pocas palabras: en la medida que son, historia; en la medida que valen, crítica.

La óptica de la guerra, y su desenlace, sin embargo, trocó no pocas de las visiones sobre obras y personas, desenfocándolas a veces por hipermetropía, y otras, por miopía.

En 1940 Juan Ramón Jiménez escribió una carta al director de la mejicana editorial Séneca, José Bergamín, a propósito de una antología de poesía que esta casa preparaba de la obra del primero, y a propósito también de las poesías completas de Antonio Machado, que ya había sacado a la luz. Sobre la edición de estas últimas dice J.R.J.: «Me permito algunas observaciones sobre el prólogo del editor: prologar una obra escrita casi en su totalidad antes de cualquier circunstancia social, por grave que ésta sea, y destacar casi exclusivamente esa circunstancia y su relación con la obra, es relegar casi totalmente también esta obra a un segundo plano, del mismo modo que ocurriría con una vida. No me parece acertado decir que Antonio Machado vivía antes de la guerra en cuartuchos pequeños, en los que vivían tantos que como él arrastraban su vida española; y que solo la guerra y la muerte le ofrecían el palacio y los jardines en que él hubiera querido o debido vivir siempre (para llevárselo más a gusto de él). Esto, conociendo a Antonio Machado, tan poco necesitado de suntuosidades, me parece injusto, lijero, y más en las condiciones que traía a todos y a él una guerra de injusticia social».

El peligro, pues, como nos advierte J.R.J. muy oportunamente, es decir que se habla de poesía y literatura, y largar de rondón el gato de la política.

En la literatura española de este siglo existen dos títulos fascinantes. Uno es de Mourlane Michelena, *El arte de repensar los lugares comunes*. El otro, del menorquín Mario Verdaguer: *Un intelectual y su carcoma*. Ambos imantan un mismo centro: la obligación moral del escritor de transitar todos los caminos de la literatura, incluidos aquellos interceptados por un «prohibido el paso». «Repensar los lugares comunes es el mejor modo», decía Unamuno, «de librarse de su maleficio». El escritor, como la carcoma, roe sin descanso una oscura materia, hasta que logra abrir esa pequeña tronera desde la cual se contempla la bóveda celeste.

Los escritores, mejor, sus obras, son los lugares comunes de este libro nuestro. No hay que evitarlos. Los cancerberos de los lugares comunes son los prejuicios. Basta, pues, con repensarlos y abrir en el seco vigamen de su literatura esa silenciosa galería que le remonta a uno a las estrellas, vivas o muertas, pero todas con una luz muy conveniente y exclusiva.

Madrid, 19 de octubre de 1993

PRÓLOGO A LA SEGUNDA EDICIÓN

YA antes de 1975, y de muchos modos después, se pidió en España la democratización de nuestras instituciones políticas, y parecen aceptadas las fechas de 1977 o de 1982 como algunas de las posibles para fijar el inicio de la verdadera normalización democrática entre nosotros. La literaria se retrasó unos años más, y a ella contribuyó, entre otros hechos, y dicho con la mayor modestia, este libro, en el que trataba de presentarse de una manera panorámica el comportamiento de los escritores durante la Guerra Civil.

Podría parecer paradójico que hechos históricos tan alejados en el tiempo pudieran condicionar nuestro presente de entonces como lo hacían, pero era cosa evidente que mientras no tuviésemos una idea más clara y exacta de lo que pasó, nos iba a resultar difícil saber lo que estaba pasando y lo que podría pasar.

La tesis general de este libro y de otros escritos que fueron apareciendo poco después es que aquella no fue una guerra civil entre dos Españas, como erróneamente creímos muchos durante tantos años, siguiendo la idea de hombres perspicaces como Machado o Unamuno, sino la determinación de dos Españas minoritarias y extremas para acabar con otra, la mayoritaria tercera España en la que podían haberse integrado gentes de toda condición, edad, clase e ideología, excluyendo de ella naturalmente a aquellas otras dos, la fascista, por un lado, y la anarquista, comunista, trotskista o socialista radical por otro, tratando de ensayar a toda costa aquí revoluciones que ya habían salido triunfantes en la URSS, en Alemania o en Italia.

La estrategia de estas dos Españas y de quienes las representaban fue desde el primer momento ganar para su causa, libremente o mediante el poder, la coacción o el terror, a cuantos escritores tenían cerca, para usarlos como voceros, no dudando en quitarlos de en medio si estorbaban sus propósitos.

Los movimientos de aproximación o de huida se sucedieron en ambos bandos a menudo, y si Baroja dijo a Moreno Villa aquello de «qué mal hemos quedado en esta guerra los del 98», cabría añadir que en esa guerra fueron pocos, contados, los que quedaron bien, tanto si la ganaron como si la perdieron, y esa fue la herida que en unos y en otros tardó en cicatrizar medio siglo, doliéndose de ella ellos mismos y todos los demás.

En realidad este libro, a medio camino entre la historia y la literatura, no quería ser más que un observatorio, y es lo que, ocho años después, sigue siendo, me parece a mí. En ese tiempo se han publicado innumerables estudios parciales que se ocupan de cuestiones ya traídas aquí, corrigiéndolas a veces o, en otras, confirmándolas, pero como obra general sigue ocupando el campo en solitario, y por ello sale ahora corregida, disminuida y aumentada, a veces en asuntos primordiales y otras, en matices de más o menos valor, confirmando así un sentimiento genuino mío, a saber, que un libro como este es una obra colectiva, de muchos esfuerzos, aunque figure una sola persona como único autor.

Cuando yo creía que las reacciones, al editarse por primera vez *Las armas y las letras*, iban a ser violentas o al menos partidas en favorables y desfavorables, sorprendió a muchos, incluido uno mismo, que resultaran en general tan elogiosas. Aunque hubo, claro, opiniones que criticaban el libro sin paliativos, considerando que en él se ofrecía «una información tan desigual como fragmentaria», y deploraban que no se incluyese un buen «aparato de citas». Alguno incluso, pareciéndole pocos los trescientos de los que se hablaba, tuvo por un descalabro vergonzoso que me hubiese olvidado de citar a escritores tan importantes como Koldo Michelena, eminente filólogo vascongado.

Comprendo que desde la universidad española, de donde provenían tales críticas, hubiesen deseado un libro lleno de notas a pie de página, pero la propia universidad debiera comprender a su vez que uno es varón de poco aparato, y lo lógico hubiera sido que este libro se hubiese escrito, con o sin notas, por mí o por otro, veinte años antes en la universidad española, amantísima de sus hombres más preclaros. Pero las cosas son como son y no de otra manera, el libro sale de nuevo eunuco de notas bibliográficas y eruditas y don Koldo Michelena se queda de momento al pairo, hasta mejor ocasión, ya que la primera intención de estas páginas no era formar alumnos o codearse con catedráticos, cosas ambas muy gratas siempre, sino pensar en los lectores curiosos.

Por lo que sé, el libro sirvió a no pocos de estos para darse cuenta de que si en las armas no bastaba con separar a los contendientes en buenos y malos, en las letras menos aún, pues no es infrecuente tropezarnos con quienes equivocándose de bando en las armas, atinaban en el de las letras, o al revés. Y les sirvió también para llegar a autores que orillados entonces, como Chaves Nogales, parecen haber entrado al fin en nuestro trato común, o para revisar obras y actitudes como las de Baroja, lo cual, dicho sea de paso, me enredó con uno del beaterio barojiano en un grotesco proceso judicial, que hizo bueno una vez más aquel «tengas pleitos y los ganes», ganado como quedó.

Como declaré al publicarse la primera edición, me habría complacido encontrar el justo medio, sin ofender a nadie y sin faltar a la verdad. Ahora, cuando he podido corregir, lo he hecho con gusto, y he dejado de hacerlo cuando me parecía que era más importante la verdad que el desagrado que en algunos protagonistas o en sus parientes o admiradores produjo leer los pasajes donde aparecían aquéllos.

Los estudios literarios, salidos casi siempre de veneros académicos, se han multiplicado de una forma exponencial y a menudo ejemplar, y, lo que es más importante, la actitud frente a la literatura de nuestro pasado más reciente ha cambiado por completo. Escritores que hace apenas veinte años eran denostados o menospreciados, cuando no ridiculizados, hoy son parte de nuestro propio canon, por usar palabra de culto, y a otros que parecían blindados por razones políticas o personales puede uno acercarse con criterios propios sin temor a represalias.

Así, pues, un libro que contribuyó en lo que pudo a la pacificación de la literatura reciente española, ve otra vez la luz, solo que más tranquilo, sin aquellos temores de dejar el campo ajustado de nuevo, y con la misma ilusión de ensanchar las miras de todos, haciéndolas longánimas como las vastas mesetas manchegas en el corazón de nuestro hidalgo Alonso Quijano, el primero que supo poner en su sitio, con su valencia propia, armas y letras.

A.T.

Madrid, otoño de 2002

AGRADECIMIENTOS

Por sus consejos, sus préstamos y su paciencia, aparte de por su mucho saber, quiero poner aquí, a fin de que queden junto al mío y al de otros vivos y difuntos, los nombres de quienes trajeron a estas páginas un poco de concordia y buen sentido cuando me veían, estos últimos meses, darle desaforadas cuchilladas a los viejos odres de la erudición, la literatura y la crítica: Javier Bello Portu, Juan Manuel Bonet, Manuel Borrás, Rafael Borrás (ideador de este libro), Rafael García-Ormaechea, Ramón Gaya, Félix Grande, Abelardo Linares, Antonio Martínez Sarrión, Miriam Moreno, José Muñoz Millanes, Carlos Pujol y Enrique Selva. Estos son los nombres que aparecieron en la primera edición, a alguno de los cuales, como Abelardo Linares y Juan Manuel Bonet, inagotables fuentes de conocimiento y amistad, he de volver a citar de nuevo y añadir a ellos en primer lugar a Carlos García-Alix, fundamental en buena medida por la iconografía incorporada en esta edición y por otros consejos (y, claro, por su cubierta, tan cubista como zurbaranesca y española), y a Jordi Amat y Jordi Gracia, que revisaron el texto definitivo. También mi gratitud por sus préstamos y pistas a Rafael Cansinos, Juan Manuel Castro Prieto, José Antonio Durán, Javier Fernández, Carlos Flores Pazos, Jesús Gálvez Yagüe, Gabriel García Santos, Pedro Gozalves, Manolo Gulliver, Santos Juliá, José-Carlos Mainer, Juan Marqués, Alfonso Meléndez, Miguel Ángel Merodio, César Moreno, Xavier Pericay, Joaquín Puig, Fernando Rodríguez Lafuente, Javier Rodríguez Marcos, Emili Rosales, Guillermo Salafranca, Gabriel Sánchez Espinosa, Silvia Sesé, Carmen Sierra Bárcena, Luis Felipe Torrente, Guillermo Trapiello, Rafael Trapiello y José Tudela; y al Archivo Histórico Nacional, la Editorial Renacimiento, la Fundación García Lorca, la Residencia de Estudiantes, la Fundación-Archivo Rafael Cansinos Assens y los periódicos *Abc* y *El País*, por lo mismo.

Y a quien venga a este solar con la bayoneta calada, aclararle que no hay para tanto. Y que sangre pasada no mueva molino. Sea.

UHP

CAPÍTULO PRIMERO

... UN POCO LARGO, EN EL QUE SE ENCONTRARÁN UNAS CUANTAS IDEAS GENERALES SOBRE LOS VIEJOS ESCRITORES DE LA GENERACIÓN DEL 98, LA AVILANTEZ DE LOS JÓVENES, 'LA GACETA LITERARIA' Y LA RELATIVIDAD DE CASI TODO, IDEAS EXPRESADAS UNAS VECES CON SENCILLEZ, Y OTRAS NO TANTO.

> Hechos que los sabios presienten, que los expertos vaticinan sin poder decir en qué se fundan, y que llegan a ser efectivos sin que se sepa cómo, pues aunque se les sienta venir, no se ve el disimulado mecanismo que los trae.
>
> *Fortunata y Jacinta,* (III,V, 2)

> Lo súbito requiere, tanto en lo bueno como en lo malo, de un largo tiempo de gestación.
>
> Martin Heidegger a Hannah Arendt, 1953

LOS antecedentes de la Guerra Civil se buscan en la República, en los últimos años de la Monarquía y en la Dictadura de Primo de Rivera, pero los males que la guerra pretendía erradicar se encuentran en España desde mucho antes, quizá desde el 98: el problema del agro español, que condenaba al hambre a miles de familias; un ejército sin imperio, cuya numerosa y excesiva oficialidad jamás ocultó su afición a los pronunciamientos decimonónicos; una organización centralista del Estado insensible a las aspiraciones de gallegos, vascos y catalanes...

«Pocas veces se habrá producido en la historia un hecho más claro, más trasparente [que el advenimiento de la República]. [...] La República surgió con la sencillez, plenitud e indeliberación con que se reproducen los fenómenos biológicos, con que en mayo brotan las hojas...», escribirá en *El Sol* en 1933 un Ortega y Gasset ya desengañado.

1. Madrid, 1 de mayo de 1936. La derecha asistió empavorecida a esta manifestación. Se la describe en múltiples novelas y crónicas del bando franquista, siempre con los trazos más tenebrosos, recordando a menudo, para justificar la sublevación de julio, las palabras que Largo Caballero pronunció en enero de ese mismo año en Alicante: «Si ganan las derechas tendremos que ir a la guerra civil».

2-3. Cuando en 1922 se publicó este libro, su autor era comandante, y teniente coronel su prologuista, Millán Astray. En 1936, Franco era ya general y Millán Astray, su subordinado. Inseparables. De Franco dirá por entonces el exaltador Giménez Caballero: «Si lo veis, no le deis nunca el sable de los antiguos generales decimonónicos. No tiene sable. Solo se le ve en el bolsillo de la guerrera una pequeña varita negra y plateada.

He aquí su bastón de mando, su vara mágica. Su porra, su falo incomparable». En la cubierta de la primera edición, el escudo diseñado por el propio Franco para el tercio que mandaba él en la Legión, dos jabalíes que se engolan una estaca, admite pocas interpretaciones freudianas como las que le gustaban a Giménez Caballero, pero muy claras, al igual que la célebre fotografía de Bartolomé Ros.

En un primer momento se pensó que la República, recibida con entusiasmo por la mayor parte de la sociedad española, iba a sajar, drenar y limpiar todos estos viejos abscesos, pero las reformas resultaron tímidas, y solo cuando la presión de los sindicatos obreros anarquistas y socialistas y muchas de sus justas aspiraciones se dejaron sentir, el sindicato de intereses representado por los financieros catalanes, los industriales vascos, los terratenientes andaluces y extremeños y una parte principal del Ejército pasó a la ofensiva. Primero con

Sanjurjo, luego, a través de la CEDA y Lerroux, de 1933 a 1935, luego, de Gil Robles y, por último, del más radical y violento de los políticos de la derecha, Calvo Sotelo. Cuando tal sindicato de intereses comprendió que tampoco la vía parlamentaria garantizaba sus derechos y privilegios, y aterrada por la Revolución de Octubre de 1934, que la derecha magnificó de modo oportunista, se decidió por la sublevación militar. Si a esto unimos la cuestión religiosa que enfureció al clero, privado del monopolio provechoso de la enseñanza y que dividió al país (en parte por una insensata e impaciente política de la República, que secularizó innecesariamente los cementerios, firmó la disolución de la Compañía de Jesús o asistió pasiva a la quema de iglesias y conventos), tendremos configurados los dos bandos que habrían de enfrentarse durante tres años en las trincheras.

Desde la Revolución de Octubre en Asturias y la declaración de independencia de Cataluña, ambos sucesos ocurridos en 1934, era raro encontrar a un solo español que no pensara, en primer lugar, que los problemas de España fuesen gravísimos y exigiesen una solución inaplazable; y, en segundo, que tales problemas pudiesen resolverse, llegados a un punto, por otro método expeditivo que no fuese el de las armas.

«¿Armonía? ¡No! ¡Lucha de clases! ¡Odio a muerte a la burguesía criminal!», escribió Largo Caballero en *El Socialista* el 3 de enero de 1934. Por su parte la CEDA repartió millones de octavillas en las que se leían cosas como que la victoria de la izquierda en las elecciones de febrero llevaría «al armamento de la canalla, incendio de bancos y casas particulares, reparto de bienes y tierras, saqueos en forma, reparto de nuestras mujeres», palabras que tenían su correlato en frases como esta: «la revolución que queremos solo puede obtenerse por medio de la violencia», de Largo Caballero, quien había amenazado abiertamente con una guerra civil si se perdían las elecciones de febrero de 1936 («Si ganan las derechas, tendremos que ir a la guerra civil»), mientras el trust reaccionario, después de perderlas, empezó a armarse en el extranjero. «La izquierda fue muchas veces tan poco respetuosa con el proceso democrático y con el imperio de la ley como lo fue la derecha», escribirá Antony Beevor, pensando tanto en «la dialéctica de las pistolas» que presidió los mítines de José Antonio, como en aquellas frases que trataban de incendiar el país, aun antes de 1934: «Tenemos que luchar como sea hasta que en las torres y edificios oficiales ondee

CLARIDAD

PORTAVOZ DE LA U. G. T.

LAS HORDAS INVASORAS SE ESTRELLAN CONTRA LOS PECHOS VALEROSOS DE NUESTRO GLORIOSO EJERCITO

El pueblo antifascista, además de la independencia de España, lucha por la paz universal

A LOS NUEVE MESES

ARTICULEMOS UNA RETAGUARDIA EFICAZ

OPTIMISMO

POR JAVIER BUENO

(Servicio especial para CLARIDAD de Radio URE-U. G. T.)

FRANCISCO LARGO CABALLERO

EJECUTIVA DE LA U. G. T.

Una jornada memorable

19 DE MAYO

En el Cine Madrid, el inmenso antiguo frontón, se congregaron más de 10.000 entusiastas de la Falange

En número y en rito el acto superó a todas las asambleas políticas. Un espectáculo de emoción, de atributos y banderas

El ¡Presente! de los caídos

Arriba

ETAPA

¡ARRIBA ESPAÑA!

4. En *Claridad* escribió Margarita Nelken a propósito de la guerrillera comunista Lina Odena –que se quitó la vida para no caer en manos de legionarios y moros– y de la relajación de costumbres tras los primeros días de guerra: «Ya empiezan a salir por las calles los elementos que han permanecido escondidos, o han salido disfrazados de proletarios. Y en la Castellana, a la hora del paseo elegante se pueden ver de nuevo a algunas con el perrito en brazos. Yo os digo que Lina Odena no ha muerto para que se paseen las señoritas ociosas por Madrid. Y como el miedo es saludable, si no se nos tiene miedo, el sacrificio de Lina será estéril». Unos meses después, y en el mismo periódico, leeremos, también firmado por Nelken: «Ni perdón ni olvido», traducción acaso de una frase que se pudo leer por esos días en el mismo periódico: «Doña Literatura Pura ha muerto».

5. En *El Debate*, *Arriba* y los periódicos conservadores pudo leerse el mensaje que la CEDA estampó en millones de octavillas. Se aseguraba en él que la victoria de la izquierda en las elecciones de febrero de 1936 llevaría «al armamento de la canalla, incendio de bancos y casas particulares, reparto de bienes y tierras, saqueos en forma y reparto de nuestras mujeres».

no una bandera tricolor de una república burguesa, sino la bandera de la Revolución Socialista» (Largo Caballero, 9 de noviembre, 1933).

Así estalló la guerra civil más pregonada de toda nuestra historia. Los escritores, como el resto de la sociedad, se dividieron, y ni siquiera fue a partir de la proclamación de la República, en 1931. Nunca estuvo un país tan unido como España en 1931. Fue algo más tarde. Desde luego a partir de 1934. Los que no lo eran ya, se hicieron de izquierdas, otros de derechas y otros trataron denodadamente de no tomar partido ni por unos ni por otros, pero fueron desbordados por los acontecimientos, como se verá.

España había conocido en los últimos cuarenta años guerras y campañas contra los patriotas moros, contra los patriotas cubanos y contra los patriotas filipinos; en ninguna de estas guerras mostró tan furioso entusiasmo, sin embargo, como en la que sostuvo contra sí misma, contra su propio patriotismo.

En *The Grand Camouflage*, una de las pocas historias de la Guerra Civil que no ha envejecido demasiado, de Burnett Bolloten, encontramos una hipótesis sumamente interesante; según esa plausible interpretación, la guerra civil española es la primera y única en la historia que es consecuencia de dos revoluciones de signo contrario que se desarrollan al mismo tiempo y con idéntica determinación de victoria y exterminio: el movimiento fascista nacionalsindicalista y la revolución popular, de corte socialista, anarcosindicalista, trotskista o comunista, según las zonas.

A los pocos meses de empezada la guerra, en el bando fascista el frente ideológico cerró filas por el método más expeditivo que se conozca: el golpe de Estado dentro de un golpe de Estado; así entienden hoy todos los historiadores el Decreto de Unificación de abril de 1937 por el que se creaba un partido único de falangistas, renovadores monárquicos, requetés, carlistas, antiguos cedistas y fajistas de vario espectro, en cuya cúspide política se aposentó, cómodamente, el jefe que ocupaba ya el mando militar.

En el republicano, por el contrario, al tiempo que el frente militar iba acortándose, a causa de derrotas y claudicaciones, el ideológico padecía la sangría permanente de unos partidos divididos. A unos les favoreció en la guerra la dictadura brutal y a los otros, en cambio, les perjudicó para ganarla el sistema democrático por el que luchaban y en el que creían, pese a su deterioro y merma.

Los escritores fueron, en cierto modo, reflejo de lo que fue el país, pero no puede decirse que se interesaran especialmente hasta ese momento por la revolución. Aunque algunos novelistas sociales habían conocido un cierto éxito en los años anteriores a la República, más sociales que novelistas, estos escritores revolucionarios los hubo en España a partir de 1929; antes, no.

Los manuales de literatura insisten mucho en las ideas sociales y políticas de la generación del 98, pero, salvo los episodios parlamentarios de Baroja y Azorín, no puede decirse que fuese ésa una generación con dotes para la política: Baroja no consiguió su acta parlamentaria cuando la pretendió; Azorín, más que político, fue toda su vida, como le definió con sorna Baroja, un «escritor gubernamental», con La Cierva o con Franco. A Valle-Inclán, en una pirueta prodigiosa, le llevó a la política republicana, desde el carlismo, la pobreza; de haber sido rico es bastante inimaginable que Valle-Inclán aguantase ministros y jefes de negociado, aunque también conoció la veleidad de ser diputado con acta, que no consiguió cuando la fatigó. Y él, «feo, católico y sentimental», que había declarado en 1915 que «por mi fe católica tengo que amar a los pueblos que hoy están enfrente [de Alemania]» terminó enterrado en tierra no bendecida. Unamuno, más politiquero que político, pese a todo el tiempo que consagró a la política, fue un estratega de casino, el caso contrario que Valle-Inclán: habría sido difícil hallar un ministro o un jefe de negociado que le tolerase a él, y cuando se sometió a plebiscito en las Cortes para presidente de la República obtuvo (como también Ortega: acaso ambos se votaran a sí mismos)... ¡1! voto frente a los 362 de Alcalá-Zamora; de los dos Machado, uno era demasiado dandi como para ocuparse de política, y el otro, demasiado solitario como para echarla de menos y estuvo de oyente incluso cuando fue protagonista en ella. Quizá la única excepción sea Maeztu («la primera camisa negra de España», dijo de él la segunda camisa negra de España), pero en este caso estaría por dilucidar si fue un escritor como los anteriores y no solo un agitador, cuyo mito levantaron después de la guerra quienes la ganaron.

Los artículos que los noventayochistas publicaron en el fin del siglo son, es cierto, disolventes y violentos, socializantes o anarquistoides, pero la sociedad los recibía sin levantar la cabeza de su taza de soconusco, lo mismo que a sus novelas y ensayos les dispensaban acogidas indiferentes y frías.

Para ser político hay que ser optimista, parecerlo o fingirlo, y tener un fondo rousseauniano, y los del 98, de naturaleza nihilista y pesimista, no podían ser nunca políticos, porque los que no eran de la escuela de Hobbes, eran biznietos de Diderot, Montaigne, Nietzsche o Schopenhauer, en el mejor de los casos; en el peor, de Voltaire.

Su noción de España se basaba en un sentimiento, y ellos mismos eran unos sentimentales. Cuando les acuciaban vagas ansias patrióticas, se reunían, iban al camposanto de San Nicolás, dejaban en el cementerio, sobre la losa de Larra, unos cuantos desgarros bakuninistas, y marchaban todos a pie por la calle Canarias a comerse unas gallinejas en las tabernas de Atocha. Luego, en casa, por separado, aliñaban un admirable artículo, que les salía romántico, arrebatado y lleno de desengaños, visiones de un Madrid sombrío con las alamedas del Seminario Viejo al fondo y al lado el Viaducto de los suicidas.

La política puede decirse que fue cosa de los jóvenes, de la generación siguiente, la del 14, la de Ortega, Azaña, Pérez de Ayala y, sobre todo, la que siguió a ésta, la que unos llaman generación del 27 y otros generación de la República. Los primeros cargaron la pistola, es posible que de manera inmeditada; los segundos la dispararon, no menos irresponsablemente.

Los viejos del 98, a la altura de 1930, miraban la política con un vago escepticismo: pólvora mojada. Baroja, seguro. Azorín, más tarde. A lo de Valle-Inclán, ya hemos dicho, no se le puede llamar política. Político de veras solo quedaba Unamuno. Pero demasiado vociferante como para hacerse oír. Los del 14, por el contrario, confiaban en ella plenamente. Fueron ellos los intelectuales más apasionados por la política que haya conocido España, aunque serían pronto desbordados por la propia política. Es hoy conocido el diagnóstico de Ortega sobre lo que él llamó «el error Berenguer», general sucesor del dictador Primo de Rivera: «Y como es irremediablemente un error, somos nosotros, y no el régimen mismo; nosotros, gente de la calle de tres al cuarto y nada revolucionarios, quienes tenemos que decir a nuestros conciudadanos: ¡Españoles, vuestro Estado no existe! ¡Reconstruidlo! *Delenda est monarchia!*».

Ni Ortega, en efecto, ni ninguno de los que formaron el 10 de febrero de 1931 su Agrupación al Servicio de la República, entre los que figuraban Pérez de Ayala y Marañón, eran revolucionarios, pero interpretaban bien el sentir general: en España ya pocos eran monárquicos.

El primero en dejar de serlo, el Bautista de los republicanos, fue, una vez más, un solitario Unamuno, la Voz en el desierto.

Su frontal oposición al rey y su dictador le valió el destierro, como a Mio Cid, el Bueno, solo que a él ningún caballero se acercó a asistirle y acompañarle en aquel trago. Blasco Ibáñez, también víctima de la dictadura, únicamente se asistía a sí mismo, y Rodrigo Soriano hacía ya muchos años que estaba ganado para la política y perdido para la literatura.

Unamuno fue destituido de sus cargos universitarios, dejó Salamanca, dejó familia, dejó modo de sustentarse y sustentar a los suyos, y partió a Fuerteventura, su isla y «desventura». Fue nuestro Ovidio, solo que enfurecido. De aquel confinamiento en la isla canaria, dejó memorables poemas, entrañados algunos de su mejor lirismo. Al cabo de unos meses, logró incluso evadirse en barco de exótico nombre. Tras la aventura romántica a bordo del *Zeelandia*, se instaló en París y luego en Hendaya, pisando la frontera y esperando, tanto como contribuyendo a ello, la caída de sus dos enemigos políticos en unas «Hojas libres» que, más que libres, parecían, por la pobreza del papel y de la tipografía y su tamaño ruin, las hojas secas de Bécquer inspiradas en Espronceda, otro exiliado.

Hay quienes piensan que se aplicó con rigor la ley en el viejo rector de Salamanca, pero los ataques de Unamuno, siempre ferocísimos, fueron en ocasiones más allá de las ideas, para caer en el terreno más o menos de lo intolerable: sería entretenido plantear como hipótesis lo que le ocurriría ahora a alguien de la significación de Unamuno que escribiera sobre el nieto de Alfonso XIII, hoy reinante, lo que aquél escribió de su abuelo y el general («Ha querido colar de contrabando / la monarquía neta, la del cuco / que fue el abyecto sétimo Fernando / y aunque en España sobre hoy tanto eunuco / como el muy listo es embustero y blando / va a salirle al revés el viejo truco»). Lo intentó Bergamín, y así le fue.

Años después Unamuno y José Antonio Primo de Rivera se encontraron en Salamanca, el 10 de febrero del año 35, por mediación de Sánchez Mazas, pariente del vasco por el Jugo. José Antonio, que no perdonaba a los que habían hostilizado o ridiculizado a su padre, no quiso recordar los sonetos del rector contra el general, solo comparables en ferocidad, saña y maldecir a los que escribió Quevedo contra todo el mundo, a los que escribiría, contra el «Mulo Mola», ya en la guerra, Bergamín. El encuentro entre Unamuno y el fundador de Falange fue, según se dijo, cordial. A continuación los jóvenes invitaron al viejo rector a que les acompañase al mitin falangista que iba a tener lugar, y éste les siguió hasta el teatro Bretón, donde José Antonio, ante la presencia del rector, estuvo «un poco cohibido y su discurso no fue de los más afortunados y brillantes», como contó uno de los presentes, el periodista falangista Francisco Bravo. Después del acto político se improvisó un almuerzo en el que sentaron a Unamuno entre Sánchez Mazas y Montes, frente a José Antonio. Al día siguiente la prensa, azuzada por los falangistas, interesados en la publicidad que el acto les proporcionaba, dio cabal noticia del suceso y el escándalo fue mayúsculo en toda España y fuera de ella, dividiéndose los opinantes en dos categorías: los que pensaban que aquel encuentro había sido una insensatez más de Unamuno y los que solo lo consideraron otra más de sus paradojas provocativas.

Este espíritu combativo de Unamuno tenía por fuerza que encontrar eco favorable entre los jóvenes, no así entre los de su misma generación o los de la generación siguiente, siempre recelosos con las actuaciones del rector.

Cuando este volvió del exilio, *La Gaceta Literaria* le organizó un número monográfico. Muchos pensaban que sería, sin duda, el primer presidente de la República que se avecinaba. En el homenaje hay, pese a todo, muchas ausencias. No de los jóvenes que lo admiraban con fervor. Fue esa generación, las vanguardias, o sea, la del optimismo, la que se acercó a él. Creían entenderle, pero el maestro no les engañó: no entraría en la cuadrilla de nadie; él, como la mayor parte de los de su generación, era un solitario, como los toreros en el ruedo. Además había dicho de modo clarividente: «Las literaturas de vanguardia siempre encubren políticas de retaguardia».

Esto quedaría probado en «el caso Góngora», una de las banderas de los tercios vanguardistas. A los viejos les dejó perplejos el pendón: Unamuno llamaría «hipócrita» al racionero cordobés. «¡Insoportable!», gritó Valle-Inclán desde un periódico. Machado ni siquiera tuvo tiempo de pensar en el poeta barroco, cuando se lo solicitaron en *La Gaceta Literaria* para celebrar su centenario. Ése era el frente clasicista de los jóvenes. El frente moderno lo ocupaban el surrealismo y el psicoanálisis, al que Baroja definió con un definitivo «el cubismo de la medicina».

Las divergencias eran, como se ve, profundas, pero durante un tiempo se hubiera podido pensar que viejos y jóvenes podían convivir, al menos en el orden de la literatura y el arte. Tal vez de 1923 a 1933. Desde la fundación de la *Revista de Occidente* a la de *Octubre*. Entre el liberalismo de la primera y el radicalismo de la segunda, hubo un terreno neutral, una tierra de todos, más que una tierra de nadie, que se llamó *La Gaceta Literaria*.

Duró este «periódico quincenal, ibérico, americano e internacional» de 1927 a 1932, el tiempo que se hubiese dicho que tardó en enterrar a la Monarquía y la Dictadura.

Es fundamental, para comprender la República, a los intelectuales y lo que se avecinaba, mirar las páginas tabloides de esa revista-periódico que fundó y dirigió Giménez Caballero.

Empezó Giménez Caballero con ánimo integrador (su primer nú-

La Gaceta Literaria

ibérica: americana: internacional

LETRAS ARTE CIENCIA

Número extraordinario en homenaje a

D. Miguel de Unamuno

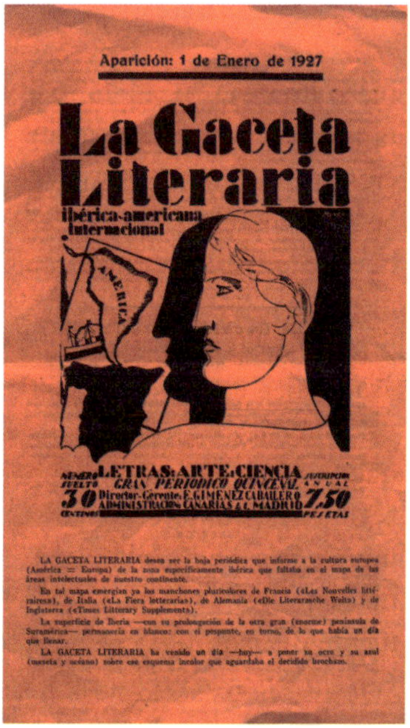

Aparición: 1 de Enero de 1927

La Gaceta Literaria

ibérica-americana internacional

NUMERO SUELTO 30 CENTIMOS — LETRAS: ARTE: CIENCIA — GRAN PERIODICO QUINCENAL — Director-Gerente: E. GIMENEZ CABALLERO — ADMINISTRACION: CANARIAS 4. MADRID — SUSCRIPCION ANUAL 7,50 PESETAS

LA GACETA LITERARIA desea ser la hoja periódica que informe a la cultura europea (América = Europa) de la zona específicamente ibérica que faltaba en el mapa de las áreas intelectuales de nuestro continente.

En tal mapa emergían ya los manchones pluricolores de Francia («Les Nouvelles littéraires»), de Italia («La Fiera letteraria»), de Alemania («Die Literarische Welt») y de Inglaterra («Times Literary Supplement»).

La superficie de Iberia —con su prolongación de la otra gran (enorme) península de Suramérica— permanecía en blanco: con el pespunte, en torno, de lo que había un día que llenar.

LA GACETA LITERARIA ha venido un día —hoy— a poner su ocre y su azul (meseta y océano) sobre ese esquema incolor que aguardaba el decidido brochazo.

6-7. Boletín de *La Gaceta Literaria* y número especial dedicado a Unamuno.

8. *La Gaceta Literaria* representó el último sueño de una España común que tenía los días contados. «Miraban con vehemente interés la joven literatura, cuya expresión más brillante era *La Gaceta Literaria*, núcleo de renovación no solo en las letras, sino en el cine, en la pintura, en las artes todas, en todo un estilo deportivo, aséptico, alegre y "antigaldosiano", hubieran dicho si entonces hubieran leído a Galdós», escribirá María Zambrano. De aquel estilo «deportivo, aséptico y alegre» quisieron apropiarse en exclusiva los jóvenes de uno y otro bando, comunistas y falangistas principalmente, que se lanzaron, arrastrando a todo el país, a la Guerra Civil. En la imagen, Ernesto Giménez Caballero (primero por la derecha) en su casa con, entre otros, Alberti, Sáinz Rodríguez, Salinas, Bergamín, Américo Castro, Baroja, Ledesma Ramos, Menéndez Pidal y el conde de Keyserling: las tres Españas.

mero lo abría una *salutación* de Ortega, y en primera página venía también una silueta literaria de Baroja, y en otros números colaboraciones frecuentes de éste, de Juan Ramón Jiménez, de Gómez de la Serna, de Corpus Barga, de Unamuno, de Antonio Machado, sin contar con la recluta completa de Alberti, Bergamín, Salinas, Diego, Domenchina, Jarnés, Lorca, Montes, Dalí, Espina...), pero no tardaría en proclamar que *La Gaceta Literaria* se complacía en constituirse como «sabotaje» en la vieja fábrica de la literatura española.

Giménez Caballero no era en 1927 el fascista que fue luego, aunque muchas de sus simpatías estuviesen decantadas por personajes y regímenes, como el italiano, de corte autoritario. Fue solo a raíz de uno de sus viajes kilométricos por Italia, Holanda, Bélgica y Alemania, en 1928, cuando daría forma a un pensamiento embrionariamente ducista. Las crónicas de aquel «raid», como lo bautizó en *La Gaceta Literaria*, pasarían a formar parte de un libro que tituló *Circuito imperial*, vertiginosa mezcla de periodismo, literatura, política, crítica de arte y muy diversos experimentalismos. No olvidemos que estamos en la época de los cócteles, en Chicote o Molotov. Fue este circuito su verdadero camino de Damasco.

Al hojear hoy *La Gaceta Literaria* queda uno admirado de la capacidad de su director como mánager circense; España, circo de tres pistas: casticismo, ismos nuevos y utopía revolucionaria.

Seguramente no ha habido un proyecto literario en España, ni antes ni después, de tales características, ni de tan cosmopolita y bien informado tiro. En sus páginas no era excepcional leer colaboraciones en catalán, portugués, francés e italiano, y no había acontecimiento significativo en cualquier rincón de Europa que no quedase reflejado en una de las columnas de *La Gaceta Literaria*.

Fue, se ha dicho, la revista de la generación del 27. Desde luego. Pero también lo fue de la generación del 98, que nunca tuvo periódico ninguno, salvo las revistas modernistas o las hojas del *Lunes del Imparcial*, mucho más modestas y de alcance restringido, y lo fue, en menor medida, de la generación del 14, la de Ortega y Ramón Gómez de la Serna, señores, ellos sí, de una muy elevada fortaleza, la de la revista *España*, que se editó del 1915 a 1924, cuando pasó el testigo a *Revista de Occidente*, la publicación artillada hecha por Ortega y Gasset, de la generación del 14, para los jóvenes del 27. O sea, solo *La Gaceta Literaria* fue, desde un punto de vista literario amplio, la revista de todos.

9. Pocas fotografías hablan tan a las claras de la complejidad española. Los hermanos Machado en la fiesta que siguió al éxito de *La Lola se va a los puertos*, en 1929, junto a José Antonio Primo de Rivera y su padre Miguel Primo de Rivera, a la sazón jefe del Directorio que desembocó en la República.

10. Ni Ortega ni ninguno de los que el 10 de febrero de 1931 formaron su Agrupación al Servicio de la República, entre los que figuraban Pérez de Ayala y Marañón, eran revolucionarios: ya pocos eran monárquicos en España. En la imagen, los tres escritores con el poeta Antonio Machado.

Entre las múltiples secciones de *La Gaceta Literaria*, hay una de sumo interés para este libro, reservada a las encuestas políticas que se les venían haciendo a los escritores, y por la que desfilaron muchos de ellos. El 1 de enero de 1928 leemos estas líneas del que habría de ser, con el tiempo, un fervoroso comunista, César Arconada: «Ante todo es necesario sentar este principio: en el momento actual los que se llaman liberales son los retrasados, los reaccionarios [...]. Violencia. Lucha. Arte Nuevo, al fin [...]. Un joven puede ser comunista, fascista, cualquier cosa, menos tener ideas liberales. Para un joven nada más absurdo, más incomprensible, más retrógrado, que las ideas políticas de un doctor Marañón, de un Castrovido. Los jóvenes queremos para la política, como hemos querido para el arte, ideas actuales, de hoy, con el perfil y el carácter de nuestra época. Pretender que todavía nos sirvan las viejas ideas liberales es tan absurdo como pretender que las viejas chisteras y las viejas levitas sirven para jugar al fútbol».

La posición de Arconada (o la del joven y mucho más mediocre Guillén Salaya, que empezó de exaltado comunista y terminó de fascista furioso) la compartían, si no en los mismos términos, sí en el espíritu, gentes que entonces eran amigos, comían juntos y se divertían juntos, como Montes, Agustín Espinosa, Alberti, Bergamín, Lorca, Buñuel, Ledesma Ramos, el propio Giménez Caballero y en general todos los jóvenes vanguardistas. Es obvio que quien decía una cosa así no debía de saber qué significaba ser comunista, ser fascista ni ser liberal, y tal vez ese desconocimiento de las cosas les llevara a unos y a otros a las trincheras. La guerra como deporte. Lo veremos en Torrente Ballester.

«Ya no se permite la neutralidad ni el deporte intelectual –dirá Baroja en uno de sus artículos de la guerra, coincidente con lo que decía Arconada, al menos en el lenguaje gimnástico–: hay que ser de la derecha o de la izquierda. Para mi gusto esto es un poco primario y sin interés. No se aceptan términos medios: o comunista o fascista. Los escritores españoles que, por lo mismo que no teníamos una actitud deportiva, nos creíamos lejos de la lucha, nos hemos encontrado en medio de la pelea. Somos obligatoriamente beligerantes, pero beligerantes ¿de qué lado? No lo sabemos [...]. Nosotros no tenemos un enemigo, sino dos; los blancos y los rojos, que cada cual a su manera quiere hacer nuestra completa felicidad metiéndonos en la cárcel».

Dicho de otra manera: o fascistas para conquistar el mundo o comunistas para someterlo. Se había acabado el tiempo para poder vivirlo.

La tercera España empezaba su retirada. «Todo español que no consiga situarse con la debida grandeza ante los hechos que se avecinan, está obligado a desalojar las primeras filas y permitir que las ocupen falanges animosas y firmes», había dicho Ledesma en *La conquista del Estado.*

Incluso la confusión entre uno y otro campo duró muchos años más. En un artículo de un historiador, el señor Tusell, se repasa el discurso de Indalecio Prieto en el Círculo Pablo Iglesias de Méjico, en 1942, quien a su vez recuerda un discurso suyo del primero de mayo de 1936, en Cuenca. Este último fue comentado por escrito por José Antonio en su cárcel de Alicante en unos papeles que terminaron llegando a manos de Prieto. Todos son círculos cerrados del azar. «El discurso del tribuno socialista –dice allí José Antonio– se puede pronunciar, casi de la cruz a la fecha, en un mitin de Falange Española». Y Prieto añade: «Primo de Rivera, a fin de demostrar esta identidad, reproduce frases mías y extracta frases de aquella oratoria mía para añadir: "¿Qué lenguaje es este? ¿Qué tiene esto que ver con el marxismo, con el materialismo histórico, con Amsterdam ni Moscú? Esto es preconizar exactamente la revolución económica con sentido nacional. La revolución nacional. La de Falange y hasta con la cruda descalificación de la España caduca que la Falange fulminó muchas veces"».

El espíritu elástico de la declaración de Arconada fue desapareciendo, los ánimos se crisparon, se pasó del disco a la jabalina y Giménez Caballero terminó solo en *La Gaceta Literaria*, redactando íntegramente algunos de sus números, a los que llamó *El Robinsón literario de España*. Los liberales se fueron yendo de la revista y se quedaron media docena de amigos, entre ellos Ledesma Ramos, que ya sabía que era fascista; Giménez Caballero, que, según él, estaba pensando si se hacía fascista o comunista, y Arconada, que no tardaría en engrosar las filas comunistas. Por otro lado no deja de ser curioso y premonitorio: Ledesma Ramos y Giménez Caballero, que vivían en el proletario barrio de Cuatro Caminos, se conocieron por Arconada; Giménez Caballero confesó a su vez que el primer escritor que le saludó brazo en alto como los fascistas fue, en 1926, en los talleres tipográficos de su padre, en la calle Canarias, Rafael Alberti. Este, que había dedicado un poema de *La amante* a fray Justo Pérez Urbel, dedicatoria purgada por el autor en las ediciones posteriores a la guerra, lo iba a decir en 1936 en verso: «Por las armas verán si se le entrega / todo el poder para el proletariado». El mundo se iba a dividir, pues, entre quienes lloraban de emoción ante el tendido eléctrico que unía Tiflis y Moscú, y los que reputaban el bigotito de Hitler no solo convincente, sino elegante y distinguido; entre los que iban a rugir ¡Viva Rusia! y los que iban a vocear ¡Viva el Duce!, solo porque encontraban a Mussolini, con el puño en la cadera, muy viril. Entre tanto ardor, los que pedían un poco de cordura no se habían quedado afónicos; simplemente no se les podía ni quería oír. Tampoco escuchar.

La primera parte de esa guerra civil en España tuvo lugar, pues, en *La Gaceta Literaria*. Esto enorgullecía mucho a Giménez Caballero, al que el solo hecho de ser precursor de algo, sin otras consideraciones de orden moral o estético, le parecía muy importante, ya que veía en el hecho de llegar a los sitios antes que nadie uno de los principales rasgos de la vanguardia.

La valoración que se hace de *La Gaceta Literaria* y la que se hace de su director no suelen concordar. En estos juicios, el autor marcha por un lado, y por otro, la obra. Se tiende a ver a Giménez Caballero como un chisgarabís, tanto intelectual como literariamente, en tanto que *La Gaceta Literaria* suscita toda clase de elogios y parabienes. Se le ve a él como un cantamañanas vestido con *knickerbockers* y antiparras cubistas. A *La Gaceta Literaria*, en cambio, se la estudia con sesuda circunspección en las universidades. Eso, me parece a mí, desenfoca mucho las cosas.

En *La Gaceta Literaria* hay dos grandes temas: el yoísmo, formidable e imponente, de su director, y el resto. La mitad de la revista la ocupan los artículos de Giménez Caballero o los artículos sobre Giménez Caballero, sus libros, sus proyectos y sus viajes. La otra mitad, un género variado: crítica de libros, de arte, poemas, algún ensayo... Esa proporción era impuesta desde luego por Giménez Caballero, pero también asumida por los colaboradores, que debían de encontrar muy natural y posible que Giménez Caballero quisiera ser Marinetti. O Curzio Malaparte, si no había más remedio.

Vista desde un punto estrictamente literario los críticos tienden a no valorar la primera mitad y a sobrevalorar la segunda.

En ésta nos encontramos, a su vez, dos clases de colaboradores. Una parte pequeña la ocupan los vanguardistas que llegarían a ser célebres, y la otra, mucho mayor en extensión y frecuencia, gentes desconocidas que se quedaron por el camino y cuyo nombre fantasmal atraviesa sus páginas reclamando nuestra atención.

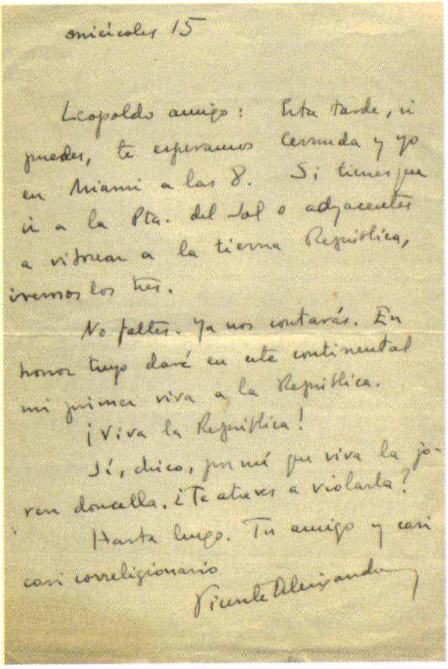

miércoles 15

Leopoldo amigo: Esta tarde, si puedes, te esperamos Cernuda y yo en Miami a las 8. Si tienes que ir a la Pta. del Sol o adyacentes a vitorear a la tierna República, iremos los tres.

No faltes. Ya nos contarás. En honor tuyo daré en este continental mi primer viva a la República.

¡Viva la República!

Sí, chico, por mí que viva la joven doncella. ¿Te atreves a violarla?

Hasta luego. Tu amigo y casi casi correligionario

Vicente Aleixandre

11. Carta inédita de Vicente Aleixandre a Leopoldo Panero: «¡Viva la República! Sí, chico, por mí que viva la joven doncella. ¿Te atreves a violarla? Hasta luego. Tu amigo y casi correligionario». Puede decirse que todos, hasta las derechas, a excepción de los monárquicos y tradicionalistas, fueron republicanos el 14 de abril de 1931.

12. *España levanta el puño*, un libro profético. Antes de julio de 1936, el periodista argentino Pablo Suero realizó una serie de entrevistas a políticos (Azaña, Gil Robles, Largo Caballero, Calvo Sotelo, Primo de Rivera, Pasionaria) y escritores españoles (Arniches, los Baroja, Juan Ramón Jiménez, Casona, Alberti, Zamacois, Hoyos y Vinent, Gómez de la Serna, los Machado o Lorca). Todos ellos hablan libremente, sin sospechar la clase de guerra que les espera. Con esas conversaciones y sus notas de viaje, publicadas ya en 1937, Suero preparó este interesante libro que prologó González Tuñón.

De *La Gaceta Literaria* se podría hacer una valoración literaria y otra histórica. La valoración histórica ha de ser, necesariamente, muy positiva. La literaria, cuando se refiere a los jóvenes, es más compleja. Abundan los textos experimentalistas y ni siquiera éstos parecen sólidos, sino balbuceos con buenas intenciones. Hace ochenta años tenían tal vez una gracia. Los viejos de entonces no se la vieron. Los jóvenes de ahora es posible que tampoco: «Con el sol nace un pequeño cornetín de un puñado de más de mil fotografías de asuntos secos. / Cuando hace sol hago bonitos castillos / con los pelos de las orejas de mi familia. / En cuanto a la ceniza, ¿tendré que insinuar aún que se trata de un simple *moco*?». Este «poema», sin firma, no vale mucho. Con firma (era de Dalí), lo mismo, mas la consideración respetuosa de los críticos e historiadores contemporáneos tratará de meterlo en una vitrinita del

Museo de Arte Reina Sofía, con una cartela al lado y dos o tres focos, que es la manera segura de llevar hasta allí un río de congregantes, etc.

Puede hablarse, no obstante, de un «espíritu de *La Gaceta*», que consistía en respetar toda opinión, todo criterio, toda voz. «Excluir las exclusiones», lo llamó Ortega en su *Salutación*. O sea, el espíritu liberal que inconsciente, insensatamente Arconada, Giménez Caballero y los demás querían conculcar, y terminarían aboliendo de las mismas páginas de la revista y de España.

Sólo en el capítulo de las responsabilidades no se ponen aún de acuerdo los historiadores: ¿quién fue más culpable? ¿Aquéllos, éstos? La respuesta, sin embargo, no admite dudas para nosotros: nadie quería una España liberal, moderada y laica, porque le había llegado la hora a una España que, más que republicana y demócrata, tenía que ser fascista o comunista.

Antes de la catástrofe, antes de que se oyera de nuevo la voz de Ortega en España con un apodíctico «no es esto, no es esto», que condenaba a la República en una frase y que le pasaba a él a la reserva, antes se vivió la euforia del nuevo régimen, por el que todos lucharon y del que todo se esperaba. Puede decirse, incluso, que todos, hasta las derechas, a excepción de los monárquicos y tradicionalistas, fueron republicanos el 14 de abril de 1931.

Recuerda Vicente Aleixandre, en uno de sus *Encuentros*, cómo él y Luis Cernuda habían quedado citados en la manifestación del 15 de abril en la Puerta del Sol para festejar la venida de la República. Aunque Cernuda, por prurito aristocrático, que le alejaba de la muchedumbre, negara haber ido jamás a la Puerta de Sol ese día, existe una carta «continental» de Aleixandre al poeta Leopoldo Panero en la que le confirmaba el encuentro y le invitaba a sumarse al festejo: «Miércoles 15 / Leopoldo amigo: Esta tarde, si puedes, te esperamos Cernuda y yo en Miami a las 8. Si tienes que ir a la Pta. del Sol o adyacentes a vitorear a la tierna República, iremos los tres. No faltes. Ya nos contarás. En honor tuyo daré en este continental mi primer viva a la República. ¡Viva la República! Sí, chico, por mí que viva la joven doncella. ¿Te atreves a violarla? Hasta luego. Tu amigo y casi correligionario, Vicente Aleixandre».

Es interesante este testimonio, por ser de un hombre que, aunque de izquierdas, nunca mostró entusiasmos políticos por nada ni por nadie, y menos por las doncellas, pero al que la idea de una República

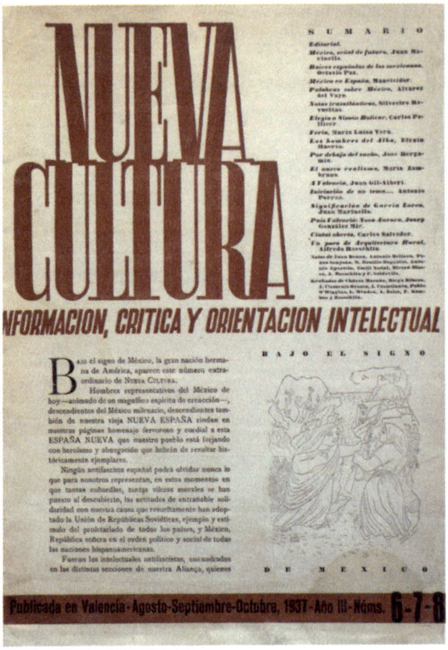

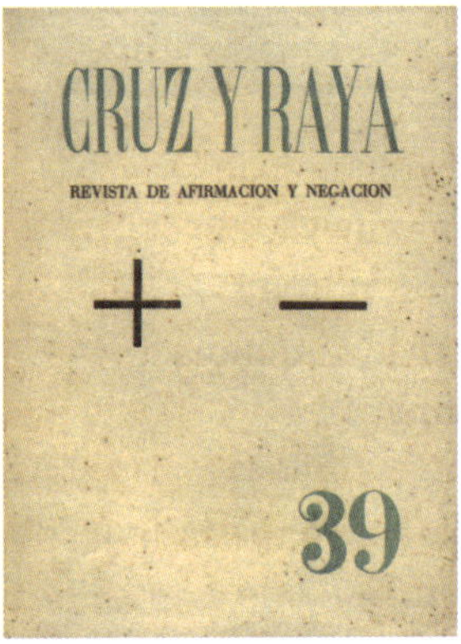

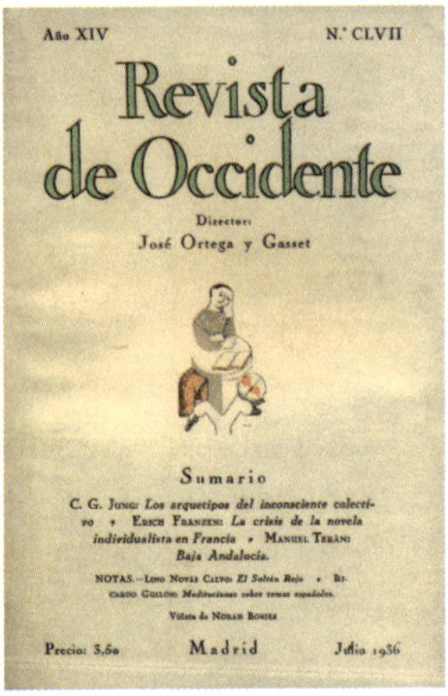

13-16. Cuatro de las más influyentes revistas españolas de la República: *Nueva Cultura*, de José Renau; *Octubre*, de Rafael Alberti; *Cruz y Raya*, de Bergamín; y *Revista de Occidente*, de Ortega y Gasset. La izquierda, la derecha y el centro literario español antes de la guerra: la derecha (Bergamín) acabaría en la izquierda, el centro (Ortega) se pasaría a la derecha y sólo la izquierda (Renau y Alberti), acaso más extrema, permaneció en su sitio.

había seducido por entero hasta emplear un vocabulario de legionaria misoginia.

Esa euforia duraría poco y muchos empezaron a comprender que la joven doncella que veía Aleixandre era, puesta a trabajar en una esquina, mujer destinada a dramáticas experiencias. Las posiciones de unos y de otros fueron cada día más inequívocas, y ante hechos graves como la Revolución de Octubre de 1934, los españoles comenzaron a aceptar como inevitable el drama de la guerra. O ellos o nosotros, se dijeron todos, porque sabían que el triunfo de cualquiera de los bandos implicaba la aniquilación del contrario: como en Rusia, como en Italia y Alemania.

La Gaceta Literaria terminaba cuando empezaba la República. En cierto modo, acababa la literatura y se daba paso a revistas enteramente políticas, como *La Conquista del Estado* o *Arriba*, o muy poli tizadas e ideologizadas como *Octubre* o *Nueva Cultura*. Las voces, más juiciosas sin duda, más sopesadas, de la vieja *Revista de Occidente* o de *Cruz y Raya* (en las que se publicaron no obstante un gran número de ensayos políticos), empezaban a ser inaudibles frente a un mar cada día más embravecido. Y en este corto período que va de 1931 a 1936, el de la República, los españoles más jóvenes empezaron a pensar en España en términos de victoria, o sea, de guerra civil. O sea, de fracaso.

Sin que nadie se pusiese de acuerdo, todo el mundo se lanzó a profetizar. Profetizaron que no habría otro remedio que el camino de la sangre. Lo adivinaban y lo anunciaban. Muchos lo deseaban. Todos sabían que esa travesía iba a tener un difícil retorno. La España de la victoria, ganase quien ganase, iba a tener poco que ver con la España que dejaban atrás. En cuanto uno abre media docena de revistas y periódicos de la época, en cuanto se han leído dos docenas de memorias, asiste uno al más triste espectáculo: a un tiempo todos parecen resignados y exaltados. Como en el *pathos* de las tragedias clásicas: exaltación ante la vida y sometimiento ante el destino que la aniquilará. El «suicidio» colectivo del que hablará Unamuno.

Incluso personas moderadas y de la liberalidad de Antonio Machado empiezan sin quererlo a ver cómo se tiñen sus palabras de pólvora, y por tanto de guerra y de victoria. Leemos lo que dice, a propósito de Unamuno, desde su provinciana Segovia, el 15 de marzo de 1930: «Es don Miguel de Unamuno la figura más alta de la actual política

17. Durante años, la derecha hizo creer que la sublevación de 1936 fue una consecuencia del asesinato de Calvo Sotelo, al tiempo que evitaba recordar que este asesinato fue consecuencia de la muerte del teniente Castillo a manos de los fascistas. Chaves Nogales, director de *Ahora*, compuso esta portada solo unos días antes del 18 de julio de 1936.

18. Al estallar la guerra, el monárquico *Abc* pasó a manos y titulación republicana, y si acaso sus aportaciones literarias no fueron sobresalientes, sí lo fueron las gráficas, con fotógrafos como Santos Yubero, uno de sus principales reporteros, o los hermanos Mayo. Durante la guerra siguió apareciendo en Sevilla un *Abc* monárquico que también había dejado de ser monárquico.

española. Él ha iniciado la fecunda guerra civil de los espíritus, de la cual ha de surgir (cuando surja) una España nueva». La doncella embarazada.

El ambiente empezó a cargarse de electricidad. Las mayores atrocidades parecían anunciadas, y cuando acababan por cumplirse, nadie se extrañaba de ello: ni asesinatos, ni complots, ni pronunciamientos cuarteleros, ni quema de iglesias o conventos, ni matanzas de campesinos, ni violaciones de derechos, ni...

Las voces, como voces, empiezan a parecerse todas. Al leer hoy los discursos de Ortega en las Cortes Constituyentes, los de Azaña, los artículos de Unamuno, las proclamas de José Antonio o las provocaciones de Calvo Sotelo, tiene uno la impresión de que les ocurre a las ideas lo que a los trajes, o a esas viejas y mil veces vistas fotos familiares. Es cierto que uno ya no reconoce en ellas a muchos de sus antepasados, pero casi todas le arrancan asentimientos ante los vagos parecidos. «Queremos una patria totalitaria. El poder ha de ser íntegro para nosotros... Y cuando llegue el momento, el Parlamento o se somete o desaparece: la democracia será un medio, no un fin», leemos en un recorte amarillento, y al punto nos preguntamos: esta frase, ¿fue dicha por Goebbels o por Dimitrov? Y esta otra, ¿quién la pronunció? ¿Onésimo Redondo o Ledesma Ramos?: «Ahora, cuando nos lancemos por segunda vez a la calle, que no nos hablen de generosidades ni de respetar personas y cosas. Vamos a la toma del Poder como sea, para establecer la dictadura». No. La primera es del clerical Gil Robles y la pronunció en 1933. La segunda, del socialista Largo Caballero, muy poco antes de la guerra, recordando octubre de 1934.

Dice Ridruejo que, «en su inmensa mayoría, los pensadores, profesores y escritores que tenían vigencia en el decenio de 1923 al 1933 eran liberales o se interesaban por el socialismo o el anarquismo». A partir de 1933 y hasta desembocar en 1936, unos tiraron para la izquierda y otros para la derecha. Entre los viejos la mayoría se quedó donde estaba o se quitó de en medio con discreción.

¿Qué distinguía, pues, a unos de otros, puesto que sabemos que todos eran tan distintos? Por desgracia, más que las ideas, incluso más que el corazón, iban a decidir en muchas ocasiones sobre vida y fortuna de las personas, las apariencias: el mono azul, la corbata, las alpargatas... Como decía Moreno Villa: todo el mundo se fijaba en los zapatos.

ESPAÑA
Arriba España
JUNTA DE BURGOS
LISBOA
Los Nacionales
MINISTERIO DE PROPAGAN

CAPÍTULO SEGUNDO

... QUE TRATA DE LA MARAVILLOSA CIUDAD DEL TORMES, EL CUARTEL GENERAL DE SALAMANCA Y LOS PRIMEROS DÍAS DE LA GUERRA, CON MIGUEL DE UNAMUNO EN PRIMER PLANO Y EL GENERAL MILLÁN ASTRAY, GIMÉNEZ CABALLERO Y EL CONDE DE FOXÁ DETRÁS, ASÍ COMO OTRAS HISTORIAS DE FUSILADOS, OSTRAS Y LENTEJAS.

> Per pueril que pugui semblar, la pregunta «qui ha començat?» és moralment decisiva.
>
> Joan Sales

UN puente de piedra, una catedral vieja y otra nueva, también vieja, y una carretera con olmos a los lados para pasear costumbre y ceremonia. Todo ello lo disfrutaban cincuenta mil habitantes. Apenas tenía industria el silencioso burgo. A lo sumo, estudiantes en invierno, ganaderos en los cafés de la plaza, y políticos de casino de todo año.

De la ciudad escribió Unamuno ásperos y hermosos versos, tirados sobre el papel como surcos en tierras centeneras. Hoy son ambos nombres, el de Unamuno y Salamanca, inseparables, firmes, duraderos como la piedra, y quien se asome al Tormes, oirá en los tajamares del puente acentos de un duro endecasílabo, y verá los olmos enfermos de la carretera vieja de Zamora, y sus otoños y su dulce morir, soñando resurrección e inmortalidad, en la eterna canción de Aldebarán.

Pero esa ciudad romántica, a la manera castellana, quieta y silenciosa, desapareció para llenarse de «uniformes caqui con la cruz de la victoria, boinas rojas –antes de que fueran de uso general, lo que nunca sucedió del todo–, gorrillas legionarias verdeoliva, candoras, tarbús, zaragüelles, alquiceles, feces con borla, que algunos sustituían por un crucifijo oscilante, camisas negras, esvásticas y todo lo demás». Las viejas calles platerescas se llenaron de similores, briches y grimpo-

19. *Los nacionales*, de Juan Antonio Morales, uno de los más célebres carteles de la zona republicana. Un amigo convenció a su autor en el último momento de que quitara su firma de él, «por si perdemos». Picasso tuvo un ejemplar chincheteado en su estudio. Morales fue también el ilustrador del *Romancero gitano* de Lorca editado durante la contienda. Morales, tras la guerra, fue depurado y encarcelado.

lones. Sobre los muros, estarcidas en tinta negra sobre la piedra dorada, las cabezas de Franco y de José Antonio, un «¡Arriba!» y un «¡Presente!» como vítores sangrientos.

Al empezar la sublevación, que contó, desde el mismo 18 de julio, con el apoyo entusiasta de la guarnición militar y la población, a Unamuno se le respetó en su puesto de concejal del Ayuntamiento. Era el final de su carrera política. La académica había acabado en el paraninfo de la universidad, en 1934, con este discurso: «[...] vosotros tenéis que enseñar a nuestros padres –a nosotros– que esta marea de insensateces, de injurias, de calumnias, de burlas impías, de sucios estallidos de resentimientos no es sino el síntoma de una mortal gana de disolución. De disolución nacional y civil y social. Salvadnos de ello, hijos míos, os lo pide al entrar en los setenta años, en su jubilación, quien ve en horas de visiones reveladoras, rojores de sangre y algo peor, livideces de bilis. Salvadnos por España, por la España de Dios, por el Dios de España». Fue su adiós académico. Había sido también diputado en las Constituyentes, y algunos incluso supusieron que Unamuno, desairado, se perdía en la política municipal después de no haberle querido la nacional como presidente de la República. En aquella ocasión, ya lo hemos dicho, solo obtuvo un voto, el suyo, frente a los 362 que obtuvo Alcalá-Zamora. Abogaba por una república «civil, laica y social»; civil, «porque el militarismo es la mayor plaga del siglo XIX»; laica «que no quiere decir irreligiosa porque las cosas de religión pertenecen a lo más íntimo de la conciencia del hombre». Y social, «que no quiere decir que vaya en contra de los elementos productores, sino contra la plutocracia que no tiene conciencia». Con este ideario, en Salamanca hubieran podido fusilarle, pero por si acaso, los nacionalistas le confirmaron en su concejalía.

Para esos primeros días de julio en la vida de Unamuno, y los siguientes, hasta su muerte, seis meses después, contamos con un libro iluminador, *Agonizar en Salamanca*, de González Egido. Libro trágico, recorrido por los asesinatos, las sacas, los más densos silencios.

No pocos de los que aparecían muertos en las cunetas o junto a las tapias de los cementerios eran amigos del viejo rector, que no pudo hacer nada para salvarles la vida. Maestros de escuela, profesores, ediles, boticarios, réplicas quizá de aquel don Sandalio jugador de ajedrez, cuya muerte abrió tan enorme hueco entre los vivos. La partida ahora, de dominó, se llenó de ahorcados doses, cincos, seises en los desmontes y tejeras. Ya lo había dicho su amigo Ángel Ganivet: es preciso «arrojar un millón de españoles a los lobos si no queremos irnos todos a los cerdos». El consejo llegaba tarde y sin darse cuenta Salamanca se convirtió en una zahúrda. Más cercana a una novela esperpéntica que a una crónica.

Fue por esas fechas cuando Unamuno empezó a escribir el libro que vería la luz cincuenta años después: *El resentimiento trágico de la vida*, eco desgarrador de aquel otro suyo *sentimiento trágico de la vida*.

Al Antonio Machado que seis años antes había visto en Unamuno «la figura más alta de la política española», se le hubiese helado el corazón, como se le helaría al propio Unamuno: «La doncella había dado a luz un monstruo», sí, la «España *nueva*». Tan vieja como la guerra.

Es *El resentimiento* un breve libro, pero en sus cuarenta páginas hay más enseñanzas sobre España y los españoles que en la mayor parte de centones y arengas que se iban a aventar en esos tres años. Están escritas las notas unamunescas de una manera telegráfica. «Una persona –nos dice en uno de sus apuntes– a quien le detienen y le dan una paliza. "Si me vuelven a llamar, me suicido". Unos mozalbetes, por broma, le llaman, y va y se suicida». Ése es el tono, sobrecogedor, del opúsculo.

Son las suyas visiones de una ferocidad cainita: «El que en Badajoz, estando comulgando, entran los rojos en la iglesia, y coge el copón y se come todas las hostias para que no las profanen».

Al principio creyó que la espada limpia de un general traería la paz y se sumó a la rebelión, incluso con alegría, al grito de «¡Viva España, soldados! ¡Y ahora, a por el faraón de El Pardo!»; se refería a Azaña.

El grito tenía mucho de recuerdo carlista. Quizá se sintiera renacer y amozarse: jamás había olvidado que los cañonazos del sitio de Bilbao, en la segunda guerra, brizaron su niñez. Lo recordó, como veremos, delante de un general. Cierto que siempre se confesará liberal, pero la República le había dejado la sangre negra como la pólvora.

«Me sorprende –dirá Unamuno a *El Mercurio* de Santiago de Chile– el encontrarme hoy dando mi confianza a los militares. En cierta ocasión dije en Francia: "Más vale un cañón que un teniente coronel". Hoy no repetiría eso. El ejército es el único cimiento con el cual se puede dar una base seria a España».

Se diría que recordaba estas palabras de su *Vida de don Quijote y Sancho*: «¿Qué se teme? ¿Que se trabe pendencia y encienda la guerra

20. A su regreso del exilio, el fervor popular obsequió con esta postal a quien como él más había contribuido al advenimiento de la República. El idilio duró poco. En la votación de las Cortes por la presidencia de la República, en diciembre de 1931, Unamuno obtuvo un solo voto (acaso el suyo propio) frente a los 362 de Alcalá-Zamora.

21. Tras unos años de enfrentamiento con la República y su presidente («Cuidado con Azaña, es un escritor sin lectores y será capaz de hacer una revolución para tenerlos»), Unamuno declaró en los primeros días de guerra a *El Mercurio* de Santiago de Chile: «Me sorprende el encontrarme hoy dando mi confianza a los militares. En cierta ocasión dije en Francia: "Más vale un cañón que un teniente coronel". Hoy no repetiría eso. El Ejército es el único cimiento con el cual se puede dar una base seria a España».

civil de nuevo? ¡Mejor que mejor! Sí: es lo que necesitamos: una guerra civil... Una nueva guerra civil, con unas u otras armas». Y en su *Sentimiento trágico* había dicho: «Cómo suele haber más humanidad en la guerra que no en la paz [...]. La guerra es escuela de fraternidad y lazo de amor; es la guerra la que por el choque y la agresión mutua ha puesto en contacto a los pueblos y les ha hecho conocerse y quererse».

La alegría, sin embargo, de los nacionalistas, que no contaban con tener en sus filas al gigantesco, insobornable e imbatible don Miguel, siempre imprevisible, fue proporcional a la decepción de los republicanos: «La más dolorosa de todas las traiciones: la que se hace el hombre a sí mismo por la más innoble de las cobardías», se dijo de Unamuno en el primer número de *El Mono Azul*. Y al igual que a los duques y marqueses se les empezó a llamar en la prensa ex duques y ex marqueses, algunos periódicos madrileños hablaron esos días del «ex sabio Miguel de Unamuno».

Los falangistas, por el contrario, ávidos de árboles, decidieron arrimársele y proclamarlo, de manera oficial, otra vez el Bautista, a falta de Mesías, ahora, Ausente. Recorrieron sus escritos y espigaron aquí y allá lo que les pareció doctrina del nuevo Estado. No era difícil. Si d'Ors haría falangista a san Agustín, más fácil lo tenían con un profesor de griego contradictorio y solitario. Era el momento de recordar agravios y favores, y a Unamuno le espulgaron su linaje falangista rememorando su encuentro con José Antonio, cuando el mitin del teatro Bretón, en 1935. Todos se las prometieron felices.

Cuando se supo en el Madrid republicano la defección de Unamuno, Azaña lo fulminó, mediante oficio que se podría atribuir a su puño y letra, con una destitución que le apartaba de la rectoría vitalicia de la Universidad de Salamanca y de cuantos cargos le había proporcionado la República, pero no del que le otorgaron las elecciones del 12 de abril de ese año, de concejal. Y como concejal se presentó en el Ayuntamiento con estas palabras: «Aquí estoy, sirviendo a España por la República [...]. Hay que salvar la civilización occidental, la civilización cristiana, tan amenazada». Fueron pronunciadas estas palabras el 25 de julio. El 20 de agosto de 1936 Azaña lo cesaba. Sería injusto asegurar que en la represalia había razones personales, pero nos consta que la medida no tuvo que dolerle mucho a Azaña, del que Unamuno, que lo despreciaba, había dicho en público: «Cuidado con Azaña, es un escritor sin lectores y será capaz de hacer una revolución para tenerlos». En aquellas circunstancias habría sido inútil convencer a don Miguel de que las cosas no habían sucedido como él profetizó.

Para compensarle, el general Cabanellas, presidente de la Junta de Defensa Nacional, embrión de lo que iba a ser el Gobierno de Franco, le volvió a confirmar en todos esos cargos a los pocos días.

Las muertes, los asesinatos, sin embargo, minaron seriamente su confianza en la espada salvadora, mientras anotaba en su cuaderno: «Los unos, con sus rebaños, y los otros, con sus hordas». Difícil dilucidar quiénes eran para Unamuno los «hunos y hotros», como les llamará también, indistinguibles.

Apenas había empezado la guerra y ya tenía un muy certero diagnóstico de la grave enfermedad: «No son unos españoles contra otros (no hay anti-España), sino toda España, una, contra sí misma. Suicidio colectivo». Es como si Unamuno hablase de su propia familia. Dos hijos en las trincheras republicanas, y él, en el bando nacionalista. ¿Llegó a conocer la suerte que corrió su hijo menor Ramón, antifascista convencido, al que una bala destrozaba la cara en el frente de Madrid? El mismo día del bombardeo de Guernica, se le verá, con la

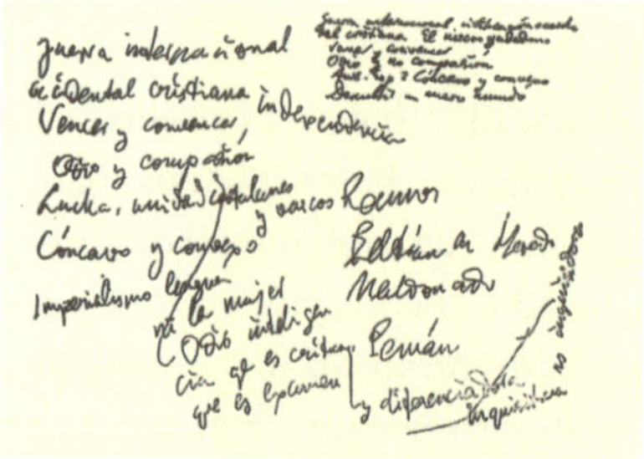
Guerra internacional
occidental cristiana
independencia
Vencer y convencer
Odio y compasión
Lucha, unidad
Cóncavo y convexo
Pemán

22. Millán Astray y dos falangistas, Salamanca, 1936. «El general Millán Astray es un inválido [...]. El general Millán Astray quisiera crear una España nueva según su propia imagen. Y por ello desearía ver a España mutilada, como dio a entender inconscientemente» (palabras de Unamuno en el discurso en el paraninfo de la Universidad).

23. Cuartilla en la que Unamuno anotó algunas ideas para su intervención en el paraninfo de la Universidad de Salamanca, origen del sonadísimo y célebre altercado.

24. Salida de Unamuno del paraninfo de la Universidad, entre abucheos de los militares y falangistas.

cara vendada, al frente de una manifestación antifascista en París contra el bloque de Franco. Para entonces el rector ya había muerto.

Se han repetido hasta la saciedad, pero ningún libro que se escriba de la Guerra Civil podrá no recoger las palabras de Unamuno en el paraninfo de la Universidad de Salamanca, con ocasión de celebrar el Día de la Hispanidad, o de la Raza, como entonces se decía, el 12 de octubre. El mismo día, en idéntico lugar, en Sevilla, otro profesor, Jorge Guillén, pronunciaba otro discurso ante equivalentes autoridades académicas y militares. Pero ahí acaba el parecido, patriótico o moral.

El episodio de Salamanca es conocido: asistían al acto, en el estrado del paraninfo, Carmen Polo, mujer de Franco, el obispo de la ciudad, el general Millán Astray y presidiendo en representación de Franco, el rector, Unamuno. Entre el público, falangistas, autoridades locales, legionarios, catedráticos... A Unamuno se le veía esa mañana nervioso. Iba a presidir el acto en nombre de Franco, al que había visto ya días antes. Llevaba en el bolsillo de la chaqueta la carta que le había escrito la mujer de Atilano Coco, pastor protestante y amigo de Unamuno. Le pedía a este que intercediera acaso ante Carmen Polo. La vida de su marido, encarcelado, corría peligro (lo asesinaron poco después).

Mientras Millán Astray arrojaba sobre los presentes brutalidades de cuartel, a Unamuno, con el semblante serio, se le veía garabatear, nervioso, en una cuartilla algunas acotaciones...

Se ha reconstruido (con variantes, según los biógrafos) lo que dijo el viejo rector, cuando le tocó el turno de intervención, tras don José María Ramos, el dominico padre Vicente Beltrán de Heredia, don Francisco Maldonado de Guevara y José María Pemán.

El silencio que se hizo fue profundo. Todos comprendieron que de aquel anciano con cabeza de búho podía venir para el Glorioso Alzamiento el refrendo que tanto precisaban. Como al oráculo, lo escucharon.

«Estáis esperando mis palabras. Me conocéis bien y sabéis que soy incapaz de permanecer en silencio. Callar, a veces, significa mentir –empezó diciendo–, porque el silencio puede interpretarse como aquiescencia.

»Había dicho que no quería hablar, porque me conozco; pero se me ha tirado de la lengua y debo hacerlo. Se ha hablado aquí de guerra internacional en defensa de la civilización cristiana; yo mismo lo he hecho otras veces. Pero no, la nuestra solo es una guerra incivil. Nací arrullado por una guerra civil y sé lo que digo. Vencer no es convencer y hay que convencer sobre todo, y no puede convencer el odio que no deja lugar para la compasión; el odio a la inteligencia, que es crítica y diferenciadora, inquisitiva, mas no de inquisición. Quisiera comentar el discurso (por llamarlo de alguna forma) del profesor Maldonado. Dejemos aparte el insulto personal que supone la repentina explosión de ofensas contra vascos y catalanes. El obispo, quiera o no, es catalán, nacido en Barcelona, para enseñaros la doctrina cristiana, que no queréis conocer, y yo, que, como sabéis, nací en Bilbao, soy vasco y llevo toda mi vida enseñándoos la lengua española, que no sabéis. Eso sí es Imperio, el de la lengua española, y no...».

Millán Astray, que llevaba un buen rato nervioso, golpeaba con su única mano la mesa e interrumpió con impertinencia: «¿Puedo hablar? ¿Puedo hablar?». Hizo entonces uso de la palabra.

Pronunció un breve discurso, dictado por el histerismo, incoherente, en defensa de la rebelión militar, nos dice un cronista. Se dio suelta a bufidos, voces, vítores, y Unamuno pudo, a su vez, retomar el hilo de sus palabras:

«Acabo de oír el grito necrófilo y sin sentido de ¡Viva la Muerte! Esto me suena lo mismo que ¡Muera la vida! Y yo, que me he pasado toda la vida creando paradojas que provocaron el enojo de los que no las comprendieron, he de decirles, como autoridad en la materia, que esta ridícula paradoja me parece repelente. Puesto que fue proclamada en homenaje al último orador, entiendo que fue dirigida a él, si bien de una manera excesiva y tortuosa, como testimonio de que él mismo es un símbolo de la muerte. ¡Y otra cosa! El general Millán Astray es un inválido. No es preciso decirlo en un tono más bajo. Es un inválido de guerra. También lo fue Cervantes. Pero los extremos no sirven como norma. Desgraciadamente hay hoy en día demasiados inválidos en España. Y pronto habrá más, si Dios no nos ayuda. Me duele pensar que el general Millán Astray pueda dictar las normas de psicología de las masas. Un inválido que carezca de la grandeza espiritual de Cervantes, que era un hombre (no un superhombre) viril y completo a pesar de sus mutilaciones, un inválido, como dije, que carezca de esa superioridad del espíritu, suele sentirse aliviado viendo cómo aumenta el número de mutilados alrededor de él.

»El general Millán Astray no es uno de los espíritus selectos, aunque sea impopular o, quizá por esta misma razón, porque es impopular. El general Millán Astray quisiera crear una España nueva (creación negativa sin duda) según su propia imagen. Y por ello, desearía ver a España mutilada, como inconscientemente dio a entender».

En este punto interrumpió Millán Astray al grito de «¡Muera la inteligencia!», matizado por un José María Pemán que intentaba restañar lo irrestañable con el de «¡No! ¡Viva la inteligencia! ¡Mueran los malos intelectuales!». Sabía Pemán de lo que hablaba. 1935: conferencia en Acción Española; título: «La traición de los intelectuales»; destino: la futura política franquista; represaliados: los Unamuno del mundo.

Es imaginable la pita que se armó entre falangistas, profesores y público, frente a un viejo que se había atrevido a decir lo que nadie en España, en aquellas circunstancias, habría sido capaz de espetarle a un ser moralmente tan repulsivo. Cuando la grita remitió y se hizo de nuevo el silencio, Unamuno pudo proseguir:

«Este es el templo de la inteligencia, y yo soy su sumo sacerdote. Vosotros estáis profanando su sagrado recinto. Yo siempre he sido, diga lo que diga el proverbio, un profeta en mi propio país. Venceréis, pero no convenceréis. Venceréis porque tenéis sobrada fuerza bruta. Pero no convenceréis, porque convencer significa persuadir. Y para persuadir, necesitáis algo que os falta: razón y derecho en la lucha. Me parece inútil pediros que penséis en España. He dicho».

Cuánta grandeza en las palabras de Unamuno, cuánta dignidad en su acto, qué ilimitado coraje quijotesco: ¡él solo contra follones, malandrines y gigantes! Nadie, durante la guerra, ni en las trincheras del frente ni en la retaguardia, estuvo tan cerca de la muerte ni la desafió con más arrestos.

En ese momento Carmen Polo, escudada en Pemán, le dio su brazo, y así, amparado por la mujer del ya proclamado Jefe del Estado y el orador gaditano, salió de la universidad, mientras le protegían de falangistas y legionarios que querían llevárselo para el paseo o lincharlo allí mismo.

Esa misma tarde Unamuno, como todas las tardes, se dirigió al Casino, del que era presidente honorífico, y allí, al entrar, fue insultado de nuevo violenta y reiteradamente, y expulsado. Jamás volvió a poner en él los pies, y en Salamanca empezó a saberse que la vida del rector corría serio peligro.

Diez días después la rueda de la fortuna dio un vertiginoso molinete, y un decreto, firmado por Franco, le volvía a destituir de todos sus cargos. Ni concejal. A Unamuno entonces, confinado de nuevo en la isla de su casa, apenas se le vería.

En su diario poético escribió el viejo poeta versos desconsolados en los que buscaba confortación y prepararse a bien morir, Manrique de sí mismo en estas coplas:

Cual sueño de despedida
ver a lo lejos la vida
que pasó, y entre brumas y en el puerto
espera muriendo el muerto
que fui yo.

Unamuno se iba muriendo y esa agonía la vigiló un corchete que montaba la guardia permanente frente a su puerta. Y por si alguien tuviera alguna duda, se publicó una nota de la Dirección de Prensa, que estaba a cargo de Millán Astray, en la que se leía: «Equivocada filosofía, equivocada corriente la de estos hombres a los que una exacta denominación llamó (durante estos últimos tiempos) "intelectuales". Hombres que andaban con el intelecto; los que veían las cosas cabeza abajo, con opiniones al revés (enrevesadas) y cuya especie o casta era muy antigua, sin embargo, en la historia espiritual del mundo. Pues ya en griego se les denominó: "Los de parecer contrario" (heterodoxos). Y también sofistas: los que ponían la verdad a su gusto.

»Y luego, en la Edad Media cristiana, recibieron el nombre de herejes. Y en el Renacimiento, de "bachilleres". Y en el siglo XVIII de "pedantes". ¡Heterodoxos, sofistas, herejes, bachilleres, pedantes, intelectuales! [...]. Místicos ansía España que, frente a los "intelectuales" rebeldes, insumisos y locos por una absurda libertad, muestren a los demás españoles que no hay libertad verdadera, como dijo un místico contemporáneo nuestro, más que en la sumisión».

Unamuno, el hombre más libre que ha dado España, no podía vivir al lado de quien exaltaba las cadenas, y, si no asesinado como Lorca, puede decirse que murió, en verdad, no solo «de» España, como se dijo, sino «de» los españoles. Él mismo lo había escrito: «Los motejados de intelectuales les estorbarán tanto a los unos como a los otros. Si no les fusilan los fascistas, les fusilarán los marxistas». Y lo había escrito en cierto artículo de 1934: «No cabe participar en una guerra civil sin sentir la justificación de los dos bandos en lucha; como quien no sienta la justicia de su adversario –por llevarlo dentro de sí– no puede sentir su propia justicia». Pero lo cierto es que Unamuno, que creía en ambas, se quedó sin ninguna.

En las últimas semanas iba a sacarlo para dar un paseo por la plaza Mayor Eugenio Montes. Fue este quien contó que en el último que dio con el viejo rector, se pararon en la tienda del marmolista que le estaba haciendo la lápida a su mujer, muerta hacía no mucho. Allí Unamuno despachó sobre ese asunto y luego sacó un papelito del bolsillo y le dictó, con gran circunspección, su propio epitafio, un viejo poema, para cuando lo hubiera menester:

> Méteme, Padre Eterno, en tu pecho,
> misterioso hogar,
> dormiré allí, pues que vengo deshecho
> de duro bregar.

Luego se lo guardó en el bolsillo y siguieron el paseo. Según su nieto Miguel de Unamuno, fue esta historia una patraña de Montes, quien, al contrario de lo que dijo, jamás le volvió a acompañar después del 12 de octubre. Como tantos. El testimonio fue de Fernando Unamuno, hijo del rector y quien eligió, con su hermana Felisa, su epitafio. Felisa, compañera del escritor Quiroga Pla, a quien la guerra sorprendió en Madrid, y su hijo Miguel, el nieto predilecto de don Miguel, se quedaron en Salamanca. Otra guerra civil en su propia casa.

Por todo ello acaso sus pasos lo encaminaban a la muerte. No sin antes escribir algunas cartas que burlaron la censura militar. Estas las exhumó Bergamín en la tardía fecha de 1976. Las dirigió a su amigo y coetáneo el escultor Quintín de Torre, de Espinosa de los Monteros. «Empiezo por decirle que le escribo desde una cárcel disfrazada, que tal es hoy esta mi casa. No es que esté oficialmente confinado en ella, pero sí con un policía –¡pobre esclavo!– a la puerta que me sigue a donde vaya a cierta distancia [...]. ¿La razón de ello? Es que, aunque me adherí al movimiento militar no renuncié a mi deber –no ya derecho– de libre crítica [...]. Hubiera usted oído aullar [sic] a esos dementes falangistas azuzados por ese grotesco y loco histrión que es Millán Astray. Resolución: que se me destituyó de mi rectorado y se me tiene en rehén. En este estado y con lo que sufro al ver este suicidio moral de España, esta locura colectiva, esta epidemia frenopática [...]. Figúrese cómo estaré. [...] Yo dije aquí, y el general Franco me lo tomó y reprodujo, que lo que hay que salvar en España es la civilización occidental cristiana. Lo ratifico. Pero desgraciadamente no se están siempre empleando para ello métodos civilizados ni occidentales ni menos cristianos».

En la segunda de las cartas, a la misma persona, ratifica: «Me dice usted que esta Salamanca es más tranquila, pues aquí está el caudillo. ¿Tranquila? ¡Quiá! Aquí no hay refriegas de campo de guerra, ni se hacen prisioneros de ellas, pero hay la más bestial persecución y asesinatos sin justificación [...]. Qué cándido y qué ligero anduve al adherirme al movimiento de Franco, sin contar con los otros, y fiado –como sigo estándolo– de este supuesto caudillo [que] no acaudilla nada en esto de la represión, del salvaje terror, de la retaguardia, y deja hacer».

Cuando murió, el 31 de diciembre de ese año de 1936, moría uno de los más enaltecidos y valerosos españoles de todos los tiempos, el último Quijote. Fueron sus postreras palabras recogidas por el falangista Bartolomé Aragón, que le hacía ese día la visita: «Dios no puede volverle la espalda a España. España se salvará porque tiene que salvarse». Pobre Unamuno: ni siquiera tuvo la suerte de

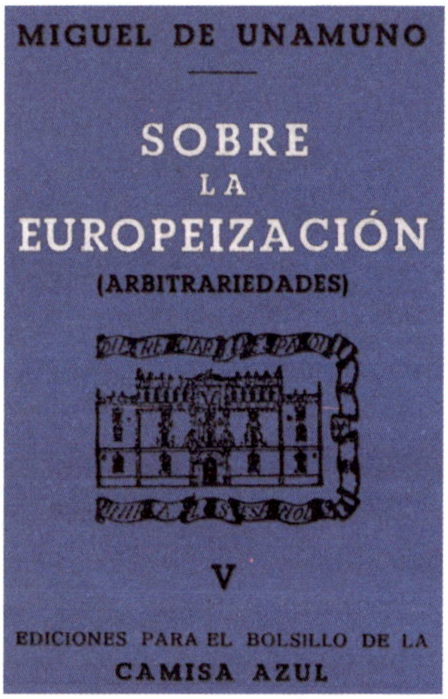

25. «Yo dije aquí, y el general Franco me lo tomó y reprodujo, que lo que hay que salvar en España es la civilización occidental cristiana. Lo ratifico. Pero desgraciadamente no se están siempre empleando para ello métodos civilizados ni occidentales ni menos cristianos. [...] Qué cándido y qué ligero anduve al adherirme al movimiento de Franco, sin contar con los otros, y fiado –como sigo estándolo– de este supuesto caudillo [que] no acaudilla nada en esto de la represión, del salvaje terror, de la retaguardia, y deja hacer». Había pasado ya el tiempo de las adhesiones. En la imagen, Unamuno con su hijo Ramón, que en la guerra lucharía en el frente republicano, donde fue herido de gravedad.

26. Al tiempo que en la España franquista se arrojaban algunos de sus libros al *Índice de libros prohibidos*, se le editaban otros, como este en edición «pulga» para decir una gran frase ante el portalón de la muerte, él, que había pronunciado centenares de ellas, magníficas, sólidas, airosas como templos griegos, hermosas incluso en ruinas. Según Aragón, Unamuno, y a apropósito de su salud, acababa de decirle: «Me encuentro mejor que nunca».

Luego quedó como dormido y al rato, de debajo de las faldas de la mesa camilla, se elevó un tufo a borra quemada que alertó al visitante. A Unamuno, ya difunto, se le chamuscaba la zapatilla de orillo. ¿Podría haber muerto de otro modo, ardiendo como una tea y chamuscado? Oh, paradoja.

La noticia corrió como la pólvora, pero de todas las necrológicas que se publicaron entonces, vale la pena que se recuerden dos. Una, de Antonio Machado, desde Valencia. La otra, desde París, de Ortega. Ambas coinciden en algo: la vida del viejo paradojista fue una meditación continua sobre la muerte. Pero ahí termina todo parecido.

En una de estas notas, pese a todas las circunstancias adversas, se le ve a Unamuno con generosidad. En la otra, inapropiada para el momento, se le regatea a Unamuno todo, hasta la lengua, con elogios envenenados y cicateros. «En la última época, Ortega no aguantaba ya a Unamuno. Tan pronto aparecía don Miguel por la *Revista de Occidente,* Ortega se encerraba en su despacho, pero don Miguel hacía que no se daba cuenta», recordaría Salazar Chapela, citado por Martínez Nadal. Dice Ortega: «Aun siendo espléndido su castellano, tiene siempre ese carácter de aprendido, y, si se me quiere entender bien, todo idioma aprendido, el carácter de lengua muerta». Qué raro que dijera una cosa así, teniendo él, Ortega, uno de los castellanos más afectados de su época y no ya muerto, sino embalsamado con maquillaje casticista, para terminar Ortega en ese extraño artículo oponiendo a la generación de Unamuno, la suya del 14 [para la cual], «la misión inexcusable de un intelectual es ante todo tener una doctrina taxativa, inequívoca y, a ser posible, formulada en tesis rigurosas, fácilmente inteligibles». Ortega se despedía de Unamuno

el bolsillo de la «camisa azul» de los falangistas.

27. «Los unos con sus rebaños, y los otros, con sus hordas [...]. La nuestra solo es una guerra incivil», diría desengañado un hombre que escribió en su diario poético por entonces: «Cual sueño de despedida / ver a lo lejos la vida / que pasó, y entre brumas y en el puerto / espera muriendo el muerto / que fui yo». En la imagen, el féretro de don Miguel de Unamuno recorre las calles de Salamanca a hombros de jerarcas falangistas.

llamándole, sin decirlo, voluble, confuso, superficial y oscuro. Cuando Unamuno ya no podía defenderse. Grandes exequias. La nota de Machado, dictada desde el otro bando, es, por el contrario, ejemplo de largueza: «A quienes lo conocíamos y lo amábamos no nos inquietan las circunstancias más o menos tenebrosas de su acabamiento; sabemos de él lo que nos importaba saber: que murió, sin duda alguna, tan noblemente como había vivido». Y eso que don Antonio no conocía el episodio del 12 de octubre, mantenido en secreto por la prensa fascista.

El entierro fue una manifestación multitudinaria, aprovechado con fines propagandísticos: los mismos falangistas que quisieron lincharle en el paraninfo sacaron a hombros su féretro, mientras algunos catedráticos que habían exigido que fuera expedientado en la universidad se disputaban, compungidos, las cuatro cintas de raso negro.

Sobre la muerte de Unamuno, se ajustaba más a la verdad de lo que pensaban muchos de los sublevados, la nota escueta aparecida en el *Diario Vasco*, de San Sebastián: «Hizo a España un daño enorme. Que Dios se lo perdone». Lo que traducido en otras palabras era: de no haber muerto junto al brasero, tendría que haber sido en la hoguera. Algunos de sus libros, tras la guerra, se prohibieron y ocuparon su lugar en la pira santa y en el *Índice de libros prohibidos*. Pero no estaban menos equivocados en la otra zona: «Ha sucumbido al peso de su miedo», escribía Juan Marinello, el escritor comunista cubano, en su *Momento español*, y en el *Abc* republicano leemos: «Don Miguel de Unamuno ha muerto. No ha muerto ahora. Estaba muerto. Murió el mismo día que se pronunció por lo que más había combatido, por los militares, los banqueros y los obispos, al servicio del Tercer Reich y de Italia, es decir, por lo que él llamaba civilización occidental. De tarde en tarde sabíamos que ese cadáver viajaba por Portugal o se paseaba por Salamanca [...]. A su entierro naturalmente no asistieron los representantes de la civilización occidental: ni un obispo, ni un militar, ni un banquero».

Salamanca sin Unamuno no volvería a ser la misma. Tampoco podría ser España la misma sin el hombre que «murió de ella», de sus terribles males, de sus siniestros hombres.

Salamanca la lírica, la de la dormida carretera de Zamora y los atardeceres dorados, la silenciosa, la eterna y renaciente, se llenó de pronto de militares, de moros y de espías.

Es irrelevante saberlo, pero siempre tuvo uno la curiosidad de conocer el nombre de quien hubiera redactado aquella nota, arriba transcrita, de la Dirección de Prensa, a propósito del discurso del paraninfo. Desde luego no es de Millán Astray, manco de todo. Quizá fuera de algún antiguo amigo del rector. ¿Quizá Víctor de la Serna? ¿Antonio de Obregón, el escritor falangista que llevó a hombros su ataúd? Uno parece descubrir en ella la impronta enloquecida y charlatanesca de Giménez Caballero, que llegó a la ciudad dos semanas más tarde, a primeros de noviembre, evadido de Madrid como periodista belga después de dejar la embajada de Alemania, que asaltaron los revolucionarios, y tras conseguir una avioneta que le llevó a las Landas. Como suele decir Stendhal en sus memorias: se podría saber, habría que ir a una hemeroteca y cotejar las fechas con la llegada a Salamanca de Giménez Caballero, pero ése es ya noble trabajo de archivero erudito. La nota, en cualquier caso, lleva la impronta del «Gran Inquisidor».

Con la llegada del exaltado Giménez Caballero a Salamanca, la ciudad pasaba de la poesía a la novela, del silencio de la oscura provincia a una olla de grillos.

Sabemos, por el propio Giménez Caballero, que éste no se atrevió a visitar a Unamuno, para no contrariar a Millán Astray, su superior. Entre Millán, al que acababa de conocer, y Unamuno, al que tanto debía y al que tanto había adulado en horas sin peligro, Giménez Caballero, siéndolo poco, decidió pasar de largo delante de su puerta. A escondidas, nos dice, sin ser visto, «fui a verle en su tumba», aunque, en honor de la verdad, haya que decir que en su momento había asistido al entierro, lo cual no fue mérito especial, porque a él asistieron muchos, pero sí lo fue su elogiosísimo artículo sobre el rector, que difundió la prensa nacionalista. Pese a que los elogios perseguían una fascistización de Unamuno, esos elogios, en alguien como Giménez Caballero, que seguía trabajando con Millán Astray, ya eran mucho.

Para saber de este gran vanguardista durante los años de la guerra hay dos fuentes. Una, las memorias del interesado. Otra, las memorias y opiniones de los demás, literatura y propaganda aparte.

Giménez Caballero nunca fue, ni como escritor ni como persona, bien mirado por el resto de los escritores falangistas. La antipatía tiene que provenir, creo yo, aparte de su egolatría, de la sospecha de que fuese judío. Si no, no se explica. En casi todos sus camaradas de entonces es frecuente sorprender alguna frase antisemita. Que Giménez

Caballero era judío lo declaraba no solo su apellido o su nariz, sino esa obsesiva manía suya de meterla en *La Gaceta*, viniere o no a cuento, con decenas de artículos dedicados a los sefardíes de Salónica, de Jerusalén o de Tánger.

Están por otro lado las inquinas propias que da el gremio. Giménez Caballero era un vanguardista y todos los demás unos clasicistas, modernistas rezagados y partidarios de Grecia y párvulos de la Escuela Romana del Pirineo. Para Giménez Caballero, por el contrario, las verdaderas Venus de Milo eran las chimeneas de las fábricas o las hélices de un aeroplano. Estaban condenados a no entenderse jamás. Y por si no bastara, en las elecciones de 1936 Giménez Caballero se había presentado no como candidato de la minoritaria Falange, sino como independiente en el Bloque Contrarrevolucionario, encabezado por la CEDA, que en aquel momento tenía más posibilidades de repartir prebendas, a la hora del triunfo, que el partido de José Antonio, quien entre él y Sánchez Mazas, ya había dado muestras de preferir a este. Se equivocó. Tampoco obtuvo su acta de diputado, y los falangistas se la guardaron, resentidos.

El propio Giménez Caballero imputó siempre a Sánchez Mazas, de nariz no menos semítica, el que José Antonio pasara de admirarlo a desdeñarlo. Éste le había confesado a Dionisio Ridruejo que cuando leyó *Genio de España* le pareció un gran libro, pero que, al conocer a su autor, lo creyó un tipejo ridículo con absurdas pretensiones de pasar en España por el *führer*.

La desafección de José Antonio por Giménez Caballero la conocían todos, pero en Salamanca éste pondría todas sus artes de inteligencia y seducción en desmentirla: «Las pequeñas diferencias con el Fundador, si las hubo, estaban ya resueltas», y, de cualquier modo, Primo de Rivera no se encontraba allí para desmentirle.

Al llegar el maquinista de *La Gaceta* a Salamanca se presentó a Millán Astray, que no sabía ni quién era, pero, en cambio, Franco, lector de Ricardo León, le recibió y le confesó ser otro entusiasta de *Genio de España*. A Giménez Caballero casi todos los que se cruzaron con él le parecían entusiastas y exaltadores suyos. Le gustaba llevar esa estadística.

Giménez Caballero había estado buscando durante unos años entre los políticos españoles un Lenin que llevara a España a una revolución que no sabía muy bien en qué tenía que consistir. Lo buscó, sin éxito, en Prieto, en Largo Caballero, y creyó descubrirlo en Azaña. A este último le dedicó un libro delirante, donde mezclaba teorías psicoanalíticas y fantasías fálicas, que aplicó asimismo a Franco, como veremos.

Como Franco, también Giménez Caballero había servido en África, en los rifirrafes del Rif, y a la vuelta publicó un libro, *Notas marruecas de un soldado*, de 1923, recordatorias de las de Cadalso, que le valieron procesamiento y prisiones militares, de las que le vino a sacar, paradójicamente, el Directorio recién creado. Luego, y en poco tiempo también, se sucedieron los libros de corte surrealista, o sea: libros que tienen alguna gracia cuando uno mira la fecha en que se publicaron. Sin esta particularidad no tienen más interés que saberlos la calderilla vanguardista, cosas extravagantes, adjetivos picudos, asociaciones bizarras. Muchas hélices y desmontes, mucho entusiasmo, mucho signo de ¡¡!! En esos libros se ve, más que en ningún otro, lo que de verdad era el histriónico Giménez Caballero, casi siempre de una comicidad involuntaria: un cachivache ramoniano, una de esas maquinarias histéricas y parlantes, llenas de ruedas dentadas, de distintos tamaños, en movimiento perpetuo en todos los sentidos, unas para adelante, otras al través, otras para atrás, al mismo tiempo, en funcionamiento continuo, aunque no se sepa muy bien para qué sirven. Solo por el movimiento vale la pena mirarlas; al rato, aburren y marean, y uno se va. Luego uno dice a sus amistades: era una máquina fantástica; pero ocultamos que acabamos yéndonos de su lado un poco mareados. Pasa con Giménez Caballero como con los tiovivos: hay que verlos de lejos, un rato solo, a cierta distancia, sin fijar la vista, admirando, si acaso, el conjunto. Luego, cuando se recuerdan en la memoria, produce ese recuerdo una vaga melancolía verleniana, pero de cerca, no sé por qué, despiertan una gran irritación. Con todo, algo tenía de genialoide el personaje: en 1927 sedujo a todo el mundo, desde Unamuno hasta J.R.J., de Baroja a Machado, de Gerardo Diego a Lorca; en 1936, la gente, a su alrededor, guardaba silencio; en 1980, todos, en cuanto lo veían, salían huyendo...

En un sentido fue más vanguardista que el resto de los vanguardistas, que siempre iban en grupo, como clase de tropa. «Yo no sentía el vanguardismo», nos recordará en 1988, creyendo que el vanguardismo se había pasado de moda, equivocándose una vez más incluso

28-29. Giménez Caballero en los tiempos de *La Gaceta Literaria*. Giménez Caballero estuvo buscando durante unos años entre los políticos españoles un Lenin que llevara a España a una revolución que no sabía muy bien en qué tenía que consistir. Lo buscó, sin éxito, en Prieto, en Largo Caballero, y creyó descubrirlo en Azaña, al que dedicó este libro en 1932 dentro de una serie que tituló «Profecías españolas».

30. Giménez Caballero con uniforme de Falange y bayoneta. «En 1933 se creó en Alemania para Goebbels, el mago del nacionalsocialismo, el *Reichministerium für Volksaufklärung und Propaganda*... (Yo os pido, fascistas de España, que seáis piadosos cuando triunfemos. ¡Dadme ese ministerio! ¡Solo os lo cambio por un sillón de Gran Inquisidor!)».

31. «De caballero falangista a caballero falangista. A Ernesto Giménez Caballero, lugarteniente del fundador de la "Prensa y Propaganda Nacional" y fundador de la Legión. Con fuerte abrazo, Millán-Astray. 1938. III Año Triunfal». Pocos años después, el general que había luchado por la civilización cristiana de Occidente se enamoró de Rita Gasset (hija de un ex ministro de cuando rectificaba. «Yo llevaba un nervio muy racional, muy español, ¿verdad?, no me perdía en esa marea de tipo internacionalista, apátrida». O sea, de nuevo los judíos. Durante toda la guerra, de 1936 a 1939, vemos, es un decir, a Giménez Caballero no en comandita con el resto de escritores de la Falange, sino apartado por ellos. Venía de lejos, de aquel *Robinsón literario*, suplemento de *La Gaceta* que escribió enteramente solo. Se estaba preparando entonces el camino para su mejor libro, el mencionado *Genio de España. Exaltaciones a una resurrección nacional. Y del mundo*, de 1932, un libro delirante, no ya fascista, que lo es, con todas y cada una de sus palabras metidas, como bizcochos borrachos de Guadalajara, en un licor dulzón, pero de muchos grados. Se le incluye en todas las historias de la literatura. Puede guardar alguna relación con la revolución, incluso con el mundo, pero con la literatura, poca.

En Salamanca Giménez Caballero, a las órdenes de Millán Astray, creó un aparato de propaganda, de radio y prensa, que pronto se ramificó por otras ciudades. El mismo Giménez Caballero había escrito, en 1935, en *Arte y Estado*, uno de sus libros más netamente fascistas, aquellas líneas entre el delirio del visionario y la merienda del oficinista: «En 1933 se creó en Alemania para Goebbels, el mago del nacionalsocialismo, el *Reichministerium für Volksaufklärung und Propaganda...* (Yo os pido, fascistas de España, que seáis piadosos cuando triunfemos. ¡Dadme ese ministerio! ¡Solo os lo cambio por un sillón de Gran Inquisidor!)».

No fueron piadosos con él, no le dieron ni una triste secretaría ni un sillón de académico, porque, con todo, en algo debía de ser mejor que ellos, y le veremos durante la guerra, de un lado para otro, sin silla donde sentarse ni jaima donde colarse.

Era bastante explicable. En las primeras semanas de su estancia en Salamanca, Hedilla, que ocupaba aún la jefatura de Falange, le metió en la cárcel por ciertas indisciplinas. Al salir, nos cuenta García Venero en su *Falange en la guerra de España*, Giménez Caballero declaró, «sollozando, que no sabía lo que era un jefe hasta ser sancionado por

Fomento y prima de Ortega), y cuando la deja embarazada, abandona a su mujer, huye con su amante a Lisboa para evitar la cólera de su amigo el Generalísimo, y a la recién nacida le dará un extraño y hermoso nombre, casi más propio de los anarquistas, Peregrina, regresando a tiempo, con el perdón del dictador, para asistir como padrino a la boda de Celia Gámez, de la que había sido amante. Conociendo toda la historia de este militar, se diría el argumento de una farsa castiza.

Hedilla, a quien juró adhesión eterna, ni conocía el amor a la Falange hasta que se vio en un calabozo por sus culpas». Y no contento con ello escribió un artículo que le dedicó íntegro al estricto gobernante. Es de una adulación repulsiva: «Alto, atlético, se ve tras él al marino y al operario que eleva de pronto toda una clase social al rango nacional. Callado, frío, firme en las decisiones, habla poco, escribe poco. Rige». Etcétera. El tono, como se ve, es el de un vil oportunista.

Naturalmente la lealtad con el timonel Hedilla duró hasta abril de 1937, hasta el Decreto de Unificación, cuyo discurso, para mayor abundamiento, le mandó redactar, a Giménez Caballero, Serrano Suñer, padre de la idea, y que le valió al escritor una conjura: algunos *camisas viejas* planearon asesinarle por lacayo. Sólo desistieron cuando Ridruejo y otros intervinieron.

Quizá porque no terminaba de encontrar un lugar donde quedarse, Giménez Caballero buscó de nuevo su isla de Robinsón literario. Como tal acometió la empresa de editar él solo un periódico que tituló *Los combatientes*. Lo redactaba en Cogolludo, lo imprimía en Soria y lo distribuía él en persona en el frente de Guadalajara. Que se sepa, no se conserva ningún ejemplar de aquel periódico y por tanto es difícil saber lo que escribió en él, aunque quedan muestras de otros muchos artículos publicados en otros papeles. El que dedicó a Franco y a su estilográfica resulta antológico: «Francisco Franco, si lo veis, no le deis nunca el sable de los antiguos generales decimonónicos. No tiene sable. Solo se le ve en el bolsillo de la guerrera una pequeña varita negra y plateada. He aquí su bastón de mando, su vara mágica. Su porra, su falo incomparable. Un rasgo de esta estilográfica sobre un papel es superior en energía y voluntad a la porra, al fusil, a la ametralladora y al cañón mejor disparado, porque mueve todos los cañones, ametralladoras, fusiles y porras de la España Nacional».

Lo extraño es que Franco no lo mandara fusilar por esa frase, en la que podría recelarse un sarcasmo, teniendo presente el aspecto atiplado del generalísimo ciclán. Alguien más sensible a la literatura, y con más lecturas que Ricardo León, lo habría intentado.

Cuenta Ridruejo que «el estilo de exaltación agresiva y de humildad apocada que convivían en el talante de Giménez Caballero le hacían poco simpático. Cuando un día en Sevilla (la Sevilla todavía peligrosa) se encontró con Jorge Guillén, lo arrinconó tronando: "¿Lo ve usted, Jorge? Hay que pensar con los testículos". A lo que el poeta desamparado opuso con sutil ironía: "Claro, claro. Lo he dicho mil veces. Eso es lo que ha hecho usted siempre"». Yo desconfiaría, no obstante, de la anécdota: la fuente es el propio Guillén, quien no brilló en Sevilla precisamente ni por su gallardía ni por su ingenio. En cambio «la primera vez que yo me encontré con él –nos dice Ridruejo–, me aseguró: "Yo soy un místico. Un franciscano". Y me enseñaba sus pies vestidos con sandalias, lo que en aquellos tiempos era verdaderamente insólito». En cualquier caso, un ególatra y un oportunista: «Genial tarambana de la raza» lo llamó su correligionario Samuel Ros.

Quién sabe. ¿Místico? ¿Franciscano? Se pasó la guerra escribiendo y predicando, subido a un púlpito o a una mula. Donde le dejaban gritar sus increíbles *Exaltaciones*. En cierta ocasión Giménez Caballero escribió: «He sido, soy y seré hasta morir, por qué no, un entusiasta». Así no hay manera.

Durante muchos años se dijo que Agustín de Foxá, conde de lo mismo y marqués de Armendáriz, había escrito, no solo pensado, una novela titulada *Salamanca, Cuartel general*, continuación de *Madrid de Corte a cheka*, serie que planeó como unos nuevos *Episodios Nacionales*.

Madrid de Corte a cheka, dividida en tres partes, era un repaso del Madrid monárquico, del Madrid frentepopulista y del Madrid revolucionario. Las dos primeras partes las vivió enteramente Foxá. Para la última, se asegura, el conde aprovechó las experiencias de un hermano, Jaime, también escritor, que había logrado evadirse de la capital, y las suyas propias, habidas durante el primer mes de guerra.

Foxá no necesitó siquiera evadirse de ninguna parte, ya que salió, como diplomático de carrera y al servicio de la República, hacia Bucarest, aunque también le encontramos por entonces en un banquete que le ofrecen por su nuevo destino... ¡a Bombay!

Su amistad con Alberti, Bergamín, Cernuda, Altolaguirre (su impresor), María Zambrano... le salvó, con toda seguridad, del paseo, y le otorgó la credibilidad necesaria. Pocas semanas antes, además, habían estado todos ellos en otro almuerzo que le dieron en su honor. Incluso sabemos que Lorca, en los últimos días de julio que pasó en Madrid, le pidió consejo. Foxá, genio y figura, le entregó, dedicado, *El toro, la muerte y el agua*, y le exhortó para que se fuera a Biarritz. Era la fuerza de la costumbre. A Lorca la sugerencia del conde le pareció una extravagancia, y se fue a Granada.

Las cartas de Foxá escritas desde el Madrid republicano son, de todos modos, escalofriantes. Hay que leerlas: son el miedo en estado sólido. Buscó una salida. Era obvio que un marqués se escondía mal en el Madrid de 1936.

Engañó Foxá a todo el mundo y les convenció de que serviría mejor a la República fuera de España, espiando, que dentro en tal o cual menester. Le creyeron y le mandaron a Bucarest, donde, en efecto, espió, de una España a la otra, como el que trasiega vino de cuba a cuba. Cuando se hizo insostenible el doble juego de despachar con Madrid y Salamanca, lo declaró y partió, ahora sí, vía Biarritz, hacia España.

Se conservan unos *Diarios íntimos* de Foxá. Son, sin duda, uno de los documentos literarios más interesantes para conocer la España nacional de esos tres años de guerra. Quizá, después de leerlos, no se sepa más de política, pero sí se conocerá bastante de cierta españoleidad, y, sin duda, mucho de cierto dandismo ilustrado de derechas, o sea, del españoritismo.

Comenzó a escribirlos en septiembre de 1936. Fuera de España. Solo él se sabía a salvo. La primera anotación corresponde a un martes 22, y reza: «París. Chez Prunier. Unas ostras. Un chablis *frappé* y fresas a la crema. Mariscos de aquárium. Langostas rojas y un marinero de barro en la escalera. En el "Casino" una mujer se desnuda en el trapecio. Fuera, los percherones. Han bajado a la estación Vitorio y Cortero». De ahí se pasa al «miércoles, 23. España en llamas».

No se piense que son, solo, los diarios de un cínico. Lo son, desde luego, pero si solo fuesen eso, tendrían escaso valor. Son *además* los diarios de un poeta, de un novelista, anotaciones inteligentes, pinceladas de humor, desgarro de dandi, el fatalismo un tanto *pourri* del calavera. También son los diarios de un humorista. Foxá no sería Foxá sin reírse de todo: «[Los de la legación rusa en Bucarest] Hablan de Ostrosky, el ministro de la URSS mogol, eslavo y judío en una pieza. Cuando no hay fiestas comen juntos todos los *tovarich* ("camaradas"): el chófer, la *femme de chambre*, el secretario, el cocinero, el agregado militar. Todos sirven menos el ministro. Sin embargo, la camarada *femme de chambre* advirtió hace poco a la camarada ministra que como volviera a acostarse con el camarada chófer, un informe muy grave saldría para Moscú». Se hubiera podido creer un párrafo escrito por Lubitsch para *Ninotchka*. Etcétera.

Habla también Foxá mucho de menús, y eso, en unos diarios, o en cualquier parte, rebaja muchos grados la calidad y el interés. Hablar de la comida, más de dos o tres veces por libro, debería estarle prohibido a los escritores. Mientras media España está pasando hambre de lentejas con lombriz, y la otra media hambre de plato único, los menús de Foxá son imperiales. Todo junto, en trepidaciones de la prosa más admirable de esa zona.

Se lo decía a Ridruejo en una carta de 1938, desde San Sebastián en medio de la primavera: «¡Cómo odio el dolor físico! ¡Cuánto más soportable es el *moral*!». Hay que advertir que Foxá se refería a una muela cariada, pero parece que lo estuviera haciendo del frente o de una checa, no de la Corte.

No conservamos *Salamanca, Cuartel general*. Se dijo también que a Foxá se la habían censurado de arriba abajo. Podría ser. No sería el único caso. A falta de novela, contamos, sin embargo, con estos diarios y sus extensos epistolarios. Es una lástima que se interrumpan a menudo unos y otros.

Desde noviembre de 1936, Foxá, después de un frío y complejo doble juego, está con los nacionalistas, con los que nunca había dejado de estar desde el principio. En enero aparece en Salamanca. No es, desde luego, la Salamanca unificada que pretenden hacer creer. Está llena de traidores, espías, ambiciosos, idealistas tronados, nazis con guantes de gamuza e italianos con plumas en la cabeza, estrategas de café y conspiradores megalómanos, oportunistas y pedigüeños, y la vida de los protagonistas transcurre, vertiginosa, entre el Novelty y el Gran Hotel, el palacio Episcopal y el de Anaya. Se reparten la Falange como si fuera Etiopía, y el Estado, al que quieren llamar nuevo, es el Estado más viejo de la tierra: curas, condes y militares.

Por las noches, después de los cafés y de escuchar Radio Sevilla, brillan las cuchilladas arteras, los sordos tiros de pistola: el porvenir de España.

No hay en los diarios de Foxá demasiada doctrina, que se da por sabida y sentada, y la escritura se convierte en unos frescos de pinceladas expresionistas. Se agradece que falten en ellos exaltaciones patrióticas o teoría política. Es, solo, literatura en estado puro. Es posible que estos materiales, *reelaborados* por Foxá, perdieran lo que tienen de expresivo y directo. No sería extraño que les ocurriese lo que a no pocas obras: que son mejores cuando no pasan de bocetos, dibujos y apuntes, que cuando se convierten en grandes frisos, frescos, telas. El hecho de su discontinuidad les proporciona un *continuum* poético y las asociaciones, inesperadas, fortuitas, intencionadas, enriquecen el conjunto y lo pueblan de mil sentidos. Aquí son casi los datos fríos, el sustrato de la comedia humana que vivía. No hace falta ni siquiera leerlos entre líneas. Conociéndolo un poco, se sabe qué podría haber hecho de todo eso.

Entre los protagonistas (Franco –Francisco y Nicolás–, Serrano Suñer, Giménez Caballero –que no sale–, Eugenio Montes –con el que tertulia en el Gran Hotel–, Pilar Primo de Rivera –que se tiñe las primeras canas–, el cura Yzurdiaga –del que se hablará–, el gordo Sáinz Rodríguez –que no ha perdido peso–, Pemán o Millán Astray), los comparsas (moros con su fez encendido «como un lacre», obispos, duquesas, marquesas y condesas, y las hijas de las duquesas, las marquesas y las condesas, mecánicos, falangistas pobres y falangistas ricos, vírgenes y cortesanas con cruces de diamantes) y los decorados (Salamanca provinciana, balcones colgados, miradores del siglo XIX, un mundo en trance de desaparecer entre Galdós y Paul Morand, los reflejos plateados, platerescos, del Tormes, y recuas de seminaristas con las becas rojas violentamente vueltas por el viento, y formaciones de legionarios con el esternón al aire, a cuerpo gentil, desafiando la escarcha salmantina, fina como las gubias)... con todo ello la novela ibérica y esperpéntica prometía ser espléndida. Lo son, desde luego, esos diarios, que aparecieron publicados por primera vez, muerto ya Franco, en un rincón de su *Obras completas*, en 1976. Nadie dijo nada. Todo el mundo calló. En su casa, la España del franquismo debió de pensar: cosas del señorito, que en paz descansa.

Seguramente *Madrid de Corte a cheka* la escribiera en Ciudad Rodrigo, donde pasó temporadas con los suyos, padres, hermanos, tíos y primos, en una casa de la familia, y la fechó en Salamanca en septiembre de 1937.

Cuando esta novela se publicó, en abril del año siguiente, la conmoción en la zona nacional fue inmensa. La causa daba sus primeros frutos literarios, y Foxá recibía trato de un Valle-Inclán resurrecto.

La novela está dividida, como ya se ha dicho, en tres partes: los últimos tiempos de la Monarquía, la República y la guerra. De las tres, es la mejor, con mucho, la primera. Es decir: donde todavía es posible la literatura y la política apenas aparece.

Aprovecha, desde luego, el esperpento, y negarle méritos de acción, lenguaje y cuadros vivísimos, sería absurdo. Salen todos: literatos, políticos, vesánicos, idealistas, aturdidos. Logreros y pisaverdes, rumbosos y feriantes. Con nombres y apellidos. Cientos. Es un cuadro de época, equivocado o no, de primera mano. Se le ha acusado de haber hecho en esta novela una literatura moralmente deleznable, y en cierto modo es así, pero no, como se piensa, por retratar con vileza a los enemigos (entre los que se contaban algunos amigos y valedores suyos), como por reducir todos sus enemigos a *esos* que retrata, y creerlos tan esquemáticos como los describió. Si esa novela de Foxá ha tenido tantos detractores no ha sido por poco inteligente; al contrario, lo es bastante: por eso tergiversa. Más peligrosa que la verdad es la media verdad; más que la mentira, la media mentira, y para todo ello se precisa una inteligencia especial: de movimientos inesperados, como los del cangrejo, y versátiles, como los de la anguila.

Un antólogo allega como ejemplo de abyección el retrato que Foxá hace de Azaña en la novela: «Árido de metáforas. Se veía la carga enorme de rencor y desilusión, que era su motor y su fuerza. Era un lírico del odio...», etc. Puede uno no estar de acuerdo, pero para pensar esto, injusto desde luego, no hacía falta tampoco ser un fascista: es lo que, desde otro lugar y por razones diferentes, pensaba, por ejemplo, Unamuno del presidente de la República o el mismo Baroja, a los que, por cierto, no trataban mejor desde una y otra parte, como veremos. Dice de Alberti: «Había perdido la gran vena fresca y folklórica de *Marinero en tierra*, *Sobre los ángeles* o de aquel "Joselito": "Tan sin sangre, que ya tengo / blanca la color morena". Resultaba un mal poeta, cantando el cemento, las turbinas, el canal de Kiev o el plan quinquenal». También puede uno disentir de él, pero Foxá sabe de lo que está hablando. J.R.J. pensaba lo mismo. Otras veces, Foxá es de su época: «España será jonsista o será marxista. No hay elección». Y otras, en fin, Foxá, por superficial, es irritante y de una frivolidad indecente: «Esto [la revolución y la guerra] que estamos haciendo parece una novela de adolescencia». Se lo estaban pasando bien.

Foxá era lo bastante inteligente, y abundantes pruebas de ello da a lo largo de *Madrid de Corte a cheka*, como para saber que sus enemigos no participaban todos en las checas, las sacas, los fusilamientos, ni los consentían ni los favorecían, así como tampoco podía ignorar que limitar partidistamente la complejidad moral y la naturaleza de sus

32. *Madrid de Corte a cheka*. Foxá escribió una las novelas más brillantes y más inaceptables de la Guerra Civil, a partes iguales. Fue el modelo de muchas de las que se escribieron en ese mismo bando, desde *Checas de Madrid*, de Borrás, a *Madridgrado*, de Francisco Camba. La novela, llena de descripciones muy del Madrid prerrevolucionario y de guerra, así como abundantes muestras del ingenio más ácido y burlesco, es imprescindible para conocer la visión que la derecha se hizo de la guerra y de los republicanos durante muchos años. Fue la novela canónica. Pero el propio Foxá debió de sospechar que la obra no era todo lo buena que dijeron, ya que contravenía la primera norma de un novelista moderno: no se puede leer si no es con entusiasmo (como don Quijote) y no se puede escribir si no es con escepticismo (como Cervantes). Foxá la escribió con entusiasmo. Es lógico que hoy se lea con escepticismo, al margen de sus evidentes virtudes.

33. Agustín de Foxá, conde de lo mismo: «Soy conde. Soy gordo. Soy diplomático. Soy académico. ¡Cómo no voy a ser reaccionario!».

34. Cubierta de *El almendro y la espada*, San Sebastián, 1940.

enemigos era, en cierto modo, limitar el alcance literario de su obra. Foxá no miente en *Madrid de Corte a cheka* porque no diga la verdad; hay testimonios de sobra de personas no sospechosas, como Juan Ramón, para darle la razón, al menos parcialmente. Miente, porque no dice toda la verdad; y no dice toda la verdad porque ni a él ni, sobre todo, a la causa que defiende podían interesarles la complejidad del alma humana. Querían buenos y malos, y Foxá les dio una novela de buenísimos y malísimos; como en un cartelón de cine, los trazos son gruesos, para mirar de lejos, entornando los ojos y, a ser posible, cerrándolos. Y, claro, los «suyos» no tuvieron la culpa de la guerra. España, la gangrena y el salvador que amputa. Etcétera, etcétera.

La novela, llena de descripciones muy del Madrid prerrevolucionario y de guerra, así como con abundantes muestras del ingenio más ácido y burlesco, es imprescindible para conocer la visión que la derecha se hizo de la guerra durante muchos años. Fue la novela canónica.

Su éxito en la zona y en el exterior (Roma, Berlín, ahí se acaba «su» exterior) fue inmediato, apoteósico. Pero el propio Foxá debió de sospechar que la obra no era todo lo buena que dijeron, ya que contravenía la primera norma de un novelista moderno: no se puede leer si no es con entusiasmo (como don Quijote), y no se puede escribir si no es con escepticismo (como Cervantes). Foxá la escribió con entusiasmo. Es lógico que hoy se lea con escepticismo, al margen de sus otras virtudes.

Ni siquiera se sustrajo Foxá a la exaltación bélica: «Necesitamos –llegó a escribir en uno de sus artículos de guerra, sobre el Alcázar de Toledo, en el primer número de *Vértice* de abril de 1937–, ruinas recientes, cenizas nuevas, frescos despojos... Pero ya está Toledo destruido, es decir, edificado... con la alegre primavera de Falange ya viene el deshielo de las vitrinas». Nos imaginamos perfectamente la brisa del Cantábrico moviendo el visillo en la habitación de su hotel en San Sebastián, donde escribió ese artículo.

Cuando Foxá abandonó Salamanca por Burgos, en el verano de 1938, somos testigos de algo importante: la novela de Salamanca está a punto de convertirse en el Boletín Oficial del Estado. Los románticos de Salamanca son todos ya, o van camino de serlo, empleados y nóminos en una oficina, burócratas del sistema. Es la vida: Foxá a las mujeres de Bucarest les hacía el amor; a las que se encuentra en Burgos, hijas todas de familia, o mujeres de amigos o viudas de mártires, las ama castamente, las acompaña a misa y las invita a angulas. Con el orden pierde la literatura. Foxá no es menos preciso ni menos poético por ello, solo que se le ve crispado: la mitad del día la dedica a discutir con todo el mundo, y la otra mitad a deshacer los equívocos que causan sus frases ingeniosas y malintencionadas. Nadie se salva de su punto de mira: «Subimos en el coche de Dionisio Ridruejo. Comida con Eugenio Montes, la novia de Dionisio, Gloria, Masoliver, Conchita Cano, Viñolas, Samuel Ros. Todos los intelectuales de la Falange. Conversación pedantesca y antihumana. Salimos. Las luces en el estuche de terciopelo azul de la bahía. Un humo de barco. Verbena. Un oso».

A veces incluso su cinismo le lleva más lejos de donde querría: «Día 26. Voy tarde a la oficina. Como en Rodil (allí tuve mi tragedia con Consuelo) unas angulas con Gortázar». Ese paréntesis que levanta Foxá entre Consuelo y las angulas es como si a alguien se le hubiese caído el ojo de cristal en la sopa.

Lo mismo que en Salamanca, parece que los escritores de Falange no hacen otra cosa en Burgos que ir de café en café, de hotel en hotel, charlas, ostras, reuniones, chocolates con damas, carrasclás por las noches, y por las mañanas sellos de neuralginas.

Pese a todo, pese a esa apariencia de *bon vivant* que Foxá se empeñaba en dar de sí mismo, trabajó duramente en la guerra: sus poemas, algunos de los cuales espléndidos (el que le inspiró el hundimiento del *Baleares* podría figurar en la más ponderada y selecta antología de poesía de guerra de ambos bandos), los recogió luego en un libro, *El almendro y la espada*, que andaba saldado en las bateas de Moyano hasta hace unos años. Escribió teatro poético, de japonerías, que estrenó por entonces. Sus artículos de tema literario aún cabe leerlos con gusto, lo que no puede decirse de tantas cosas después de más de medio siglo, y vino con su obra a confirmar, en el fondo, algo que uno ya ha apuntado: el carácter un tanto esquizoide de la literatura fascista española. A diferencia de los franceses o italianos, los fascistas españoles llevaron su literatura de creación por un camino, y su literatura de agitación política por otro. Raramente mezclaban el trabajo y el placer. *Madrid de Corte a cheka* sería una excepción.

Los artículos de Foxá de la guerra, los políticos, eran violentos, como lo eran los de la mayoría. En uno, que dedicó a Salvador de Madariaga, en el que se refería a los «atávicos fermentos judíos de su sangre» y a su anglofilia, terminaba abundando en una idea que, como ya hemos visto, era común a muchos otros de una y otra zona: la exclusión de los liberales del proyecto de España. «La Nueva España –nos dirá Foxá– no sirve para los extranjeros vendidos. La Nueva España afirmativa, ofensiva, violenta, respeta mil veces más a los rojos que nos combaten cara a cara que a ti, pálido desertor de las dos Españas, híbrido como las mulas, infecundo y miserable». Más claro imposible: el enemigo no es la España roja, sino la otra España, la libre.

Foxá podía, como sus amigos, no simpatizar con Giménez Caballero, pero su semblanza de Madariaga no distaba mucho de las palabras del pistonero de la calle Canarias: «España ha dado estos últimos tiempos tres castas de hombres.

»Una: los que querían una España "renovada" en la "tradición" y que pudiéramos llamar nacional.

»Otra: los que querían una España dependiente de Moscú y roja: una España "comunista".

»Y la tercera clase de hombres: aquella que no quería a España ni "fascista" ni "comunista", sino "ginebrina", "afrancesada" y "masónica" [...]. Yo no pido a la juventud que fusile o aniquile a tal clase de hombres [los de la tercera clase]. Yo solo exijo a esa juventud que los deje cumplir su propia voluntad, lo que ellos mismos pidieron al Destino. ¡Ni con la España roja ni con la futura España de nuestra Falange nacional! Pues como no hay otra por ahora (y solo habrá la nuestra mañana) la condena que Dios por mi boca exige para ellos es bien simple. ¡Que se queden sin patria!». O sea, sabían que había una tercera España, a la que había que enviar al limbo, y otra a la que se enviaba al infierno.

Ahogados sus arrebatos fascistas en un arroyo de insultos, Foxá, como tantos otros, volvía a su literatura. Si no se les supiese de su autor, los poemas de Foxá, por ejemplo, nos parecerían los de un poeta modernista clorótico, vagamente fúnebre, enfermo de melancolía y de nostalgia. Nada de vida social, ni de condados o marquesados, sino la vida oscura de una buhardilla con goteras o la enclaustrada rueda de los monjes o la errática existencia del trotamundos por países que en abril llenan sus campos de amapolas y en octubre de infinitas nevadas. Y así debe entenderse la otra obra que Foxá escribió durante la guerra, su fantasía teatral *Cui-Ping-Sing*, drama poético en verso o escotilla por la que su autor, al igual que su amigo Sánchez Mazas con *Rosa Krüger*, se evadió de la crudísima realidad.

Más expeditivos, los nacionales no abandonarían la propaganda a la literatura. Bien al contrario, a medida que conquistaban territorio conquistaban, en primer lugar, órganos de propaganda, fundamentales en su labor de exaltación e intimidación: *Abc* en Sevilla, *El Heraldo de Aragón*, *La Democracia* en León, el *Norte de Castilla* de Valladolid, *Ideal* de Granada, *El Faro* de Vigo, *La Voz* de Asturias, *El Pensamiento Navarro*, de Pamplona, el *Diario de Burgos*, y revistas, *Jerarquía, Vértice, Fotos, Destino, La Ametralladora...*

Como dijo Mainer con acierto en su imprescindible y pionero *Falange y literatura*, «en una sociedad pragmática y despreocupada como la que se avecinaba, posiblemente su error [el de Falange] estuvo en la distancia abismal que mediaba entre la fantasía creadora de sus poetas y sus novelistas, y las dimensiones reales de un mundo cerril e interesado».

LENIN, NUESTRO GRAN MAESTRO

Le-nin nues-tro gran ma-es-tro

e, i, u, o, a

L, n, s, t, r, g, m

CAPÍTULO TERCERO

... O DE LOS PRIMEROS DÍAS DE LA GUERRA EN MADRID, CON OTROS SUCESOS EN LOS QUE INTERVINIERON J.R.J., JOSÉ BERGAMÍN Y RAFAEL ALBERTI.

La libertad se ha muerto;
la llevan a enterrar.
Los frailes van cantando:
¡Viva la libertad!

Copla recogida por Bergamín, 1937.

NO se sabe bien qué significa esta copla, pero puede intuirse. Es confusa, pero premonitoria y bergaminesca (toros y revolución) como aquella del Torín de la Barceloneta de 1835: «Salieron seis toros / los seis mansos fueron; / y esta fue la causa / de quemar conventos»; tan confusa como lo fueron los primeros días que siguieron a la sublevación, que en Madrid fue aplastada allí donde brotó: en el cuartel de la Montaña o en los tejados y azoteas, donde francotiradores suicidas, los *pacos*, hostigaban a quienes trataban de acallarlos, hasta que de allí los segaron como a jaramagos secos, entre desmanes de mayor cuantía.

Hay fotografías escalofriantes de esos días, los muertos tirados en el patio del cuartel, cientos, rígidos como traviesas en desorden, muchos con un tiro en la nuca; los milicianos, con las camisas blancas de los domingos, apoyados en las acacias del verano para disparar sus mosquetones o subidos a un tranvía erizado de fusiles; de pronto una mujer, tostada por el sol y la pobreza, sonriendo con el puño en alto, mal cerrado, con el pudor de quien desnuda una idea. Todo Madrid era todavía una ciudad del XIX, y el moderno, el del gasómetro, las fábricas de luz o las lonjas de las Rondas, con humeros de ladrillo y casitas proletarias, vagamente rústicas, ese Madrid moderno era aún más antiguo que el otro, tan romántico de su vanguardia. Como un pueblo de setecientos mil habitantes, que sobrepasará el millón durante la guerra, con refugiados, soldados y milicianos.

35. Página de la *Cartilla antifascista* diseñada por Mauricio Amster, que se editó junto con una *Cartilla aritmética antifascista* para la alfabetización de los soldados. Algunos republicanos incluso la criticaron, por su neto e ideologizado contenido comunista.

Más que en ninguna otra ciudad, en Madrid se llegó a la guerra por un camino de asesinatos diarios, uno de los cuales, el de Calvo Sotelo, no precipitó los acontecimientos, como durante muchos años quiso hacer creer el franquismo, ya que los conspiradores llevaban preparándose meses, ni tampoco el asesinato del teniente Castillo, como dijeron los que justificaban el de Calvo Sotelo, pero sí vino a proporcionarles a unos y otros una excusa tan oportuna cuanto cínica. A los facinerosos de la derecha y también a quienes, en la izquierda, soñaban, como Largo Caballero, en parecidas orgías. Así lo declaró éste días antes del 18 de julio a un periódico de Londres, el *News Chronicle*: «La solución para España, un baño de sangre».

El hecho de que militares, derechistas, monárquicos y fascistas se hubieran adelantado en su revolución contra la República, soliviantó a sus oponentes hasta tal punto que no pocos extremistas de izquierda, anarquistas, comunistas y los llamados «incontrolados», furiosos por los primeros éxitos fascistas en Galicia, Andalucía y Extremadura, desataron una sangrienta represión entre los elementos conservadores y simpatizantes de los sublevados, y en la que, naturalmente, cayeron no pocos inocentes. En la otra zona, lo mismo, incluso en lugares como León, que nunca se habían destacado por su radicalismo. Se diría que unos y otros llevaban ensayando la tragedia dos años. En cuanto se levantó el telón todos corrieron a aniquilar al enemigo en un baño de sangre, precipitadamente, como si temieran no tener tiempo para ello. La Revolución de Octubre les había enseñado a unos y otros que el que da primero da dos veces. Eso explica la barbarie de los primeros meses en ambas zonas. Tiempos dialécticos: «Porque si no te mato, me matas, yo te mato antes».

Los escritores reaccionaron de manera análoga al resto de la población, conforme a su propia situación personal. No se olvide que durante los cinco años que venía durando la República, todos habían tenido tiempo más que de sobra para tomar posiciones y declarar cuáles eran sus ideas. Bien por lo que pensasen, bien por su aspecto trajeado, algunos, del todo afectos a la República, fueron víctimas de malentendidos cuyas consecuencias habrían podido ser trágicas de no haber mediado prontas y a veces enérgicas actuaciones de quienes tenían poder para evitarlo.

Con el fin de ordenar este período, se pueden establecer, en Madrid, tres grandes grupos de escritores, según la postura que adoptaron desde el primer momento del alzamiento de la facción. Uno, formado por aquellos que estaban abiertamente a favor de la República, representó en la guerra lo que vino a llamarse la *España leal*. Otro grupo, muy numeroso, lo formaron aquellos que de una manera habilidosa lograron soslayar compromisos políticos directos, y evitaron significarse. Dentro de este grupo están los que terminaron saliendo de España en la primera ocasión que se les presentó y los que se aplastaron como liebres, esperaron al final de la guerra, y decidieron quedarse, porque su discreción no les hacía temer depuraciones ni represalias. Y en tercer lugar los que tuvieron que refugiarse en embajadas o evadirse del Madrid republicano, ya que su pública adscripción al bando de los sublevados o su oposición al de los republicanos (postura que no era necesariamente coincidente) les habría llevado a la cárcel o a la checa y al eventual paseo.

En los días que siguieron a la rebelión, la Alianza de Intelectuales Antifascistas para Defensa de la Cultura, creada pocos meses antes y que contaba solo con una cincuentena de afiliados, adquirió una importancia capital en todo lo relacionado con la cultura, y a partir de entoces bajo inspiración comunista.

Ofrecieron la presidencia de la Alianza primero a Machado, que la rechazó, al igual que Juan Ramón, y después de que la aceptara durante un corto período de tiempo el escritor Ricardo Baeza, el fino observador de *La isla de los santos*, pasó a Bergamín, que se hizo ayudar de Alberti, al que se encomendaría la secretaría, que éste desempeñó con riguroso celo.

De esta Alianza se decía en el primer número de *El Mono Azul*, en agosto de 1936, a modo, a un tiempo, de proclama, exaltación y llamamiento: «La Alianza de Intelectuales Antifascistas no es un organismo acabado de nacer al calor de esta espléndida llamarada liberadora que vivimos. Desde antes, desde años atrás, muchos de sus miembros militaban en la Asociación de Escritores Revolucionarios, cuya sede estaba en Moscú».

Podemos subrayar, si queremos: *espléndida llamarada liberadora*. Del germen de la Asociación, se formó, en efecto, un Comité Internacional para Defensa de la Cultura, con sede en París, en un intento de frenar el nazismo de Europa. Estaba integrado por relevantes escritores de todo el mundo, como André Gide, Thomas Mann, André Malraux, Romain Rolland, Aldous Huxley, Waldo Frank, escritores todos

El Mono Azul

Las enseñanzas de una derrota

HOJA SEMANAL DE LA ALIANZA DE INTELECTUALES ANTIFASCISTAS PARA LA DEFENSA DE LA CULTURA

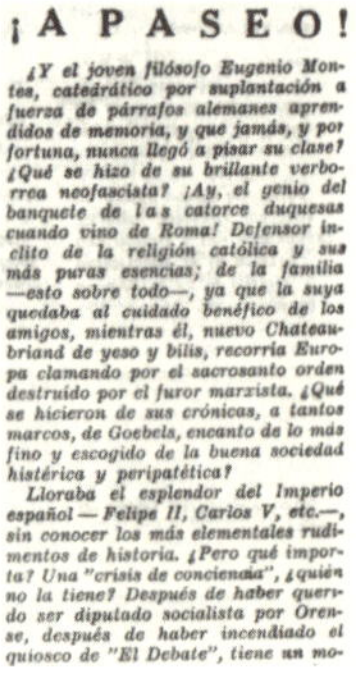
¡A P A S E O!

¿Y el joven filósofo Eugenio Montes, catedrático por suplantación a fuerza de párrafos alemanes aprendidos de memoria, y que jamás, y por fortuna, nunca llegó a pisar su clase? ¿Qué se hizo de su brillante verborrea neofascista? ¡Ay, el genio del banquete de las catorce duquesas cuando vino de Roma! Defensor ínclito de la religión católica y sus más puras esencias; de la familia —esto sobre todo—, ya que la suya quedaba al cuidado benéfico de los amigos, mientras él, nuevo Chateaubriand de yeso y bilis, recorría Europa clamando por el sacrosanto orden destruído por el furor marxista. ¿Qué se hicieron de sus crónicas, a tantos marcos, de Goebels, encanto de lo más fino y escogido de la buena sociedad histérica y peripatética?

Lloraba el esplendor del Imperio español — Felipe II, Carlos V, etc.—, sin conocer los más elementales rudimentos de historia. ¿Pero qué importa? Una "crisis de conciencia", ¿quién no la tiene? Después de haber querido ser diputado socialista por Orense, después de haber incendiado el quiosco de "El Debate", tiene un mo-

36-38. Salones habilitados para la propaganda y camión de la Alianza de Intelectuales Antifascistas, cuya sede estaba en el palacio de los Heredia Spínola. En la imagen superior derecha, Emilio Prados (de frente) y José Bergamín (al fondo) en la biblioteca del palacio.

39-40. Portada del número 8 de *El Mono Azul*, con ilustración de Eduardo Vicente (uno de los mejores pintores al servicio de la República), y mascota de la revista, tocada con una mitra, guiño de aprobación, como otros aparecidos en sus páginas, a los asaltos, saqueos y profanaciones religiosas que estaban teniendo lugar esos días en la España republicana.

41. Una de las secciones de *El Mono Azul* se titulaba «A paseo», y venía a coincidir con el auge en Madrid de los tristemente famosos «paseos» o sacas nocturnas, seguidos de fusilamientos frente a una tapia, en los desmontes y ejidos, de manera que, en la práctica, aquellos paseos en la letra impresa venían a ser una instigación a estos crímenes que cada madrugada sucedían en los atochales y cuestos de Madrid.

que apoyarían a la República desde el primer momento de la guerra. A éstos siguieron otros, en las siguientes semanas, John Dos Passos, Jules Romains, Louis Aragon, Jean Cocteau, André Breton, Ilya Ehrenburg o Heinrich Mann.

El Mono Azul tenía por responsables a María Teresa León y su marido Alberti, Bergamín, Rafael Dieste, Lorenzo Varela y los pintores Antonio Rodríguez Luna, Souto y el compositor y musicólogo Vicente Salas Viu, y se declaraba «hoja volandera que quiere llevar a los frentes y traer de ellos el sentido claro, vivaz y fuerte de nuestra lucha antifascista». Tanto la Alianza como su periódico mostraron en todo momento un gran fervor militar y revolucionario, convencidos sus dirigentes de que el intelectual debía ponerse en esos momentos al servicio de la República y del pueblo.

42. Escritores de todo el mundo, en abrumadora mayoría, como André Gide, Thomas Mann, André Malraux, Romain Rolland o Aldous Huxley apoyarían a la República desde el primer momento de la guerra. A estos siguieron otros, en las siguientes semanas: John Dos Passos, Jules Romains, Louis Aragon, Jean Cocteau, André Breton, Ilya Ehrenburg o Heinrich Mann. (De izquierda a derecha y de arriba abajo.)

Fue *El Mono Azul* una publicación, admirablemente confeccionada en sus primeros números, que tenía a la vez de órgano político, de revista literaria (con una muy destacada sección titulada «Romancero de la Guerra Civil»), de noticiero, de propaganda e incluso, en algunos números, de instrucción militar, con gráficos que enseñaban a hacer certeros los tiros de fusil o a ahorrar balas, y extractos del tratado de Von Clausewitz, de guerra y aniquilamiento del enemigo.

«La inteligencia tenía que ser también combatiente –nos dirá María Zambrano–. La inteligencia vistió ese traje sencillo de la guerra, ese uniforme espontáneo del ejército popular. Todavía hay quien se extraña. Pero convendría recordarles que en los días del nacimiento de la razón, cuando en Grecia, con maravillosa y fragante intuición, se quiso representar a la diosa de la sabiduría, Palas Atenea, se la vistió con casco, lanza y escudo. La razón nació armada, combatiente».

«Todo, hasta los errores, se realiza bajo el imperio de la necesidad», añadirá la propia María Zambrano en uno de sus ensayos de guerra, poniéndose a resguardo del exceso de celo del casco, la lanza y el escudo. Y esto fue lo que denunció, por inaceptable, José Castillejo.

Hubo en *El Mono Azul*, también, colaboraciones muy exaltadas, como corresponde a los primeros tiempos de una guerra. Una de sus secciones se titulaba provocadoramente «A paseo», y venía a coincidir con el auge en Madrid de los tristemente famosos *paseos* o sacas nocturnas, seguidas de fusilamientos frente a una tapia, en los desmontes y ejidos, casi siempre sin proceso, sin juicio, o tras de juicios que eran una farsa, de manera que, en la práctica, aquellos paseos en la letra impresa venían a ser una invitación o instigación a estos otros crímenes que acontecían, cada madrugada, en los atochales y cuestos de Madrid. Entre agosto y noviembre de 1936, se habla de entre ocho y diez mil *paseados* en Madrid. Pongamos de ochenta a cien diarios. Eso debería hacernos recordar la seriedad de un asunto por el que la izquierda siempre ha pasado de puntillas, desviando las responsabilidades hacia los «incontrolados». Pero lo cierto es que cien muertos diarios no son posibles sin un «control» férreo de la situación, del presidente del Gobierno al último mono (azul). Etcétera.

Los primeros «A paseo», del mes de agosto de 1936, se los dedicaron a Montes y a Unamuno, a los que siguieron d'Ors y Giménez Caballero. Son especialmente violentos los que dedicaron, en septiembre, a este último y a Sánchez Mazas. Los conocían bien a ambos, porque habían sido amigos suyos hasta hacía quince días. Sánchez Mazas y Bergamín habían planeado incluso, antes de la guerra, comprarse un terreno en El Viso y construir en él una casa para sus respectivas familias, diseñada por el hermano del segundo, justo donde luego se iría a vivir el primero.

Se sabía, o podía sospecharse, que Giménez Caballero y Sánchez Mazas se escondían en Madrid, y aquellos avisos, o sobreavisos, de *El Mono Azul* equivalían a un cartel de «Se busca. Vivo o muerto» o «Caza de ratas». «Giménez Caballero, el hijo del lío, de sus líos, de la confusión, de la mixtificación de todos los tópicos españolistas; mercachifle, orgulloso de serlo; degenerado hasta la exaltación histérica de las

43-44. Un «paseo» en Madrid, verano de 1936. Tras el escándalo de la fotografía de la iglesia del Carmen, la censura republicana nunca permitió la publicación de esta instantánea. ¿Por qué se conservan infinitamente más fotografías de los crímenes, horrores y atropellos de la zona republicana que de los cometidos en zona rebelde, tanto o más numerosos y perpetrados durante más tiempo? ¿Fue sólo una ingenuidad o el fruto de la ebriedad revolucionaria? Muchos, convencidos de estar escribiendo páginas gloriosas como las de 1789, 1848 o 1917, parecían sentirse no sólo orgullosos de asesinar a sus enemigos de clase, quemar conventos e iglesias, profanar cementerios y saquear palacios o alardear de tribunales populares donde se impartía una justicia dudosa, sino de fotografiar y difundir todo ello. Dejaron así constancia de su «triunfo» sobre los capitalistas y «explotadores» (asaltando sus palacios, colectivizando sus propiedades y asesinando a los patrones), sobre el ejército («eliminando» a la oficialidad desafecta) o sobre Dios, como en el caso de los anarquistas (asaltando sus templos, profanando los objetos del culto y «paseando» a sus ministros y devotos). Artistas como Helios Gómez hicieron en sus obras apología de algunos de esos excesos, como la quema de conventos, e intelectuales como los de *El Mono Azul* mostraron a su mascota, como hemos visto antes, con una mitra procedente de uno de esos asaltos y profanaciones. Para los revolucionarios circular tales hechos significó el triunfo de la libertad absoluta o del absolutismo de la libertad, al tiempo que una fundamentación de su genealogía revolucionaria: jamás dudaron de que ganarían y jamás dudaron de

que en el futuro se mostrarían orgullosos del modo en que lo hicieron. Lo escribió Koltsov en su *Diario*: «En esta guerra se sacarán muchas fotografías y se escribirá mucho». Los rebeldes y fascistas, por el contrario, obraron con gran astucia en lo tocante a sus crímenes, lo que desde luego no hizo que estos fuesen menos despiadados: ni fotógrafos ni rotativas ni taquígrafos. Eran conscientes de que el triunfo de la España oscurantista que postulaban se cimentaba en el silencio y el terror: la mayor parte de los documentos fotográficos de guerra que conservamos de la zona nacional se reducen a escenas bélicas del frente, desfiles militares, actos de adhesión brazo en alto, reparto de víveres y bailes regionales a cargo de la Sección Femenina. Mucho correaje y mucha camisa azul. Darán miedo o asco, pero ahí suele quedarse todo. Así lo exigía también la propaganda, un modo de distinguirse de sus enemigos: procuraron cometer sus asesinatos y abusos a puerta cerrada. Al acabar la guerra, los vencedores ordenaron con fines penales y propagandísticos todos los documentos que probaban las tropelías de los vencidos, incautándolos a medida que conquistaban el territorio. Habían nacido los fondos documentales de lo que se llamó *Causa General*. Una reciente Ley de Memoria Histórica ha tratado de reconstruir y reparar a las víctimas del bando de los vencidos, a sabiendas de que en muchos casos era demasiado tarde; los vencedores, que prefirieron la hipocresía o el cinismo a vanagloriarse de sus crímenes, contaron con cuarenta años tanto para honrar la memoria de sus víctimas como para destruir cuantos vestigios y pruebas pudieran implicarles en su propia barbarie. Sólo los testimonios escritos de los disidentes parecen haberse librado de esa tenaz labor de destrucción de pruebas, pero es bien sabido que la palabra está siempre más cerca de la retórica que una imagen, y que una sola de estas, hablando de la Guerra Civil, suele valer más que mil palabras. También reproducimos aquí la cubierta del espeluznante tomo, profusamente ilustrado, de la Causa General, paradójicamente circulado al mismo tiempo que estaba teniendo lugar la más brutal represión sobre los vencidos: eran las pruebas con que los vencedores «se cargaban de razón». No es literatura, desde luego, pero ningún libro sobre la Guerra Civil podrá pasar por alto los testimonios allí recogidos. Y si lo que se relata en sus páginas es a menudo pavoroso, nadie duda tampoco de que, de haber ganado la guerra la República, contaríamos con una no menos pavorosa Causa General republicana, ya que escribir la historia es una de las prerrogativas de los vencedores, al menos durante un tiempo. Aunque algo que suelen olvidar a menudo vencedores y vencidos es que lo último en desaparecer son las huellas de un crimen, y eso puede concernirles a ambos.

más viles explotaciones de empresa; el que llevaba su adulación a todos los poderes constituidos a términos de indignidad humana, de bajeza, jamás conocidos (recuérdese sus adulaciones personales a Azaña). Giménez Caballero, el famoso "chulo azteca", ¿dónde está? Giménez Caballero, "inspector de alcantarillas", cloaco máximo, coco mínimo, estará en los vertederos, en los pozos negros de sus generales atacados por la disentería del miedo». Se conocían bien, se conocían mucho.

Lo dicho de Sánchez Mazas era igualmente violento, aunque se equivocaban por lo que hacía a la situación del evadido: «El intelectual director de Falange (cargo que arrebató tras de maquiavélicas luchas al cretino de Giménez Caballero) [...], prisionero por su destacada intervención en los cobardes asesinatos llevados a cabo por la canalla fascista, apeló a la benevolencia de los dirigentes republicanos, y aprovechándose de que su mujer iba a ser madre, salió a la calle. Y, naturalmente, "héroe" y "caballero", puso los pies en polvorosa; huyó a Navarra y allí, junto a los clérigos trabucaires (contra los que siempre clamaba) y los requetés de negra historia, luchará contra los leales [...]. Estará luchando con un pie en Francia, dispuesto a huir a la Roma de Mussolini».

Era cierto que Sánchez Mazas había obtenido de la directora general de prisiones, Victoria Kent, un permiso para salir y ver a su hijo, y que había dado su palabra de no huir, y que había huido, no hacia Navarra, sino a Portugal. Pero tampoco es menos cierto que, enterado José Antonio Primo de Rivera de la indignidad de su subordinado y amigo, le hizo llegar, desde su cárcel de Alicante, la orden terminante de que o volvía a Madrid o dejaba de hablarle para siempre. Era el honor de la Falange. Sánchez Mazas, es de suponer que resignado y a disgusto, volvió (aunque sin prisa), le sorprendió el levantamiento en Madrid (meditando el reingreso en prisión) y huyó a refugiarse en la embajada de Chile, donde permaneció un año, hasta que, temiendo el asalto o por temeridad, la abandonó. Se pasó la guerra sin pegar un solo tiro. Nos ocuparemos de todo ello más adelante.

Si no fuera porque podrían abrirse viejas heridas, no estaría de más añadir que los comentarios de *El Mono Azul*, si violentos, no estaban en cierto modo descaminados. No en balde habían sido amigos unos de otros y conocían sus flancos más desprotegidos. El estigma de la cobardía, por ejemplo, fue tal vez la principal leyenda que, en voz baja y en las propias filas falangistas, sobrevoló sobre ambos dirigentes fascistas. ¿Basada en qué? ¿En su oposición, en el caso de Sánchez Mazas, a las represalias que el matonismo falangista estaba siempre dispuesto a llevar a cabo? Difícil de precisar, pero con una presencia real, poderosa, actuante.

El tono de *El Mono Azul*, por tanto, pudo ser incluso más extremo que el de muchas personas que componían su consejo de redacción, y a medida que pasaba la guerra, como también le ocurrió a la España republicana, su orientación se fue haciendo enteramente filocomunista, y las referencias admirativas hacia el «camarada Stalin» o el «camarada Dimitrov» empezaron a ser habituales en sus páginas, al tiempo que la mayor parte de sus colaboradores era de esa tendencia.

Los miembros de la Alianza y los redactores de *El Mono Azul*, conscientes de la revolución que se había desatado en España, y pensando en ella tanto como en la victoria, trataron de adoctrinar a cada uno de los milicianos con textos como el que en primera página se incluía, a modo de editorial, en uno de sus primeros números. «La conciencia revolucionaria», se titulaba, y empezaba: «Hay una frase de Lenin (un monumento, deberíamos decir) que puede resumirse así: "En la revolución, cada revolucionario, individualmente, es responsable de la totalidad de la revolución"». Fractales de la revolución, podríamos asegurar. O sea, cada uno es responsable de todos, pero todos asumirán lo de cada uno. En otras palabras, diluyendo la culpa se diluirán responsabilidades.

Para ello, y desde el primer momento, *El Mono Azul* envió a los distintos frentes, como corresponsales, a todos los escritores de que pudo disponer: María Teresa León y Alberti marcharon al del Guadarrama, con pase de pernocta para volver cada noche al palacio de los Spínola, al que se habían trasladado; Ramón J. Sender estuvo en varios, sucesivamente, y no con gran fortuna, como se verá; Arturo Serrano Plaja y Antonio Sánchez Barbudo visitaron el de Córdoba; al norte acudió César Arconada; Juan Chabás se iría al de Aragón, y María Zambrano se incorporaba en uno de los Batallones de Acero. Todos ellos enviaban desde allí sus crónicas, teñidas por lo general de la absoluta fe en el triunfo final.

Salvo Alberti, indiscutido y popular, aunque no hubiese llegado su fama a los extremos de la de Lorca, eran la mayor parte de los redactores y colaboradores, jóvenes poetas llamados a ocupar un lugar eminente de la literatura española, aunque en ese momento solo tuvieran, como es lógico, una obra vacilante, conocida únicamente por la camarilla literaria. El salto al estrellato fue cuestión de semanas, meses.

Todos ellos se cuestionaban el papel del escritor en la guerra, del intelectual en la política.

De María Zambrano, a quien se debe alguna de las más interesantes reflexiones sobre la guerra, es este texto crucial para responder a muchas de las preguntas que se hacían entonces los jóvenes escritores de izquierdas.

Lo tituló «La libertad del intelectual», y en él leemos estos párrafos: «Libertad es la palabra mágica, es cierto; pero es necesario esclarecer qué libertad es esta que queremos y cómo hemos de llegar a ella. Porque el descubrimiento de la libertad humana, reavivado por el romanticismo, fue en seguida confundido con el individualismo, con un individualismo arbitrario y caprichoso [...]. Y así la libertad se convirtió en separación de la realidad, en vano ensueño quimérico de una imposible independencia. Se confundió la persona, la persona moral de donde brota la libertad, con el individuo vuelto de espaldas a la vida. Y el intelectual vino a desembocar desde el liberalismo romántico en esteticismo humano, trágica contradicción de una encrucijada estéril».

¿No recuerdan estas palabras el «libertad, ¿para qué?» de Lenin a Fernando de los Ríos? Guardan también una relación y parecido con las que, de manera más burda, habían publicado en Salamanca para salirle al paso a Unamuno, tras el episodio del paraninfo. Y la cosa se embrolla un poco más cuando sabemos que María Zambrano, que había sido amiga de Alfonso García Valdecasas (cofundador al poco de Falange Española) y combinado con él para la formación de un Frente Español, de claras escoriaciones fascistas, que había sido amiga de José Antonio y de algunos destacados miembros de Acción Española, María Zambrano, decimos, fue, en los primeros días de la guerra, acusada públicamente en una asamblea de la Alianza, de ser... fascista, lo que había obligado a Bergamín a defenderla y zanjar, con la autoridad de su palabra, algo que pudo haber traído consecuencias muy penosas. Tanto, que decidieron enviarla a Chile una temporada, hasta que los ánimos se calmaran. Y si además sabemos que esas palabras están escritas después de la visita que María Zambrano y otros *aliancistas* (¿o no estaba Zambrano entre ellos?) hicieron a Ortega y Gasset en la Residencia de Estudiantes, puede concluirse que la alumna podía estarlas refiriendo expresamente a su maestro. ¿Cómo entrar entonces en la verdad, cómo conocer el laberinto de la conducta humana, qué pensar del ensueño de salvar la vida en Chile, algo, en efecto bastante romántico... y liberal?

Entre las actividades de la Alianza, apenas estalló la guerra, estuvo la de recabar firmas de intelectuales y escritores relevantes, para ponérselas en un comunicado de apoyo a la República.

Por muchas razones, una de las personalidades inexcusables con las que se contaba era Ortega y Gasset. Este era el nombre que la República podía oponer al de Unamuno, cuyo apoyo a los sublevados había sido propagado por toda la prensa nacional e internacional, ya que Unamuno era, con mucho, el intelectual español más conocido en el extranjero.

El manifiesto que redactaron los aliancistas resultaba muy sumario, de manera que pudieran firmarlo personas de ideas liberales y mesuradas.

«Nosotros –se decía en él–, escritores, artistas investigadores, hombres de actividad intelectual, en suma, agrupados para defender la cultura en todos sus valores nacionales y universales de tradición y creación constante, declaramos nuestra identificación plena y activa con el pueblo, que ahora lucha gloriosamente al lado del Gobierno del Frente Popular defendiendo los verdaderos valores de la inteligencia al defender nuestra libertad y dignidad humanas, como siempre hizo... Los firmantes declaramos que ante la contienda que se está ventilando en España, estamos al lado del Gobierno de la República y del pueblo, que con heroísmo ejemplar lucha por sus libertades».

Con este envío fue una comisión de la Alianza a ver a Ortega.

En julio de 1936, enfermo y con septicemia biliar, Ortega se había refugiado en la Residencia de Estudiantes, que consideró lugar más seguro que su propia casa o las de sus parientes y amigos, a merced sin duda de los brigadistas.

Anotemos también: en aquel momento no era abusivo suponer que se podía asesinar a alguien como Ortega. El primer chalet que registró en El Viso el chequista García Atadell fue precisamente el suyo. Ortega por suerte ya había huido. Lo había hecho la víspera.

«Parecía un esqueleto», nos dice de él Moreno Villa, uno de los últimos residentes del buque insignia de la calle Pinar. «Durante las charlas que tuve con él –nos informa el poeta de Málaga–, no aludió para nada a lo que nos rodeaba». El miedo olímpico, diríamos en alguien cuyo principal defecto fue la soberbia.

Ortega, que había sido firmante con Marañón y Pérez de Ayala del Manifiesto al Servicio de la República en 1931, y pronunciado su célebre *Delenda est monarchia*, recibió con recelos a la delegación de la Alianza, que iba únicamente a pedirle que sancionase en aquellos momentos de peligro el régimen que él, entre otros, había traído a España. No era una misión sencilla, sin embargo, porque todos sabían que fue una frase suya (su célebre «no es esto, no es esto», publicado en el artículo «Un aldabonazo», de 1931) lo que colocó al filósofo frente a toda la nación como el primer desertor prestigioso del nuevo régimen. Incluso había rechazado una condecoración, la Banda, que le otorgó la República en 1935, lo que muchos recibieron como una afrenta.

En julio de 1936, Ortega, según su propio testimonio posterior, se negó en un primer momento a poner su firma en el documento que le presentaron y que hemos visto más arriba, pero ante la cólera de los asociados terminó accediendo.

Su nombre apareció al día siguiente, 31 de julio de 1936, en *Abc* en la nota de adhesión a la República; y días después, en la prensa de todo el mundo junto al de Machado, Juan Ramón Jiménez, Pérez de Ayala, Marichalar, Menéndez Pidal, Marañón y otros científicos. Le pidieron también que hablara en Radio América, pero Ortega, que había cedido con la firma, se opuso enérgicamente a la nueva pretensión de aquellos milicianos amantes de las ondas herzianas.

Fue entonces cuando empezó a decirse en los periódicos que la filosofía de Ortega, quien había intentado ya la creación de un vasto Partido Nacional en la República, había señalado el camino al fascismo y que entre sus secuaces se encontraba el mismo José Antonio Primo de Rivera, lo cual no era falso en absoluto, pues en un artículo del Fundador de Falange, «La política y el intelectual (Homenaje y reproche a don José Ortega y Gasset)», publicado en *Haz* en diciembre de 1935, aquél le hacía reproches al *espectador madrileño* con ese paternalismo que a veces despliegan los hijos hacia los padres. Allí José Antonio tan pronto quiere hacer de Ortega el padre liberal que no tuvo, como el hijo modelo que no llegó a tener. En ese artículo José Antonio terminaba: «Y en esta fecha de plata para don José Ortega y Gasset se le puede ofrecer el regalo de un vaticinio: antes de que se extinga su vida, que todos deseamos larga, y que por ser larga y suya tiene que ser fecunda, llegará un día en que al paso triunfal de esta generación, de la que fue lejano maestro, tenga que exclamar complacido: "Esto sí es"». José Antonio no olvidaba que Ortega había apoyado el golpe y la dictadura de su padre, lo que alguno, como Unamuno, consideró siempre «una cobardía». ¿Se entienden ahora mejor las palabras de Ortega a la muerte del rector de Salamanca? ¿Se entienden las palabras de José Antonio, si recordamos las de Ortega? Éste, en 1925, había dicho: «El cariz que en todos los órdenes va tomando la existencia europea anuncia un tiempo de varonía y juventud. La mujer y el viejo tienen que ceder durante un tiempo el gobierno de la vida a los muchachos».

45-46. Vista del edificio de la Facultad de Filosofía y Letras de la Universidad Complutense de Madrid durante la Guerra Civil y lección de tiro a cargo de militares republicanos en el aula magna de dicha Facultad.

Que se denunciase a Ortega como mentor del falangismo era una invitación para que alguien se tomase la justicia por su mano. En agosto de 1936 Julián Besteiro puso al corriente a Ortega, al parecer, de que había gentes que iban a asesinarle, y Ortega, providencialmente, consiguió huir, vía Valencia, llegar a Marsella, y de aquí pasar, después de un mes y medio en Grenoble, a París. Al poco fue destituido de su cátedra de Madrid. Con todo, corrió mejor suerte que el republicano Melquíades Álvarez, a quien sí asesinaron por esos días en Madrid.

Meses después, ya a salvo en París de cualquier represalia, denunció Ortega que aquella firma le había sido arrancada por «los comunistas y

47. La Residencia de Estudiantes convertida en Hospital de Sangre. En ella se refugiaron durante algunos días Ortega o Dámaso Alonso, entre otros. Meses después, en 1937, acogería al Congreso de Escritores iniciado en Valencia.

48. «Ser de la izquierda es, como ser de la derecha, una de las infinitas maneras que el hombre puede elegir para ser un imbécil», escribirá Ortega en el «Epílogo para ingleses» de su *La rebelión de las masas*, en plena Guerra Civil. Enfrentado incluso a intelectuales como Einstein, favorables a la República, hacía meses que había perdido todas las batallas. En la imagen, Ortega con Manuel García Morente, antes de la guerra.

sus afines, bajo las más graves amenazas». Fue en una contestación a unas declaraciones contra Einstein, quien apoyaba públicamente al Gobierno de la República, y que dieron la vuelta al mundo. Se publicó la de Ortega en la revista *The Nineteenth Century*: «Mientras los comunistas y sus afines obligaban, bajo las más graves amenazas, a escritores y profesores a firmar manifiestos, a hablar por radio, etc., cómodamente sentados en sus despachos o en sus clubs, exentos de toda presión, alguno de los principales escritores ingleses firman otro manifiesto donde se garantizaba que esos comunistas y sus afines eran los defensores de la liber-

DERNIÈRE ÉDITION

Petit Parisien

LE PLUS LU DES JOURNAUX DU MONDE ENTIER

INTERVIEW DE FRANCO CHEF DE L'INSURRECTION

— Je ne bombarderai jamais Madrid... il y a des innocents.

49. «Lo único que pienso que ha influido últimamente en la política, principalmente por su forma literaria, ha sido la obra de Ortega y Gasset en la ideología del fascismo español», dirá su amigo Pío Baroja.

50-53. Madrid fue desde el primer momento de la guerra objetivo militar primordial. Todos comprendieron que de su conquista o de su resistencia dependía el desenlace. Tres años de sitio, sometida a criminales bombardeos sobre la población civil por parte de la aviación franquista y a sabotajes de la quinta columna, elevaron su heroísmo a cumbres legendarias. En las imágenes, *Madrid es nuestro* (de los periodistas Jesús Izacaray, Clemente Cimorra, Mariano Perla y Eduardo Ontañón, prologados por el general Miaja); *Madrid, baluarte de nuestra guerra de independencia*, raro folleto con poemas y prosas de Antonio Machado, y *Madrid*, la revista valenciana en la que aparecieron, entre otras valiosas aportaciones, litografías originales de Gutiérrez Solana, Arteta, Cristóbal Ruiz y Souto, y colaboraciones de Domenchina, Bergamín, Prados, Azaña, Machado y diversos científicos. Y el recorte que Koestler incluyó en su *Testamento español*, en el que Franco aseguraba en el *Petit Parisien* que jamás bombardearía Madrid.

tad [...]. Hace unos días, Albert Einstein se ha creído con "derecho" a opinar sobre la guerra civil española y tomar posición ante ella. Ahora bien, Albert Einstein usufructúa una ignorancia radical sobre lo que ha pasado en España ahora, hace siglos y siempre. El espíritu que le lleva a esta insolente intervención es el mismo que desde hace mucho tiempo viene causando el desprestigio universal del hombre intelectual, el cual, a su vez, hace que hoy vaya el mundo a la deriva, falto de *pouvoir spirituel*». Más adelante diría también: «El *totalitarismo* salvará al *liberalismo* destiñendo sobre él, depurándole, y gracias a ello veremos pronto a un nuevo liberalismo templar los regímenes autoritarios». Dicho de otro modo: «de momento» había que ponerse del lado de la España de Franco.

Estas líneas, junto con su célebre «Epílogo para ingleses» a una edición británica de *La rebelión de las masas* escrito por entonces, le terminaron por cerrar las últimas puertas de la izquierda internacional, si aún le quedaba alguna abierta. Y deberían hacernos reflexionar sobre el verdadero carácter político de un hombre que escribía en ese mismo texto: «Ser de la izquierda es, como ser de la derecha, una de las infinitas maneras que el hombre puede elegir para ser un imbécil».

Al mismo tiempo circuló incluso por Madrid el nombre de la persona (María Zambrano) que presuntamente había desenfundado una pistola, obligando al filósofo a estampar su firma en el documento, lo cual entra en contradicción con el testimonio de Soledad Ortega, hija del filósofo, a este que hace ahora las veces de cronista. Según Soledad Ortega, ni su padre recibió amenaza ninguna, porque sería ella quien pactase la firma de don José en los jardines de la Residencia con los aliancistas, que no llegaron a subir a la habitación donde esperaba el viejo profesor, ni éste manifestó nada, cuando lo pudo hacer, ni ella reconoció a ninguno de los que fueron aquel día de julio a la Colina de los Chopos. Para su hija, aquel día al ilustre profesor, contra lo que él mismo escribió a los pocos días de aquellos hechos, solo le distrajeron los gorgoritos de los pájaros pintos. Pero lo cierto es que Bergamín, en una carta abierta al filósofo, escrita poco después de la guerra, confirma que firmó libremente la adhesión y que lo hizo ante Zambrano. Bergamín no dice nada de la pistola, pero sabemos también que Zambrano solía llevar una al cinto esos días. Eso bastó. Como se ve, es todo como una novela, donde los protagonistas están a merced de sus propios recuerdos interesados, tanto como de la pasión del novelista. Ortega y Zambrano volvieron a verse y a tratarse después, en el exilio. Y olvidaron, a lo que parece, el episodio. Zambrano guardó hacia su maestro el mayor de los respetos.

En los diarios de Max Aub se recoge una conversación con Natalia Cossío de Jiménez Fraud. Y recuerdan que María Zambrano («esa mujer es tonta», dicen que dijo Ortega) subía a la Residencia a visitar al filósofo en un cochazo incautado a alguno de sus amigos aristócratas. Claro que ahora el chisme cobra alguna verosimilitud. Quizá no fuera una pistola real, pero sí simbólica: el grito. O el canto: «La libertad se ha muerto, / la llevan a enterrar».

A los pocos meses, no obstante, Bergamín publicó en *Frente Rojo* una contestación terminante a Ortega sobre lo que aquél calificaba de patrañas, y años después, desde Méjico, le exigiría al filósofo en un artículo de *España peregrina*, y en nombre de la honorabilidad de la Alianza y de la persona a la que se tachaba de pistolera, que aclarase sus imputaciones, que Bergamín consideraba infamantes, pero, a esas alturas, Ortega ni siquiera se dignó entrar en la polémica. Fue también Bergamín, con su característico mordiente, quien aseguró entonces que Ortega había rehusado hablar por radio, por no haber sido invitado a ello con toda la solemnidad que un Ortega, vanidoso y pontífice, exigía en «su doliente postración».

Por otro lado, y al margen de esto, el retrato de María Zambrano de Ortega era bastante exacto en ese momento: un hombre desbordado por los acontecimientos, con fuertes contradicciones intelectuales y afectivas, que huye no a encastillarse en el marfil de un lugar seguro, sino en el más terrible foso de su soledad y su destierro. Baroja percibió también ese carácter errático y contradictorio de Ortega, del que era amigo, en una frase con la que éste seguramente no estaría de acuerdo: «Lo único que pienso que ha influido últimamente en la política, principalmente por su forma literaria, ha sido la obra de Ortega y Gasset en la ideología del fascismo español».

Quien lea los textos de Ortega en los que hace explícita alusión a la guerra, se encontrará con un hombre que quiere tener la voz firme de otras ocasiones, solo que ahora adelgazada por la conciencia íntima de quien se siente culpable, en cierto modo, de haber engendrado, según él, un monstruo. Puede decirse que se comportó, en efecto, como el intelectual descrito por María Zambrano, no tanto por no ponerse del lado de los leales a la República, como por huir de sus responsabilidades en aquel momento. La República era hija suya y debió quedarse a su lado, como tantos liberales, para verla morir.

Ortega permaneció en París hasta junio de 1937. Desde junio a octubre de 1937, partió invitado a Holanda, con su hijo José (Miguel se había incorporado como médico en el Cuartel General de Salamanca, y el mismo José lo iba a hacer también en breve, también con los facciosos). Y a partir de ahí hizo todo lo posible por ponerse del lado de los franquistas, que lo castigaron con desdenes y humillaciones, no obstante su habilidad de conspirador obsequioso de la estirpe más triste, buscando eternamente un auditorio al que no dejase insatisfecho.

De la evolución ideológica y política de Ortega nos queda constancia en las cartas que escribió a dos de sus más conspicuos y ya circunspectos amigos, para los cuales no tenía secretos: Marañón y Pérez de Ayala. A los tres viejos republicanos les unía, cada día más, la fe que tenían puesta en los sublevados, y les unían los hijos: los de todos ellos luchaban en las mismas trincheras. Se ha dicho siempre: la familia «tira» mucho.

«Las notas de Franco son cada día más acertadas y en su punto», llegará a escribir Ortega a Marañón el 17 de agosto de 1937, a quien también participa en 1939 su «alborozo y felicitación» por la entrada de las tropas de Franco en Madrid.

A la asociación o contubernio de los tres se la conocería en la República con el nombre de *La trahison des clercs*, título que fue del libro *La traición de los intelectuales* del escritor prorrepublicano Julien Benda.

Por esos mismos días Ortega redactaba «En cuanto al pacifismo», artículo que vería la luz en marzo de 1937, y en el que se retractaba de sus antiguas posiciones.

El drama de Ortega, como el de otros, fue ser liberal en un mundo que no aceptaba los liberalismos, obligado, por tanto, a elegir un campo de batalla, cuando ninguno se acomodaba a sus ideas, y, por supuesto, ninguno placía a su naturaleza pacífica, escolástica y especulativa.

Personas no menos pacíficas y especulativas fueron, desde luego, Antonio Machado, del que se hablará, y Juan Ramón Jiménez. También a éste le solicitaron la firma y no solo la dio con agrado, sino que personalizó su testimonio en una nota que difundió toda la prensa, en la cual el poeta deseaba el «triunfo total del pueblo español, su triunfo moral y su triunfo material». En ella pedía también «¡No matar nunca, no destruir nunca a ciegas! No debe ser ciega la fe del noble pueblo español».

Los años de la República los había pasado J.R.J. si no solo, sí apestado y enemistado con casi todos, dedicado a su obra en cuerpo y alma, sin alardes políticos, sin ambiciones públicas. Ésa fue, quizá, la razón por la cual muchos poetas del 27, encabezados por Neruda, le declararon una guerra sorda y sórdida que incluía hostigamientos, parodias y llamaditas telefónicas anónimas, llenas de suciedades e infamias: «Neruda me cantaba, con los varios suyos de entonces, coplas soeces por teléfono», confesará el poeta años después con tristeza e indignación.

Los que ignoraban el fondo íntegro de Juan Ramón Jiménez debieron de sorprenderse de su decidida actitud prorrepublicana.

Tres o cuatro meses antes de la guerra, J.R.J. recibió al periodista argentino Pablo Suero, que preparaba un tomo de entrevistas con políticos y literatos españoles. Suero, que simpatizaba con la República, llegó a España en 1935 y las entrevistas están hechas a finales de ese año y principios del siguiente, y se publicaron a finales de 1936, tal vez 1937 (no consta el año de impresión, pero da cuenta del asesinato de Lorca, uno de los entrevistados, gran amigo suyo; tampoco el emplazamiento de las prensas, presumiblemente Buenos Aires o Montevideo). Es un trabajo el suyo interesante y un documento excepcional. Lo tituló *España levanta el puño,* y ahí leemos lo que J.R.J. declaraba a su autor en esos meses: «Tengo un profundo pesimismo y una gran desilusión de este momento de la vida española... La República me ha defraudado... Estas vergüenzas del estraperlo no tienen nada que envidiarles a las de la Monarquía. Estos hombres del nuevo régimen son más o menos como los del viejo». Más adelante, tras reconocer J.R.J. la probidad de Azaña, el periodista le pregunta: «–¿Es usted comunista, Juan Ramón? –Sí. Yo creo que el comunismo vendrá, como todo. Yo soy comunista individualista». La entrevista la terminaba Suero dos páginas más adelante con esta frase: «Juan Ramón Jiménez [...]. En estas notas de *España levanta el puño* parece un intruso. ¿Es de los pocos españoles que no levanta el puño?». Unos entraban en su torre de marfil y otros salían de ella.

Un mes antes de que empezara la guerra, J.R.J., en *Política estética*, una conferencia, iba a ir más lejos aún: «Yo no sé cómo decidir si el estado normal del mundo, del mundo del hombre, de nuestro mundo, es la guerra o la paz. En mi infancia y mi primera juventud, creo recordar ahora que yo creía más o menos vagamente que era la paz [...]. Hace veinte años [...] llegué a creer que el estado normal del mundo y del hombre había de ser ya, por fatal destino y para siempre, la guerra. Hoy creo seguramente que es la paz». Quizá por eso le había escrito a Juan Guerrero el 18 de mayo: «Salir de España sería desertar, una cobardía, y no lo hago. Así que aquí estamos con esa gran preocupación de si llegará un día en que desaparezca toda la obra, que es mi vida entera».

Y a propósito de esa conferencia, J.R.J. confesaría a su amigo Juan Guerrero: «Quisiera que se leyera mucho, a ver si servía de algo, pues lo hago con esa intención, por si la gente se da cuenta de que por la poesía se pueden salvar muchas cosas que ahora están en peligro. Pero no con poesías asépticas ni cívicas, sino con la poesía natural, directa, auténtica...».

Con todo, por lo que escribió J.R.J. de la guerra, después de ella, parece una más de las personas que no aceptaba que la guerra se hubiese planteado en tales términos. Igualmente le resultó duro un exilio al que, desde luego, le había conducido Franco, pero también, en cierto modo, aquellos a los que él apoyó desde el primer momento y sin desmayo; y sin desmayo, solo, lejos de los centros de exiliados, consumió lo que le quedaba de vida.

Fue mucho lo que Juan Ramón Jiménez escribió de la guerra, y tan importante, que durante muchos años se creyeron excusados de leerlo o citarlo. Esto ha cambiado, y el nombre de J.R.J. está a todas horas en boca de quienes lo denigraron o ignoraron hasta ayer mismo.

A los Jiménez la guerra, como a tantos, les sorprendió en Madrid. Desde la publicación de ese libro crucial en la obra de J.R.J. que es *Guerra en España*, dedicado a Manuel Azaña, Besteiro, Rivas Cherif y Juan Guerrero Ruiz, son muchos los detalles que conocemos de aquellos días de la vida del poeta y su mujer Zenobia Camprubí. El libro, una meritoria reconstrucción de Ángel Crespo, de 1985, acaba ahora (2010) de conocer su edición definitiva con cuatrocientas páginas más y otros documentos inéditos acopiados por la probidad impagable de Soledad González Ródenas. Este conjunto valiosísimo nos permite contrastar incluso opiniones y sentimientos que tal vez en un libro ordenado por el propio y exigente J.R.J. no habríamos llegado a conocer.

Al estallar la guerra, J.R.J. y su mujer se ofrecieron sin demora a las autoridades para lo que estas mejor dispusiesen. «Me ofrecí a varios ministros amigos para que me emplearan en lo más necesario. Ninguno me llamó y alguno ni me recibió siquiera». Eran los días en los que un simple sombrero o una corbata significaban delaciones inapelables. O los zapatos. Tal vez por ello ambos, él y ella, se prendieron

54-55. Viendo al J.R. de estos momentos es difícil no recordar las palabras de Hannah Arendt: «En las circunstancias imperantes en el Tercer Reich, tan solo los seres "excepcionales" podían reaccionar "normalmente"». J.R.J. y Zenobia Camprubí en 1938 y pasaporte de ambos sellado en Madrid el 18 de agosto de 1936.

56-59. Cartel republicano distribuido en el extranjero y páginas del álbum que J.R.J. fue confeccionando con recortes anotados para su libro *Guerra en España*, uno de los testimonios más lúcidos e impresionantes que se hayan escrito sobre la guerra. En él puede leerse: «La poesía de la guerra no se escribe, y sobre todo no se escribe desde lejos, se realiza. Poeta de la guerra es el que sufre de veras en la ciudad o en el campo, no el que se desgañita en un refugio seguro y cree en la eficacia de su jemido y su llanto resguardado [...]. Debemos ayudar al Gobierno y al pueblo: no ellos a nosotros».

de la manga de sus trajes sendos brazaletes de la Cruz Roja. J.R.J., que perdería a un muy querido sobrino falangista en el frente, hizo un relato, años después, de esos primeros días. Viendo al J.R. de estos momentos es difícil no recordar las palabras de Hannah Arendt: «En las circunstancias imperantes en el Tercer Reich, tan solo los seres "excepcionales" podían reaccionar "normalmente"».

Los jóvenes y combativos escritores, enemigos literarios de antes de ayer, estaban orgullosos y contentos de que el escritor híspido y marfileño se entregara a las labores humanitarias.

Incluso Alberti y Bergamín llegarían a ofrecerle, como se ha dicho, la presidencia de la Alianza de Intelectuales Antifascistas, que él, como Machado, rechazó, aunque por razones diferentes: Machado por tener a su hermano en la otra zona y J.R.J. porque «la mitad por lo menos de los refujiados [en la Alianza] eran fascistas [...] Yo no acepté vivir en la "Alianza Antifascista" porque allí estaban conocidos fascistas, falanjistas, los amigos de José Bergamín, Corpus Barga, la redacción de *El Sol*». Eran días en los que no resultaba fácil ni cómodo renunciar a muchos de esos ofrecimientos. Poco después ocurrió algo grave, que el propio J.R.J. escribió en *Tiempo*: «Llegada la guerra, semanas después [de la conferencia *Política Poética* fue insultado por Luis Araquistáin "en aquel papelucho *Claridad*, al alimón con Pepito Bergamín en los términos más soeces ('babosa', 'gusano', etc.), toda la fraseología tabernaria y bergaminesca"] a este ataque, tomó carácter de incitación al asesinato. Me acuerdo ahora de aquellos jóvenes escritores que venían a nuestra casa con corsé, calcetines de seda y bordados, pulseritas, polvos y una hoz y un martillo de oro en la corbata, "luego" algunos de ellos han convertido la hoz y el martillo en flechas y el puño hipertrofiado en mano abierta hipertrofiada». Sí, «un intelectual, por muy alto que esté, si es antirrevolucionario, estorba», había dicho Araquistáin a la encuesta de *Leviatán* meses antes del estallido de la guerra, y todos sabían en 1936 el significado que se le daba al verbo *estorbar*.

Algunos de esos jóvenes estaban en julio de 1936 en la Alianza y allí los visitó, en su nueva sede del palacio requisado a los marqueses de Heredia Spínola. («Se contaron [en los roperos de los marqueses] mil doscientas camisas, seiscientos pares de zapatos y cuatrocientos cincuenta trajes», informará Luis Enrique Délano en *Sobre todo Madrid*). Se invitó incluso al matrimonio Jiménez a que se mudase a vivir allí, en el caso de que él aceptara la dirección, como de hecho hicieron los Alberti. De nuevo rehusaría J.R.J.

La Junta para la Protección de Menores les confió entonces una docena de niños, que los Jiménez albergaron en uno de los pisos amueblados que Zenobia, como negocio, alquilaba a extranjeros. Los niños fueron a uno de estos pisos, en la calle de Velázquez, número 65. El matrimonio les alimentó de sus propios recursos. Cuenta el poeta que, agotados estos, tuvieron que empeñar algunos objetos de valor en el Monte de Piedad.

«Un día tuve yo necesidad –nos dice J.R.J.– de ir por una cuna a dicha guardería [anarquista]. Un hombre miserablemente sucio y embozado dijo que tenía orden de detenerme porque yo pertenecía a Acción Católica. Todos los que me conocen saben que desde mi salida del Colejio de los Jesuitas yo no practico relijión alguna y que tengo escasa simpatía por todas ellas [...]. Mi mujer y yo comprendimos pronto que no hacíamos nada en Madrid, como la mayoría de los escritores y artistas, que estábamos en un peligro estúpido y constante, ya que en Madrid había jente de todos los partidos y todas las sectas y todas las intenciones, y decidimos pedirle a mi amigo, el presidente D. Manuel Azaña, que nos permitiera salir para Estados Unidos, en donde esperábamos ser más útiles que en España misma. Gracias a Cipriano Rivas, todo se hizo en un día. Se me ofrecieron algunos cargos diplomáticos que no acepté, con la escepción de uno: "agregado cultural honorario" en Washington». El episodio de esos días lo llevó años más tarde J.R.J. a su extraordinario poema *Espacio*: «El papelito sucio, cuadradillo añil, de la denuncia a lápiz, contra mí. Madrid en guerra, el buzón de aquel blancote de anarquista, que me quiso juzgar, con crucifijo y todo, ante la mesa de la biblioteca que fue un día de Nocedal (don Cándido); y que murió la tarde aquella con la bala que era para él (no para mí), y la pobre mujer que se cayó con él, más blanca que mis dientes que me salvaron por blancos...». El poeta había tenido que mostrarle en un control callejero las muelas a un anarquista, que buscaba a un hombre con fundas de oro.

Rafael Alberti, al que el poeta de Moguer se había encontrado a la salida de la oficina de pasaportes, se ofreció a ponerles una guardia comunista durante el tiempo que todavía permaneciesen los Jiménez en Madrid. Pero de nuevo J.R.J. rehusó. No obstante lo que J.R.J. pensaba de la poesía del poeta de Cádiz, que no estimaba en mucho (ni siquiera *Marinero en tierra*, en el que J.R.J., en el ejemplar que se conserva en Puerto Rico, anotó abundantes «lata», «lata», «hojalata»), años más tarde todavía le agradecía a aquél el gesto de protegerle. El 19 de agosto el presidente de la República le entregaba el nombramiento de agregado cultural honorario en la embajada de

Washington, y el día 20 salía de España, vía Valencia y La Junquera, para no regresar ya nunca. «En el aire de España nos ahogábamos». Sintió miedo. Huyó. Siempre dijo que se fue por motivos profesionales. Era una verdad a medias. Temió que en Madrid le encontrase una bala (para él solo). Su silencio fue su contribución a la República y a la democracia, a las que no quiso involucrar en el desprestigio que desataría un testimonio como el suyo.

Llevaban los Jiménez «dos maletitas, con unas mudas de ropa interior, un traje, unas medicinas, que yo estaba bastante enfermo, y nuestros anillos de boda».

Pese a todo, J.R.J., al llegar a Cuba, donde cierta institución hispanocubana financió su hospedaje en el hotel Vedado, pronunciaba unas palabras a las que asistía un ánimo diferente, convencido de que su posición en esos momentos no podía ser de crítica, sino de apoyo. «Madrid ha sido, durante este primer año de guerra, yo lo he visto, una loca fiesta trájica. La alegría, la estraña alegría de una fe ensangrentada rebosaba por todas partes; alegría de convencimiento, alegría de voluntad, alegría de destino favorable o adverso. Y este frenesí entusiasta, esta violenta unión con la verdad, habrían decidido desde el primer momento el triunfo justo del pueblo, si la revolución militar no hubiese sido amparada por codiciosos poderes estraños».

Hay, como se ve, entre estas palabras, pronunciadas en plena contienda delante de un auditorio interesado, y las primeras, escritas años después, para la soledad de sus diarios, una gran diferencia de tono, y, sobre todo, de sentir, aun cuando el pensar fuese el mismo en ambos casos: el pueblo, lo que un poeta conoce como «pueblo de la poesía», estaba representado para Juan Ramón, aunque no estuviese defendido como es debido por ella, en la República, antes y mejor que con los facciosos, donde ese «pueblo de la poesía», que también existía, naturalmente, iba a quedar tapado, mudo, oscurecido.

Los Jiménez abandonaron España, por La Junquera, el 22 de agosto de 1936, y desde Nueva York hicieron colectas para los niños españoles que enviaron a Murcia y París, sin que volvieran ellos a saber nunca nada del empleo que se hizo de sus remesas.

Desde entonces, Juan Ramón, con medios muy escasos de subsistencia, volvió a su ocupación poética e inició, para ganarse la vida, su labor docente: «Yo estoy seguro de que cultivando mi poesía, ayudo al hombre a ser delicado, que es ser fuerte, más que haciendo balas» nos

60. «Eran señoritos imitadores de guerrilleros y paseaban sus rifles y sus pistolas de juguete por Madrid, vestidos de monos azules muy planchados», diría J.R.J. de aquellos que tantas veces le había acosado y acusado en los últimos años. En la imagen, instantáneas de los efectos de los bombardeos de los sublevados en la madrileña Puerta del Sol y en el Museo del Prado, publicadas en un folleto republicano de propaganda.

61. «Yo creo que un hombre fuerte todavía, si tiene vocación peleona, debe pelear con los que pelean sin vocación y a la fuerza. Si no, debe quitarse de en medio y no estorbar. No debe ver y llevar a los extranjeros a que vean, como turistas, la guerra y la cuenten como teatro; no debe celebrar con banquetes los triunfos de la muerte», dirá J.R.J. En la imagen, León Felipe, de quien hizo graves acusaciones, «de visita en el frente con su compañera».

dirá en su *Diario poético* del «Desterrado», ideas en las que abundaría dos años después: «Desde el comienzo de esta guerra, tan mal entendida por tantos fuera y dentro, pensé que mi mejor manera de ayudar a nuestra República (pueblo y Gobierno) tenía fatalmente que ser poética, es decir, en el campo de mi vocación, que consiste en descubrir y perpetuar la belleza con la luz y en lengua españolas; y no cantando el terrible hecho circunstancial de una guerra que, de haber sido justa, debió ser rápida y olvidada, sino exaltando ante propios y extraños la prolongada verdad de nuestro pueblo». En un texto inédito hasta 2010 dirá: «¿Cuál es la poesía de la guerra, qué deben hacer los poetas en la guerra? La poesía, como todo lo esencial, es eterna, no se modifica con las circunstancias. En todo caso el poeta cumplirá con su deber y su conciencia, dejando, si es preciso, su trabajo literario propio de la paz, y poniéndose con su ideal. Y su ejemplo. Hay casos tristes, como el de España, en el que el poeta libre pierde su fe y no sabe qué hacer, si ha visto lo que ha visto de un lado y otro. Pero puede alejarse de las personas, nunca de su ideal, y dará por él todo, su hogar, su trabajo, su vida si es preciso, antes de claudicar». Fue lo que el propio J.R.J. hizo: no claudicar y alejarse de las personas, no del ideal.

Y esa verdad le mantendrá siempre cerca de los acontecimientos y noticias que desde España le iban llegando, incluso de las cosas pequeñas, como siempre le sucedió en su retiro: «*Poesía de la guerra*: en Cuba supe, por un testigo de vista, que durante la guerra León Felipe se refujió en la embajada de Méjico, donde protestaba de todo envuelto en el gran abrigo de pieles del duque de T'Serclaes asesinado, y jactándose de ello con vociferación y bromita. Pensé yo que ese abrigo se lo debía haber dejado, ya que no tenía dueño, a los pobres milicianos que morían gangrenados por la nieve en el frente de Teruel. En cuanto a la comida de la embajada, los milicianos comían melón por dieta de pelea. En las trincheras murió Pablo de la Torriente, en las trincheras se puso tísico Miguel Hernández, en las trincheras vivía del todo Gustavo Durán. O no gritar tanto o a las trincheras, León Felipe.

»Yo creo que un hombre fuerte todavía, si tiene vocación peleona, debe pelear con los que pelean sin vocación y a la fuerza. Si no, debe quitarse de en medio y no estorbar. No debe ver y llevar a los extranjeros a que vean, como turistas, la guerra y la cuenten como teatro; no debe celebrar con banquetes los triunfos de la muerte; debe alejarse, hacer lo que pueda por todos sin mermarle pan y abrigo ni lugar al que lo hace todo.

»La poesía de la guerra no se escribe, y sobre todo no se escribe desde lejos, se realiza. Poeta de la guerra es el que sufre de veras en la ciudad o en el campo, no el que se desgañita en un refugio seguro y cree en la eficacia de su jemido y su llanto resguardado».

Y el episodio de las pieles del duque T'Serclaes aparecerá igualmente en «Espacio» en unas líneas de su primera edición de 1954 más tarde eliminadas, acaso por razones «políticas». «Caricatura infame (*Heraldo de Madrid*) de Federico García Lorca. Pieles del duque T'Serclaes y Tilly (el bonachero sevillano) que León Felipe usó después en la embajada mejicana, bien seguro; Gobierno de Negrín, que abandonara al retenido Antonio Machado, enfermo ya, con su madre octogenaria y dos duros en el bolsillo, por el helor del Pirineo, mientras él con su corte huía tras el oro guardado en la *banlieu*, en Rusia, en Méjico, en la nada...». La desaparición de este fragmento ha sido un enigma, que tiene divididos a los filólogos. En la edición de 1957 de Florit desapareció, suprimido por el propio J.R.J., que encontraba estas líneas demasiado personales. Pero sirven para conocer la opinión del poeta de algunos hechos trascendentales. Igualmente se censuraron en la edición de 1954 algunas alusiones al episodio Millán Astray-Unamuno en Salamanca 1936: «Esbirro militar de Unamuno» iban antes del párrafo aludido, que también desaparecerá después. En todo caso lo había dicho muy claro: «Nosotros ¡los intelectuales! Etc. Debemos ayudar al gobierno y al pueblo: no ellos a nosotros».

Y en otro escrito sobre el romance, J.R.J., en 1954, más lejano de la guerra y, por tanto, más libre, concluía sin paliativos: «La guerra internacional peleada en España entre 1936 y 1939 acreció la espresión del romance y pudo haber sido una gran ocasión de revivir el Romancero, pero los poetas no tenían convencimiento de lo que decían. Eran señoritos imitadores de guerrilleros y paseaban sus rifles y sus pistolas de juguete por Madrid, vestidos de monos azules muy planchados». «Monos de sastre», dirá en otro lugar con la fatalidad de su gracia, como cuando decía: «Lo de Felipe me lo explico, pero lo de León...». Y en *Ideolojía* insistía: «No, no creo, no he creído ni creeré nunca en la poesía ni en el poeta de ocasión. La poesía (las artes interiores y esteriores) son fruto de la paz. El poeta "callará" acaso en la guerra porque otras circunstancias graves e inminentes le cojen el alma y la vida».

En algún sentido la poesía civil de Juan Ramón, insobornablemente pura y lírica, se realizó, hasta el final de sus días, en un destierro en el que rechazó todos los honores con los que creía tentarle el Nuevo Estado que surgió después de la guerra. Y J.R.J., solo, siguió sin otra polis ni política que las suyas, decentes y únicas, como antes de la guerra.

Junto a él, fue el de Antonio Machado uno de los más trágicos y altos ejemplos de aquella circunstancia. Sin parecerse en nada, J.R.J. y él venían a ser cara y cruz de una misma moneda de oro y ley. Y ni siquiera se veían entonces. Al contrario, sabemos que J.R.J. estaba siendo muy crítico con las entregas que Machado estaba publicando de su *Juan de Mairena*. La guerra volvió a acercarles y de alguno de los poemas que Machado escribió entonces, J.R.J. dijo los mayores elogios. Por su parte Machado escribió: «Siempre pensé que J.R.J., en España o fuera de España, allí donde se encontrase, estaría con nosotros, con los amantes del pueblo español, del lado de nuestra gloriosa República».

Su paso por ella está hoy documentado tanto por sus escritos como por los muy numerosos estudios que se han publicado de su vida.

Antonio Machado, como es sabido, se colocó del lado de la República desde el comienzo y es de suponer que sus actuaciones en las primeras semanas de la guerra estuviesen, además, dictadas por la cautela. Era sabido que su hermano Manuel se encontraba en Burgos, y eso significaba, para ambos, una espada de dos filos. Así lo confirmó J.R.J. con valentía. Por otro lado Antonio tenía a su cargo toda la familia, su madre, su hermano y la familia de éste, que dependían de él, de su salario e ingresos. Antonio, por tanto, aunque hubiese querido salir de Madrid, como Ortega, Azorín o Marañón o los Jiménez, no habría podido, por no contar, como sus más o menos acomodados amigos, con medios económicos para hacerlo. Tampoco su salud y la de su madre se lo habrían permitido.

A lo largo de la guerra se le solicitaron a Machado muchas adhesiones públicas, en actos patrióticos y militares, a las que Machado respondió con generosidad o circunstanciado.

Por boca de su Mairena, iba a decir: «Si algún día tuvierais que tomar parte en la lucha de clases, no vaciléis en poneros al lado del pueblo, que es el lado de España, aunque las banderas populares ostenten los lemas más abstractos». Ni siquiera; bastaría, tan solo, con elegir el de Machado, para no equivocarse.

Trató Machado entonces de llevar a la lucha de las ideas y a su propio bando un punto de sensatez, de concordia y reflexión, lo que en él había de pueblo sin bandera. Incluso, en aquellos momentos sangrientos, un contrapunto de humorismo sentimental.

Es cierto que escribió en la guerra líneas de exaltación violenta y se ha citado a menudo el soneto dedicado a Líster, que incluye el célebre verso «si mi pluma valiera tu pistola». No es discutible el soneto tanto por las ideas, como por la adulación que contiene. «Repugnante soneto» dice de él J.R.J., quien quería a su autor, reputándolo por uno de los mayores poetas de la lengua castellana; pues es delirante que un poeta como Machado quiera cambiar las palabras por las balas, aunque concedámosle el beneficio de la duda: aquí se trata de retórica, o sea, pólvora mojada. Ya se sabe: la guerra, tan tajante, necesita de la retórica, tan delicuescente. «¿Cree usted, Gregorio Marañón, que Unamuno, Azorín, Baroja, Antonio Machado son o fueron hombres de espinazo vertical?», se preguntará J.R.J. en una conferencia de 1940; «Unamuno lo curvó varias veces ante Alfonso XIII, y yo fui testigo lejano; Azorín, ante Juan March; Baroja clamó por una dictadura militar; A. Machado escribió un soneto ¡a Líster! (Ya ve usted que no soy flexible). ¡Y Maeztu!».

Hay quien ha supuesto también que el hecho de que ambos Machado cayeran en bandos diferentes llevó a cada uno de ellos a una radicalización artificial. No parece muy serio afirmar una cosa así. Ninguno de ellos se refirió a la suerte del otro en esos tres años. O lo hicieron con discreción. Desde luego no podían pensar y sentir cosas muy diferentes sobre la vida quienes hasta la víspera de la guerra habían estado escribiendo juntos su teatro, ya que uno, puestos a mentir, puede hacerlo en la vida: en el teatro es imposible. El poeta es un fingidor en la vida, pero en la literatura no puede escamotear ni escamotearse su sombra. Poco antes de la guerra trabajaban «en una "Madame Tallien" que tal vez se titule *La Diosa Razón*. Tenemos también una obrita titulada *Un hombre murió en la guerra*. Es obra de aliento y actualidad –le dirán los hermanos a Suero–, pero no tenemos dónde estrenarla».

La República había significado para los Machado, como se ve, desde el punto de vista teatral y poético, un relativo pero palpable oscurecimiento, su decrepitud teatral.

Ambos habían mantenido relaciones cordiales con el dictador. No olvidemos que Ortega, futuro muñidor de la República, «adoraba» a «su» dictador. Primo de Rivera asistía con regularidad al estreno de sus comedias y en una ocasión les ofreció un banquete, al que asistió también su hijo José Antonio Primo de Rivera. Hay una foto de ese acto en la que se les ve a los cuatro con esmoquin y pajarita negra; a Antonio, vestido con uno de esos trajes de los que hablaba al referirse a su torpe aliño indumentario, se le ve la frente partida en dos, una morena y atezada, y la otra, lechuzca, marca del sombrero, delatando su afición a pasear por el campo y el alfoz de las ciudades. Se dijo incluso que la elección de Antonio como académico durante la Dictadura se había llevado a cabo con alguna irregularidad administrativa, para favorecer una cacicada de Primo, que quería ver a su poeta en la Academia... y bienquistarse con los intelectuales para neutralizar a Unamuno. El teatro de los Machado también había conocido por esos mismos años veinte un gran éxito, pero éste se eclipsó en cuanto se pasó a la década siguiente como el de Marquina o Benavente. Entonces el público depositó su interés en las obras de los más jóvenes, Lorca, sobre todo, y Casona. Durante la guerra, muerto Lorca, huido Casona, el campo le quedó entero a los Alberti, y lo aprovecharon.

Antonio Machado, como tantos, había recibido con alborozo la República, que proclamó desde el balcón del Ayuntamiento de Segovia, ciudad en cuyo instituto daba lecciones de francés. Impulsó incluso una Universidad Popular en la vieja ciudad castellana, a la que donó libros de su propia biblioteca, creyendo muy sincera y generosamente que la renovación española empezaría únicamente por lo más humilde y modesto de la sociedad. Era el sueño regeneracionista de su viejo abuelo el republicano represaliado, y de su padre, el folklorista e institucionista ilustre.

Durante la guerra Machado declaró públicamente estar orgulloso de haber proclamado la República, en días en que oportunamente tendría que hacer valer sus «gotas de sangre jacobina», pero en 1931 había tranquilizado a su amada Guiomar, tan conservadora, pese al adulterio: «Fuimos unos cuantos republicanos platónicos los encargados de mantener el orden y ejercer el gobierno de la ciudad. He aquí toda la intervención de tu poeta en el nuevo régimen, del cual ha de permanecer tan alejado como del viejo».

Tres años más tarde, en 1934, sin embargo, los jóvenes empezaron a pedir que los viejos se definieran. *Octubre*, la revista de Alberti, se lo solicitó al viejo «simbolista del año tres». Éste escribió un artículo, «Sobre una lírica comunista que pudiera venir de Rusia», que terminaba diciendo: «Cuando se lee lo que nos cuentan de Lenine, del modesto gigantesco Lenine, y se recuerdan sus palabras, se comprende cuánto supera el corazón del eslavo a la inteligencia del judío teutón. Y se presiente una reacuñación cordial del marxismo por el alma rusa, que puede ser cantora lírica y comunista en el sentido humano y profundo de que antes hablamos». ¿Cómo podemos, pues, interpretar las palabras que ya en plena guerra les dirigiría a los jóvenes socialistas unificados?: «No soy marxista, no lo he sido nunca, es muy posible que no lo sea jamás. Mi pensamiento no ha seguido la ruta que desciende de Hegel a Carlos Marx. Tal vez porque soy demasiado romántico...». Podíamos decir que, en este caso, la inteligencia del judío portugués vencía al temperamento ardiente andaluz.

Seguramente Antonio Machado, como su hermano Manuel, habrían conocido otra suerte de vida esos años, si a ambos se les hubiese dado la posibilidad de mantenerse alejados de los respectivos regímenes que determinaron sus respectivas vidas.

Aunque solo fuese como ejercicio de la clase de retórica, tal como la daba Mairena, creo que es oportuno hacerse unas preguntas. No es necesario conocer las respuestas. Ni siquiera sé si es posible conocerlas. Por otro lado ésa es la única clase de preguntas que interesan. ¿Qué habría ocurrido si a Antonio, en vez de sorprenderle la guerra en Madrid, le hubiera sorprendido en Burgos, como a su hermano? ¿Qué habría ocurrido si ambos hubiesen pasado juntos la guerra? De haber podido salir de España, ¿hacia dónde se habría dirigido y qué habría hecho? Creo, muy de verdad, que las profundas convicciones liberales y democráticas de Antonio le habrían ayudado a sostenerse en medio de cualquier vorágine, pero entendería que, presionado, o revuelto por ella, hubiera tenido que desempeñar el papel de su hermano Manuel, cuyas ideas políticas el 18 de julio no eran ni menos democráticas ni menos liberales. Y sus problemas le trajeron, como se verá. Cabe decir de Machado lo que éste escribió de Unamuno, a raíz de su muerte. Y entre el soneto que escribió Manuel a Franco y el que escribió Antonio a Líster hay, en letras, muy poca distancia. Y en armas. Y en pistolas.

En los primeros días de la guerra, Antonio fue detenido por equivocación en un café de la Glorieta de Chamberí, confundido con un cura, y, como a J.R.J., le fue ofrecida la presidencia de la Alianza, que

Machado también rechazó por las razones conocidas. Se constatan ambos hechos en la misma frase, sin un punto de por medio, para subrayar las veleidades de la fortuna en aquellos primeros días de revolución, en los que muchos podían acabar tirados frente a una tapia, como peleles, o arengando a las tropas con el mono mostaza de los jefes.

Como es sabido, al poco tiempo de empezada la guerra, y ante lo que parecía una inminente caída de Madrid en manos de los sitiadores, las autoridades decidieron evacuar a una serie de intelectuales prestigiosos, así como al Gobierno y miembros de la Presidencia de la República, y demás funcionarios y cortesanos, y llevárselos a una ciudad como Valencia, más segura.

Antes de partir, a primeros de ese mes de noviembre, se homenajeó a los evacuados en la sede del 5.º Regimiento, y Machado, en emocionada respuesta, aseguró que dejaba Madrid contra su voluntad, declarando que si sus piernas pudieran sostenerlo como era debido, no dudaría él en sostener un fusil en la defensa de las libertades: «Toda mi vida ha sido una vida digna y, repito, que mi gusto hubiera sido morir dignamente luchando a vuestro lado».

La comitiva hubo de hacer noche en Tarancón, «el pueblo», nos dice Moreno Villa, incluido también en esa triste recua,«donde la FAI dejó aterradora fama».

Pasadas las guerras, quedan cuatro fechas, tres nombres, una causa, si acaso. Quedan también, por encima de ellas, un gesto, una impresión, un adjetivo que las resume para siempre, destiladas en poesía. De aquella «guerra nuestra» quedará, expresión de lo mejor de España, lo que le ocurrió a Machado en el pueblo conquense de Tarancón.

Al llegar, extenuado el cuerpo por el viaje y tensos los nervios por los controles, llevaron a Machado y a su familia a un alojamiento principal, un viejo caserón que contaba con comodidades, lujos incluso. El poeta preguntó por la familia que la ocupaba antes y se le informó que les habían dado hacía poco el *paseo* a todos. Machado, por delicadeza, no deshizo aquella cama, y pasó esa noche sobre la alfombra. Lo mismo que León Felipe y su abrigo de pieles.

También la casa donde durmió Moreno Villa había pertenecido a gentes a las que habían asesinado esos días, como le informó un miliciano con escalofriante expresión: «Les *matemos* ayer».

Durante unos días pusieron a los evacuados en un hotel de Valencia y, al poco, encontraron para los Machado una casa en medio de la huerta valenciana, en el pueblo de Rocafort, donde pudo el poeta entregarse en relativa paz y sosiego a su obra, que en estos meses creció de forma febril: artículos, su *Juan de Mairena*, sus poemas... Machado, para entonces, había sido elevado, «materialmente enarbolado como bandera», y desplazó en el gusto de los poetas jóvenes a J.R.J., «cuando los valores morales desplazaron a los estéticos», dirá años después Moreno Villa.

Con Machado viajaba también, ya se ha dicho, José Moreno Villa. Uno de los testimonios más hermosos que hayan quedado de los escritores de ese tiempo será, sin duda, la autobiografía de Moreno Villa, que tituló con tanto acierto *Vida en claro*.

Moreno Villa había sido adoptado por los poetas jóvenes de la Residencia como un hermano mayor, solterón, pacífico y ordenado. Era

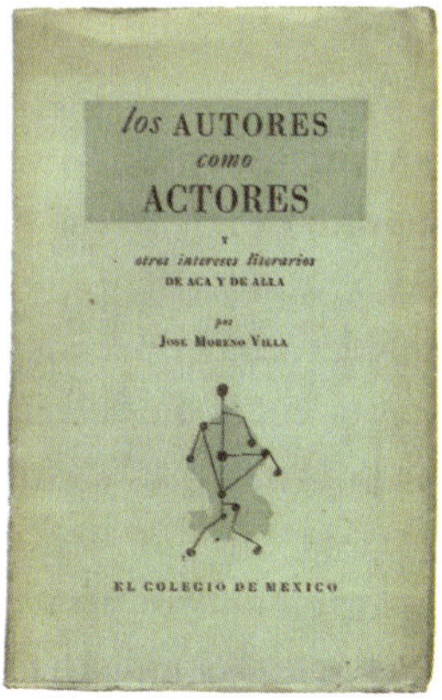

62-63. *Vida en claro* (1944) y *Los autores como actores* (1951), dos de los más hermosos libros de José Moreno Villa, escritor que buscó la verdad en los detalles exactos: «La cosa no era, pues, tan simple como se decía; no era la lucha del pueblo contra tales o cuales poderes tradicionales, sino del pueblo con el pueblo además. Es decir, que la clase baja estaba tan dividida como la burguesa, y como la militar y como la eclesiástica».

poeta, era pintor, era historiador, y había desempeñado diversos trabajos en la Administración, y, en la guerra, de acuerdo con su talante de hombre metódico, se le encomendaron tareas de archivo e inventario.

Vale la pena recoger su testimonio de los primeros días de la guerra: «Estalla la rebelión militar e inmediatamente se produce un cambio de actitud en la servidumbre de la Residencia de Estudiantes: unas cuantas mujeres aleccionan a las demás y comienzan a mirarnos como a burgueses dignos de ser arrastrados. Un escribiente de la oficina se enfrenta con la Dirección y pide que se le entregue el dinero de aquella casa. Jiménez Fraud puede escribir sobre aquellos levantamientos internos de gentes que se respaldaban con la amenaza del "paseo". Huyeron las chicas americanas, huyeron los estudiantes en casi su totalidad [...]. Para que los elementos incontrolables no se incautasen de la Residencia, alguien consiguió que se estableciera en ella una escuela infantil, de niños pobres o huérfanos [...]. Todas las noches oíamos descargas de fusilamientos en las cercanías, y cuando nos levantábamos oíamos contar a las criadas cómo eran las víctimas de los famosos "paseos". "El de hoy era un señorito fascista, tenía zapatos de charol y estaba envuelto en una bandera monárquica. El de ayer era un pobre de alpargatas". Se fijaban mucho en el calzado y en las manos».

Jiménez Fraud, director de la Residencia de Estudiantes, no escribió nunca de aquellos sucesos. Era uno de los hombres moralmente más elegantes que ha producido este país, uno de sus más exquisitos editores y tal vez el único español de aquel tiempo cuyas virtudes fueron indiscutidas y ponderadas por todos. Ni charol ni alpargatas: un término medio, justo. Jiménez Fraud envió a su hijo a París y después a su hija Natalia a San Juan de Luz. Él y doña Natalia Cossío salieron de Madrid en septiembre de 1936 hacia Inglaterra, donde fijaron su exilio.

Las descripciones de Moreno Villa, un vanguardista ecuánime y conservador, distan mucho de algunas otras, más ortodoxas, pero más alejadas de la realidad: «La cosa no era, pues, tan simple como se decía; no era la lucha del pueblo contra tales o cuales poderes tradicionales, sino del pueblo con el pueblo además. Es decir, que la clase baja estaba tan dividida como la burguesa, y como la militar y como la eclesiástica».

El libro donde vienen estas opiniones está publicado en Méjico hace sesenta años, pero si hace cuarenta alguien las hubiese repetido en España, lo habrían considerado un hombre reaccionario, pagado por la Delegación de Prensa y Propaganda. Hace veinte, apenas estaban preparados para escucharlas, y en *El Mono Azul* directamente no habrían aparecido. Es posible incluso que le hubieran ocasionado un serio disgusto: «Es curioso el fenómeno del miedo: no lo sentía cuando bombardeaban, ni ante la posibilidad de que cayera en manos militares enemigas, pero sí cuando se acercaba el hombre fiera, que sin saber leer ni entender las explicaciones exigía papeles de identificación». Resulta paradójico. Unas páginas más adelante el lector se encontrará con la reflexión que María Zambrano hace de ese mismo y aterrador fenómeno de las identificaciones. Nada que ver.

Moreno Villa pudo escribir sus recuerdos tan largamente meditados, porque estaban sostenidos en y por un destierro, por su invariable fe en la causa democrática y, también, por ampararse en su silencio, en su insignificancia pública, frente a figuras más deslumbrantes y atendidas.

La evacuación de Madrid de Machado, la partida de Juan Ramón, Ortega, Marañón, Menéndez Pidal, Américo Castro, Pérez de Ayala o Sánchez Albornoz, la ausencia de Baroja, Azorín (y la ola importante de exiliados se produce en el 36, no en el 39, nos recordará Julián Marías), la neutralización y evacuación de Azaña, dejó la capital de España en manos de los escritores más jóvenes y activos. O sea, donde éstos querían. Diríamos que *heredaron* Madrid... y la literatura.

Eran estos, en su mayoría, comunistas o afines, por proximidad en muchos casos, si no al Partido Comunista, sí a cualificados militantes de él.

Entre estos últimos hay que contar, por significación y relevancia, a José Bergamín.

Pero antes quizá convenga referirnos a Carlos Morla Lynch. Si la primera edición de este libro pudo descubrirles a algunos a Manuel Chaves Nogales y su extraordinario libro *A sangre y fuego,* del que se hablará, bien empleada sería esta si descubriera a algunos la personalidad de Carlos Morla y su no menos extraordinario y fascinante *España sufre,* acaso el más importante documento del Madrid en guerra. Escritos ambos libros en pleno sitio, sólo el primero pudo publicarse entonces. *España sufre* lo ha hecho hace poco, en 2008, en edición que prologaba el autor de estas líneas.

Carlos Morla era un diplomático chileno, que, procedente de París, arribó a Madrid, su nuevo destino, como secretario de embajada, en 1928. Tenía cuarenta y cuatro años y le acompañaban su mujer y su hijo. Era alguien más próximo a la aristocracia que a la burguesía, bastante esnob y liberal en las costumbres, sobre todo de alcoba. El descubrimiento por azar en una librería, a las pocas semanas de su llegada, del *Romancero gitano,* cambiaría su vida. Buscó de inmediato a su autor, del que llegó a ser su mayor confidente. A los pocos meses los salones de su residencia se convirtieron, muy a la parisién, en uno de los lugares literarios de Madrid. Por ellos pasaron «todos», izquierdas y derechas: Salinas, Guillén, Alberti, Azaña, d'Ors, María de Maeztu, Fernando de los Ríos, Victoria Ocampo, Ortega, Huidobro,

Neruda, Martínez Nadal, Gabriela Mistral, Rubinstein, Cernuda, Montes, Gerardo Diego, Mourlane y cien más... Para entonces su amistad con Lorca era de tal intimidad, que leeremos en su diario: «Confidencias. Qué a gusto me siento con él, unidos ambos en "la verdad" del paisaje [...], confiándonos "la verdad" de lo que sentimos, "la verdad" de lo que pensamos...». Lorca y él compartían muchas cosas: la música, la poesía, los efebos del arrabal. El relato de esos años lo publicó Morla en un libro, *En España con Federico García Lorca,* escrito partiendo de sus diarios y fundamental para conocer la intrahistoria de la generación poética del 27. Esta, que tenía ya un cónsul general de la poesía, Guerrero Ruiz, iba con Morla a tener un embajador. Lorca, para corresponder a tanta hospitalidad sentimental, le dedicó su *Poeta en Nueva York*.

Su privilegiada posición y la sociabilidad de su carácter que le hacía llevarse bien con todo el mundo, como Lorca, le pusieron a Morla en un lugar de privilegio cuando estalló la guerra. Después de que el embajador de Chile, franquista y oportunista impresentable, se quitara de en medio a los pocos meses, Morla se quedó como embajador efectivo al frente de una legación que llegó a asilar a más de dos mil refugiados, que, huyendo de los paseos y las checas, desbordaron el viejo caserón de la calle del Prado, 26, propiedad de la marquesa de Campo Real y providencialmente alquilado tres semanas antes de estallar la guerra, y le obligaron a alquilar otros tres (en uno de los cuales estuvieron refugiados Sánchez Mazas, José María Alfaro y Samuel Ros), con pabellón chileno.

En ese tiempo Morla sale, entra, busca víveres, parlamenta con los políticos de turno (Wenceslao Carrillo, Miaja, Álvarez del Vayo, Casado, Azaña, Besteiro), con los milicianos incontrolados que quieren asaltarle la embajada, pacta, canjea, viaja a Valencia, y vuelve a casa, donde tiene también acogidos a cincuenta refugiados. Entre estos los hay de todas clases, aristócratas, curas, militares, falangistas, y sus familias, viejos, mujeres, niños. En ese tiempo la vida en la embajada (y la de su casa, donde le asaltan la nevera, a escondidas, duquesas y marquesas) es trepidante (la gente se muere, otros nacen, otros se casan, unos lloran, otros se lo toman a risa), con el temor de ser asaltados (y para el tema de las embajadas en guerra nada como el apasionante y viejo libro de Javier Rubio *Asilos y canjes durante la Guerra Civil*). Y lo crucial: Morla, siempre paciente y metódico, observa y anota. Implacable. Como cronista, no como juez.

Es un hombre liberal, toma a la gente por lo que es, no por lo que tiene o representa. Morla se muestra casi siempre comprensivo con las debilidades, por más que la actitud presuntuosa, egoísta e interesada de esas gentes (que «me engañan, exponen a la expedición entera y además son unos cobardes»), le haga exclamar a menudo, al borde del desánimo: «Son todos idiotas». Las anotaciones, día a día, lo convierten en un documento único, de hipnótica lectura. Pasa por sus ojos todo: los muertos tirados en la calle, asesinados la víspera, o alguno de sus viejos amigos, que sigue viendo. Observa en ellos su radicalización o su desconcierto. Especialmente interesantes serán sus observaciones sobre Alberti o Neruda. De ambos nos había dejado alguna pincelada satírica de los años de la República, en unos días de huelgas y estrecheces para los trabajadores. «Más tarde me encuentro con Neruda y Alberti. Nos sentamos a comer cigalas. Alberti está con su camisa azul y su corbata roja, comunista...». La evolución de Neruda durante la guerra le dejará extrañado. Neruda se había hecho nombrar cónsul de Chile un año antes, reemplazando a Gabriela Mistral, lo que le permitía permanecer en una ciudad como Madrid, fundamental para su carrera literaria. En cuanto empieza a ver el cariz de los acontecimientos, trata de poner tierra de por medio y envía por delante a su mujer y su hija enferma, engañadas, a Barcelona, con la promesa de que se reuniría con ellas. Nunca lo hizo: ya había decidido quedarse en Madrid con su amante, una Delia del Carril cada vez más exaltada e incendiaria. Más tarde tratará de encontrar una salida airosa a tal huida. Sabe que su embajada está llena de asilados, y la casa de Morla también, pero... «recibo una llamada de Pablo Neruda y Manolín Altolaguirre. Pablo es de un egoísmo y de un ensimismamiento abrumador, y si reconozco que es un gran poeta, es persona no poética. Llegan a casa. Se trata de un muchacho marino, en peligro, perseguido. Lo de siempre. Debo meterlo en casa o en la embajada, pero Pablo, él, con su consulado vacío... ¡Ah, no! No lo puede hacer...». Para acabar relatándonos a los pocos días que «huye el Gobierno a Valencia... Nos quedamos con nuestros refugiados, cuatrocientos, y que sea lo que Dios quiera... Pablo Neruda, aterrado, no pensando más que en sí mismo, cierra el consulado. Se va mañana temprano, por la carretera de Valencia, la única libre, con los Alberti, y Delia del Carril, naturalmente».

Morla estaba hecho de otra pasta, muy byroniana: «Saldremos con la evacuación mañana, antes del amanecer. Sé que me expongo, que puede haber bombas o asaltos. No me importa..., todo tiene encanto», dirá, contagiado seguramente del espíritu deportivo con el que algunos afrontaban aquella guerra, que ni siquiera era la suya. «Con un par de copas, el drama que vivimos adquiere un aspecto interesante», dirá en otra página sin asomo de cinismo, acodado en uno de esos bares castizos adonde se escapa, huyendo del asfixiante ambiente de la embajada y de su casa, tomadas por los refugiados, y a la busca del «Ojazos».

Morla, implacable, sigue anotando. ¿Cómo le pagaron los asilados? Casi siempre con el olvido. No fueron generosos con él. Después de meses de asilarlos, costeándoles a muchos de ellos la manutención cuando no tenían medios, la ingratitud es general. «Todos se van sin despedirse»..., dirá. A una de sus asiladas, la pintora Maroussia Valero, se le ocurrió la idea de retratar a todos y cada uno de los cincuenta y tres refugiados en la casa de Morla, para animar con sus cuadros la triste decoración de las estancias, y este comenta irónico: «¡Cuando se vayan tendremos que seguir viéndolos! ¡Una pesadilla! ¡Vaya ocurrencia!». ¿Y cómo le pagaron sus viejos amigos? Con el olvido, con el silencio o con chantajes, como Neruda, en París, que amenazó su carrera diplomática si algún día contaba todo lo que sucedió aquellos primeros días de guerra en Madrid.

Por suerte Morla, que era un hombre melancólico y desdichado, es también audaz y desinhibido, y en pos de su deseo acude a los garitos y tablaos que frecuentaba con Lorca, cuya muerte se niega a creer hasta el final de la guerra. Estas incursiones por el Madrid en guerra, que añaden aún mayor interés a su relato, le permiten darnos de primera mano el pulso de la vida diaria de la gente, sin énfasis, sin retórica, sin literatura, desde su privilegiada atalaya de hombre neutral que trata de comprender y, sobre todo, de ayudar a sus prójimos. A unos y otros.

Desde luego es consciente del valor de ese diario: «A Révész, periodista de *Abc*, le han robado su diario íntimo y está detenido. Encerraré el mío con llave». Lo habría pasado mal si el suyo hubiese caído en manos de alguien, empezando por sus asilados, sus colegas de embajada, y siguiendo por sus viejos amigos, «los hunos y los hotros». Sí, Morla, a quien tanto había contrariado su traslado como consejero a Madrid en 1928, partirá en 1939 después de haber asilado a los republicanos que se lo pidieron, cuando Franco entró en Madrid. Sabe que ha sido testigo y parte de momentos trascendentales no sólo en su vida, como su amistad con Lorca y tantos otros personajes podían probar, sino en la Historia.

64. Carlos Morla Lynch, diplomático, abrió antes de la guerra los salones de su residencia a escritores, músicos y poetas españoles sin distinción de edad ni ideología política, y las puertas de la embajada a cuantos solicitaron asilo político, primero favorables a Franco y, perdida la guerra, a los defensores de la República. Un hombre clave de sugestiva personalidad, autor del testimonio más importante sobre la guerra en Madrid, escrito en forma de diario y publicado setenta años después. En la imagen superior, de izquierda a derecha, Bebé Vicuña de Morla, Joaquín Larrain, Serafín Ferro, protagonista de algunos de los más célebres poemas de Cernuda, Morla Lynch y Lucía Larrain.

65-66. «Ya lo creo que se podría escribir un libro único [con todo esto]», se confiesa Morla, probablemente sin saber que ya lo había escrito él, un gran libro al que será difícil que supere el sesudo cronicón histórico ni la a menudo alocada y oportunista novelería. Con una realidad como la que Morla ha rescatado de «los hunos y los hotros», probablemente saldría sobrando cualquier otra novela, porque la suya ha sido escrita ya..., y sin un átomo de ficción.

Después de Berlín (donde editó a sus expensas y de modo restringido en abril de 1939 su fascinante *Memoria* sobre la Guerra Civil, basada en sus diarios y dirigida al Gobierno de Chile) fueron sus siguientes destinos Suiza, Suecia, Holanda y, ya de embajador, París, para volver jubilado a Madrid en 1964, donde pasaría sus últimos cinco años. En ninguno de esos salones encontraría lo que encontró en sus años madrileños de 1928 a 1939, aquellas vivencias extraordinarias que en algún momento le hicieron suspirar: «Ya lo creo que se podría escribir un libro único [con todo esto]». Probablemente no sabía que ya lo había escrito él, un gran libro al que será difícil que supere el sesudo cronicón histórico ni la a menudo alocada y oportunista novelería. Con una realidad como la que Morla ha rescatado de «los hunos y los hotros», probablemente saldría sobrando cualquier otra novela, porque la suya ha sido escrita ya..., y sin un átomo de ficción.

Y un caso parecido al de Morla fue el de José María Chacón y Calvo. Como él era hispanoamericano, como él diplomático (primer secretrario de la embajada de Cuba), más o menos conservador (en el caso de Chacón, conde de Casa Bayona), con parecidos gustos terrenales y como él, aunque de dimensiones menores, llevaba un diario. En vida publicó una parte, el dedicado a la muerte de su madre, pero sólo recientemente han visto la luz las páginas de la guerra de España, que Chacón dejó preparadas como un volumen autónomo.

Había pasado dieciocho años en España, conocía bien el país, era amigo de los mejores (con Juan Ramón, con el que le unía la Residencia de Estudiantes donde Chacón vivió también, firmará poco después una antología de la poesía cubana), ocupaba sus ocios en erudiciones más o menos tornasoladas y contra lo que podía pensarse por su estirpe, un hombre en absoluto conservador: «A pesar de tener enemigos encarcelados y del daño moral que me está haciendo la revolución [...] no puedo sentirme lejos de este pueblo», escribe. Acude al diario, acaso como un refugio: «Escribo para mí mismo. Escribo para dejar fielmente señalados los sucesos que he visto por mis ojos, no los que nadie me haya contado o que

Cubierta de la primera edición de *España sufre* (Sevilla, 2008).

67. Como el del Morla, el diario de José María Chacón y Calvo añade matices a relatos dominados hasta hace bien pocos años por el blanco y el negro: «¿Contra quién tiene que luchar esta España? Contra la sublevación militar, desde luego, pero también contra esa barbarie desatada, contra esta corriente anárquica, disociadora, suicida».

haya leído». Es un hombre tranquilo, y si Kafka se fue a nadar el día que se declaraba la guerra mundial, Chacón se fue con su mochila a hacer senderismo el 18 de julio del 36. A las pocas semanas, espectador de lo que estaba sucediendo en Madrid, acaso en toda España, se pregunta: «¿Contra quién tiene que luchar esta España? Contra la sublevación militar, desde luego, pero también contra esa barbarie desatada, contra esta corriente anárquica, disociadora, suicida». Como otros diplomáticos, empieza una existencia esquizofrénica que no le impide jugar al tenis en la residencia de la condesa de Argüelles, a la que acaban de asesinar semanas antes, y una actividad desaforada por checas y dependencias oficiales para salvar la vida de todos los que se lo piden. Al cabo de un tiempo, confesará: «No puedo más con este espectáculo atroz. Mi capacidad de sentir está agotada. Mi labor desesperada de salvar una vida y otra me parece que es la única razón de que yo esté al frente de este panorama terrible». Y como suele ocurrir en esta clase de documentos, más vivos y veraces que la mayoría de las novelas que se escribirían luego, relataba hechos de los que nadie ha dado cuenta: «En las calles nutridas manifestaciones de mujeres exigiendo que cierren los cafés, y que los hombres vayan al frente». ¿Patriotismo de las mujeres? Algo más sutil: sus hombres se pasan la vida en los cafés concurridos a los que han empezado a acudir unas parroquianas jóvenes y audaces: las milicianas. Chacón retornaría a La Habana en noviembre de 1936. Ha escrito apenas un centenar de páginas que tienen la impronta de la sinceridad y la verdad y que, por esos misterios que lleva consigo siempre toda revolución, la cubana de Castro ha publicado recientemente. Chacón jamás dejó de apoyar la razón republicana de aquella guerra, pese a todos los matices.

Y ya, sí, volvamos a la «novela» de Bergamín. Bergamín fue, sin lugar a dudas, con Alberti y Antonio Machado, el escritor más influyente en el sesgo intelectual de la guerra, no solo por los importantes cargos que ocupó, sino por su prestigiada inteligencia.

De los escritores jóvenes era Bergamín, en 1936, uno de los mayores, y contaba con una dilatada experiencia de ambientes literarios, como atestigua un cuadro célebre de Gutiérrez Solana, donde le vemos entre los ramonianos que montan la guardia en torno a una botella de ron Negrita el año 1914.

No existirá seguramente ningún escritor más enigmático y contradictorio que Bergamín entre los republicanos, ni aun entre los españoles. Pura papiroflexia conceptista.

A finales de los setenta volvió del exilio Juan Larrea, el fraterno albacea de Vallejo. Fue para unos pocos días y lo hizo para hablar del *Guernica* de Picasso. Las calles de Madrid lo vieron casi octogenario, tocado con su *txapela* negra, cruzar entre los coches a saltitos, como hacen los gorriones. Estaba Larrea en el secreto de ese cuadro y quiso contárselo al mundo. Incluso, aventuró, Picasso lo había pintado a su dictado. En realidad sabemos que Picasso, a quien se lo encargó Renau, lo pintó a la sombra de Bergamín, que se lo sugirió, como un Fouché. Es verdad que alguien insinuó de Larrea que se había vuelto un poco loco, con uno de esos trastornos regidos por la lógica, un, como si dijéramos, trastornado, sensato y cabal, pero jamás vio nadie un loco más bondadoso, pacífico y humano. Se habló mucho del pasado aquellos días. De todos sus recuerdos, solo una persona quedaba malparada: Bergamín, del que sin duda debió de ser amigo, como lo prueba el hecho de que éste fuese a publicarle un libro, *Orbe*, antes de la guerra, que quedó, como tantos proyectos, sin realización.

Que de Bergamín hablasen mal sus enemigos era, hasta cierto punto, esperable. Que lo hicieran desde su misma trinchera sus amigos es más extraño, pero no más infrecuente.

Bergamín era en 1936 un escritor sin género. Un ser paradójico, poeta sin versos, ensayista sin prosa... Domador de musarañas, podría decirse de él. Dirigía, cuando estalló la guerra, una revista pagada por los jesuitas, *Cruz y Raya*, y una editorial (donde se editaron libros de Alberti, Cernuda, Lorca o Neruda) con fondos de los mismos cepos. (Se decía de ella en *Nueva Cultura*, 1935, la revista comunista valenciana: «*Cruz y Raya*, revista de metafísica, toros y salero nacional, que si la cuelga usted detrás de la puerta de su hogar, puede sustituir hasta con ventaja, la vera efigie y célebre abracadabra del santo varón de Loyola: "Al demonio: no entres. Ignacio". Y además, y para buen gobierno de su alma, le recordará en todo instante la hora de su muerte».)

En ella colaboraron la mayor parte de los fascistas: Sánchez Mazas, Ramón Sijé, José María Alfaro (que había publicado en el 31 una «Elegía al Capitán Galán», en un homenaje a la República de la revista *Ddooss* de Valladolid), Félix Delgado (fusilado luego en 1936 en Barcelona), Alfonso García Valdecasas (uno de los fundadores de Falange), Luys Santa Marina, Félix Ros... Más aún: el espaldarazo de la literatura lo daban entonces las izquierdas, y Bergamín, como hijo de un ministro de la Monarquía de una clase social alta, legitimó literariamente, el primero, a aquellos que fueron entonces sus amigos, los llamados «señoritos falangistas», de una clase social parecida a la suya. Años después, en una antología que él hizo de la revista, todos estos, la parte oscura de ella, *nera*, se escamoteó, y quedó una revista en la que salieron más menos que más. La revista se titulaba «de afirmación y negación», y a los tiempos de la afirmación siguieron los de la negación. J.R.J. la llamó, pensando en los birlibirloques de su director, la «revista de más y menos», y quien la haya estudiado con detenimiento, convendrá en que toda ella es un poco nada, un discreto camelo de estos últimos años, caladero de hispanistas. El ara donde oficiaban los finos estilistas de aquel tiempo.

68. Acaso sea José Bergamín (fotografiado aquí por su hermano Rafael) una de las figuras más controvertidas de la guerra. Lo expresó sin ambages su maestro y más tarde enemigo encarnizado J.R.J.: «La verdad es que yo nunca he sabido lo que José Bergamín quiere decir cuando escribe largo. Bueno, sé siempre lo que quiere decir cuando "terjiversa" o "calumnia", eso es fácil, porque ya es sabido que siempre dice lo contrario de la verdad». «Con los comunistas hasta la muerte, ni un paso más», fue una de las muchas frases de Bergamín que le hicieron célebre.

Bergamín era católico, aunque a veces está uno tentado de pensar que solo lo era para ser piedra de escándalo, como aquella dama del siglo XVIII que recuerda Stendhal, que habría pedido al Papa que declarase pecado mortal comer helados, solo por el placer añadido que a ella le habría causado tomárselos a escondidas.

Era en verdad católico convencido, pero también como única manera de poder ser heterodoxo, que es lo que le interesaba, y religioso, solo para perdonarse el ser católico. O sea: un católico sin Papa y un comunista sin partido o si se prefiere un católico con partido y un comunista con Papa, el *papá* Stalin del que hablaba por entonces su amigo Rafael Alberti.

Provenía, como se ha dicho, del polvorín de Ramón Gómez de la Serna, aquella cripta llamada Pombo, donde alguien podía tocar los volantes de la eternidad diciendo frases como aquella suya: «La oruga es una arruga que se fuga». Tuvo los mejores padrinos: J.R.J. le editó su primer libro, *El cohete y la estrella*, que no podía ser sino de pólvora: cohetes. Y Unamuno admiró en él a un discípulo que hablaría de tú, en un maravilloso soneto, a Cristo crucificado: estrellas. No obstante fue Unamuno quien le llamó, los últimos años de su vida, y según J.R.J., «el deficiente público español n.º 1».

Y de fallero a dinamitero, un paso: tal vez el único defecto de Bergamín, defecto en un literato, es que le gustaba la política con una concupiscencia sospechosa. Le gustó toda la vida. Hay otro caso parecido del que se hablará más tarde: Ridruejo. No ya la grande, sino la pequeña. No solo las aparatosas estrategias que se despliegan en el casino, como a Unamuno, sino las tácticas minuciosas, esas llenas de combinaciones y argucias de pasillos, despachos y antesalas. Como un juego, como poner en marcha un tren eléctrico, con túneles y descarrilamientos. Y quién sabe si con profética visión o para convocar la guerra tituló en el mismo 1936 uno de sus libros como *Disparadero español*. Explica también su ascendencia sobre el medio el hecho de que los del 27 le erigieron en su crítico de cámara, después de leerle las hipérboles interesadas que les dedicó a todos ellos. Dijeron: «No necesitamos a J.R.J.».

Ése era el Bergamín al que la guerra puso al frente de los intelectuales antifascistas y del que se criticaron no pocas de sus actuaciones: Ortega, veladamente, lo insultó; J.R.J., el maestro, terminaría despreciándole en una definición terminante, que lo humillaba («gitano del catolicismo español»); Baroja...

Baroja aseguró haberlo visto una mañana, durante la guerra, siguiéndole a él en París. Lo dijo y lo escribió. «Él no nos podía ver porque no éramos rojos y andaba como diciendo: "De aquí voy a sacar el secreto de esos traidores"».

Ni siquiera sus futuros camaradas lo habían librado de sus ataques. En *Nueva Cultura*, la revista del comunista valenciano Renau, se lee: «El "agudo" José Bergamín, situado en el centro de la última generación literaria, ha recibido plenos poderes del genio dorado de los consejos de administración del trust "jesuitista", del gran don Valentín Ruiz Senén [...]. Nadie mejor que él, el autor de *Enemigo que huye*, puede huir [...] y escapar y hacerse el distraído ante la pregunta ¿Fascismo o comunismo?, pero ojo, cuidado, con esos que se dedican a san Juan de la Cruz y a discutir la pureza de la poesía en tiempos de la revolución proletaria», etc. Esto se publicó en 1935.

En 1935 César M. Arconada, en la comunista *Octubre*, decía: «La contrarrevolución, la reacción, el fascismo o el "catolicismo de la cultura" tiene adeptos y defensores en Montes, Bergamín, Ledesma Ramos, Giménez Caballero, Sánchez Mazas... Bergamín fue el prófugo de ésta».

Las suspicacias de *Nueva Cultura* y de *Octubre*, como se verá, resultaron inapropiadas. Bergamín les desbordaría a todos ellos por la izquierda. Al estallar la guerra *Revista de Occidente*, cuyo director había huido a Francia, dejó de editarse. Al estallar la guerra, el director de la clerical *Cruz y Raya* seguía en Madrid, pero comprendió oportunamente que una revista como aquella ya no era posible o, dicho en lenguaje jesuítico, conveniente.

Quizá fuese esa cualidad escurridiza lo que le traería más problemas: «La verdad es que yo nunca he sabido lo que José Bergamín quiere decir cuando escribe largo. Bueno, sé siempre lo que quiere decir cuando "terjiversa" o "calumnia", eso es fácil, porque ya es sabido que siempre dice lo contrario de la verdad», diría de él J.R.J.

Es posible que si alguien estuvo preso de las palabras y de lo que ellas significaban, ese fue Bergamín. Solo al final confió su alma a la poesía y la poesía se le entregó como a pocos poetas de su generación. Como Cervantes, viejo, Bergamín dio lo más puro de sí, su quijotesco y romántico plectro, puro como Bécquer, silencioso como Ferrán. Los poetas y críticos supervivientes, sin embargo, también se vengaron de él, porque la más nutrida generación poética del siglo, en la que está «todo el mundo», tampoco le cuenta, como poeta, entre sus integrantes. O sea, también sin generación.

Mientras Bergamín, un ilustrado afrancesado, goyesco, predestinado al destierro continuo, se preparaba a una de las biografías más bohemias, destartaladas y audaces de este siglo, vivía el presente. Nadie se entregó tanto al presente como él, y puede decirse que vivió, en todos los sentidos, al día.

André Malraux, el célebre escritor e improvisado e indisciplinado piloto que se haría cargo en los primeros meses de la escuadrilla «España» de la aviación republicana, con pilotos mercenarios, dijo que no terminaba de comprender un país en el que «los comunistas como

Alberti creen en la Virgen y católicos como Bergamín son comunistas». Quizá tratara de explicárselo María Zambrano, en su esclarecedor y no poco alarmante en ocasiones *Los intelectuales en el drama de España*: «Un terreno común que, entre los intelectuales españoles, se comenzaba a formar entre los comunistas, y los que no sintiéndose comunistas veían en ellos un fondo de preocupaciones, un afán de descubrir al hombre nuevo, y lo que era entonces más decisivo: una voluntad de entenderse, un propósito de comunicación».

Como tantos otros, sintió Bergamín la fascinación por la URSS, a donde fue en 1928 en compañía del poeta surrealista José María Hinojosa. De aquel viaje y de Rusia dijo, en su prosa un tanto birladora, cosas que daban la razón a J.R.J.: «La apariencia es apariencia, como la propaganda, propaganda: superficie y vacía. Rusia es mentira de verdad. Por eso existe o está fuera», y así dos folios más. A Hinojosa, por otro lado, Rusia le sirvió de poco: lo fusilaron.

Como intelectual y escritor su mayor aportación en la guerra fue un feroz romance contra «el mulo Mola» de corte quevedesco, y siendo presidente de la Alianza de Intelectuales, la creación del periódico *El Mono Azul* y, en julio de 1937, la celebración del Congreso de Escritores de Valencia, sobre el que volveremos más adelante y del que fue presidente. Presidencia que obtuvo, hay que recordar, gracias a Wenceslao Roces, a la sazón subsecretario de Instrucción Pública. Retengamos este nombre. Un comunista le otorga la Presidencia de la Alianza de Intelectuales Antifascistas a un católico. Alta política. Fue Bergamín el único literato en toda la guerra a quien Salazar Chapela recuerda vestido de miliciano, con un mono «que parecía recién salido del almacén. No había en su uniforme ni la más mínima partícula de polvo de ningún combate: paño flamantísimo, correaje barnizado, portapistolas de cien reflejos, lo mismo que las chisteras...». Y sabemos por muchos testimonios que el mono fue el uniforme de los que... no pisaron un frente.

Como segundo de Bergamín en la Alianza se encontraba Alberti, que en aquellos años era un equipo formado por Alberti y María Teresa León, su mujer. «La señorita María Teresa León», la llamaba Azaña con la peor intención. «Eran, como si dijéremos, una potencia», dice de ellos con ironía Gil-Albert. Y de ella, Bergamín, más tarde, una de sus frases ingeniosas en la que aparecían las palabras pistolera y puta, en orden diferente según las versiones.

Alberti había sido desde 1932 el ejemplo del escritor comprometido con las ideas de izquierda, a partir de su *Fermín Galán* (1931), «romance de ciego», como él lo llamó, que le estrenó la Xirgu.

Por entonces participó en la sección española de la Asociación de Escritores y Artistas Revolucionarios, que había nacido en Francia con Barbusse y otros comunistas o próximos al Partido Comunista. En la sección española figuraron gentes que se encontraron luego en la guerra: Arderius, Serrano Plaja, Arconada, Emilio Prados, los Alberti... Fueron ellos los que habían creado la revista *Octubre*, parecida a la *Commune* francesa, y en la que colaboraron casi todos los amigos de Alberti, militantes o simpatizantes en ese momento del Partido Comunista.

La poesía de Alberti, que había nacido de la voz más secreta y silenciosa del romancero popular y la poesía culta renacentista, se quebró de pronto y dio paso a estrepitosas estrofas maquinistas, proletarias y suburbiales, que parodió con bastante gracia Foxá.

Fue por entonces cuando, fascinado por Rusia y lo que la URSS representaba en la utopía de izquierdas, puso su musa al servicio de la revolución: «Que das naranjas hacia el Sur / y corrientes eléctricas / petróleo y oro por el Este, / caviar al Norte y osos blancos».

En el plazo de dos años, Alberti fue a Moscú, donde asistió en 1934 al Primer Congreso de Escritores Soviéticos; la fraternidad de la revolución le lanzó a los brazos de los poetas comunistas del mundo y su juventud y su talento lo confió enteramente a la militante propagación de sus ideas. «Antes mi poesía –dice en la *Segunda Antología* (1934) de Gerardo Diego– estaba al servicio de mí mismo y unos pocos. Hoy no. Lo que me impulsa a ello es la misma razón que mueve a los obreros y a los campesinos: o sea una razón revolucionaria».

La guerra les sorprendió a los Alberti en Ibiza, a donde habían ido a pasar unas semanas de veraneo más o menos burgués. Allí, con la ayuda de algunos camaradas, tuvieron que buscar un escondite, que encontraron en un molino solitario, en medio de un campo de almendros y olivos. Vivieron entonces jornadas angustiosas, hasta que la isla fue liberada por fuerzas leales, y, con la isla, ellos dos y otros doscientos prisioneros más. Ya en agosto volvió a Madrid, donde le esperaba la secretaría de la Alianza de Intelectuales Antifascistas, y *El Mono Azul*, que él iba a dirigir.

Pese a su intensa labor de propaganda y exaltación patriótica, no es mucha la poesía que Alberti escribió durante la guerra, si se la com-

69-76. Rafael Alberti había confesado que «antes mi poesía estaba al servicio de mí mismo y unos pocos. Hoy no. Lo que me impulsa a ello es la misma razón que mueve a los obreros y a los campesinos: o sea una razón revolucionaria». Fue el poeta que más libros y folletos publicó durante la guerra y la cara pública más conocida de la revolución.

77. Alberti fotografiado por Walter Reuter, 1937.

78. Alberti en un mitin durante la guerra. «Rafael Alberti estaba subido en el tablado. No se parecía a Maiakovski. Semejaba un frágil soñador», escribirá su amigo Ilya Ehrenburg en sus memorias, en los mismos días que Alberti escribía: «Muero porque las pulgas me inoculen / la sangre de los perros más rabiosos, / me vuelvan los colmillos venenosos...».

79. Los Alberti, junto a personalidades que como Pasionaria reflejaron el «culto a la personalidad» practicado en la Unión Soviética, fueron los intelectuales más fotografiados y requeridos por la prensa republicana, pudiéndose asegurar que no pasó un solo día de los tres años de guerra sin que se les fotografiara o se mencionaran sus actividades y éxitos teatrales para con el resto de su producción: *De un momento a otro* y *El burro explosivo*, que aparecieron en 1937, *Nuestra diaria palabra*, *Poesía, 1924-1937* y la *Cantata de los héroes y la fraternidad de los pueblos*, obra esta última que se escenificó y estrenó en Madrid en 1938 y se publicó ese año primorosamente, así como las obras de teatro *Los salvadores de España (ensaladilla en un cuadro)* y *Radio Sevilla. Cuadro flamenco*, sin contar la adaptación de la *Numancia* de Cervantes.

Durante la guerra lo nombraron director del Museo Romántico de la calle San Mateo, el viejo palacio del marqués de Vega Inclán, pero vivía en el palacio de los marqueses de Heredia Spínola, «aquel falso palacio que él había convertido en una especie de cortijo andaluz», dirá María Zambrano. De ese afán aristocratizante del comunista se hicieron en voz baja no pocas burlas. El palacio, no obstante, ya había sido saqueado. Lo decía Gómez de la Serna: «Una revolución no está completa, si no se oye gritar: ¡Vamos a matar a los pavos reales!».

Existe una entrevista con él, publicada en *Abc* de esas primeras semanas de guerra; Alberti muestra el palacio, que encuentra como «una casa de huéspedes con pretensiones»(los Alberti fueron durante la guerra muy sensibles a los buenos alojamientos, nos dirá Morla Lynch). En *La arboleda perdida* rememora el expolio a que lo sometieron y evoca a sus amigos «con los muchos fantásticos trajes que guardaban los marqueses de Heredia Spínola en unos viejos armarios arrumbados en el tercer piso. ¿Quién podrá olvidar a Luis Cernuda vestido de Caballero Calatravo; al poeta negro Langston Hughes con traje y colorada capa de rey negro; a León Felipe con gorro y uniforme de Gran Duque Nicolás..., etcétera? Mientras, llovían los obuses sobre el Madrid a oscuras de una noche cualquiera de su tenaz defensa». Rara charlotada, en verdad. Resulta difícil, en esa grave hora española, imaginarnos a don Miguel de Unamuno disfrazado de nada, ni

o poéticos, como el propio poeta contará en extensa carta a su traductor ruso, Fedor Kelin. Josephine Herbst recuerda a los Alberti de esos años: «Fluían con una vivacidad de canarios alegres [...]. con sus botas militares relucientes y su máquina de fotos en la mano. Se pasaba [Alberti] todo el día haciendo fotos de grupo, para en el último momento pasar la máquina a alguien y colocarse de un salto en medio del grupo».

80-81. Sede de la organización Altavoz del Frente (encargada de llevar a los soldados republicanos espectáculos teatrales, poéticos y musicales) y función callejera de las Guerrillas del Teatro en Acción creadas y dirigidas por María Teresa León durante la guerra.

82. María Teresa León y Santiago Ontañón en una función de teatro homenaje a Lorca en la Alianza de Intelectuales en 1938.

a Antonio Machado ni a don Manuel Azaña. Definitivamente aquella parecía una guerra de escolares, cuyos gastos fuesen a pagar los padres... y los hijos, y los nietos. «Allí estaban los Alberti», dice Morla, »en departamentos espléndidos [se refiere a la casa de huéspedes con pretensiones] [...]. La habitación de María Teresa León es la de la marquesa. Duerme en una cama llena de cortinajes y pieles de armiño. Este es el comunismo. Los moradores tenían, sin embargo, caras largas ante el temor de que aquello durara poco». Aún tenemos otro testimonio de esos días y de esa casa del joven periodista comunista cubano Pablo de la Torriente, que moriría en el frente días después: «¡Qué vergüenza! Yo me vuelvo al campo [de batalla]». Y le mataron. Y Alberti, cómo no, loó su heroísmo. También habló Alberti en esta entrevista del *Abc* de los proyectos que la Alianza piensa llevar a cabo, obritas en un acto: *Al amanecer*, de Rafael Dieste, y *La llave*, de Ramón J. Sender; *Entre dos públicos*, de Altolaguirre, y *De un momento a otro*, del propio Alberti. Incluso, se asegura allí, Carlos Arniches, suegro de Bergamín, estaría escribiendo en El Escorial un sainete con asunto de milicianos y milicianas...

Durante octubre de 1936 se celebró en Madrid una convocatoria del Secretariado de la Asociación de Escritores Antifascistas, preparatoria del congreso del año siguiente, y Alberti la presidió con el periodista soviético Ilya Ehrenburg.

El volumen de reuniones, declaraciones, artículos, notas de prensa, mentís y llamadas a la unidad fue durante toda la guerra muy abultado. Cada uno de esos escritores, a su vez, nos dejaría una versión personal de los sucesos, de manera que establecer una historia única de lo ocurrido entonces, viene a ser casi imposible. Sobre la dificultad, lógica, de historiar una guerra, la dificultad de seguirla cuando todos sus protagonistas son escritores, sin tener en cuenta la obstinación histórica de muchos de ellos, que les ha impedido a unos apearse de su, cuando menos, candoroso y arrogante «no pasarán», y a otros, de su insolente y repulsivo «ya hemos *pasao*».

El joven poeta británico Stephen Spender, a la sazón también militante comunista, voluntario desde muy pronto en las filas republicanas, se asomó a ese mismo mundo donde el drama real de la guerra se disputaba un lugar con la vanidad de sus protagonistas, y así indiscretea en uno de sus diarios, con bastante salero por cierto, y se pregunta cómo los fotografiados en los periódicos eran *siempre* Alberti,

Neruda o Malraux. Y no fue el único que registró esta fotomanía, como vamos a ver ahora. Es obvio que pocos de sus camaradas le caían simpáticos, a tenor de las anécdotas que de ellos revela.

En esos meses los Alberti, que parecían disfrutar del don de la ubicuidad en frentes, ciudades y congresos, normalmente muy alejados de la primera línea, realizaron no pocos viajes: a París y Moscú, Barcelona y Valencia, sin contar sus colaboraciones en la prensa, su dedicación al traslado de los fondos del Museo del Prado, su secretaría de la Alianza, su dirección del Museo Romántico o la colaboración de Alberti con su mujer en la dirección del teatro de La Zarzuela, donde se representaron algunos cuadros dramáticos de él mismo y su adaptación de la citada *Numancia* de Cervantes. Josephine Herbst recuerda al Alberti de ese tiempo (y a su mujer): «Fluían con una vivacidad de canarios alegres [...] con sus botas militares relucientes y su máquina de fotos en la mano. Se pasaba todo el día haciendo fotos de grupo, para en el último momento pasar la máquina a alguien y colocarse de un salto en medio del grupo». Y si Ortega llamó al también gaditano Pemán de la posguerra «pululante Pemán», ¿qué no diríamos del activísimo Alberti de la guerra, de vida tan paralela esos años a la de su paisano? ¿No se les comparaba acaso en uno de los primeros «A paseo» de *El Mono Azul*, en el que se acusaba a Pemán de plagiario de Alberti? Quiere decirse que Alberti llevaba entonces dos guerras al mismo tiempo: la de España y la suya propia. A él se refería J.R.J., sin citarlo, como alguien que parecía estar sirviéndose de las circunstancias, no al revés. Eso mismo insinúa Koltsov en su *Diario*, no sin ironía, cuando sorprende a los Alberti en la Alianza en noviembre del 36, decididos a *suicidarse*, antes que evacuar Madrid, «con una pistolita de plata» (qué grandes son a veces los diminutivos).

En 1992 se produjo una desafortunada y violenta polémica que tuvo a Alberti como protagonista. Si no fuera porque el caso viene a cuento, dejaría uno correr el agua de ese molino. Solo porque merece la pena reflexionar un instante sobre el objeto de la imputación, entra uno ahora en ese terreno, el de la polémica, donde nunca sucede nada que valga la pena, porque, a poco que la polémica se encone, no permitirá escuchar la verdad, algo que nace del silencio y vuelve siempre al silencio.

Alguien acusó entonces, sin prueba ninguna, a Alberti de haber firmado algunas sentencias de muerte, o consentido en ellas, de las muchas que se decretaban en una checa que, también sin pruebas, se aseguraba había dependido de la Alianza, la llamada «checa de Bellas Artes» (que algunos localizaron en diferentes puntos de Madrid, aunque la «casa madre» estuviese en el Círculo de Bellas Artes de Alcalá).

Para unos, Alberti fue testigo de muchas de aquellas muertes. Otros, en cambio, van más lejos y aseguran que llegó a estampar su firma en algunas sentencias, y otros, en fin, que «sólo» fue cómplice. Por último están los que creen que Alberti sólo fue consecuente con la responsabilidad de ganar la guerra. En cierto modo todos tienen razón. No ha habido una sola guerra que se haya ganado limpiamente. En las guerras se muere y se mata, todo en ellas es injusto, de la misma manera que todo en ellas puede llegar a hacerse necesario. Sobre estos particulares jamás se pondrán de acuerdo ni los moralistas ni los filósofos. Fue Neruda quien en sus memorias reconoció la barbarie de aquellas checas, de aquellos paseos capitaneados por forajidos. Cierto que lo admitió treinta años después. Un poco tarde para los muertos. ¿Firmó Alberti sentencias de muerte, las conocía, las toleraba, se opuso a tales muertes tan violentamente como cincuenta años después negó que tuviese relación con ellas? Quien le acusó, desde luego, tuvo que desdecirse en público a las pocas semanas. No es nada nuevo decir que el Partido Comunista, al que Alberti pertenecía, no solo no evitó muchas de esas ejecuciones, sino que a veces, como en los sucesos del POUM, las propició. Alberti, como militante, pudo entonces estar o no informado de la política de su partido, pudo estar o no de acuerdo con sus actuaciones. Desconocimiento es la primera excusa que aducen también los criminales de guerra a los que se sienta en un banquillo para hablar del Holocausto. Por otro lado las guerras se ganan matando gente, y quien está en una trinchera es solidario y responsable, por el principio de subsidiariedad, no solo de la trinchera, sino del frente y de la guerra. Incluso sin ser leninista, un solo revolucionario es responsable de toda la revolución. Si mañana aparecieran pruebas irrefutables que le implicaran en esas sentencias, cosa tan improbable como posible, nuestra opinión sobre el poeta no cambiaría un ápice, como no le puede eximir a Sánchez Mazas de las muertes del otro bando el haberse pasado toda la guerra lejos del campo de batalla. Etcétera. Lo que hoy conocemos es la idea que conservó de aquella guerra. La leemos en la dedicatoria que escribió en 1965 de su puño y letra en los picos de su camisa en la foto que le hizo David Seymour, *Chim*, en 1936: «Para Luba y Ehrenburg en la belle époque». Eso parece ser que fue para Alberti la guerra: «La belle époque». Como para Robert Brasillach, oh extrañas simetrías, la ocupación alemana: «Souvenirs de la belle époque», la llamó en su *Journal d'un homme occupé*, el diario que escribió en prisión antes de ser fusilado por colaboracionista.

83. Rafael Alberti con insignia de las Brigadas Internacionales. En los picos de la camisa se lee esta dedicatoria: «Para Luba y Ehrenburg en la belle époque. Rafael Alberti, 1965». María Teresa León, que también lucía por esos días la misma insignia, se refirió a la guerra en sus memorias como «los mejores años de nuestra vida»; Alberti, veinticinco años después, va un poco más lejos y llama a la guerra «la belle époque», como también lo hace Robert Brasillach: «Souvenirs de la belle époque», refiriéndose a los años de la ocupación alemana en su *Journal d'un homme occupé*, escrito en prisión antes de ser fusilado en 1945. Años después, 1988, en el prólogo de las memorias de Santiago Ontañón, Alberti insiste aún: «años terribles y maravillosos». La fotografía fue hecha por David Seymour, *Chim*, fundador de la agencia Magnum junto con Capa, y forma parte de los fondos del proyectado Museo de la Guerra Civil de Carlos Flores Pazos.

Incluso como poeta es difícil tener de Alberti una idea clara. Es interesante traer aquí un juicio de un antiguo compañero suyo en las lides guerreras y poéticas. No se trata, por tanto, de un juicio partidista e interesado. Estas palabras de Ramón Gaya, de 1979, sobre otras de Juan Ramón Jiménez, son, una vez más, ejemplo de independencia e inusual libertad y, pese a la rotundidad y a que algunos las encuentren discutibles, encierran poderosas razones y, más que razones, poderosos sentimientos y certidumbres: «Rafael Alberti, gran versificador (buen

84. Rafael Alberti, José Bergamín y Manuel Altolaguirre (sosteniendo un fusil) en una foto tomada para la revista *El Mono Azul*, Madrid, 1936. *La belle époque*. Años después, Altolaguirre recordará: «Aquel año [1936] era dueño en Madrid de una pequeña imprenta revolucionaria que contaba con una gran clientela aristocrática...».

lidiador, pero poeta muy frío, muy... vacío, frío de vacío), es quizá uno de esos artistas... *jóvenes* que, a la hora debida, no aciertan a sobrepasar su juventud, es decir, no pueden pasar de magníficos novilleros brillantes a consistentes toreros adultos, viniendo a resultar así, como creía J.R.J. (que es sin duda el mayor, y mejor, y más fuerte, y más incómodo crítico español actual), que *Marinero en tierra* es su libro más vivo, más fresco, más verdadero. Vuelve a darnos un libro muy considerable, es verdad (*Sobre los ángeles*), y, en cierto sentido, *precioso*, pero un tanto mecánico, sistemático, artificial, ya que sentimos muy bien que no existen tantos ángeles, o acaso que existen muchísimos más, un número infinito de ellos; un poeta, pues, más profundo, comprendería en seguida que no puede, poema tras poema, y mediante un surrealismo externo, manierista, ir diferenciando y catalogando ángeles, sino que es necesario *aludir* a todos en un auténtico poema único. En cuanto a sus poemas más o menos comprometidos o de inspiración social o política, mejor es no hablar».

No eran de distinta opinión en 1935 los poco reaccionarios André Breton, Péret ni ninguno de los surrealistas canarios que firmaron un manifiesto en el que después de recriminar a Alberti el que publicara sus poesías completas en una editorial católica [la de Bergamín], aseguran que Alberti «publica unos romances de ciego hablando de la guerra, que no es poesía ni tiene esencias líricas ningunas».

De todos modos, quizá se excluyan del juicio de Gaya libros mejor intencionados como *Ora marítima*, *Retornos de lo vivo lejano* o *Canciones del Paraná*, escritos después de la guerra, en los que de nuevo Alberti, a la sombra de Juan Ramón, vuelve los ojos no solo a una patria y una arboleda perdidas, sino a una poesía abandonada en su primera juventud. Quizá.

Morla se lo encontró algunas veces, como hemos visto. Incluso había musicado alguna de sus canciones, pero no le perdona algunos versos que publica en la guerra, como aquel que dice del enemigo fascista fue concebido como «hijos de hombre con hombre», que Morla encuentra repulsivo. Al final, en febrero de 1939, el diplomático fue a brindarle asilo político, como antes se lo brindó a otros escritores, a Sánchez Mazas, a Alfaro, a Ros... Vivía en Velázquez 57 y dice: «¡Empiezan a querer que termine la guerra! Alberti vive ahora en una casa preciosa, moderna, elegante, con una terraza magnífica. Aparecen Ontañón y Alberti, y están gordos...». Este último dato lo da como contraste de una población madrileña en la que todos, incluido el mismo Morla (que pesaba cincuenta y tres kilos), estaban en los huesos.

Alberti pensaba irse, pero le recomendó a Morla a Aleixandre, que quedaba desamparado, «tan enfermo siempre». Una vez más: con pólvora del rey.

LEE
LIBROS ANARQUISTA
Y SERÁS UN HOMBR

CAPÍTULO CUARTO

... QUE RELATA LOS SUCESOS OCURRIDOS EN MADRID AL BOHEMIO PEDRO LUIS DE GÁLVEZ Y A UN CALAVERA ARISTÓCRATA, Y LOS CASOS CONTRARIOS DE RAMIRO DE MAEZTU Y FEDERICO GARCÍA LORCA, ASÍ COMO MUCHAS OTRAS VIDAS PEREGRINAS Y TRISTES.

El día tres de agosto,
fecha que no olvidaré,
se fijaron en mi rostro
dos de la CNT.

Copla popular.

NOS hemos ocupado hasta ahora de protagonistas muy principales, de primera fila, pero hubo otros, más oscuros, entre los cuales figura, con luz propia, el poeta bohemio Pedro Luis de Gálvez.

El nombre de Gálvez no figura en las historias de la literatura, pese a que como escritor tuvo su importancia, al menos en los suburbios de la vanguardia, pero sí, desde el principio, en la de los hampones pintorescos. Desde luego no aparece en ninguna de las historias de la guerra, y es una lástima, porque con él se entiende mucho mejor lo que debió de ser aquello, en cuanto uno deja los discursos y las ideas políticas, y pisa el arrabal de la existencia diaria y la abyección. Viene a ser el trasunto literario de aquel facineroso cenetista, Felipe Sandoval, que tan bien ha retratado Carlos García-Alix.

Gálvez, al contrario que todos los escritores de los que venimos hablando, no fue un hombre importante, ni política ni literariamente. Sin embargo, su vida le franquea las puertas de la leyenda, incluso de la literatura.

Pedro Luis de Gálvez había empezado su vida pública no batiéndose en duelo, sino retando: al rey Alfonso XIII. Le llamó cretino durante dos horas en un mitin incendiario de una localidad minera de Córdoba, conocida por el nombre muy apropiado de Pueblo Nuevo del Terrible. La estocada regia no se hizo esperar y al poeta lo mandaron al penal de Ocaña con una condena de trece años, algunos de los cuales, por amotinado, los pasó con una cadena en un tobillo, como el conde de Monte-

85. Cartel anarquista de guerra.

86-87. Pedro Luis de Gálvez, el poeta que pidió fusilar personalmente a Muñoz Seca, quien, al enterarse, parece que dijo: «Honradísimo, Gálvez, honradísimo». Según Gómez de la Serna, una leyenda, porque jamás asesinaría Gálvez a quien había dedicado uno de aquellos sonetos que aún recitaba de memoria, muchos años después, Jorge Luis Borges. Según Emilio Chipont, «en la entrevista celebrada en el Café Central [...] de Alicante, el autor de *La chica del tapicero* le dijo al fogoso Maroto: "Yo he matado a Melquíades Álvarez"». En la imagen, Gálvez (en el centro) con Ángel Pestaña. Y cubierta de uno de los raros libros de Gálvez, que escribió otro sobre el arte del sable y de los sablazos.

88. Ramón Gómez de la Serna: «Aquella tarde decidí salir para América, pues al ver a Pedro Luis convertido en hombre de acción, amparado por las circunstancias, me hizo pensar en lo que podría hacer si sentía sed de venganza».

cristo. Pudo sacudirse el veredicto con algunas triquiñuelas legales que pusieron los amigos a su disposición, pero prefirió irse a la cárcel, convencido de que en el patio de la prisión estaba plantado el Árbol de la Ciencia. Y debajo de la yacija el manuscrito del *Quijote* que iba a escribir.

Apollinaire trazó de él un retrato, y Picasso, Marinetti y Juan Gris lo conocieron en los heroicos años diez. Luego Gálvez entró en la pendiente de la bohemia, las borracheras y la trampa, cambió los duelos y las estocadas por los sablazos, que le hicieron célebre, y a los que dedicó un libro sobre el arte de darlos, y con la flor del hambre en el ojal de la solapa se paseaba por las tabernas de Madrid, casi siempre ebrio, unas veces solo y otras con un niño muerto, del que juraba ser su padre. Algunos de estos y otros muchos episodios los cuenta, en un retrato memorable, Ramón Gómez de la Serna y, en otro no menos inolvidable, González Ruano, y más anécdotas pueden rastrearse en *Historia de una tertulia*, de Díaz Cañabate, y en Cansinos, y para el Gálvez de la guerra en *El otro mundo* de Miquelarena, a la espera de la primera monografía que se le haga y después de la novela que le hizo J.M. de Prada (1996) y que, para lo que nos interesa ahora, sirve de poco. Creo recordar que la única persona de la que Ramón habla mal en su *Automoribundia* es de Gálvez. Pese a todo, Ramón no puede dejar de sentirse fascinado por una figura así, de la que Abelardo Linares oyó recitar algún soneto a Jorge Luis Borges, de memoria, ya ciego éste en su casa de Buenos Aires, cosa no extraña, porque algunos sonetos de Pedro Luis de Gálvez son en verdad excelsos, a medio camino, trunco, entre Baudelaire y Manuel Machado.

Durante la República se hizo pestañista y en la guerra se vinculó, según todos los indicios, a una checa que se llamó, como no podía ser de otro modo, Los Quijotes, y que plantó en la casa de la portera de su casa, con cuya hija andaba enredado por entonces en degollinas varias.

«De nuevo se perdió en su noche laberíntica –nos cuenta de él Ramón– y ya le habíamos olvidado, cuando estando en la terraza del Lyon d'Or, los primeros días de la revolución, lo vi pasar con mono u *overall* de seda azul, al cinto dos pistolas y al hombro un máuser». Quizá viniera cantando, como le recuerda Carrere en *La ciudad de los siete puñales*, aquella estrofa memorable:

Joven guardia, joven guardia,
al burgués implacable y cruel,
joven guardia, joven guardia,
no le des paz ni cuartel.

»Aquella tarde decidí salir para América, pues al ver a Pedro Luis convertido en hombre de acción, amparado por las circunstancias, me hizo pensar en lo que podría hacer si sentía sed de venganza», confesará el padre de las greguerías.

»Al aire la encrespada pelambrera ya canosa, al cinto la pistola homicida, y en las bocamangas de una flamante guayabera las estrellas de capitán», recuerda Julio Casares al Gálvez de los primeros días de la guerra. «A continuación –nos dice el propio Ramón en otra parte–, vino la revolución. Fue una sorpresa. Yo confundía unas cosas con otras. En la *Revista de Occidente* caía en grandes errores políticos. Estaba errorizado y horrorizado [...]. Los españoles, deduje entonces, cada cien años quieren matarse unos a otros. Lo intuí viendo que lo único que podíamos leer en esos días era *La Biblia en España*, de Jorge Borrow, con sucesos parecidos en 1836 a los que sucedían en 1936, o sea que hasta el año 2036 no se volverá a dar el mismo peligro». Todavía tuvo tiempo de entregar al periódico *Ahora*, de Chaves Nogales, unas cuantas colaboraciones, rarísimas, en las que no se sabía de qué hablaba. De todo, menos de la guerra. Erratizado.

Salió Ramón de Madrid el 29 de agosto, vía Alicante, dejando su piso de la calle Villanueva a su amigo el dibujante socialista Bartolozzi y a su mujer, hermana de Margarita Nelken. Al desembarcar en Buenos Aires parece que saludó a Guillermo de Torre levantando los brazos, con una mano abierta a la manera fascista y la otra cerrada en un puño. Guillermo de Torre, que fue a esperarlo, le aconsejó que en Buenos Aires, infestada de espías, procurarse jugar menos con aquellas cosas.

Durante la guerra, Ramón tuvo algunas ofertas de colaboración a fin de subvenir al precario estado económico en que se encontraba, cosa que conocían muchos otros escritores. Bergamín le ofreció sección fija en *El Mono Azul* y del otro bando Antonio de Obregón, desde el cuartel general de Salamanca, le pidió una colaboración para los periódicos nacionalistas. También le hicieron ofrecimiento para que participase en algunas emisiones radiofónicas, lo mismo que le llegaron invitaciones de Dionisio Ridruejo y Giménez-Arnau, tentaciones estas de los nacionalistas a las que Ramón terminó dando entrada, aunque es fácil suponer que siguiera creyendo lo que respondió en una encuesta de *La Gaceta Literaria* en 1930: «La rebeldía del escritor a la política es la rebeldía última a lo que de tirano y mezquino hay en toda política, sea conservadora o comunista. El escritor no ha pertenecido a una clase ni a una situación de época; ha obedecido a la poesía...».

De lejos, es difícil no sentir simpatía por un hombre del talento de Ramón que confiesa tan llanamente sus errores y horrores, pero se conoce que, tratado de cerca, esa simpatía no la sentían todos.

«Era [Ramón] hombre aprensivo y cobarde», nos dice desde la retaguardia Francisco Ayala en sus *Recuerdos y olvidos*, una opinión por lo demás compartida por otros, si bien más difícil de compartir, al menos en su formulación mezquina, es la que el mismo Ayala nos da como visión de Gómez de la Serna: «Aunque rehuyamos su contacto, hemos de admirar al monstruo cuya anomalía segrega sustancias que tan maravillosamente enriquecen a la humanidad». La imagen de todas esas secreciones, aunque sean de un monstruo, o por serlo, le resultan a uno francamente repulsivas, como, por otra parte, lo que dejan adivinar de ideología segregacionista, no solo secrecionista. En la misma línea excrecencial es más piadoso, generoso y certero Ruano, cuando trató de definir a Ramón: «Es –escribió aquel– como un botijo que pare inesperadamente porcelanas de Sèvres».

Sigamos con Gálvez. No resulta sencillo reconstruir la vida de Pedro Luis de Gálvez durante la guerra. Quizá fuera uno de aquellos bandidos a los que se refieren Moreno Villa, J.R.J. y tantos otros. El mismo Gálvez escribió unas cuartillas hablando de «su» guerra. Sirve a medias: las escribió para su consejo de guerra de 1939. También a él, aseguró, le confundieron con un cura y fue detenido en los primeros días. Pero nada grave. Había llegado su hora. En torneados tercetos lo había vaticinado:

> Mas con el rojo índice te señala el Destino.
> Cuando, envuelto en las sábanas de finísimo lino,
> descansas en la noche de tu leve jornada,
>
> en la piedra más dura de tu propio palacio,
> lentamente, sin ruido, despacio, muy despacio,
> el pueblo, que no duerme, saca filo a la espada.

«Fundo, pues, el *Grupo Cervantes*, sin otro deseo que guardarme a mí mismo y proteger a mis familiares y amigos», escribirá en su pliego de descargos. Para muchos, el *Grupo Cervantes* no pasó de ser una checa, y de las más sangrientas. Gálvez, sin embargo, insistió: «Amparado en el grupo salvé la vida al pocta Emilio Carrere, al que buscaba la checa de Fomento; la del académico Ricardo León, al que tuve escondido en mi casa; vigilé la de Cristóbal de Castro; advertí a Pedro Mata, que en Fomento lo buscaban también, para que se pusiera a salvo; a Rafael Segovia Ramos lo salvé de una muerte cierta, y a un tal Jaramago, portero y pariente de Ricardo León, luego de liberarlo de la checa de la Princesa, que ya lo iba a ejecutar, le di un aval firmado de mi puño... A muchos otros he socorrido. A todos con riesgo de mi

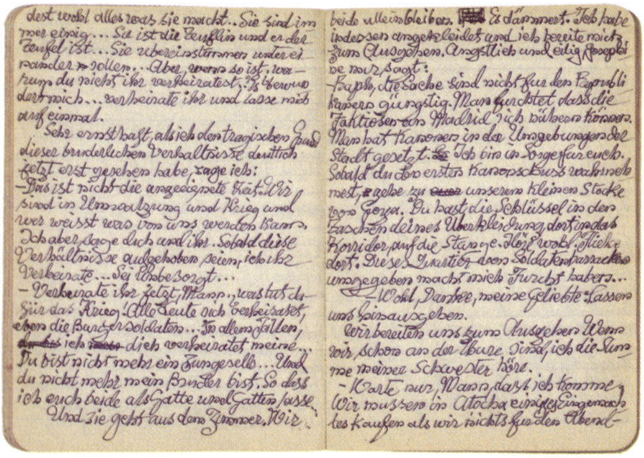

dest wohl alles was sie macht.. Sie sind immer einig... Sie ist die Teufelin und er der Teufel ist... Sie übereinstimmen untereinander sollen... Aber wenn so ist, warum du nicht ihr verheiratest? [illegible] dort mich... verheirate ihr und lasse mich auf einmal.
Sehr ernsthaft, als ich den tragischen Grund dieser brüderlichen Verhältnisse deutlich jetzt erst gesehen habe, sage ich:
– Das ist nicht die angeeignete Zeit. Wir sind in Umwälzung und Krieg und wer weisst was von uns werden kann. Ich aber sage dich und ihr. Sobald diese Verhältnisse aufgehoben seien, ich ihr verheirate... Sei unbesorgt...
– Verheirate ihr jetzt, Mann, was tut du für das Krieg! Alle Leute sich verheiratet, eben die Bürgersoldaten... In allem Fällen, ich dich verheiratet meine... Du bist nicht mehr ein Junggeselle... Und du nicht mehr mein Bruder bist. So dass ich euch beide als Gatte und Gatten lasse.
Und sie geht aus dem Zimmer. Wir beide allein bleiben. Es dämmert. Ich habe indessen angekleidet und ich bereite mich zum Ausgehen. Ängstlich und eilig Josephine mir sagt:
– Raph, die Sache sind nicht für den Republikanern günstig. Man fürchtet dass die Faktiosen von Madrid sich rühren können. Man hat Kanonen in der Umgebungen der Stadt gesetzt. Ich bin in Sorge für euch. Sobald du den ersten Kanonschuss wahrnimmst, gehe zu unseren kleinen Stocke von Goya. Du hast die Schlüssel in den Taschen deiner Überkleidung dort in das Korridor auf die Stange. Hör wohl. [illegible] dort. Diese Quartier von Soldatenbaracken umgegeben macht mich Furcht haben...
– Wohl, Danke, meine Geliebte. Lassen uns hinausgehen.
Wir bereiten uns zum Ausgehen. Wenn wir schon an der Türe sind, ich die Stimme meiner Schwester höre.
– Warte nur, Mann, dass ich komme. Wir müssen in Atocha einiges Eingemachtes kaufen als wir nichts für den Abend-

89. Rafael Cansinos Assens en la Feria de Libros de la Cuesta de Moyano, Madrid, años treinta.

90. Páginas manuscritas del mítico diario que Cansinos Assens llevó durante la guerra, alrededor de dos mil páginas que su autor escribió en alemán, francés e inglés para entorpecer las delaciones, si caían en manos indiscretas o vengativas.

91. Cuando estalló la guerra, ya había pasado para Cansinos su hora. Aguardó agazapado su final, esperando a los vencedores para poder seguir con su vida gris de proletario de la literatura.

vida. Que digan, en conciencia, si es verdad lo que afirmo, y relaten a la Justicia cómo fueron los hechos».

Al Gálvez de la guerra se refiere también Baroja, en *Ayer y hoy*, llamándole el Bohemio. «El Bohemio –nos dice Baroja– tenía talento literario en su tiempo y lo desperdició [...]. Pobre, mísero y envilecido, era un harapo humano. Nos besaba la mano a los escritores, nos llamaba Maestro y lloraba si se le decía una broma. Este Bohemio es rico en vilezas. Es un masoquista que la revolución ha convertido en sátiro. Hace años tuvo un proceso ridículo del cual se hubiera podido zafar con facilidad, y no solo no lo hizo sino que se dejó llevar al presidio de Ocaña para vivir entre criminales y pederastas, por los que tiene especial predilección. Él mismo me lo ha contado así. Viéndole sonreír, con una sonrisa de gitano, se ve que es un perfecto granuja. El Bohemio, a pesar de su insignificancia y de su cobardía, ha matado, ha derramado sangre de gente infeliz».

En los primeros días de guerra parece que Rafael Cansinos Assens entró en una combinación del poeta Pedro Luis de Gálvez, quien quería incautarse de la Academia de la Lengua y nombrar director de ella a aquel hombre que terminaría siendo una antigualla para los modernos y un extravagante recuerdo del ultraísmo para los conservadores. Cuando llegaron al caserón de la calle de Felipe IV, «le dieron –dice Baroja–, treinta duros en la portería y se sintió magnánimo. Bueno, bueno, dijo, que siga la docta casa, lo mismo da. Y se fue a tomar unas copas con su gente».

Existen unos diarios de guerra de Cansinos, continuación de los tres tomos aparecidos en estos años. Se contaba que Cansinos, por miedo a que aquellas cuartillas cayeran en manos de personas desleales, las redactaba en algunas de las setenta y dos lenguas en las que según Gómez de la Serna saludaba cada día al sol. Todo es más sencillo: las redactó y encriptó sólo en tres, alemán, francés e inglés, a falta de saber lo que dicen las páginas en árabe que se solapan de vez en cuando. Al parecer le pidieron colaboración los republicanos, y Cansinos logró negarse, a saber cómo. El tomo tercero de sus memorias, *La novela de un literato*, que abarca de 1924 a 1936, termina precisamente el 18 de julio de 1936. Cansinos se encuentra el domingo 19 de julio frente a Gobernación con su amigo Fernando Hernández Exposité, quien dice: «–Están armando al pueblo..., es decir, al proletariado. Esto es ya la Revolución Comunista... Los republicanos estamos ya de más... Querido maestro, ¡la República ha muerto! "Sí, le responde Cansinos, y la literatura también", y se estrechan la mano en un teatral gesto de pésame». Quedan sin embargo por estudiar, traducir y editar las dos mil páginas que forman los diarios de guerra de Cansinos. Contienen retratos despiadados de unos y de otros y refleja en sus últimas páginas la división de los jóvenes falangistas y comunistas. A tenor de los fragmentos inéditos que hoy (2010) se publican aquí por primera vez, se verá que son un documento excepcional. «Los periódicos no cuentan la gravedad de la situación», empieza sarcástico el primero de ellos. «Ambiguamente dicen que Madrid está preparado para cualquier evento. *Mundo Obrero* estampa algunos versos de Rafael Alberti, el titulado poeta del Partido Comunista, ponderando el heroísmo del pueblo matritense y del río Manzanares, que no permitirá al enemigo cruzar sus márgenes. La radio oficial está también invadida por una legión de berreantes poetas y poetisas que parafrasean la consigna lírica del Majakowski español –el Majakowski español que antes de eso había escrito el auto sacramental *El hombre deshabitado* y rimado a la muy católica y mitológica manera de Góngora. Nuestro Alberti, cara ancha, ancho de hombros, con su espesa cabeza rubia –después de haber estado tan delgado y precario que tuvo que ser enviado por los médicos a la Sierra– es el poeta del pueblo, nuestro Stalin lírico, que va y viene en un espléndido auto; y es un espectáculo curioso verle bajarse del coche en la calle Alcalá, enfrente de Negresco, y cruzar la acera, majestuoso, grave y pomposo, con su gran buzón [literal] debajo de uno de sus brazos y colgando del otro a Teresita León, esa actriz fallida, ahora su "compañera"...».

El diario de guerra de Cansinos es también su refugio personal, no sólo la crónica de días terribles, como vemos en este otro fragmento de fecha imprecisa, acaso 1937: «Finalmente estamos otra vez en nuestra casa en Atocha, en esta espaciosa, luminosa y soleada casa, como hecha a medida para tiempos de paz, con su jardín en la parte trasera, al que dan nuestras ventanas, y ese alto plátano, lleno de gorriones pipiantes, pero poco defensiva para los tiempos de guerra, con demasiados huecos y balcones y su tejado muy bajo. Cuando entro otra vez en la casa revivo todas las temibles escenas de ese día de julio, cuando los primeros disparos [ilegible] de esta enorme guerra nos obligó a descender por primera vez a los refugios. Todo el horror de ese día, ese estrépito, los profusos disparos, los chillidos de las mujeres... y el momento cuando en el Hospital de enfrente la bandera de la Cruz Roja fue izada. En ese momento, lo recuerdo, abracé a mi hermana, llorando:

»–Nuestra hora ha llegado, hermana, vamos a morir...

»Josefina estaba con nosotros. Ella es una mujer valiente, odia el sentimentalismo, es de carne y hueso y no perdió la serenidad. Nos llevó hasta los refugios, y allí, en compañía del portero y de los otros vecinos de la casa, permanecimos, hasta que el fuego paró, bajo la lluvia de balas que parecían buscar nuestros cuerpos...». Otras veces la anotación se resuelve en jaculatorias salmódicas, como esta de 1938: «Así en la noche y el día. / ¡Siempre así bajo este espanto! / Oh Adonai Sebaoth el Santo / ¡pon término a esta agonía!».

Cuando al fin dio término a la agonía, escribirá sin la menor ambigüedad: «Estamos al fin liberados. Las tropas de Franco han entrado en Madrid sin disparar un tiro, entre aclamaciones de jubilosa gratitud. ¡Oh prodigio! Cuando todos pensábamos sucumbir en la anunciada ofensiva que habría sido formidable –medio millón de hombres, 1.500 cañones y 2.000 aparatos– he aquí que de pronto todo se deshace mágica y plácidamente, y una mañana vemos la ciudad llena de banderas españolas, de turbantes de moros y de gorros de legionarios. Las juventudes de Falange recorren la ciudad cantando con frescas y amables voces "Cara al sol". Un deshielo de cordialidad alegre y cortés. Adonai nos ha liberado al fin en este mes de Adar, y yo, que durante estos tres años he sido un cautivo en la casa, salgo a la calle, ávido también de tomar la ciudad, de afirmar mi triunfo y recuperar la chatarra sentimental de mis amigos "que es oro para el corazón"»...

Las anotaciones de Cansinos ocupan dos mil páginas de abultada letra. Son intimistas la mayor parte. Desde julio de 1936 aparece en ellas Josefina Mejías, la mujer que fue su compañera durante veinte años. Son a menudo esquemáticas, pero no menos expresivas, como esta a poco de terminar la guerra: «Encuentro a Cristóbal de Castro en la escalera del Metro: –¡Cristóbal!

»Mientras bajamos me cuenta. Estuvo refugiado en una embajada, lo quisieron matar... (¡A él, el autor de aquellos artículos demagógicos que asustaban a los burgueses!)

»–¿Y Aguilar? –le pregunto.

»–Está detenido y tiene incautadas sus dos librerías.

»–¿Por qué?

»Y con saña, mordiendo la colilla del puro de sus palabras:

»–Era de Izquierda Republicana... Frente Popular. Ha publicado *El capital* de Marx...

»–¡Ah!...».

O esta otra del abril de 1939: «A la puerta de la pescadería donde Josefina compra boquerones, un hombre de tipo y voz de gaucho argentino, con unos papeles en la mano dice, dirigiéndose a los pescaderos:

–No hace falta decir nombre. Nosotros no decimos el nombre del denunciante. Pero hay que ayudar. El que no tiene caca no tiene que

92. Zamacois había sido hasta la guerra un escritor galante, y nadie hubiese imaginado que pese a su avanzada edad se alistara y marchara al frente, donde su figura de combatiente se hizo muy popular entre los soldados republicanos. A diferencia de tantos escritores de ambos bandos, jamás sacó provecho de esa experiencia, hurtándonos páginas que habrían sido interesantes en sus ya de por sí interesantes memorias.

93. *El asedio de Madrid* fue la aportación literaria de Zamacois a la causa republicana y origen de una persecución que le obligó a adelantar su exilio. En forma de novela, su autor deslizaba hechos y datos que si bien todos conocían, nadie estaba autorizado a propagar sin exponerse a ser acusado de quintacolumnista. Hoy, sin embargo, nos parece un relato de absoluta ortodoxia propagandística.

temer. Pero los otros, los asesinos... Hay que denunciar para que no se camuflen. Nosotros hemos sufrido mucho. Yo he dormido en el suelo de una cárcel, comido piojos... ¡Hay todavía por ahí muchos rojos!... Y ahora todos quieren montarse al caballo de la Victoria...

»¡Frase admirable!

»Los pescaderos lo oyen con caras aburridas.

»Sí, ¡tiene razón! Ahora todos quieren montar en el caballo de la Victoria. ¡En el caballo de Franco! Los unos para salvarse, los otros para dominar».

Cuando al fin dispongamos de esta obra al completo, tendremos la visión de un hombre que permaneció en la guerra situado en la mejor atalaya para observar el mundo: la de la soledad, en su caso teñida a veces de una muy triste amargura, como vemos en los tomos ya publicados de sus memorias, amenísimos para quien esté interesado en esa época *miau* de la literatura española.

No sabemos tampoco si Pedro Luis de Gálvez siguió viéndose con Cansinos. Es probable que aparezca más veces citado. Ni siquiera si llegó a tratar esos años a escritores de segundo rango, pero casticistas también como Eduardo Zamacois o Pedro de Répide, aquel feroz antimonárquico y bohemio de la trasnoche del que se decía que era hijo de un obispo cubano (que Menéndez Pelayo incluye en su *Historia de los heterodoxos*) y una joven de buena familia, doña María de Répide.

El retrato que hizo Ruano de Répide no acaba de ser generoso. «Una de las plumas mejor cortadas», y añade: «Pedro de Répide era "republicano de toda la vida", y se ponía muy serio cuando se hablaba de estas cosas, queriéndonos convencer de que, llegado el momento, sería terrible y no vacilaría en cortar todas las cabezas que fueran necesarias. Antonio de Hoyos le gastaba chistes feroces en la confianza de ser doblemente compañeros, de Letras y del modo de tomar la vida, y la verdad es que el buen Perico, apenas llegaron los *suyos*, los rojos, demostró que era solo republicano, y quizá republicano federal, porque tomó las de Villadiego y ganó el limbo americano, del que no ha querido volver a salir por si las moscas».

Ni siquiera era exacto, y cuánta insidia en ese «tomar la vida». Ruano pudo incluso haber corregido el retrato de aquel popular cronista de la Villa, que apareció en sus *Siluetas de escritores contemporáneos*, de 1949, cuando Répide llevaba ya un año muerto y enterrado en Madrid, después de haber escrito unas *Memorias de un resucitado*, patéticas y serviles (lo que pensaba que querían oír los nuevos amos de España), en las que solo perseguía, ya viejo, empolvado y enfermo, el salvoconducto que le permitiera volver a aquel Madrid que amaba más que nada y del que lo sabía todo. El resucitado sólo quería eso: morir en paz.

Zamacois, en cambio, terminó muriendo centenario en Buenos Aires, en uno de esos exilios a los que no pueden poner fin las ideas sino los propios enredos de la vida.

Zamacois fue uno de aquellos escritores de La Novela Corta que conocieron en los años veinte el éxito de público, pero que lo tenían escaso entre la crítica. Su literatura era popular, con ingredientes eróticos, al principio, y, más tarde, naturalistas y realistas. Zamacois tuvo una vida azarosa y trotada, con muchos desórdenes sentimentales, que no le impidieron escribir un centón de obras en el casi centón de años que vivió. Él la contó en un libro más admirable y entretenido por cuanto que uno, prejuzgando al autor, no esperaría tanto; lo tituló *Un hombre que se va*, sin duda alguna una de las memorias de escritor más sobresalientes con que cuenta la literatura española para ese primer tercio largo del siglo. Es un yo el suyo nada engolado, de una naturalidad rara en los escritores, sin solos de flauta ni flatulencias.

Al estallar la guerra, Zamacois, que era un hombre de convicciones republicanas y liberales, se quedó en Madrid. Luego, cuando comprendió que la guerra estaba perdida, dejó los quehaceres de cronista que le habían llevado a los frentes en los que participó activamente, y partió a Valencia, y luego a Barcelona. Desde las escaramuzas de Somosierra, 1936, hasta 1939. Con su traje de dril azul y el mosquetón, más decorativo que otra cosa, escribiendo unas crónicas declaradamente comprometidas con la causa popular, que no le franquearon ninguno de los exclusivos clubes para escritores del exilio: Roma no paga a traidores ni a escritores galantes.

En esta Barcelona en guerra, que Zamacois retrata escuetamente pero con mucha elegancia, publicó su novela de guerra, que tituló *El asedio de Madrid*, una obra de corte galdosiano sobre la vida cotidiana de la ciudad cercada, que se hace amena por los detalles exactos, como ocurre también con la interesante novela *España a hierro y fuego,* de Alfonso Camín, un escritor que recuerda algo a Zamacois y que como él ya era una sombra del pasado. Los crímenes de los que habla Camín son en este caso de la zona nacional, de «los negros», como los llama.

Por los días en que publicaba la novela, a Zamacois, por contar en ella cosas que resultaban inapropiadas, quisieron meterlo en la cárcel, de la que le libró Negrín, y, a finales de enero de 1939, salió hacia un exilio del que volvió en los años sesenta, para pasar unas semanas, y que le hizo rodar por medio mundo, viejo y nuevo, con sus líos, sus mujeres, sus amores ingenuos, apasionados, imposibles.

Zamacois fue a la literatura lo que un tallista-carpintero a la escultura griega, pero siempre resultó un hombre modesto y honesto, que al volver la vista sobre la guerra observa sin rencor: «Fue una guerra sin prisioneros, en la que perdimos a García Lorca, a Ramiro de Maeztu, a Manuel Bueno, a Pedro Muñoz Seca...». Se ve que Zamacois era de los que pensaba que hay que pesar las vidas por un lado y las obras por otro, de los que creía que las obras no hacen superiores a los hombres, sino sólo el trabajo.

Con relación a este último, Muñoz Seca, y su asesinato, en otoño de 1936 en Paracuellos del Jarama, volvemos a encontrarnos el nombre de Pedro Luis de Gálvez...

Pedro Muñoz Seca, el 18 de julio de 1936 –era ya madrugada del 19– en el teatro Poliorama de Barcelona, con motivo del estreno de su obra *La tonta del rizo*, había salido a saludar a requerimiento del público y había dicho que agradecía mucho las risas, pero que no era ese el momento de reír. El ejército se había sublevado en toda España para salvarla, dijo, y Muñoz Seca, desde el escenario y de una manera muy insensata, había gritado «¡Viva España!». Debió haber escapado por la frontera de inmediato, pero no. Tras sufrir los calabozos de la Jefatura de Policía de Barcelona, donde le detuvieron al día siguiente, fue conducido a Madrid. Allí se lo llevaron a la cárcel de San Antón. Todos conocían la ideología del popular autor, que tampoco se había privado de criticar a los obreros republicanos en una comedia que tituló *La Oca* (Libre Asociación de Obreros Cansados y Aburridos) o en otra titulada *El jabalí*.

Gálvez, según diversos testimonios, entraba y salía de ese establecimiento penitenciario de San Antón con frecuencia y se interesaba por la suerte de algunos reclusos, a uno de los cuales, el célebre futbolista Zamora, salvó de una muerte segura, solo porque éste le había invitado en ocasiones a bistec y media tostada. Gálvez intentó lo mismo con Muñoz Seca, a quien fue a ver con el hijo del dramaturgo, pero tuvo menos suerte.

Al cabo de unas semanas muchos presos, en un número que ronda los dos mil, fueron sacados de las cárceles de San Antón, de Porlier, la Modelo, Ventas y Yeserías, y conducidos en autobuses y camiones fuera de Madrid. Se dijo que se hacía por seguridad. Entre ellos iba Muñoz Seca, al que habían juzgado pocos días antes, en uno de los tribunales populares que se habían creado en un intento de frenar los paseos y que, a la postre, sólo dieron apariencia legal a los asesinatos. A unos pocos kilómetros de la carretera de Valencia, el convoy se desvió hacia Paracuellos del Jarama, donde el escritor encontró la muerte el 28 de noviembre, junto a otros centenares de personas que murieron por esas mismas fechas y en el mismo escenario. Nadie ha querido cargar, como es lógico, con la responsabilidad política de aquellos asesinatos que señalan al futuro secretario del PCE como principal burócrata de esas muertes, y desde entonces los muertos de Paracuellos son uno de los atolladeros donde vienen a meterse muchos historiadores y protagonistas supervivientes.

Hay una versión según la cual uno de los responsables en la muerte de Muñoz Seca sería también el propio Gálvez, que quizá pidió fusilarlo personalmente. Cortés Cabanillas, que estuvo con él en San Antón, recuerda las visitas de Gálvez con uniforme de comandante de carabineros, alardeando de los *paseos* que había dado esa noche.

94. Fotografía de Gálvez y sus hijos presentada por el poeta en el juicio que le condenó a la pena de muerte después de la guerra. De ella cortó la parte izquierda donde seguramente figuraba la madre de sus hijos, a la que no quería delatar. Trataba de probar de ese modo, con la cruz que se ve sobre el escritorio, que era una persona religiosa. Se conserva en el sumario, donde figura también una declaración de su puño y letra en que se exculpa de los muchos crímenes de los que se le acusó, así como un soneto dedicado a Franco, escrito por él mismo en prisión, para apiadar a sus jueces.

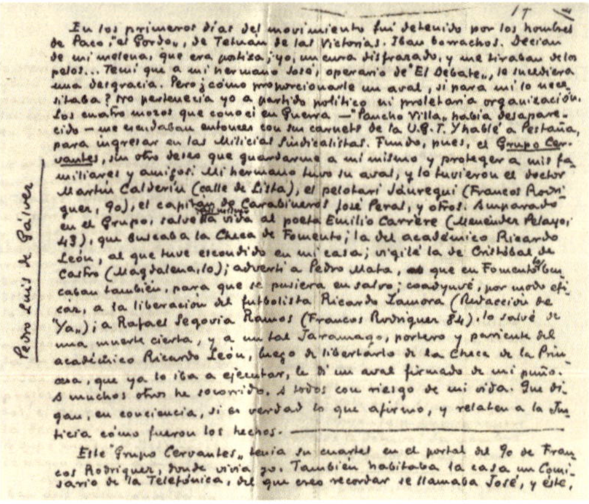

17

En los primeros días del movimiento fui detenido por los hombres de Paco, "el Gordo", de Tetuán de las Victorias. Iban borrachos. Decían de mi melena, que era postiza; yo, un cura disfrazado, y me tiraban de los pelos... Temí que a mi hermano José, operario de "El Debate", le sucediera una desgracia. Pero ¿cómo proporcionarle un aval, si para mí lo necesitaba? No pertenecía yo a partido político ni proletaria organización. Los cuatro mozos que conocí en Guerra —"Pancho Villa" había desaparecido— me escudaban entonces con su carnet de la U.G.T. Y hablé a Pestaña, para ingresar en las Milicias Sindicalistas. Fundo, pues, el Grupo Cervantes, sin otro deseo que guardarme a mí mismo y proteger a mis familiares y amigos. Mi hermano tuvo su aval, y lo tuvieron el doctor Martín Calderín (calle de Lista), el pelotari Jáuregui (Francos Rodríguez, 90), el capitán de Carabineros José Peral, y otros. Amparado en el Grupo, salvé la vida al poeta Emilio Carrère (Menéndez Pelayo, 43), que buscaba la Checa de Fomento; la del académico Ricardo León, al que tuve escondido en mi casa; vigilé la de Cristóbal de Castro (Magdalena, 10); advertí a Pedro Mata, que en Fomento le buscaban también, para que se pusiera en salvo; coadyuvé, por modo eficaz, a la liberación del futbolista Ricardo Zamora (Redacción de "Ya"); a Rafael Segovia Ramos (Francos Rodríguez 84), lo salvé de una muerte cierta, y a un tal Jaramago, portero y pariente del académico Ricardo León, luego de libertarlo de la Checa de la Princesa, que ya lo iba a ejecutar, le di un aval firmado de mi puño. A muchos otros he socorrido. A todos con riesgo de mi vida. Que digan, en conciencia, si es verdad lo que afirmo, y relaten a la Justicia cómo fueron los hechos.

Este "Grupo Cervantes" tenía su cuartel en el portal del 90 de Francos Rodríguez, donde vivía yo. También habitaba la casa un Comisario de la Telefónica, del que creo recordar se llamaba José, y éste,

Pedro Luis de Gálvez

95. Pliego de descargos presentado por Pedro Luis de Gálvez en el consejo de guerra que le condenó a muerte.

Si es así, Gálvez se habría ascendido en dos meses de capitán a comandante. También circuló la contestación que, conforme a esta otra versión, le habría dado el humorista al enterarse de que quería fusilarlo personalmente: «Honradísimo, Gálvez, honradísimo», frase, en efecto, a la altura de aquella otra que sí parece haber pronunciado Muñoz Seca delante de uno de sus verdugos: «Me lo habéis quitado todo, libertad, familia, pero hay algo que no me podéis quitar: el miedo». No sé yo si tanto miedo puede precipitarse en humor negro, como la base en ácido. No fue, por cierto, el único comediógrafo asesinado. En Ondarreta acabó su vida Honorio Maura, al que también pasaron por la pared.

Gómez de la Serna, tan enconado con el bohemio, quiere sin embargo ser justo: «En lo que yo difiero de Montero Alonso es en su opinión de que Gálvez ayudase a matar a Muñoz Seca. Por el contrario. Creo que en su farsa de verdugo debió de hacer todo lo posible por salvarle, sino que los sectarios le conocieron la intención. Pedro Luis no mataba a quien había dedicado un soneto, pues un soneto de él suponía una gran constancia en la dádiva, y Muñoz Seca debió de ser muy generoso con él». Y llevaba razón. Gálvez dirá en su confesión: «En cuanto a la acusación que se me hace de la muerte de Muñoz Seca, amigo mío queridísimo [...], ¡Dios perdone a mi calumniador!».

En cierto modo Ramón también es justo con el propio Gálvez, al contribuir de manera tan decisiva a su leyenda. De no haber escrito su retrato, Gálvez se habría perdido en la perfección de sus propios sonetos y de su propia historia, que el ex penado resumió en magníficos versos:

Seminarista, de Antínoo prendado.
Presidiario, en Ocaña. Aventurero.
Nada he tenido ni tampoco espero.
Fui en Alesio y Escútari soldado.

Camino por mi senda, sin codicia:
todas las bocas saben a lo mismo,
y en todo lugar, cantera de egoísmo,
y en todas partes, muda la justicia.

No me desvela el juicio de la gente.
No curo del mañana ni el presente.
Bebo para olvidar... Siempre la garra

de la calumnia al cuello; sin fortuna,
muerta la fe, sin ilusión alguna
y en la mano una bala, como Larra.

96-97. Antonio de Hoyos y Vinent (en el centro) es uno de los que aparecen –junto a Felipe Sandoval y otros personajes históricos– en la interesante novela de Valentín de Pedro, la primera que desde la izquierda abordó el terror insaciable de la FAI y de aquellos para los que «no tenía sentido ganar la guerra sin ganar la revolución». Un caso al revés, una novela de los crímenes de Falange escrita por un escritor de derecha, no se conoce. Si De Pedro logró salir de la cárcel tras la guerra, Hoyos pagó doblemente: por marqués y por anarquista.

98. Diego San José. Uno más a quien los vencedores aplicaron un castigo inversamente proporcional a la moderación de sus ideas políticas.

A este soneto lo tituló, con acierto, «Ecce Homo», pero se equivocó Gálvez en algo: la bala que lo esperaba no le vino de su mano, sino del pelotón de fusilamiento que terminó con su vida, en Madrid, acabada ya la guerra. «¡Qué profundo y variado es el azar! ¡Pero cuánto más profunda es la Nada!», diría Gómez de la Serna al final de su semblanza. Lo que no sabía Ramón tampoco es que Gálvez intentó, ya preso por los franquistas, la última pirueta: un soneto a Franco. Pudo suponerlo. Se conserva en el sumario de su consejo de guerra, junto con las cuartillas en las que relataba de puño y letra su historia de 1936 a 1939, tratando de convencer a sus jueces de que había sido una buena persona. Es un testimonio escalofriante. «Visto que a nadie detenía, que no cometía excesos», dirá, «me dieron de baja en las Milicias Sindicalistas. Y tuve que asombrar a la gente, a la manera pintoresca de Baudelaire, relatando truculentas historias». En esta frase trata de justificar su leyenda de jacobino. Valdría la pena editarlo.

Con Gálvez estuvieron en la cárcel de Porlier, después de la guerra, otros tres escritores de relativo éxito, pero de escaso prestigio entre la crítica: el argentino Valentín de Pedro, el madrileñista Diego San José y el aristócrata Hoyos y Vinent. Valentín de Pedro escribió *La vida por la opinión*, la primera novela en abordar desde la izquierda el terror de la FAI en el Madrid revolucionario, cruzada por las vidas del propio

Hoyos, del inicuo Felipe Sandoval o del mítico Melchor Rodríguez, «el ángel rojo», anarquista que detuvo las matanzas de presos en Madrid desde su puesto como delegado general de Prisiones. En cuanto a Diego San José nos dejaría un tristísimo relato de su paso por las prisiones franquistas. Fue también él quien acometió el último retrato de Gálvez. Tampoco sabía que aquel hombre cínico que decía esperar la muerte como un estoico, trataba de librarse de ella con un soneto al Caudillo.

La historia de Hoyos es parecida a la de Gálvez, solo que escrita por arriba. En términos musicales Gálvez sería el bordón y Hoyos la prima, lo cual está dicho sin segundas, sin pensar en que fuese Hoyos una de las «locas» más desatadas del primer tercio de siglo. Los coturnos sobre los que le hizo andar Cansinos en sus memorias son espectaculares y de gran elevación. Como decía un cronista de la época, «es toda una biografía, por supuesto no tolerada para menores».

Hoyos, que había estudiado en el Theresianum de Viena con Alfonso XIII, heredó de su padre el marquesado de Vinent (el marquesado de Hoyos le correspondió a un hermano suyo, monárquico y derechista), y de su madre el suficiente dinero como para dedicarse a los tugurios nocturnos, los chalecos floreados y lo que él llamaba por todo lo alto «la lujuria, el pecado y la muerte». Por si no le bastase, era al tiempo sordomudo y políglota, mediante señas de un sofisticado método alemán.

La literatura de Hoyos era, como cabe suponer, de tono decadentista, a lo Wilde, a lo D'Annunzio, a lo Lorrain, pero bastante mala, pese al monóculo que se encajó en el ojo izquierdo o en el derecho, según la fantasía del momento.

Cuando llegó el Frente Popular, Hoyos se afilió al sindicato anarquista, y al estallar la guerra se vistió, como su amigo Gálvez, un mono azul, y se calzó, en la cadera nefanda, un gran pistolón, pero no renunció al monóculo de concha rubia y creía sinceramente en «el sindicalismo, la transformación sin guerra de las clases». La estampa de aquel marqués grande como un oso blanco y con rímel en las pestañas, vestido de revolucionario, debía de ser magnífica. No se sabe si, como Gálvez, Hoyos cometió tropelías, sería raro, pero al entrar los nacionales en Madrid lo detuvieron y lo llevaron a la cárcel, donde enfermo, solo, sin que le valiese ninguna de sus viejas amistades de la aristocracia, sin el arrimo de su familia, murió en 1940, con cincuenta y cinco años.

99-100. Mauro Bajatierra, panadero, militante anarquista e improvisado cronista de los frentes. Extraordinario personaje, tanto como sus atuendos. Visitó a Unamuno en el exilio parisino, con el propósito de atraerlo a la acción anarquista. Resumió aquella reunión con el poeta vasco de modo lacónico: «Con Unamuno no podemos contar. Es un pedante». Sus crónicas de la guerra no pasarán a la historia de la literatura, pero su vida y sobre todo su muerte, heroica y de cantar de gesta, merecerían como poco una película.

101-102. *Crónicas del frente de Madrid* y *Madrid rojo y negro*, dos de los raros libros de autores anarquistas editados por la Oficina de Prensa de la CNT y por las Milicias Confederales, respectivamente.

103. Crónicas de guerra del escritor Benigno Bejarano, que popularizó el seudónimo de *Lazarillo de Tormes*, y que le editó en Valencia el Comité Nacional de CNT. En ellas desapareció el humor que caracterizaba a sus escritos anteriores a la guerra,

Hoyos escribió mucho durante la guerra en los periódicos de Madrid. Son artículos un tanto plúmbeos y teóricos, pero cargados de buenas intenciones, al menos los que Fernando Díaz-Plaja reproduce en su interesante antología *Si mi pluma valiera tu pistola*. Esos le han quitado a uno las ganas para buscar otros. A diferencia de Gálvez, un hombre con verdadero talento, la figura de Hoyos ha de conformarse con la leyenda de su vida, porque de su literatura no se puede hacer leyenda ninguna. Lo mejor que puede sucederle a ésta es que no se reedite jamás; de ese modo aún podemos garantizar la supervivencia del mito y creer que los personajes de los que habla en sus novelas, un tanto podridos, decadentes y mórbidos, tienen el fuste de los de Wilde o Huysmans. Por desgracia, no son más que caricaturas vagamente pretenciosas de una perversidad pensada más que como pecado, como manera de escandalizar a los confesores. Confesores de 1920. De todos modos, es comprensible que la relativa dificultad de encontrar sus primeras ediciones nos proporcione a algunos el espejismo de que eso es algo, como si lo novelesco del camino nos resarciese de lo decepcionante de la meta. En cambio, su figura humana es imposible no sentirla próxima: ¿Cómo no mirar con simpatía a quien ha renunciado a tanto?

A todos ellos, a Hoyos, Zamacois, Répide, Diego San José, Retana... los editó *El Caballero Audaz*, de nombre Carretero Novillo, antes de la guerra, en la colección de novela corta *Los 13*. Después de ella volvió a escribir de sus viejos amigos, pero entonces con la inquina y la bilis de quienes no se conforman con la victoria. Un caso parecido al de Víctor Ruiz Albéniz que popularizó el seudónimo de *El Tebib Arrumi*. Con este nombre árabe («El Médico Cristiano») escribió y publicó decenas de episodios nacionales de la Guerra Civil, mediocres y refritados de otros cronistas, subliteratura de la que le redimió un

presagiando acaso su final, en un campo de refugiados.

104. Eduardo de Guzmán (centro) en la redacción de *Castilla Libre*, periódico anarquista del que fue director durante la guerra, y autor de libros de memorias sobre el anarquismo español y su actuación durante la guerra, imprescindibles para conocer la visión anarquista del momento. A su izquierda, de uniforme, Ricardo Sanz, «ex solidario» de los años veinte con García Oliver y Durruti, al que sustituyó en Madrid al frente de las columnas anarquistas y que publicó en los años setenta un interesante libro de memorias, *Los que fuimos a Madrid*. A su lado, José García Pradas, director de *Frente Libertario* y enemigo íntimo de Guzmán en la posguerra. Escribió un libro alucinante contra Guzmán y su *La muerte de la esperanza*, que tituló *La muerte de la vergüenza* y nunca se publicó, cuyo original se conserva en los archivos de Ámsterdam.

gesto de suprema piedad: al final de la guerra un juez le pidió reconocer visualmente al asesino de su hijo, pero Ruiz Albéniz negó que se tratase de él, siéndolo: «Su muerte no me lo devolvería», le confesó a Haro Tecglen muchos años después.

Pero nos hemos ido muy lejos. Estábamos en Pedro Muñoz Seca. Idéntica suerte corrió Ramiro de Maeztu. Lo llevaron a la prisión de Ventas en julio y lo mataron el 29 de octubre de 1936, en Aravaca, en una saca de presos en la que iba también Ledesma Ramos, a quien, por cierto, el régimen de Franco nunca entronizó como mártir en su santoral de pleno derecho, como sí a Maeztu.

105. Pedro Muñoz Seca, cuya suerte estuvo unida a la de los cientos que fueron asesinados en Paracuellos del Jarama.

106-107. «Para los españoles no hay otro camino que el de la antigua Monarquía Católica, instituida para servicio de Dios y del prójimo». Maeztu, la figura literaria que trató de oponer a Lorca la propaganda franquista, acaso para intentar equiparar sus obras con el asesinato que acabó con sus vidas. «Con sus escritos yo me hacía un lío, y en más de una ocasión sospeché que escribía casi siempre las mismas cosas con otras palabras», dirá de él un Ruano poco reverencial.

Maeztu, en cierto modo, fue, dicho con el debido respeto, un invento del franquismo, el escritor muerto que se intentó oponer al otro muerto ilustre, que era García Lorca, en un esfuerzo desesperado de demostrar que la barbarie de la guerra se había propagado en ambas zonas por igual. Y eso que era verdad en cuanto a las vidas, no era equiparable, no podía serlo, en las obras. Si, en efecto, Lorca y Maeztu fueron los escritores asesinados más señalados de cada uno de los bandos, la comparación de sus respectivas obras literarias no puede hacerse sin incurrir en abundantes agravios comparativos.

Es comprensible que a Maeztu se le estudie dentro del pensamiento político español del primer tercio de siglo; ahora, que se le incluya dentro de la literatura española, en el mismo plano que sus ilustres amigos del 98, resulta un exceso que no justifica en absoluto su sustancioso *Don Quijote, don Juan y la Celestina*, de 1926, ni la amistad en su juventud con Azorín y Baroja, con los que formaba el Grupo de los Tres. Ni aquellos artículos brillantes, inteligentes, literarios del novecientos de *Hacia otra España*, que tanto influyeron en sus colegas. Quizá por todo ello sigue apareciendo en todas las historias de la literatura, junto a Unamuno o Valle-Inclán, como miembro de la misma generación, sin que ninguno de los amantes de los encasillamientos ni ningún catedrático le coloque de una vez en el lugar o casilla que le corresponde más exactamente: el del pensamiento español y el activismo político.

Maeztu, de joven, debía de ser de naturaleza violenta. Baroja, que lo conoció bien, dice que era hombre insensato y extravagante, «aprendiz de energúmeno», lo cual no quita para que Baroja le siga considerando uno de sus dos o tres mejores amigos, como le dice a Suero en 1936. Tenía Maeztu siempre opiniones extremistas que era difícil oírlas con calma. De viejo, debía de seguir los mismos pasos, si creemos a Ruano, que lo conoció: «Su derechismo, su monarquismo y su *cavernicolismo* era ya tan descomunal que daba casi risa».

Al principio del siglo, un día paseando Maeztu con Baroja y Valle-Inclán, se cruzaron éstos con el hermano de un literato que se había metido con el autor de las *Sonatas*. Cuando Maeztu lo vio, se lanzó sobre él y sin mediar palabra le partió la cabeza con el bastón. Como se ve, empezó temprano la Guerra Civil. Aunque tiró los trozos del arma y salió huyendo, se le incoó un proceso, en el que su situación quedó seriamente comprometida, y entonces tuvo que salir de España hacia Londres, donde su etapa de corresponsal es crucial, hasta el extremo de que Ortega le dedicará sus *Meditaciones del Quijote* (dedicatoria que Ortega suprimió en sucesivas ediciones por esas cosas que tiene la vida).

Publicaba artículos incendiarios en *El Disloque*, que le valieron fama de antipatriota, posiciones que hacia sus treinta años moderó, hasta hacerse republicano y cercano a la Institución Libre de Enseñanza. Luego escribió en *España*, con muchos izquierdistas, y en *El Sol* de Ortega. Empezó a derechizarse en tiempos de la Dictadura, a la que saludó con simpatía en unos artículos sin firma en *El Sol*, que muchos atribuyeron al mismo Ortega. La Dictadura, en pago, le nombró embajador en Buenos Aires.

En 1931 Maeztu, con otros monárquicos y conservadores, fundó la revista *Acción Española*, órgano de expresión de la asociación político-cultural del mismo nombre, y que era, a su vez, una réplica de la conocida y maurrasiana *Action Française*. La revista, desde luego, beligerante y violenta, lanzaba en todo momento llamamientos para derrocar a la República a cualquier precio, y aunque Maeztu fuese el director, parece que el editor, director y organizador de facto era el marqués de Quintanar, si bien las ideas proviniesen en su mayor parte del escritor vasco. De ahí que, cuando la sanjurjada de 1932, Maeztu pasara una temporada en la cárcel con Calvo Sotelo, Miguel Primo de Rivera y otros monárquicos notorios, prisiones que a aquellos políticos les servían para hacerse unas fotos tras las rejas y salir, al cabo de un tiempo, como los toreros aureolados: por la puerta grande.

Algún tiempo después, en 1934, publicó los artículos que venían apareciendo en la revista, bajo el título *Defensa de la Hispanidad*, que los estudiosos consideran su principal libro, quizá porque en él se contienen graves pensamientos políticos, que resumiría su fórmula, un tanto metafísica: «Para los españoles no hay otro camino que el de la antigua Monarquía Católica, instituida para servicio de Dios y del prójimo». Que una persona inteligente como Maeztu, conocedor de nuestra historia, firmase una frase como esa, resulta chocante, como un historiador que dijese algo parecido de la Iglesia, ante la historia de los Papas. Por eso no es difícil mostrarse de acuerdo con Ruano, cuando decía de la obra del escritor vasco: «Con sus escritos yo me hacía un lío, y en más de una ocasión sospeché que escribía casi siempre las mismas cosas con otras palabras». Machado, sin embargo, le escribió en 1935 dándole las gracias por el envío de «su hermoso libro, que he leído y releo con deleite», para concluir, distanciándose de su autor: «España ha sido siempre muy poca cosa para un español».

En la revista de Maeztu, que dejó de publicarse con la guerra, como era previsible, colaboraron los más conocidos monárquicos, fascistas y conservadores de vario espectro en ese momento: Montes, Giménez Caballero, Sánchez Mazas, Sáinz Rodríguez, Calvo Sotelo, José Antonio, Lorenzo Villalonga y Vegas Latapie, que dio a la estampa, muchos años después, unas memorias políticas sobre ese momento, útiles para conocer los entresijos de esa derecha española.

En julio de 1936 don Ramiro estaba en Madrid, pasó la noche del 17 de julio en el piso de *Acción Española*, lo apresaron y el 29 de octubre lo mataron en Aravaca. Cuando se encontró ante el pelotón, Maeztu pronunció una frase que se hizo célebre, pero que, por desgracia para su leyenda, parece también apócrifa: «Vosotros –les dijo–, no sabéis por qué me matáis, pero yo sí sé por qué muero». La ingenuidad de la derecha se ve que hace idiotas a sus verdugos, creyendo que estos apuntan en una libreta las frases célebres de sus apiolados. Más verosímil parece la frase que según su cronista, presidiario como él esos días, Santiago Magariños, le espetó el carcelero, que le urgía: «Para donde va, da lo mismo que vaya usted en pijama».

Frente a Maeztu se encuentra el caso excepcional de García Lorca. Puede decirse que su muerte, por temprana, fue la primera de todas, y, por su significación, la que a todas resumía, hecha símbolo.

Sobre Lorca se han escrito ya todos los lugares comunes posibles. Existen sobre él y sobre su obra abundantes y muy fiables estudios, y, de sus últimas semanas de vida, biografías que la reconstruyen, puede decirse, minuto por minuto, aunque en los últimos meses, y tras las declaraciones póstumas de la actriz Emma Penella, hija de quien lo detuvo y lo llevó a la muerte, Ramón Ruiz Alonso, todo parece en el aire.

Ninguna figura de las letras españolas, desde Cervantes, ha despertado tanto interés, y por ninguna se ha mostrado, fuera de España, tanta curiosidad.

Se dijo, y se repitió (el dicho todavía tiene curso legal), que su muerte elevaba a su autor por encima de su obra, situándole en esa indeterminada cuanto precisa categoría de los mitos. El mismo Alberti apuntó el fenómeno: «De todos modos, sostienen otros, aunque lamentándolo, que gracias a ese mismo y trágico final acabaste por ser un gran negocio. A diestro y siniestro, Lorca y el flamenco, Lorca y los gitanos, Lorca y los toros».

Como en todas las verdades construidas sobre equívocos, también éstos parecen indestructibles. Lorca fue uno de los mejores poetas de su generación, y, sin duda, el más celebrado y mimado por la fortuna, con dotes excepcionales para seducir a todo un siglo. Y que se haya elevado a la categoría de mito nada quita ni pone a su valía literaria, donde obras como el *Diván del Tamarit* o los llamados *Sonetos del amor oscuro* brillan con luz propia. La muerte no hizo sino nimbarla como los desenlaces trágicos coronan las biografías románticas de Byron, de Shelley, de Keats. Lorca fue, por excelencia, nuestro romántico de la modernidad y la vanguardia.

Se ha dicho que el poeta granadino presintió la proximidad de su muerte, en cuyos brazos se precipitó con fatídica lucidez.

Lorca recuerda al protagonista de aquel cuento de *Las mil y una noches*, el criado de un hombre rico de Bagdad. Enviado por éste al mercado una mañana, se encuentra con la Muerte, huye asustado y pide licencia a su amo para correr hacia Basora, que le parece una ciudad lo bastante lejana como para creerse a salvo. El amo le da dinero, le presta su mejor y más veloz caballo y, cuando el criado ha partido, vuelve al zoco a terminar las compras suspendidas de forma tan imprevista. Allí el amo se encuentra con la Muerte, a quien reprende por haber asustado a su criado. Hablan después, amo y Muerte, de otros muchos asuntos, y gastan en esa plática la mañana, hasta que la Dama, al advertir la hora, corta aquella conversación de modo abrupto: «Debo dejarte ahora, porque tengo una cita con tu criado en Basora».

Lorca, aquellos primeros días de julio, vio en Madrid, repetidamente, el rostro de la muerte, y pidió consejo a muchos de sus amigos. «Cuando le vi por última vez, en Madrid (tras el asesinato de Calvo Sotelo), estaba, literalmente, espantado», dirá Gil-Albert, testimonio que corroboraría su confidente, y en cierto modo albacea, Martínez Nadal. Salvo algunos, como Foxá, que le habló de Biarritz, la mayoría trató de persuadirle de que, en caso de estallar la guerra civil que tanto temían todos, ningún lugar era más apropiado para su seguridad que Madrid.

Quizá todo consejo resultase inútil. Fue Juan Ramón quien, en esa obra maestra que es *Españoles de tres mundos*, escribió al enterarse del desenlace: «Y sin embargo, esa muerte no creída, no querida creer, es la muerte que, por su obra y su vida, le esperaba, la muerte que él, niño, no sé cómo ni por qué, se fabricó; la muerte que él estilizó como un romance; que hubiese y no deseado; la muerte que ya... no, que aún no es su muerte».

Lorca era un escritor que conocía en 1936 mayor popularidad que ningún otro joven y que superaba incluso la de muchos viejos autores que habían sido célebres no hacía tanto, y tenía toda la consideración de la crítica y los periódicos, que ya le daban trato de maestro consagrado. Por ello sus opiniones no pasaban inadvertidas al público, al corriente de todos sus movimientos, viajes y retiros.

Al poco del triunfo del Frente Popular, Antonio Machado, Lorca y otros habían firmado el Manifiesto de la Unión Universal por la Paz.

Eran meses de continuas proclamas, alineamientos y sufragios. Unos meses después Alberti, Cernuda, Altolaguirre y Lorca firmaron un nuevo manifiesto pidiendo la libertad para el dirigente comunista brasileño Luis Carlos Prestes, y algunas semanas después envió su adhesión al semanario *Ayuda*, publicado por el Socorro Rojo y dirigido por María Teresa León. También firmó otro manifiesto antifascista, y él, que se confesó en muchas ocasiones un hombre apartidista, declaraba a menudo que alguien como él solo podía ser «del partido de los pobres».

AHORA

Parece confirmarse la salvajada absurda del asesinato de García Lorca

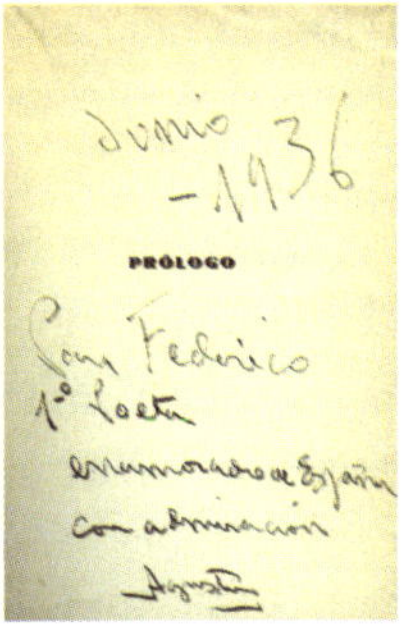

108. Lorca y Eduardo Marquina junto a la actriz Lola Membrives en Madrid, 1934.

109. Dedicatoria de Agustín de Foxá a Lorca, semanas antes de que este viajara a Granada a reunirse con una muerte que según J.R.J. «no era su muerte». Foxá le aconsejó Biarritz. Dos amigos y un enigma irresoluble: las tres Españas.

110. La noticia del asesinato de Lorca tal y como apareció en *Ahora*, el periódico de Chaves Nogales. «Me voy», le diría Lorca a Neville pocos días antes de ir a Granada, «porque aquí me están complicando la política, de la que no entiendo nada ni sé nada [...]. Yo soy amigo de todos y lo único que deseo es que todo el mundo trabaje y coma. Me voy a mi pueblo para apartarme de las banderías y las salvajadas». Quién sabe. Hay pruebas de lo contrario. Quizá Lorca le dijera eso por esa costumbre suya de decirle a todo el mundo lo que cada cual quería oír. Años después, Edgar Neville le escribiría a Pérez Ferrero en una carta: «Todos sabían quién recogió su cartera y su reloj y dio aire legal al crimen». Si lo sabían, no lo dijeron.

Neville, cuenta, sin embargo otra cosa. Cada cual la suya. La que le conviene. Habló con Lorca el 15 de julio: «Me voy», le diría, «porque aquí me están complicando la política, de la que no entiendo nada ni sé nada[...] Yo soy amigo de todos y lo único que deseo es que todo el mundo trabaje y coma. Me voy a mi pueblo para apartarme de las banderías y las salvajadas». Quién sabe. Hay pruebas de lo contrario. Quizá Lorca dijera eso por esa costumbre suya de decirle a todo el mundo lo que cada cual quería oír. Y esa tolerancia le mató: creyó que los demás serían igual de tolerantes con él. Años después, el propio Neville le escribiría a Pérez Ferrero en una carta: «Tú y yo sabemos quién se quedó con el reloj de Lorca». Si lo sabían, nunca lo dijeron.

Declaraciones públicas como las que había hecho a favor de comunistas y pobres, inocuas hasta el 18 de julio de 1936, fueron, a partir de esa fecha, suficiente excusa para que un hombre perdiera la vida. Lorca era, de manera inequívoca, y no podía ser de otro modo, un defensor absoluto de las libertades, personales y civiles. Y como sus amigos conocían su firme voluntad democrática y lo que ello significaba en aquellas fechas, trataron de persuadirle para que no tomara el tren hacia Granada; pero Lorca insistió, declarando: «No soy enemigo de nadie». Muchos, sin embargo, iban a serlo de él. O ya lo eran de su padre terrateniente; o de su protector, Fernando de los Ríos, pagando Lorca por todo ello.

Relata el entonces joven residente Gabriel Celaya que Lorca contaba entre sus amigos a José Antonio Primo de Rivera, con el que se citaba de vez en cuando para hablar, al margen de la política, de poesía y literatura. «¿Sabes que todos los viernes ceno con él [con José Antonio]? –le diría el poeta granadino al todavía en ciernes poeta vasco–; solemos salir juntos en un taxi con las cortinillas bajadas, porque ni a él le conviene que le vean conmigo, ni a mí me conviene que me vean con él».

El biógrafo de Lorca, y de José Antonio, Ian Gibson, a propósito de la confesión de Celaya, se hacía esta pregunta: «¿Es concebible que José Antonio tuviera la posibilidad de cenar como norma *todos los viernes* [subrayado de Gibson] con quien fuera? Creemos que no». Se conoce que, cincuenta años después, a quien no le convenía que Lorca cenase con José Antonio era a Ian Gibson.

El propio Gibson entrevistó a Celaya para afinar, hasta donde fuese posible, tal recuerdo. El poeta donostiarra le refirió entonces de viva voz: «Nosotros teníamos una tertulia donde íbamos a tomar el café todos los días, en un sitio que se llamaba La Ballena Alegre, en los bajos del Lyon. A esta tertulia íbamos, pues, estudiantes de la Residencia, que muchos eran actores de La Barraca [...]. Nosotros estábamos en una mesa. Y en la mesa de enfrente había otra tertulia, que era de todos los fundadores de la Falange: José Antonio Primo de Rivera, Jesús Rubio, José María Alfaro... Nos conocíamos todos y nos insultábamos, pero era todo como un juego porque nos decíamos: "¡Cabrones! ¡Fascistas! ¡Rojos!". Esto sería el año 34. No había hostilidad. Las tertulias eran separadas y en los periódicos nos metíamos unos con otros, pero no había una cosa de guerra, era cosa de amigos, de intelectuales, de estudiantes, nos veíamos en las mismas exposiciones, en los mismos conciertos, en las mismas obras de teatro. Madrid era muy pequeño. Entonces, no debe chocar tanto que Federico conociera a José Antonio. José Antonio era un orteguiano, leía mucho a Ortega y Gasset. Ortega fue el editor del *Romancero gitano*, en la *Revista de Occidente*, y claro, había una especie de contactos. Cuando él me dijo eso de que todas las semanas cenaban un día juntos, a lo mejor era una exageración de Federico, porque Federico era muy fantasioso, pero que él conocía a José Antonio, esto es verdad, esto es completamente cierto [...]. A José Antonio me lo presentó Federico en *Casablanca* una noche de whiskis. Yo no había ido con Federico, había ido con un grupo de la Residencia. *Casablanca* era un cabaret, como se decía entonces, un sitio de baile, nocturno. Y allí fuimos después de cenar y allí estaba ya Federico. "Oye, ven aquí (me dice), te voy a presentar a José Antonio, vas a ver que es un tío muy simpático". Y nos presentó. Eso sería el 34».

Después de todas estas explicaciones, Gibson todavía no se conforma y añade en su libro sobre José Antonio: «Lorca, hombre eminentemente sociable y, por más señas, conocidísimo en Madrid, tenía centenares de "amigos" [también las comillas son de Gibson] y no es sorprendente que conociera a José Antonio ni que éste le tuviera afecto. Ahora, sigue sin ser demostrado [sic] el que fuesen realmente amigos [...]. Creemos, en fin, que entre José Antonio y Lorca no hubo amistad, y que eso de las cenas semanales era una invención más del fantasioso poeta andaluz».

Desde luego no está acreditado que Lorca y José Antonio fuesen, como Lorca y Dalí, amantes. A uno, que José Antonio y Lorca fuesen amigos es algo que le da igual. Como le da lo mismo que tuvieran un

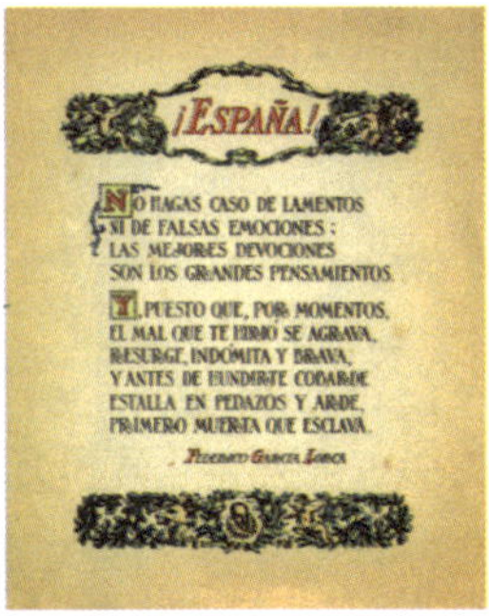
¡ESPAÑA!

NO HAGAS CASO DE LAMENTOS
NI DE FALSAS EMOCIONES:
LAS MEJORES DEVOCIONES
SON LOS GRANDES PENSAMIENTOS.

Y, PUESTO QUE, POR MOMENTOS,
EL MAL QUE TE HIRIÓ SE AGRAVA,
RESURGE, INDÓMITA Y BRAVA,
Y ANTES DE HUNDIRTE COBARDE
ESTALLA EN PEDAZOS Y ARDE,
PRIMERO MUERTA QUE ESCLAVA.

FEDERICO GARCÍA LORCA

JOAQUIN ROMERO

SIETE
ROMANCES

SEVILLA
1937

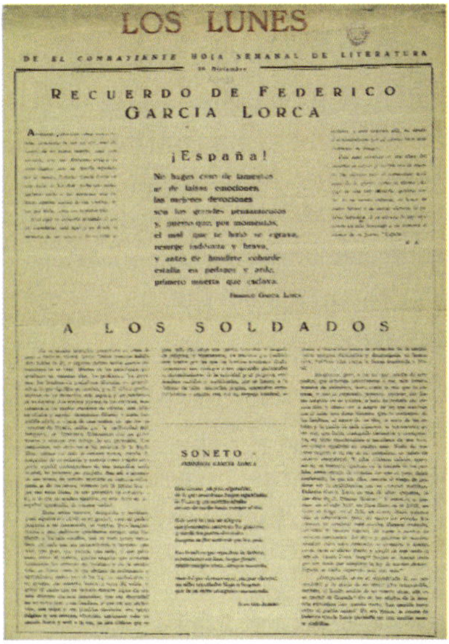
LOS LUNES

DE EL COMBATIENTE HOJA SEMANAL DE LITERATURA

RECUERDO DE FEDERICO
GARCIA LORCA

¡España!

No hagas caso de lamentos
ni de falsas emociones
las mejores devociones
son los grandes pensamientos
y, puesto que, por momentos,
el mal que te hirió se agrava,
resurge indómita y brava,
y antes de hundirte cobarde
estalla en pedazos y arde,
primero muerta que esclava.

A LOS SOLDADOS

SONETO

Resol

1

DE GALICIA EN
BUENOS AIRES

DICIEMBRE 1937

hojilla volandera del pueblo

ELEGIA

MADRID

Madrid no ha pasado nada,
salvo la muerte amarilla,
salvo la vida amortajada,
en Madrid no ha pasado nada...

Juan José DOMENCHINA

El Poeta Asesinado

FEDERICO GARCIA LORCA

O DIVINO SAINETE - 1888

CURROS ENRIQUEZ

111-112. Uno de los poemas apócrifos de Lorca, impreso en Buenos Aires, con los que la propaganda franquista trató de intoxicar a la opinión pública internacional, haciéndole creer que Lorca había estado con los sublevados. En el centro, escaparate parisino dedicado a Lorca.

113-115. *Siete romances*, de Joaquín Romero Murube, 1937, primer y casi único homenaje de un poeta «nacional» a Lorca, y dos de las innumerables publicaciones que homenajearon al poeta, la republicana *Los Lunes de el Combatiente* y la bonaerense *Resol*. Desde el primer momento en que se tuvo conocimiento de su asesinato se convirtió a Lorca en icono y paradigma de la ciega represión fascista.

encuentro sumamente amistoso, en San Sebastián, José Antonio y Picasso en 1934. Todo esto tiene algo de vodevil, de cabaret, pero nos viene bien constatarlo para que se vea que la época era promiscua, política y literariamente. A Gibson, en cambio, se conoce que no le da lo mismo, y que no le haría ninguna gracia que un día se demostrara con «más datos» (aunque acaba de confesar, 2009, a propósito de las excavaciones que perseguían localizar el enterramiento de Lorca, que «cuando das con la pieza, con un dato valioso, es casi orgásmico. Lo juro. Es sexo. Si no, quizá no lo haría [investigar]») el fundamento de esa amistad, y si esa amistad era de primer grado, de tercero o de quinto. Así, me parece a mí, es muy difícil ser imparcial ni ser nada: cuando se tienen las pruebas uno dice: «no me convencen»; y cuando no se tienen: «eso tuvo que ser así», y se escriben unas cuantas páginas orgasmáticas, pimpantes y especulativas, y a otra cosa.

Lo que importa de todo esto ni siquiera es si Lorca y José Antonio fueron amigos (lo que sin duda honraría a los dos, como ocurre siempre que se da una amistad desinteresada), sino la complejidad de relaciones, que llevaban al poeta a sentarse y aceptar la amistad de hombres y mujeres de derechas e izquierdas, relaciones que le hicieron creer a Lorca que nada podía temer de nadie. Y así fue para muchos hasta, pongamos, febrero de 1936. De hecho podríamos decir que las vidas de Lorca y Primo de Rivera fueron, como las de tantos en ese momento, paralelas (Bergamín-Giménez Caballero, Hinojosa-Valdés). No se hallará a dos personajes tan seductores para sus respectivas facciones; se diría que uno y otro se reconocían en el éxito que disfrutaban, hasta en esa forma en que se les conocía, sólo por el nombre: Federico, José Antonio. Claro que ahí acababa todo paralelismo. José Antonio, partidario de la dialéctica de las pistolas, estaba en la cárcel. Lorca, pacífico, ¿a qué o a quién podía temer?

Por eso quiso irse a Granada, aparte de que allí, como cada 18 de julio, día de san Federico, celebraba su santo en compañía de la familia.

Sin duda aquella casa de la Huerta de San Vicente, a las afueras de la ciudad de Granada, era para él un refugio protegido y seguro, como regazo materno, donde nada temía y donde nada podía temer. Aquellos árboles, aquel celaje de azahar y jazmines, la casa de fuertes muros, las rejas de francos hierros y la luna sobre esa sierra que tiene, por las tardes, el color de los bueyes rufos, le debían de parecer a Lorca la mayor garantía de que nada malo podría ocurrirle. Hoy han convertido el paraje en un lugar siniestro, una de esas deprimentes barriadas que llaman urbanizaciones, pero hace cuarenta años todavía guardaba el hálito del poeta, sus pasos sobre la grava y un melodioso silencio que se extendía hasta donde dobla el viento.

Hay relatos patéticos de un Lorca amedrentado en aquellos primeros días de la sublevación, mientras la ciudad, en poder de los fascistas después de unos pocos días de resistencia, era bombardeada.

A la semana, Lorca tuvo, tras un encontronazo con un grupo de facciosos, el primer aviso de que no estaba seguro en la casa paterna. A su cuñado, Manuel Fernández-Montesinos, un hombre señaladamente de izquierdas, también lo habían detenido, y lo asesinarían el 16 de agosto, días antes que al propio poeta, que tuvo conocimiento, sin duda, de esta muerte.

Lorca dejó entonces su Huerta de San Vicente y pidió asilo al joven poeta Luis Rosales, hermano de conocidos falangistas de la ciudad, y falangista él mismo. Rosales incluso se ofreció a pasarle de zona. Lorca, una vez más preso de su destino, rehusó el ofrecimiento, convencido de que en casa de Rosales podría esperar hasta que pasase la tormenta, y se fue a vivir allí el día 9 de agosto. Lo detuvieron el 16. Luego, lo metieron en un coche y se lo llevaron a Víznar; allí, en compañía de otros tres detenidos, un maestro y dos banderilleros, pasó el poeta sus últimas horas. La madrugada del día 19 de agosto, los sacaron, los asesinaron a los cuatro, y enterraron sus cuerpos en un barranco, donde hoy se buscan, contra la voluntad de la familia del poeta, contraria a una exhumación que ha resultado a la postre un fiasco, y un cúmulo de despropósitos amenizados, cómo no, por el orgasmático Ian Gibson, que exige de las Administraciones nuevas perforaciones.

Hoy se sabe el nombre de los asesinos, de los inductores, de todos los que intervinieron, por acción u omisión, en aquel crimen. En Granada todavía te lo dicen en los bares. Incluso el que delató el escondrijo del poeta: un hermano de Luis Rosales, a quien la familia de este ha tratado de exculpar todos estos años.

Hay un libro del poeta Félix Grande que tituló *La calumnia*, porque buscaba las fuentes de la que marcó la vida de Luis Rosales haciéndole responsable de la muerte de su amigo. Es un testimonio dramático.

En cierta ocasión, uno era joven, hube de formularle al autor de *La casa encendida*, una vez más, la pregunta que tantas veces le hicieron, y que contestó entonces con resignación y cansancio. Me pareció ver en el fondo de aquellos ojos el raro brillo de lo oscuro y lo claro, como cuando se mezclan, en aguas limpias, las de un río barroso. Era una mirada triste, y a esas alturas de su vida, Rosales, un hombre que amaba profundamente a Lorca, parecía dudar incluso de lo que decía, de lo que creía: saber que había hecho todo para salvar la vida de su amigo y tener que reconocer que quizá no había hecho todo lo posible para salvar la vida de su amigo, porque nunca pensó que esa vida corriese peligro.

Tal vez no puedan fundarse las líneas susodichas en nada que no sea una intuición, y en los testimonios reiterados de unos y de otros. Es difícil entrar en el alma de las gentes. Tampoco sabemos si van a añadir más confusión al ya de por sí enmarañado asunto, pero es posible que todo el conflicto de Rosales, el tormento del que algunos hablaron, podría reducirse a lo siguiente: Rosales llevó a cabo determinadas gestiones en la seguridad de que no iban a hacer falta más, confiando en que el «caso Lorca» terminaría por resolverse por sí solo. Únicamente cuando el desenlace fue el de la muerte, Rosales sentiría que no había hecho todo lo que hubiera estado de su mano, pues de haber sabido que Lorca corría un peligro tal, es razonable creer que alguien como Rosales, de ilimitada generosidad, habría sido aún más enérgico: le habría obligado a pasar las líneas, habría encontrado para él una topera más segura, se habría liado a pegar tiros en el despacho de Valdés, habría intentado un golpe de audacia en el Gobierno Civil; etcétera. Ante la muerte siempre se puede más. Las versiones más elaboradas del episodio refieren que el propio Rosales, al interesarse tanto por su amigo, terminó corriendo el mismo grave y serio peligro que Lorca. Según el testimonio posterior del poeta, le obligaron incluso a quitarse la camisa azul durante unos días. Otros, en cambio, le siguen reprochando, a él o a su familia, que no ejerciesen con su amigo muerto el papel de José de Arimatea, y reclamasen de las autoridades su cadáver, aunque en verdad el único reproche que se le podría hacer al joven Rosales, si es que pueden hacérsele reproches a nadie, y menos a un muerto, es que siguiese siendo falangista, primero, y luego «gubernamental», después de todo aquello. Que volviese a ponerse la camisa azul. Y durante tanto tiempo. Toda una vida sentado en la silla de un régimen que... Etcétera. Esa es la cuestión; no si ayudó o dejó de hacerlo, lo cual no quita para que comprendamos a alguien como Rosales, de gran bondad en su persona y obra. ¿Cómo no entender una vida como la suya? Etcétera, etcétera.

Ignacio Agustí cuenta en sus memorias que preguntó a Rosales en Burgos por la muerte de Lorca, y que aquél le contó que «al final se escondió en el interior de un gasómetro que había detrás de nuestra casa. Cuando le sacaron de allí yo vi asomar su cabeza, lívida como la de un muerto. Al día siguiente le encontraron con varios tiros en el cuerpo. No sé [quiénes fueron]. Se hablaba de un elemento de la CEDA que le tenía encono. La familia de Lorca se había significado con los republicanos, pero él ya estaba haciendo unas canciones para la Sección Femenina de la Falange, algo para congraciarse».

Gibson, que conoce el testimonio de Agustí y que siguió los estudios pioneros del primer estudioso serio de la muerte del poeta, Agustín Penón, concede poca importancia a esas palabras, así como da todo el crédito a unas de Luis Rosales de 1966 sobre un tema no menos espinoso y que recoge el historiador en su fatigosa crónica *Granada en 1936 y el asesinato de Federico García Lorca*: la canción que también por esos

116-118. Al enterarse en París del asesinato de su amigo Federico, Dalí se arrancó en un ignominioso «¡¡Ooolé...!!». Meses después, Dalí se ofreció a Jaume Miravitlles, que dirigía el Comisariado de Propaganda de la Generalidad, como «Director de la Irracionalidad de la Vida Diaria». Dalí, que había pintado en 1936 una *Construcción blanda con judías hervidas (premonición de la Guerra Civil)* –cuadro al que se podría aplicar aquello de «juegecitos siniestros de salón en medio de la tragedia», como los llamó J.R.J.–, nos dejó en 1940 *El rostro de la guerra*, aún más explícito.

días quería componer Lorca con Rosales. «Federico quería colaborar conmigo en una canción en memoria de todos los muertos de España, y no solo los de Falange o los de Granada. Nadie habló de hacer un "himno falangista". Yo nunca, nunca dije eso. Si alguien me ha atribuido esas palabras, o me ha entendido mal o ha tratado deliberadamente de cambiar lo que dije». ¿Recordaba mal Agustí? ¿Rosales había olvidado lo que le había dicho en 1937 al escritor catalán? ¿Le entendió mal éste? ¿Dijo Rosales siempre lo mismo? ¿Fue diciendo las cosas a medida que lo permitían las circunstancias? Desde luego que sí. ¿Mienten todos? La mayoría. ¿Todos han olvidado? ¿Dicen todos la verdad? No hace falta. Según. Lo decía hace no mucho García Márquez al presentar sus propias memorias: «La vida no es como fue, sino como se recuerda». Y así, la caravana pasa, que decía Rubén Darío. En la edición de las *Obras* de Lorca que publicó en 1938 en Buenos Aires Guillermo de Torre, incluía una décima del poeta de Granada, que daba como inédita o apócrifa. Hoy sabemos que es apócrifa. Recuerda a... algunos de *Los versos del combatiente* de José R. Camacho. Se titulaba «España» y parece impresa por los nacionales para intoxicar a la opinión internacional con un Lorca nacionalista. Y en cuanto al poema que Lorca planeó escribir con Rosales, ¿se parecía a los que escribió Rosales con el seudónimo de... José R. Camacho, para *Los versos del combatiente*?

Y el relato de la muerte de Lorca, pormenorizado y exacto, sus ataques de pánico, su miedo a morir, el pedir confesor, podría valer para todos los asesinatos siniestros y macabros de los que nada sabemos, la mayoría. Causa el suyo vergüenza, indignación y pena, y una honda tristeza por él. Y por todos. Contamos incluso con el pequeño litigio de su tumba, reflejo de todas las tumbas que esperan un día abrirse, si no lo impiden la estupidez, el negocio o el miedo a la verdad.

Lorca, según unos, fue víctima de los caciques locales, que vengaban así diferencias entre ellos y su padre, propietario rural; otros creen que buscaban a Fernando de los Ríos, pagando Lorca por él, al no hallarlo; según otros, lo mataron por homosexual, y otros creen que fue por envidia, envidia de sus éxitos, de su celebridad, de los dones que le había dado la vida a manos llenas... Alguien como Tolstói diría que fue por todas y cada una de estas causas, sin que ni una sola de ellas rebajase un ápice el carácter monstruoso del crimen.

La noticia de la muerte de Lorca corrió entonces como la pólvora y fue, tal vez, el primer aldabonazo en las conciencias de Europa del drama que estaba teniendo lugar en España. Los nacionalistas comprendieron pronto su estúpido error y decidieron negarlo, y puede decirse que hasta 1975 el mismo Franco negaría cínicamente ese asesinato. Lo negó, desde luego, durante todo el primer año de guerra: «En Granada no han asesinado a ningún poeta», dijo a un corresponsal extranjero en 1937, con toda la frialdad de la mentira, pero aprendió la lección, y firmó el indulto de Miguel Hernández cuando lo suplicó Sánchez Mazas. Lo otro fue la manera educada de decir lo que en el *Abc* de Sevilla escribió el «Marqués de Q.» el 13 de octubre de 1936: «Aquí no hay dos bandos que puedan parlamentar; de un lado está el ejército y el pueblo español; del otro, una colección de intelectuales traidores y de asesinos profesionales. Hay que exterminarlos sin piedad para que España pueda volver a vivir dignamente y cumplir su misión de centinela de Europa». Aunque fue la gaonera del viejo amigo de Lorca, Dalí, la que escaló las más altas cotas de la abyección, sin que sepamos aún lo que en ella dejó Dalí de surrealista, de canalla y de cobarde. Al enterarse en París del crimen, se arrancó en un ignominioso «¡¡Ooolé!!». Claro que meses después Dalí se ofreció a Jaume Miravitlles, que tenía un cargo en la Generalidad, como «Director de la Irracionalidad de la Vida Diaria». Miravitlles le mandó a freír puñetas (el arte de juntar espárragos con merinas), en lo que Juan Ramón Jiménez llamó: «juegecitos siniestros de salón en medio de la tragedia».

A raíz de esa muerte cayó en el bando nacional un pesado manto de oprobio y de silencio. Pocas fueron las voces que se atrevieron a romperlo. Una de ellas, la del poeta sevillano Romero Murube, alcaide del Alcázar, se aventuró a dedicarle, en 1937, la cortísima edición de sus *Siete romances*: «A ti, en Vizna [*sic*], cerca de la fuente grande, hecho ya tierra y rumor de agua eterna y oculta». Quizá nadie supiese en Sevilla lo que escondía aquel «Vizna», tan providencialmente camuflado, pero siguen aún en el mundo parte de aquellos 237 ejemplares que burlaron las garitas de la censura del logorreico Queipo de Llano.

En la España republicana, por el contrario, la muerte de Lorca conmocionó de tal suerte el corazón de todos los antifascistas, que la sintieron en carne propia como un brutal descuaje. Era la barbarie contra el candor, la bestia contra el ángel, la mentira contra la verdad y la inocencia. Les distrajo incluso de los miles de asesinatos propios que estaban teniendo lugar a diario en su mismo territorio, si acaso no los justificó y aun los multiplicó.

Una vez confirmada la muerte del poeta, casi un mes después de aquel 19 de agosto, la noticia llegó al último rincón de la España republicana, al último extremo de las trincheras, aunque algunos, como Morla, se negarían a creerla casi dos años. El fascismo había segado no solo una vida inocente, sino la vida misma, tal como Lorca la encarnaba: juventud, talento, bondad, generosidad, alegría.

Los poetas, la inmensa mayoría de sus amigos, lo cantaron en sentidos poemas o trazaron de él elegíacas semblanzas. Desde Antonio Machado, Alberti, Emilio Prados, Altolaguirre, Aleixandre, Cernuda..., todos fueron trenzando una guirnalda fúnebre sin precedentes. Incluso Alberti, que había estado los últimos años de la República más distante de Lorca, se preguntaba, en la distancia de sus *Retornos de lo vivo le-*

jano, amarga, tristemente: «Dime si no has querido significar con eso / que, a pesar de las mínimas batallas que reñimos, / sigues unido a mí más que nunca en la muerte / por las veces que acaso / no lo estuvimos (¡ay!, perdóname) en la vida». Luego vendrían para Alberti los años en los que se hizo inseparable de esa memoria, que lo había mantenido distante de él los últimos años de la vida de Lorca. Era ya como un sello comercial. Lo dijo él mismo: «Lorca y los toros», «Lorca y el flamenco»... y, claro, ya, «Lorca y Alberti».

Desde ese momento la República tuvo en Lorca la figura del hombre inmolado. Fue así como entró, de manera fulgurante, en las moradas del mito.

Años después, 1967, Edgar Neville, a petición de Miguel Pérez Ferrero, escribiría una estremecedora confesión, inédita hasta hoy (2010), a la que tituló «Otra vez Lorca»: «Todos saben o creen saber quién denunció el refugio en que se hallaba, todos sabían que R. A. [Ruiz Alonso] mandaba el pelotón que lo prendió, el procedimiento que emplearon para sacarle de la cárcel con otros 4 o 5, el nombre del chófer que lo condujo hasta el lugar de la ejecución, quien pudo salvarlo y no quiso, quien recogió su cartera y su reloj y dio aire legal al crimen, se sabe su nombre y señas [...], que no hubo tal "descarga", sino un simple tiro de pistola en la nuca [...], pero...». El escrito completo se reproduce por su importancia en la página 572 de este libro: en él Neville pone las bases para una Ley de la Memoria Histórica, una Causa General para los crímenes franquistas y una frontera nítida: en aquella guerra no todos fueron asesinos.

Es imposible saber lo que Lorca habría hecho, como poeta y como persona, de haber salvado su vida. ¿Se habría pasado al otro bando con armas y bagajes como hicieron José Caballero, de La Barraca, o... su íntimo Aladrén? ¿Habría conseguido salir de Granada, como Guillén de Sevilla? ¿Se habría quedado como un Manuel Machado? ¿Estaba, de hecho, pensando ya, para congraciarse con los nuevos dueños de Granada, en escribir esas letrillas de corte folklórico y patriótico a las que aludía Agustí? ¿Les habría plantado cara como Unamuno? ¿Le esperaban años de cárcel como a Espina o una tisis como a Hernández? No solo la personalidad de Lorca, sino la misma naturaleza humana hace que todas estas preguntas resulten ociosas, pues esas, al contrario que aquellas otras preguntas, tienen una sola respuesta: lo asesinaron, y nadie pagó por ello.

El Consejo Obrero de Incautación del diario AHOR

Los nueve delegados obreros de los nueve talleres que forman el conjunto de esta gran Empresa editorial, constituídos en Consejo Obrero de Incautación, con el control de los organismos sindicales U. G. T. y C. N. T., son la única entidad responsable del diario AHORA y la firme garantía de su independencia, su honradez y su lealtad al Frente Popular.

Los trabajadores organizados de la Editorial Estampa, incautados de las publicaciones d anterior Empresa capitalista, han constituído, como ya anunciamos, un Consejo Obrero, cuya inspiración sigue publicándose nuestro periódico, al servicio exclusivo del puebl

a reunión de los delegados de taller de las distintas secciones de la Editorial Estampa con los representantes de la U. G. T. y la C. N. T., que forman el Co ero de Incautación. Este organismo asume todas las facultades y toda la responsabilidad, tanto de la labor política y social del periódico AHORA, como explotación industrial del mismo, sin nexo alguno con la anterior Empresa. Periódico de los trabajadores al servicio de los trabajadores

CAPÍTULO QUINTO

... O DE LA CIUDAD DE PARÍS, EN LA QUE SE REÚNEN MUCHOS ESCRITORES EXILIADOS, UNOS VIEJOS YA, OTROS DESENGAÑADOS Y OTROS CONSPIRADORES, CASI TODOS MUY PRINCIPALES EN LAS LETRAS DE ESPAÑA.

DESPUÉS de Madrid, París fue, durante la guerra, la segunda ciudad en importancia en cuanto a escritores e intelectuales españoles se refiere.

Los hubo que se quedaron a vivir allí, mientras duraba la guerra. Otros, en cambio, de los dos bandos, estuvieron yendo y viniendo a París con misiones políticas y de propaganda, comerciales o de espionaje, de manera que esa ciudad, como Lisboa, y en menor medida Londres, se llenó de conspiradores, espías, refugiados y aventureros nacionalistas y republicanos.

La situación de la mayoría de estos escritores que decidieron quedarse a vivir en la capital francesa era mala, muchos habían salido de España con lo puesto, no encontraron en París modo de acomodar su vida, y reunían con las colaboraciones en la prensa hispanoamericana un dinero que a menudo no les alcanzaba para el alojamiento y su manutención.

Hemos hablado de Ortega. Marañón llegó a París un poco después. Iba furioso. Habían asaltado su casa y su clínica y descabalado su biblioteca. Tiempo después él mismo compraría algunos de sus libros en un puesto de libros viejos de Buenos Aires: «Algunos los recompré para que recuerden cómo las gastan los demócratas». Marañón fue toda una institución política y humanística del momento. Era médico, político, historiador, ensayista, biógrafo, dedicaba muchas horas al laboratorio y muchas a la medicina hospitalaria, llegó a ser miembro de todas las academias, y cada cierto tiempo, con relativa fre-

119. «Un Consejo Obrero, formado por delegados de los talleres, desposeyó al propietario de la empresa periodística en que yo trabajaba y se atribuyó sus funciones. Yo, que no había sido en mi vida revolucionario, ni tengo ninguna simpatía por la dictadura del proletariado, me encontré en pleno régimen soviético. Me puse entonces al servicio de los obreros como antes lo había estado a las órdenes del capitalista, es decir, siendo leal con ellos y conmigo mismo». En la imagen, Manuel Chaves Nogales (primero a la derecha) en la reunión del Consejo Obrero de Incautación del diario *Ahora*.

cuencia, publicaba inamovibles volúmenes sobre cualesquiera de estas materias, sin contar el tiempo que le llevaba hacer la visita diaria a los ilustres enfermos que solicitaban su atención y diagnóstico.

Su vocación política, por lo menos antes de la República, fue neta y no menor que la médica. Había estado preso en tiempos del general Primo de Rivera, como conspirador, en una de esas prisiones que más que desdorar el currículum del interesado, lo bruñían con rapidez y prestancia y lo lanzaban a nuevas campañas triunfales. Fue fundador, con Ortega y Gasset y Pérez de Ayala, de la Agrupación al Servicio de la República, que emitió su proclama el 10 de febrero de 1931, y tam-

120. A la izquierda, Marañón y Pío Baroja en París, 1940.

121. A la derecha, el filósofo Manuel García Morente y el médico Gregorio Marañón en París, durante la guerra.

122. Fue este célebre libelo, publicado en Burgos en 1937, obra del doctor Suñer, un médico resentido y vanidoso, la puesta en escena del «Roma no paga a traidores». «¡Al lazareto, al lazareto, doctor Marañón!, eso, por lo menos, a no ser que, imitando a los samuráis víctimas de los grandes errores, se decida el *perseguido* –según él– por los rojos a practicarse el harakiri», decía Suñer, reclamando del conocido intelectual su suicidio.

bién, como Ortega y Pérez de Ayala, diputado en las Cortes Constituyentes.

Al estallar la guerra, Marañón, que ya era un conocido antirrepublicano y que no ocupaba su escaño desde 1933, hizo un doble juego descarado, se afilió a la CNT, soltó en las estaciones de radio comunistas unas encendidas soflamas que ensalzaban al obrero, y preparó con el 5.º Regimiento la evacuación de intelectuales hacia Valencia. Mientras pudo, y prevaleciéndose de sus privilegios republicanos, hizo un tiempo de Pimpinela Escarlata poniendo a salvo en embajadas a mucha gente (a Ricardo León en la de Haití, por ejemplo). El Régimen se lo premiaría luego. Que se sepa, nadie le salió al paso ni le molestaron ni le pidieron credenciales más fiables, pero en cuanto pudo, y en compañía de Menéndez Pidal, dejó Madrid. Esto ocurrió en las Navidades de 1936. La versión del propio Marañón fue, en cambio, muy diferente: «Cerraron mi hospital. Publicó *Claridad* un suelto en letras gordas diciendo que yo era "fascista", me vi seriamente comprometido, y me pude venir a París». Lo de *Claridad* es cierto. Nadie debería hablar de la guerra sin asomarse antes a ese periódico, tan parecido en el lenguaje a *Arriba*, que controlaba Largo Caballero y dirigía, tras la caída del frente Norte, un periodista de vida novelosa y triste final, Javier Bueno. Prensa paralela, podríamos decir también. Según un artículo que apareció poco después, sabemos que Marañón tuvo que comparecer dos veces en la checa de la Casa de Campo, y que había tenido que declarar también ante un Tribunal Popular. Salinas dio otra versión: «A Marañón, que estaba en Portugal y volvió a Madrid para que no dijeran que se emboscaba, le llevaron a declarar y lo soltaron, después de tres horas de interrogatorio». Para terminar Salinas diciendo en otra carta: «Según Onís, todos los *vivos*, Ayala, Marañón, etc., se quedan en París, esperando que les llame Franco. ¡Qué público!». Bueno, tampoco muy diferente del que se quedó en Sevilla, pudiendo marcharse, como su amigo Guillén, sin que le llamase nadie. Por no hablar de los que se fueron, como el propio Salinas, pudiendo haberse quedado. En 1938, le escribirá este a su amante Katherine Withmore: «América no es para mí un destierro, donde viva por obligación y a disgusto, no. América es para mí un país bueno, generoso, donde me rodea una atmósfera agradable y secreta».

Cuando Marañón se halló a salvo en Francia, sus declaraciones empezaron a menudear, pero en ellas dejó de hablar del «obrero soberano», y lo hizo, cada vez con más frecuencia, del Generalísimo, al que encontraba un creciente atractivo.

En unas pocas semanas la naturaleza de sus manifestaciones cambiaron por completo. En *Le Petit Parisien* dirá: «He sido engañado. Me he equivocado. Salvo algunos católicos modernistas, obstinados en su prejuicio a favor de los comunistas [alude a Bergamín], todos los intelectuales de España hablan como yo, han tenido que huir como yo de la España republicana para salvar su vida». Era verdad a medias. Habían huido, cierto, pero de la España nacional no pudieron huir. Que se lo preguntaran a Unamuno o a Espina o a Ciges. Estas declaraciones provocaron una contestación que se difundió en la prensa republicana en marzo de 1937, y que firmaban, entre otros, Machado, León Felipe, Benavente y José F. Montesinos, que pedían al médico no ya comedimiento, sino el mismo silencio que envolvió a Unamuno en sus últimas semanas. Podía entenderse que querían que se muriese. Por otra parte en esas cartas colectivas, en las que aparecen varias firmas, es fácil adivinar quién está en ellas por propia iniciativa y quién porque se lo han solicitado y no puede negarse. Quién está de director de escena y quién de comparsa. Salta a la vista. Pero tampoco contentó a los nacionales. Roma no paga a traidores. Como dice en su libro *Los intelectuales y la tragedia española* (1938) Enrique Suñer, un médico vanidoso, resentido y fascista: «¡Al lazareto, al lazareto, doctor Marañón!, eso, por lo menos, a no ser que, imitando a los samuráis víctimas de los grandes errores, se decida el *perseguido* –según él– por los rojos a practicarse el harakiri». Más que a un enemigo político se percibe aquí el resentimiento hacia el colega galeno.

Tuvo, además, Marañón la suerte añadida de poder contar, como médico, con una clientela que le permitió llevar una vida desahogada y socorrer a otros compañeros de destierro, menos afortunados o con menos bienes de naturaleza y fortuna.

Como Ortega, d'Ors o Pérez de Ayala, también Marañón tenía a sus hijos peleando con las mesnadas franquistas.

Marañón fue uno de esos intelectuales que llenó toda la vida social, política y cultural de su tiempo, en cierto modo porque su personalidad debió de ser espumosa y atrayente, según cuentan quienes le conocieron, que fueron la mayoría de las grandes personalidades de la primera mitad del siglo, muchas de los cuales le recibieron en la cama, como pacientes. Unas memorias más o menos íntimas, o al menos privadas, de este médico habrían sido un documento extraordinario, pero nos tenemos que contentar con sus biografías o estudios sobre Amiel o Don Juan, quizá valiosos, pero mucho menos interesantes. Lo son más, sin duda, sus cartas de 1939 a Ortega, a su mujer, a Madariaga, en las que se ve al que en 1939 era antisemita y franquista acérrimo, y de un confusionismo político próximo a la empanada gallega.

El tercero en la troika de los desengañados fue Ramón Pérez de Ayala.

En su juventud había sido un antimonárquico violento y convencido y a él se debe una de las glosas más malvadas que existan sobre la dinastía franco-española: «Los Borbones, como se sabe, son una familia francesa. Los propios franceses, después de larga experiencia a su costa, han definido a esta familia diciendo que los Borbones nunca aprenden ni nunca olvidan».

Como sus compañeros en aventuras y desventuras, Pérez de Ayala fue también diputado a las Cortes Constituyentes de 1931, y, poco después, la República le premió con la embajada en Londres, en atención a su conocida anglofilia, heredada de su amigo y maestro Pérez Galdós.

Al triunfar el Frente Popular en febrero de 1936, presentó su dimisión como embajador, que le fue aceptada de inmediato. Cuando estalló la guerra, consiguió salir de Madrid en septiembre de 1936, «de milagro», según propia confesión, protegidos él y su familia por la embajada británica. Semanas después sería destituido como director del Museo del Prado, cargo para el que fue nombrado Pablo Picasso, verdadera «plancha» de la República, ya que el pintor no puso los pies en España durante la guerra ni le rebajó un céntimo sus honorarios para pintar el *Guernica*. «El 18 de julio de 1936», escribirá en unas cuartillas inéditas aún (2010), «es una fecha cardinal histórica. No sólo en la historia de España, sino también en la historia de Occidente. Algo así como la batalla de Zama o la toma de Constantinopla por los turcos en 1453. En la batalla de Zama –Roma frente a Cartago, Escipión frente a Aníbal– se decidió para siempre que el imperio mediterráneo, claustro materno de la cultura occidental, no fuese semita sino indoeuropeo [...]. Estoy persuadido de que el 18 de julio de 1936 señala el comienzo de una Edad nueva [...]. Aquel 18 de julio, un sábado (día de Saturno, padre del tiempo) la ominosa marejada frisó en el ápice de su pleamar», escribirá en unas cuartillas inacabadas que tituló «Aquel día».

Tras el 18 de julio se instaló en Hossegor, y luego fue a París, antes de que 1936 finase, y allí se mudó a una casa de apartamentos de la rue Daubigny donde vivían también Marañón, Sebastián Miranda, el doctor Hernando, el arquitecto Zuazo y el ingeniero Torras.

De todos sus amigos «clercs», fue en ese momento el más inequívocamente franquista, quizá, y entre otras razones, porque en su juventud había sido el más extremado debelador de algunos de los pilares que ahora sustentaban los sublevados. En 1937 escribió esta carta a Franco:

14 Carlisle Mansions,
Carlisle Place, London, SW 1

Londres. 29.VI.37

Mi querido general: hallándome de visita por unos pocos días en Londres, se me ha presentado la ocasión, que yo considero felicísima, de conocer a los señores Arias Paz y Conde. Hemos mantenido largos coloquios, sobremanera provechosos e instructivos para mí. Arias Paz será, cerca de usted, el emisario e intérprete de la sustancia de esas conversaciones, sin perjuicio de que yo mismo y muy pronto (no solo autorizado, sino alentado por Arias Paz) me permita enviar a usted comunicación más amplia.

Desde hace cerca de un año he venido buscando manera de hacer llegar a usted directamente, lo primero, mi adhesión sincera, y después, el ofrecimiento de mis humildes servicios. En cuanto a lo primero, todos mis conatos me parece como si hubieran sido frustrados, hasta este momento, en que Arias Paz me hace el favor de conducir, en persona, estas líneas hasta usted. En cuanto a lo segundo, espontáneamente y por mi cuenta y riesgo, no he cesado un instante de estar sirviendo a usted, hasta donde pude y se me alcanzó; y si bien la propia alabanza envilece, imagino, sin incurrir en ese feo vicio, que algunas de mis actividades no han sido del todo inútiles, superfluas o excusadas. Su leal

AYALA

De Franco debían de tener los tres amigos parecida idea, porque en marzo de 1939, ganada ya la guerra, Marañón le dice en carta a Madariaga: «Esta fase final de la guerra prueba no una superioridad de un ejército sobre otro, sino la fuerza de la realidad contra la mentira. Democracia = mentira [...]. Los judíos que fabrican la opinión pública, infecta, de las putrefactas democracias no saben historia. No tienen más que codicia y bilis en el alma. *Nadie* en Europa ha visto la España Nacional. Nadie sabe lo que es. Todavía no ha dicho nadie una cosa que salta a la vista: que Franco es un maravilloso general superior a todos los que andan en activo por el mundo».

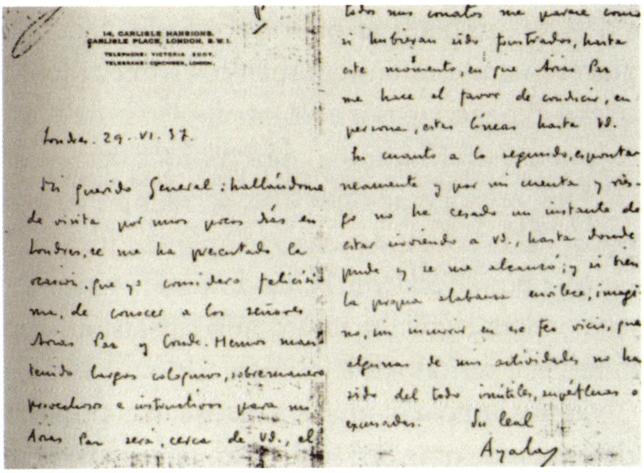

14, CARLISLE MANSIONS,
CARLISLE PLACE, LONDON, S.W.1

Londres. 29. VI. 37.

Mi querido General: hallándome de visita por unos pocos días en Londres, se me ha presentado la ocasión, que yo considero felicísima, de conocer a los señores Arias Paz y Conde. Hemos mantenido largos coloquios, sobremanera provechosos e instructivos para mí. Arias Paz será, cerca de VS., el

todos mis conatos me parece como si hubieran sido frustrados, hasta este momento, en que Arias Paz me hace el favor de conducir, en persona, estas líneas hasta VS.

En cuanto a lo segundo, espontáneamente y por mi cuenta y riesgo no he cesado un instante de estar sirviendo a VS., hasta donde pude y se me alcanzó; y si bien la propia alabanza envilece, imagino, sin incurrir en ese feo vicio, que algunas de mis actividades no han sido del todo inútiles, ineptas o excusadas. Su leal

Ayala

123-124. Pérez de Ayala y su mujer, con la que mantuvo durante los años de la guerra una intensa y aún inédita correspondencia, al igual que con su amigo Marañón o el mismo general Franco, a quien Ayala escribió en 1937: «Desde hace cerca de un año he venido buscando la manera de hacer llegar a usted directamente, lo primero, mi adhesión sincera, y después, el ofrecimiento de mis humildes servicios». Pese al desdén con que Franco le trató siempre, Ayala escribiría: «El triunfo de Franco –más o menos condicionado– es imprescindible para la futura reorganización de Europa».

A mano tengo, por azares de la vida, la crucial correspondencia de Ayala con su mujer, mantenida durante la guerra. La familia ha amenazado a quien la publique sin su consentimiento, y el consentimiento no quieren darlo. En esas cartas se ve lo mismo que en esta de Marañón: Ayala no tiene vergüenza ni para declararse partidario acérrimo de Franco ni para olvidar todo lo que dijo que fue. O sea, como los Borbones, ni aprendió ni iba a olvidar. Hoy esas cartas las tiene un periódico de Madrid, que las compró a un librero de viejo. Las compró para publicarlas, pero a última hora se achantó. Hoy están, que yo sepa, en manos del señor Anson. Se ve que Ayala en Londres quiere seguir haciendo la vida de conspirador que llevaba siendo embajador de la República: «Yo debía ser el representante de la República aquí, y cuando yo le digo [a su amigo Van] que eso es soñar con lo imposible y que de ningún modo podría ser viable, él no se lo explica ni acierta a entenderlo. La verdad es que con harta frecuencia yo no logro explicarme el modo de ser y la conducta extraña de mis compatriotas, y por tanto me resulta intelectualmente imposible explicárselo a los demás», decía en mayo de 1938.

Al empezar la guerra, Ayala hacía diez años que había escrito su última novela. Desde entonces solo publicaba artículos y ensayos que enviaba a los periódicos.

Los nacionales aceptaron el ofrecimiento de Pérez de Ayala y le propusieron que escribiese, a sueldo, un libro favorable a los nacionalistas, que se lo pagarían por adelantado. Pérez de Ayala, sin embargo, evacuó consultas con Marañón, quizá porque veía que la propaganda de guerra exigía exageraciones que, en tiempo de paz, le avergonzarían un poco: «Una cosa es la tesis nacionalista durante la guerra, que no puede ser otra que la del triunfo, y otra cosa la tesis nacionalista (dentro de España y para el extranjero), después del triunfo. Si se anticipa la segunda durante el período de la primera, se le pudiera causar perjuicio; y si concretándose uno a la primera ocurre que sale el libro a la publicación en el período de posguerra, pudiera parecer un libro miope o fanático [...]. Si bien es mucho más apremiante y urgente ganar la guerra en los frentes del extranjero, y ganar también la paz, como hicieron los aliados de Versalles». O sea oportunistas, pero no tontos.

La carta, como se ve, es también muy versallesca, llena de recodos y prevenciones, del que piensa todavía la política en términos parlamentarios y no dictatoriales, cosa que advirtieron pronto en Burgos: los viejos zorros querían pasarse de listos.

Lo diría también en otra carta: «El triunfo de Franco –más o menos condicionado– es imprescindible para la futura reorganización de Europa». Y lo fue tanto, que Europa prescindió de España mientras la gobernó Franco.

Pérez de Ayala fue, como otros académicos, convocado por d'Ors para que el 6 de enero de 1938 acudiese a Salamanca, cuya asistencia refrendaría la fundación del Instituto de España, pero se abstuvo de ir, pero no por falta de ganas. «Cuando se ha tratado de volver a España –le escribe a Marañón (28 de diciembre, 1937) no menos versallescamente–, nos han dicho (al menos a mí) que era prematuro, o acaso imprudente. Si ahora no vamos, nos dirán que es un acto deliberado de inhibición o retraimiento paladino. Por otra parte, tampoco podíamos ir al modo de los estorninos y las alondras, como aves de paso que, por el reclamo o el espejuelo, caen en la red, o quizá una escopeta negra en acecho las caza al vuelo». Quien había cazado al vuelo su irresoluble dilema era el propio Ayala, quien dirá con harta amargura de los artículos que por entonces, en 1938, estaba escribiendo en la prensa británica: «Si procuro que los artículos sean eficaces sobre la opinión inglesa, la gente de Burgos los hallará tibios. Si los escribo al gusto de la gente de allá, no serán convincentes aquí, y descubrirán que los españoles nos hemos vuelto locos». Y de este modo, un digno representante de la tercera España, formaba ya parte de la segunda y media.

Pérez de Ayala, como Ortega, o Pla, desde otro lugar, se vieron haciendo un papel sumamente ingrato y desairado, pues recayó sobre ellos la sospecha de no haber alentado desde el primer momento, con entusiasmo y de manera inequívoca, una fe absoluta en la victoria, y, sobre todo, la sospecha de que sus ideas liberales eran responsables y culpables del caos en que la República había sumido, desde el punto de vista faccioso, a España.

En mayo de 1938 Pérez de Ayala dejó París para volverse a Londres, y allí hizo la siguiente declaración al *Times*: «La idea de un armisticio me parece decididamente inconcebible e impracticable. Siempre lo ha sido. Ahora más que nunca. El respeto y el amor por la verdad moral me empujan a confesar que la República española ha constituido un fracaso trágico. Sus hijos son reos de matricidio. No es menos cierto que ya no hay republicanos en uno u otro lado. Desde el comienzo del movimiento nacionalista, he asentido a él explícitamente y he profesado al general Franco mi adhesión, tan invariable como indefectible. Me enorgullece y honra tener a mis dos únicos hijos sirviendo como simples soldados en la primera línea del ejército nacional». Los hijos de la República son reos, en efecto. ¿Y sus padres?

La literatura de Pérez de Ayala no tiene, sin embargo, esta exaltación que aflora en las notas de prensa; ni siquiera los ensayos donde aborda cuestiones morales o ideológicas trasparentan a alguien que no sea en todo momento un hombre razonable y dialogante. Pues, en efecto, era hombre melancólico, un tanto amargo y lo bastante dandi como para tropezar en fanatismos poco aristocráticos.

Pérez de Ayala se quedó en París un tiempo, pero terminó yéndose de nuevo a Londres, donde esperó el fin de la guerra, para regresar muchos años más tarde a España, no sin antes haber dado algunos tumbos en Hispanoamérica, mientras desgranaba la margarita de los casuismos políticos y personales. Dramática, sí, la figura de este Ayala que se quedaría sin victoria, sin patria y sin lectores.

En cierto modo las figuras de Ortega, Marañón y Ayala, tras el descalabro de la República, no dejan de ser dignas de lástima: hicieron todo lo posible por caer de pie tras sus increíbles piruetas en el nuevo régimen ante la que suponemos sonrisa (la famosa sonrisa) sardónica, fría, paternalista y malvada de Franco, que tampoco les ahorró vejámenes y humillaciones, y cuyo régimen era tan brutalmente autoritario como para que esos tres intelectuales pudiesen olvidar un solo día de los que les quedaban de vida que si permanecían en España era por la magnanimidad del general, no por derecho, que les había sido birlado.

De talante muy distinto a Ayala, aunque también exiliados en Londres, como él, pero más tarde, fueron los escritores Salazar Chapela, que escribiría años después una magnífica novela de formación sobre los refugiados republicanos en la capital inglesa, *Perico en Londres*, Salvador de Madariaga, pensador para los escritores y escritor para los pensadores, y el andaluz Manuel Chaves Nogales. Salazar Chapela, que pasó un año en una España en guerra, nos dejó esa experiencia en una novela que se publicó mucho después, *En aquella Valencia*. Había sido uno de los colaboradores asiduos de *La Gaceta Literaria*, pero su consagración como escritor vino luego, aunque ya desgajado del tronco de la literatura española, acaso por el lugar elegido para su exilio, adonde llegó en 1937 como cónsul de Glasgow, y donde murió, en 1965, sin haber dejado nunca de serle fiel a la República.

Y el mismo extrañamiento literario sufrió Salvador de Madariaga, alguien del que se diría que no perteneció de pleno derecho a la literatura española, pese a su extensa bibliografía como poeta, novelista o ensayista. Sufrió, además, desde el comienzo, desdenes y descalificaciones («Más a mi favor: un tonto en cinco idiomas», dijo de él Ortega cuando alguien trataba de defenderlo diciendo que hablaba cinco idiomas). De la generación del 14, se diría que los miembros más destacados de ella no lo hubieran querido tampoco a su lado, pese a haber colaborado con ellos en algún proyecto decisivo como la creación de la Liga de Educación Política.

Madariaga, fue, sí, sobre todo, un teórico de la política. En los años treinta lo vemos escribiendo en las principales revistas europeas del género (en una, suiza, vimos su nombre en el sumario junto al de Goebbels).

Tanto por vocación como por matrimonio ya en los años veinte era un destacado anglófilo, con más relación con el mundo inglés que con el español, lo cual determinó la que sería su dedicación más relevante: diplomático, primero en la Sociedad de Naciones, y luego, ya con la República, como embajador en los Estados Unidos.

Al estallar la guerra se exilió en Londres, donde, de manera inequívoca, capitaneó la oposición a Franco, sin el pasteleo de sus antiguos compañeros Ayala y compañía. Había sido elegido académico en 1936, pero hasta 1976, muerto ya Franco, no volvería a España. Únicamente entonces pudo leer su discurso de ingreso.

Sólo por haber sido uno de los primeros en abonar la idea de la tercera España, que durante años le valió el desprecio de las otras dos, o sea, de fascistas y comunistas y socialistas, merece un lugar eminente en este libro, y hubiese merecido otras memorias que las que él escribió, tan interesantes y circunstanciadas, como interesadas y tediosas.

En cuanto a Chaves, cuando se publicó la primera edición de este libro, ni siquiera figuraba en los diccionarios de Literatura, quizá porque lo tenían por periodista. Lo fue, sin duda, pero el nervio de su escritura y un talento ilimitado tendrían que haberle llevado ya por lo menos al gallinero del Parnaso, como el excelente escritor que fue. Si sale ahora al proscenio de estas páginas, es de la mano de un libro suyo en verdad excepcional; tal vez, de cuantos haya leído uno sobre la guerra española, junto a los de Clara Campoamor y Morla Lynch, el más sorprendente de todos. El de Chaves, de literatura; el de Campoamor, de ensayo; el de Lynch, de memorias. Todos escritos en 1937, lo cual es importante. Sin olvidar, claro, el de Baroja, *Ayer y hoy*, de 1938. El título del de Chaves le echaría a uno para atrás: *A sangre y fuego*. El subtítulo es aún más imposible: «Héroes, bestias y mártires de España». Pero cuánta belleza, cuánta verdad en esas páginas. Son historias, novelas cortas sobre la guerra y la revolución escritas y publicadas en el mismo año 1937 con una libertad que es infrecuente encontrar en uno o en otro bando. Ni siquiera en los independientes. El hecho, por otra parte, de que se editara en Chile lo hace aún más raro y precioso, lo convierte en algo que si no es por la generosidad de un amigo (en mi caso el librero de viejo y poeta Abelardo Linares), hubiera quedado para siempre fuera de nuestro alcance, como las utopías, como los tesoros.

Chaves, que adquirió gran renombre en su época por su inolvidable biografía del torero Juan Belmonte y un apasionante reportaje sobre la Revolución Rusa contada por un cantaor flamenco, dirigía, al estallar la guerra, el periódico prorrepublicano de Madrid *Ahora*.

«Yo era eso que los sociólogos llaman un "pequeño burgués liberal" –nos dirá–, ciudadano de una república democrática y parlamentaria [...]. Ganaba mi pan y mi libertad con una relativa holgura confeccionando periódicos y escribiendo artículos, reportajes, biografías, cuentos y novelas, con los que me hacía la ilusión de avivar el espíritu de mis compatriotas y suscitar en ellos el interés por los grandes temas de nuestro tiempo. Cuando iba a Moscú y al regreso contaba que los obreros rusos viven mal y soportan una dictadura que se hacen la ilusión de ejercer, mi patrón me felicitaba y me daba cariñosas palmaditas en la espalda. Cuando al regreso de Roma aseguraba que el fas-

125-126. «Vi entonces convertirse en comunistas fervorosos a muchos reaccionarios, y en anarquistas terribles a muchos burgueses acomodados. La guerra y el miedo lo justificaban todo...». Y de eso, de las ambiguas fronteras de la vida, tratan los relatos de *A sangre y fuego*, en cuyo prólogo confesará su autor con fatalidad: «Cuando el Gobierno de la República abandonó su puesto y se marchó a Valencia, abandoné yo el mío. Ni una hora antes..., ni una hora después».

cismo no ha aumentado en un gramo la ración de pan del italiano, ni ha sabido acrecentar el acervo de sus valores morales, mi patrón no se mostraba tan satisfecho de mí ni creía que yo fuese realmente un buen periodista; pero en fin de cuentas, a costa de buenas y malas caras, de elogios y censuras, yo iba sacando adelante mi verdad de intelectual liberal, ciudadano de una república democrática y parlamentaria».

Estas son las palabras con las que Chaves empezaba el prólogo de este libro. Por gusto lo reproduciría aquí entero. Creo que no se encontrarán escritas sobre la misma guerra palabras más juiciosas, actuales y vivas que las suyas. Después, con los años, han sido muchos los que rectificaron algo su tiro, su visión. Una exactitud y precocidad en el diagnóstico, tan raras dentro de la literatura española, tan inteligentes en Chaves, no existe, excepto, ya he dicho, en Clara Campoamor. Al menos uno no se las ha topado.

«Cuando estalló la guerra –nos relata Chaves–, me quedé en mi puesto cumpliendo mi deber profesional. Un Consejo Obrero, formado por delegados de los talleres, desposeyó al propietario de la empresa periodística en que yo trabajaba y se atribuyó sus funciones. Yo, que no había sido en mi vida revolucionario, ni tengo ninguna simpatía por la dictadura del proletariado, me encontré en pleno régimen soviético. Me puse entonces al servicio de los obreros como antes lo había estado a las órdenes del capitalista, es decir, siendo leal con ellos y conmigo mismo. Hice constar mi falta de convicción revolucionaria y mi protesta contra todas las dictaduras, incluso la del proletariado, y me comprometí únicamente a defender la causa del pueblo contra el fascismo y los militares sublevados. Me convertí en el "camarada director" y puedo decir que durante los meses de la guerra que estuve en Madrid, al frente de un periódico gubernamental que llegó a alcanzar la máxima tirada de la prensa republicana, nadie me molestó por mi falta de espíritu revolucionario, ni por mi condición de "pequeño burgués liberal" de la que no renegué jamás.

»Vi entonces convertirse en comunistas fervorosos a muchos reaccionarios, y en anarquistas terribles a muchos burgueses acomodados. La guerra y el miedo lo justificaban todo...».

Los relatos de Chaves son, desde la literatura, el esfuerzo más grande y lúcido por entender aquella guerra, en un viaje a las guaridas del miedo tanto como a las escalinatas del ideal... Desde luego, no los habría podido publicar ni en la zona republicana ni en la zona nacional: «Y tanto o más miedo tenía a la barbarie de los moros, los bandidos del Tercio y los asesinos de Falange, que a la de los analfabetos anarquistas o comunistas».

Son, ante todo, literatura: no hay juicios, sino una mirada limpia, libre y decente sobre la realidad. No son propaganda, no son cuadros tremendistas ni negros, sino el puro sentimiento, la humanidad y la sensibilidad para mirar lo mejor del hombre, junto a lo peor de él, en un castellano cervantino, igualmente limpio y libre.

Todo en estos relatos es inesperado, cosa muy rara en la literatura de guerra, donde la posición del narrador suele prefijar tanto el trayecto del relato como el de las balas. Son narraciones en las que está España de una pieza. En ellas queda claro que ni la barbarie es patrimonio de unos ni el heroísmo de los otros. Para mayor virtud, todos y cada uno están enriquecidos con sutilísimas miradas sobre tal o cual particularidad psicológica, introspectiva, meditativa. Cuánta tristeza en esos relatos del Madrid nocturno, cruzado por espías de la quinta columna, qué admirable celebración de la decencia en el viejo anarquista asaltante del cuartel de la Montaña. Si Galdós hubiera podido escribir de aquella guerra, sus episodios no serían muy diferentes de los de Chaves Nogales. No son relatos contra nadie. Ni siquiera contra la barbarie. Tampoco, por supuesto, a favor; adscritos a ninguna ideología. Ya he dicho: no son propaganda. Son relatos comprometidos con la vida, con los hombres empeñados en destruirse y sobrevivir. Son relatos entrañados en la noción del hombre, en un período en el que no se luchaba por España, sino contra la libertad, viene a decirnos. No a favor del hombre, sino contra la persona, como en la Prehistoria.

Alguien del talante profundamente democrático de Chaves, tan antifascista como anticomunista, no tenía mucho que hacer en Madrid. «Cuando el Gobierno de la República abandonó su puesto y se marchó a Valencia –nos confesará con fatalidad–, abandoné yo el mío. Ni una hora antes, ni una hora después». Lo hizo en compañía de Manuel D. Benavides, director de *La Voz*, que volvió a Barcelona.

¿Qué le esperaba a Chaves? El exilio, como a tantos. Lo empezó en París y lo llevó a Londres: «El precio, hoy por hoy, es la patria. Pero, la verdad, entre ser una especie de abisinio desteñido, que es a lo que le condena a uno el general Franco, o un kirguís de Occidente, como quisieran los agentes del bolchevismo, es preferible meterse las manos en los bolsillos y echar a andar por el mundo, por la parte habitable del mundo que nos queda».

Eso hizo. En Londres Chaves montó una agencia de noticias, pero murió pronto, en 1944, lejos de su familia, a la que envió a Sevilla, justo en el momento en el que era muy poco lo habitable que quedaba del viejo mundo, aunque su contribución a la reflexión moral sobre la guerra había sido una de las más hondas: «El hombre que encarnará la España superviviente surgirá merced a esa terrible e ininteligente selección de la guerra que hace sucumbir a los mejores. ¿De derecha? ¿De izquierda? ¿Rojo? ¿Blanco? Es indiferente. Sea el que fuere, para imponerse, para subsistir, tendrá, como primera providencia, que renegar del ideal que hoy lo tiene clavado en un parapeto con el fusil echado a la cara, dispuesto a morir y a matar. Sea quien fuere, será un traidor a la causa que hoy defiende».

Y también de 1937, como el de Chaves, es el otro libro excepcional de este período, de una autora no menos admirable. Hablamos de Clara Campoamor, la clarividente, noble y tenaz Clara Campoamor, la misteriosa mujer que partió al exilio en 1936 y que moriría en el exilio en 1972, olvidada de todos.

A diferencia del libro de Chaves, el de Clara Campoamor, *La Révolution espagnole vue par une républicaine*, no conoció una versión castellana hasta 2002. Había aparecido traducido al francés en 1937, sufriendo hasta la reciente traducción y edición de Luis Español una doble mazmorra: la del idioma y, desde luego, la política, de modo que entre quienes no comprendían lo que en él se decía y los que no les convenía entenderlo, el libro se quedó durante casi setenta años sin los lectores para los que fue escrito: sus compatriotas españoles.

Clara Campoamor era, y lo fue durante todos los años del exilio y hasta fecha muy reciente, en que se la ha reivindicado un poco a hurto por su labor parlamentaria, una de esas personas que lo perdieron todo en la guerra, hasta el prestigio de los perdedores, sólo porque era una política liberal y porque su visión de las cosas no se avino a las versiones oficiales de unos y otros.

El libro del que nos ocupamos no es, ciertamente, como era el de Chaves, un libro estrictamente literario, pero no por ello es menos sorprendente y agudo. Al contrario, la inteligencia de su autora y su escritura, sencilla e implacable, lo hace mucho más valioso que la mayoría de los que se publicaron entonces, ¡y después!, quizá porque abandonando la retórica dejaba de ser propagandístico. Se leerá, sin la menor duda, como un vertiginoso episodio nacional. Y como dijimos para el prólogo de Chaves, las ideas de Campoamor fueron netas, ponderadas y, acaso lo más prodigioso, con una meridiana lucidez, ya que las exponía en el mismo 1936. Lo que otros empezaron a admitir tantos años después, ella lo vio claro cuando solo habían transcurrido unas pocas semanas de lucha. Podríamos decir que *La Revolución española vista por una republicana* es a Clara Campoamor lo que *La guerra de las Galias* a Julio César. Por eso está en un libro de literatura como este.

Como Chaves, vidas paralelas, Clara Campoamor nos dirá con irónica tristeza: «Dejé Madrid a principios de septiembre [de 1936]. La anarquía que reinaba en la capital ante la impotencia del Gobierno y la absoluta falta de seguridad personal, incluso para los liberales –o quizá sobre todo para ellos– me impusieron esa prudente medida... Si la gran simpatía que una siente siempre por quienes se defienden puede ir hasta explicar los errores populares, se niega en llegar hasta el sacrificio oscuro e inútil de la propia vida. Se sabe también que los autores de los excesos, o los que han tolerado que se cometan, siempre encuentran excusas, aunque sólo consistan en pretender que hay que juzgar las revoluciones en su conjunto y no en sus detalles, por elocuentes que sean. ¡Yo no quería ser uno de esos detalles sacrificados inútilmente!».

Terminaba de ese modo una de las trayectorias parlamentarias y republicanas más brillantes que ha dado España. Todo en la vida de Clara Campoamor produce asombro, su origen, su carrera política, sus logros. Había nacido en 1888 en Madrid en una familia modestísima. A los trece años trabajaba de modistilla, primero, y luego, de dependienta. Con veinte años gana una oposición de auxiliar en el Cuerpo de Telégrafos, para la que no era necesario tener el bachillerato. Dos años después, Clara Campoamor, que había interrumpido su bachillerato, lo reinicia sin abandonar su trabajo de mecanógrafa en el Ministerio de Instrucción Pública y se vincula al movimiento feminista que encabezaban Elisa Soriano y María Lejárrega-Martínez Sierra. Finalmente a los treinta y cinco años, y después de haberse licenciado en Derecho, puede inscribirse en el Colegio de Abogados. Antes de 1924 era ya una conocida y prestigiosa dirigente del movimiento feminista y una miembro destacada del Ateneo y de la masonería. En 1929 se afilia a Acción Republicana, de Azaña, que abandonó al poco para pasarse al Partido Radical, también republicano, de Lerroux, buscando siempre el mejor lugar para defender su propósito: conseguir que las mujeres pudiesen votar, lo que logró en 1931, enfrentándose incluso a quienes como Victoria Kent subordinaron la disciplina de partido a sus convicciones personales. A esta siguieron otras conquistas, como el divorcio, que estuvieron a un tris de costarle la vida, cuando años después, ya en plena guerra, cuatro falangistas que viajaban con ella en el barco que la llevaba al exilio quisieron asesinarla.

Clara Campoamor era, por tanto, una mujer de sólidas ideas republicanas, que no abandonó ni siquiera cuando asistió atónita al desarrollo de los acontecimientos: «Dejándose arrastrar por los socialistas [que entregaron las armas al pueblo], el Gobierno entregó la España gubernamental a la anarquía», reconocerá amargamente, después de haber analizado pormenorizadamente la actuación de los partidos que integraron el Frente Popular: «[El Gobierno] no ha iniciado el alzamiento, por supuesto que no, pero, aparte de haberlo provocado, podía haberlo detenido cuando se presentó la ocasión».

Como para tantos, aquellos primeros meses de guerra son una amenaza, y Campoamor una testigo excepcional, que narra en su libro, como Julio César, en efecto, sin un átomo de retórica, sin demagogia ni rencor, todo lo que ve: «Madrid ofrecía un aspecto asombroso: burgueses saludando puño en alto y gritando a todas horas el saludo comunista para no convertirse en sospechosos; hombres en mono y alpargatas copiando de esta guisa el uniforme adoptado por los milicianos; mujeres sin sombrero; vestidos usados, raspados, toda una invasión de fealdad y miseria moral, más que material, de gente que pedía humildemente permiso para vivir. [...] Desde los primeros días de lucha, un indecible terror reinaba en Madrid. La opinión pública tuvo al principio la tentación de atribuir a los anarquistas las violencias sufridas por los civiles, y en particular en Madrid. La historia dirá algún día si fueron justos quienes los consideraron responsables de esos hechos. En todo caso debieran ser todos los gubernamentales, sin distinción, quienes asumieran su responsabilidad».

Sólo después de leer esa frase se comprende que su libro permaneciera setenta años sin traducirse. Insiste a lo largo del libro, como hará Chaves en el suyo, sobre la legalidad y legitimidad del Gobierno: «Pero esas Cortes [en agosto de 1936] no existían ya. De cuatrocientos setenta diputados electos, siete meses y medio antes, sólo un centenar se presentaron a dicha convocatoria, estando los demás o muertos o con los sublevados. Ni un solo diputado de la oposición asistió a la sesión, y es fácil entenderlo. Además, de los doscientos sesenta miembros de la mayoría de izquierda, faltaron ciento sesenta».

Quien así pensaba, poco tenía que hacer en Madrid, y por eso se fue. Quien escribía un libro tan lúcido como el suyo poco tenía que hacer también en la historia de nuestras letras: «En el terreno de las armas, el resultado definitivo de la guerra civil española queda todavía lejos», escribe, no lo olvidemos, antes de que termine 1936; «Pero la gran desgracia [...] consiste en que la víctima de esa lucha será la República plebiscitaria de 1931. Y sin embargo, cualesquiera que sean sus errores, sólo en ella albergábamos la esperanza de una renovación democrática y social.

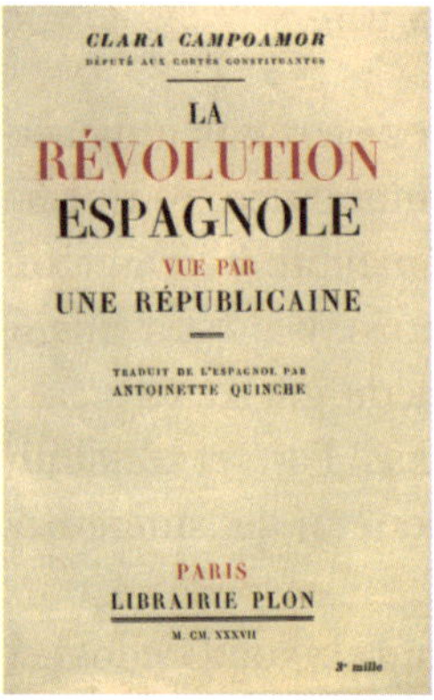

127-129. Clara Campoamor, una republicana que contó la revolución española de modo tan ejemplar que no se molestó nadie en leerla durante setenta años: «El triunfo de los gubernamentales será el de las masas proletarias, y al estar divididas esas masas, nuevas luchas decidirán si la hegemonía será para los socialistas, los comunistas o los anarcosindicalistas. Pero el resultado sólo puede significar la dictadura del proletariado, en detrimento de la República democrática. Si, como ya hemos indicado, las causas de la debilidad de los gubernamentales llevan a la victoria a los nacionalistas, estos habrán de empezar por instaurar un régimen que detenga los enfrentamientos internos y restablezca el orden. Ese régimen, lo suficientemente fuerte como para imponerse a todos, sólo puede ser una dictadura militar. Pero si la dictadura militar es una forma de gobierno fácil de imponer, es muy difícil salir de ella». Cubiertas de la edición francesa de *La revolución española vista por una republicana*, de 1937, y de la primera edición española, de 2002. Según su editor, su publicación no mereció una sola «reseña apreciable» en los periódicos españoles.

130. Profanación por parte de unos milicianos de la iglesia del Carmen, Madrid, julio de 1936. Publicada por *Abc*, esta imagen dio la vuelta al mundo, causando a la

»Si el porvenir trae la victoria triunfal de los ejércitos gubernamentales, ese triunfo no llevará a un régimen democrático, ya que los republicanos ya no cuentan en el grupo gubernamental. El triunfo de los gubernamentales será el de las masas proletarias, y al estar divididas esas masas, nuevas luchas decidirán si la hegemonía será para los socialistas, los comunistas o los anarcosindicalistas. Pero el resultado sólo puede significar la dictadura del proletariado, en detrimento de la República democrática.

»Si, como ya hemos indicado, las causas de la debilidad de los gubernamentales llevan a la victoria a los nacionalistas, estos habrán de empezar por instaurar un régimen que detenga los enfrentamientos internos y restablezca el orden. Ese régimen, lo suficientemente fuerte como para imponerse a todos, sólo puede ser una dictadura militar. Pero si la dictadura militar es una forma de gobierno fácil de imponer, es muy difícil salir de ella».

Por eso, previendo lo que sucedería, quien salió de España, con su madre octogenaria y una sobrina de corta edad, fue la propia Clara Campoamor. Ya contamos que las descubrieron en el barco unos falangistas que quisieron asesinarlas. Al llegar a Génova las autoridades fascistas italianas las arrestaron, pero pudieron proseguir camino hasta Suiza. Meses después apareció su libro en París. Conoció un éxito grande si la mención editorial a las cinco ediciones que tuvo en pocos meses es exacta. Después, el silencio. ¿Lo leyeron al menos los escritores que vivían en París? Ninguno lo citó.

Allí estaban, por ejemplo, Azorín y Baroja, las dos figuras más notables sin duda, si no desde un punto de vista político, sí literario, sin mentar al pintor Gutiérrez Solana, extraordinario escritor.

Baroja y Azorín fueron amigos toda su vida, pese a que en los últimos años apenas se vieran. Tampoco se frecuentaban en París, y, sin embargo, se respetaban y hablaban uno de otro con admiración, más Azorín de Baroja que al revés, quizá porque a Baroja, quitando algún

República un daño inmenso. En su pie de foto se decía: «Las milicias de la CNT que se incautaron de la iglesia del Carmen, han realizado ayer interesantes hallazgos en la cripta de dicho templo». Clara Campoamor hizo referencia a todo ello en su libro y los vencedores (copia de esta foto incluida en la Causa General), se propusieron identificar, apresar y ejecutar a cuantos aparecían en ella, aunque en algunos casos llegaron tarde. El miliciano que ordenó el asalto y organizó en la iglesia su cuartel general y una barraca de feria donde se exhibían los restos humanos, fue juzgado y ejecutado por las propias milicias cenetistas acusado de otros delitos.

bohemio de su juventud, en el fondo no le interesaba ningún literato contemporáneo. Buhoneros, médicos, herboristas, libreros de viejo, fondistas, viudas y los que se le acercaban a hacerle la tertulia, quizá; escritores, pocos.

Azorín, en 1931, se había declarado en una entrevista «republicano. Francamente republicano. Republicano federal», y saludó con efusión la llegada de la República en *Luz*. Gran prestidigitador. Durante dos o tres años escribió numerosos artículos, de corte político, explicando sus continuos movimientos frente a una realidad tan cambiante, que terminó por cambiarle a él mismo y devolverle a las filas de los conservadores, aunque siguió permitiéndose el lujo de bailar en la cuerda floja, como cuando escribía en 1934: «Puesto que la Monarquía española ha tardado diez siglos en unificarse, concedamos doscientos años a los moscovitas para que desbasten y pulan su régimen». Mientras devastaban, claro.

Desde sus artículos de corte anarquista, antes del novecientos, Azorín no había tomado con tanta pasión los asuntos políticos como ahora, en los años de la República. Suelen ser artículos un tanto ergotistas y tediosos, que no duraron mucho en la prensa, porque, por fortuna, hacia 1934, Azorín, aburrido de la política o la política aburrida de Azorín, frecuentó de nuevo los asuntos netamente literarios, donde se movía con maestría absoluta.

Cuando estalló la guerra Azorín sintió miedo, y los Martínez Ruiz lograron salir de Madrid en los primeros días de octubre, después de haberle llegado la noticia del asesinato de su cuñado Ciges Aparicio. El salvoconducto se lo facilitó a través de un librero de viejo, Negueroles, Álvarez del Vayo, con intervención de Rodríguez Rivas, que ideó, acaso, el modo. Durante años la salida de Azorín fue un enigma. Unos decían que salió vía Valencia; otros, en cambio, aseguran que fue por San Sebastián, todavía republicana. Sin embargo se sabe ya que salió de Madrid a Valencia (en tren, de noche), y de allí a Barcelona y a Cerbère.

Cuando Azorín se fue a Francia era el presidente del Pen Club en España, al que también pertenecían Sánchez Mazas y José Antonio. A este, en calidad de socio, lo visitó en la cárcel en 1936. Azorín, jugador modesto, se ve, gustaba apostar un poco en todas las fichas de la ruleta.

En París, como el propio Baroja y Ortega, empezó a colaborar en *La Prensa* de Buenos Aires con artículos literarios que evocaban las cosas de España, por lo general asuntos y personajes de la historia pasada, que le comprometían poco con el presente. Artículos subyugantes.

La vida no debió de serle tan dura como a otros exiliados.

Baroja fue a verlo alguna vez al piso de la calle Tilsit donde vivía el matrimonio, un piso que, para Baroja, tenía todo el aspecto de un escenario de teatro burgués, como si en él fuera a levantarse el telón en cualquier momento.

Fue durante ese tiempo Azorín un hombre prudente, llevaba una vida al margen de los clásicos y los modernos, compraba libros viejos a los buquinistas del Sena, tomó la costumbre de calzarse una boina pequeña, que se metía hasta las orejas, transparentes en él como el cristal, y su vida debió de ser triste, triste y solitaria, por contraste con la de Baroja, no menos triste, pero, como recuerda con cierta sorna el propio Azorín, frecuentada por señoritas intelectualas y señoras sentimentales. ¿Le llegaron noticias de cómo fue derribado en enero del 38 el monumento que le habían levantado en su pueblo, Monóvar? Se hallaba presente «el camarada Juez municipal» que tras el pertinente «reconocimiento, ordenó el levantamiento del *cadáver*». Acto seguido su estatua fue arrastrada por las calles del pueblo hasta el depósito. No es probable que Azorín se enterara, pero leyéndole vemos que su literatura presagia esta clase de acontecimientos extraordinarios, menudos, alucinatorios.

El aislamiento de Azorín en París tuvo que ser grande: «En unas *Memorias* he de decir la verdad –nos cuenta en ese libro–: no hablo francés; tengo una incapacidad absoluta para aprender idiomas; aun el mío considero que no lo sé; voy repasando el diccionario castellano y me quedo sorprendido al ver la cantidad enorme de vocablos cuya existencia ignoraba». Ya lo había dicho en *Españoles en París,* un libro de vidas truncadas por la guerra: «No sé dónde voy. No sé si vivo o estoy muerto. No tengo fuerzas para pensar». Pobre Azorín, el más pensativo de nuestros escritores. De él se podría decir que fue el único español que ensayó las sesenta y dos maneras de apoyar la cabeza en la mano a las que se refirió Lichtenberg. Y sin embargo, también Azorín disfruta París. Pagados sus artículos para *La Prensa* con largueza, Azorín pasea, vive de hotel, visita con frecuencia el Louvre, come en buenos restaurantes, lleva como Marañón vida de burgués acomodado (al contrario, por ejemplo, que Baroja).

Sabemos también que se prestó en alguna ocasión a propiciar canjes e intercambios de prisioneros de una zona a otra y facilitar la salida de España de gentes comprometidas, pero lo más significativo de todo ese período son sus intenciones políticas, inmejorables sin duda, pero sin gran sustento en la realidad, que canalizó, al modo de Cervantes o de los ilustrados, en forma de memoriales.

El primero que escribió Azorín prueba que también dentro de la derecha española había personas de corte liberal, dispuestas a una reconciliación y a un entendimiento, de las que prescindieron gimnásticamente los nuevos jerarcas del Estado.

Se decía en ese «Memorial a Franco. París, 21 de enero de 1939.

»14, rue Tilsit. A S. E. el Jefe del Estado, Generalísimo D. Francisco Franco Bahamonde [...]. La restauración, nueva reconquista, estará en breve cumplida. Y el derecho, restablecido. Pero quedará fuera de España un millar de sus labradores del intelecto. Entre éstos, trescientos eminentes indiscutiblemente. Se habrá conquistado el territorio y quedará extravasado del área nacional el espíritu. Una España nueva no puede fundarse sobre bases únicamente materiales, con exclusión de los valores del espíritu. Tanto valdría, si eso fuera, como profesar el concepto materialista de la historia, que ha sido combatido ardientemente con las armas. ¿Qué España es ésa (se preguntaría el mundo) de la que están huidos voluntariamente, si no proscritos, sus más ilustres hijos? Suplico de nuevo a S. E. que perdone mi obligada sinceridad. Las naciones las hacen la espada y la pluma. La espada echa los cimientos y la pluma levanta el edificio. ¿Y cómo va a crearse una España nueva, repito, sin valores morales? Cuenta con ellos (y son muy respetables) la España nacional en la actualidad. Pero son esos valores en número escasísimo comparados con la pléyade dispersa por los diversos países de Europa y América, y con el grupo estante en la fragmentaria España republicana. En esa pléyade y grupo figuran poetas, novelistas, ensayistas, filósofos, historiadores, críticos literarios, periodistas, comediógrafos, juristas, catedráticos, eruditos, economistas, actores, físicos, químicos, matemáticos, botánicos, zoólogos, astrónomos, arqueólogos, arquitectos, médicos, geógrafos, pintores, músicos, estatuarios.

»[...] yo me atrevería a proponer a S. E. la celebración en París, cuando sea llegado el momento, de una asamblea o conferencia consultiva [cuya presidencia sugiere Azorín que le sea encomendada a Marañón]. Propondrá esa conferencia los arbitrios más eficaces y decorosos para la reintegración a la patria de la intelectualidad ausente. ¿Qué mayor y más esplendorosa sanción podría darse para la España nueva, sanción a la vista del mundo, que ese retorno de los intelectuales españoles a sus hogares nativos? La conferencia podría estar formada por elementos que han permanecido refugiados en París, por elementos de la España republicana y por elementos de la España nacional.

»Señor: al término de mi tarea, séame permitido evocar, pensando en los vencidos, las palabras que uno de los más grandes estadistas que ha tenido España, don Antonio Cánovas del Castillo, pronunciara en el Congreso de los Diputados en la sesión del 8 de abril de 1869. Vivía entonces España un trance decisivo en su historia, después de una revolución. Árbitro de esa España era el conde de Reus, marqués de los Castillejos, general don Juan Prim y Prats. Cánovas del Castillo dijo: "La templanza es una de las más grandes virtudes civiles; la energía y el vigor en la lucha, cualquiera los tiene. Lo que no todo el mundo tiene, y solo es dado a los verdaderamente fuertes, es la templanza. De suyo es templado el hombre cuando tiene la conciencia de su propio derecho, cuando siente en sí la fuerza bastante para hacerse respetar a todas horas, de quien quiera, y en todas partes". Dios guarde a V. E. muchos años. José Martínez Ruiz (Azorín)».

Este memorial, enviado naturalmente a Franco, fue interceptado por Serrano Suñer, quien, a renglón seguido, escribió a Marañón, quejándose de las «inaceptables» proposiciones del aprendiz de político que era Azorín. «Mi querido amigo –le escribía Serrano Suñer en noviembre de 1939 a Marañón–: Le llegan con frecuencia al Generalísimo cartas de Azorín. Junto a consideraciones que yo comparto, hay puntos de vista y afirmaciones inaceptables. Habla en su última de una extraña asamblea y da el nombre de usted para presidirla. La singularidad de su caso no resulta favorecida con esta complicación con gentes que se encuentran en otros, por fortuna para usted, bien distintos.

»Creo sabrá usted de qué manera yo le hago la justicia que usted merece, y el Generalísimo también. Creo interesa que usted se desentienda un poco de los otros, donde hay gentes que no pasan por un sincero arrepentimiento de sus errores políticos. Le saluda afectuosamente su amigo», etc.

Divide y vencerás. Fue la baza de ese régimen, de todo régimen antidemocrático: no más pueblo. No más asambleas. Cada uno es responsable de sí mismo. Las democracias se hacen a la luz de los taquí-

131. Azorín en uno de los buquinistas del Sena. Lo dice en *Españoles en París,* un libro de vidas truncadas por la guerra: «No sé dónde voy. No sé si vivo o estoy muerto. No tengo fuerzas para pensar». Por esos mismos días (25 de marzo de 1938) escribirá a Domenchina: «Me marcho a un mundo que me atrae por sus hombres y sus paisajes. Pero si mis compañeros de letras me necesitan, aquí estaré para defenderles con las uñas y los dientes. Hablo de compañeros sin restricciones. Lo mismo da que me hayan ofendido o no me hayan ofendido. Eso es cosa pequeña. Hace seis meses que vengo gestionando incansablemente la liberación de Antonio Espina. El ministro de Estado de la República lo sabe. ¡Y cuántos zarzales hirientes he tropezado en el camino! El criterio mío, frente a España, ha un año que lo conoce el embajador de la República en París. No puede ser otro, dados mis antecedentes y propensiones cordiales. Con todo el afecto le saluda, Azorín».

132. Como Ortega, Azorín se encargó de hacer llegar en forma de memoriales su adhesión a Franco, a quien insta: «La restauración, nueva reconquista, estará en breve cumplida. Y el derecho, restablecido. Pero quedará fuera de España un millar de sus labradores del intelecto. Entre éstos, trescientos eminentes indiscutiblemente. Se habrá conquistado el territorio y quedará extravasado del área nacional el espíritu». En la imagen, Azorín y Ortega en la Estación del Norte de París.

133. «Ya se ve que la alternativa es pobre, triste y mísera para un español; pero entre volver a una autoridad rígida y violenta, o al capricho cruel y bestial de las masas, yo grafos, para decirlo en una sola frase. Las dictaduras se sustentan, por el contrario, sobre el tenebroso principio de la cizaña, la traición y la insolidaridad.

En otra ocasión escribe Azorín a Franco para proponerle –autorizado– el canje de Ricardo León, «preclaro escritor», refugiado en el consulado de Haití, por el doctor Madrazo, preso en Santander. Franco no contestó. En el memorial a Franco insite en el canje de Ricardo León y de Sánchez Mazas por personalidades como Madrazo.

Azorín volvió pronto a Madrid, en agosto de 1939. «No veo a nadie, ni nadie me visita –dirá en una carta–. Ni hablo ni pablo, como se dice vulgarmente».

Durante los dos primeros años, 1939 y 1940, se dio orden de que no se le dejase escribir en los periódicos de España, porque, se decía, «Azorín es un tránsfuga».

En efecto, el viejo maestro monovero raramente volvió a escribir de política, y esa fue la principal manera de escribir la política que se tuvo durante el régimen de Franco. El ostracismo al que en principio se le había condenado resultó más liviano con el paso de los años, y a Azorín, reconocido como maestro por los jóvenes falangistas, se le incorporó muy pronto al proyecto de la revista *Escorial.*

En 1967, Juan Aparicio, responsable de la prensa de los sublevados después de la guerra, llegaría a escribir: «El programa de Falange Española y de las JONS ha podido redactarlo Azorín, más con su conducta reciente que con sus párrafos lacónicos, reiterativos e influyentes». Azorín era un conservador, pero eso resulta un poco hiperbólico y exagerado. Es difícil asegurar si Azorín quería teñirse o no de falangista. El viejo anarquista se sintió desde luego, sobre todo los últimos veinte años de su vida, en los que, conviene recordarlo, escribió algunos de sus más hermosos libros, comparables a los primeros suyos, una persona de orden, pero eso no era más que una versión de aquel «gubernamental» con el que lo motejó Baroja, el otro solitario de París.

La vida de Baroja, contada por él mismo o contada por otros, resulta interesante desde casi todos los puntos de vista, porque tiene siempre por objeto a un individuo de ideas originales, poco dado al

prefiero lo primero», dirá Baroja. En la imagen, con Azorín en el patio del Colegio de España, donde se alojó Baroja durante la guerra.

134. «Moreno, iqué mal hemos quedado los del 98!», le confesará Baroja a José Moreno Villa refiriéndose a la guerra. En la imagen, autocaricatura de Baroja.

enjuague social, con una clarividencia sobre las cosas y personas excepcional y, por añadidura, un saludable sentido del humor, que le hace ser poco solemne y retórico. Baroja es el antirretórico por antonomasia, y a fuerza de no tener estilo, uno de nuestros más originales escritores, y de un estilo más personal. En la vida, en la literatura.

Las ideas políticas de Baroja, de corte nietzscheano y anarquista, darwinista fanático y con ribetes racistas, parecen siempre contrastadas por su visión personal de la realidad. «Yo siempre he sido un liberal radical –nos decía en una declaración de 1917–, individualista y anarquista. Primero, enemigo de la Iglesia; después, del Estado; mientras estos dos poderes estén en lucha, partidario del Estado contra la Iglesia; el día en que el Estado prepondere, enemigo del Estado». Eran los tiempos en los que cifraba la utopía en un país sin curas, sin moscas y sin carabineros.

Es de suponer que alguien así, en 1936, no fuera un santo en la devoción de las derechas.

Las ideas de don Pío, en todo caso, eran mucho más moderadas que las de su hermano Ricardo, el pintor, grabador y también escritor, que había presidido, con Espina, Arderius y Pedro de Répide, la Unión de Escritores Proletarios Revolucionarios de Hispano América, dependiente del Socorro Rojo Internacional, durante la República. Era, en cierto modo, como uno de esos tipos que sacaba su hermano en las novelas: según Enrique Montero, había pertenecido al Partido Comunista y, en un contrabando de armas para la revolución, había perdido poco antes su ojo, que tapaba con un parche de bucanero. La versión familiar, sin embargo, acomodaticia, hace que lo pierda en un accidente de automóvil. Lo cierto es que el ojo lo perdió, seguramente viniendo en coche de traficar con armas.

Al estallar la guerra Ricardo se quedó en su casa de Vera de Bidasoa, controlada por los sublevados, y él, que había sido medio dinamitero, empezó a pintar una serie de tablillas con los temas siniestros de la guerra, muy a lo Goya, a lo Salvatore Rosa, a lo Callot, y las llenó de fusilamientos y barbarie. Estos *croquis de guerra*, como él los llamó, estaban pintados con entonación y carácter, y unas veces los verdugos eran los falangistas y otras de la UHP o la FAI, pero de esas pinturas solo se expusieron en San Sebastián y Bilbao en 1938 y en 1939, por razones comprensibles, estas últimas. Propiciada por la Vicesecretaría de Educación Popular del Movimiento se hizo la exposición *Así eran los rojos*, en 1943, con obras de Castro Gil, Sáenz de Tejada, Eduardo Lagarde y Joaquín Valverde, entre otros.

El caso del pintor Gustavo de Maeztu, también escritor, es bastante parecido al del grabador Baroja, aunque sin llegar a los extremos de la biografía del pintor Francisco Mateos, que estuvo en los años veinte con los bolcheviques alemanes; en los treinta, con Ledesma Ramos fundando *La conquista del Estado*; después, con los anarquistas de *La Tierra*, escribiendo textos feroces, antes de la guerra, y después, durante la guerra, en la extrema y más violenta izquierda; en los años cuarenta, tras un tiempo en las cárceles franquistas, se le ve acompañando a las autoridades oficiales culturales del franquismo, y en los sesenta, de nuevo, con «organizaciones plásticas de izquierda», de donde se le marginó por unas oscuras y falsas delaciones policiales, que sirvieron para difamarle, ya que seguía siendo persona de izquierdas, al parecer.

Al lado de una vida como la de Mateos, palidece cualquier otra, al menos desde un punto de vista novelesco.

Maeztu, hermano del político monarquista, había escrito sobre la España negra y grabado escenas de un romanticismo finisecular y provincial. Por el hecho de ser hermano de Ramiro, muchos lo creían de derechas, pero todo lo contrario, era un hombre de costumbres bohemias y un tanto disolventes, socio también de peñas favorables a los pintores y escritores revolucionarios, y más próximo de su hermana María, muy conocida por sus ideas institucionistas, que de su hermano Ramiro, solo que el asesinato de éste le preservó a él cuando decidió refugiarse con su madre en la casa solariega de Estella, donde siguió llevando una vida todo lo bohemia que se podía llevar en esa villa navarra en 1938, donde moriría algunos años más tarde.

La actuación de Pío Baroja en la guerra ha sido pormenorizadamente contada muchas veces. Las contradictorias versiones que él y otros han dado pueden verse ya, a estas alturas, como una de aquellas fantasiosas novelas de contrabandistas y carlistas cruzando la muga.

El 18 de julio, después de haber salido de su casa de Vera para ir a ver las tropas en un pueblo cercano, lo prendieron los carlistas y se lo llevaron a la cárcel de Santesteban, de donde le sacó el coronel Martínez de Campos, duque de la Torre. Estuvo detenido una noche, y según Baroja, aquellos carlistas tenían muy malas intenciones y querían matarle allí mismo. «En el periódico de Madrid *Claridad* –diría Baroja

J. Solana

unos meses después–, inspirado por ese mediocre de Largo Caballero, al contar que yo había sido preso en Navarra por los carlistas, se dijo que era una lástima que no me hubieran fusilado». Hemos de repetirlo: hay que leer *Claridad* para entender mejor lo que ocurrió entonces.

«¡Qué época! –le dirá en una carta a Marañón el 17 de junio de 1937–. Nos hemos pasado, principalmente los españoles, hablando de la intransigencia del siglo XIX, de la barbarie carlista y ahora se ve que aquello era salón y academia al lado de esto que es algo entre cuadra y casino de aldea».

Al día siguiente de su detención, lo soltaron, se pasó a Francia y después se fue a París. Llevaba una maleta y cuanto dinero pudo reunir en esas pocas horas, que no era mucho. Tenía sesenta y cuatro años. Se fue a vivir al Colegio de España de la Ciudad Universitaria, como un estudiante, pero su presencia allí dividió a los residentes en dos bandos, que criticaban que Baroja, antirrepublicano, se beneficiase del comedor del colegio, pagado por la República. Unos lo consideraban un traidor y otros no terminaban de verlo en su facción, de manera que todos lo dejaron solo. También por asuntos políticos y personales, discutió de una manera violenta, a propósito de la guerra, con el pintor y extraordinario escritor Gutiérrez Solana, que se encontraba en el colegio de España desde mediados de 1937, cuando salió de Valencia. El pintor y tipógrafo Miguel Prieto contó años después otra discusión entre Solana y León Felipe en Valencia en aquellos días. León Felipe le dijo: «Está bien que estos traidores se hayan "levantado". Ahora la "cosa" española logrará ponerse en claro, y nosotros o los que vengan después de nosotros acabarán con todo lo más negro y sórdido de la vida española». Solana desconcertado se quedó mirando al poeta y preguntó: «Entonces, ¿que voy a pintar yo?». Alguien dejó también constancia de aquella discusión donde los dos escritores, Solana y Baroja, se pusieron «de hoja de perejil». Baroja pinta a Solana de ener-

135. «Los Solana, al principio, muy rojos, y luego muy falangistas, y siempre muy cucos», dirá de ellos Baroja en sus *Memorias*. En la imagen, los hermanos Solana en el Retiro madrileño después de la guerra.

136-138. Litografías originales hechas por Solana a comienzos de 1937 en Valencia para la revista *Madrid*. De estas obras, y a propósito de una polémica sobre los carteles y la propaganda en la guerra que le enfrentó a José Renau, Gaya diría: «El pintor que yo consideraba más adecuado para representar los horrores de la guerra era Solana, aunque después pensé: "Si Solana hace un cartel, realmente nos metemos debajo de la cama y no salimos a luchar ni a nada"».

gúmeno, comiendo las chuletas con las manos, llenándose la cara de grasa: «Los Solana, al principio, muy rojos, y luego muy falangistas, y siempre muy cucos», dirá de ellos en sus *Memorias*. Eran dos personas con demasiado carácter, a las que los parecidos y coincidencias molestan más que las disparidades o diferencias: les interesan las mismas cosas, los mismos arrabales, rastros y asilos de menesterosos, tenían una visión de la pintura y de la literatura parecida y seguramente se daba en ellos esa incompatibilidad irracional de personas, no de ideas, que se localiza en la piel, no en el cerebro o en el corazón. Al cabo de un tiempo, Solana escribió una carta personal a Franco. Es una carta breve: «De los cuadros que pintó uno en París algunos están hechos rememorando recuerdos de España, de esta España que ha conocido la tragedia más espantosa de su Historia, hasta llegar a la anarquía y al crimen, pero por fortuna toca a su fin gracias al esfuerzo y patriotismo del ejército español para resurgir en una España fuerte y gloriosa como deseamos todos los que verdaderamente la queremos. ¡Arriba España! ¡Saludo a Franco!». Solo quería volver. De la guerra Solana nos dejó tres estampas litográficas magníficas, que se publicaron en la revista republicana *Madrid*, de Valencia, y un libro, *París*, extraordinario, en que contó sus paseos y visiones por esa ciudad, siempre implacables y en las que no deja que se cuele ni una queja de exiliado ni un átomo de sentimentalismo patriótico.

En París vivió Baroja de las colaboraciones con *La Nación* y con alguna otra agencia hispanoamericana.

También la vida de Baroja en París fue triste y solitaria, según nos refiere en algunos libros que escribió entonces. Todo lo parco que fue Solana, fue prolijo Baroja, por suerte. El prólogo de *Aquí París* es, en cierto sentido, memorable: «Yo he pasado parte de la vejez en el extranjero, muchas horas solo, no teniendo más entretenimiento que mirar por la ventana a la calle, a una carretera o a un descampado». Como hemos visto, la desolación barojiana, según Azorín, no fue tan extrema, y a una de esas señoritas que lo agasajaban, Baroja, como sentimental traspapelado que era, le dictará las *Canciones del suburbio*, un libro de inolvidables versos verlenianos, villonianos, barojianos, destartalados, humorísticos y de un lirismo brutal y salvaje, que aseguró haber escrito por aburrimiento y no tener nada que hacer en el destierro.

Baroja vio a algunos intelectuales españoles en París. Un día de 1937, paseando, le comentó a Moreno Villa: «Moreno, ¡qué mal hemos quedado los del 98!». La frase era sintomática por dos cosas: porque en ella parecía reconocer Baroja no haber estado a la altura de lo que se supone ha de ser un hombre de acción y porque parecía resignarse a incluirse en una generación de la que siempre abjuraría. En 1937 Ricardo Baroja enviaba esta penosa carta exculpatoria al director de *El Diario Vasco*, que la publicó el 4 de febrero de 1937: «Leo [...] un artículo que firma Mascarilla y en el que se habla de los "intelectuales" que actualmente residen en París, la errónea noticia de que mi hermano Pío Baroja habita en un hotel en compañía de otros emigrados republicanos y socialistas "intelectuales". Mi hermano no vive con ellos, sino en el Colegio Español donde le dan habitación. Mi hermano, desde que se proclamó la República, cortó con esos "intelectuales" republicanos y socialistas toda clase de relaciones políticas, se diferenció siempre de ellos, no colaboró jamás ni cobró un céntimo de la República. Ahora mismo en la embajada de España en París se trata de que mi hermano sea expulsado del Colegio Español y si las intrigas del embajador y sus secuaces tienen eficacia, mi hermano se trasladará a Inglaterra. Mi hermano ni ahora ni nunca irá en compañía de los que Mascarilla denomina "intelectuales", colaboradores de la República, en España y fuera de España».

La publicación en 1938 de *Comunistas, judíos y demás ralea* formó, desde luego, un descomunal alboroto en la España de ese momento. Es este un libro misceláneo de Baroja, que lleva prólogo de Giménez Caballero, un artículo antiguo de éste donde se decía de uno de los textos antologados de Baroja que era «sin duda, el primero de los textos fascistas, la primera profecía fascista lanzada en la Europa de hace veinticinco años». Giménez Caballero se pasó la vida preguntándose, como buen vanguardista, quién fue el primero.

Baroja siempre dijo que el título del libro no era suyo, sino del editor, Ruiz Castillo, a quien se le había ocurrido también la antología de los textos, violentamente antisemitas, anticomunistas y antirrepublicanos.

Muchas de las opiniones de Baroja en este libro, ya conocidas, son ridículas, como esa pretensión de medir cráneos y deducir de ello biotipos y líneas de comportamiento, más que como un vulgar Rosenberg (según algunos el apellido de Baroja vendría de Baruch), como un Lavater, autor de una fisiognómica caricaturizada y célebre en tiempos de Balzac. Otras, en cambio, resultan opiniones sensatas y penetran-

139. «Este tumor, o este absceso, formado por mentiras, es de desear que lo saje cuanto antes la espada de un militar», escribirá Baroja a los pocos días de la sublevación. En la imagen, con Azorín (con su mujer) y Pérez Ferrero, biógrafo de don Pío, en el Colegio de España en París, 1939.

140. «Yo siempre he sido un liberal radical, individualista y anarquista. Primero, enemigo de la Iglesia; después, del Estado; mientras estos dos poderes estén en lucha, partidario del Estado contra la Iglesia; el día en que el Estado prepondere, enemigo del Estado», había dicho Baroja en 1917. En 1938 el tono no se había moderado: «Quiero insistir en que no estoy de acuerdo, en la teoría ni en la práctica, con las derechas ni con las izquierdas [...]. Los que no eran patriotas en España, eran las gentes de tes, de manera que no se puede decir, salvo del título, que sea un libro bueno ni malo. Es otro más de los libros de Baroja, es decir, bueno y malo a la vez.

Baroja nunca desmintió la autoría del libro, pero con los años, su sobrino Julio Caro Baroja entabló una acre polémica con Giménez Caballero al que acusó abiertamente de mixtificador y manipulador, reuniendo unos escritos que, sacados de su contexto, distorsionaban y dañaban gravemente la figura de don Pío. Giménez le contestó en su artículo «Baroja y su ralea».

En el libro, es cierto, se habían exhumado muchas frases rotundas de Baroja: «Yo no soy ni marxista ni antimarxista. Yo no he hecho nada para traer la República»; «Yo no creo en la política ni en los Gobiernos»; «Para mí un político es un retórico, a quien no hay que tener en cuenta, y el Gobierno que no haga nada es el mejor». Eran frases de *O césar o nada* y de otras novelas y artículos del escritor, extractadas, quizá con poca fortuna, del lugar para el que fueron escritas, si bien la polémica sobre *Comunistas, judíos y demás ralea* ha sido, en cierto modo, una cortina de humo para no hablar de otro de los libros de Baroja, publicado un año después en Santiago de Chile y titulado *Ayer y hoy.* Pero el libro es enteramente de Baroja, no hay duda, aunque el título lo pusiera otro, y así lo vio siempre el propio Baroja. Y en la polémica hay que darle la razón a Giménez Caballero, en contra no sé si de Baroja, pero sí de los Baroja, si leemos la carta que escribió en 1939 Baroja a su hermana Carmen, en la que hablaba del dinero que

la alta burguesía y de la aristocracia, en donde abunda el tipo judío, no del judío audaz y emprendedor, sino el judío ya cansado y debilitado [con] las condiciones de los rastacueros internacionales». En la imagen, cubierta del controvertido libro barojiano.

141. «¡Qué época! –le dirá Baroja en una carta a Marañón el 17 de junio del 1937–. Nos hemos pasado, principalmente los españoles, hablando de la intransigencia del siglo XIX, de la barbarie carlista y ahora se ve que aquello era salón y academia al lado de esto que es algo entre cuadra y casino de aldea.»

142. *Ayer y hoy*, el libro en el que Baroja reunió buena parte de sus artículos sobre la guerra. Lo publicó en Chile y sus herederos sólo se avinieron a reeditarlo cuando se les exigió desde la primera edición de *Las armas y las letras*, salvando al fin tres censuras, la franquista, la del propio don Pío y la de la familia. No defrauda: «Yo no puedo tener simpatía por esa turba tradicionalista, defensora de la religión, que es capaz de insultar y probablemente de matar a un escritor porque no comparte sus ideas. Tampoco experimento la menor estimación por esa plebe socialista de Madrid, que lanzó hace meses la estúpida noticia de que las damas católicas daban caramelos envenenados a los chicos, lo que autorizaba para incendiar, robar y maltratar».

el editor le debía por la segunda edición que se iba a hacer. Si tanto le había disgustado la primera, ¿por qué se avenía a la segunda? Por otra parte el libro le preparaba el regreso a España, si tenía que volver a una España nacionalista.

Ayer y hoy es una extensa recopilación de los artículos que Baroja escribió al hilo de la guerra. Son los artículos igualmente violentos de un individualista, de un antimonárquico, de un confeso antidemócrata que, sobre toda otra virtud de acierto o yerro, no tiene empacho en declarar, y explicar, que no ha dejado de sentirse un liberal al que persiguen unos y otros, los de una mano y los de otra.

Este libro es uno de los documentos más importantes de ese período, por la originalidad de la visión y la personalidad del autor, pero nadie lo citó ni mucho menos lo glosó hasta que se habló de él en estas *armas y letras*. Ni figura en los importantes «Cuadernos Bibliográficos de la Guerra de España», que editó la Universidad de Madrid en 1970, ni venía consignado en ninguna de las biografías importantes del escritor vasco hasta 1993, o aparecía citado en rincones o de pasada. Ya no, ya lo conocen hasta los profesores de universidad. Baroja tampoco lo incluyó en sus obras completas, y su sobrino Julio, cuando reeditó los libros de su tío, no se acordó de esas páginas, supongo que por temor a que las ideas de don Pío escandalizaran y repercutiera eso en la venta y en el prestigio del novelista. Muerto don Julio, el libro lo reeditó Pío Caro, aunque de una manera vergonzosa y vergonzante, como era de temer, después de la primera edición de *Las armas y las letras* que exigía su reedición. Quizá tengan razón la familia de Baroja y sus seres más queridos, y en España, si se enteran de las ideas de Baroja, le quitan las calles y borran su nombre de los archivos del Registro, pero todo ello es absurdo, y solo como vacuna o triaca contra el extremismo, ha valido la pena meter de nuevo ese libro en las prensas. Ya he dicho: se hizo después de la primera edición de *Las armas*, y lo repito aquí porque el asunto me valió el único pleito judicial que he tenido, bastante divertido en medio de todo y ganado como quedó, con un «completamente idiota» de por medio. Los frecuentes excesos que contienen sus páginas serían, a estas alturas, fácilmente subsanables. ¡Y qué humor en él tan triste y barbárico, medieval y moderno del novecientos, con muertos que tienen mueca de muñecos y sombras de la vida que tienen voz de autómatas! En otro país, decía yo en

1994, se le hubiera pedido a la familia que se aviniese a publicarlo de inmediato. Ahora le pediría que pusiera su reedición en manos inteligentes que no escamoteen las correcciones originales del novelista ni cometan nuevas tergiversaciones irresponsables. Y no solo por lo que tiene de ejercicio intelectual, sino por el bien de la nación, para no esperar otros sesenta años, ya que son sus páginas, pese a las apariencias, un estimulante poderoso del liberalismo y el pensamiento, expresión como ningún otro libro de esa verdad barojiana, picada, como los salmones, de simplezas de bachillerato, reduccionismos y extravagancias que lejos de afear el conjunto le proporcionan gran movilidad y brío en medio de la corriente helada. Ya lo decía el propio don Pío: el carlismo se cura viajando. Y la barojitis de los barojistas, leyendo a Baroja.

La posición de Baroja no siempre es inequívoca, al menos en las ideas: «Quiero insistir en que no estoy de acuerdo, en la teoría ni en la práctica, con las derechas ni con las izquierdas. [...]. Otro reproche que se nos ha hecho a los escritores en España, desde el lado conservador, ha sido el ser poco patriotas. Es una acusación falsa. El escritor siempre es patriota. Está vinculado con el idioma, con el paisaje, con la historia de un país, y es muy difícil que no sea patriota. Los que no eran patriotas en España, eran las gentes de la alta burguesía y de la aristocracia, en donde abunda el tipo judío, no del judío audaz y emprendedor, sino el judío ya cansado y debilitado. Según ellos, la gente del pueblo es brutal, las costumbres, toscas, la industria, primitiva, la comida, mala. La mayoría de esos seudoaristócratas y ricos no tenían los vicios de los españoles, sino las condiciones de los rastacueros internacionales. Por el lado contrario, los elementos de la izquierda creen, o quieren creer, que el escritor independiente que no simpatiza con el comunismo, es por egoísmo, por interés personal». «Ya se ve que la alternativa es pobre, triste y mísera para un español; pero entre volver a una autoridad rígida y violenta, o al capricho cruel y bestial de las masas, yo prefiero lo primero».

Supongo que se le pueden objetar a las opiniones de Baroja, entre otras cosas, su poca oportunidad y su inoperancia para contribuir a un arreglo del conflicto. «En esta revolución se dan fenómenos curiosos –nos dice–. Los nacionalistas vascos, principalmente católicos, se unen con los socialistas y los comunistas antirreligiosos, los carlistas van del brazo con los fascistas medio socialistas».

Decir cosas como esas, muy justas por otra parte, era echar leña al fuego.

Las mezclas sumamente exóticas en los artículos de Baroja dan un resultado vitriólico donde la verdad y la mentira, la razón y la sinrazón, el tino y el desvarío visten muchos y sucesivos trajes. Trajes de máscaras y rostros desnudos.

En un artículo, títulado «Una explicación», publicado el 1 de septiembre de 1936 en el *Diario de Navarra*, no recogido en parte alguna hasta 1994, escribía Baroja: «El talento de Azaña y el sentido jurídico de Sánchez Román y la democracia del adiposo judaico Ossorio y Gallardo, que era gobernador de Barcelona cuando se fusilaba obreros, y la austeridad de Largo Caballero, consejero de Estado de R. O. [Real Orden] cuando la dictadura, el republicanismo de Alcalá-Zamora, que fue monárquico, y el comunismo de Valle-Inclán, que fue realista; toda esta serie de bolas recalentadas por una prensa de gente mediocre, forma como un absceso y tienen valor para mucha gente del pueblo que cree en difundir con eso la civilización y el porvenir de España.

»Este tumor, o este absceso, formado por mentiras, es de desear que lo saje cuanto antes la espada de un militar».

Esta opinión yo creo que Baroja la sostuvo siempre, mientras se la dejaron decir: «Alguno se preguntará –nos dice en las páginas de *Ayer y hoy*–: ¿Y su opinión? Ciertamente yo no me recato en darla. En estos momentos soy partidario de una dictadura militar que esté basada en la pura autoridad y que tenga fuerza para dominar los instintos rencorosos y vengativos de la masa reaccionaria y de la masa socialista. Yo no puedo tener simpatía por esa turba tradicionalista, defensora de la religión, que es capaz de insultar y probablemente de matar a un escritor porque no comparte sus ideas. Tampoco experimento la menor estimación por esa plebe socialista de Madrid, que lanzó hace meses la estúpida noticia de que las damas católicas daban caramelos envenenados a los chicos, lo que autorizaba para incendiar, robar y maltratar. Tanto una masa como otra me parecen lo peor del país, lo más brutal, lo más despótico y lo más sanguinario. No creo que sea raro que un hombre como yo desee que aparezca el domador de esas bestias feroces, y que lo haga, no como el legendario Orfeo, con la lira en la mano, sino con el filo de la espada».

En otro artículo titulado «Expectación», y publicado en Salamanca por la Delegación de Prensa y Propaganda de Franco, en 1937, y comentado por Gil Bera en su inteligente y maliciosa biografía sobre el escritor, las ideas de Baroja llegan al paroxismo: de la exaltación de la Alemania nazi de 1937 a las simpatías por el nuevo régimen español y las esperanzas en la victoria de Franco, cómo hacerse un huequecito en la Nueva España. Ese y los otros escritos los publicó en *Comunistas, judíos y demás ralea*, que ha vuelto ahora a reeditarse también vergonzosa y vergonzantemente; como inaceptable, en las últimas *Obras completas* de Baroja, entre artículos de circunstancias, es la reedición de *Ayer y hoy*, camuflado, sin especificar que se trata de un libro.

Don Pío, como Unamuno, como Azorín y muchos de los escritores de más edad, creyó honradamente que el estado de cosas a que había conducido la República o, más exactamente, que habían tenido lugar en la República, podía arreglarlo un general, y para Baroja el Franco de 1936 no era todavía el de 1938 ni muchísimo menos el que vino después.

Decir una cosa como esa sabía que le traería no pocas complicaciones, pero se había pasado toda la vida poniendo en evidencia la tontería de las gentes, las mezquindades secretas, los pequeños vicios insignificantes de toda parte o facción, como para cambiar a última hora o advertir sus propias tonterías y contradicciones.

Es verdad que aquellos, a veces un tanto irresponsables, artículos de Baroja en la prensa latinoamericana, salmantina o navarra no se habrían podido publicar en la España de 1940, pero en la de 1936 y 1937 se leían. Leda Schiavo cuenta en un libro sobre Valle cómo «Carlos María del Valle-Inclán y un cuñado suyo, Jerónimo Toledano, fueron detenidos, uno en Santiago y el otro en Astorga, cuando Pío Baroja publicó un artículo en el que afirmaba que Valle-Inclán era comunista». Y el hecho está documentado, porque la mujer de Toledano escribió a Unamuno para que éste intercediese a las autoridades. Acusaciones y delaciones menos graves llevaron en aquellos días al paredón a muchos desdichados.

Con todo, los artículos no debían de gustar en el mando, porque Baroja dejó pronto de escribirlos para el periódico salmantino.

Desde mediados de 1937 buscó un salvoconducto para volver a Vera, adonde llegó el 13 de septiembre de 1937. Intentó entonces publicar los artículos en Espasa, en la sucursal que tenía en Buenos Aires, los que no le dio a Giménez Caballero, al menos, pero esta editorial se los rechazó por políticos, y Baroja no cejó hasta conseguir que la editorial Ercilla se los sacase en Santiago de Chile, con ese título de *Ayer y hoy*, «aunque sea sin ganar nada, porque si uno tiene que volver a España, vale más que se vea claramente lo que uno ha escrito, que no que se lo descubran y le digan: ¡Ah, usted ha dicho esto, usted ha afirmado lo otro!». Y por esa razón se ofreció al mando de Salamanca para lo que éste gustase y el mando le encargó seis artículos «sobre diversos temas de la España Nacional y su prestigio creciente en el extranjero». Serían mil pesetas al mes, dietas y coche oficial. Envió «Expectación» y tres más, y, de ese modo, Baroja, que presumía de no haber cobrado de la República, acabó cobrando del Movimiento.

Como se ve, Baroja, al igual que tantos otros, tomaba sus medidas para el futuro, pero eso resultó una absurdidad, porque volvió a España y lejos de propagar *Ayer y hoy*, lo ocultó, en parte porque no se lo habrían dejado publicar aquí y en parte porque no le habría convenido. Hasta llegar a 1994, en que sus seres más queridos, que ya habían negado la autoría del novelista en *Comunistas, judíos y demás ralea*, seguían teniéndolo bajo llave, como también la novela inédita *Los saturnianos*, sobre la Guerra Civil. Esta obra debía figurar en la trilogía que con el título general *Saturnales* incluyó la publicada en 1950, *El cantor vagabundo*, una larga novela en la que se encuentran muchas de las ideas expresadas por Baroja en *Ayer y hoy*, como cuando hace decir a uno de los personajes, *el Lince*:

«–Unos fusilan y otros fusilan. Unos prenden y otros hacen lo mismo. De las ideas de los unos y de los otros no quedará nada. Únicamente, más huesos y más carne podrida en la tierra. Nada más. Todo es igual; no cambia más que la retórica. Fascismo, comunismo, todo eso no es nada.

»–Y usted, ¿qué pretende? [le pregunta *el Tuerto*].

»–Yo no pretendo nada, pero si pudiera aconsejar, aconsejaría que dejaran a los demás con su espíritu mixto de tradición y de modernidad, sin querer darle un alma uniforme, porque los hombres siempre han vivido de una manera mixta y seguirán siempre viviendo lo mismo, antes de la guerra y después de la guerra. Todo es viejo y todo es nuevo. Todo se transforma, todo evoluciona y solo a veces el pensamiento original triunfa y vive por encima de las cosas, pero a lo último todo vuelve a lo mismo. Es el retorno constante de todos los doctrinarios humanos. Cambia la utopía, pero nada más. La ilusión es la misma, y la bestia que se sacrifica en nombre de un ídolo es siempre igual. Se cubra con boina o con el gorro frigio. Torquemada y Lenin se pueden dar la mano afectuosamente con san Ignacio de Loyola y Karl Marx».

Esta novela, que reúne una serie de tipos barojianos, cuenta casos de la revolución y de la guerra, truculencias, fusilamientos, sahumerios con carne humana, pero, al igual que en el resto de la obra barojiana, incluso en esta tardía, alienta en sus páginas un sentimentalismo nietzscheano cargado de poesía y un eco postrero de confianza en el hombre, eso que llamaríamos nihilismo sentimental.

La obra fue escrita entre 1949 y 1951, y fue publicada, al fin, en 2006, con el título de *Miserias de la guerra,* a la que seguirá otra, también sobre la guerra, titulada *Caprichos de la guerra. Miserias de la guerra* es una novela desvaída y sin el fuste barojiano, acaso por haber sido obra de un hombre ya en su decadencia. Nada que no supiéramos por *Ayer y hoy.*

Pero sigamos nuestro hilo. Llegamos así a primeros de enero de 1938, cuando Baroja, como otros académicos, fue invitado a ir a Salamanca para renovar su juramento como académico en el acto de presentación del Instituto de invención dorsiana, llamado de España. En él se convocaba a todas las Academias, de nuevo Reales, y Baroja, que estaba cansado de escribir que detestaba a las masas reaccionarias, acudió con puntualidad a hacer bulto entre tan selecto público.

El juramento por el que tuvo que pasar Baroja era conceptuoso, obra también de d'Ors, al borde mismo de la parodia: «¿Juráis o prometéis en Dios y en vuestro Ángel Custodio servir perpetua y lealmente al de España, bajo Imperio y norma de su tradición viva; en su catolicidad, que encarna el Pontífice de Roma; en su continuidad representada por el Caudillo, Salvador de nuestro pueblo?».

Durante muchos años, hasta que Granjel reescribió el episodio, circuló la versión que Julio Caro refiere en su *Los Baroja* de la contestación que don Pío habría dado a tal galimatías. Al parecer no eran pocos los que querían ver a Baroja en el dilema de elegir entre un «juro» o un «prometo», ya que como ateo confeso y gran clerófobo debería emitir un simple «prometo», pero las circunstancias aconsejaban, sin duda, un más rotundo «juro» confesional y apostólico. Según la versión que figura en *Los Baroja*, su respuesta fue enteramente barojiana, y don Pío diría: «Lo que sea costumbre». Según la más exacta de Granjel, obtenida de testigos presenciales, no fue sino un penoso, no menos barojiano, «lo que manden». De quien, no hay que olvidar, había acusado a los hermanos Solana de cuquismo. Con Baroja hay siempre dos versiones. En esta ocasión, en todo caso, la posición de Baroja es más deslucida que la que tuvo ante los que le detuvieron en los primeros días de la guerra. Según él, creyó que lo iban a fusilar, y pensó entonces gritar «¡Viva la República!», en la primera versión que el novelista nos da; o según la segunda, «¡Viva la Libertad!».

Son esta clase de matices los que perfilan mejor la compleja personalidad de Baroja, pero en cualquier caso, qué distinta esa respuesta de la que dio, en esa misma ciudad, delante del legionario Millán Astray, Miguel de Unamuno, al que Baroja creía un energúmeno vanidoso.

Después de muchos años de frecuentación de los libros de Baroja y de aquello que sabemos de su vida, yo creo que éste, sin mucho esfuerzo, se metamorfoseó desde muy joven en un *personaje* barojiano, que, de tal guisa, supo acomodarse a la realidad, salvo cuando la realidad le desbordaba. Fue el caso de la guerra, en la que le vemos hacer ejercicios malabares personales y políticos, a veces un tanto lastimosos. Si en otro lugar de este libro se nos dice que a los d'Ors, Ortega, Pérez de Ayala o Marañón, les amarró al bando nacional la deriva militar de sus hijos, podría decirse que a Baroja lo mantuvieron en ese bando otros hijos: su casa de Itzea, su biblioteca, su colección de estampas, sus costumbres y manías..., frente a alguien como J.R.J. que se lanzó al destierro con lo puesto, perdiéndolo todo.

Años después, Baroja, en su casa de la calle Alarcón, supo volver a ser ese personaje nihilista, a la contra, algo cascarrabias, escéptico y moderadamente partidario del anarquismo burgués en el que estaba instalado.

Después de la jura del Instituto de España, Baroja, un tanto abochornado, se supone, de la horda clerical y tridentina y de la retórica dorsiana, que tenía sin duda que estomagarle, se volvió a Francia, a París, aunque debió de hacer frecuentes excursiones a zona nacional, si creemos a Pemán. Recuerda éste al escritor vasco, al referirse a la Academia: «Se reunía ésta –nos refiere el orador monárquico– mensualmente en San Sebastián y a la sosera administrativa de sus breves juntas, apenas le daba cierta viveza de vida literaria la presencia inquieta de Pío Baroja y la permanente tensión intelectual de Eugenio d'Ors».

Las inasistencias académicas de Baroja siempre fueron una de sus coqueterías, «prefiero quedarme tumbado fuera del hemiciclo», había dicho de la política, pero se conoce que en la guerra prefirió él, tan anarquista siempre, estar presente cuando pasaban lista. Queremos imaginar, no obstante, que no se sumaría a los rezos con los que religiosamente se abrían sus sesiones.

En París Baroja, con estas ausencias, vivió hasta la movilización general. «Aquí [en Vera] –diría en una carta–, me faltan medios de vida». Había escrito los artículos para la sección de Prensa y Propaganda de Salamanca, pero se conoce que con todo y con ello era insuficiente. Muchos de esos artículos tampoco estaban recogidos en sus primeras obras completas. Reconstruir el verdadero sentir de Baroja en esta época encierra dificultades casi teológicas, tanto por ser él un verdadero equilibrista de la cuerda floja como por la ingente cantidad de matices que el propio Baroja dio a sus palabras de esos años hasta que murió. Quienes mejor y más piadosamente se han ocupado de este Baroja de guerra y posguerra, han sido Jordi Gracia, en su libro *La resistencia silenciosa*, el estudio sobre el fracaso de los escritores e intelectuales liberales españoles de este período, y José-Carlos Mainer, responsable de sus últimas *Obras completas*.

Después se pasó a Bayona, en 1940, y a continuación regresó discretamente a España, donde abrió tertulia librepensadora frecuentada por personajes no menos barojianos, partidarios todos del libre examen, que miraban el régimen de Franco con los mismos ojos de don Pío: «Hace algún tiempo me dijo un diplomático hispanoamericano que Franco tiene en una sala de El Pardo, donde suele recibir a los ministros, las obras completas de Ricardo León, encuadernadas en piel. Un jefe de Estado que cree de buena fe que Ricardo León es un escritor que merece exponerse en sitio visible es porque tiene una idea mediocre de la literatura española». La frase era una versión literaria de otra suya de 1939, cuya verdad era, esta vez sí, profética: «La guerra la ganarán los nacionales... Pero la paz ya es otra cosa».

NUEVA CULTURA

EDITADO POR LA

DELEGACIÓN DE MILIC

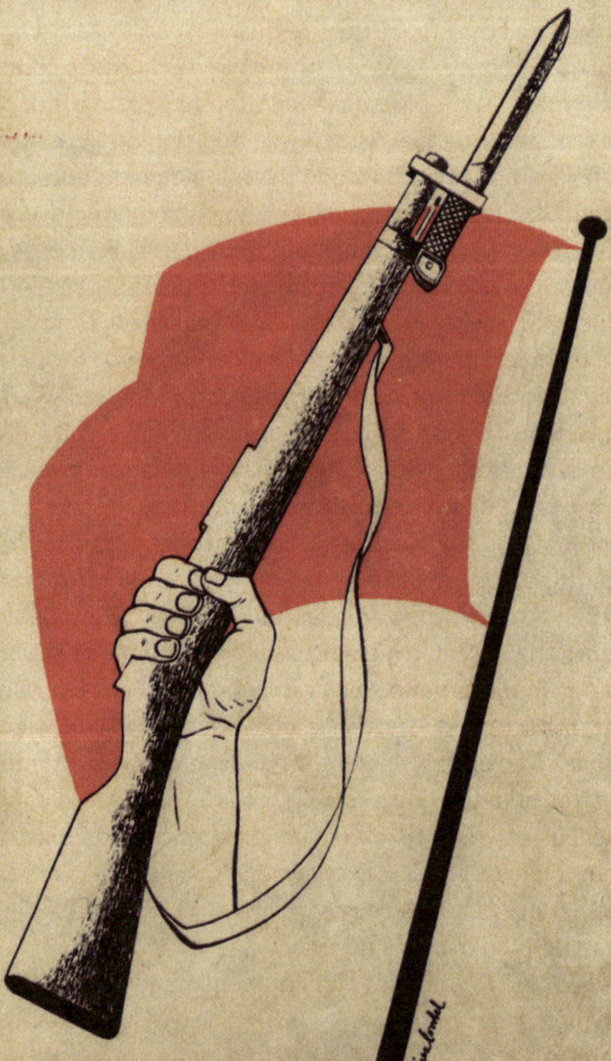

A LOS HEROICOS LUCHADORES DE MADRID

CAPÍTULO SEXTO

... CON NOTICIAS RELACIONADAS CON 'HORA DE ESPAÑA' Y CON LOS QUE COLABORARON EN ELLA, TANTO EN VALENCIA COMO EN BARCELONA.

UNA de las cosas en las que se equivocó casi todo el mundo fue en que la guerra iba a ser corta. Lo creyeron los nacionalistas, que pensaban que la terminarían en cuanto tomasen Madrid, y lo pensaban los republicanos, convencidos de que el apoyo internacional y el Banco de España lo podrían todo. Ni los nacionales tomaron Madrid en el otoño de 1936 como anunciaron, ni la muy relativa simpatía internacional les sirvió de mucho a los republicanos. Al contrario: Franco pospuso la toma de Madrid con terquedad y el Comité de No Intervención llevaría a la derrota a la República.

En octubre de 1936 se dijo que Manuel Azaña, desde el Palacio de Oriente, observaba las baterías de los moros regulares, y alguien aseguró haberle visto temblar. ¿En qué medida influyó el miedo del presidente en la decisión del Gobierno de trasladar a los representantes del Estado a una ciudad más segura como Valencia? Nunca se sabrá. Los milicianos anarquistas que cortaban la carretera Madrid-Valencia a la altura de Tarancón, donde la comitiva presidencial hizo noche, estuvieron a punto de crear serias dificultades a quienes creían fugitivos en una huida que, si no lo era, tenía además el aspecto de una deserción.

Como ya se ha dicho, integraban aquella caravana un gran número de intelectuales, artistas y escritores, entre los que figuraban Solana, López Mezquita, Machado, Victorio Macho y Moreno Villa.

«En Valencia –nos dirá este último–, no se oían los cañones ni las bombas. Las calles estaban concurridas, funcionaban las tiendas, los cafés y los teatros, podía uno comer ricas paellas en los restaurantes a la orilla del mar. De no ser por ciertos síntomas, hubiéramos creído que estábamos en tiempos normales».

Todo esto para quienes venían de una ciudad sitiada, sembrada de cadáveres y aterrorizada por los «paseos», debió de resultar sumamente grato, algo así como la tregua de una pesadilla. «El levante feliz», empezó a llamársele con más o menos intención. El sueño du-

143. *Nueva Cultura*, Valencia, 1936.

raría pocos meses, porque al poco también en Valencia empezaron a menudear los bombardeos aéreos.

En Valencia los alojaron durante unos días en el hotel Palace, al que los valencianos empezaron a llamar *El Casal dels Sabuts de tota mena* («La Casa de los Sabios de toda clase»). Había allí investigadores, juristas, matemáticos, pintores. Los pintores Moreno Villa, Arteta y Solana empezaron también a hacer litografías en los talleres del cartelista Renau, un comunista tan ortodoxo como fanático, obras que se publicarían en una nueva revista, titulada *Madrid* y subtitulada como *Cuadernos de la Casa de la Cultura.*

La revista, desde el punto de vista literario, es aburrida, porque aunque se daban a conocer en ella ensayos de indudable interés, se publicaban también trabajos científicos y de investigación, lo que sin duda, literariamente al menos, la dejaba lastrada. «Terreno imposible», llama con gracia Gaya a esas colaboraciones en una nota de *Hora de España*, que encuentra no obstante alguna de ellas muy novelesca, como aquel trabajo dedicado a la «Ereutofobia o temor de ruborizarse (El sentimiento de la vergüenza)».

Con todo, a raíz de los acontecimientos políticos de mayo y junio de 1937 en Valencia y, especialmente, Barcelona, o sea de la liquidación del POUM, *Madrid* quedó disuelta por una orden gubernativa tajante. Para el cierre no dieron explicación ni justificación ni pretexto. Detrás estaba la sombra del Partido Comunista. Los residentes de la Casa de la Cultura protestaron, incluso se elevaron a la Secretaría del Partido Comunista enérgicas notas de protesta, pero la revista quedó cerrada durante un año en que volvió a aparecer su tercer número, bajo dirección de Enrique Díez-Canedo, aunque fuese María Zambrano quien terminara por sacarla en Barcelona en mayo de 1938.

Más suerte tuvo, sin duda, otra revista, de corte muy diferente a la anterior, que se llamó *Hora de España.*

La propaganda, tanto dentro como fuera de España, desempeñaba un papel importante, y los intelectuales y escritores de la República supieron desde el primer momento aprovechar la inapreciable cantidad de poetas, filósofos, prosistas y pintores con que contaban, así como la poderosa industria impresora y cartelística que cayó en su zona. Se lo diría Azorín a Franco: la mayoría se había quedado con la República. No era en absoluto exacto, pero hasta Azorín fue víctima de la propaganda: parecía olvidar que él estaba de parte de Franco.

Alrededor de dos mil fueron las publicaciones que hicieron de voceras y propagandistas de las unidades milicianas, militares y oficiales de la República. Tan ligadas al ejército como a las fuerzas de la cultura.

Resulta curioso observar que la que estaba llamada a ser, desde muchos puntos de vista, la revista literaria más importante de la guerra y una de las mejores del siglo, fuese concebida y dirigida por jóvenes, por los más jóvenes, y, en cierto modo, de una manera azarosa, un tanto anárquica y contingente.

Cierto día Dieste (del que había sido la idea), Gaya, Gil-Albert y Sánchez Barbudo, todos ellos, menos Gil-Albert, antiguos misioneros pedagógicos, fueron a ver a Moreno Villa (de quien fue el título) para que éste les acompañara al despacho del director de Propaganda (que financiaría el proyecto). Allí, entre todos, le convencieron de la necesidad de crear una revista que agrupara el mayor número de tendencias, estilos y escritores de la República.

Había nacido *Hora de España*. Su primer número está fechado en enero de 1937, lo que quiere decir que se preparó ya en los dos últimos meses de 1936.

Mientras la revista se publicó en Valencia, lo normal fue que los redactores se reunieran en casa de Gil-Albert, que hacía las veces de secretario.

El hecho de que la revista, órgano oficioso de la Alianza de Intelectuales Antifascistas, estuviese alejada, y en la medida que ello era posible, del influjo del Partido Comunista (sobre Dieste y Gaya caería, meses después, la sospecha, entonces gravísima, de simpatizar con los trotskistas, si no, acaso, de serlo ellos mismos), la convirtió en un lugar excepcional para ejercer la libertad de expresión. Pero ello no evitó, y quién sabe si precipitó, las duras críticas que le llovieron desde las filas comunistas: «Revista pasiva, de acumulación inorgánica», dijeron de *Hora de España* los estalinistas de *Nueva Cultura*, la revista de Renau, que veía la suya, en cambio, como «una revista y un movimiento dialécticos unidos no para reflejar pulcramente el agitado paisaje de esta hora en el dramático destino de nuestro pueblo».

Nueva Cultura, tanto como *Defensa Nacional* o *Aire*, vino a ser, con su formato grande y sus fotomontajes espectaculares, lo más parecido a la falangista *Vértice*, y llama poderosamente la atención que los tantas veces ponderados fotomontajes del director de la primera de ellas, pasado el tiempo, recuerdan no ya a los de inspiración co-

144. Cartel de Ramón Gaya, 1937.

145. Juan Gil-Albert, secretario de *Hora de España*.

146. Manuel Altolaguirre, Juan Gil-Albert y Ramón Gaya, Valencia, 1937.

147. Algo más que una revista de propaganda. «Conmueve –dirá María Zambrano a comienzos de 1937–, porque nunca en medio de tanta sangre y muerte se ha escrito y publicado nada semejante [...]. Los temas solamente muestran ya la autenticidad de estas inteligencias, que forman parte del pueblo al trabajar con él y por lo que él [...], todo un porvenir de trabajo.» En efecto, *Hora de España* resultó ser una revista más allá de la propaganda, pensada para el hombre más que para la guerra.

munista, sino a los que aparecían por esos mismos días en revistas nazis, en los que cambiaba, naturalmente, el mensaje, pero no el lenguaje, de la misma manera que en el ataque a *Hora de España* es llamativo el adjetivo «inorgánico», inversión especular de aquel otro «orgánico», que tan usual se hizo en España a partir de 1939. Era tal vez la similitud de retóricas a la que se refería Machado.

En efecto, *Hora de España* fue algo más que una revista de propaganda, mucho más que *Nueva Cultura*. «Conmueve –dirá María Zambrano a comienzos de 1937–, porque nunca en medio de tanta sangre y muerte se ha escrito y publicado nada semejante [...]. Los temas solamente muestran ya la autenticidad de estas inteligencias, que forman parte del pueblo al trabajar con él y por lo que él. Van apareciendo en los ensayos, en los poemas y narraciones, en las notas y conferencias que refleja, todos los puntos de reflexión y meditación que nos van a ocupar años enteros; todo un porvenir de trabajo». En efecto, resultó ser una revista más allá de la propaganda, pensada para el hombre más que para la guerra.

En ella aparecieron textos que habrían de ser fundamentales en las obras de casi todos sus colaboradores, desde el mayor de ellos, Antonio Machado, asiduo de sus veintitrés números (y que, conociéndolo, debió de tomarse como el modo de justificar el sueldo del Gobierno, con estricto sentido del deber no sólo moral, sino laboral), hasta María Zambrano, Luis Cernuda, Altolaguirre, Dieste, Gaya, León Felipe, Pere Quart, Aleixandre, Sánchez Barbudo, Alberti, Bergamín, Neruda, Máximo José Kahn, Max Aub, Rosa Chacel, y algunos de menor nombradía.

A diferencia de otras publicaciones de la guerra, de una y otra parte, fue *Hora de España* un lugar en el que se podía pensar, discutir, disentir incluso. Casi, se diría, un oasis en el que las leyes de la hospitalidad eran sagradas. Incluso su redacción parece estar compuesta por no pocos *disidentes*. Sorprende ver, por ejemplo, que el espacio dedicado al comentario político o de actualidad, con frecuencia en manos de Bergamín, era considerablemente menor del que la revista dedicaba a las colaboraciones de pura creación literaria, poética, ensayística o crítica, lo cual debía significar, en ese momento, una bocanada de aire fresco en las sentinas de la guerra, localizadas por lo general no en los frentes, sino en la retaguardia, como vino a confirmar la desaparición y asesinato de José Robles, traductor y amigo de John Dos Passos, en la aparentemente tranquila y amordazada cotidianidad valenciana, y de la que se ha ocupado por extenso Martínez de Pisón.

No obstante, no siempre fue así. Al final, en 1938, cuenta Dieste cómo, a través de María Zambrano, le consultaron a él para crear un órgano superior de dirección de la revista, un Comité Directivo, que se le daría a Alberti, a Quiroga Pla, a la propia Zambrano y a Emilio Prados, todos ellos comunistas o muy próximos al partido, decisión a la que Dieste se opuso, aunque sin éxito, porque el Comité se creó. Pero no hubo represalias.

El hecho de que la revista no estuviera dirigida por nadie en especial (había un secretario que hacía funciones de coordinador, no de director), sino por un consejo de redacción, supuso que no hubiera una sola cabeza visible y vulnerable, lo que permitió que fuese apareciendo sin contratiempos cada mes, hasta terminar conquistando un prestigio de independencia y calidad que nadie discutió entonces ni ahora. Se ve en ella, en primer término, la mano de Manuel Altolaguirre.

Altolaguirre fue el tipógrafo de la generación del 27 y el que imprimió una buena parte de los libros de todos sus poetas.

Había empezado en su ciudad natal con el también poeta Emilio Prados y José María Hinojosa haciendo en 1926 la revista *Litoral* y los *Suplementos de Litoral*, que reunieron originales de Lorca, Alberti, Aleixandre, Cernuda, Fernando Villalón, y los propios Prados, Altolaguirre y José María Hinojosa, fusilado éste en los primeros días de la guerra por los republicanos, y del que no se habla nunca. Si ello es por su poesía, se comprende: nada provoca tanta suspicacia como un poeta surrealista como él; ahora, si es por su muerte, sería absurdo, aunque estuviese ésta motivada en el hecho de que Hinojosa hubiera ya dejado la poesía por la política del derechista Partido Agrario. Hinojosa había realizado en 1928 un viaje a la URSS en compañía de Bergamín, pero eso no le valió de nada, y lo fusilaron a él, a un hermano y a su padre, en medio del vendaval sangriento que sacudió Málaga esos primeros meses de guerra.

Al estallar la guerra Altolaguirre, al que también le fusilarían en Málaga a familiares muy próximos, acababa de reeditar su libro *Las islas invitadas*, al frente del cual puso un prólogo en el que dedicaba la obra a los «heroicos defensores de la libertad y la democracia. Pequeño tributo para quienes ofrecen a todo poeta fuente de inspiración y espejo de sacrificio».

Por esos mismos días se afilió a la Alianza de Escritores, se le encomendó la dirección del teatro La Barraca, que había fundado Lorca, y poco después se alistó en el ejército, en el que estuvo hasta el final de la guerra, en labores de propaganda.

Altolaguirre fue también poeta, pero los años parecen reducirle a ese papel de tipógrafo y editor.

Desde ese punto de vista, cabe decir que Altolaguirre seguía la tradición tipográfica de J.R.J. y, sobre todo, a los impresores vanguardistas y surrealistas franceses, a los que copió sin rebozo, o a sus compadres mejicanos de *Contemporáneos* o *Martín Fierro*, que a su vez copiaban de París, como debe hacerse por otra parte en los oficios surrealistas. Como impresor metió en sus minervas no solo los libros de los poetas amigos suyos más izquierdistas, sino también de los derechistas Foxá, Vivanco, o el libro de *Los crespúsculos* románticos, costeado por marquesas y escrito por Ruano y sus colegas en el marco del vago señoritismo canalla y funerario de esos años finirrepublicanos.

Lo contó el propio Altolaguirre: «Aquel año [1936] era dueño en Madrid de una pequeña imprenta revolucionaria que contaba con una gran clientela aristocrática. Me honraba con la amistad y el respeto de todos los operarios que trabajaban a mis órdenes, y ellos también estaban contentos. A veces, interrumpía la labor porque llegaba Rafael Alberti a leerme algunas de sus comedias revolucionarias; otras veces era Federico García Lorca el que la interrumpía para convidarnos a pasteles, o Pablo Neruda que nos visitaba para tomar una copa. Naturalmente, mis obreros eran revolucionarios y a mí me parecía, tal como andaban las cosas, lo más natural del mundo... Salían los revolucionarios y entraban los conservadores. ¡Qué amables eran conmigo los jóvenes poetas que formaban el romántico cenáculo de "Los Crepúsculos"! Era figura destacada del grupo Agustín de Foxá, cuyo primer libro de romances macabros [*La niña del caracol*] apareció con un prólogo mío...».

Altolaguirre, parece ser, fue un hombre franco, sumamente simpático y leal. En 1937 tuvo la posibilidad de acudir al Congreso de Escritores que se celebraba en París, representando a España, y él, en vez de aducir razones patrióticas para ir, dijo querer hacerlo porque en París estaban su mujer y su hija. El hecho lo refiere Spender, sorprendido de ese proceder recto y cabal, en un momento en el que todo el mundo sacaba ventajas de las circunstancias y solapaba razones.

Los textos de Manuel Altolaguirre durante la guerra están siempre marcados por una fuerte sentimentalidad, que nos habla de su bondad, la misma que años después recordaría Cernuda en un poema de gran amargura, en *La desolación de la quimera*. Como tantos otros, cambió su registro poético, de corte amatorio y sentimental, y compuso cuatro romances donde se celebran las gestas de la guerra, pero sin perder nunca su personalidad, tal vez la más lírica de su generación.

148. Manuel Altolaguirre (sentado), Alberti, Concha Méndez y dos amigos en el Castillo de Manzanares el Real, hacia 1936.

GRANADA

de las letras y de las armas

N.º 1 HOJA LITERARIA DEL XI CUERPO DE EJÉRCITO P. C. AGOSTO DE 1938

EDITORIAL

Tradiciones Españolas

DON RODRIGO

I

En el año 709 fué vendida España por unos traidores, contrarios a la elección que el Senado de Toledo hizo de Don Rodrigo. Contra esta voluntad del Senado, contra este acuerdo legal los hijos de Witiza se alzaron en armas, como pretendientes a la corona de España. Incapaces de vencer con el solo esfuerzo de sus partidarios nacionales, se aliaron estúpidamente a los enemigos de la patria. A este llamamiento los árabes entraron en la Península, venciendo en todas partes menos en la heroica Asturias, cuna de la Reconquista. Pero los hijos de Witiza tampoco reinaron ni gobernaron, sino que fueron muertos o sometidos a los invasores. La victoria de los árabes se explica por diferentes causas, siendo la principal la funesta política pacifista de los visigodos. En la España de aquel tiempo se vivía confiadamente sin tener en cuenta las amenazas de los pueblos amantes de la guerra. Frente a unos vecinos belicosos España no pudo alzarse en armas. Se conocen leyes que prohibían su fabricación en la Península, leyes que ordenaban la demolición de las murallas y castillos. Se disponía también que fueran fundidas todas las espadas y todos los escudos para convertirlos en arados y otros instrumentos de labranza. Un romance popular lo dice:

"Todos deshacen las armas
nadie las osa guardar,
las espadas hacen sierras
para madera cortar,
los yelmos y los escudos
hacen rejas para arar,
de las otras armas hacen
azadas para cavar,
unas echan en los pozos,
otras echan a la mar."

Fué preciso que el espíritu de independencia creara una moral combativa para que se produjera el suceso victorioso de la batalla de Covadonga. El pueblo español desde entonces luchó durante ocho siglos por su independencia, por sus libertades, por su unidad, fiel en todo

para nosotros, sino para mañana y para nuestros hijos.

Unas palabras sobre nuestro título: Llamamos a esta hoja "Granada de las letras y de las armas" por el doble sentido que la palabra nos ha prestado espontáneamente y la serie de coincidencias significativas que se han acumulado en ella. "Granada de las letras", porque el árbol que da el fruto de la granada está ahora en flor —cualquiera puede verlo por los caminos con su flor encendida— y este fruto, cuando llega en el otoño, luego de todo un verano de lenta maduración y crecimiento, es literario y rotundo. Y también, porque en la ciudad andaluza de Granada, sometida ahora al despotismo extranjero, fué fusilado como poeta y amigo de su pueblo, Federico García Lorca, cuyo nombre queda escrito para los españoles entre los más excelsos de su sangre. Y "Granada de las armas" por el proyectil que su nombre indica, y que los luchadores españoles han utilizado tan valientemente arrojando esos cuerpos explosivos, en proezas [illegible] e inolvidables, contra el invasor. Ahora que de nuevo la traición ha hecho posible que los moros acampen frente a nuestras filas, la ciudad aludida nos recuerda también su último baluarte, cuando los capitanes reconquistaron en el siglo XV, para su historia, el completo solar de la patria.

149. *Granada de las letras y las armas*, una de las publicaciones que cuidó Altolaguirre durante la guerra.

El aspecto formal de *Hora de España* se debe sin duda a la experiencia tipográfica de Altolaguirre y a las viñetas de Gaya, que daban a la publicación un aire muy armonioso.

Altolaguirre se ocupó asimismo de otras publicaciones de guerra, hoy sumamente raras y buscadas. Dos de ellas, *España en el corazón*, de Neruda, y *Cancionero menor*, de Prados, las hizo el impresor malagueño con el auxilio de los milicianos del Ejército del Este, que le ayudaron en la fabricación del papel y en los trabajos de estampación.

Hora de España salió durante todo un año en Valencia, pero desde enero de 1938 se imprimió en Barcelona, adonde se trasladaron todos sus redactores, incluido Machado.

Del núcleo central de *Hora de España* hay que referirse necesariamente en primer lugar a Antonio Machado, a Rafael Dieste, a Cernuda, a María Zambrano, a Juan Gil-Albert, a Rosa Chacel, a Arturo Serrano Plaja, a Antonio Sánchez Barbudo y a Ramón Gaya.

A la familia Machado se la acomodó en una casa de campo, un chalecito de la localidad de Rocafort, en las afueras de Valencia, a donde iban los redactores a buscar los originales del *Juan de Mairena*, que fueron siempre puntuales.

No deja de ser enigmático lo que dijo Gil-Albert en su *Memoriabilia* al recordar aquellos días: «Cuando yo iba a recogerle, a don Antonio Machado, refugiado en un naranjal de Rocafort, sus cuartillas para nuestra *Hora de España*, debía parecerme, con todos mis respetos, un vejestorio anacrónicamente manipulado». Está claro lo que quería decir, pero a nadie parece convenir volver sobre ello.

En todo caso aquellos artículos del viejo poeta sevillano eran lo único que para él justificaba el pan que le daba el Gobierno, a él y a los suyos (y sabemos que fue el colaborador mejor pagado: cincuenta duros por número).

Después de la estancia valenciana, los Machado fueron trasladados a Cataluña, donde el poeta empezó una serie de colaboraciones en *La Vanguardia* de Barcelona, cuyos títulos fueron «Apuntes del día» y «Desde el mirador de la guerra».

Formarse una visión equilibrada del conjunto de la producción machadiana de esos tres años es difícil. Por un lado, encontramos en ella al Machado hondo de siempre, continuador de sus apócrifos y su *Mairena*, escritos que a J.R.J. parecían, ya antes de la guerra, muy penosos y polvorientos. Por otro lado, en cambio, se ve a un Machado propagandista decir cosas en las que seguramente no cree del todo, como cuando, dos meses antes de dejar él mismo España, asegura: «Tal ha sido la gigantesca obra militar de nuestro ejército y de la política del doctor Negrín». Eso, en un hombre de agudo juicio como el suyo, tenía que ser propaganda, porque no parece que Machado estuviese muy engañado del curso de la guerra y la política española ni, creemos, ganas de humor, ni siquiera para hablar de un Negrín que era para alguien tan ponderado como Marañón (en carta a Madariaga, en febrero de 1939), «un loco, sobre todo loco moral, irresponsable y agravado por el alcoholismo». Junto a opiniones, dictámenes y diagnósticos agudísimos sobre Hitler, Mussolini o la venidera guerra mundial, se le ve a Machado trastabillar en otros lugares o padecer respecto de Rusia el que parece fue síndrome extendido de la época.

Ni Antonio ni Manuel, hasta la guerra, habían escrito prosas ni poemas tan extremosos ni se habían ocupado nunca de asuntos de política concreta, al menos de una manera militante. En otras circunstancias tal vez habrían actuado de otra manera. Como el propio Antonio dijo en uno de sus *mairenas* guerreros: «Es más difícil estar a la altura de las circunstancias que *au dessus de la mêlée*».

150. Rosa Chacel con su hijo y Luis Cernuda. «Gran parte de los escritores que trabajan por la revolución, consideran mi actitud meramente especulativa y antirrevolucionaria», escribirá Rosa Chacel en *Hora de España*.

Para muchos el drama de la guerra de España fue, sin duda, no poder elegir entre uno y otro bando, pues la obligación de tener que hacerlo suprimía de facto, aunque de manera diferente, la libertad con que se hiciera.

Ese fue, en cierto modo, el caso de otra de las colaboradoras más señaladas de la revista.

La posición de Rosa Chacel nos la explicaba ella misma en un artículo de *Hora de España*, replicando duramente a otro de Bergamín: «Desde el mes de enero, en que empezó a publicarse *Hora de España*, hago por llevar al ánimo de los intelectuales españoles la convicción de que toda la filosofía española, la que Unamuno consideraba "la única verdaderamente posible y propiamente tal", es fundamentalmente, por encima de toda opinión, anarquista. Esto me ha valido, aparte de algunas, contadas, adhesiones, la censura de gran parte de los escritores que trabajan por la revolución y consideran mi actitud meramente especulativa y antirrevolucionaria». Acto seguido cuenta la escritora vallisoletana el escándalo que produjo la lectura de su conferencia «Dios insiste en España», en Valencia. «Topé con la nueva Iglesia, que no combato (quede sentado) porque la creo sostenida por ideas prácticas, perentorias, que sería inoportuno discutir». Intentó luego la formación de núcleos operativos, para facilitar el acercamiento entre intelectuales y obreros, pero las ideas de la escritora, de naturaleza anarquista y cristiana, tuvieron poca y mala acogida. «Llegamos a reunirnos unos cuantos en casa de un joven poeta, pero otro ilustre amigo nuestro nos llevó por derroteros tan vagos, tan líricos e inconsistentes, que perdí completamente el ánimo y opté por alejarme de todo, prescindir de mis ambiciones de fundadora y venirme a París a trabajar en una, aunque externa, tranquilidad».

El diagnóstico de Rosa Chacel no era muy diferente del que, muchos años después, como solía ser habitual en él, iba a esbozar Octavio Paz de esa revista y de sus redactores: «No tardaron en franquearse conmigo; todos resentían y temían la continua intervención del Partido Comunista en sus opiniones y en la marcha de la revista. Algunos de sus colaboradores –los casos más sonados habían sido Luis Cernuda y León Felipe (uno por el poema de Lorca y el otro por *La insignia*)– incluso habían sufrido interrogatorios. Los escritores y los artistas vivían bajo la mirada celosa de unos comunistas transformados en teólogos». Claro que una fotografía indiscreta y desconocida hasta hoy lo retrató con el puño levantado, contra lo que seguramente recordaba Paz de sí mismo en aquellos días.

Fue la de Rosa Chacel, en realidad, la primera deserción pública. Una deserción matizada, pues no desertaba de la República. Únicamente no aceptaba ni la guerra ni la manera en que sus intelectuales la planteaban, y partió hacia París, con su hijo, en marzo de 1937.

Un artículo así no podía quedar sin contestación, y Bergamín, por mediación de su amigo y escudero Serrano Plaja, contestó con no menor contundencia; esa delegación, como era sospechable, molestó tanto o más a Rosa Chacel que el mismo contenido de la réplica.

Una vez más hacía Serrano Plaja un llamamiento a la unidad, contra ciertas ideas que le parecían sin duda disolventes. El esfuerzo, puede decirse, resultaba baldío. Ni Rosa Chacel cambiaría su visión de la guerra y del papel de los intelectuales, ni la visión más ortodoxa de Bergamín o Serrano Plaja se resquebrajó un ápice. Ni mejores ni peores: incorregibles, se podría decir de algunos comunistas y compañeros de viaje.

En cierto modo fue un caso parecido al de Chacel el de su íntimo amigo Cernuda.

El estallido de la guerra precipitó la salida de Cernuda a Francia («no sin alguna posibilidad de que me ocurriera un lance que pudo poner término a mi viaje y a mi existencia, cosa entonces frecuente», nos dirá en su *Historial de un libro*), donde tenía pensado ir como secretario del embajador don Álvaro de Albornoz, con el que regresó al poco tiempo de nuevo a Madrid. «Guirigay de la embajada», dirá Eugeni Xammar en sus memorias, donde se cruza con «el poeta señor Cernuda, yerno no sé si presente o futuro del embajador A. de Albornoz». Su vuelta, celebrada desde las páginas de *El Mono Azul*, le arrancó una reflexión con la que es difícil no estar de acuerdo: «Al principio de la guerra, mi convicción antigua de que las injusticias sociales que había conocido España pedían reparación, y de que ésta estaba próxima, me hizo ver en el conflicto no tanto sus horrores, que aún no conocía, como las esperanzas que parecía traer para lo futuro. Desnudas frente a frente vi, de una parte, la sempiterna, la inmortal reacción española, viviendo siempre, entre ignorancia, superstición e intolerancia, en una edad media suya propia; y, de otra, las fuerzas de una España joven cuya oportunidad parecía llegada. Luego me sorprendería, no solo la suerte de salir indemne de aquella matanza, sino la ignorancia completa de ella en que estuve, aunque ocurriera en torno mío. Ninguna otra vez en mi vida he sentido como entonces el deseo de ser útil, de servir [...]. Afortunadamente mi deseo de servir no sirvió para nada y para nada me utilizaron. La marcha de los sucesos me hizo ver poco a poco que no había allí posibilidad de vida para aquella España con que me había engañado».

Después de un rápido paso por el Batallón Alpino que peleaba en la sierra del Guadarrama, Cernuda volvió a su vida de siempre (más o menos; se trasladó a vivir con los Alberti al palacio de los Heredia Spínola): «Me parecía que, trabajando en lo que siempre fuera mi trabajo, la poesía, estaba al menos al lado de mi tierra y en mi tierra».

La figura literaria de Cernuda, con los años, ha ido cobrando tal importancia que, de ser el poeta minoritario y difícil que fue en vida, ha pasado, tras su muerte, a constituirse, con Lorca, en la más alta, respetada y venerada enseña de su generación.

Comprometido como nadie con su obra, jamás permitió que las circunstancias de la guerra la escorasen a territorios de indignidad o vesania política, y a él le debemos uno de los ensayos sobre la poesía de guerra más inteligentes que se hayan escrito. «Si por fatal destino no les salva su talento, a estos que hoy forman el volumen *Poetas en la España leal* –escribirá en uno de sus artículos de *Hora de España*–, tal vez les salve en la memoria futura el recuerdo de la tempestad a través de la cual se alzaron sus voces, asombradas unas y otras confundidas».

Por otro lado, Cernuda tampoco había permitido que las circunstancias de la vida llevasen su poesía a territorios metaexperienciales. No se encontrará en toda la generación una poesía menos circunstancial que la de Cernuda, y al mismo tiempo ninguna más viva, más nacida de la circunstancia.

En *Hora de España* tuvo Cernuda un primer conflicto con ocasión del poema que dedicó a Lorca. Se publicó en el número seis con una nota en la que se leía: «Por desearlo así su autor, la versión aquí publicada del anterior poema es incompleta. Si algún día se reunieran en volumen las *Elegías españolas*, entre las cuales figura, allí se restablecería el texto original». No se sabe tampoco qué molestó más, si los versos censurados o la nota añadida. No eran versos políticos, pero la nota sí lo era, en lo que significaba. La indignación de Cernuda había estallado ante el puritanismo contra el que, entre otras razones, estaban haciendo aquella guerra, y a él, conocedor como pocos de la circunstancia vital de Lorca, le pareció aquel veto una brutal mutilación en la memoria verdadera del poeta muerto, y un hipócrita alarde de moralina burguesa. Estos fueron los versos suprimidos: «Aquí la primavera luce ahora. / Mira los radiantes mancebos / Que vivo tanto amaste / Efímeros pasar junto al fulgor del mar. / Desnudos cuerpos bellos que se llevan / Tras de sí los deseos / Con su exquisita forma, y solo encierran / Amargo zumo, que no alberga su espíritu / Un destello de amor ni de alto pensamiento».

Las colaboraciones de Cernuda en la revista de Valencia fueron frecuentes y, algunas, como su estudio sobre el compromiso de los poetas en la guerra, de una gran importancia. La posición de Cernuda,

151. En esta foto, inédita durante sesenta años, hay tal vez más enseñanzas sobre el papel de los intelectuales en la guerra que en otros documentos más propagandísticos. «Luego me sorprendería, no solo la suerte de salir indemne de aquella matanza, sino la ignorancia completa de ella en que estuve, aunque ocurriera en torno mío. Ninguna otra vez en mi vida he sentido como entonces el deseo de ser útil, de servir [...]. Afortunadamente mi deseo de servir no sirvió para nada y para nada me utilizaron. La marcha de los sucesos me hizo ver poco a poco que no había allí posibilidad de vida para aquella España con que me había engañado», escribirá años después Cernuda. En la imagen, de izquierda a derecha, Víctor Cortezo, Blanca Pelegrín, Luis Cernuda, María del Carmen García Lasgoity, Manuel Altolaguirre y María del Carmen Antón fotografiados por Walter Reuter en Valencia, verano de 1937.

de inequívoca defensa de la libertad del creador frente a las mediatizaciones del momento, así como su manera personal de entender su vida privada, le produjeron, como era esperable, algunos roces políticos, que causaron en el poeta un creciente desánimo.

Quizá fuese esa la razón, unida a la de presenciar la arbitraria detención de su amigo el pintor Vitín Cortezo, acusado de homosexualidad, por la cual Cernuda dejaba con amargura España en la primera ocasión que tuvo, en 1938. Sabemos de esos últimos meses suyos por Elena Garro, la mujer de Octavio Paz, que lo conoce tomando el sol en una playa valenciana, automarginado del Congreso de Escritores Antifascistas que estaba teniendo lugar esos días en Valencia. Lo contó Garro en su impagable *Memorias de España, 1937*. Existe de ese momento una fotografía extraordinaria, descubierta recientemente. Aparecían en ella del brazo Vitín Cortezo, Altolaguirre, Cernuda y tres jóvenes actrices de La Barraca. Los seis en bañador, corriendo en cadeneta, riendo. Tomada en plena guerra (por Walter Reuter), esa instantánea es más elocuente que mucho de lo que se ha escrito y callado de aquellos trágicos días en los que algunos no renunciaron al derecho legítimo de ser felices.

Después de eso Cernuda se fue a París «extenuado por el año de hambre padecido en Valencia, y se adornaba con la miseria pasada como con una elegancia sin género», diría Rosa Chacel. Después de París, invitado por un amigo inglés, salió del país, iniciando en Gran Bretaña un exilio que para él sería definitivo. También a ese viaje le animaron sus propios amigos españoles de *Hora de España*, aunque el poeta siguió colaborando desde Inglaterra en la revista. Había escrito en la primera de sus *Elegías españolas*, sin poder sustraerse tampoco él de la retórica guerrera, «no sabe qué es la vida / Quien jamás alentó bajo la guerra», para terminar, versos más abajo, en una visión amarga, leopardiana, de aquel desastre, que tal vez incluía el de la propia vida: «Que por encima de estos y esos muertos / Y encima de estos y esos vivos que combaten, / Algo advierte que tú sufres con todos. / Y su odio, su crueldad, su lucha, / Ante ti vanos son, como sus vidas».

Años después, en 1945, Cernuda volvía sobre el tema de la guerra en un testimonio que sin duda convendría contrastar y que recoge el poeta Charles David Ley. Según éste, Cernuda se le había declarado católico. También Felicidad Blanch, mujer de Leopoldo Panero, creyó años después que Cernuda y ella hubieran hecho una buena pareja, después de que este le tirase los tejos. Ocurrió el encuentro con Ley el día en que ambos asistieron a la misa que el cardenal inglés Amigo ofició para todos los católicos extranjeros residentes en Inglaterra. Allí el poeta español, tras valorar el hecho de que Franco llevase ya en el Gobierno más de cinco años, en un país en que los Gobiernos apenas duraban dos, le confesó: «No me hable usted de Baroja. Fue el responsable de la Guerra Civil. Baroja está en contra del catolicismo y de todo lo que pueda tener categoría espiritual. Representa lo peor de España, el pueblo que es sucio e ignorante y detesta todo lo bueno». El ataque cernudiano en realidad sintonizaba con la furiosa acometida de Salinas contra el autor de las *Canciones del suburbio*, publicadas un año antes, en 1944, ataques que, hay que decir de paso, le servían a Baroja para cultivar su leyenda de «hombre malo de Itzea». Aunque Cernuda de-

152-153. «Navarro Tomás me dio la gran noticia: la prodigiosa biblioteca de los duques de Medinaceli se pone al servicio del público en esta semana [agosto de 1936]. En el Centro vi una primera edición del *Quijote* que llevaba Rodríguez Moñino y que se habían incautado no sé dónde. Moñino iba con su mono azul», recordará Salazar Chapela. Arriba, requisas de libros.

154. «Bibliotecas del soldado» en el frente republicano.

testaba igualmente a Salinas. De todos modos, y sin recurrir al fantaseo de David Ley, tenemos otro testimonio del propio Cernuda. En carta a Nieves de Madariaga de 1942 y a propósito del libro *Spain* de su padre, Cernuda le dice: «Creo que la objetividad que acaso pretende su padre sea imposible para mí; solo el nombre de franquista basta para levantar una ola de asco y repulsión en mis sentimientos. Para mí el levantamiento es responsable no solo de la muerte de miles de españoles, de la ruina de España y de la venta de su futuro, sino que todos los crímenes y delitos que puedan achacarse a los del lado opuesto fueron indirecta-

155-157. La propaganda de uno y otro bando quiso poner desde el principio de la guerra al mayor número de intelectuales, artistas y escritores de su parte en uno de los platillos de la balanza, dejando el del enemigo lo más desasistido posible. Hasta el nombre que se dieron o le dieron al contrario perseguía fines propagandísticos. Ni siquiera se pusieron de acuerdo en nombrar el hecho: unos hablaron de «sublevación» o «traición», en tanto los otros hablaban de «alzamiento». La palabra «movimiento» como sinónimo de «alzamiento» la emplean los periódicos de los sublevados, que acabarían adoptándola en exclusiva, pero también se encuentra en periódicos republicanos de los

primeros meses de guerra como sinónimo de «revolución de izquierdas». Los sublevados se llamaron a sí mismos «nacionales», en tanto llamaron «rojos» o «marxistas» a sus enemigos. Por su parte, los republicanos se dieron este nombre, el de «leales» o el de «demócratas», y el de «traidores», «fascistas» o «franquistas» a los sublevados y cuantos los apoyaron, con patente inexactitud en algunos casos, ya que no siempre podría aplicarse el nombre de fascistas a quienes apoyaban a los rebeldes ni el de demócratas a quienes combatían al lado de los republicanos. La propaganda y la literatura de guerra recurrió a descalificaciones intercambiables, aunque se aprecia un léxico propio en cada bando: «populacho», «horda marxista», «horda roja», «piojera marxista», menudean por parte de los sublevados hacia los republicanos, y «horda fascista», «la sentina burguesa», «señoritismo facha», «gusanera mora», «sanguijuelas», de los republicanos hacia los rebeldes. Unos y otros tratan de hacer valer sus derechos exclusivos sobre la palabra «revolución», tanto «la revolución nacionalsindicalista» como «la revolución social». En ambos bandos es idéntica la expresión de que se lucha «en defensa de la civilización» y cada bando da cuenta minuciosa en su prensa respectiva de los crímenes, matanzas y represalias que tienen lugar en el otro, convenientemente magnificados e incluso inventados.

Por otro lado, cuando se ponderan las adhesiones, conviene tener presente el contexto histórico. Si la guerra en el campo de batalla la ganaron los rebeldes sin apenas reveses militares, la guerra de la propaganda quedó decidida desde el primer momento a favor de la República, cuyos propagandistas convencieron al mundo de que los escritores e intelectuales más valiosos y representativos se pusieron en masa a favor de la República –«Los artistas anacrónicos se han ido con los facciosos [...] [y no podrán] entrar en la Historia de hoy ni en la Historia española de mañana. Casi todos los artistas de vanguardia han quedado con nosotros», o «Nos hemos llevado la canción», escribirá León Felipe–, lo que es a todas luces inexacto, tanto cuantitativa como cualitativamente. El propio León Felipe se desdirá años después, avergonzado, de tal verso. Hasta J.R.J. fue víctima de la propaganda: «Por cada hombre representativo que puedan presentar las derechas, hay diez en las izquierdas». La República representó en todo momento el proyecto ilustrado para España (y si el 80% de los profesores universitarios sufrieron la depuración de sus cátedras tras la guerra, «hay un hecho importante del que nadie que yo sepa se ha dado por enterado: la gran mayoría de la emigración intelectual no se produjo en 1939, al final de la guerra, sino en 1936, a su comienzo», dirá Julián Marías en sus memorias, acaso por ser él mismo uno de los depurados y, al mismo tiempo, uno de los que decidió rehacer su vida en el país franquista), pero se advierte que, en unos casos, muchos de los escritores que apoyaron la causa republicana estaban lejos del ideario comunista o anarquista, como podían estar otros del bando sublevado cercanos a la Ilustración y alejados del ideario fascista. Cabe señalar también que la mayor parte de los escritores de las generaciones del 27 y del 36 sólo adquirieron notoriedad y trascendencia, y en parte debido a ella, después de la guerra, durante la que eran desconocidos para el gran público (Cernuda, Miguel Hernández, Max Aub, Chacel, Zambrano o Barea, por un lado, y Ridruejo, Torrente Ballester, Cunqueiro, Panero, Rosales, Foxá, Neville, Pla o los Villalonga, por el otro), al contrario de lo que ocurría con otros escritores de generaciones anteriores que se sumaron a la rebelión, muy populares antes de la guerra y eclipsados después de ella (Maeztu, Muñoz Seca, Ricardo León, Fernández Flórez, Concha Espina, Marquina, Jacinto Benavente) o, por el contrario, vigentes hasta hoy, como Azorín, Baroja, Ortega, Gómez de la Serna y otros. Sería un error, pues, confundir y mezclar tiempos y evoluciones posteriores. En ambos bandos, la mayor parte de estos escritores pasaron la guerra parcial o totalmente lejos de los frentes, en la retaguardia o fuera de España, en labores diplomáticas, de propaganda o sencillamente exiliados. Las presentes columnas son, como resulta obvio, mostrativas, en absoluto comparativas. Es de justicia recordar, por último, dos cosas: la primera, que una buena parte de los incluidos en esas dos columnas, habría

querido formar parte de una tercera, de la que fueron desalojados por los responsables políticos y literarios de las otras dos; y la segunda: que si a los que se quedaron a vivir en la España franquista les resultaba imposible o muy difícil la desafección pública del régimen, llegando muchos de ellos a ser de facto franquistas, no siéndolo, los que marcharon al exilio conservaron su libertad de expresión para manifestar en todo momento sus adhesiones o sus distanciamientos políticos, sin tener que ser «comunistas», como pretendía el régimen.

Gustavo de Maeztu	Federico García Lorca	J.V. Foix	Joan Sales
Manuel Machado	Antonio Machado	Josep Pla	Manuel Chaves Nogales
Pío Baroja	Manuel Azaña	Gerardo Diego	Juan Larrea
Azorín	Juan Ramón Jiménez	Ernesto Giménez Caballero	José Bergamín
Manuel Bueno	Manuel Ciges Aparicio	Salvador Dalí	Pablo Picasso
Ramón Menéndez Pidal	Américo Castro	Agustín de Foxá	Rafael Alberti
José Ortega y Gasset	María Zambrano	Miguel Pérez Ferrero	Benjamín Jarnés
Ramón Pérez de Ayala	Enrique Díez-Canedo	José Janés	Manuel Altolaguirre
Gregorio Marañón	Claudio Sánchez Albornoz	Xavier Zubiri	José Gaos
Eugenio d'Ors	José Moreno Villa	Eugenio Montes	Juan José Domenchina
Eduardo Marquina	Alejandro Casona	Francisco Valdés	Juan Rejano
Ricardo León	Eduardo Zamacois	José María Morón	Antonio Aparicio
Emilio Carrere	Luis de Tapia	Francisco de Cossío	José María Quiroga Pla
Pedro de Répide	Pedro Luis de Gálvez	José María Hinojosa	Antonio Sánchez Barbudo
Francisco Guillén Sayala	Antonio de Hoyos y Vinent	Manuel García Morente	José Ferrater Mora
Concha Espina	Margarita Nelken	Luys Santa Marina	José Herrera Petere
María de Maeztu	Clara Campoamor	Álvaro Cunqueiro	Arturo Barea
Tomás Borrás	Corpus Barga	Dionisio Ridruejo	Miguel Hernández
José Gutiérrez Solana	Gabriel García Maroto	Félix Ros	Emilio Prados
Ramón Gómez de la Serna	Max Aub	Enrique Jardiel Poncela	Antoniorrobles
Wenceslao Fdez. Flórez	Ramón J. Sender	Miguel Mihura	Pere Quart
Josep Maria de Sagarra	Adolfo Salazar	Leopoldo Panero	Luis Cernuda
Adriano del Valle	Pedro Salinas	Gonzalo Torrente Ballester	Rosa Chacel
José María Pemán	León Felipe	Pedro Laín Entralgo	Julián Marías
Pedro Muñoz Seca	Cipriano Rivas Cherif	Luis Felipe Vivanco	Elena Fortún
César González Ruano	Manuel D. Benavides	Ignacio Agustí	Diego San José
Ramón Carande	Salvador de Madariaga	Edgar Neville	Juan Gil-Albert
Antonio Marichalar	Juan Chabás	Fernando Vela	Esteban Salazar Chapela
Rafael Sánchez Mazas	Francisco Ayala	Luis Rosales	Pedro Garfias
Luis Astrana Marín	Antonio Espina	Miguel Villalonga	Mercè Rodoreda
Vicente Risco	Eduardo Blanco Amor	Lorenzo Villalonga	Ramón Gaya
Ramón Otero Pedrayo	Emilio R. Castelao	Rafael García Serrano	César M. Arconada
Julio Camba	Rafael Dieste	Samuel Ros	Arturo Serrano Plaja
Agustí Calvet *Gaziel*	Josep Carner	Martín de Riquer	Federico de Onís

(Armando Palacio Valdés, Carlos Arniches o los hermanos Quintero, Manuel de Falla, Jorge Guillén, Jacinto Benavente, Carles Riba, Vicente Aleixandre, Rafael Cansinos Assens, Dámaso Alonso o Marià Manent, fueron algunos de los que no pudiendo elegir bando, capearon sus respectivos temporales con mayor o menor pericia y equidistancia, lo que les libró de represalias durante la guerra o de posteriores depuraciones. Es justo poner en lugar aparte el caso excepcional de Miguel de Unamuno, de conocida complejidad, ya que si se sumó a los rebeldes de manera entusiasta, con no menos ímpetu se enfrentó y alejó de ellos, sin pasarse por ello al otro bando.)

mente ocasionados también por los franquistas. El pueblo es ciego y brutal, todos lo saben, por eso no debe dársele ocasión de que se manifieste como tal, ni provocarle».

La misma libertad cernudiana, de creación y política, la encontramos también, sin lugar a dudas, en el más joven del grupo: el pintor y escritor Ramón Gaya; «uno de los más solitarios y hondos que ha dado España a lo largo de este siglo», dirá Bonet en su *Diccionario de las vanguardias en Espana*.

Gaya tenía entonces, en el momento de la fundación de *Hora de España*, veintiséis años, lo que declara uno de los casos más extraordinarios de madurez precoz. Durante la República, con Cernuda, con María Zambrano, con Dieste y con Sánchez Barbudo, había participado en el proyecto de las Misiones Pedagógicas, que le llevaron a conocer la España profunda y rural. El proyecto, que nació de una idea del viejo don Manuel Bartolomé Cossío, significó una de las más hermosas y ambiciosas empresas culturales que se hayan llevado a cabo en España, y en la que jóvenes sin duda excepcionales emplearon algunos de sus mejores años.

En 1927 Gaya había estado en París, donde expuso sus pinturas, pero las vanguardias, idealizadas desde la provincia española, le resultaron artificiosas e inanes, agotadas y agostadas. Así lo declararía en escritos de esos años: en París había descubierto la importancia del... Museo del Prado.

Al estallar la guerra, los Gaya vivían en una casa cercana a la ermita de San Antonio, justo en la zona donde se estabilizaría el frente. La casa fue bombardeada y el pintor perdió sus cuadros, sus libros, sus escritos, que quedaron entre un montón de escombros. No sería lo único que perdiese ni lo más preciado que le arrebatara esa guerra.

Su colaboración en *Hora de España* se formalizó en tanto que pintor y escritor. Al Gaya pintor se deben, como único ilustrador de la publicación, las muy hermosas viñetas que avivaron todos y cada uno de sus números, inseparables de la imagen de la revista; del Gaya escritor aparecieron poemas, cartas novelescas, críticas de arte y algún ensayo.

Estos textos, cincuenta años después, siguen pareciéndonos un ejemplo no solo de una aguda y actualísima inteligencia, sino de extraordinario valor, por cuanto planteaban con entera e inusitada audacia para esos momentos el más acuciante problema que entonces preocupaba a buena parte de los creadores de izquierda: el de la libertad de expresión.

Una de esas colaboraciones la refirió Gaya al cartelista Renau. Renau, comunista de la más ortodoxa cepa, era toda una institución en Valencia, y en ese momento incluso en la administración del Estado, como director general de Bellas Artes.

Durante la República Renau había fundado y dirigido la revista *Nueva Cultura*, que se seguía editando en la guerra, publicación sumamente crítica, como se ha dicho más arriba, con las posiciones liberales de los intelectuales, entre otros el Bergamín de *Cruz y Raya*. Al polemizar con él, Gaya lo estaba haciendo, en cierto modo, con todo el aparato comunista.

Estamos todavía al comienzo de la guerra. Ese texto apareció en enero de 1937, con el título de «Carta de un pintor a un cartelista». Yo creo que el hecho mismo de ponerse él como pintor y poner al otro como cartelista no debió de gustarle mucho a Renau. Era como decir: «Carta de un coronel a un sargento». Su tesis, todavía hoy, resulta incontestable: «Desde hace varios meses asistimos a esa rápida aparición y desaparición de innumerables carteles de guerra. Sin embargo, nada hemos visto, o casi nada, es decir, nada. ¿Por qué? [...]. Los mismos cartelistas, con la guerra, y en la guerra, no han sabido acertar. No acertó nadie porque nadie supo entrever que ahora no se trataba ya de anunciar nada. Y eso es lo que han hecho los mejores: anuncios, puros anuncios. Pero ¿qué es lo que se anunciaba? ¿Un batallón? Un batallón no es un específico ni un licor. Un batallón no puede anunciarse; la guerra no es una marca de automóvil. La misión del cartel dentro de la guerra no es anunciar, sino decir, decir cosas emocionadas, emocionadas más que emocionantes».

«Me parecía hiriente que algo tan doloroso como era esa guerra de España contra ella misma se representara con el mismo tono con que se habían estado anunciando hasta entonces coches, refrescos, pasta de dientes o vinos», dirá Gaya a Elena Aub en una entrevista de 1992. «Hoy da pena ver todos aquellos carteles tan asépticos. Es cierto que algunos hicieron cosas estimables, Eduardo Vicente, Arteta, Souto. Sin embargo el pintor que yo consideraba más adecuado para representar los horrores de la guerra era Solana [...] aunque después pensé: "Si Solana hace un cartel, realmente nos metemos debajo de la cama y no salimos a luchar ni a nada" [...]. Renau se sintió aludido y contestó en el segundo número de *Hora de España*. Allí defendía el cartel a tintas pla-

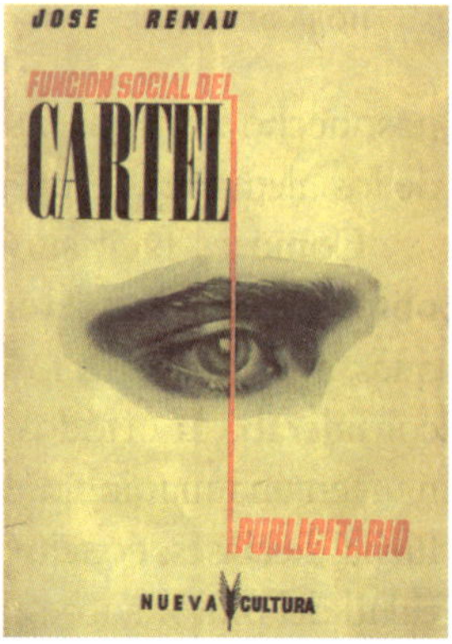

158-159. Renau, como cartelista, se mostró partidario del cartel soviético, que plasmaba «la gesta más trascendental de los tiempos modernos: el camino heroico y abnegado hacia una humanidad libre». A sus órdenes trabajaron importantes tipógrafos e ilustradores, como Mauricio Amster, autor de la *Cartilla escolar antifascista* y de la *Cartilla aritmética antifascista*. «Me parecía hiriente que algo tan doloroso como era esa guerra de España contra ella misma se representara con el mismo tono con que se habían estado anunciando hasta entonces coches, refrescos, pasta de dientes o vinos», recordará Gaya de su famosa polémica con Renau a propósito de los carteles: «Renau se sintió aludido y contestó en el segundo número de *Hora de España*. Allí defendía el cartel a tintas planas, hecho a pistola. No es un secreto que sus carteles, por influencia de los alemanes, se parecen mucho a los de la propaganda nazi». En la imagen de la izquierda, folleto del ejército popular diseñado por Renau.

160. José Renau, *Función social del cartel publicitario*, 1937.

161. *El comisario, nervio de nuestro ejército popular*, célebre cartel de José Renau.

nas, hecho a pistola. No es un secreto que sus carteles, por influencia de los alemanes, se parecen mucho a los de la propaganda nazi».

Como es fácil suponer, las reflexiones de Gaya, cuyo padre era obrero litógrafo, fueron tomadas como ataques personales y aun ataques al trabajo de los obreros litógrafos, discriminados por lo que consideraba la ortodoxia comunista «veleidades de un esteticista». Renau, en una maniobra envolvente, quiso llevar la polémica a terrenos de lucha de clases, concluyendo que lo que Gaya planteaba era la superioridad del pintor sobre el cartelista, del individuo sobre la clase, del creador sobre el obrero. Hubo, naturalmente, una respuesta, muy breve, de Gaya, donde vino a decir lo mismo: los carteles de guerra le parecían todos publicidad de productos comerciales. Nada más. Bueno, sí. Tras la polémica Bergamín aconsejó a su amigo Gaya que no apareciese durante una temporada por el café, hasta que se olvidara todo. Pocas bromas.

Habría aún otra ocasión en la que Gaya mostró no solo su capacidad de análisis sobre acontecimientos literarios recientes, sino su coraje para plantearlo sin rebajarlo un punto, por miedo u oportunidad, de su compromiso intelectual insoslayable. Fue con ocasión de la publicación del libro de Miguel Hernández *Viento del pueblo*. Fue Gaya el encargado de escribir la reseña para *Hora de España*. La tituló «Divagaciones en torno a un poeta: Miguel Hernández».

Lo mismo que se dijo de Renau, se diría de Miguel Hernández. Aunque Hernández había tenido una breve trayectoria literaria anterior a la guerra, fue esta quien lo catapultó al estrellato político y poético, después de tributar, naturalmente, con su pequeño óbolo antijuanramoniano a los capos del 27 en el fielato literario: «El aire se serena / y Jota Barba Jota se suicida, / Salinas, cuando suena / la voz a ti debida». Con esta copla, que Hernández circuló *sub rosa*, entró por la puerta grande. Los comunistas vieron en él la encarnación del hombre nuevo, del poeta nuevo. El mito del poeta cabrero, escribiendo poemas en el monte, no enteramente exacto, se extendió muy pronto a todos los rincones. Incluso su nombre, en la ponencia que los jóvenes presentaron en el Congreso de Valencia de julio de 1937, figuraría, por oposición al de Gil-Albert, para probar la distinta procedencia de los luchadores antifascistas.

La publicación del libro de Miguel Hernández, por esa razón, fue precedida de una gran campaña de la prensa revolucionaria, que luego se confirmó con la que habría de ser la consagración definitiva de su

162-163. *Viento del pueblo* fue desde el primer momento el libro de poemas más popular sobre la guerra escrito por un español.

164-166. Alguno de los muchos y hoy raros cancioneros de guerra editados en la zona republicana.

autor, saludado como «poeta extraordinario y revolucionario modelo». El medio es el mensaje, podríamos decir.

El momento político, como puede suponerse, era delicado, ya que disentir de las ideas literarias de alguien tan señalado políticamente como Hernández podía dar lugar a pensar que se disentía de las ideas políticas en las que aquéllas estaban sustentadas, y seguirse de todo ello acusaciones embarazosas cuando no gravemente lesivas para la reputación del disidente, y aun para su vida, como nos dice Francisco Ayala de un compañero y amigo suyo, José Robles Pazos, desaparecido en la embajada soviética de Valencia.

Gaya, con la audacia que proporciona la mezcla de inteligencia y juventud, escribiría: «Poesía en la guerra. Quizá fuese más exacto subtitular este libro *Versos en la guerra*. Versos, porque es el verso lo que en Miguel Hernández vive, es el verso, es tal o cual verso lo que aquí se alza y luce, lo que aquí sorprende. Pero si siempre sus versos son verso (cosa que no consiguen totalmente otros poetas actuales), en cambio, no todos esos versos que son verso siempre, son siempre poesía [...]. Esa desmedida facilidad (que es la misma que tuvieron Sorolla y Blasco Ibáñez, cada uno en lo suyo, pero los tres sin duda por ser levantinos), esa pasmosa facilidad para lo que es propiamente *hacer* resulta casi siempre perdición y salvación a un tiempo [...]. Por *Viento del Pueblo* circula un vigor que no siempre encuentra empleo apropiado y se extravía, se pierde entonces como una fuerza inútil. Es un libro desigual y sin medida...». Y continúa Gaya razonando, pensando, reflexionando libremente sobre esa poesía como lo habría hecho en tiempo de paz, sin que la guerra le condicionase ni el gusto ni el juicio. Crítica para el hombre, no para la guerra.

En cierto modo, todo ello no era distinto de lo que Gaya, también en la guerra, había expresado de Picasso, a cuento de la cuestión traída y llevada entonces, del pueblo: «Lo he dicho otras veces. Para que un artista esté con el pueblo y trabaje con la causa popular no es imprescindible que el pueblo entienda o guste su obra. Y hoy, el hecho Picasso (que es ya efectivamente un hecho) viene a darme la razón. Pablo Ruiz Picasso, el más difícil de los pintores, está con el pueblo sencillo, trabaja por el hombre sencillo. Pero esta aparente paradoja no es única. Al sonar la hora de todas las verdades, ¿qué artistas se han quedado junto al pueblo? Pues Juan Ramón Jiménez, Luis Cernuda, el escultor Alberto, Picasso [...]. En cambio, ¿quiénes están contra el pueblo? Pues Pedro Muñoz Seca, Eduardo Marquina, José María Pemán... (Y no hay paradoja, porque Muñoz Seca no escribió nunca para el pueblo, sino para ese alguien lleno de corrupciones que se llama público)...».

Hemos de insitir en que esto no fue exacto, siendo también Gaya víctima entonces de la propaganda (debería haber mencionado a Ortega, a Baroja, a Azorín), pero señala diferencias sustanciales. Resulta de gran evidencia que lo que diferenció, intelectual, literariamente ambas zonas, a la republicana y a la sublevada, fue este talante liberal y crítico. Liberal, con todas las reservas que se quieran poner, pero gracias al cual se podían cuestionar posiciones consideradas ortodoxas, dominantes.

Por ejemplos como estos dos de Gaya (y algún otro, como la publicación del *Cancionero* inédito de Unamuno, «el traidor», situado como poeta siempre por encima de su circunstancia última), se comprende enteramente el carácter en verdad dialogante y avisado de la mayor parte de sus intelectuales y escritores. Algo parecido en zona nacional habría sido impensable; una sola crítica adversa de los poemas de Rosales, Pemán, Vivanco o Ridruejo, o de la novela de Foxá o de las teorías de Laín, habría significado para su autor represalias sin cuento. Aunque más significativo es ya que ni siquiera pudieron producirse. La uniformidad de juicio fue la característica en todos ellos, propiciándose en tal avenimiento, por paradójico que parezca, la mayor de las insolidaridades intelectuales: la del silencio, que es en definitiva el que recorre la cadena de mando del mundo uniformado por excelencia, el ejército. De ahí que no exageremos un ápice al sostener que mientras los nacionales militarizaron todas las ideas, los intelectuales republicanos conservaron en su mayor parte el carácter civil de su pensamiento y de su obra, al pairo de otras fuerzas preponderantes como los comunistas que ejercieron su poder cuando pudieron (con Nin o Robles, por ejemplo).

Amigo íntimo de Gaya de aquellos años, inseparable suyo, padrino incluso de la hija del pintor, nacida poco antes, fue Juan Gil-Albert, que, aunque seis años mayor que él, tendría la honradez de reconocer en su encuentro con el pintor, cosa rara en alguien de más edad hacia alguien menor, «uno de aquellos encuentros que suelen ser, para nuestra formación, definitivos».

Gil-Albert había publicado algunos libros antes de la guerra, de prosa y verso y con hechuras vagamente modernistas, a lo Miró, pero el contacto con los poetas del 27 hizo que se sumara, aun tardíamente, a esa generación de la deshumanización del arte, un tanto barroquizante. «De los años de la guerra casi nada voy a decir aquí –escribirá muchos años después el que fue su compañero, Sánchez Barbudo–. Creo que podría decirse que durante la Guerra Civil, Gil-Albert apenas fue Gil-Albert. Él mismo así lo reconocería más tarde. No, en todo caso, el que había sido antes, o el que luego en el destierro, con las variantes que la situación imponía, volvería a ser otra vez. Por otra parte en su *Memoriabilia* él mismo ha dicho con bastante detalle lo que ocurrió en ese período».

Poco antes de la guerra Gil-Albert había ido a Madrid, donde conoció a casi todos los poetas que vivían en la capital, que lo acogieron con cordialidad. Su figura, elegante, un tanto quebradiza, parecía relacionarse con el mundo a través de unos guantes de cabritilla que causaron en Madrid sensación y asombro. Durante la guerra su destino fue bastante parecido al que tuvieron Gaya, Barbudo o Cernuda. Empezó en *Hora de España*, pasó, en 1938, por el frente de Aragón y en enero de 1939 salió por la frontera francesa.

Muchos años después Gil-Albert publicó un texto en parte sobre aquellos años de guerra, la *Memoriabilia (1934-1939)* que citaba Barbudo. Es ésta, sobre todo, un recuento de los amigos, hecho desde la pura amistad, con ciertos alardes, por lo demás ingenuos, casi infantiles, inofensivos, de lo que el autor entiende por *l'allure proustienne à Valence*, en una prosa a la que se ve a veces, como a ciertos trajes, mucho antes el corte ya pasado de moda, que el buen paño de que está hecha. Por lo demás, es un texto fundamental para conocer las relaciones de los escritores que hicieron *Hora de España* y otros muchos que cruzan por sus páginas, como sombras de unos años que quedan también en el relato tal que evocaciones poéticas. Uno de ellos fue Esteban Salazar Chapela. Sus problemas con los comunistas, en especial con su jefe Josep Renau, le hicieron salir de Valencia en 1937, con un nombramiento como cónsul en Glasgow. Escribió más tarde una novela de aquellos años de guerra, *En aquella Valencia*, sin otro valor que el documental y biográfico, un tanto idealizado.

Otro de estos personajes en la platea gilalbertina fue María Zambrano. Las colaboraciones de María Zambrano en *Hora de España* fueron, con las de Bergamín, las que trataron de fijar los presupuestos teóricos del compromiso del intelectual con la causa republicana, desde puntos de vista filosóficos y especulativos.

Al igual que Dieste, Gaya, Cernuda y Barbudo, María Zambrano había recorrido España con las Misiones Pedagógicas, lo que daría a sus escritos un peculiar casticismo, entendido en el mejor sentido de raigón y entrañamiento con lo que ella misma llamaba, al modo unamunesco, paisaje y paisanaje. Más cerca, al fin y al cabo, de Unamuno que de Ortega, de Machado que de J.R.J.

Su formación era, no obstante, enteramente orteguiana y a su maestro dedicaría no pocas páginas de su obra, pero tanto como a Ortega debe María Zambrano el enfoque poético de su obra a pensadores como Unamuno y Machado. Machado había sido, en Segovia, muy amigo del padre de la escritora. Don Blas Zambrano murió en

1938 y Machado le dedicó una de las últimas prosas que escribió el autor del *Mairena póstumo*.

Al poco de empezar la guerra María Zambrano, que pertenecía como todos sus amigos a la Alianza de Intelectuales (y a quien ya vimos vestida con el mono azul y cartuchera «pidiéndole» una adhesión a Ortega), se casó con el historiador Alfonso Rodríguez Aldave, y a las pocas semanas de esto se embarcó hacia Chile, donde a su marido lo habían nombrado secretario de embajada de la República. La razón de la boda con ese comunista fue un escudo. Y Bergamín influyó para que viajaran fuera de España porque la vida de Zambrano corría peligro por haber coqueteado políticamente con fascistas como Alfonso García Valdecasas. El marido de Araceli Zambrano, como el de Regina García, trabajó en la Seguridad del Estado, o sea fue chequista. En su checa asesinaron –no él, que sepamos– a los hermanos de Serrano Suñer. Aunque no tengamos tiempo de más, son necesarios estos pequeños detalles, o más stendhalianamente dicho, los detalles exactos.

En el viaje el matrimonio hizo una escala de ocho días en La Habana, donde María Zambrano conoció a Lezama Lima, que iba a ser uno de sus más asiduos interlocutores.

En Chile y en el mismo 1937 María Zambrano publicó su primer libro, uno de los más representativos: *Los intelectuales en el drama de España*.

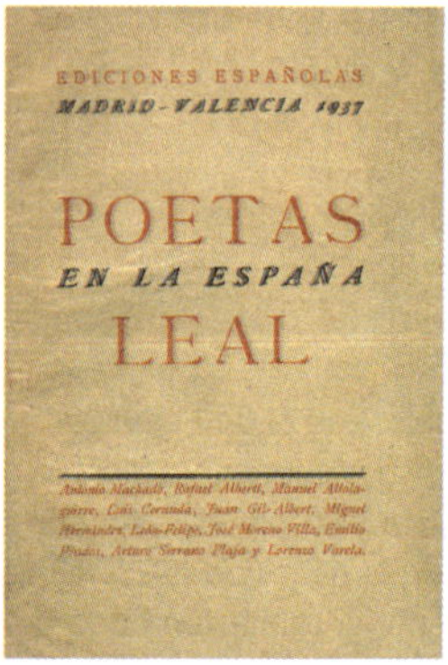

167-169. Cancioneros de guerra.

170-171. «"Identifícate compañero" o "camarada", decían las patrullas, formadas a veces por un solo hombre, que en las esquinas de mayor tránsito ciudadano salieron como por sí mismas en las primeras semanas de la guerra en Madrid. Y por experiencia sé que no llevando documento alguno de afiliación política (y ni siquiera la cédula personal) se pasaba la temerosa barrera. Bastaba "dar la cara" sin descaro y mi-

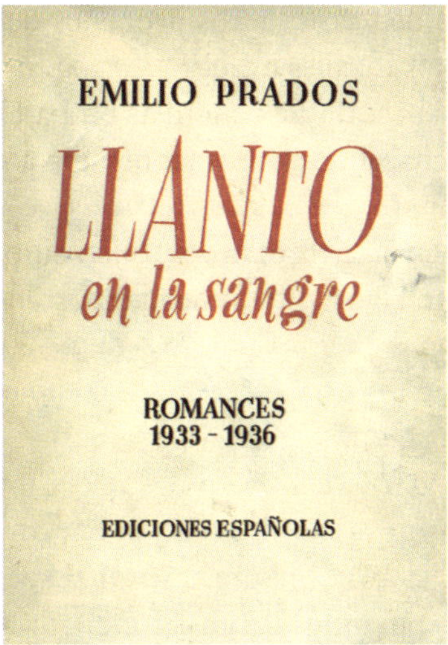

rar desde el fondo de esos ojos que nos miraban. La mirada era lo que más valía, pues que el documento, "el aval", podía suscitar sospecha o antipatía. Y sin decir palabra, con solo mirar desde el fondo, decían: "Está bien, pasa" [...]. Era, pues, como si me preguntaran: "¿Eres tú?", y respondiese: "Yo soy tú"», escribirá de aquellos días primeros de la guerra María Zambrano, acordándose tal vez de aquella copla de Iñíguez: «Yo debí de comprender / en tu modo de mirar, / que aquél que no mira bien / se tiene que portar mal». Fue el de María Zambrano el primer ensayo sobre una guerra en la que «todo, hasta los errores, se realiza bajo el imperio de la necesidad», alineándose en la corriente entonces en boga de una filosofía de la historia que condenaba a cuantos intelectuales y artistas no estuvieran a «la altura de las circunstancias» o de las directrices.

172-173. Cubierta de *Llanto en la sangre*, de Emilio Prados.

Como puede suponerse, se trata de un libro de intervención: al tiempo que de reflexión, de pensamiento, un libro de propaganda. Alta propaganda y no precisamente para las masas, en lo cual no hay que ver, ni mucho menos, un defecto, sino una de sus principales virtudes: la de la exigencia intelectual.

En el libro recogía un buen número de los ensayos y reseñas publicados en *Hora de España*, así como alguno escrito para el mismo libro. En la reedición, de 1977, María Zambrano escribió un prólogo, que firmó y dató en La Pièce, antes de dar por finalizado su exilio, en 1982.

Es un prólogo de una escritura difícil, sin anclaje fijo, no siempre inteligible, basculante, como solía acontecer con los ensayos de su última época. Llama la atención en esas cuartillas rememorativas este pasaje, que más de uno de los testigos de aquellos días, de cualquiera de las dos partes, podría discutirle (Moreno Villa, por ejemplo). Puede incluso perlar las sienes de sudor frío: «El despertar de la inocencia anula la soledad, trae la identificación consigo mismo y con todos los hombres, que parece entonces imposible que sean "otros"; "los otros" o "los demás". Y hasta el agresor parece que podría ser traído a la razón, que bastaría una sola palabra para que se identificara a su vez. "Identifícate compañero" o "camarada", decían las patrullas, formadas a veces por un solo hombre, que en las esquinas de mayor tránsito ciudadano salieron como por sí mismas en las primeras semanas de la guerra en Madrid. Y por experiencia sé que no llevando documento alguno de afiliación política (y ni siquiera la cédula personal) se pasaba la temerosa barrera. Bastaba "dar la cara" sin descaro y mirar desde el fondo de esos ojos que nos miraban. La mirada era lo que más valía, pues que el documento, "el aval", podía suscitar sospecha o antipatía. Y sin decir palabra, con solo mirar desde el fondo, decían: "Está bien, pasa" [...]. Era, pues, como si me preguntaran: "¿Eres tú?", y respondiese: "Yo soy tú". Y valía, hasta en ocasiones extremadamente confusas, cuando se iba a salvar a algún enemigo al menos en potencia, y se tropezaba con alguien dispuesto a morir y en fatal consecuencia a matar, con tal de cerrar el paso a lo que percibía, desde esa su inocencia, como una traición. Hubo de imponérsele entonces la identificación con ese su ir a morir que de mí emanaba. La identificación completa se abre desde el morir. El morir, mas no el género de la muerte. Y en ese filo se desliza la confusión. Que la inocencia solo llega a matar muriendo, muriéndose».

El pensamiento de María Zambrano, de naturaleza, como se ve, sumamente española, conceptista y barroca, buscaba las causas de una guerra y de un destino que muy pronto empezó a saber que no les pertenecía, y todo eso del mirar debiera preguntárselo a J.R.J., a quien salvó de la miopía asesina, como hemos visto, no una mirada, sino una risa, ya que no una carcajada, y el no tener las muelas o los dientes de oro, sino blancos. O a Machado, a quien un estrábico tomó por cura. O quizá es que María Zambrano se acordó de aquella copla de Iñíguez: «Yo debí de comprender / en tu modo de mirar, / que aquél que no mira bien / se tiene que portar mal».

Más adelante nos lo dirá ella misma en un fragmento que yo he visto siempre cargado de sentido, tanto como de dolor, testimonio lúcido y escalofriante, sin que sepa uno lo que de especulación filosófica contiene y lo que haya en él de biografía, y aun de autobiografía, o lo que esconde de denuncia: «Esta guerra merecería haber sido ganada plenamente y con ella el final de todas las guerras. Haber sellado el fin de toda guerra. Y que se hubiera transformado el sacrificio en constante ofrenda. Sí; cuántos de los que a la guerra fueron "a morir para salvar al mundo del fascismo" no matarían nunca, atrincherándose en aquel ejército que, cuando ya lo fue, creaba lugares para que dentro de él se estuviera sin tener que matar. Pero verían estos privilegiados cómo habría que hacerlo y asistirían a ello sin creer a sus ojos. Y luego, estaban los juicios sumarísimos por traición o por abandono del puesto, y las sentencias que había que firmar, sí, y que sentenciaba para toda la vida al que las firmó a un tormento que se encendería una y otra vez. Según la dialéctica, para alcanzar el cumplimiento de una finalidad hay que pasar por su contrario». ¿Nos está diciendo que el peso de la condena lo llevaban aquellos jueces improvisados de los tribunales populares tanto más que las víctimas? Si es así, podremos llamarlo pensamiento orgánico.

El libro de María Zambrano se lee aún hoy con interés, pero con desconcierto, incluso cuando alguna de sus ideas ha quedado lastrada por el tiempo. «La otra cara de los acontecimientos –nos dice–, es la eliminación para muchos de la contradicción entre nación y pueblo marxista. Marxista o no marxista el pueblo siempre es lo nacional. Antonio Machado lo dice como nadie: [...] Si el pueblo canta *La Marsellesa*, la canta en español; si algún día grita: ¡Viva Rusia!, pensad que la Rusia de este grito del pueblo, si es en guerra civil, puede ser mucho más española que la España de sus adversarios». Lo mismo, diría un castizo, que cuando grita «¡Vivan las caenas!» lo grita en francés. Vamos a dejarlo aquí, que diría Goethe. No son, en efecto, ni siquiera estas ideas las que cuentan en los ensayos de María Zambrano. Tanto o más importantes que las ideas sería el tono, siempre dialogante, y el esfuerzo, titánico, por combatir el fascismo y lo que el fascismo representaba no solo para el porvenir de los pueblos, como para el presente del pensamiento europeo, dejando «para otro momento» la crítica de la razón práctica que organizaba las trincheras desde las que ella combatía.

174. Milicianos republicanos leyendo la *Cartilla antifascista* diseñada por Ámster.

175-176. Frente a los sublevados, cuyos sostenes principales habían mostrado ancestralmente su hostilidad a cualquier proyecto ilustrado y laico, poniendo las escuelas bajo el control de la Iglesia y la cultura bajo una férrea censura eclesiástica, política y militar, la República concedió una gran importancia a las campañas de alfabetización y de lectura, como así lo declaran las cifras. Hipólito Escolar, en *La cultura durante la Guerra Civil* (Madrid, 1987), estudio centrado sobre todo en aspectos bibliográficos, estima en unos 2.400 los libros publicados en la zona republicana durante la guerra, frente a los 1.250 de la zona nacional. En cuanto a las publicaciones periódicas (diarios y revistas), llegaron a editarse durante la guerra 1.300, una abrumadora parte de las cuales fueron republicanas, lo mismo que frente a los 3.500 carteles que Jordi y Arnau Carulla estiman que circularon en zona republicana, los sublevados apenas imprimieron unas decenas, en lo que influyó de manera decisiva, desde luego, el hecho de que la mayor parte de los periódicos, editoriales, librerías, prensas, litografías e imprentas importantes del país cayeran en zona republicana, pero no sólo: si en el caso de los republicanos ese florecimiento de libros, periódicos y carteles obedecía al sistema de la pluralidad de partidos y sindicatos, los sublevados, impulsores del partido y sindicato únicos, parecían restringir cualquier publicación por ser para ellos el «libertinaje» contra el que se habían sublevado. La mayor parte de lo publicado en una zona se concentró en editoriales comunistas (Nuestro Pueblo, Estrella, Socorro Rojo, Cultura Popular, Quinto Regimiento, que sacaron en el caso de algunos autores como Galdós o el *Romancero gitano* de Lorca tiradas de un millón de ejemplares), anarquistas (*Solidaridad Obrera*, *Tierra y Libertad*, Libertad, Publicaciones de CNT), socialistas (escasas en comparación con las anteriores) y gubernamentales como *Hora de España*, *Aire*, *Madrid* y cuantas dependían de los diferentes ministerios o de la Generalidad catalana. En el bando nacional fueron significativas las ediciones de Jerarquía (Pamplona), Santarén (Valladolid) o Aldecoa (Burgos). En la imagen, ediciones populares republicanas de Galdós y Lorca, editadas por un Giménez Siles a quien esperaban fabulosas empresas editoras en Méjico.

Tras meter el libro en las prensas chilenas, el matrimonio Zambrano regresó a España. A él le destinaron al frente, y ella se ocuparía, cada vez más, de tareas relacionadas con *Hora de España*, y *Madrid*, y como consejera de Propaganda y consejera nacional de la Infancia Evacuada, así como de algún curso dictado en la Universidad de Barcelona, hasta que salieron de España, en enero de 1939, dándose la razón en aquellas palabras que ella misma había pronunciado en los primeros meses de la guerra, esperanzados todavía: «Y ya se ha visto que no era posible convivir; que existe una incompatibilidad esencial y decisiva, como de especies humanas distintas o, tal vez, de una especie humana y otra no humana todavía», olvidándose, acaso, de aquellos que lograron hacerse un nido humano en la inhumanizada jungla del otro bando.

De esos últimos meses de la guerra dataría su amistad, calificada por ella como de «trascendental», con el poeta Emilio Prados, una de las figuras más desdibujadas, borrosas, de la generación.

Quizá fueran los poemas de Prados en ese momento los más voluntariosamente llevados a un terreno, el revolucionario, desde su vieja militancia comunista, que le devolvió, durante la guerra, a los barrios obreros y pescadores de Málaga en los que ya había trabajado políticamente desde 1934. Sus poemas de entonces responden, pues, a estas coordenadas poéticas y políticas, lejos de la poesía posterior, de raíz mística, algo «sonambúlico –dirá de él Gaya–, como medio perdido en una especie de... *oscuridad noble*» donde sus poemas terminan siempre derritiéndose en un «monótono canturreo».

Fueron, desde luego, importantes sus aportaciones al llamado *Romancero de la guerra*, empresa colectiva que él mismo impulsó en una antología general, que coordinó con el erudito y bibliófilo Rodríguez Moñino (uno de los que mal que bien logró «anidar» en la otra zona, tras la guerra, sin perder la dignidad).

Solo nos queda, dentro del grupo de *Hora de España*, referirnos a Sánchez Barbudo y Serrano Plaja, ambos antiguos colaboradores de las Misiones Pedagógicas. El primero, en la época de la guerra, publicó una serie de narraciones en *Hora de España*, que reunió en 1938 en el volumen *Entre dos fuegos*, y, tras la guerra, en 1946, la novela, también sobre la guerra, *Sueños de grandeza*; todas ellas hacían esperar futuras empresas novelísticas, pero Barbudo se terminó dedicando a la crítica y a la universidad, donde siguió hasta su jubilación.

La historia de éste casi la repitió ce por be Arturo Serrano Plaja, en cuanto a su carrera docente, pero merece recordarse aquí el tomo de versos que la revista le publicó en Barcelona en 1938, *El hombre y el trabajo*, con viñetas de Gaya. Son poemas que dedicó a los distintos oficios, más que un libro de guerra, un libro de paz y labor, de oración y trabajo, poemas líricos, con una voz, para la época, casi callada, en lo que seguramente sea el primer intento de hacer la poesía social que en España se generalizó en los años cincuenta.

La derrota le llevó a Estados Unidos y allí la vida, como a tantos, no le fue fácil, con el trágico colofón del incendio de su casa en Santa Bárbara perdiéndolo todo de nuevo, y uno recuerda aún el día en que levantamos del suelo del Rastro un ejemplar de su novela *La cacatúa atmosférica* con una larga y desesperada carta manuscrita de Serrano a Bergamín, en la que recordaba los viejos tiempos, le tendía la mano de la reconciliación y le pedía «auxilio: lee mi libro y luego *di* lo que te parezca en alguna parte». Era una carta triste. Todo costó dos monedas. A quienes vendieran aquello (almoneda de la mudanza de Bergamín a San Sebastián) tal vez, con suerte, les pagaron una. Como tantos, se quedó sin la victoria y sin las mieles de la derrota.

Otra de las figuras borrosas, desdibujadas en la guerra, fue Vicente Aleixandre.

Hemos visto ya una muestra de su fervor republicano. También cómo se lo encomendó Alberti a Morla, al final de la guerra. Pero podemos decir que pasa por esos años con sigilo, maniobrando con una cautela que le permitió, a diferencia de sus amigos y pese a haber permanecido todo el tiempo en zona republicana, quedarse en Madrid sin especial temor al acabar la guerra. Sus colaboraciones fueron escasas, en *El Mono Azul* y en *Hora de España*, y aunque una de ellas es muy significada, el retrato que hace de García Lorca a raíz de su muerte podría haber sido publicado en cualquiera de los números de la *Ínsula* de los años cincuenta. En cuanto a su media docena de poemas revolucionarios, permanecían tan sepultados, que no creo que sean muchos los que recuerden dónde andan ahora, dado su escaso interés.

Su estado de salud se agravó durante la guerra y obtuvo un permiso para ir a la Sierra, lo que sin duda le aisló de casi todos sus amigos, a los que sin embargo veía de vez en cuando en sus escapadas a Madrid. Uno de estos, Miguel Hernández, le dedicaría, en letra impresa, su *Viento del pueblo*, pero su compromiso con la causa republicana raramente cobró una forma escrita ni tampoco hizo uso de los altavoces que se les brindaban a los escritores. Qué pensaba de todo ello, es un misterio. Al final se quedó y nadie le molestó porque él no había molestado a nadie, lo cual, en una guerra, denota grandes dotes de mano neutra. Según su amigo y biógrafo José Luis Cano, Aleixandre fue entonces y luego en la posguerra, desde la calle Wellingtonia, un infatigable y activo luchador antifascista, claro que Cano dijo también que Aleixandre fue un mujeriego impenitente; como también se dijeron ambas cosas, que fue revolucionario y faldero, de un muy grande amigo suyo, Dámaso Alonso, esporádico y discreto colaborador de *Hora de España*, aunque muchos encontrarían algunas de todas estas cosas, si no todas, bastante opinables, si no risibles. Como creer que un Dámaso Alonso, monárquico y furibundo antirrepublicano desde antes de 1931, como le cuenta Salinas a Guillén en una carta, y que se adaptó como pudo, acabó siendo un contumaz antifranquista dentro del «exilio interior». Se lo espetó Bergamín a su vuelta a finales de los cincuenta al hablarle Dámaso Alonso mal de Franco: «Yo no hablo nunca mal del dueño de la casa delante de su portero».

Sin duda fue Aleixandre un hombre bondadoso, como habremos de ver en relación con la triste historia de Miguel Hernández, y cuya personalidad hospitalaria era incluso más importante que su obra, siempre un poco aturdida, viciada y reclusa.

También al estallar la guerra estaba Dieste en Madrid, o para decir mejor, los Dieste, Rafael y su mujer, Carmen.

Los Dieste habían trabajado desde su fundación, se ha dicho ya, en las Misiones Pedagógicas, con Gaya, Cernuda y Barbudo.

Al estallar la guerra se puso a las órdenes de la Alianza de Intelectuales Antifascistas, donde no se supo muy bien por qué empezó a tomársele por trotskista, quizá porque era amigo del pintor poumista Eugenio Granell o del poeta Lorenzo Varela, también gallegos. Esto le causó algunos contratiempos a lo largo de la guerra. El primero con la propia Alianza. La Alianza, de orientación comunista, negó a Dieste, a quien habían nombrado director del Teatro Español, con una compañía de actores en paro llamada Nueva Escena, las doce pesetas diarias a las que como *miliciano de la cultura* tenía derecho, (la soldadada de los milicianos y soldados del frente era de dos duros), sueldo que cobraban la mayoría de sus compañeros y que les convertía de facto en intelectuales orgánicos, o sea, a sueldo, como los que había en la otra zona, de manera que los Dieste se vieron obligados a procurarse el sustento de otras formas, ocupándose mayormente en funciones de teatro revolucionario (*Los salvadores de España*, de Alberti, y *La llave* de Sender), para el que el poeta gallego escribió una pieza corta, *Al amanecer*, que estrenó en su compañía parecida a otras como Altavoz del Frente o Guerrillas de Teatro, que llevaban el teatro a los pueblos «como guerra popular por la independencia». De eso vivían. De limosna, como los titiriteros.

Luego, durante el congreso de escritores en julio de 1937, fue Dieste el único que discutió el «caso Gide».

Como se sabe, Gide, que había hecho un viaje a Moscú, se mostraba ya muy crítico con la Unión Soviética y las autoridades comunistas. En Valencia se habló de expulsar al escritor francés del Congreso de Escritores, y Dieste, en contra de la opinión de Bergamín y Alberti, lo defendió. Como consecuencia, su nombre quedó purgado de las informaciones que *Hora de España* dio del Congreso, donde él representó a Galicia. Al tiempo, y con la sospecha de su trotskismo, Dieste fue expulsado del Consejo Nacional de Teatro. Poco después los Dieste se marcharon a Barcelona, en busca de un ambiente menos crispado y hostil, que encontraron en el entorno anarquista. Uno de los personajes creados entonces por él, Félix Muriel, le serviría, tras la guerra, para escribir unos de sus mejores libros, entre la filosofía y la lírica fantástica, como un Juan de Mairena gallego.

En Barcelona, Castelao le pasó la dirección de la revista *Nova Galiza* en la que, al igual que había hecho con *El Buque Rojo* (revista que, dirigida por él, apareció en Valencia y de la que se publicó un solo número), incorporó a sus amigos de *Hora de España*. Ese fue el primer sueldo que cobró de un organismo del Estado. Castelao y Dieste fueron dos de los pocos gallegos «en activo» durante la guerra. Si la cultura y literatura catalanas pudieron desarrollarse con normalidad, la cultura gallega, con un Estatuto que contaba sólo con unas semanas antes de la guerra, fue víctima, primero, del triunfo de la sublevación fascista, que ocupó desde los primeros días todo el territorio gallego, y en segundo lugar, de la diáspora. Los sublevados sometieron a los galleguistas a una salvaje represión, hasta el exterminio, y los republicanos tenían cosas más importantes en que ocuparse que en promocionar la cultura gallega (la mayoría de los gallegos publicarán, pues, en castellano).

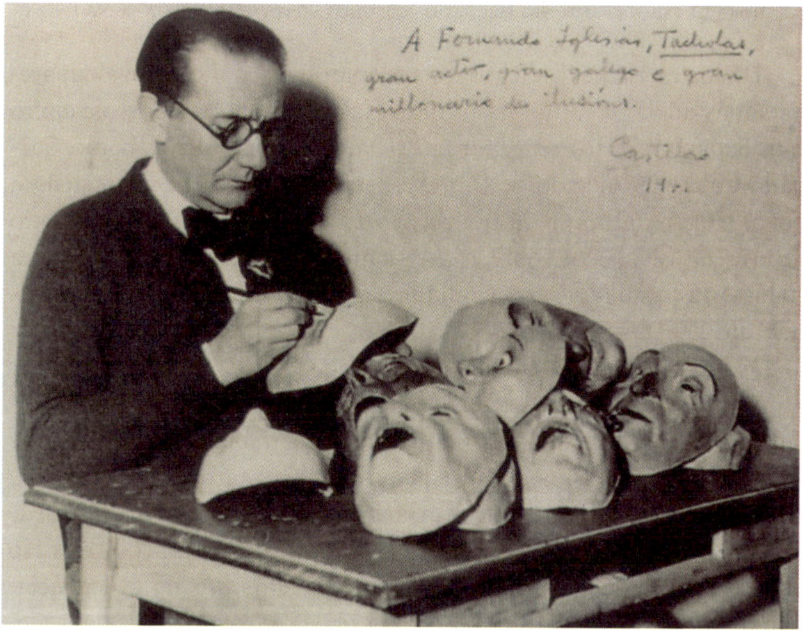

NOVA GALIZA

25 cts.

REVISTA MENSUAL AO SERVIZO DO ESPRITO E DA LIBERTADE DO POVO GALEGO

BARCELONA

N.º 17

CATALUÑA AYER Y HOY

Alborada de dor

177-179. Castelao pintando máscaras en su exilio argentino. Uno de los dramas de los galleguistas como Castelao fue haber perdido Galicia sin haber librado un solo combate en territorio gallego, pues cayó en manos de los militares sublevados desde las primeras semanas de guerra. Otro, restringir el uso de la lengua en gran parte de las pocas publicaciones que pudieron sacar a la calle, como este célebre libro de estampas de la guerra, *Atila en Galicia*, obra del propio Castelao.

De los escritores gallegos que quedaron en Galicia nos ocuparemos más adelante. Aquí han salido Castelao y Dieste. Otros, como Luis Seoane, lograron escapar en fecha temprana. Otros, como Carballo Calero, protegido de Castelao, se quedaron y escribieron algo, poco. De este último es la novela *Scorpio*, que publicó en 1987, uno de los relatos gallegos sobre la guerra más relevantes, en el que cuenta su historia como miliciano y militar. Y poco más. Las revistas gallegas que dirigió Dieste y *Nova Galiza* son hoy extremadamente raras, lo que indica su escasa circulación.

Al final de 1937 también la redacción de *Hora de España* se trasladó a Barcelona, y los Gaya, que en Valencia habían estado acogidos en casa de Gil-Albert, se fueron a vivir con los Dieste, a una casa que les habían proporcionado a los primeros unos amigos anarquistas.

Dieste, con Gaya, Gil-Albert y Barbudo, fueron movilizados ese año de 1938, de modo que iban y volvían del frente con frecuencia, para no desatender sus trabajos intelectuales.

Y así se llegó a los últimos días de enero de 1939. Carmen Dieste y Fe Gaya, camino de la estación de Figueras y del exilio, fueron sorprendidas por un ataque de aviones alemanes, que ametrallaron a la población civil cuando ésta trataba de huir de las tropas franquistas, cada vez más próximas y amenazantes.

Lo que entonces sucedió es ya materia de otro capítulo.

LA RÉVOLUTION
ET LES ENFANTS

FRANCO
Caudillo de Dios y de la Patria

CAPÍTULO SÉPTIMO

... O DE PAMPLONA, LA PEQUEÑA ATENAS, CIUDAD DONDE VINIERON A PARAR O SE JUNTARON ESCRITORES, CARLISTAS Y FALANGISTAS QUE EMPEZARON A IMPRIMIR SUS LIBROS, REVISTAS Y PERIÓDICOS, ASÍ COMO TAMBIÉN DE SEVILLA, ESCENARIO PARA QUEIPO, GUILLÉN Y EL GRAN VISIR DE MARRUECOS.

HUBO, como se sabe, dos ciudades que capitalizaron la sublevación en España. Una, Sevilla, en el sur, y otra en el norte, Pamplona. Salamanca y Burgos, a medio camino, fueron nada más que un búnker seguro. En cuanto a San Sebastián, una *garçonnière*.

La vieja ciudad de los Fueros se llenó, en los primeros días del levantamiento, de carlistas y falangistas que partieron, mandados por Mola, hacia diversos lugares de Castilla, donde se establecieron los frentes.

De esos momentos hay abundante literatura. Uno de sus protagonistas fue Rafael García Serrano, muy joven entonces.

«Aquellos años de la Guerra Civil –escribirá un cronista local– Pamplona fue una pequeña Atenas militarizada», con la presencia de d'Ors, Vivanco o Rosales.

Las memorias de García Serrano están, como sus propios libros, desorganizadas por el recuerdo de vivencias violentas. Su temperamento, de naturaleza rifeña, es harto brusco, y su prosa, cuajada de casticismos, tiene esa impronta tan falangista, quizá navarra al estilo de José María Iribarren, que es envolver besos en coces, interjectada cada cinco líneas por un par de tacos, que suenan siempre, en medio de la página, como petardo pedregoso y extravagante, lo que García Serrano compensa con arrobamientos de corte lírico, todo lo cual convierte su prosa en algo alucinante, efusivo y personal.

Al estallar la guerra García Serrano marchó, con su bandera de Falange, hacia Somosierra. García Serrano, como Ridruejo, había querido

180-184. Requeté navarro herido acompañado de un niño; página de la revista *Vu* con la foto de un niño en un desfile republicano; niños saludando el esgrafiado de Franco; niños republicanos mirando el cartel *Los nacionales* de Juan Antonio Morales y niños con armas en Madrid.

185. De un pregón del cura Fermín Yzurdiaga, en Pamplona: «Es necesario este Tribunal rígido de Inquisición. Hoy es la Fiesta del Libro. Desde hace años funciona en nuestra España una filial o sucursal de la Editora Espasa-Calpe. ¿Ha pasado (preguntamos) por algún tamiz el historial y los fondos editoriales de esa casa, anteriores a la guerra? ¿Es posible tener una casa en Madrid, otra en San Sebastián y otra en Buenos Aires? ¡Los triángulos nos escaman demasiado! Y vamos a precisar más, porque el escándalo es intolerable. Hoy en los escaparates de todas las librerías se expone la Colección Austral de la Espasa-Calpe. Tiene mucho que purgar y que rectificar esta Editora».

186-187. Rafael García Serrano (en la imagen, a la derecha) fue uno de esos jóvenes belicópatas a cuyas vidas la guerra vino a dar un sentido que antes no habían tenido, del que ya nunca se desprenderían, pudiendo afirmarse que la mayor parte de sus libros y novelas están marcados por el síndrome bélico. Cubierta de *Eugenio*.

estudiar periodismo en la escuela de *El Debate* –el libelo de la carcundia más rabiosa, *pendant* de *Claridad*, el libelo del bolchevismo más incendiario– y pensaba dedicarse a la literatura. A los pocos meses volvió del frente y se incorporó a la redacción del periódico *Arriba España*, grito de guerra falangista que había acuñado, antes de la guerra, inspirado en Ledesma, Sánchez Mazas y que, a tenor de los cuarenta años siguientes, sonaba a un *Arriba las manos*.

Para conocer esos años es imprescindible, con todo, asomarse a las memorias del joven escuadrista, que tituló *La gran esperanza*. Cansa tal vez de ellas el tono y la desorganización, no solo las certidumbres, demasiado abundantes, como también abundantes son en ellas «los demasiado cobardes, los demasiado traidores», que García Serrano cree descubrir en todas partes. En cierto modo García Serrano fue una de esas personas a las que, como señalaba Gaya, vino la guerra a darles un contenido y argumento que antes no habían tenido sus vidas, y puede decirse que la mayor parte de los libros y novelas de García Serrano están marcados por el síndrome bélico, desde su *Eugenio o Proclamación de la primavera*, el primero de todos sus libros, de 1938, *La plaza del Castillo* o *La fiel infantería,* hasta su inigualado e insoslayable *Diccionario para un macuto.*

Se confesaba admirador y discípulo del Giménez Caballero más exaltado, el de *Arte y Estado* o *Genio de España,* y mucho de esa admiración pasaría a sus libros.

La veneración de García Serrano por el cura Yzurdiaga también fue grande. A él le debía muchas cosas, entre ellas el trabajo en el periódico. Yzurdiaga, más que un cura, era un curita, joven gerifalte, pálido e inquisitorial, violento y remontado, con mucha afición a echar sermones, que por el tono, según han contado, tenían el fuelle de incendiarias arengas mitad nacionalistas mitad teológicas. Parece también que era un retórico cargante, y tal como lo recuerda Ridruejo, una de esas personas que acechan con delectación los mínimos meneos de sus cuerdas vocales.

Por lo que sabemos de él parece una encarnación del cura Merino, un hombre de carácter, con afición a meterse en política y tendencia a remangarse la sotana. Su doblez no le impedía, o más bien, le permitía tener en su biblioteca toda la colección de *Cruz y Raya*, que había leído con atención y provecho.

Cuando la Falange estuvo, en enero de 1937, a punto de dividirse en dos, Yzurdiaga optó por el eslabón más débil, que fue, como se sabe, Hedilla, porque le parecía que éste representaba mejor las esencias joseantonianas. Luego Yzurdiaga, como todos, supongo que terminaría aceptando el caudillaje de Franco con más o menos sutiles subterfugios ideológicos, por lo mismo que acató a Gomá, quien le conminó a que dejara el uniforme de Falange y volviera a vestir la sotana. Se contaba entonces que Sáinz Rodríguez le preguntó en cierta ocasión, sin obtener respuesta, cuántas veces se santiguaba al día, para saber si era cierto el dicho «se santigua más veces que un cura loco».

Yzurdiaga fundó el periódico, el *Arriba España*, el 1 de agosto de 1936, asistido por el joven escritor Ángel María Pascual, que fue quien también le ayudó en la fundación de la revista *Jerarquía.*

La importancia de ambas publicaciones fue grande, pues se tomó a las dos, desde las más remotas provincias de la España nacional, como puntos de vista o referencias inexcusables para la navegación por los todavía inexplorados mares del nacionalsindicalismo.

Pascual había hecho por libre las carreras de Filosofía y Derecho, y fue como un pupilo de Yzurdiaga.

Era aquél un joven culto, dominaba varias lenguas muertas y vivas, y entre sus aficiones se contaba la de dibujar, como Petrarca, unas viñetas al estilo de los viejos grabadores protorrenacentistas de tablas de boj. También conocía el oficio de los impresores, tema al que dedicó un artículo un tanto etéreo en *Jerarquía,* pero que le permitió imprimir uno de los libros más hermosos de estos cien años, aunque el autor fuese un desconocido: *El coqueto don Sancho Sánchez*, de Gabriel de Biurrun y Garmendia.

Pascual se había afiliado a Falange, con el cura Yzurdiaga, antes de la guerra. Luego, en los primeros días del levantamiento militar, se fue voluntario con otros camaradas, pero volvió al poco tiempo a Pamplona y allí él y el páter fundaron *Arriba España*. Pascual sería, en distintos momentos, su director y su redactor jefe, hasta 1947, año en que murió.

En ese periódico se publicaron, ya en los años cuarenta, unas *Glosas a la ciudad* que son sin duda lo más valioso de Pascual, y que se recogerían, al menos parcialmente, en un libro de 1963. Son comentarios sobre la historia de Pamplona, visiones líricas de la ciudad de provincias, prosas eruditas a lo d'Ors y delicadas a lo Azorín; sus poemas, memorables en verdad, se reunieron bajo el título de *Capital de tercer orden*, y recuerdan, por un lado, los elegíacos y sentimentales tonos de un poeta simbolista menor, a lo Rodenbach, a lo Fortún, tan romántico como ellos, si acaso más bronco, y, por otro, el tono moral y civil de la mejor poesía social de los cincuenta, lo que los hace inusuales por su belleza y su precursora temporalidad en aquella España de los cuarenta que Pascual supo ver como una ciudad de tercer orden. Estos dos libros, junto con las colaboraciones de Pascual de antes de la guerra, *Silva curiosa de historias*, y sus escritos en *El Español*, *Cartas de Cosmosia*, son obras de muy amena y culta literatura que le granjearon, en un pequeño círculo, fama de escritor exquisito, al margen de sus otros libros doctrinales, su novela *Amadís* (al estilo del primer Cunqueiro, quizá exageradamente elíptica y cargada de símbolos, con un castellano muy barroco que hace preciso el viaje al diccionario dos veces por página), el *San Jorge o la política del dragón*, o el *Catilina*, mucho menos interesantes.

La marcha de la pequeña Atenas, sin embargo, no siempre debió de ser todo lo armónica que querían personas como Pascual.

Por un editorial del periódico, se ve que Yzurdiaga era también un fanático preocupado en las depuraciones, de porte siempre poco canónico, que no canónigo. Ya lo había hecho con Pérez de Ayala, a comienzos de 1937, cuando le recordó que no le valdrían de nada las cartas de adhesión a Franco ni las tretas de masón, en tanto no abjurase públicamente de su *A.M.D.G.*, la novela en la que Ayala criticaba con ferocidad a la Compañía de Jesús. En marzo de 1938, en forma de editorial en el periódico, volvería a hacerlo con otros muchos:

«Es necesario este Tribunal rígido de Inquisición. Hoy es la Fiesta del libro. Desde hace años funciona en nuestra España una filial o Sucursal de la Editora Espasa-Calpe. ¿Ha pasado (preguntamos) por algún tamiz el historial y los fondos editoriales de esa casa, anteriores a la guerra? ¿Es posible tener una casa en Madrid, otra en San Sebastián y otra en Buenos Aires? ¡Los triángulos nos escaman demasiado! Y vamos a precisar más, porque el escándalo es intolerable. Hoy en los escaparates de todas las librerías se expone la Coleción Austral de la Espasa-Calpe. Tiene mucho que purgar y que rectificar esta Editora. Pues bien: sin enterarse por lo visto del nuevo espíritu de España nos presenta títulos como estos: Descartes, *Discurso del Método*, condenado por la Iglesia, en el *Índice*. *El matrimonio de compañía*, de Lindsay y Evans. De Ortega y Gasset (¡cómo no!) su *Rebelión de las masas* y *Tema de nuestro tiempo*. El estúpido payaso Ramón Gómez de la Serna. Russell y Thomas Mann...», etc. Pobre Ramón, con todo lo que estaba haciendo en Buenos Aires para contentar a los Yzurdiagas del mundo.

En la primera página del periódico se reproducía también, a diario, una mancheta en la que se leía una poco tranquilizadora llamada: «¡Camarada! Tienes obligación de perseguir al judaísmo, a la masonería, al marxismo y al separatismo. Destruye y quema sus periódicos, sus libros, sus revistas, sus propagandas. ¡Camarada! Por Dios y por la Patria». El anuncio, con un grueso luto y tipografía generosa, sobresalía de la página como el cadalso de un auto de fe en la plaza pública.

La revista *Jerarquía*, desde un punto de vista literario, tuvo, sin duda, mucha más importancia que el periódico.

Llevaba dos subtítulos; uno, «La revista negra de la Falange», que hacía referencia a su cubierta, de ese color, y otro, «Guía nacionalsindicalista del Imperio, de la Sabiduría, de los Oficios», que no se sabe muy bien a qué se refería, pero que suena involuntariamente a Logia de los Rosacruces y que nos remite a Pascual y a su visión menestral del arte y la literatura. En las primeras páginas aparecía esta dedicatoria: «Para Dios y el César», y su primer número vio la luz a finales de 1936. Se publicarían cuatro en total.

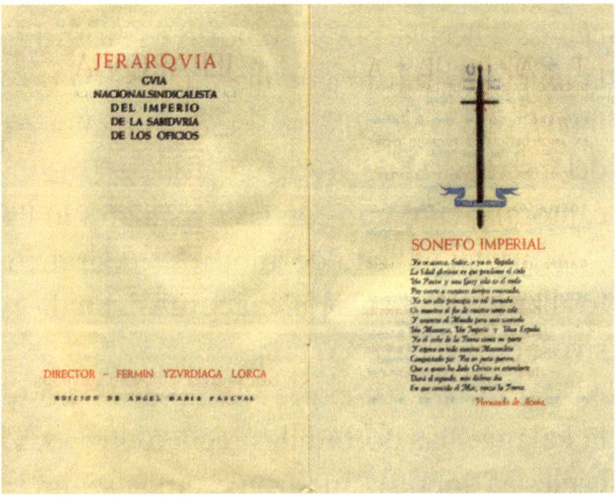

188-190. Cubierta y páginas interiores de *Jerarquía. Guía nacionalsindicalista del Imperio, de la Sabiduría, de los Oficios*, dirigida por Fermín Yzurdiaga. En cuanto al negro de su cubierta, más que el del fascio, es el de la sotana. Todo en sus páginas trasmina a sacristía y cantoral gregoriano. En el centro, Ángel María Pascual, el escudero de Yzurdiaga y colaborador del periódico *Arriba España*, en cuya primera página se reproducía a diario esta poco tranquilizadora llamada con un grueso luto y tipografía generosa: «¡Camarada! Tienes obligación de perseguir al judaísmo, a la masonería, al marxismo y al separatismo. Destruye y quema sus periódicos, sus libros, sus revistas, sus propagandas. ¡Camarada! Por Dios y por la Patria».

Desde muchos puntos de vista *Jerarquía* era el polo opuesto a *Hora de España*. Ridruejo se quejó siempre de la superioridad de medios de propaganda que tuvo la España republicana si se los comparaba con la España nacional. El comentario no se comprende, porque la revista de Yzurdiaga evidenciaba un gran despliegue, no solo de lo más granado de su intelectualidad, sino de sus medios económicos. Sin contar *Vértice, Revista Nacional de Falange*, en cuyas páginas y suplementos vieron la luz algunas de las mejores páginas literarias del falangismo. Era un *magazine* de lujo, destinado a la burguesía nacional incipiente, de extraordinario y moderno diseño, contenidos aparte, y un atractivo despliegue gráfico y fotográfico.

Fue Ángel María Pascual quien cuidó la revista *Jerarquía* desde ese punto de vista gráfico. Tenía un formato de infolio, con cuatro tintas, rojo, azul, negro y purpurina, y una tipografía, para las versales, muy cesárea y romana, que sustituyó todas las U de los títulos por exaltadas V. Los que entienden poco de tipografía, la suelen encontrar muy elegante. Recordaba vagamente a las últimas revistas de Juan Ramón, *Sí*, *Presencia*, *Ley*, hechas por el solitario e inasistido J.R.J., aunque en el caso de la imitadora navarra, adulterada por la opulencia no solo de los contenidos, sino de los oficios. En cuanto al negro de su cubierta, más que el del fascio, es el de la sotana. Todo en sus páginas trasmina a sacristía y cantoral gregoriano con las capitulares magenta.

Pascual la llenó de adornos tipográficos, que incluso a d'Ors, que los llamó con malvada exactitud «zanahoriuelas», le parecieron excesivos, él, tan barroco.

La revista fue expresión desde el primer número de la retórica de la Falange, las portadillas recuerdan todas los muros de las catedrales e iglesias donde mandaron estarcir, según la costumbre escolástica, los «¡José Antonio, Presente!» con sangre de toros mártires, y el tono de las colaboraciones, en su mayoría, resultaban de una gran solemnidad: «Unos crean el estilo, y otros lo definen. Crea un estilo de vida aquel que recibe el soplo de los destinos históricos y rompe con la caducidad en nombre de la esperanza: así Mussolini, Hitler, José Antonio, Franco [...]. A ese modo de ser corresponde lo que luego se ha llamado, con admirable acierto intuitivo nuestro estilo: un modo nuevo de hacer la vida, desde la monumentalidad arquitectónica hasta el ademán cotidiano», etc. Pese a la afición de Pascual a escribir sobre papel posteta, todo en la revista resultaba en exceso indeleble.

Sin leer los contenidos de *Hora de España,* no se podría saber de qué clase de revista se trata; *Jerarquía*, más cerca de *Cruz y Raya* que de *Revista de Occidente*, delata ya de lejos su origen y su destino, clerical y rancio por todos los costados.

Colaboró en *Jerarquía* la plana mayor del falangismo intelectual: Ridruejo, Montes, Vivanco, Rosales, Foxá, Giménez Caballero, el propio d'Ors...

Tenía previstas la revista una serie de publicaciones, que dirigiría Luis Rosales, y de las cuales unas salieron, como *El viaje del joven*

Tobías, de Torrente, o *La bestia y el ángel*, de Pemán, y otras no, como los *Episodios Nacionales* (tomo II), que se anunciaban de Foxá o los *Discursos de la catolicidad*, de Eugenio Montes, o *Los Reyes Católicos*, traducción del *Ferdinand et Isabelle* de Eugenio d'Ors, aparecido en Francia en 1932.

En la pequeña Atenas fue sin duda esta de Eugenio d'Ors la figura más sobresaliente. Casi diríamos que la única. El resto no eran más que cadetes que habían empezado a darse a conocer al filo de la guerra, como quien dice. Sólo d'Ors llegaba a la acrópolis del Arga con una obra extensa, un prestigio consolidado y una maestría indiscutible. Lo que fue Ortega para la retórica falangista, nos dirá Vegas Latapie, lo sería d'Ors para el grupo navarro.

A d'Ors le había sorprendido la guerra en París, donde frecuentaba a un grupo de monárquicos, diplomáticos y aristócratas españoles que se habían instalado allí, por sentirse incómodos con la República, a la que el maestro había calificado como «plebeyo jolgorio en una inconsciente muchedumbre que se tragó quince siglos de tradición».

D'Ors, declarada la guerra, permaneció un año en París, pero su corazón no dudó en elegir bando desde el primer momento y, a mediados de 1937, se presentó en Pamplona, donde empezó a publicar su «Glosario» en el *Arriba España*.

Fue la gran baza intelectual de los rebeldes: un falangista de vocación tardía, y ya que no su Aristóteles de Atenas, su Goethe de Iruña. El mismo d'Ors, no obstante, ironizó sobre este particular con ocasión de un frustrado encuentro con Franco, en Burgos, en el que éste no recibió al literato en una de las apretadas audiencias que concedía. A d'Ors le pareció un atropello que la historia no volviera a repetir el cabeceo entre el Goethe y el Napoleón modernos. Al referir el desaire, d'Ors comentó dolido: «Es posible que yo no sea Goethe... Pero, *recollons*, tampoco él es Napoleón».

Metió en la zona nacional un folklorismo que tenía a jerarcas falangistas y militares un tanto sobresaltados: demasiado importante para deshacerse de él y neutralizarle, demasiado entusiasta para no aprovechar su ímpetu y fervor propagandísticos, ya que era a menudo, intelectualmente hablando, un hombre de grande y rápida agudeza, y demasiado inteligente para no solicitar de su complicado sistema mental la doctrina que a ellos les faltaba. Con un loco folclórico (Giménez Caballero), debieron de pensar, ya tenían bastante.

La doctrina que d'Ors les proporcionó tampoco les sacaría de dudas, pues todo lo basaba en los misterios: los del Ángel Custodio o el de Elche, años después.

Uno tiene la sensación de que d'Ors, como buen comerciante, un tanto tramposo, terminaría colocándoles a los nacionalistas de Burgos

191-192. Eugenio d'Ors fue la gran baza intelectual de los rebeldes, un falangista de vocación tardía y ya que no su Aristóteles de Atenas, su Goethe de Iruña. En el centro, cubierta de *La tradición*, donde d'Ors reunió las glosas publicadas durante la guerra, convenientemente depuradas en sus futuras recopilaciones. En la imagen de la derecha, d'Ors vestido de falangista, con un diplomático.

una mercancía que a él mismo le habían rechazado hacía veinte años los nacionalistas de la Lliga, intransigentes con sus teorías sobre el sindicalismo, aunque la disculpa que pretextaron para la ruptura con él fuesen unos arqueos mal cerrados en ciertas contadurías, todo lo cual ocasionó su salida de Cataluña y su renuncia al catalán como lengua literaria. Madrid y buena parte de sus intelectuales –Azorín, la Residencia de Estudiantes, Juan Ramón, Ramón– lo acogieron con los brazos abiertos. A partir de entonces, hacia 1919, se fue desprestigiando él solo entre sus antiguos valedores.

Al llegar a Pamplona, ya en plena guerra, lo primero que hizo d'Ors fue velar las armas falangistas en una noche y con una ceremonia que se hicieron célebres en toda la España nacional. La charlotada iba, no obstante, en serio. Se encerró en la iglesia de San Agustín, y rodeado de Laín, Torrente, Rosales, Ridruejo y algunos más a modo de caballeros, se entregó al placer del teatro ante el cura Yzurdiaga, al que tocó el papel de ventero. Quienes lo conocían, al verle metido en un uniforme falangista que él mismo se figurinó, introduciendo en él notables modificaciones, como aquellos leguis de cuero, leguis de mecánico *chauffeur*, que le redondeaban las pantorrilas, al verle, digo, no sabían si tomarlo por loco o por un *clown*. Alguien incluso, meses más tarde, al sorprenderle paseando con su disfraz por la calle, llegó a confundirle con un bombero, lo que tampoco parece que le importara.

Pedro Sáinz Rodríguez, ministro de Educación en el primer Gobierno de Franco de 1938, le nombró director general de Bellas Artes, con la oposición de algunos militares como Martínez Anido, enemigo, como era público y notorio, de todo lo catalán. El nombramiento le hizo feliz.

En cuanto d'Ors vistió su uniforme, juró sus armas y reconoció el terreno, se hizo el amo, volvió a escribir su *Glosario* y a venderlo al precio más alto (Agustí recoge un regateo gracioso de d'Ors y Vergés).

El «Glosario» de la guerra, publicado en *Arriba España*, estaba, según García Serrano, sin recoger, lo cual no era totalmente exacto, pues existía una edición de esas glosas de la guerra titulada *La tradición*, publicada por Editoriales Reunidas, Buenos Aires, Argentina, en 1939.

Tienen las glosas dorsianas, como se sabe, una pizca de erudición, otra de actualidad, otra de autobiografía o recuerdos lejanos, cuarto de juicio y cuarto de sentencia francesa, conformado todo en el secreto de un molde: el estilo, ese busilis que, como el suflé, unas veces se remonta, y otras, no sube; unas, sale seco, otras, crudo, y otras, en su punto, sin que sepa nadie la fórmula perfecta de cocción.

Muchas de estas glosas de la guerra las agruparía con el mismo título en el tercero de los pequeños tomos de papel fumadero y tapas rojas de piel en la Editorial Aguilar, si bien en no pocas de ellas se practicaron sistemáticas y frecuentes amputaciones y censuras sustanciales (como aquella que pasaba de llamarse «La biblioteca del falangista san Agustín» a «San Agustín» a secas), cuando no se suprimieron completas, empezando por la dedicatoria, que decía: «A mis hijos combatientes de España / Víctor, / Arquitecto, Teniente de Zapadores-Pontoneros, voluntario de la Falange Española / Juan Pablo, Teniente-médico del Tercio de Requetés / Burgos-Sangüesa / Álvaro, Estudiante, Alférez de Infantería», donde es difícil adivinar si d'Ors estaba más orgulloso de que le hubiesen salido falangistas o hecho tan buenas carreras. Tampoco aparecen las dedicadas a Mussolini. «Mussolini en Sicilia», «Escuchando a Mussolini» y «Lo que más me ha gustado y lo que menos, en el discurso de Mussolini», fueron convenientemente suprimidas, junto a otras veintidós.

D'Ors intentó, en general, mantener en el glosario de esos años una nota de altura. De él se pedía eso. No siempre lo consiguió; quizá por su naturaleza vehemente y mediterránea, descendía, a menudo más ático que jónico y menos ático que corintio, a la verdulería, aunque menos frecuente es que pierda el humor, uno de los más personales e inteligentes de nuestra literatura.

Después de mucho transitar, con cuánto gusto y aprovechamiento a veces, por la obra dorsiana, tan llena de sugestiones y aciertos, uno ha comprendido que la esencia de la glosa, si no su función, es el puro barroquismo. Dicho en otras palabras: la glosa es un buñuelo de viento: harina, huevo, aceite hirviendo y dentro... el universo, la bóveda del cielo y los agujeros negros. Y, como el buñuelo, tienen algo de tramposo, de estafa, por más que uno tenga debilidad por ellas. Sin contar con que a d'Ors le ocurrió, en el estilo, lo que a Leonardo en sus frescos: la clara de huevo y sus demasiadas proteínas atentaron contra las formas, de manera que d'Ors, un enamorado de las formas y las normas, va viendo, es decir, nosotros, a medida que pasa el tiempo, cómo se le cuartean los muros maestros de su estilo, que precisaría un modesto artesano, un oficial concienzudo del idioma que quitara a sus frases las camisas de fuerza que las mantienen con las manos pegadas a la espalda.

La obra dorsiana de la guerra es, si cabe, aún más poliédrica que toda la anterior: son más conceptos, casi siempre cortados en tres, como los pelos, lo que unido a su violento antiliberalismo da una mezcla rara, sumamente antipática tanto como etérea y buñolista: «Todos los problemas que / Trae consigo la Falange / Se resuelven con que tenga / La Falange, fe en el Ángel» (la rima refitolera ángel / falange ni siquiera era suya, sino de Bacarisse, traduciendo a Mallarmé). Tampoco se librarían muchas de las glosas dorsianas de entonces de la jerga de los publicistas y reporteros, y «los rojos», «las hordas», «los marimachos», «las mujeres greñudas» o aquel convaleciente... que regresaba «hecho migas de desmigar rojos», andan sueltos por entre los órdenes clásicos, unas veces de piedra, otras de escayola y, cuando se terciaba, de cartón piedra, acartonadas como el mismo d'Ors veía las prosas y versos de uno de sus grandes admirados: el ausente Ramón de Basterra.

También siguió durante la guerra conversando con su heterónimo Octavio de Romeu, hacia el que d'Ors derivaba el *seny* catalán.

D'Ors, aunque era académico desde 1927 (le hizo académico, como a Machado, Primo de Rivera: «elección anticonstitucional a la R. A., [la

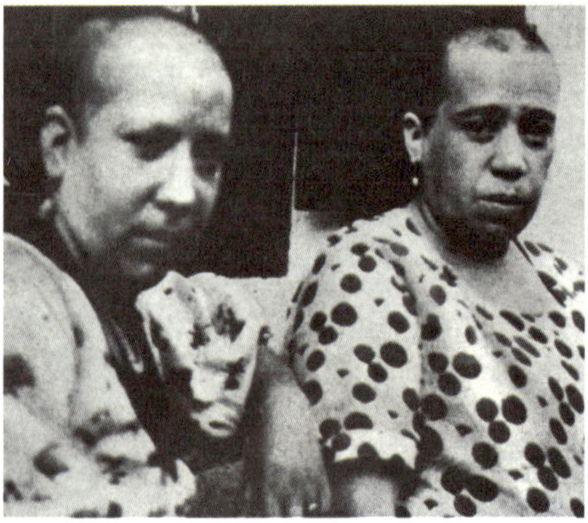

193-194. Imágenes de las vejaciones franquistas: mujeres expuestas a la vergüenza pública con el pelo rapado, *reconciliadas*, podría decirse con la jerga de la Inquisición.

de A. M.] como oponente del candidato, contrario a Primo de Rivera, Niceto Alcalá-Zamora», afirma Brotherston, basándose en un artículo de Pedro de Répide en el que este sostiene que, después de haberles dado a Antonio y a Manuel una fiesta flamenca en su honor, el general hizo todo lo posible para que la candidatura de Machado, promovida por la Universidad Popular de Segovia, triunfase), d'Ors, decíamos, no había leído todavía el discurso (lo leyó en 1938 en Sevilla), y se entregó con apasionamiento a esta idea de reunir las academias, lo que hizo el 6 de enero de 1938 en el acto fundacional del Instituto de España, que tuvo lugar en el paraninfo de la Universidad de Salamanca, al tiempo que se ocupaba con entusiasmo del estilo que habían de tener las lápidas, las ceremonias, las inscripciones conmemorativas, y todas las cuestiones mínimas de protocolo y sofisticadas liturgias políticas, sobre las que era consultado de continuo, como un camarlengo.

Viajó a París para convencer a algunos viejos académicos de que debían regresar a España para jurar su cargo. Convenció a Baroja. Al hablar de él ya nos hemos referido a ese episodio. A Marañón y a Pérez de Ayala no hizo falta convencerlos, pero desaconsejó su entrada

195. Manuel de Falla. Todos los testimonios lo describen, tras el asesinato de su amigo Lorca, abatido en su misantropía. D'Ors le ofreció la presidencia del Instituto de España («una réplica en escayola del Instituto de Francia», según Pla), y aceptó, pero asqueado por las cosas que veía, al terminar la guerra Falla acabaría marchando al exilio. No hubo muchos como él.

en la zona nacional, donde no se les perdonaba su republicanismo. La presidencia se la ofreció a Falla, quien, tal vez más coaccionado que convencido, terminó aceptando por razones obvias, ya que seguía viviendo en Granada, aun asqueado y desolado tras de la muerte de su amigo Lorca. Es posible que para evitar que en lo sucesivo nadie le obligase a aceptar honores que no pedía, el ferviente católico Falla, al término de la guerra, se exilió en Argentina y no volvió nunca a pisar suelo español, poniendo tierra y mar de por medio con aquellos asesinos que debía de considerar escasamente cristianos.

«En Burgos –escribió Pla de ese acontecimiento con su retranca habitual y movido por la antipatía que sentía por su paisano–, en la época de la guerra, tuve noticia de la existencia de un "Instituto de España", cuyo factótum era d'Ors y supuse que se trataba de una réplica en yeso del Instituto de Francia».

196-197. Libros de uno de los pocos humoristas que permaneció fiel a la República, escribiendo sobre todo para los niños. De ello hablaría Antoniorrobles con finísimo humor en el segundo de ellos, *El refugiado Centauro Flores*.

Durante ese 1938 d'Ors discurseó por media España en doctos institutos y academias, ataviado siempre con su llamativo disfraz, le metieron en la de San Fernando y le hicieron doctor honoris causa de la Universidad de Coimbra, en una ceremonia que su biógrafo relata pormenorizadamente con todo su boato barroco. Fue allí donde pronunció una frase que le define bastante bien: «La liturgia es belleza; el fuego, unidad; libertad, el protocolo». O sea: una de esas frases a las que se puede dar la vuelta tres veces, bordeando el peligro de los triángulos al que aludía su admirador Yzurdiaga.

Incluso tuvo d'Ors tiempo de ir a Italia, prologar una antología del Duce, ocuparse del pabellón español de la Bienal de Venecia y, en enero de 1939, volar a Ginebra, para pactar la vuelta de los fondos del Museo del Prado, lo que consiguió después de arduas negociaciones, en las que estaría asesorado, si damos crédito a algunas fuentes, por el muralista

Sert, también catalán, de cuyas pinturas d'Ors había hecho circular una de sus típicas maldades: que «estaban pintadas con mierda y oro». Al terminar la guerra se instaló en Madrid, se fue a vivir a un caserón del siglo XVIII de la calle Sacramento, que le prestaron las autoridades municipales, el viejo palacio de los condes de Revillagigedo, frente a la iglesia barroca de San Miguel, en el barrio de los Austrias, y empezó una época de su vida pública dominada con más frecuencia por la anécdota que por la categoría, en las brumas de su profusa teodicea.

198-200. La foto de esta miliciana anónima se publicó en el *Abc* republicano del 29 de julio de 1936. A quien la eligió como ejemplo de la lucha popular, no le importaba su aspecto físico. Antes al contrario, hay algo en ella edénico, risueño y puro. Cuando Tono y Miguel Mihura (a la izquierda) la reutilizan como cubierta de su libro, subrayando su peinado y sus labios con efectos simiescos, sólo buscan la sátira más plebeya: la irrisión por el aspecto físico. Otra vez en España Quevedo contra Cervantes.

Mercedes Fórmica cuenta que en una ocasión se encontró a d'Ors, poco antes de morir, ya viejo, en un hotel de Barcelona, vestido con briches de montar y una fusta en la mano, él, que jamás se había acercado a un caballo. Por entonces pronunció también una conferencia en la que repitió, como fecha del descubrimiento de América, la de 1500. «¿Por que lo ha hecho, por qué ha insistido tanto en ello, don Eugenio?», le preguntó un admirador a la salida. «Porque me convenía», le respondió el viejo olímpico, malicioso y a salvo ya de todo. Lo dicho: la belleza, la liturgia y ya que no el fuego, las cenizas, aunque cabría aplicar a la rica y siempre sugerente obra de d'Ors el viejo refrán de que quien tuvo, retuvo.

Los que estaban en Pamplona iban a menudo a la capital administrativa del nuevo Estado, Burgos, o a su Lido particular, en la cercana San Sebastián.

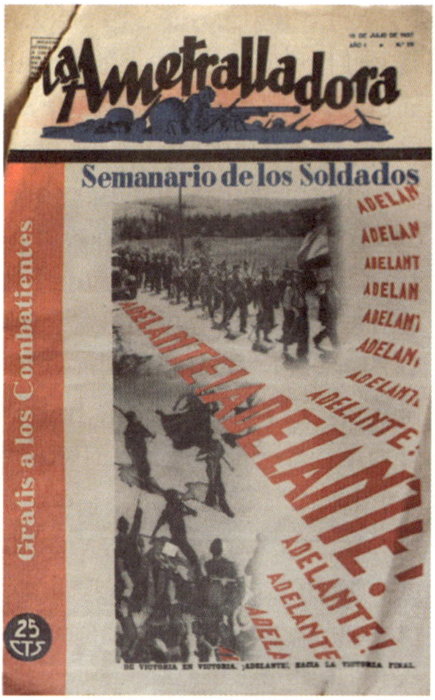

201. Cartel original de Tono hecho para la República en 1936. Detrás de esa fecha, una evasión y una novela que tal vez no lleguemos a conocer nunca.

202. Mihura, Tono, Jardiel, Neville... Se dijo entonces con mayor o menor fundamento: el humor es de derechas. Cuando se está donde ellos estaban es posible el humor, pero una lectura atenta de *La Ametralladora* denota que también en sus páginas tiraban con bala, aunque nunca sobre sí, que como es bien sabido es el modo supremo y cervantino del humor: reírse de sí mismos.

203-205. Pero el humor, que tiene querencia al negro, puede volverse contra todo y contra todos, como en los chistes incluidos en *100 tonerías de Tono*, editado en San Sebastián en 1938. El primero bromea sobre un tema demasiado serio para las víctimas, de su propio bando, y el segundo podría haberse publicado en Madrid denunciando a los quintacolumnistas.

El hecho de que San Sebastián estuviese cerca de la frontera francesa y el hecho de que se constituyera como retaguardia apenas comenzó la guerra, le dio una serie de características que la hicieron muy deseable para muchos de los más favorecidos del bando de los nacionalistas.

Fueron varios los escritores que recalaron muy pronto en esa ciudad, o que la tomaron como obligado centro de operaciones.

Cunqueiro, Pla, Samuel Ros, y todos los de *La Ametralladora*, Tono, Mihura, el propio Neville.

La guerra en San Sebastián tuvo poco de guerra y bastante de bambalinas. El hecho de que hubiese sido durante tantos años lugar de los veraneos regios, le restituyó muy pronto el carácter aristocrático que siempre había tenido, y se llenó de toda clase de títulos y grandezas, banqueros, negociantes y capitalistas que trataban y cerraban sus negocios en La Perla del Océano, Choco, Kursaal, Guría. Lejos de la militarizada, teológica y castrense Salamanca, del Burgos clerical y de una Pamplona puritana, San Sebastián era el lugar idóneo para una revista humorística como *La Ametralladora* o una frívola como *Vértice*, que empezó dirigiendo Manuel Halcón.

A Neville, diplomático desde 1922 y afiliado a Izquierda Republicana desde 1935, que había pasado por Hollywood, rodado películas en España y tratado a un gran número de directores y actores, la guerra le sorprendió en Madrid, donde estuvo a punto de ser fusilado. Eso dijo a la comisión depuradora, al igual que había ayudado a salvar del Terror a mucha gente en su coche. En septiembre del 36 salió como secretario de embajada hacia Londres, anduvo por Francia en asuntos de armas para la República y desde aquí, y tras unos meses de indecisiones y dobles juegos, se incorporó a los nacionales en Salamanca, donde se afilió a Falange, a la sombra de Ridruejo y de Marichu de la Mora. Los franquistas, que encarcelarían un tiempo a su novia, la actriz Conchita Montes, y después de no pocas humillaciones, le encomendaron una sección de cinematografía, con la que iba rodando escenas del frente y de las plazas conquistadas,y un servicio de «radio-trinchera» con el que se arengaba al enemigo por megafonía.

En San Sebastián Neville, que también era conde de Berlanga de Duero, redactó la mayor parte de los cuentos que publicaría en *Vértice* y que luego recogió con el título de *Frente de Madrid*. A estos relatos si se les quita lo que tienen de repertorio, les queda una visión bastante aceptable, delicada y poética, de familias aristocráticas que gastan toda

206-208. Era conde y de derechas, pero eso no impidió que los suyos lo humillaran y depuraran por sus «pecados republicanos» antes de admitirle de nuevo en sus filas. En la imagen superior, Edgar Neville (a la izquierda) en el frente, con Madrid al fondo. Portada del *Abc* sevillano con Neville, 14 de octubre de 1938, y cubierta de *Frente de Madrid*.

su fortuna en máquinas para hacer jabón o de jóvenes de trincheras enfrentadas que mueren uno junto al otro, en tierra de nadie, en la soledad de sus sueños. Claro que en su diario encontramos también estas líneas, en plena batalla de Brunete: «Uno de los motivos que ha tenido mi subconsciente en ir a la guerra es la esperanza de conquistar como botín de guerra grandes latas de caviar Romanoff Beluga». Se diría escrito por Foxá.

Pero fue *La Ametralladora*, embrión de lo que luego sería *La Codorniz*, la principal aportación de Neville y del grupo de humoristas al bando nacional, confirmando el misterioso hecho de que el humor heterodoxo en España tiende a hacerse de derechas (Mihura, Jardiel, Tono, Neville). De la primera diría el cineasta y escritor años más tarde: «Se trataba de triturar una civilización burguesa y falsa que traía renqueando un siglo de cursilería y de convenciones, atado a los faldones del último chaquet. Sátira de las novelas románticas, de los folletines, de los sonetos a la rosa de té, de las visitas de cumplido, de María o la hija del jornalero, de los señores con barba y chistera, sátira del ingeniero que se casa con la mocita de Arenales del Río..., sátira del niño modelo, del famoso Juanito y del imbécil de su padre».

En cierto modo, en España, ninguno de sus escritores importantes estaba ya interesado por tales temas, entre otras cosas porque ese trabajo lo habían despachado la vanguardia y el propio Neville como vanguardista diez años antes. Al contrario. No es así, pero parece que Neville se estuviera refiriendo a todas las nostalgias burguesas, a los romanticismos de saleta y a las evocaciones finiseculares de caracolas sobre las pianolas o las consolas, que con tanta afición cultivaban sus camaradas de la revista *Vértice* o poetas falangistas como Foxá o Sánchez Mazas, que venían de las visitas a los cementerios románticos y monasterios ruinosos bajo la yedra. Claro que en *La Ametralladora* tampoco se olvidaban de hacer el dúo a *Claridad*, como cuando llamaban a Margarita Nelken «flor mustia de prostíbulo».

Pasado el tiempo, todavía en guerra, Neville se fue a la Roma fascista a rodar una película, que la censura española le masacraría; y, casi al final de la contienda y al mando de uno de aquellos equipos de reporteros, le sorprendemos durmiendo una noche, al entrar las tropas nacionales en Tarragona, junto a José María Fontana. Fue durante el enero glacial de 1939, y Neville dormía sobre una cama sin sábanas,

209. De no ser por libros de crónicas como *Un año en la Sevilla de Queipo*, *España a hierro y fuego* o *Noches de Sevilla*, mucho de lo ocurrido en la retaguardia de los sublevados no habría trascendido, pero son fotografías como esta (de un reportero extranjero, con víctimas republicanas asesinadas en Triana, Sevilla, en julio de 1936), las que constatan que a menudo una imagen vale más que tanta propaganda escrita.

en un hotel, el Europa, sin cristales en las ventanas, arropado en su propio *tarbús* blanco.

La otra ciudad hasta donde llegaba el péndulo de los nacionalsindicalistas era Sevilla.

Sevilla, como es sabido, quedó, a los pocos días de la sublevación, en manos de uno de los principales conspiradores de los nacionalistas, el general Queipo de Llano. La personalidad de este militar dio un nuevo perfil a la ciudad, la represión durante las primeras semanas fue irracional y fiera y, acallada toda oposición, pudo Queipo dedicarse a sus charlas radiofónicas, que le hicieron famoso en toda España, tanto como sus bravuconadas y *gaffes*, a menudo inoportunas y molestas incluso para el propio mando nacional. Existe un libro, *Un año con Queipo de Llano (memorias de un nacionalista)*, de Antonio Bahamonde, que se publicó en 1938, en Barcelona y Buenos Aires, de obligada lectura, parecido en cierto modo a *A sangre y fuego* de Chaves, pero del otro lado, que pinta como ninguno la zafiedad de aquel espadón y el régimen de barbarie que implantó en su virreinato andaluz. Sevilla había tenido, a finales de los años veinte, una importante revista poética vanguardista, titulada *Mediodía*, *pendant* de la malagueña *Litoral*. Como en ésta, publicaron en *Mediodía* todos los poetas del 27.

Mediodía tuvo en Eduardo Llosent y Marañón a un financiero, joven y rico, poeta andaluz él mismo.

Llosent, al que finalizada la guerra d'Ors nombraría director del Museo de Arte Moderno, sacó en 1939 una revista mínima, *Arenal de Sevilla*, editada con discreta y diestra sosería.

Escaño visible en la ciudad y en la vida cultural de Sevilla tuvo uno de los poetas más singulares del sur, Adriano del Valle, que había dirigido, con Fernando Villalón y Rogelio Buendía, otra de aquellas raras revistas de vanguardia, la que se tituló *Papel de Aleluyas*.

Adriano del Valle había sido uno de los poetas del momento, un tercio modernista, un tercio ultraísta, un tercio surrealista, ojos del puente que le llevó a ser uno de los escasos amigos de Pessoa en España, al que conoció en Lisboa y con el que vertió al español algunos poemas de Sa Carneiro. Era también autor de *Primavera portátil*, un hermoso libro de poemas con litografías de Octavio de Romeu (alter ego de d'Ors), desde el punto de vista tipográfico uno de los más impecables que habrá salido de manos españolas en los tiempos modernos.

Adriano del Valle fue, sin duda, dentro del grupo sevillano, el que más activamente participó en política, bajo las órdenes de Dionisio Ridruejo. Amante, como d'Ors, de la ceremonia, hay un retrato de él, por Vázquez Díaz, vestido como los césares romanos, con la clámide y el hombro senatorial al aire. Publicó un gran número de poemas durante la guerra, poemas muy suntuosos, modernistas y un tanto decadentes para la norma de la época, más neoclásica y marcial.

También en Sevilla se encontraban esos años, realizando o capeando como podían la política falangista en la Secretaría de Prensa y Propaganda, o cerca de ella, Manuel Díez Crespo, Manuel Halcón, Pérez Clotet, Rafael Laffón, Romero Murube y, a una distancia prudencial, Jorge Guillén, al que la guerra llevó a la ciudad.

Todos ellos eran poetas finos, de todos se pueden encontrar poemas hermosos, y de casi todos «adhesiones inquebrantables». Con ellos, con sus obras, pueden hacerse dos cosas: seguir rebuscando en los poemas de exaltación y en las coronas a los caídos, a Franco o a José Antonio, bastante ilegibles en general, o acudir al resto de sus escritos, donde con suerte uno encontrará poemas más o menos sensibles y verdaderos, o sea, alejados de todo aquello.

La notoriedad de Guillén terminó por empañar la personalidad de los otros, injustamente, pero sería imposible abordar hoy el alma de Sevilla, su misterio becqueriano y cernudiano, sin pasar, por ejemplo, por las obras de Romero Murube.

Romero Murube, que era, como se ha dicho, alcaide de los Alcázares Reales y el primero que, en zona nacional, homenajeara a Lorca después de su asesinato, fue también un hombre bondadoso y un escritor, en verso y prosa, con algunas de las páginas más conmovedoras que se le hayan dedicado a la ciudad bética. Volveremos a encontrarlo, acabada la guerra, cerca de Miguel Hernández.

Para Jorge Guillén, conocedor del asesinato de Lorca, los meses transcurridos en Sevilla, los primeros de la guerra, debieron de ser sumamente difíciles, ya que se conocía su filiación republicana y su amistad con todos los que en ese momento, desde Madrid y Valencia, dirigían periódicos y revistas antifascistas. Su situación, desde luego, no era cómoda.

Mercedes Fórmica, evadida de Málaga y amiga de Guillén, cuenta cómo se le ocurrió montarle al poeta un homenaje en la Sección Femenina, donde ella ocupaba un destacado puesto. Le ayudó en el cometido el también falangista Díez Crespo. Se trataba con ello de dar importancia al nombre de Guillén desde «las instancias oficiales», y evitar que alguien, como había ocurrido con Lorca, se pudiera tomar la justicia por su mano. El acto al parecer fue un fracaso, y acudieron únicamente los organizadores y unos pocos amigos, pero sirvió para que a Guillén se le dejase en paz y se le procurase, algún tiempo después, el salvoconducto que le llevaría fuera de España en julio de 1938, a Francia, adonde los Guillén habían enviado a sus hijos en julio de 1936.

Pasados los años, Guillén, que jamás mencionaría el homenaje de la Sección Femenina como tampoco lo hicieron sus biógrafos durante cincuenta años, recordaría aquellos días en una carta: «Me sorprendió la guerra en Valladolid; estuve preso en Pamplona del 4 al 9 de septiembre de aquel año 1936; de nuevo en Sevilla, donde era profesor, se me formó expediente y quedé "inhabilitado para cargos directivos y de confianza"; antes de salir de la Península me vi obligado a poner en español un poema de Claudel. Son páginas sin derecho a figurar en una posible colección de mis textos, porque no es mío y no reconozco como mío más que lo firmado libremente por mí». Estas líneas son la demostración de que a veces una media verdad es un camuflaje más eficaz que una mentira contumaz.

La verdad completa es que la oda «A los mártires españoles» del poeta francés viene a ser otra cortina de humo para no referirse a un texto, no menos circunstancial, pero salido de la pluma de Guillén, y publicado en *Fe* de Sevilla, el periódico de la Falange que dirigía Díez Crespo, texto que los historiadores y críticos ignoraron durante años y ahora procuran justificar con casuísticas pintorescas. Es la transcripción de un discurso. En él Guillén, después de dar la bienvenida al gran visir de Marruecos, patriarca de los mercenarios moros que Franco acabaló en el Rif («La admiración con que son recibidos los representantes de este Islam tan íntimamente vinculado al solar español, tan firmemente adictos a la causa española»), se dirige a Queipo de Llano: «Y ahora un saludo respetuoso, pero también muy respetuosamente cordial y entusiasta, al excelentísimo señor general, si tan admirado en todo el territorio de la nueva España, más querido aún en Sevilla, donde el corazón de cada habitante le dedica un afecto que parece ya el resultado de un trato personal». ¿Cómo no recordar en este punto el librito de Bahamonde *Un año en la Sevilla de Queipo*? Después el poeta abordó diversos asuntos: «La nación española va a desenlazar su drama en un Estado muy unido dentro de un orden. He aquí por de pronto a España en pie [...]. ¿Hace falta una manifestación significa-

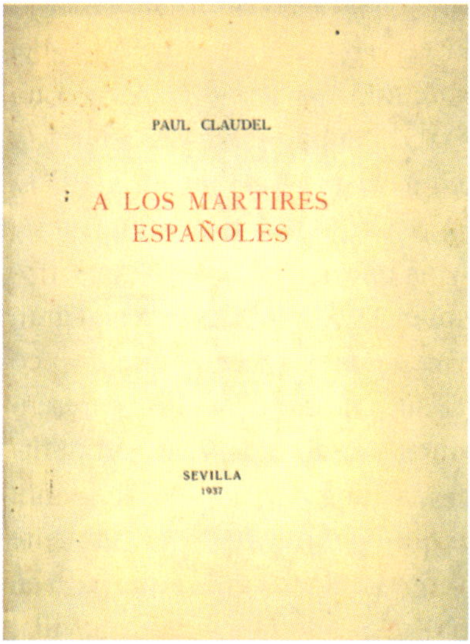

210. «Posición: ni comunista ni fascista, por supuesto. Pero, en esta guerra, considerando como mal menor el triunfo nacionalista, el deseo de que triunfe un régimen que yo, en cuanto a mi vida personal, estimo inaceptable, y que habrá de eliminarme tarde o temprano. O sea: anticomunismo resuelto, y un mínimo de continuidad histórica», le escribirá a su amigo Pedro Salinas, fuera de España desde el principio de la guerra, quien le contestará: «América no es para mí un destierro, donde viva por obligación y a disgusto, no. América es para mí un país bueno, generoso, donde me rodea una atmósfera agradable y secreta».

211-212. Número monográfico dedicado al poeta Jorge Guillén de la revista sevillana *Mediodía*, que le pagaba de este modo la bienvenida que le dio al visir de Marruecos, dos años de connivencia con las autoridades falangistas y militares y una traducción de la oda «A los mártires españoles», de Paul Claudel. «¿Y no se le ha ocurrido a usted nunca pensar, redicho hablador, en el inmenso daño moral y material que su traducción de la "Oda" de Claudel haya podido ocasionar en España y en la América española? [...]. Hubiera sido mejor para todos que usted, como hizo el acróbata Manuel Machado, hubiera escrito una décima a Franco o a Mola o a la Virjen Capitana del Pilar», le espetará J.R.J. en una carta a Jorge Guillén.

tiva? Ahí está en ruinas, pero eterno, el Alcázar toledano. ¿Cómo no mencionar en esta fiesta de 1936 el acontecimiento más reciente que mejor patentiza la inextinguible fortaleza de una raza inextinguible [...]. Con los defensores y ganadores de Toledo se sienten unidos en la más honda, grave, más decisiva unanimidad todos los defensores y ganadores de la España que no quiere perecer. La fiesta de la Raza se resume con un solo viva: señores, ¡Viva España!». Fue la lección magistral. En el paraninfo de la Universidad de Sevilla. El 12 de octubre de 1936. Como la de Unamuno. Lo mismo. Sabía de lo que hablaba. En carta a su amigo Salinas de julio de 1937 le dice que tras ese discurso «la atmósfera acabó de despejarse» para él. Natural.

No son muchas las cartas que Guillén dirigió a su amigo Pedro Salinas en los años de la guerra, parte de un epistolario que hemos de considerar hoy un monumento al marujeo académico y maldiciente. Suponemos que para saltarse la censura militar, están escritas todas fuera de España, lo que prueba que Guillén pudo salir de Sevilla con entera libertad cuantas veces quiso, y volver a ella. En esa correspondencia, aparte de las fijaciones psicoanalíticas con J.R.J. o las deslealtades sorprendentes para con Cernuda («¿qué tenemos tú y yo que ver con un marica?»), pueden leerse estas palabras de Guillén, del 7 de julio de 1937: «Posición: ni comunista ni fascista, por supuesto. Pero, en esta guerra, considerando como mal menor el triunfo nacionalista, el deseo de que triunfe un régimen, que yo, en cuanto a mi vida personal, estimo inaceptable, y que habrá de eliminarme tarde o temprano. O sea: anticomunismo resuelto, y un mínimo de continuidad histórica. Y todo ello en el horror, con la vergüenza de cuanto se ha hecho y se hace en los dos bandos españoles, que son iguales, o casi iguales». Alguna noticia de este discurso debió de llegar a Azaña, que escribió en su diario por entonces. «En la España de los "nacionales" ningún poeta podrá ser mejor que Arriaza. (Quisiera yo saber qué elegías podrá escribir el poeta Jorge Guillén a la memoria de su camarada García Lorca)».

Todavía pasó Guillén, tan preocupado en esos momentos por su carrera académica, un año más en Sevilla, de donde salió, se ha dicho ya, en julio de 1938, con contrato académico para Vermont y al borde, como manifestó a menudo, de la asfixia moral, a la que, por lo que vemos, no se había adaptado demasiado mal. Según le dice Salinas a su amante Katherine Withmore, justificando a su amigo, este volvería una y otra vez a la España franquista, para «no agravar la situación de su padre», vecino de Valladolid.

El hecho de que en Sevilla se editase el periódico *Abc* hizo de esta ciudad un centro de irradiación cultural al resto de España y aun del extranjero simpatizante con los nacionalistas.

Por oposición al *Arriba España* de Yzurdiaga, que era un periódico enteramente falangista, el *Abc* representaba posiciones e intereses más amplios, aunque solo en teoría, pues, para empezar, de su ideología monárquica se apreciaban cada vez menos signos: desde la primera a la última página era una pura exaltación adulatoria del Caudillo.

Así pueden considerarse la mayor parte de las más prestigiosas colaboraciones en el periódico sevillano.

Estaba en primer lugar Wenceslao Fernández Flórez, que se había refugiado en una embajada de Madrid al principio de la guerra, experiencia que narraría en 1939 en *Una isla en el Mar Rojo*, medio novela, medio diario del cautiverio, que encabezaba con la cita, un tanto adulterada, de san Agustín: «Es malo sufrir, pero es bueno haber sufrido», aunque el contenido no sea en absoluto paciente, sino furibundo y violento, en la solfa de Foxá, de aquel que en los padecimientos no encontró nada bueno, aunque para conocer el mundo de las embajadas, la novela es interesante, si se pasan por alto sus frecuentes «el populacho», «las mujerzuelas», «la piara despavorida», con los que se refiere a los republicanos, consiguiendo todo lo contrario de lo que pretende: viendo únicamente cómo trataban al servicio en sus novelas, se justifican todas las revoluciones en la realidad. Evacuado de Madrid en 1937, su firma sería habitual desde esa fecha y se concretaría de nuevo en otra novela de guerra, en clave grotesca y no menos convulsiva, *La novela número 13*, ésta un poco más llevadera.

Habitual en las páginas de ese periódico fue también la novelista Concha Espina, madre de uno de los puntales de la prensa y propaganda franquistas, Víctor de la Serna, el feretróforo de Unamuno.

A Concha Espina, una escritora sumamente popular gracias a sus novelas de corte pseudosocial, sentimental y ruralista, la guerra le había sorprendido en su casa de Luzmela, de donde no pudo salir hasta la ocupación de Santander por las tropas de Franco, en 1937. Representaba el conservadurismo de la tradición, lo que no había obstado para que Clara Campoamor llevara su divorcio en los tribunales, conforme a ley aprobada por la República. Su hija, Josefina de la Maza, contradijo en parte, sin quererlo, el dramatismo con el que Concha Espina habló siempre de aquel retiro que ella magnificó en prisiones: «Oye, madre, qué paz hay aquí a pesar de la guerra». En cuanto se vio libre, sus colaboraciones en prensa fueron frecuentes, y sus libros testimoniales se sucedieron en muy poco tiempo (*Retaguardia. Imágenes de vivos y muertos*, que subtituló «Novela de estricta realidad histórica en sus episodios más culminantes» y prologó su hijo, en 1937; *Esclavitud y libertad. Diario de una prisionera*, de 1938; *Las alas invencibles. Novela de amores, de aviación y de libertad*, de 1938; *Luna roja. Novela de la revolución*, de 1939, *Princesas del martirio*, *Aurora de*

213. *Noches de Sevilla. Un mes entre los rebeldes*, de Jean Alloucherie.

214-215. De cuantos escribieron de la Guerra Civil en el bando de los sublevados, acaso fuera la novelista Concha Espina, madre del jerarca falangista Víctor de la Serna, una de las más conocidas y asiduas. Hasta la guerra era autora pastoral de dramas gloriosos, pero los meses vividos bajo el Santander «rojo», como ella lo llamó, la desquiciaron por completo, pasando a formar parte de aquellos que no estuvieron dispuestos a dejarles a otros la primera línea en el reparto del botín, sin abandonar la retaguardia. En el centro, la escritora con el yugo y las flechas bordados en su vestido. A la derecha, cubierta de *Retaguardia*.

España...), reflejando muy bien la naturaleza un tanto desquiciada de su escritura bélica, aunque no dejemos de reconocer las sin duda poderosas vivencias que le asistían para ello, evidenciando en esta novelista algo común a otros tantos escritores nacionalistas, ya que criticaban con ferocidad a la «chusma roja» en un lenguaje que paradójicamente parecía destinado a otra chusma, en este caso fascista.

Con Concha Espina, con Fernández Flórez, compartieron páginas en *Abc* el dramaturgo Marquina, Manuel Machado, Pemán, Giménez

Caballero o el humorista Julio Camba, que escribió violentos artículos antisemitas, o el viejo francotirador del 98, autor de unas edulcoradas *Cartas de un alférez a su madre,* Salaverría, no menos violento, lo que daba al periódico un sesgo muy diferente del que hasta entonces había tenido. Nadie pensaba en la Restauración, y de la figura del rey solo trascendía la sombra que venía envuelta en las crónicas de González Ruano.

Desempeñaba éste el cargo de corresponsal del *Abc* en Roma ya cuando estalló la guerra.

Era Ruano, como es sabido, de esa clase de escritores un tanto cínicos, no al modo de Foxá, sino al de Gálvez. En su *Memorias. Mi medio siglo se confiesa a medias* hay una frase que a uno le deja pensativo, porque sin decir absolutamente nada, pinta muy bien al personaje. Ruano acababa de enterarse por los teletipos, en la Costa Azul, donde pasaba unos días en compañía de Raquel Meller, del asesinato de Calvo Sotelo. «Debo confesar –consigna– que no imaginé aún lo que iba a ocurrir, porque de haberlo pensado no me habría movido de Roma y de haberlo sabido bien, aquella misma noche habría tratado de acercarme a España». Parece que ha dicho algo con ella, pero lo cierto es que no, porque la vaciedad de esa frase no compromete a nada. ¿En qué quedamos? ¿Se hubiera venido a España o no se habría movido de Roma? La respuesta: Don Tancredo.

El caso es que bien porque lo pensara o porque lo supiese, Ruano regresó a Roma, y de allí no se movió en lo que duró la guerra, por si acaso le llegaban nuevas noticias que le enteraran mejor aún.

Poco antes se lo encontró Cansinos, que hace de él en sus memorias un retrato despiadado. Ruano le dijo que se marchaba de España: «¡Claro! ¿No ve usted cómo está esto? Aquí se va a armar la gorda... Pero a mí no me coge... He trasladado todos mis fondos a un banco de Italia... A mí no me alcanzan los tiros. A mí no me importan rojos ni negros, sino César González Ruano. Yo soy un artista y nada más». Tan artista que Ruano, marqués ful de Cagigal, en un folleto sobre Fermín Galán, terminaba diciendo: «El sacrificio de Galán no solamente ha sido estéril, sino que ha servido además para realzar con categoría de martirio la gesta revolucionaria de la sublevación de Jaca [...]. Todo ha pasado. Y nada ha pasado todavía. Son los momentos en los que ha de consolidarse la República, en que todo español ha de ganar la República sin vacilaciones por su propio esfuerzo, por su rotunda adhesión al solo régimen de la libertad individual y ciudadana».

216. *Una isla en el mar rojo*, de Wenceslao Fernández Flórez, fue una más de las novelas que se pusieron de moda al terminar la guerra, necesitados todos de ellas para justificar la represión que estaba teniendo lugar entonces en España, tan bárbara, sanguinaria y cruel como los hechos, ciertos por lo general, que la habían desatado.

217. Más fino que otros, y más cínico e inteligente en su mordacidad, Julio Camba no dejó de atacar a la República por sus «chisteras absurdas»: el divorcio, la enseñanza laica, el sufragio femenino y la libertad de cultos, él, que murió soltero, que era autodidacta, que era misógino y que no puso nunca un pie en la iglesia. No tuvo que cambiar de bando, como tantos. En este libro, de 1934, decía: «No he sido nunca ni republicano ni demócrata... Lo único que a mí me gusta de veras es el pueblo [...], sus trajes y sus bailes, y sus canciones, y sus guisos...». Naturalmente pasó la guerra en la retaguardia, procurando que no faltase a su mesa ni lo frío ni lo caliente, y no demasiado triste por haberse quedado sin una República cuya muerte ya había llorado cuando sólo tenía tres años de vida.

218. *Madridgrado*, de Francisco Camba. Los editores hacían los libros iguales, porque los lectores los querían iguales. No buscaban

Esos fervores le duraron poco, desde luego. Ruano aporta en sus *Memorias* las pruebas documentales por las cuales el Alto Mando le permitió quedarse en Italia, al tiempo que le llegaba del *Abc* la confirmación de una corresponsalía que había estado desempeñada por Montes y Sánchez Mazas. Y cuando tiene que aportar pruebas es que la cosa no debía de estar del todo clara.

Ruano, al igual que sus dos ilustres predecesores, enviaba desde Roma crónicas del fascismo y del Duce, que siempre le gustó mucho. De él dirá en su *Medio siglo*: «Mussolini era nada menos que todo un hombre. Creo, personalmente, que el hombre más importante que tuvo Italia y quizá Europa en nuestro tiempo». Visitaba también Ruano a Alfonso XIII en el Gran Hotel, donde éste vivía, y se codeaba con el resto de la familia real, quizá animado por aquel marquesado de Cagigal que se había inventado Ruano para sus tarjetas de visita, birlándoselo a un pariente.

El hecho de que Italia apoyara tan abiertamente la causa de los rebeldes con armas y mercenarios daba a su trabajo una relevancia especial, pero por las *Memorias* no se ve que a Ruano le preocupase gran cosa la guerra. Leyendo los artículos de *Abc* se le sorprende de una manera; leyendo sus *Memorias* de esos años, de otra, más libre, despreocupado de todo lo de España, que debía de tomarse como un trabajo. Incluso nos haría esta revelación: «La verdad, y hora es de decirlo como curiosa confesión, es que ni la información continua ni las referencias personales que yo tenía frecuentemente me dieron jamás una idea clara de esta España bélica. Me costaba mucho trabajo imaginarme el país, y sobre todo imaginarme el Madrid rojo». Pese a todo, publicó en Roma en 1937, con Alejandro MacKinlay, un repulsivo folleto, *Spagna*, con cubierta con la bandera española a modo de episo-

tanto literatura como «cargarse de razón» para justificar la represión generalizada que tras la guerra se había desatado en pueblos y ciudades, cárceles y tribunales de justicia. Este es libro de estampas, crónicas, episodios, como en Aub, como en Foxá, como en Borrás, cada cual con su propósito. Repertorio de escenarios (checas, embajadas, escondrijos) y personajes (Atadell, la Nelken, Largo Caballero o bohemios como Carrere), y como en todas las otras obras, detalles preciosos (la distinción entre los monos azules y los color mostaza de los jefes).

219. *Horas del Madrid Rojo*, de El Caballero Audaz (Madrid, 1941). Lo que cierto público demandaba de sus escritores tras la guerra: una justificación de la represión de la Hoz y el Martillo llevada a cabo bajo la Lex y la Crux.

220. Conocido cartel falangista de Juan Cabanas, 1938.

dio galdosiano: «El triunfo del Frente Popular en España supondría la pérdida de la independencia para nuestra nación, el retorno a las catacumbas de los cristianos y la prostitución obligada de las mujeres [...]. Bien saben todos cómo la primera medida de estos españoles asesinos de España a sueldo de las Logias y las Internacionales ha sido de incautarse de la propiedad privada y del patrimonio nacional: sacar fuera del país la reserva de oro del Banco de España, vender en Francia y

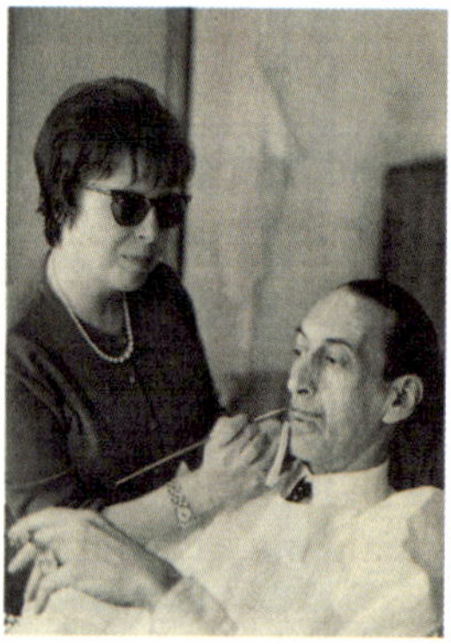

221-222. Fue este breve panfleto, publicado en Italia y en italiano y español, toda la contribución de César González Ruano (a medias con su amigo Alejandro MacKinlay) a la literatura de guerra. Suficiente: «El triunfo del Frente Popular en España supondría la pérdida de la independencia para nuestra nación, el retorno a las catacumbas de los cristianos y la prostitución obligada de las mujeres». En el centro, Ruano en la sala de maquillaje de TVE, años sesenta.

223. *Escritores asesinados por los rojos*. Este folleto tardío (1959) fue la prueba de que los sublevados habían perdido definitivamente la guerra de la propaganda. Los 173 escritores, periodistas, publicistas, comediógrafos, poetas, archiveros, eruditos y demás hombres de letras, con frecuencia literariamente menores, cuyos asesinatos se acreditan, nada significaron al lado del solo nombre de García Lorca, cuya figura literaria se agigantaba a cada paso, lo que sin duda llevó a los promotores de ese folleto al contraataque, interesados en equiparar vidas con obras, lo que resultaba a todas luces improcedente, ya que si la muerte no entiende de rangos y todos esos asesinatos son equiparables, la literatura se rige por el principio de excelencia, y en Lorca (como más tarde sucedería con Miguel Hernández) se trató de acabar además con la excelencia en grado sumo.

otras naciones las obras de arte de nuestros museos y saquear, una por una, todas las casas particulares...». Es decir, todo aquello de lo que la Gestapo acusaría al *faux* marqués del Cagigal cinco años después en París. Pero esa es otra historia. Y como muestra del cinismo de su autor quede esta frase: «La lista de ladrones prudentes y ahorrativos [acaba de acusar de ladrones y enriquecidos por el expolio a Marcelino Domingo, Araquistáin, Rivas Cherif, a quien él, Ruano, modelo de moral sexual, llama el Ganímedes, y al propio Azaña] se haría interminable, máximo si a ella añadiéramos siquiera unos cuantos nombres de canallas miedosos que huyendo de sus propios lobos han salido de la España roja y no se atreven a presentarse en la España nacional. Algunos de ellos han tenido el cinismo de presentarse en Italia. ¡Había que escribir con polvos insecticidas!» Que se lo pregunten a los judíos que se cruzaron con él en el París ocupado. Pero esa, ya decimos, es otra historia.

Más acentuado fue el caso del poeta bohemio Lasso de la Vega, un antiguo modernista y ex ultraísta que frecuentaba esos años el círculo de Ruano. Lasso, convertido entonces en un no menos fantasmal marqués de Villanova, debe de ser uno de los dos o tres escritores españoles a los que la guerra dejó perfectamente indiferente. En vano buscaremos en sus poemas fechados de esos años, reunidos en *Oaristes* (Venecia, 1940), referencia alguna a la contienda. Todo son para él, entre 1936 y 1939, calles de París, máscaras venecianas, ruinas griegas, cafés de Viena, nieve en Nüremberg, carillones de Brujas y mosaicos de Estambul. Ni un tiro ni una daga, solo una vida al margen de la vida.

Ruano trató de meter la suya, si no en la vida, sí en un orden, para lo cual empezó por buscarse en Roma un estudio, que le cedió Juan Ramón Masoliver, en el número 33 de Via Margutta, cuando éste se volvió a España. A esta casa siguieron otras, en un peregrinaje muy entre la bohemia de Max Estrella y el tufo de Bradomín, mientras recibía durante la guerra a viajeros españoles, como Giménez Caballero, Adriano del Valle, Díez Crespo, Montes, estudiantes de fascismo en viaje de licenciatura, o, poco antes de que terminara, a Sánchez Mazas, doctorando.

Luego Ruano se fue, enviado por el periódico, a Berlín, y allí, y luego en París, Ruano, que no había sabido qué era la guerra, iba a lanzarse a un oscuro laberinto de delaciones, falsificaciones y cárceles. Pero ésa es también, repetimos, otra historia.

VÉRTICE

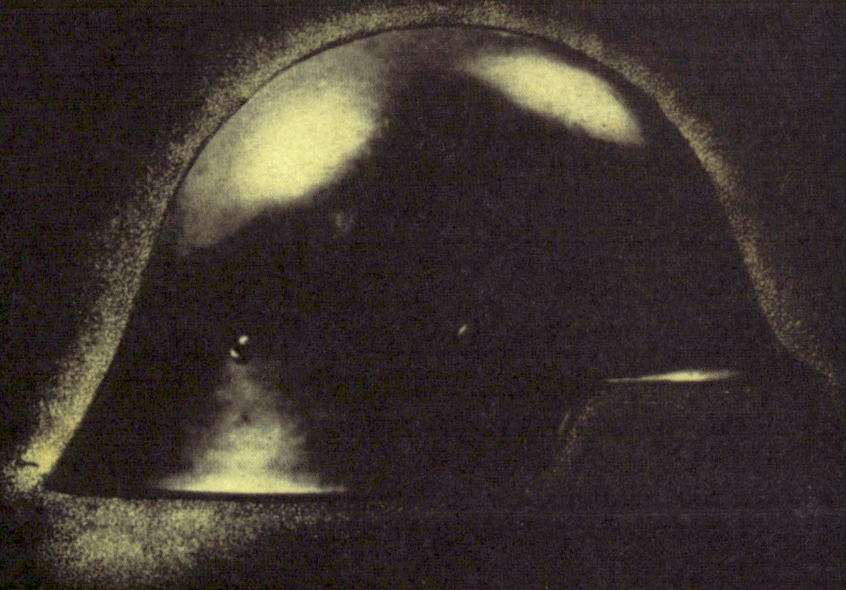

AL EJÉRCITO

número extraordinari

CAPÍTULO OCTAVO

... TAMBIÉN DE ESCRITORES FALANGISTAS Y OTROS QUE NO LO FUERON, CUANDO LLEGARON A LA CIUDAD DE BURGOS; DEL CAPITÁN DE TODOS ELLOS, DIONISIO RIDRUEJO, AL VIEJO MANUEL MACHADO.

LOS acontecimientos, en los ocho o diez primeros meses de la guerra, iban para los republicanos de una manera y para los nacionalistas de otra muy diferente. En los republicanos los problemas parecían multiplicarse, en tanto que en los nacionalistas se iban reduciendo. Unos, no hacían sino perder terreno. Los otros, por el contrario, sin descanso lo conquistaban; no era tanto que Franco fuese ganando la guerra como que la República la estaba perdiendo. La moral de unos era secretamente de derrota. La de los otros, abiertamente, de victoria.

Los republicanos tuvieron, en primer lugar, que improvisar un ejército popular, sin renunciar, naturalmente, a ninguna de las formalidades de un régimen democrático, a la deriva (Gobiernos que en aquel caso se sucedían en medio del caos, luchas entre militares, un presidente de la República errático, derrotista y sin autoridad, etc.), lo que lejos de favorecerles para ganar la guerra, les perjudicaba a todas luces.

Los nacionalistas, por el contrario, contaron desde el primer momento con un ejército fuerte, bien equipado y disciplinado, y pronto con un partido único, y el hecho de cambiar el Estado por un Cuartel General les benefició, ya que el Estado que nació en Salamanca lo hizo sin libertades, de manera que el mando militar era en la práctica poder civil y poder político, bendecido, cómo no, por la curia.

Las circunstancias también favorecieron a Franco: en muy poco tiempo los dos únicos generales que podían haberle disputado la dirección de la guerra o el gobierno provisional, Sanjurjo y Mola, verdaderos artífices de la sublevación, murieron en oportunos accidentes de aeroplano. José Antonio Primo de Rivera, la sola figura política prestigiada, también murió, en la cárcel de Alicante, en este caso bajo unas balas que Franco debió de juzgar providenciales, ya que, desde Salamanca, no hizo gran cosa por detenerlas o desviarlas (y que el general lo detestaba es cosa probada; con evidente delectación le contó a su

224. Cubierta de *Vértice*, julio-agosto de 1937.

cuñado Serrano Suñer, que a su vez lo relata en sus memorias, cómo se había enterado por el secretario del magistrado de Alicante que hizo cumplir la condena, de que a José Antonio el día en que lo fusilaron tuvieron que ponerle una inyección, porque era incapaz de sostenerse de pie); quedaban otras dos figuras políticas, en efecto: Gil Robles y Fal Conde, jefe de los requetés; al primero se le hizo saber que no era bien recibido en Salamanca, y se le empujó a Portugal; al segundo, aprovechando ciertas informalidades disciplinarias, se le condecoró con una pena de cárcel, que le fue canjeada por el destierro; quedaba un general con personalidad suficiente como para disputarle el mando o, al menos, discutirle las órdenes, Queipo de Llano, al que Franco neutralizó dándole el mando de un cuerpo de ejército, coñac a discreción y una emisora de radio. Por si fuera poco, pudo Franco contar, desde primeros de 1937, con la impagable ayuda de su cuñado Serrano Suñer.

Las memorias de éste, aunque tupidas, son interesantes y, para el historiador, de capitalísima importancia.

Giménez Caballero deja entrever en las suyas que la idea de unificación de todas las fuerzas políticas de la derecha en un partido único fue suya, como todas las grandes ideas del fascismo bélico, limitándose Serrano Suñer a pasar a limpio el borrador y añadir uno o dos párrafos. Es más verosímil, sin embargo, lo que Serrano afirma: Giménez no hizo más que de amanuense.

Ese decreto fue, tal vez, el golpe maestro de la política nacionalista. Mientras los partidos de izquierda, anarquistas, socialistas, comunistas, republicanos, nacionalistas o poumistas luchaban cada uno por su cuenta y en sus «territorios» y áreas de influencia, los nacionalistas consiguieron meter en un solo partido a carlistas, monárquicos, fascistas, falangistas y cedistas católicos más integristas. Ni siquiera tuvieron que inventarse uno, sino que aprovecharon el ya existente: FE de las JONS pasó a llamarse, en abril de 1937, Falange Española Tradicionalista de las Juntas de Ofensiva Nacionalsindicalistas. Agustín de Foxá no pudo evitar hacer un chiste y dijo que en la próxima transformación el partido se llamaría «FET de las JONS y de los Grandes Expresos Europeos». Hubo modificaciones en el vestuario, a los falangistas se les obligó a llevar la boina roja de los carlistas y a los carlistas la camisa azul de los falangistas. Como es de suponer, el cambio a algunos les convino. Otros, por el contrario, trataron de oponerse, con escasos resultados.

Tras ser liberado del hospital por el doctor Marañón, Serrano Suñer se evadió de Madrid a lo Pimpinela Escarlata, disfraz que le cedió el propio Marañón, en una fuga que prepararon dos de sus hermanos (amparados al principio en una colocación oficial, aunque fusilados poco tiempo después), y llegó a Salamanca en un momento crucial. Aunaba, para empezar, unas condiciones personales y políticas excepcionales: era abogado, había sido diputado de la CEDA, amigo personal y albacea de José Antonio, y cuñado de Franco. Es decir, tenía preparación jurídica, experiencia parlamentaria y política y el aval de su amistad con el fundador de la Falange, sin contar con toda la capacidad de maniobra que le confería el cuñerío... Fue la persona idónea para presentar a los falangistas el Decreto de Unificación.

La unificación no fue fácil y se saldó con dos muertos, uno por cada facción falangista en liza, y la caída de su jefe nacional, Manuel Hedilla, a quien juzgó un consejo de guerra que le encontró culpable de atentar contra la seguridad del Estado y de esas muertes, y le condenó a sendas penas capitales, que le conmutaron por el confinamiento en un penal militar.

Conviene recordar el dato que proporcionaba Sáinz Rodríguez algunos meses después: Falange, un partido sin representación parlamentaria en las últimas Cortes, contaba con dos mil afiliados en 1936 y había pasado, un año después, a doscientos mil.

Antes de la caída de Hedilla estaban con él todos los «camisas viejas» (militantes de antes de 1936), y con Serrano Suñer y la unificación, los «camisas nuevas» y gentes con visión política oportunista, como Giménez Caballero. Después de la caída, todos acataron, no obstante, la autoridad de Franco, a quien los jerarcas falangistas entregaron la jefatura del partido. Quedaban Franco, Serrano Suñer y la guerra, que iban ganando. Dice Serrano que ese día había acabado el falangismo y empezado el franquismo, lo cual, contra lo que pudiera pensarse, fue una suerte para todos los «camisas viejas», a los que desde entonces se proporcionó una valiosa coartada: la de pensar que su revolución quedaba pendiente; aunque fueron pocos, por no decir ninguno, los que renunciaron a ni una tan siquiera de las mordazas de seda (gobernadurías, ministerios, alcaldías, sindicatos) con las que el franquismo les mantuvo callados de falangismo puro durante cuarenta años, empezando por los hedillistas de Yzurdiaga y todo el grupo intelectual de Pamplona, hasta los más críticos de Burgos, a la cabeza de los cuales estaba Dionisio Ridruejo, sin duda la primera, excepcional y más significativa de las deserciones del franquismo, ya en los años cuarenta.

Todo lo circunloquiales y divagatorias que resultan a veces las memorias de Serrano Suñer, son amenas las de Ridruejo. Aunque las titularon otros *Casi unas memorias*, ese título le viene bien, no

225. Partitura del Himno de la Falange, editada en la República. Su letra, en la que intervinieron Foxá, Sánchez Mazas, Alfaro, Ridruejo y algún otro (según versiones), fue todo el bagaje literario con el que llegaba la Falange a la guerra.

226. *Corona de sonetos en honor de José Antonio*. Se editó con suntuosa tipografía nada más terminar la guerra y sirvió para constituir el canon poético falangista: Tovar, Agustí, Alfaro, Cunqueiro, Diego, Díez Crespo, Laín (se apuntó también a los sonetos), Manuel Machado, Marquina, Montes, d'Ors, Pemán, Panero, Rosales, Ridruejo, Vivanco... y pocos más.

por modesto, que sin duda lo fue, como por estar hechas de retales y fragmentos que su autor iba publicando en *Destino* en los primeros años setenta. Luego, la muerte le sorprendió a Ridruejo, y aquellos trozos de vida y de memoria se quedaron así, sin perfilar del todo la pieza única, el traje para el que estaban pensados. Con todo, son unas memorias llenas de vitalidad y honestidad intelectuales. Les sucede incluso lo contrario que a las de su buen amigo Serrano Suñer: así como en las de éste se tiene la impresión de que no cuenta todo lo que sabe, en las de Ridruejo, sobre todo en lo tocante a sus justificaciones ideológicas, se cuentan a veces más cosas de las que el lector más exigente precisaría y de las que Ridruejo mismo tenía obligación de contar.

Ridruejo, en los primeros meses de la guerra, pasó de la clase de tropa de la Falange de Segovia a ocupar importantes cargos de responsabilidad.

Antes de la guerra, Ridruejo había cursado estudios de Derecho y empezado, en 1935, estudios de Periodismo en la escuela católica de *El Debate,* envenenadísimo libelo de Madrid. Al poco del acto fundacional del teatro de la Comedia de octubre de 1933, se afilió a Falange, con sus hermanas.

En 1935 Foxá le presentó a José Antonio en La Granja. José Antonio y Ridruejo se vieron en una docena de ocasiones, y éste guardó de él siempre un afectuoso recuerdo. Quizá, de las personas que trató entonces, fue José Antonio aquella por la que Ridruejo sintió un más vivo afecto: «Un hombre sugestivo, inteligente, de gran elegancia dialéctica y segura honradez personal», dirá de él en *Escrito en España.*

Como muchos de sus camaradas, Ridruejo, antes de la guerra, había pasado por la cárcel. Pero con todo, hay que recordar que «es verdaderamente asombroso comprobar que vistas las circunstancias en que transcurrió para ellos la guerra [se refieren a los escritores falangistas], que era en fin de cuentas "su" guerra, todos salieran bien librados y desde luego vivos. Ninguno de ellos combatió en el frente», leemos en *La corte literaria de José Antonio* (2003) de Mónica y Pablo Carbajosa, que tan bien recoge el ambiente intelectual alrededor del fundador.

El 3 de diciembre de 1935 tuvo lugar una reunión en los bajos del restaurante Or-Kon-Pon de Madrid (otros hablan a veces de La Ballena Alegre), a la que Ridruejo, convocado por el Jefe, acudió con Pedro Mourlane Michelena, José María Alfaro, Agustín de Foxá, Rafael Sánchez Mazas, Jacinto Miquelarena (que recogería alguno de esos recuerdos del criptofalangismo en *El otro mundo*, su novela de guerra sobre la vida en las embajadas de Madrid) y el marqués de Bolarque. Todos estos eran, antes de la guerra, los poetas del partido, la corte de los poetas de José Antonio. Éste les había convocado para escribir la letra del himno de la Falange. El himno se tituló «Cara al sol», y lo acoplaron a una música que ya existía de Juan Tellería. Parece que de la mayor parte de la letra fue autor Foxá. Foxá siempre habló de «mi» himno. Sánchez Mazas, no obstante, dejó su impronta en algún que otro pasaje, como también Mourlane, y de Ridruejo fueron estos dos versos: «Volverán banderas victoriosas / al paso alegre de la paz».

Uno, la verdad, cree que todas estas cosas del himno tienen muy poco que ver con la literatura o con la poesía, aunque no así el «estilo» que se desprende de él, el «estilo» que la Falange trató de improntar en los artículos, poemas y libros que dieron a la luz todos aquellos escritores.

Los temas estaban extraídos con frecuencia de las canteras de la historia, española o italiana, el lenguaje tendió a cierto clasicismo, y las ideas se tiñeron de neoplatonismo. Incluso el propio José Antonio, del que son de sobra conocidas sus aficiones literarias y poéticas, tenía teorías propias para la literatura, y le gustaba decir que la Falange era un proyecto político encomendado a los poetas. Solía decir: «A los pueblos no los han movido nunca más que los poetas, y ay de aquel que no sepa levantar, frente a la poesía que destruye, la poesía que promete». Basta asomarse a sus discursos para comprender que no son solo los de un político, sino también los de quien querría haber sido considerado un intelectual, un literato, a lo Ortega, a lo Unamuno. Incluso a lo Azaña. Lo han afirmado los que le conocieron: José Antonio, marqués de Estella, sentía debilidad por los intelectuales republicanos y de izquierda.

A primeros de 1937 nombraron a Ridruejo jefe provincial de Falange en Valladolid, lo cual, teniendo en cuenta la edad, era mucho. Con veinticuatro años Ridruejo se convirtió en una figura política. Da vértigo pensarlo: gobernaban España gentes con ventipocos años, y a esa edad o se es Alejandro Magno o Napoleón, o mejor no enredar demasiado. Lo habían conseguido unos y otros en los dos bandos: la guerra, el «gran logro de la juventud», fue el último «ismo» de las vanguardias.

Para quien conozca la Valladolid de hace treinta años o más, toda descripción sale sobrando. El mediterráneo Agustí, que imprimía en aquella ciudad impar su revista *Destino*, se aproxima bastante llamándola «sombría».

Sabemos lo que significó la victoria de los militares sublevados en la vida de los civiles: cambiaron por la fuerza muchas de sus costumbres, las bayonetas del miedo llenaron las iglesias, se jerarquizaron todas las relaciones políticas y la represión alcanzó cotas inimaginables. Las orgías criminales que en el Madrid de 1936 tuvieron tintes anárquicos, en la España nacional se militarizaron y se llevaron a cabo de forma sistemática y despiadada, con orden y, lo más importante, sin fotógrafos (estos solo los encontramos retratando crímenes en la zona republicana).

En *El Norte de Castilla*, del que era director el por otro lado no desdeñable escritor, hermano de José María, Francisco de Cossío, autor de una novela de guerra dedicada a la memoria de su hijo, *Manolo*, muerto en el frente, se hacían llamamientos para que la gente no acudiese a las ejecuciones públicas: «En estos días en que la justicia militar cumple la triste misión de dar cumplimiento a sus fallos, de dar satisfacción a la vindicta pública, se ha podido observar una inusitada concurrencia de personas al lugar en que se verifican estos actos, viéndose entre aquéllas niños de corta edad, muchachas jóvenes y hasta señoras. Son públicos, es verdad, tales actos, pero la enorme gravedad de los mismos, el respeto que se debe a los desgraciados, víctimas de sus yerros, en tan supremo trance...». Lo que sigue resulta de una truculencia solanesca, a la que ni siquiera las palabras de un jerarca como Hedilla podían poner coto: «Me dirijo a los falangistas que cuidan las investigaciones políticas y policiales en las ciudades y, sobre todo, en los pueblos. Vuestra misión ha de ser la depuración contra los jefes y asesinos. Pero impedid con toda energía que nadie sacie odios personales y que nadie castigue o humille a quien por hambre o desesperación haya votado a las izquierdas. Todos sabemos que en muchos pueblos había (y hay) derechistas que son peores que los rojos. Quiero que cesen las detenciones de esa índole y, donde las haya habido, es necesario que os convirtáis vosotros en una garantía de los injustamente perseguidos». O sea, se fusilaba al que había votado a las izquierdas *sólo* por convicción. Aquella alocución terminaba con unas cuantas consignas, entre las que figuraban algunas desconcertantes, como aquella que decía «¡Que desaparezcan los caciques de la industria, del campo, de la banca y de la ciudad!». Quien desapareció, como hemos visto, fue el propio Hedilla, el Trotsky español del falangismo.

Con la nota del periódico y las palabras de Hedilla no es difícil reconstruir la vida de esa ciudad castellana, entonces ya de por sí inhóspita y levítica.

En la cárcel de Capitanía General, estaba, por ejemplo, el famoso Francisco Vighi, «brazo derecho en Pombo» de Gómez de la Serna, que le dedicó uno de sus retratos, e íntimo de Unamuno, al que divertía la cosecha de nombres propios que Vighi le enviaba desde Tierra de Campos: «Amalico, Teopiste, Tulticia, Anapascasio, Veremundo, Pilicuendo, Marfilisa, Prepedigna».

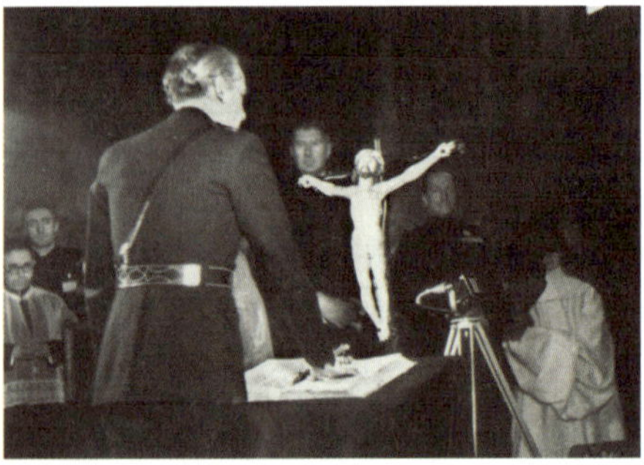

227. José María Pemán en San Sebastián, 1939. No les gustaba mucho a ninguno de los jóvenes falangistas: era monárquico (ellos eran nacionalsindicalistas), andaluz (la Falange era austera y castellana, no tan florida) y mayor que ellos. Pero las cosas que decía se parecían mucho: «La idea de turno o juego político ha sido sustituida para siempre por la idea de exterminio y expulsión», arengará desde una radio de Jerez el 24 de julio de 1936, para advertir algún tiempo después que «queda el enemigo conviviendo receloso a nuestro lado, huido en el bosque, emboscado con disimulo. Todo eso exige, tras cada paso ganado, una labor de limpieza, de policía», etcétera.

228. El *Poema de la bestia y el ángel* se presentó como la *Divina Comedia*, y a su autor, al que aún le quedaría por idear un título asombroso (*Las flores del bien*), como un nuevo Dante: «Como una flor en el aire, / como un vaso de cristal, / soy español por alférez / y más... por provisional».

229. Serrano Suñer, con correaje de gala, jura su cargo. Cuñado de Franco, ideador del Decreto de Unificación y responsable máximo de los asuntos de Propaganda en zona rebelde.

Vighi será, sin discusión, junto a Manolo el Pollero, uno de los más grandes poetas cómicos que haya dado España. Cómico sin dejar de ser poeta, y poeta sin abandonar lo cómico, cosas ambas muy difíciles de encontrar en parte ninguna.

No se sabe por qué metieron al pobre Vighi en la cárcel, si por amigo de Valle-Inclán o de Ortega, al que dedicó su único libro de versos, ya en la posguerra, admirable libro que debería darse a leer en las escuelas. Tampoco sabemos cómo ni quién lo sacó de allí, corriéndose luego para Málaga, en 1938, donde vivió con suma discreción, para evitar que nadie se acordara de él. No hace mucho me enteré de que Vighi se refugió el 18 de julio en una finca de la familia de su mujer, en Macintos, Palencia. Allí lo fueron a buscar para pasearlo falangistas de Carrión de los Condes. Buscó asilo en otra casa, de la que Mola, amigo suyo, lo sacó y lo mandó a prisiones militares, en evitación de males mayores. Estuvo preso un año y once días. Muerto Mola, lo sacó de la cárcel el obispo de Burgos, que era también amigo suyo, y fue otro amigo, Queipo de Llano, el que se lo llevó a Sevilla porque la amenaza de pasearlo no se desvanecía. De allí lo remitió a Málaga, donde fue depurado, y aunque sin traicionar su discreción, se hizo uno de los personajes más célebres por su bondad y buen humor. En todo caso, tuvo mejor suerte que Ciges Aparicio, el novelista social y cuñado de Azorín, que estaba de gobernador civil en Ávila, y al que los nacionalistas fusilaron sin contemplaciones en los primeros días de la sublevación, hecho al parecer que disgustó a Franco: había mantenido con él en 1932 una correspondencia a propósito de espías y tráfico de armas.

Con no menor discreción que el preso Vighi, o el muerto Ciges, pasó allí los primeros meses el poeta vallisoletano Francisco Pino, amigo de aquel José María Luelmo, al que antes de la guerra Altolaguirre había editado un libro de poemas, y al que, en los primeros meses de ella, obligaba José Antonio Girón, según parece, a beberse el ricino. Al menos eso se contaba todavía en la ciudad cuarenta años después.

Pino en Madrid, donde pasó la guerra, entrando y saliendo de la cárcel Modelo hasta que le mandaron a un Servicio de Recuperación, que se instaló en el Cementerio de Hombres Ilustres (a él le tocó dormir sobre la tumba de Espronceda), era un señorito de derechas. Del tiempo que Pino pasó en Madrid se sabe poco, porque él no ha contado nada. Solo sabemos que tenía a su novia en la cárcel, que iba a verla y que para ella empezó a escribir su lírico libro *Espesa rama*. En Valladolid, en cambio, adonde llegó como a lugar seguro, no era sino un sospechoso vanguardista, con conocidas y peligrosas amistades en la capital, de modo que tuvo que deshacerse de no poco lastre republicano (como Guillén tuvo que quemar las cartas que guardaba de Azaña) y aliñar un extenso romance que publicó en libro, *Asalto a la Cárcel Modelo*, dedicado «a los mártires que el día 22 de agosto de 1936», etc., que publicó en 1939 y que su autor, con pleno derecho, ha expurgado de su bibliografía junto con otro de esas mismas fechas y temática, y el número de *Meseta*, su revista, dedicado al Caudillo y al Alzamiento. La experiencia debió de ser dolorosa para él y lo llevó, de manera definitiva, al silencio de un oscuro cuanto saneado negocio de tejidos y confecciones, del que no salió, sino pasados muchos años, y siempre de una manera discreta: ediciones de doscientos ejemplares destinados a la única librería de viejo de la ciudad a la que otro joven, Miguel Delibes, soldado entonces, llevaría «su» guerra con el título de *377 A, madera de héroe,* novela honesta aunque insuficiente.

Esa era la capital de quinto grado a la que Ridruejo llegó. Ni a Vighi ni a Pino los conoció Ridruejo, y si los conoció, no los cita en su memorias.

Antes de la guerra había publicado Ridruejo en Segovia un libro de versos, *Plural*. Eran versos adolescentes y sonambúlicos, a la manera de Lorca, que era poeta muy en boga, y también a la manera de Juan Ramón Jiménez, del que Ridruejo adoptó en ese primer libro hasta disposiciones tipográficas. Había también décimas a lo Guillén y poemillas popularistas a lo Machado, que lo había examinado en el instituto de Soria.

Es verdad que por encima de la suya sobresalían otras voces, pero esos poemas los lee uno hoy casi con tanto gusto o más que los que escribió después, más personales y mejor facturados, pero más impostados y retóricos, como los que reunió después de la guerra en su *Poesía en armas*.

La poesía no fue, sin embargo, lo que le catapultaría al estrellato, sino su voz, su capacidad oratoria y sus reconocidas facultades dialécticas, que le llevaron en volandas a situarle, como figura complementaria, a la vera del otro gran orador del régimen, José María Pemán.

A Ridruejo, Pemán le gustaba poco. De hecho el grupo de falangistas transigió con el poeta gaditano lo preciso, un poco como había transigido con Giménez Caballero. Fue sin duda, otra vez, una cuestión generacional, pues el monárquico Pemán, bastante mayor que todos ellos, representaba al caduco político tribunicio, de parla barroca, a lo Alcalá-Zamora, y eso les distanciaba de él, sin contar otras razones de orden literario (suyos eran algunos de los ripios más grotescos de toda la historia de la poesía: «Como una flor en el aire, / como un vaso de cristal, / soy español por alférez / y más... por provisional»).

Hay abundantes testimonios de las intervenciones públicas, mítines y discursos de Ridruejo, que improvisaba con facilidad unas arengas enardecidas, y debía de ser, en efecto, cosa de ver a aquel joven menudo (a Ruano le parecía un boxeador de peso pluma) aspeando los brazos y levantando a la gente de sus asientos con inflamados argumentos.

En 1937, Ridruejo, que había demostrado ser un hombre de acción, tomó al asalto la emisora de radio de Valladolid y leyó un discurso de José Antonio, notoriamente anticapitalista, que había sido prohibido por el mando.

Todos esos golpes de mano fueron creando una pequeña leyenda del joven falangista, la leyenda le llevó a una mayor vorágine, y ésta, a gran número de frentes y ciudades.

Tal vez por esa popularidad inmediata, Hedilla, que era el jefe, antes de la unificación, en «ausencia» de José Antonio, le nombró miembro de la Junta Nacional.

En ese puesto le confirmó Serrano Suñer, ministro de la Gobernación, a primeros de febrero de 1938, al tiempo que se le hacía consejero nacional de FET de las JONS, miembro de la Junta Política y delegado nacional, y más tarde director general de Propaganda, cargo en el que estuvo hasta noviembre de 1940 (Giménez-Arnau lo fue de Prensa, y Tovar, jefe de los Servicios de Radio). Fue, como quien dice, su edad de oro en la Falange.

Como director general Ridruejo se rodeó pronto de escritores e intelectuales: «Casi ninguno de mis colaboradores era "camisa vieja", algunos eran falangistas "nuevos" y con antecedentes liberales. Otros no lo eran en absoluto». Lo cierto es que, tanto si eran liberales como si no, lo único a lo que en verdad se parecían era a falangistas. No había otra cosa. Tampoco posibilidad de los matices que al poco de terminar la guerra pudieron establecerse; ni como personas ni como escritores eran iguales García Serrano, Pemán, Foxá o Laín. En aquel momento, no obstante, se parecían bastante.

A Pedro Laín Entralgo le confió el Departamento de Ediciones; a Torrente lo conoció en Burgos y su posición dentro del falangismo fue siempre más galaica: Torrente Vayaustedasaber, le apodaron; recomendó a Rosales a Yzurdiaga para que entrara a formar parte de *Jerarquía*; el monárquico y aristócrata Luis Escobar (que le había presentado antes de la guerra a Neruda) se hizo cargo del teatro. De

230. Talleres de propaganda franquista. «Con frecuencia se hablaba "del otro lado", del que todos teníamos noticias insuficientes y a veces legendarias. Aunque parezca mentira diré que el jefe de la Propaganda nacionalista apenas consiguió ver, en toda la guerra, una docena de folletos o carteles de la propaganda republicana y que hasta la ocupación de Barcelona no llegó a tener más que una idea aproximada de lo que eran publicaciones como *Hora de España* o *El Mono Azul*. La profilaxis llegaba al extremo de prohibirle las bacterias a quien debía preparar las vacunas», escribirá Ridruejo años más tarde en sus imprescindibles *Casi unas memorias*.

231-235. Cartel, páginas de *Vértice* y número extraordinario de esta revista de la Falange. No tuvo parangón en la otra zona:

Ridruejo dependerían, pues, las publicaciones, las recién creadas revistas *Destino*, *Vértice* y la ya mentada *Jerarquía*; los libros que pensaban editar bajo los auspicios de estas revistas y de la proyectada Editora Nacional, y el teatro. Mucho poder.

Años después diría Ridruejo de aquel momento: «El equipo, a pesar de (o a causa de) los muchos matices incorporados, funcionó bien, con muy pocas tensiones y con una considerable alegría. Si digo que aquel núcleo (¡nada menos que de la Propaganda!) fue el menos sectario de cuantos se constituyeron durante la guerra, quizá alguien estime que idealizo mi pasado a la luz de mi presente. Pero creo lo que digo y todos cuantos frecuentaron mi despacho (de d'Ors a Foxá, de Montes a Neville, de Manuel Machado a Zunzunegui o Samuel Ros, que tardó algunos meses en aparecer) encontraron en él, si no me engaño, el centro raro donde era posible hablar de todo sin recelos ni precauciones».

gran formato, lujosa y, por sus contenidos literarios y gráficos, pensada para las élites burguesas del Régimen: desde reportajes de alta costura o de arte clásico a la exaltación militar y política. Lo que un jerarca podía considerar «buen gusto». Y en los resquicios, de vez en cuando, colaboraciones de sus mejores prosistas y pintores: Torrente Ballester, Cunqueiro, Foxá, Samuel Ros, Montes, Halcón, Mihura, Tono o José Caballero, amigo de Lorca, ilustrador de su *Llanto por Ignacio Sánchez Mejías*, colaborador de La Barraca, y a partir de la guerra pintor de cámara del Movimiento.

Es posible que en el despacho de Ridruejo se hablase de todo, pero lo que aparecía publicado en las revistas y los libros que se editaban bajo su jurisdicción era muy definido, de tono violento casi siempre, con mucho fanatismo, determinados los colaboradores y el jefe a no permitir una expresión que no fuese de pura y dura ortodoxia nacionalsindicalista. Nada que ver con *Hora de España*. De entrada, entre todos ellos, Ridruejo, Vivanco, Rosales, Pemán y Foxá, compusieron los poemas de *Los versos del combatiente*, que atribuyeron a un sargento de morteros llamado José R. Camacho. Son, en general, poemas de guerra, pero no beligerantes (al enemigo no se le escarnecía por deseo expreso del padre de la idea, Ridruejo), y le estaban dedicados a Franco: «Príncipe: de estas canciones / nunca el autor se sabrá, / son de nadie y son de todos / los que las quieran cantar / que al fundir el corazón / con el alma popular, / lo

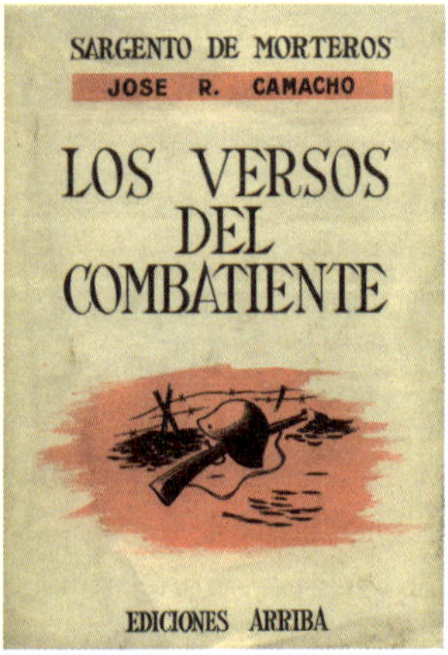

236. *Los versos del combatiente* fue una mixtificación atribuida al sargento de morteros José R. Camacho ideada por Ridruejo y escrita por los poetas de la Falange. Con algunos poemas de Foxá, de lo mejor que se escribió en la guerra en esa zona.

237. Llegó a Burgos, tras el asesinato de Lorca, con el peso de una culpa alrededor de la cual giró su vida, y su silencio. Y en verdad, el único reproche que se le podría hacer al joven y melancólico Rosales, si es que pueden hacérsele reproches a nadie, es que siguiese siendo falangista, primero, y luego «gubernamental», después del crimen. Que volviese a ponerse la camisa azul. Y durante tanto tiempo. Toda una vida sentado en la silla de un régimen que... etcétera. Eugenio Montes y Laín Entralgo de uniforme falangista.

que se pierde de nombre / se gana de eternidad». El trazo manuelmachadiano y coplista de estos poemas era evidente y barajados con los romances escritos en la otra parte, podrían confundirse con ellos. Con algunos de los poemas de Foxá, de lo mejor que se escribió en esa zona durante la guerra.

Como es sabido, a raíz de la formación del primer Gobierno de Franco, en Salamanca quedó concentrada la parte militar de la guerra, en tanto que todo lo relacionado con el aparato civil, político y gubernamental de la misma, se expidió a Burgos.

Y a Burgos fueron llegando de toda España quienes lograban huir de la otra zona o aquellos que vivían en el extranjero y querían ponerse a las órdenes de los nuevos jerarcas, pues era en esa ciudad donde se les normalizaba la documentación, admitían los avales, etcétera.

En unos meses, como había ocurrido con Salamanca, la ciudad se transformó en un abigarrado zoco de intrigas, empresas descabelladas y estrategias del aparato de la Propaganda, sin contar el trasiego de obispos, generales, oficiales alemanes e italianos y banqueros como Juan March, y el colorido, a cargo del jalifa, alto comisario de España en Marruecos, y su séquito, con los suljanes carmesíes, y los feces de color morrón, llenando todos ellos los pocos hoteles de Burgos, el Condestable, el Norte o el Londres...

No había muchas posibilidades, y los que no eran obispos, generales o banqueros, se hospedaban en modestas pensiones improvisadas o en casas particulares que requisaba la Oficina de Alojamiento.

Los domingos, el casino de la Unión, paseos en el Espolón y devaneos con las *madrinas de guerra* junto al río; por la mañana, misas en la catedral o en San Lesmes. Los días de diario, conspiración, estrategias y nuevos cuños de las palabras viejas: vítores y adhesiones. En el último tramo de la guerra la ciudad modernizó incluso su ramo de hostelería y apareció la Hostería Burguense y otras pequeñas pensiones a las que sin duda hacía referencia Ridruejo:

«Mi vida en Burgos transcurrió en unos ámbitos reducidos: algunos despachos oficiales, el mío propio, la casa donde fui a vivir en el barrio de La Castellana, algunos restaurancitos chicos de lechón y clarete y, con más frecuencia, el hotel Condestable, lugar casi obligado para las comidas de compromiso y los encuentros de algún relieve [...]. En aquel despacho no era raro que, a la caída del día y despachados ya los asuntos ordinarios, se reunieran algunas de las personas que trabajaban conmigo con otras que erraban por Burgos o estaban de paso, para comentar los acontecimientos y charlar de política o de literatura. Con frecuencia se hablaba "del otro lado", del que todos teníamos noticias insuficientes y a veces legendarias. Aunque parezca mentira diré que el jefe de la Propaganda nacionalista apenas consiguió ver, en toda la guerra, una docena de folletos o carteles de la propaganda republicana y que hasta la ocupación de Barcelona no llegó a tener más que una idea aproximada de lo que eran publicaciones como *Hora de España* o *El Mono Azul*. La profilaxis llegaba al extremo de prohibirle las bacterias a quien debía preparar las vacunas».

Después de su etapa en Burgos, Ridruejo se dedicó, en 1938, a visitar varios frentes y, con las fuerzas de Yagüe, planeó muy meticulosamente la entrada en Barcelona, que se produjo a primeros de febrero de 1939.

Ridruejo fue, quizá, uno de los más capacitados para comprender *el problema catalán*; su novia Gloria Ros era catalana, y él se había hecho amigo de muchos de los catalanes que fondearon en Burgos durante la guerra, como Agustí, Masoliver o Salas.

Ridruejo, un hombre de extraordinaria inteligencia, quitó a menudo importancia a su intervención en aquellos primeros tiempos de la revolución nacionalsindicalista, y no tanto por escurrir responsabilidades políticas, ya que jamás fue un cobarde (todo lo contrario: incluso en su autoinculpación vería Giménez Caballero, siempre presto a interpretaciones psicoanalíticas, la sospecha de una inmolación masoquista), como por verdadera modestia. Digamos que fue consciente siempre de sus limitaciones, políticas y, quizá, literarias. Pero aceptó con ilusión y entusiasmo la tarea de transformación del Estado, y cuando su amigo el escultor Aladrén, al que encargó una estatua de Franco, le pidió posar también a él, Ridruejo se quedó quieto mientras le hacía un busto. Aladrén, de quien se dijo que había sido uno de los amantes de Lorca, realizó una obra discreta. No era un busto de cuerpo entero, como sentenció en cierta ocasión un crítico de arte, pero mirar el mundo a los veinticuatro años desde un pedestal y con ojos de mármol veteado debió de ser toda una experiencia en quien había salido, unos años antes, de un pueblo tan dormido como hermoso de la muy remota y siberiana Soria: era, desde luego, lo más cerca que un numantino podía estar de Roma.

Cuando Ridruejo recordaba aquellos años en sus *Casi unas memorias* fue tal vez más generoso con todos los demás que con él mismo: a Samuel Ros, el escritor vanguardista que dirigiría *Vértice*, lo admiraba profunda y fraternalmente; «Laín se manifestó como la figura de mayor peso y autoridad intelectual del equipo [...]; Rosales, la otra personalidad abultada, era en sazón lo que siempre ha sido: un gran poeta [...]. Torrente que así como ahora se ha decidido por llevar hacia afuera su mucha bondad y su larga paciencia, entonces "posaba" de terrible y hasta de corrosivo, lo que tenía bastante gracia...». De Giménez Caballero, pese a la antipatía que le profesaba, llega aún más lejos y se pregunta: «¿Qué clase de hombre era éste que me había rehuido en mis horas de poder y me buscaba en las de desgracia? Sin duda alguien mucho más complejo de lo que hubiera podido imaginarse por la simple lectura de sus textos paradójicos y triunfales. Ello, en todo caso, confirma mi experiencia general de que no hay hombres de una pieza y que quien, en materia humana, juzga simplificando, se equivoca».

Con todos los escritores de aquel tiempo trató Ridruejo de ser justo, huyendo de simplificaciones, equidistante de sus leyendas y sus verdades, y así, con respeto y agudeza, hace desfilar ante sí a los personajes de ese momento, Manuel Machado, Juan Aparicio, Foxá, Giménez Caballero, sin condenarlos, sin salvarlos, en un ejercicio a un tiempo de longanimidad y rectitud, con una generosidad que volvería a demostrar, pasada la guerra, y, manipulaciones ideológicas aparte, con otra figura por la que él sentía veneración: el entonces anatemio Antonio Machado.

Sin duda Ridruejo mereció como pocos haber escrito un buen libro. Con sus poemas de guerra hay que hacer un gran esfuerzo para leerlos solo setenta años después. Diríamos lo mismo del resto de sus versos. Ni siquiera sus cuadernos y diarios, de Rusia, de Cataluña, de Ronda, logran fintar las acometidas brutales del tiempo y el olvido. Tal vez su *Guía de Castilla la Vieja*. Lo hemos dicho: a Ridruejo, la altura moral del personaje, la honestidad y el arrojo, la valentía y la inteligencia que demostró en la vida, le habrían hecho merecedor de ese buen libro que Dios sabrá por qué nunca escribió. Quién sabe si fue el precio pagado a la política, de la que, por otra parte, y hasta su muerte, jamás supo estar lejos.

Desde su evidente capacidad intelectual, tanto como desde su privilegiado observatorio histórico, Ridruejo estaba llamado a hacer una breve historia de la literatura fascista en España, y en cierto modo las páginas que nos dejó del asunto son bastante ponderadas y, en cualquier caso, imprescindibles para quien se acerque a tales pagos sin demasiados prejuicios: desde el «aprendiz de filósofo» Ledesma Ramos a Sánchez Mazas, Mourlane Michelena, Samuel Ros, Foxá, Montes, Marquerie, Halcón o Adriano del Valle tienen un lugar en sus páginas, por encima de las pasiones, pero todavía apasionado.

238-239. Antonio Tovar (en el centro, con Giménez Caballero, ambos de uniforme falangista) recordaría en 1976: «Ni Ridruejo ni yo habíamos querido la guerra. La guerra fue organizada más fríamente por gente más curtida y experimentada que nosotros». En este número de la revista *Fe*, de la que Tovar era colaborador como de cuanta revista falangista se editaba entonces, escribió en 1937: «La vida vuelve a poderse defender a tiros y no a fuerza de denuncias por infracción de artículos constitucionales. ¡Qué emociones nuevas de rejuvenecimiento este rearmarse! ¡Toda la alegre brutalidad disimulada reaparece!».

240. *Euzkadi en llamas*, de Ramón Belausteguigoitia, raro ejemplo de crónica republicana sobre el País Vasco.

241-242. Luis Quintanilla, autor de unas interesantísimas memorias, actuó como espía en Biarritz y el sur de Francia, mezclándose con muchos de los franquistas que vivían en San Sebastián y el norte de España. Tras la guerra, y protegido por su amigo Ernest Hemingway, publicaría en los Estados Unidos, donde vivía exiliado, un libro de dibujos, *Franco's Black Spain*. En la imagen de la izquierda, retratado en Madrid junto a un piano después un bombardeo.

La mayor parte de ellos pasaron por Burgos y allí les atendió Ridruejo. El grupo constitutivo, sin embargo, los propiamente amigos, fueron, sin duda, Rosales, Montes, Vivanco y Laín.

Empecemos por este último.

Laín, como Ridruejo, escribió sus memorias, que casualmente publicó ya muerto Franco.

En realidad había llegado a la política un poco tarde. No se afilió a Falange, con mucho sentido de la oportunidad, hasta agosto de 1936, pero su carrera sería, como la de sus compañeros, meteórica. Ya hemos visto que en Burgos, en curso 1938, Ridruejo le había encomendado la edición de libros, en el Servicio Nacional de Propaganda, embrión de la futura Editora Nacional: solo era el principio.

En ese servicio publicó las *Obras* de José Antonio, *Genio de España*, *Madrid de Corte a cheka* y el *Poema de la Bestia y el Ángel*.

Donde se dio a conocer fue en la redacción de *Jerarquía*, con ensayos en los que abordaba las más metafísicas y gaseosas tesis del nacionalsindicalismo, la cuestión alemana y el principio de desigualdad entre los pueblos, «asombrándonos a todos», nos dirá García Serrano, «con su precoz madurez intelectual, su encendida fe y su sabio y enorme sosiego».

Hay dos modos de acceder al Laín de esos años: los textos que publicó entonces, y el más general, confesional, que escribió a modo de memorias, cuarenta años después.

Tituló esta palinodia *Descargo de conciencia*, y en las primeras páginas ya declaraba Laín que se trataba de una confesión, pero leyéndolo no se halla dentro pecado tan grave que justifique ese centón bien tupido. Ni siquiera son las memorias de un hombre que se sienta equivocado o arrepentido. Parecen más bien un lecho donde dar sensual acomodo a los remordimientos. Nada de la brutalidad de aquellos días ha pasado al papel, ni la barbarie, ni la sinrazón, ni el delirio o el dolor. No hay desengaño ni desconsuelo ni pena. Laín es médico y conoce bien los secretos de la sofrología, como, en cierto modo, conoce sus rudimentos el albéitar transhumante: palabra sobre palabra, y un estilo plúmbeo. Imposible no quedarse anestesiado.

Serrano Suñer tal vez no contara todo lo que tenía que contar; Ridruejo, con absoluta generosidad, contó incluso lo que no tenía por qué contar; Laín, en cambio, cuenta siempre otras cosas. Es como ese hombre que atormentado por sus graves pecados entra en una iglesia, escoge un confesionario, se arrodilla contrito delante de uno y empieza, premioso y angustiado, a evacuar la crónica de... pecadillos sin importancia; y alrededor de la verdadera culpa, se dedica a dar vueltas como en torno de un pozo, sin atreverse a mirar dentro. Por otro lado, su atrición, la que lo llevó a escribir ese libro, la diluye siempre entre muchos otros: ha pasado del «me acuso, padre», al «fuimos todos», y, sin mediación posible o, como suele decirse, sin solución de continuidad, pasa no a denunciar sus defectos, sino a consignar sus virtudes y cuantos actos virtuosos se hicieron por su mediación, de modo que pone al páter, su paciente lector, en el curioso brete, no ya de darle la absolución, sino las gracias. Cuando asistimos a la escena en la que el autor deja su último abrazo en el cuerpo sin vida de su amigo íntimo Ridruejo, que en verdad lo apreciaba y ante el que se había confesado «retrasado mental», puede abrirse paso la sospecha de que Laín, en el apretón, se ha llevado un salvoconducto democrático para los tiempos que se avecinaban. O sea, retrasado, pero lo justo.

«¿Y yo? –nos dirá en una de las preguntas retóricas más ecuménicas y grotescas de toda la literatura española contemporánea–: ¿Qué escribí yo en *Arriba España*? Formalmente, artículos anónimos, artículos firmados, folletines. Bien. Pero mis artículos y folletines, ¿qué dijeron?». Obsérvese el estilo aquí: copia a Azorín. «No tengo a la vista esas prosas mías; ni siquiera sé, tan poco conservador soy en todo –nos dice en este fragmento antológico el que sería director de la Academia de la Lengua, miembro de la Academia de Medicina y académico de la de Historia–, no sé si se hallarán todas entre mis papeles viejos. Es seguro, sin embargo, que un examen atento de su contenido suscitaría hoy (hoy: visto desde mi actual conducta) tres reacciones principales. Algunos, no sé cuántos, afirmarán sin ambages que soy ahora un cobarde desertor [se publicó este libro en abril de 1976, como se ha dicho, muerto ya Franco, y bien entrados los años cincuenta aún seguía discurseando en clave azul], un traidor logrero o un "intelectual resentido", según el tópico dicterio. Otros, tampoco sé el número, pensarán o dirán: "¿Es posible que este hombre, al parecer inteligente y crítico, con tan boba ingenuidad adolescente haya creído en los tópicos ideológicos y políticos que por entonces circulaban?". Otros, en fin, probablemente los menos, tal vez se hagan cuestión del contraste entre lo que fui y lo que soy viéndolo como resultado de un proceso evolutivo: "¿Cómo puede y debe explicarse (se preguntarán) el hecho de que un hombre al parecer inteligente y honesto haya pasado de aquella actitud suya a la que hoy vemos en él?". Permítaseme que me sitúe al lado de estos últimos y que sinceramente (por tanto, con humildad y dignidad) exponga algunas de mis razones».

Todo esto lo dice en la página 193, y aunque no concibe a nadie que no lo tenga a él sino por inteligente, crítico, intelectual y honesto, le quedan trescientas páginas más para demostrar que la postura de sus amigos era frente al problema de España, «la más inteligente y generosa, aunque a la postre la más fracasada, de cuantas a la sazón pululaban por la "zona nacional"».

Desintegración en la que insistirá a menudo: «Todos acabamos fracasando. Aun cuando algunos lográramos luego cátedras, academias, prestigio en el libro y la prensa o relieve en una práctica profesional».

Seguramente Laín (esto se escribió cuando Laín vivía), un hombre ponderado y sobresaliente, sabrá que la contradicción de una confesión como esa debería haberle llevado, dejando mesas petitorias, cátedras y academias, a un eremitorio en las altas, duras y frías tierras de Rello, las más frías de Soria, y que se puede tener mucha «conducta actual» y muy poca vergüenza y ninguna moral para los asuntos políticos.

Uno tiene a mano los viejos papeles de Laín que Laín no encuentra. Ya lo decía aquel limpiabotas del café Varela: «Sin mala leche no hay arte». Seguramente en un libro como este tendría que incluirse algún fragmento de los llamados ideológicos de su obra de entonces. No vale la pena. Se habla en ellos de no sé qué «literatura de misión» y «de imperio», pero tampoco resulta fácil dilucidar de qué cosa trataban. Un bodrio.

Por afinidades, por talante y por dedicación científica suele emparejársele a Laín el latinista Antonio Tovar, el más netamente pro alemán del grupo (no obstante proceder del filosocialismo y la Casa del Pueblo de Valladolid), y director de Radio Nacional en el *gabinete* Ridruejo.

«Ni él [Ridruejo] –diría Tovar en 1976–, ni yo habíamos querido la guerra. La guerra fue organizada más fríamente por gente más curtida y experimentada que nosotros».

Fueron muchos los que trataron de convertir a Ridruejo en su comodín democrático particular, en su personal «Detente». Y claro, un clásico en la literatura penal: «Yo no he sido. Soy inocente». Como el *skinhead* que después de actuar con la horda, responde como individuo ante un juez.

Tengo delante unos números viejos de *FE. Doctrina Nacionalsindicalista*, que vienen del Rastro. Desde un punto de vista tipográfico la revista no está mal hecha. En el número 2, de febrero de 1937, se incluye un artículo de Tovar, titulado «Últimos porqués del fascismo», donde leemos: «La vida vuelve a poderse defender a tiros y no a fuerza de denuncias por infracción de artículos constitucionales. ¡Qué emociones nuevas de rejuvenecimiento este rearmarse! ¡Toda la alegre brutalidad disimulada reaparece!». La alegre brutalidad. Luego habla de la genialidad de Hitler y Mussolini y lo precisos que eran para el mundo el fascismo y una guerra aniquiladora del liberalismo burgués y el marxismo. El que no quería la guerra. Así resulta difícil no faltarle el respeto a alguien.

Tovar, que militó en la FUE y se pasó de bando al empezar la guerra, era un erudito, y terminó siendo, por suerte, un pacífico profesor. Laín, un médico; un médico, si se quiere, ilustrado, pero un facultativo. Si se habla de los intelectuales de la Falange es lógico que se mencione a Laín y a Tovar. Si se habla de la literatura de la Falange, no tiene mucho objeto que se haga, como no se puede hablar de la literatura de la época de la República y hacerlo de Marañón y Maeztu, por muy principales pensadores que sean. Se podría hablar de Pérez de Ayala, pero no de ellos dos. Se objetará que tanto Laín como Tovar escribieron una considerable cantidad de ensayos de crítica literaria. Pero también está por dilucidar que toda la crítica literaria que escribimos sea o no literatura, de la misma manera que es difícil saber qué ensayos son literatura y cuáles no, lo cual no está dicho, ni mucho menos, en detrimento ni de la filosofía ni del pensamiento ni de la investigación filológica. Por cierto, también de Tovar es este folleto: «Lo que a la Falange debe el Estado. Conferencia pronunciada por el rector de la Universidad de Salamanca, camarada Antonio Tovar, en la inauguración de la Tribuna "José Antonio", de la Guardia de Franco», en el que se leen algunas cosas interesantes como «El vencedor no fue vencedor nuestro», referido a los aliados. «Seguiremos orgullosos de que para ir a Estados Unidos se exija el juramento de no ser falangistas». La conferencia es de febrero de... 1953. Pudiéramos llamar a esto contumacia política o «mano negra no se rinde».

De naturaleza bien distinta a Laín y a Tovar, fue Luis Rosales, a quien uno le recuerda un poco como la imagen de un cierto fracaso, no el fracaso del que hablaba Laín, sino de otro muy sutil, pese a su Academia, su Cervantes, en su modesta colocación de funcionario de nada o casi nada. Si todas las pompas humanas terminan siendo fúnebres, los afanes sociales y políticos de Rosales se nos parecen aún más contingentes y voladizos, como la pelusilla galdosiana que le crece por el suelo a los somieres.

Quizá porque Rosales muy pronto quedó marcado por la huella de un fracaso terrible: la muerte de su amigo Lorca. Ya nos hemos referido a ello en otro lugar.

Rosales, como Ridruejo, había publicado un solo libro de poemas antes de la guerra, *Abril*, en las prensas de la derechista y clerical *Cruz y Raya* de Bergamín, revista en la que era colaborador. Había sido

243-247. Se diría que aquella fue «la guerra de los poetas», que fueron quienes la hicieron en ambos bandos (en la retaguardia) y los que la cantaron (en primera fila). Sus voceros, más que los novelistas o los ensayistas. Aquí, algunos de los cancioneros y antologías que circularon en zona nacional, entre ellos la célebre de Jorge Villén, que llevó a J.R.J. a confusiones que agravarían aún más su relación con Jorge Guillén.

también uno de los firmantes del homenaje que a Pablo Neruda le hicieron los poetas españoles a instancias del propio Neruda, y a este, muchos años después, dedicaría un libro de estudio y elogio, cuando el chileno seguía siendo lo que había sido y Rosales ya no era ni sombra de lo que fue.

Pese a que *Abril* fue atacado duramente en las páginas de la vanguardista *Gaceta de Arte* porque encarnaba un proyecto neoclasicista, lo cierto es que Rosales, junto con Panero, llegaría a ser uno de los más relevantes poetas de su generación.

Sus poemas de guerra se publicaron en *Jerarquía*, donde Rosales dirigía el plan de publicaciones de la revista, que era muy amplio y complejo. La poesía de la guerra que escribieron los falangistas la encarnaron, sobre todo, Rosales, Ridruejo y Vivanco (Panero vendría luego) más que Foxá o Manuel Machado, en general bastante mejores poetas que los tres primeros, y desde luego, más que Pemán, cuyo increíble *Poema de la Bestia y el Ángel* nadie, entre las filas de los poetas nacionalistas, de la Falange o de los independientes, se tomó nunca en serio. Ni ellos. Y ya hemos hablado de *Los versos del combatiente*. Poemas neopopularistas. Años después, sin embargo, con su nombre, dirá Rosales: «Llegó la guerra y comenzó el silencio». Pensaba acaso en Lorca, como también diría: «Los que asistimos al dolor y quedamos / tenemos que recordar». Recordar qué.

Con Vivanco, Rosales preparó la antología *Poesía Heroica del Imperio*, libro que, pese al título, contiene algún hermoso poema clásico español.

Vivanco, que era sobrino de Bergamín y colaborador también de *Cruz y Raya*, se convertiría con el tiempo en una de esas figuras que se van desdibujando paulatinamente, y pese a su ensayo sobre Moratín y un *Diario*, póstumo, y quizá por ello incompleto y provisional, aunque interesante, sus versos de entonces y de después, intimistas y religiosos, representarían algo así como un torrente sin agua que espera la resurrección de una riada.

Cuando Rosales murió, Martínez Sarrión glosó muy elogiosamente la figura del poeta y sus compañeros de armas, centrándolos en esas líneas: «Ha existido una actitud de persistente inquina contra estos hombres del 36 [...]. El tiempo, señor impávido, acabará dejando flotar o no ciertas vidas, algunos libros, tal poema. De entre la excelente poesía, la inteligente, docta y levantada prosa ensayística, las solventes y necesarias antologías de Luis Rosales, mucho quedará a salvo de aquellas cenagosas ninfas, y al lado de los más altos de la lengua, se mecerán dos libros impares de poesía, *La casa encendida* y *El contenido del corazón*».

Aunque no sea este el lugar que le corresponde, no parece que haya otro mejor donde hablar de Leopoldo Panero, el poeta astorgano que habría de ser amigo inseparable de Rosales.

A los tres meses de estallar la guerra, a Leopoldo Panero y al novio de su hermana los metieron presos los sublevados en la cárcel de San Marcos de León, y al padre del primero le sometieron a un brutal interrogatorio, mientras Juan Panero, hermano de Leopoldo, se había incorporado a filas como oficial de complemento. En San Marcos pasó Leopoldo un mes (al que hubiera sido su futuro cuñado lo fusilaron) acusado de pertenecer al Socorro Rojo, hasta que los buenos oficios de la madre, que acudió a Salamanca a entrevistarse con la mujer de Franco, amiga de una amiga suya, lo sacaron de allí. Quizá alguien recordara también que Leopoldo había formado parte de las últimas Misiones Pedagógicas con Zambrano y Cernuda.

Los Panero habían frecuentado antes de la guerra, como tantos, la amistad de unos y otros, y su literatura, de corte surrealizante, les había llevado a posiciones más o menos de izquierda, como prueba el hecho de haber hospedado en su casa de Astorga al poeta César Vallejo, al pintor Ramón Gaya y a algunos otros de los poetas y creadores progresistas de la República, de paso por el burgo clerical en su entusiasta apostolado pedagógico.

Juan Panero, también poeta con un libro editado en la colección «Héroe» que dirigía Altolaguirre, se mató al poco tiempo en un accidente de coche, y Leopoldo, tras salir de la cárcel, se alistó en el ejército y pasó lo más discretamente que pudo aquella guerra. Solo en los años que siguieron se revelaría como uno de los más hondos poetas de la poesía española de entonces, pese a las reticencias que aún despierta, un poeta nacido de la veta más pura de Antonio Machado y Unamuno. Se recuerdan sus ripios contra el Neruda de *Canto general*, que valen poco, como poco valían no pocas tiradas de esos versos nerudianos; se recuerdan esos, para no tener que recordar sus poemas a la irrestañable herida que dejan dolor y silencio en la herida general que constituye la vida, y en medio de tanta retórica, cuánto silencio hay en Panero, silencio natural, campestre y oreado en la lengua de fray Luis.

Es posible que en esta relación que vamos dando de los escritores en Burgos falte, desde el punto de vista de la narración, algo que al lector le permitiera reconstruir aquellos años y aquellos escenarios. Sería una lástima.

Creo que, al igual que pasaba en la otra zona, los escritores repartían su tiempo en trabajos más o menos burocráticos y en visitas a los frentes y a las ciudades que iban tomando, de manera que, también como a los de la otra zona, a éstos les veremos a lo largo de la guerra en distintos lugares.

Su vida cotidiana contrasta, sin embargo, con la de los escritores en zona republicana. Mientras a éstos les acucian las circunstancias desfavorables de una guerra que iban perdiendo, aquéllos, mejor pagados o ricos por su casa, empiezan a repartirse el botín: comen mejor, gozan de permisos frecuentes y no van al frente como no sea a arengar a la tropa y a repartir papeles.

Uno de los más ubicuos de esa zona fue Montes.

No estoy muy seguro de que a estas alturas alguien como Montes, que sí tuvo un perfil muy nítido, no sea ahora otra sombra más.

Formó Montes, con Foxá y Sánchez Mazas, el triunvirato literario de la Falange, monárquicos los tres, lo cual no deja de ser una elocuente paradoja. Giménez Caballero no cuenta: demasiado poco leal, se habría levantado con sus legiones contra todos ellos si hubiese podido y si le hubiese quedado alguna, y, por lo demás, terminaría, sin dejar de ser franquista irredimible, más monárquico que ninguno.

Montes, de Orense, había nacido en 1897 y empezado en la literatura, como tantos otros, en las filas de la vanguardia. Militó con entusiasmo en el ultraísmo, fue amigo de Borges, de Cansinos, de Dalí, de Diego. Militó incluso en el entusiasmo revolucionario, y en 1921 pronunció en el Centro Obrero de Orense una conferencia sobre «La intervención de los intelectuales en la Revolución Rusa».

Había estudiado Filosofía en Madrid con Ortega, que le dirigió la tesis. Luego sacó su cátedra de instituto en esa especialidad y como catedrático pasó algunos años. Pocos.

Sus primeros libros son gallegos y de corte vanguardista, ya se sabe, cuando no incomprensibles, neopopularistas, con sentimiento a veces. Luego, a finales de los veinte, viajó pensionado por la Diputación de su pueblo a París y Bélgica.

Poco a poco su vocación se fue decantando hacia el periodismo, dejó de escribir en la lengua vernácula, y sus ideas políticas, ya en los treinta, se fueron deslizando de una manera inequívoca hacia la derecha, aunque «a la gallega»; jamás militó en ningún partido, aunque se adhirió a unos cuantos (galleguistas, Acción Española, Falange). Lo expresó muy bien Ridruejo: «Un hombre solicitado más bien que ofrecido». Fue también corresponsal de *Abc* en Roma y en Berlín, donde pudo conocer de cerca el nazismo y el fascismo. De que el primero de estos movimientos le era antipático tenemos constancia por la contestación que le daría a un amigo al enterarse de la derrota de Hitler: «Me alegro, porque es la derrota del obrero»; pero esa antipatía no le impidió escribir durante la guerra extáticos elogios del Führer, a cuyos desfiles, sostiene, asistiría el mismo Sócrates. Naturalmente esos elogios se fueron «cayendo» de sus escritos, cuando el Eje perdió la guerra.

J.R.J. en el retrato que le hizo para *Españoles de tres mundos* dijo de él que era «uno de los jóvenes en donde se expresa de mejor modo la culta intelijencia», que aunque como elogio es un tanto estereotipado, nos habla de la simpatía que suscitó en un hombre «difícil» como el poeta de Moguer.

Era desde luego una persona de enorme cultura, no de la voracidad de Giménez Caballero, sino al modo reposado de Azorín. Sus artículos y crónicas estaban todos amparados por un fino sentido de lo poético, escritos sin prisa, pensando en que habían de leerse sin agobios, lo cual, bien mirado, era poco vanguardista, poco *express*, poco fugado, sin turbinas ni pistones.

Muchos de estos artículos, escritos en los años anteriores a la guerra, empiezan como una balada del norte: «Vete a Praga (me dijo una vez Vicente Risco). Vete a Praga. Es la ciudad más bella de la Europa Central»... Y a partir de ahí, Montes empieza a arrancarse de las manos el aleteo de una paloma que saldrá volando sobre las viejas ciudades, junto a los más sombríos ríos del corazón de Europa, en hosterías silenciosas, en los más nevados bosques de abedules. ¿De qué hablaba aquel joven gallego? De la tragedia romántica de Guillermo II, del testamento de Arthur Schopenhauer, de Schiller y Goethe, de Kant en Könisgberg, de los caballeros de la orden teutónica, de Stefan George, de la judería de Praga, del castillo fúnebre de Hindenburg... A los artículos que escribió en esos dos años, 1934 y 1935, por las altas tierras alemanas, les puso un título nietzscheano, *El viajero y su sombra* (1940), y los sacó en un libro, a fin de que nadie, desde entonces, se sintiese en la obligación de leerlo. Es uno de los libros de artículos más hermosos... Claro que no son ensayos. Son algo mejor: evocaciones, sueños, sombras tras de las cuales avanza el viajero, su sombra y su quimera.

Sus artículos de guerra, en cambio, resultan violentos, sin mucho interés. Los que escribió contra Bergamín y Alberti son incluso insultantes, aunque el tono no era muy diferente del que Bergamín y Alberti emplearon contra él en *El Mono Azul*. El propio Montes se refirió en plena guerra a tal sentimiento fratricida. Fue en unas páginas que tituló «A la sombra de las antorchas en flor»: «Una guerra es necesaria, cuando entre dos poderes políticos existen necesidades contrapuestas e incompatibles. *Mors tua, vita mea*».

248. Eugenio Montes, siempre «más solicitado que ofrecido», según Ridruejo: «Una guerra es necesaria cuando entre dos poderes políticos existen necesidades contrapuestas e incompatibles. *Mors tua, vita mea*». Montes y Ridruejo en Burgos.

249. Franco premió a su paisano y amigo con diversos cargos diplomáticos de poca monta en Roma y Lisboa, que satisficieron plenamente a un filósofo estoico como Montes, educado con los cínicos: «El ideal es servir a un país totalitario en un país democrático», habría podido decir como Foxá, autor de la frase.

Al estallar la guerra Montes fue a Salamanca. Ya conocía, por gallego, a Franco, y los dos se tuteaban. En los primeros días, en cuanto llegó a la ciudad, Franco le concedió audiencia. Nos lo cuenta el biógrafo del escritor, Gutiérrez Palacio. Al entrar en la sala donde recibía, antes de que Montes dijera nada, Franco le avanzó, serio, la mano: «¿Qué tal está usted, Montes?», y subrayó ese usted. «Al salir –nos cuenta su biógrafo–, Montes se dijo: "Éste manda"». Pasa siempre: el sentido del humor es la piedra de toque de una inteligencia, y a ellos, a dos o tres al menos, en el fondo no se lo quitó ni Franco. Claro que si éste mandaba, Montes obedeció sin problemas, y uniformó su pluma.

Alguno de los artículos que Montes escribió durante la guerra, y sobre todo después, los más civilizados, se recogieron en otro tomo posterior, *La estrella y la estela*. Son, desde luego, más aburridos que los del libro anterior (mezcla a menudo a Joseph de Maistre con José Antonio Girón y a José Antonio a secas con Cervantes), y mucho más que los de la, para mí, más sugerente recopilación suya, *Melodía italiana*.

De sus artículos políticos dijo Ridruejo, y del propio Montes, que «cabe, sin duda, en una antología bien ponderada de la literatura falangista como la que compuso Mainer. Pero me parece dudoso que sus escritos hayan contribuido a la formación del pensamiento fascista español». Yo creo que esa es su principal virtud. De todos los escritores falangistas fue Montes el más espiritoso. Sus textos doctrinarios, al igual que los de Sánchez Mazas, tiran a menudo por los cerros históricos, las evocaciones romanas, y en cuanto pueden, se meten en sus soleados y eruditos jardines antequeranos.

En *La estrella y la estela* se leen muchos pasajes contradictorios, cínicos, con ese desapego que no sabe uno si situar junto a la aristocracia o el matonismo. En un artículo sobre Donoso Cortés decía: «¿Quién pudiendo abrazarse con la libertad se hinca de rodillas ante la dictadura? [...]. Se trata de escoger entre la dictadura que viene de abajo y la que viene de arriba..., entre la dictadura del puñal y la dictadura del sable; yo escojo la dictadura del sable porque es la más noble». En fin, cortar –con sable– pelos en tres, la moda de entonces.

Como es sabido, Montes, después de la guerra, se pasó la mayor parte de su vida o en Latinoamérica o en Roma, quizá haciendo buena la frase que Foxá trató también de aplicarse a sí mismo: «El ideal es servir a un país totalitario en un país democrático».

Los amigos de Montes, el Conde, Sánchez Mazas, José Antonio, trataron de atraerlo, sin mucho éxito, a un activismo más comprometido con la Falange. Incluso le banquetearon en el viejo café de San Isidro y permitieron lo que a casi nadie se permitía entonces: la doble militancia: en Renovación Española y Acción Española y en FE. Puede decirse que su postura en la guerra fue de entusiasmo, pero no indescriptible. Se le vio aquí y allá, en Burgos, en San Sebastián, en Roma, precedido de su aura de hombre sabio, de escritor fino, sin obra casi, unos cuantos artículos, unas cuantas frases... En ese sentido tuvo suerte. Con tan poco, en 1940 le hicieron académico, aunque la justicia, que es poética, quiso que ocupara el sillón de otro académico sin obra, Maeztu, pero ni siquiera entonces se dio prisa para leer su discurso. Lo hizo, en 1978, sobre «El romanticismo de los clásicos». En esa ocasión se sentó no ya en el sillón que fue de su viejo amigo el fundador de *Acción Española*, sino en el del marqués de Lozoya. Aunque, en honor de la verdad, se supo entonces que Montes y Sánchez Mazas, nombrado también académico en aquella ocasión, habían suscrito un pacto entre caballeros de no leer su discurso, conscientes de que su elección había sido por motivos políticos y no literarios. Creo que muerto el segundo, el primero, muy gallego, debió de decir: «A la vejez, viruelas».

Se dijo también que al acabar la guerra Franco le ofreció una embajada, aunque es bastante inverosímil que éste no conociera la situación matrimonial irregular del escritor, que hacía inviable tal cargo. Se conformó primero con una corresponsalía en Lisboa en el periódico del régimen, *Arriba*, marchó luego como propagador cultural hacia Hispanoamérica, fue director del Instituto de España en Lisboa y por último recaló en la Academia de España en Roma, donde pasó muchos años. En 1953 aceptó hacer el discurso para el primer congreso nacional de FET y todavía en 1971 seguía diciendo: «No. Veinticinco mil veces que hubiese un 18 de julio, volvería a tener la misma posición que tuve y tengo».

De todos los amigos próximos de Ridruejo solo queda por hablar de Torrente Ballester. De este acaba de llegar a mis manos (2010) una carta dirigida a su amigo el poeta uruguayo Rodríguez Pinto, en noviembre de 1936, inédita hasta ahora. Es una carta larga en la que cuenta muchas cosas. «[...] Todos los jóvenes, sin excepción, estamos militarizados: unos, encuadrados en el Ejército, y otros en las milicias auxiliares. El puesto, desde luego, es en las Juntas de Ofensiva Nacional Sindicalista (Falange Española). Se nos llama fascistas, aunque nuestra doctrina no se parece a la de Musolini más que muy superficialmente. Dentro de las JONS desempeñé el puesto de Jefe Territorial (en Galicia) del Sindicato Universitario, y actualmente soy jefe de Prensa y Propaganda del mismo [...] Sirvo a la revolución no como guerrero –ya conoce mis escasas disposiciones bélicas– sino como intelectual.

»De buena gana le haría un reportaje sobre la España "fascista" y cómo se vive en ella. Pero no es posible incluirlo en una carta. Imagine V. un pueblo que lleva durmiendo doscientos años, y que de pronto es removido violentamente de la forma más terrible de la guerra: la guerra civil. Y que, falto de conciencia de destino histórico, se encuentra con una misión soberbia en el mundo actual. Todas las virtudes dormidas reviven. Y nuestros jóvenes, que de pronto se encuentran "con sentido", se entregan de lleno a la guerra. Es curioso: aquí padecíamos una casta inútil y aborrecible: el señorito. Pues ahora "los señoritos" de España se hacen voluntarios de mar o de tierra y guerrean con tanta o más eficacia que los profesionales. Nuestras milicias son de "señoritos" y bien clara está la superioridad de sus virtudes frente a las otras milicias, las proletarias.

»Yo, personalmente, estuve en dos frentes: Guadarrama y Asturias. Dura cosa la guerra –y yo no fui a guerrear–. Dura y hermosa. La guerra –ésta, entre hermanos, sin química, pero profundamente religiosa– es un deporte de hombres. Yo, intelectual, un poco "por encima" de ciertas cosas, siento un tanto de reverencia por "el héroe". Y ya puede suponer que mi postura es de reverencia permanente, porque en España, hoy, ser héroe, es cosa ciertamente corriente. Lo raro es encontrar alguien que no lo sea.

»En la propaganda radiada que, en Galicia, se dedica diariamente a la formación moral de Falangistas, hay una sección que empieza: "Porque tu corazón está más alto que tu sexo, porque tu frente está más alta que tu corazón, que tu alma, falangista, glorifique al Señor" [...]. Yo le agradezco un lema tan excelente para la formación de nuestras juventudes, hoy guerreras, mañana constructoras, siempre militares.

»Con todo esto, mis empresas intelectuales y literarias están olvidadas en absoluto. Escribo mucho, pero destinado a formar, en el más riguroso anónimo, parte de la Prensa nacional-sindicalista. Y a que una "falangista" de hermosa voz lo diga ante el micrófono. O a que, convertido en carteles, adorne muros y fachadas. Siempre en combinación con otras formas de origen acaso desconocido, pero, como las mías, al servicio de España Una, Grande y Libre».

Torrente Ballester sería un conocido novelista años después. En aquellos tiempos todo su bagaje literario eran unos cuantos artículos teóricos y apologéticos del nacionalsindicalismo, y tres o cuatro piezas de teatro. La primera se titula *El viaje del joven Tobías* y durmió a todos los amigos que asistieron a su primera representación leída, según cuenta Ridruejo. Junto a ésta escribió *El retorno de Ulises*, sobre el mito del «Ausente», *República barataria* y *El casamiento engañoso*. De estas tres, uno ha leído una y media, que valen por seis, y el

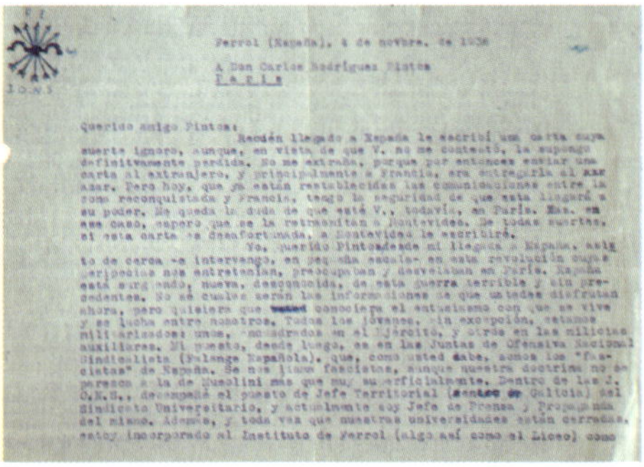

Ferrol (España), 4 de novbre. de 193[illegible]

A Don Carlos Rodríguez Pinto
París

Querido amigo Pinto:

Recién llegado a España le escribí una carta cuya suerte ignoro, aunque, en vista de que V. no me contestó, la supongo definitivamente perdida. No me extraña, porque por entonces enviar una carta al extranjero, y principalmente a Francia, era entregarla al azar azar. Pero hoy, que ya están restablecidas las comunicaciones entre la zona reconquistada y Francia, tengo la seguridad de que ésta llegará a su poder. Me queda la duda de que esté V., todavía, en París. Mas, en ese caso, espero que se la retransmitan a Montevideo. De todas suertes, si esta carta es desafortunada, a Montevideo le escribiré.

Yo, querido Pintodesde mi llegada a España, asisto de cerca –e intervengo, en pequeña escala– en esta revolución cuyos periodos nos entretenían, preocupaban y desvelaban en París. España está surgiendo, nueva, desconocida, de esta guerra terrible y sin precedentes. No sé cuáles serán las informaciones de que ustedes disfrutan ahora, pero quisiera que usted conociera el entusiasmo con que se vive y se lucha entre nosotros. Todos los jóvenes, sin excepción, estamos militarizados: unos, encuadrados en el Ejército, y otros en las milicias auxiliares. Mi puesto, desde luego, es en las Juntas de Ofensiva Nacional Sindicalista (Falange Española), que, como usted sabe, somos los "fascistas" de España. Se nos llama fascistas, aunque nuestra doctrina no se parece a la de Mussolini más que muy superficialmente. Dentro de las J.O.N.S., desempeñé el puesto de Jefe Territorial (dentro de Galicia) del Sindicato Universitario, y actualmente soy Jefe de Prensa y Propaganda del mismo. Además, y toda vez que nuestras universidades están cerradas, estoy incorporado al Instituto de Ferrol (algo así como el Liceo) como

250. «Se nos llama fascistas, aunque nuestra doctrina no se parece a la de Mussolini más que muy superficialmente. Dentro de las JONS desempeñé el puesto de jefe Territorial (en Galicia) del Sindicato Universitario, y actualmente soy jefe de Prensa y Propaganda del mismo [...]. Sirvo a la revolución no como guerrero –ya conoce mis escasas disposiciones bélicas– sino como intelectual», diría Torrente Ballester.

251. «Dura cosa la guerra –y yo no fui a guerrear–. Dura y hermosa. La guerra –ésta, entre hermanos, sin química, pero profundamente religiosa– es un deporte de hombres». De la carta inédita a su amigo el poeta uruguayo Carlos Rodríguez Pinto, con escudo falangista dibujado por el propio Torrente Ballester.

252. Panfleto político de Torrente Ballester, quien dijo que aquella era una guerra «en la que los obreros luchan como señoritos y los señoritos como obreros».

253. Cubierta de *El viaje del joven Tobías*, de Torrente Ballester.

254. Torrente Ballester paseando con el *Arriba* hacia 1940.

hecho de que Torrente Ballester no insistiera más veces en el teatro (fue años después crítico de teatro en el *Arriba*) nos hace pensar que tales *autos* los encontraba no ya insostenibles pasado el tiempo, sino en el mismo momento en que los dio a conocer. Pero, ¿cómo un oscuro profesor de instituto gallego llegó a Burgos? La respuesta acaso la encontremos en esa carta: el ímpetu, el entusiasmo, «la alegre brutalidad» que circulaba en el ambiente.

Solo seis años después, en 1943, Torrente escribiría su primera novela, *Javier Mariño*, sobre el tema de la guerra. La novela, revisada años después por su autor, fue editada entonces por la Editora Nacional, lo cual no obstó para que fuese retirada por la censura, al igual que *La fiel infantería*, de García Serrano, y *Tras el águila del César*, del consejero nacional Santa Marina.

Javier Mariño es una muy interesante novela, con una escritura limpia, casi poética, lejana del plateresco de la época y del barroco futuro de su autor. De corte realista, vagamente barojiana, relata las peripecias de un joven que asiste, con senequismo español, al fenómeno de una guerra «en la que los obreros luchan como señoritos y los señoritos como obreros». Y algo del protagonista recuerda al *caballero Rafael*, de Cunqueiro. Quizá los niveles simbólicos, quizá el intento de falangizar los mitos cristianos. De ello hablaremos ahora.

Hubo aún, con Torrente y Montes, dos gallegos más en el campo de los nacionalistas. Uno, voluntario (hasta donde alguien como Cunqueiro podía ser voluntario de nada). Otro, por accidente. Uno joven y otro viejo. Se llamaron Álvaro Cunqueiro y Vicente Risco.

A Álvaro Cunqueiro se le vio más en San Sebastián que en Burgos, y a Risco en ninguna de las dos ciudades, porque no salió de Orense, pero puede no ser una mala idea recordarles ahora, aunque hayan llegado a este capítulo de manera azarosa.

Álvaro Cunqueiro, como muchos de sus amigos, había sido antes de 1936 un convencido galleguista conservador y en cuanto estalló la guerra, con pánico no menor que el de Risco, vistió la camisa del falangismo y se puso a dirigir una revista titulada *Era Azul* en Ortigueira, un pueblecito gallego. Todo lo que había publicado hasta entonces, poemas popularistas y prosas de laboratorio, lo había escrito en gallego. Lo primero que dio en castellano sería *La historia del caballero Rafael*, misterioso, extraño y un tanto incomprensible relato sin nada que ver con la guerra, atípico para aquellos días, que apareció en uno de los suplementos de la revista *Vértice*, que él hacía con Manuel Halcón y Juan Antonio Zunzunegui en San Sebastián. Es esta la primera novela fantástica de la literatura española, anticipadora en cierto modo de las de Borges o Calvino, que escribieron las suyas veinte años después. Llama también la atención que la subtitulara Cunqueiro «novela bizantina», como bizantina era *Rosa Krüger*, la novela que Sánchez Mazas escribió durante su asilo en la embajada de Chile.

Mucha de la personalidad del Cunqueiro que llegaría a hacerse célebre después de la guerra, cultivador de la literatura fantástica, las leyendas y los mitos galaicos, la percibimos incluso en los textos de entonces, aunque no precisamente en *Laureados*, el libro que escribió con Antonio de Obregón y que no suele figurar en las bibliografías cunqueirianas.

255. *Historia del caballero Rafael*, de Álvaro Cunqueiro. Suplemento de la revista *Vértice*, 1939.

256. Caricatura de Vicente Risco por Castelao. «Esto vai mal. Cada día pior. Non se sabe o que vai a pasar. Eu teño medo [...] sei que vóu a pagar caras as minhas lixeirezas e dame medo pensalo, porque non sóu valente», escribirá apesarado Castelao a Otero Pedrayo.

257. Risco (en primer término) y Ramón Otero Pedrayo fueron a un tiempo instrumentos del nuevo Estado y víctimas de sí mismos: la misma tragedia vivida apenas con variantes.

Los textos de *Laureados* son todos elementales, pues para colegiales estaban pensados. Como vidas de santos aplicadas a militares. «Cuando fui, en 1938 y 1939, redactor de *La Voz de España* y subdirector de *Vértice*», recordará Cunqueiro en 1960, «viví en San Sebastián unos hermosos meses, que recuerdo como días ricos y alegres, espiritual, sentimental y culinariamente hablando». Se hubiera dicho que eso era todo lo que recordaba de la guerra. Y sí, si el humor parece patrimonio de los conservadores, podríamos decir que literariamente hablando también en España sólo la derecha ha pensado en el sistema digestivo, de Camba a Pla, pasando por Cunqueiro, Castroviejo, Perucho o Luján.

Publicó también muchos artículos y poemas comprometidos con la causa nacionalista, encomiásticos y adulatorios para con Franco, y, después de la guerra, otros parecidos sobre Mussolini, el Führer o alguno de los oficiales de sus SS.

Al mismo tiempo, Cunqueiro estaba edificando los cimientos de su propia obra, muy alejada de las serenatas cantadas en la prensa oficial, lo que, una vez más, viene a confirmarnos el carácter un tanto esquizoide de la literatura falangista. «Es urgente –diría pocos años después–, poner fin a la obra de demolición y restaurar creando, y soñando, claro está». Él, desde luego, lo hizo en una obra periodística descomunal, que será, tal vez, con la de Pla, el intento más fundamentado y feliz de renovación de la literatura en los periódicos, desde los jóvenes Azorín o Baroja.

Creo que el de los sueños es, al final, el venero de donde los escritores gallegos más han bebido, a lo largo de su historia. No la irrealidad, sino los sueños, pues, aun entre brétemas, no se encontrará un pueblo con más exacto sentido de lo real que el gallego.

«Se Platon dixo que saber é lembrar, eu digo mais: vivir é lembrar», había escrito en cierta ocasión Risco, y recordar y soñar es ya una misma cosa, parte de esa misma realidad a la que tiende la literatura. Que no la historia.

Risco, fundador de la mítica revista *Nós*, había creado también, con Otero Pedrayo, el Partido Nacionalista Republicano en 1931, de manera que fue, en un principio, un galleguista convencido y radical, autor de una *Teoría do nacionalismo galego*.

De sus viajes por Mitteleuropa, antes de la guerra, quedaron unas maravillosas crónicas, conformadoras siempre, tanto como rememorativas, de su tierra gallega.

Luego las cosas fueron cambiando poco a poco. Pese a que, semanas antes de la guerra, había recibido con júbilo el Estatuto de Autonomía, lo cierto es que durante los últimos años había sido muy crítico con los galleguistas, y esto le llevó a un enfrentamiento abierto con el Frente Popular, que no casaba con su concepción tridentina y católica del mundo. En este sentido es especialmente ácida su polémica con Castelao, que llegó a acusarle de querer dividir el movimiento galleguista. Por todo ello, Risco era para los izquierdistas un hombre moderado, y aun de derechas, y para los conservadores, un hombre de ideas peligrosas y disolventes, como demuestra el hecho de que tuvo varias denuncias apenas se hicieron los fascistas con el control de la ciudad, delaciones que exigían su inmediata depuración. Fueron días muy amargos para él, y Risco llegó a temer seriamente por su vida, porque sus relaciones y su amistad con los más destacados elementos republicanos eran notorias.

Cuando estalló la guerra, Risco no era ya un joven. Sobrepasaba los cincuenta. Hay testimonios dramáticos de un Risco aterrado durante los primeros meses, convencido de que iba a ser fusilado o encarcelado, como vio que hacían con muchos de sus antiguos amigos, y detrás de cada puerta sospechaba un espía apostado. Guardaba silencio y mandaba guardarlo a quien estaba con él, como el que ha perdido el sosiego para siempre. Los sublevados habían asesinado a amigos queridos suyos, al político e intelectual Alexandre Bóveda; al joven poeta Manuel Gómez del Valle y a Ánxel Casal, el joven que había editado los poemas gallegos de Lorca, un hombre del que Castelao había dicho que desde su editorial había hecho «por Galicia más que ninguno de nosotros».

Risco logró capear el temporal y a los pocos meses, como funcionario del Estado, le nombraron Caballero de Santiago, una organización fantasmal cuyo cometido era de alerta y vigilancia para prevenir un hipotético cuanto improbable ataque aéreo a Orense. El episodio no habría tenido más trascendencia si no hubiese sido que, como a tal *caballero*, le obligaron a hacer instrucción en el patio del Gobierno Militar, bajo las órdenes de un sargento que, para mayor humillación, era el portero de la Escuela Normal, en la que Risco había sido director.

Como primera medida para congraciarse con las nuevas autoridades, Risco dejó de escribir en gallego y sus preocupaciones de antaño, de tinte nacionalista, se desviaron, de una manera dramática, hacia unos artículos que empezó a publicar en una revista llamada *Mi-*

sión, fundada por católicos orensanos en la que le acompañaba Otero Pedrayo, y que se dedicaba a la parroquia y a la escuela.

«¿Tienen los malos derecho a la paz? [...] ¿tienen derecho a la paz los destructores de la cultura [de Occidente]?», se preguntará en uno de esos tristes artículos en los que se ve a Risco revolver todos los argumentos teológicos para justificar el alzamiento. La respuesta a tales preguntas no es difícil imaginarla. Castelao contará en una carta del 36: «Vicente Risco anda reponiendo los Sagrados Corazones en las escuelas súbitamente oscurecidas y Otero Pedrayo no tardará en consagrar una docena de tomos de apretada y erudita prosa descubriendo el impulso céltico que late bajo la traición de Franco». No obstante Castelao había escrito un mes antes de la sublevación a Ramón Otero Pedrayo: «Esto vai mal. Cada día pior. Non se sabe o que vai a pasar. Eu teño medo[...] sei que vóu a pagar caras as minhas lixeirezas e dame medo pensalo, porque non sóu valente».

Al año de guerra también volvió Risco a uno de sus géneros preferidos, el de las glosas, en una sección titulada «Cosas y días», en el periódico local *La Región*. Estas crónicas eran cada día más integristas, violentas y fanáticas: «También en Sevilla dejó huellas de estrago el paso de la horda roja, y como siempre, en primer lugar, en las iglesias. Sufrieron éstas el furor vandálico en los días de la heroica y genial aventura del general Queipo de Llano». No decía nada inexacto, no era más que una gacetilla, pero podría haberla aliñado un propagandista a sueldo. El intelectual que había sido Risco había desaparecido.

El tiempo fue poniendo las cosas en su sitio. Risco, menos atosigado, abandonó la doctrina, y con los años siguió ocupándose de algunos de sus viejos temas. Escribió una historia de los judíos, otra del demonio y, ya casi al final de su vida, una muy estimable novela, que se publicó, y otras para las que no encontró editor. El fondo de su carácter, sin embargo, debía de ser de tal naturaleza bondadoso, que ninguno de sus viejos correligionarios y amigos le tuvieron en cuenta aquella explicable deserción, y, jamás, mientras vivió, rompieron un silencio de caballeros sobre tales asuntos. Lo trataban con respeto y lloraron sinceramente su muerte.

Cuando su situación comenzó a normalizarse, los periódicos volvieron a acoger a un Risco silencioso y admirable. Algunas de aquellas crónicas se reunieron en un tomo póstumo, *Libro de horas*, comparables a las que por esas mismas fechas escribía Pla en Cataluña, igualmente agudas, sentimentales, inteligentes, vagamente poéticas, es decir, no prosa de poeta, sino poesía de prosista, con tal fuerza evocativa de un mundo que se acababa, que cada una de sus palabras, al ser leídas ahora, se mueven bajo nuestros ojos como la baldosa de Proust.

Publicó también *La puerta de paja*, y parte de sus ensayos inventivos, que participaban de la literatura de fantasía y sueño, a lo Cunqueiro, en un tomo que tituló *Mitología cristiana* y que uno, hace ya treinta años, leyó con el mismo arrobamiento con el que, de muy chicos, se escuchaban las historias sagradas del Viejo Testamento. Con Risco, en Orense, estaba don Ramón Otero Pedrayo, el hombre que tenía fama de ser el más sabio de Galicia. Y todo, sin apartarse de su modesto puesto como profesor de instituto. «Eres el que más vale de todos nosotros», le había dicho Castelao en 1935. Era un hombre de letras, acaso el más completo, erudito, narrador, poeta. Alguien con una curiosidad infinita y una finura grandísima para las cosas pequeñas de su tierra, que nos dejó en artículos memorables. Como Castelao, Otero había sido diputado, pero sus ideas conservadoras y su catolicismo le distanciaron de los padres de la nación gallega, antiguos camaradas de la revista *Nós*, cuando llegó al poder el Frente Popular. Ese distanciamiento le salvó la vida, al estallar la guerra, pero sólo la vida, porque, como a Risco, los falangistas, que vivían en Galicia su enloquecida orgía de sangre y de venganzas, le hicieron sentir el terror. En los primeros días de la guerra asesinaron a dos colaboradores suyos, Manuel Gómez Román, responsable máximo del Partido Galeguista, y Alexandre Bóveda. Eugenio Montes, que pudo ayudar a Risco y a otros paisanos orensanos, conteniendo la jauría, poco pudo hacer por Otero Pedrayo. Lo contó el propio Montes: «A Otero no le perdonaban un discurso en las Cortes Constituyentes, [que encontraban] francamente separatista, y por otro no haber secundado la actitud de Risco respecto al Frente Popular [...]. Risco, por tanto, no tenía necesidad de hacer méritos para congraciarse con las autoridades del Alzamiento Nacional. Su conducta obedecía, pues, a convicciones profundas, no al temor de sufrir represalias políticas». Pero como el miedo es libre, y sagaz, Risco temió las represalias. Y las temió y las sufrió Otero Pedrayo, al que apartaron de su modesta cátedra e impidieron que se postulara a catedrático de universidad. Filgueira Valverde, un escritor afecto al Régimen, se desvive esos días por incorporar a sus dos amigos al Movimiento: «Es hora de nacionalizar valores», le dice a Montes. «De qué manera, es problema que V., mejor que nadie, podrá resolver».

En tanto lo nacionalizaban, Otero Pedrayo se retiró a una solitaria aldea, de la Galicia profunda, Trasalba. Y allí se dedicó a lo que suelen dedicarse los hombres sabios: «Allí pasaré casi todo el invierno [del 36]. Aunque no tengo sillón frailero, leeré clásicos latinos, y el viejo Séneca no me negará la llave de su experiencia y consejo. Ni el suave Virgilio la gracia del brocal del pozo». Mientras, esperaba su rehabilitación y la reposición en su cátedra, que llegarían. Siguió haciendo su obra, escribiendo sus epístolas en verso, escribiendo sus guías de Galicia, que, pese a las insidiosas insinuaciones de Castelao, son un portento de erudición y amenidad, y artículos, muchos de ellos magistrales.

El franquismo les utilizó, a él, a Risco, a Cunqueiro, a Fole, a Ben-Cho-Sey, pero acabó dejándoles de lado, al comprender que eran una clase de gallegos de los que tampoco iba a sacar mucho, ocupados ellos en que no se supiese bien si en ideas políticas bajaban o subían.

Después de este largo paréntesis gallego, podremos volver a la ciudad de Burgos, pues nada hemos dicho aún del que sin duda fue el poeta más grande con que contaron los nacionalistas, Manuel Machado, que pasó toda la guerra en esa ciudad castellana.

Lleva comparándose a los Machado, Antonio y Manuel, cien años, casi desde que empezaron a escribir.

El crédito de Manuel Machado como poeta ha estado en baja o en alza, a diferencia del de su hermano, casi siempre en ascenso, merecidamente.

Como es sabido, los dos hermanos eran muy diferentes entre sí. Antonio, que era el menor, parece el mayor. Antonio era grave, silencioso, desaliñado y con un aspecto triste. Manuel, por el contrario, era una persona un tanto jaranera, dandi en la medida en que en España se podía ser dandi en los años veinte, con las puntas de los dedos manchadas de nicotina y en un café de Chamberí.

No es difícil reconstruir la vida de Machado en esos diez años que van de la guerra a la victoria, y de la victoria a la muerte. Trazar los caminos de su alma sería más problemático. Su pensamiento incluso. ¿Qué pensaba en realidad de todo aquello Manuel? ¿Qué pensaba de la guerra, de la actitud de su hermano Antonio? No podemos imaginar que dos hermanos que eran capaces de crear de la nada un mundo para el teatro pudieran de la vida pensar cosas diferentes. Lo hemos dicho al tratar de Antonio.

¿Qué habría ocurrido si el 18 de julio de 1936 les hubiera sorprendido a ambos, no a uno en Madrid y a otro en Burgos, sino juntos los dos en Burgos o juntos los dos en Madrid o juntos los dos fuera de España?... ¿Habrían escrito uno y otro lo que escribieron? ¿El soneto de Líster lo habría firmado Manuel, y el de Franco, Antonio? El «si mi pluma valiera tu pistola» de uno, por el «¡La sonrisa de Franco resplandece!» del otro. No creo que nadie pueda decirlo tampoco, hispanista o no hispanista. Esa fue una herida que solo secó la muerte. La reserva de Manuel al respecto fue tanta como lo fue, durante la guerra, la de Antonio. A cambio de esos años, quedó de la poesía lo que quedó: algunos extraordinarios poemas y escritos de Antonio; unos pocos y no menos extraordinarios poemas de Manuel, y de ambos, unos ríos de una tinta muy patriótica, más patriótica en el caso de Manuel que en el de Antonio, porque la zona que le cupo en suerte al primero exigía más adhesiones y un mayor patriotismo. A los intelectuales republicanos parece interesarles España. A los nacionalistas, más el imperio, o sea, una bandera. A unos el pueblo y a otros los tercios, los cruzados. Y ya se sabe: nada como la patria para arrancar sentimientos insinceros o solemnes, de los que insufla el viento y el tiempo dispersa como vilanitos secos. Aunque tampoco estoy muy seguro ahora de todo esto, si me paro a pensar en lo que hubo de patriótico y propagandista en Antonio.

Manuel había nacido en 1874 en Sevilla. La familia paterna de los Machado, tanto el padre como el abuelo, era una familia de liberales, republicanos y anticlericales.

De su padre hablaron y escribieron a menudo los hijos. Antonio le dedicó un soneto memorable. De la madre, a pesar de haber vivido siempre con ellos, con uno o con el otro, no dijeron gran cosa en su literatura. Alguien la vio, ya anciana, como una gitanilla, arrugada, encogida y de luto eterno.

En la vida de ambos hermanos tuvo capital importancia París, donde conocieron la bohemia, y a Rubén, quien, en lo referente al modernismo, fue el que les sacó de pila. Cuando ambos hermanos se reintegraron a España, la vida que llevaban fue muy distinta. Uno, Manuel, aprobó unas oposiciones de archivero, y el otro, Antonio, una cátedra de instituto, lo que le llevó a las ciudades de Soria, Baeza, Segovia y, durante la República, a Madrid.

La poesía de Manuel Machado, que elogió desde el primer momento alguien temperamentalmente tan diferente como Unamuno, es engañosa. Una apariencia de frivolidad y ligereza con frecuencia nos conduce a una trastienda de tristeza y fatalidad, de un senequismo admirable:

> Que las olas me traigan y las olas me lleven
> y que jamás me obliguen el camino a elegir.
> [...]
> Que la vida se tome la pena de matarme,
> ya que yo no me tomo la pena de vivir.

En los años veinte, Manuel y Antonio empezaron a escribir juntos esas obras de teatro, que conocieron cierto éxito, pero que quedarían relegadas paulatinamente, como en parte su poesía, por García Lorca y sus compañeros de generación, aunque fue uno de estos, Manuel Altolaguirre, quien convenció a Manuel Machado para que volviera a publicar versos, resurrección que Machado tituló *Phoenix*.

Vino luego el drama de la guerra. Es una vieja historia. Manuel Machado y su mujer se desplazaron a Burgos para festejar, como cada año, el santo de su cuñada Carmen, monja en un convento de la ciudad castellana.

La vuelta la tenían prevista, al parecer, para el día 17, pero un retraso accidental de Manuel, que se demoró más de lo corriente en su *toilette*, hizo que perdieran el tren.

Como les ocurrió a muchos que habían conocido las asonadas del siglo XIX, en un primer momento Manuel creyó que se encontraba ante una nueva carlistada y así lo declaró a una entrevistadora francesa, sin ahorrarse tampoco sarcasmos de librepensador escéptico. Se imaginaba todavía en el casino, pero ya era cuartel. En la entrevista se le veía el forro liberal. No se lo consintieron. Fue atacado por ello de inmediato y con extrema dureza en el *Abc* de Sevilla, con lo que ello implicaba. Pronto comprendió el viejo rumboso que los tiempos no estaban para disquisiciones históricas ni zapateados de ingenio. El poeta Miguel d'Ors, el hombre que más sabe del maestro sevillano, ha llevado su *quest* hasta la cárcel que el viejo poeta sufrió durante unos días en Burgos, a raíz de su entrevista y de la denuncia sevillana. La prisión, con todo y con eso, no duró mucho, y en todo caso le sirvió para comprender que había llegado el momento de las adhesiones. Después de este episodio, Machado consiguió que el nuevo Estado reconociese su condición de funcionario en el viejo, y como funcionario trabajó en Burgos hasta el final de la guerra.

Para algunos empezaba la parte más triste de la historia de Manuel Machado, un hombre al que la guerra hizo olvidar incluso que había sido él quien había puesto la letra a la música del maestro Esplá para el himno nacional republicano, del que la palabra «libertad» llenaba todo un verso. «Y España que no tuvo parte en el gran pecado de la sociedad burguesa que fue la guerra europea de 1914», escribirá en el *Abc* de Sevilla de 1936, «derrama hoy su sangre generosa por salvar a esa misma sociedad de la espantosa amenaza comunista del predominio de los más sobre los mejores... Por salvarla, por redimirla, y así ha transcrito en su bandera la palabra suprema: Dios. Porque sin Dios no hay redención ni salvación posible».

¿Por qué razón este poeta, que había sido y era una persona de talante liberal, amante de las libertades y hombre de letras, prestaba su voz a unos militares que negaban casi todo aquello por lo que él había luchado? Esta es una de las preguntas más idiotas que podemos hacernos, si quien la hace tiene, en el momento de hacerla, una sola respuesta. No hay una respuesta. Hay muchas, verdaderas casi todas.

Desde luego el miedo es una de ellas, quizá el emulsivo de todo lo que vendría después. Si hay algo que merezca el respeto humano, eso es el miedo, en ciertas circunstancias el único señor al que es dado obedecer. Recordemos, con el respeto debido, a Jorge Guillén haciendo el saludo fascista en Sevilla (por no hacerlo en Pamplona, como delataron unas fotografías tomadas al final de un acto académico, lo llevarían detenido unos días). O a Gómez de la Serna emigrando a Buenos Aires al ver a Pedro Luis de Gálvez con un pistolón al cinto, o a Baroja, después de haberse entretenido tanto como aterrado una noche entre carlistas, pasándose a Francia... para volver, también corriendo, a Salamanca en 1938. Pero el miedo no lo explica todo.

Otras razones son de índole política. ¿Por qué no? Unamuno, que es alguien a quien nadie puede acusar de oportunismo político ni de cobarde, ¿murió convencido de que el único que podía traer la concordia a los españoles era Franco? ¿Le creía un hombre bueno, justo, por encima de guerras partidistas, el único capaz de sentarle la mano al energumenismo de Millán Astray y a las para él peligrosas delicuescencias políticas de Azaña? Sabemos lo que Franco fue durante cuarenta años, pero no resulta ya sencillo reconstruir lo que Franco supuso en esos dos o tres meses de 1936 para las derechas, desde luego, pero también para no pocos republicanos antirrevolucionarios (el mismo Franco se había sublevado al grito de ¡Viva la República!), cuando todavía no se podía sospechar ni que la guerra duraría tres años ni su gobierno cuarenta. El Franco de Unamuno, y si se nos apura, aquel por el que suspiraba Baroja, no era el que moría en 1975 con incontables asesinatos sobre su conciencia y cuarenta años de uno de los mayores oprobios morales que ha sufrido España en toda su historia. En 1936 Franco era lo que se sabía de él, un militar con una trayectoria no más irregular que la de muchos otros militares republicanos y con un historial bélico prestigioso en las guerras africanas.

Si Manuel Machado en un primer momento era un liberal escéptico, poco a poco debió de comprender que su vida se atenía más a los principios de ese bando que a los del otro, por lo menos mientras permaneciese en él. «Nada importa / ¡Alegre es la vida y corta, / pura farsa!», había escrito hacía muchos años. Y habría empezado la «pura tragedia».

«Pobre Manolo, víctima de su "manolería". ¿Cómo no diste un salto de garrocha y te plantaste con tu hermano más allá de la frontera?», le reprochará Moreno Villa a raíz de su muerte. Quizá lo indigno en el Manuel Machado de esos años no sea tanto la solemnidad de la adulación como la frecuencia. Sus aportaciones doctrinales, por otra parte, sobre el trabajo, la organización social o la tradición, podemos considerarlas casi candorosas: por más que se esfuerza, no consigue estar a la altura de los verdaderos sicofantes del fascismo.

Su particular sahumerio para el Caudillo, pues que tenía nuestro poeta más talento que ninguno de ese bando, se hizo pronto célebre en un soneto donde lo cerraba con rotunda verónica: «La sonrisa de Franco resplandece».

Hace unos años me cupo en suerte preparar una antología de sus poemas. En ella figuraba un poema raro, extraño, que ya había publicado antes de la guerra en una oscura revista. Se titula «Voyou» (*granuja*, en francés), fue republicado en 1943, después, por tanto, del célebre soneto a Franco. Es un poema enigmático. «Ahí está... Su mirada / no es una espada, pues / se oculta y, empalmada, / la ves y no la ves; pero / de acero / es. Brilla dura y cobarde, / despiadada... No arde. / Ahí está... Blanco... No / lo vio apenas el día. / Su mano (garra) es fría. / Lo peor de todo es que sonría... / Donde lo encuentres, átalo. / No habiendo tiempo, mátalo». ¿Espada de capitán? ¿De qué *voyou* se trata? ¿Qué significa ese Blanco que a Franco remite? Léase su «Saludo a Franco». Parece su contrapunto. ¿Y esa sonrisa? Ninguno de los de-

258-260. Para Manuel Machado la guerra empezó como una carlistada y decirlo le costó la cárcel en Burgos. A partir de ese momento todo en su vida se precipitará de un modo fatal. Escribió alguno de los peores poemas sobre el Caudillo y alguno de los mejores de aquel tiempo, como el dedicado a su hermano Antonio, que no llegó a incluir en ningún libro. En la imagen superior, con su mujer Eulalia. En *Horas de oro (devocionario poético)* recogió buena parte de la poesía escrita por él en la guerra.

tractores de Manuel Machado por razones políticas podría asegurarnos que no se tratase de la de Franco, aunque sepamos ya que se había escrito antes de la guerra. Pero la poesía tiene esas cosas: vaticina.

Su biógrafo más conspicuo, Gordon Brotherston, dijo: «El haber alabado a la reacción era una baja traición». Aparte de cierto tono paternalista en la acusación del por lo demás riguroso y discreto historiador, hay algo desenfocado en la frase de Brotherston: ¿traición de Manuel Machado a qué? A su poesía, desde luego que no. Poemas mediocres de Machado los tenemos antes y después de la guerra. Por otra parte, alguno de los mejores de toda su obra los escribiría entonces, entre rosario y rosario. A sus principios, tampoco. Machado fue toda su vida eso que se llama un buen burgués. Todo lo más, una visita al burdel cada quince días, es decir, un conservador. No creo que esté tampoco Brotherston refiriéndose a una traición a su hermano Antonio. No es posible que se atreva a tanto. ¿Entonces? Se conoce que a Brotherston le habría gustado ver a Machado pasado por las armas en Burgos, porque lo que más les puede gustar a muchos hispanistas, después de un Lorca mártir, hubiera sido otro Lorca mártir, éste en Burgos. Nada de traiciones. Habría que hablar únicamente de mala suerte y poco sentido de la oportunidad. Por ejemplo, Brotherston debería haber leído la respuesta que en febrero de 1939 dio Manuel Machado a *La novela del sábado,* revisteja que incluía entre sus secciones una que decía: «¿Que hizo usted el 18 de julio de 1936?». Y Machado, de quien conocemos su entrevista con la periodista francesa hecha en esas fechas, llena de sorna y desdén para los golpistas, responde: «Pedir a Dios de todo corazón el triunfo de nuestra Sagrada Causa. Y entregarme a ella en cuerpo y alma».

Mi ejemplar de *Horas de oro (devocionario poético)*, el libro que recogía todas sus poesías escritas durante la guerra, está dedicado por el poeta con un autógrafo «A mi jefe y excelentísimo amigo el gran Alcalde de Madrid D. Alberto Alcocer. Homenaje de Manuel Machado. Madrid y Abril. Año de la Victoria». Es como si lo primero que hubiera hecho Machado nada más llegar a la capital, tras las tropas de Franco, fuese ponerse a las órdenes de la jerarquía (él era director de la Hemeroteca Municipal), con adhesiones que en público podría él creer que le salvaguardaban, pero que en una dedicatoria personal no tenían por qué habérsele escapado de los dedos a un hombre viejo y corrido como él. Y menos, dedicándole libros a gentes que ni siquiera acabaron conservándolos en su poder. Tampoco el alcalde lo leyó. El libro lo compré intonso. Las guerras, como pegar a las mujeres, están mal. No obstante, de producirse aquellas, se comprenden en los jóvenes. La alegría de la batalla, el entusiasmo de la victoria, en un viejo, es siempre algo vagamente obsceno, como meter en la misma cama a Don Juan y a la Celestina.

Si Machado trató de pasar inadvertido o si pudo, no lo consiguió o no quiso, entre otras razones porque las circunstancias se lo impidieron y las solicitudes se lo dificultaron: José María Pemán y Eugenio d'Ors aprovecharon de paso la situación para sentarle en la Real Academia de la Lengua, sin que el poeta se hubiese postulado.

También de esos tiempos de Burgos datan su regreso definitivo al seno de la Iglesia, sus paseos por las viejas alamedas que conducen a la cartuja de Miraflores y las charlas con el abad de ese monasterio, que tanto le confortaron en aquellos tristes tragos.

Los últimos años de Manuel, instalado en Madrid en su vieja casa, restituido en su empleo de archivero y bibliotecario, y luego jubilado, son grises y tristes, a pesar de que se le consideraba una gran figura literaria. Se le daba tratamiento de príncipe de las letras, pero fueron años apenumbrados. Escribió algunos artículos, otros le censuraron, en otros pudo pedir perdón y clemencia para los vencidos, se reunió con algunos poetas en una tertulia a la que llamaron, bajo el lema «El ocio atento», *Musa Musae*...

Cuando murió Machado, en 1947, se celebraron unas exequias notables, lo que suele preceder a un olvido de no menor relieve. Manuel Machado había entrado en el olvido, al tiempo que, sin llamar la atención, empezaba a atravesar los vastos salones de la historia camino de la salida. Alguna vez lo hemos dicho ya: Manuel Machado sería de los que, ganando la guerra, perdían los manuales de la literatura.

Sobre sus dos últimos libros, publicados en 1938 y 1943, *Horas de oro* y *Cadencias de cadencias*, cayeron pronto los anatemas y a Machado poco menos que le tocó, a medida que fueron pasando los años, hacer el papel de Caín en la tragedia familiar, y aun en la tragedia de España. Ni siquiera Brotherston se libra del prurito al decir que la poesía de Manuel Machado de la posguerra fue, «con una mirada sabia, olvidada».

Sin embargo, poco a poco, sus libros empezaron en España a resucitar de las cenizas, incluso los de la posguerra: Manuel Machado volvía de nuevo a ser el Fénix. Aún hoy siguen queriéndole enfrentar y comparar con su hermano. Los más tontos, al menos. Gabriel Ferrater dijo de una manera aguda y mesurada: «Lo que operaba con más fuerza era una razón verdaderamente insensata, y es que la inmensa gloria de Antonio, poeta desde luego de rango mucho más alto que Manuel, originaba una especie de irritación contra éste. Sin tocar su absurda moral, el fenómeno encierra un absurdo crítico: no se admira bien a Antonio si no se arroja una clara luz sobre Manuel».

Antonio Machado había anotado en sus *Complementarios*: «Manuel Machado es un inmenso poeta, pero para mí el verdadero, el insuperable, no es, como la generalidad de la gente cree, el de los cantares, sino el de todo lo demás».

Y ciérrese este capítulo con la coplilla de Lope, verdadero *Fénix* feliz, un autor tan querido por ambos hermanos, y que tan bien se adecua a los dos y aun a todo el pueblo español en guerra, del bando que fuese:

> A mis soledades voy,
> de mi soledades vengo
> porque, para andar conmigo,
> me bastan mis pensamientos.
> No sé qué tiene el aldea
> donde vivo y donde muero
> que, con venir de mí mismo,
> no puedo venir más lejos...

CAPÍTULO NOVENO

... CONTINUACIÓN DEL ANTERIOR, CON TODOS AQUELLOS ESCRITORES CATALANES QUE HICIERON LA GUERRA POR LA FACCIÓN DE SALAMANCA Y BURGOS, CON PARADA EN PAMPLONA, LA PEQUEÑA ATENAS.

Sola, sola en mig dels camps,
terra endins, ampla és Castella.
I està trista, que sols ella
no pot veure els mars llunyans.
Parleu-li del mar, germans!

Joan Maragall

UNA gran parte de los escritores y artistas catalanes favorables a la sublevación que lograron salir de Cataluña terminaron recalando en Burgos, Pamplona, Valladolid o San Sebastián, ciudades en las que fundaron sus revistas y escribieron sus crónicas. Podríamos establecer una simetría opuesta. Mientras Galicia cayó en manos de los sublevados, condenando a los escritores gallegos a la errancia y a una dura supervivencia, Cataluña, conservada por los republicanos, pudo desarrollar ampliamente durante la guerra su lengua y su cultura. Y en cuanto a los catalanes que hubieron de dejar Cataluña por razones políticas diremos que lo primero que hicieron fue dejar de lado su lengua y cultura específicamente catalanas.

Existe un libro donde se cuenta la intervención de *Los catalanes en la guerra de España*, del segundo de los promotores de *Destino*, José María Fontana, amigo de Ridruejo en Burgos y de muchos catalanes cercanos al bando nacional.

Es un libro documentado y de grata lectura, cuando no remonta el vuelo hacia delirantes interpretaciones ideológicas o sexuales de las conductas humanas, entre unas memorias un tanto ingenuas («le abracé con mi natural efusividad», etc.) y un libro de historia.

Como ocurre con frecuencia, a Fontana le resulta difícil sortear la muralla de anécdotas y hechos, sucedidos, muy trágicos a menudo, a los partícipes en la tragedia. Cuando lo hace, el salto, formidable, lo instala en las nubes de su ideología, y allí ya no hay nada que hacer.

261. Asalto a una iglesia, Madrid, verano de 1936.

DESTINO

Nº 101 · SEGUNDA ÉPOCA
AÑO DE LA VICTORIA

POLITICA DE UNIDAD

NUMERO: 60 CÉNTIMOS
24 JUNIO MCMXXXIX

BAJO EL SIGNO DE LA VICTORIA

HACIA JOSE ANTONIO

POLITICA DE UNIDAD

262. La persecución religiosa y el odio anticlerical desatados durante la República y la guerra, que se tradujeron en asaltos y quemas de iglesias y conventos y asesinatos de curas, religiosos y fieles, no habían tenido parangón en la historia de España y conocieron un ensañamiento extremo, consecuencia del secular apoyo de la Iglesia y sus jerarquías a una política que sostenía injusticias y desigualdades inaceptables y no menos securales. El apoyo decidido y beligerante que la Iglesia y la mayor parte de sus pastores prestaron a las fuerzas más reaccionarias durante la República y más tarde a los rebeldes, favoreció el clima de iconoclastia que recorrió la España republicana, y que desembocó a menudo en bacanales enloquecidas y sangrientas. La Iglesia, que nunca se resignó a la pérdida de su poder, no dudó en apoyar, incluso con las armas, a quienes plantearon la sublevación como una Cruzada contra un régimen constituido democráticamente, en la esperanza de instaurar una ortodoxia inquisitorial, de una irracionalidad patológica que la llevó a descubrir masones donde jamás los hubo, criminalizando principalmente a la Institución Libre de Enseñanza, que le había arrebatado el monopolio de la educación. La Iglesia nunca pidió perdón por los excesos y crímenes cometidos por ella o en su nombre contra una parte importante de su rebaño. En la imagen, el cardenal Gomá a la salida de un acto religioso.

263. *Destino* congregó, dentro del nuevo régimen, al núcleo de escritores catalanes. Empezó siendo un semanario de *Política de*

Él, como otros, una visión ecuánime no parece tenerla, aunque es lo bastante sensible como para percibir algo que debió de ocurrirles a muchos catalanes de ese bando: la reticencia y desconfianza con que fueron tratados, como si se les hiciese responsables no ya de todos los separatismos, sino de los hechos diferenciales. Y el despecho de haber peleado una guerra *en catalán*, para terminar festejando la victoria *en cristiano*.

Entre los catalanes que lograron pasarse y que llegaron a Burgos, además de Fontana, hay que citar a Xavier de Salas (personaje de uno de los *campos* de Aub y futuro director del Prado), Juan Ramón Masoliver, José Vergés e Ignacio Agustí. Los dos primeros idearon y llevaron a cabo *Destino. Política de Unidad*. Esta revista, cuyo primer número apareció en marzo de 1937, financiada por la Delegación de Prensa y Propaganda de la Territorial de Cataluña (y acaso favorecida por el escritor y político de dictadores Eduardo Aunós, también catalán y poco después consejero nacional de FET), nacía con la voluntad de reunir a los catalanes fuera del Condado, aunque no se llamaban a engaño: «Nuestra doctrina –se decía en sus páginas–, es ciertamente de amor, pero antes deben mostrar esos mansos corderos del catalanismo lliguero y esquerrano, en los verdes campos de la milicia, que no quieren escamotear con unos lacitos y unas monedas la perversión de sus sentimientos».

La revista, que recordaba el espíritu de otra anterior, *Mirador*, consistía en cuatro páginas tabloides, tiraba unos cuatrocientos ejemplares de mal papel y pasó muy pronto a manos de Agustí, que la dirigió durante esos primeros años. Luego *Destino* acabó, como semanario,

Unidad, pero lo cierto es que fue el primer órgano de expresión que se desligó de las posiciones preponderantes del Régimen, haciéndose anglófilo. Germen también de una editorial dirigida por Josep Vergés, que junto a la fundada por José Janés abrieron las dos ventanas mejor orientadas a la literatura europea más importante de entonces.

264. *Una poderosa fuerza secreta. La Institución Libre de Enseñanza* (San Sebastián, 1940), escrito por diversos autores, justificaba el reparto del botín de los bienes y del legado institucionista. El terror que a los sublevados les producía la Ilustración quedó delineado en este artículo que Pemán publicó en guerra: «Los individuos que integran esas hordas revolucionarias, cuyos desmanes tanto espanto causan, son sencillamente los hijos espirituales de catedráticos y profesores que a través de instituciones como la llamada "Libre de Enseñanza", forjan generaciones incrédulas y anárquicas». Pemán fue el ideólogo de las Comisiones Depuradoras, por las que pasó tras la guerra la totalidad de los maestros, de los cuales el 25% sufrió algún tipo de sanción, desde la expulsión de la carrera, a suspensiones y traslados.

convirtiéndose después de la guerra, ya en Barcelona, primero como «Semanario de FET y de las JONS» y más tarde, sobre todo, en los años sesenta y setenta, en uno de los escasos recintos de España donde se podía respirar un aire de cierta libertad.

En aquellos primeros meses se componía la revista en Burgos, y como en esta ciudad no había modo de hacerlo, la imprimían en una tenebrosa imprenta católica de Valladolid. Luego, ya con la mancheta diseñada por el pintor Pedro Pruna, y ocho páginas, empezó a editarse en Burgos.

Vergés, que compraría la deficitaria revista años después a FET, y crearía la editorial del mismo nombre, trató de conseguir desde el primer momento buenas firmas para ella. Fue Baroja el que dijo que la diferencia entre los intelectuales de la República y los de Franco estribaba en que a los primeros les pagaba el Gobierno y los segundos se lo pagaban, guerra y propaganda, de su bolsillo, lo que en cierto modo solo significaba que los nacionalistas contaban con más capitalistas que los republicanos, casi todos pobres. Otra guerra civil.

En la etapa de Burgos, *Destino* publicó colaboraciones de todos ellos, Agustí, Cunqueiro, Laín, Torrente, Masoliver, Vergés, quien llegaría a ser el principal editor de otro de los catalanes de Franco, Pla.

También entró en contacto con Azorín en París y luego con d'Ors, que, después de venir de París, repartía su residencia entre Burgos y Pamplona, y con el propio Pla, que tras su periplo por Marsella, Rapallo, Roma y Grecia, medio espiando, terminó en San Sebastián y Burgos.

El día en que entraban las tropas de Franco en Barcelona, salía el número cien de la publicación, número que no pudo dirigir Agustí, por encontrarse entre las vanguardias del ejército.

También Ignacio Agustí escribió unas memorias, que tituló *Ganas de hablar* y que, pese a la desorganización de sus recuerdos, lo variopinto de sus aportaciones y lo atropelladamente que maneja unos y otras, es un libro de asegurada amenidad e interés.

Cruzan sus páginas casi todos los escritores catalanes que hicieron la guerra del lado de Franco y aunque las diferencia de las de Ridruejo cierta reflexión moral que éstas tienen y las de Agustí no, es una guía práctica para seguir las andanzas de los catalanes en tierras de Castilla.

Agustí antes de la guerra trabajaba como periodista, y aun antes había pertenecido a una revista colegial, en la que estuvo con Martín de Riquer y el poeta Joan Vinyoli, porque, como ellos, se interesaba también por la poesía y el teatro, que cultivó durante unos años.

Luego Agustí trabajó en *La Veu de Catalunya*, en *L'Instant*, de la Lliga, y en otros periódicos y revistas catalanistas conservadores, y ese oficio le permitió conocer y tratar a muchos escritores y pintores de la época, de Lorca a Manolo Hugué o Grau Sala y, sobre todo, a Carner, Rosselló-Pòrcel (mallorquín), Marià Manent, Tomàs Garcés y Josep Janés y Guerau de Liost, los más importantes poetas que ha tenido Cataluña en todo el siglo.

Al empezar la guerra, Agustí salió de España y tras una corta estancia en Alemania logró entrar en la zona nacional vía Lisboa, para llegar a Salamanca a primeros de 1937, e incorporarse, poco después, en la 3.ª Centuria de Falange.

De la República y de la guerra escribió Agustí dos de las novelas que más fama le darían, *19 de Julio* y *Guerra civil*, aunque sean las anteriores de la saga, *Mariona Rebull* y *El viudo Rius*, obras vagamente galdosianas y arcaicas, las excelentes novelas que perduran en la memoria de muchos lectores, con sus delicadas y detenidas escenas de una Barcelona de principios de siglo, casi romántica, trágica y fatal.

Como la de Agustí, la vida de Masoliver está, por esas fechas, muy ligada a *Destino*. Masoliver, al que la guerra sorprendió en Barcelona, tras su viaje de bodas, logró pasarse a la otra zona. Allí, como partidario alfonsista que era, había preferido alistarse en el requeté con tal de no hacerlo en la Falange, y terminó dirigiendo, en 1938, una Oficina de Ocupación y Avance, dependiente de la Jefatura Nacional de Propaganda de Ridruejo, y cuya tarea consistía, entre otros usos particulares, en «desmoralizar a los rojos», tirando sobre sus trincheras panfletos anarquistas en los que se metían con los comunistas, o comunistas, en los que se hablaba mal de los anarquistas.

Con la vida de Masoliver, seguramente, se podría hacer una novela. Había conocido, antes de la guerra, a Pound en Rapallo y a un sinfín de surrealistas, vanguardistas y aventureros de media Europa, y todavía circula la leyenda de que guardaba en su casa un mítico baúl. En él, se cuenta, Masoliver atesoraba sus recuerdos del tiempo viejo, tanto o más sellados que el Arca de la Alianza, con cartas, folletos, diarios, pasaportes, billetes de viejos vapores de la Compañía Adriática y Triestina, confesiones comprometidas de sus contemporáneos... Desde entonces este crítico literario siguió cultivando unas glosas culteranistas, herméticas como su baúl, donde siempre tienen un papel preponderante o Dante o Cavalcanti, y cuya cabal comprensión suele ser sumamente problemática, lo cual tampoco tiene en él mucha importancia, ya que el solo placer de su lectura, con sus efectos un tanto cabalísticos y psicotrópicos, las justifican.

No sería, sin embargo, ningún requeté ni falangista el escritor catalán más importante en el bando de los franquistas, sino uno de los más independientes y originales que haya dado Cataluña en todo el siglo, y, sin lugar a duda, el más sobresaliente prosista en toda su historia: el ampurdanés Josep Pla.

Como a Baroja, la suerte que le estaba reservaba a Pla era la de no estar en ninguna parte, es decir, la de tener enfrente a casi todos. Él mismo, como escritor, es una mezcla perfecta de Baroja y de Proust, o de Baroja y Valéry, o de Baroja y Azorín, con muchos ingredientes propios, como es natural.

También Pla había trabajado en *La Veu de Catalunya* como corresponsal en Madrid. De entonces databan su amistad y relación con el hombre de las finanzas Francesc Cambó, propietario del periódico. Sus crónicas parlamentarias se hicieron célebres y le sirvieron de base para futuros estudios sobre la República española, aunque sus idas y venidas entre los diputados tendrían para él más importancia desde un punto de vista personal, pues Pla utilizó en aquel tiempo su corresponsalía y conocimiento de los túneles del parlamentarismo para iniciarse en el difícil arte de la conspiración, y así se llegaría a saber, por Portela Valladares, presidente del Consejo de Ministros, que Pla le había venido en febrero de 1936 con la comisión de Gil Robles para implantar una dictadura.

También de esos mismos años republicanos se dijo, y Fontana lo recoge, sin confirmar, en su libro, que Pla habría intervenido anónimamente en los editoriales del semanario *Arriba*, en los primeros tiempos de la Falange, periódico en el que había colaborado ya con su firma.

Logró salir de Barcelona al estallar la guerra, en el momento en que la sometían las patrullas y checas de la FAI y el día en que un miembro del Comité de Palafrugell le advirtió que su vida corría peligro. Lo hizo con un pasaporte noruego, que le había facilitado el padre de su misteriosa mujer, cónsul de Suecia, que era en realidad un noruego. Sobre esa mujer, Adi Enberg, secretaria de Cambó y amante durante años de Pla, se dijeron después un gran número de cosas, todas de corte más o menos fantástico y novelesco, como que era espía, y otras, que apuntaban más a la realidad, como que había sido el gran amor de aquel misógino que fue el escritor ampurdanés. Pero tampoco. Su amor fue una mujer que a su vez tuvo su gran amor en un militar republicano, durante la guerra, quedándose Pla en un rincón, como suele suceder en los triángulos.

Con Adi Enberg embarcó en octubre de 1936 en el *Anfá*, un bajel que hacía la derrota Casablanca-Marsella, ciudad esta adonde se dirigieron.

En Marsella, o, según otros, en Abazi, fondeó su barco Cambó, el *Atlantic*, a bordo del cual le había sorprendido el levantamiento militar, y desde él financió, de su pecunio, una agencia de noticias que recibía informaciones fidedignas de la España nacional para difundirlas al resto de agencias periodísticas europeas y americanas, y contrarrestar las simpatías que éstas tenían en general por el bando republicano, así como el libro que le pagó a Juan Estelrich, *La persecución religiosa en España*, que tanta impresión causó fuera. Según otros, la organización de Cambó, potentísima, se encaminaba a salvar vidas, sacar refugiados, facilitar salvoconductos y pasaportes, conspirar y espiar, lo cual, si no es verdad, merecería al menos el estatuto de la verosimilitud, por lo que tiene de novelesco, como sucedió en tiempos de la Fronda o del Terror.

Al terminar la guerra Cambó, o don Francesc, como le conocían sus fieles, llevó a Suiza todos aquellos documentos acumulados durante esos años, así como todas las publicaciones que sobre la guerra aparecieron y se publicaban en todo el mundo, e hizo un fondo destinado a futuros historiadores.

Cambó era, como se ve, un hombre inmensamente rico, catalanista y moderado, preboste de la Lliga y notable coleccionista de obras de arte.

En 1940 Cambó pasó de París, hotel Crillon, a Lisboa, preparando su regreso a España, adonde llegó poco después bajo la protección de Serrano Suñer (temeroso aquél de los desmanes falangistas, que ya habían humillado a Alba en el hotel Palace), pero prefirió al fin exiliarse en Buenos Aires.

En Latinoamérica Cambó siguió sufragando un sinfín de empresas, algunas filantrópicas y hermosas, como aquella de publicar las poesías de Màrius Torres, que aparecieron en Méjico en una miniada edición de ciento cuarenta y dos ejemplares cuidada por republicanos («donatiu pòstum d'en Francesc Cambó, que haurà exercit un cop més el seu mecenatge»), y cuando preparaba su regreso definitivo le sorprendió la muerte, no sin antes haber dispuesto una donación de sus importantes colecciones de pintura al Museo del Prado.

Pero volvamos a Pla. Durante los meses que pasó en Marsella, dicen que se le veía serio, a menudo solitario, en el puerto, en los parques, en los cafés, devorando a todas horas las novelas de Simenon, al que Gide había celebrado como un nuevo Balzac, pero que por aquel entonces seguía siendo un escritor de *polars* sin prestigio. «En Pla –nos dice Sentís–, sempre va a ser un home propens a la por, i a Marsella, encara que alliberat, la duia materialment al damunt». El propio Sentís, que lo trató en aquellos días, contrasta la figura triste, taciturna y silenciosa de Pla con la de un Josep Maria de Sagarra, que «aleshores potser a París, havia dit amb molta gràcia parodiant mossèn Cinto: "Dolça Catalunya, pàtria del meu cor, quan de tu s'allunya... recony, quina sort!"».

Con los meses, y después de la toma de Irún, la agencia de noticias de Cambó se convirtió, en verdad, en el SIFNE (Servicio de Información de la Frontera Norte de España), encabezado por Bertran i Musitu.

Mientras trabajaron para el SIFNE, Pla y Adi llevaban la cuenta de los barcos republicanos que entraban y salían de puerto, información que pasaban a los nacionales, para que estos trataran de bombardearles o simplemente para llevar la estadística, mercancías, cargamentos, conjeturas.

Los responsables del SIFNE, Cambó y su equipo, entre ellos Pla, terminaron pasándolo a manos militares, que a su vez lo pusieron bajo las órdenes directas de Salamanca y Burgos.

Es probable que los militares no supieran qué hacer con aquella donación, y decidieron convertir al servicio en una verdadera Agencia de Información e Inteligencia en el sentido británico, para lo cual terminaron quitándosela a periodistas como Carlos Sentís y Pla, en el fondo poco serios según los criterios castrenses.

Después de ese período, Sentís se volvió a España y Pla daría comienzo a una época de errancia mediterránea, pero siguió viviendo de la munificencia del patricio Cambó, no todo lo larga que le habría gustado que fuese al escritor ampurdanés, y escribió como *negro* de algunos periodistas un par de libros políticos.

A Cambó se le ocurrió, tal vez para justificar la asignación, que Pla escribiera una *Historia de la Segunda República Española*, le convenció de ello, le financió el proyecto y lo envió a Roma, en cuya biblioteca del Vaticano podría trabajar, según cuenta Sentís. Pla se quedó unos meses en esa ciudad, pero en cuanto tuvo más o menos aliñado el libro, al menos su primera mitad, partió hacia los puertos del Egeo y de Grecia, viajes que darían lugar, años después, a una de sus más hermosas obras: *Las ciudades del mar*.

Todas estas actividades, estos viajes misteriosos, estas apariciones y desapariciones contribuyeron de manera notable a que muchos creyeran que el propio Pla había sido un espía eficacísimo, aunque es difícil imaginar a quién y qué podía espiar alguien como Pla en ciudades como Trápani, Split, Constanza o Sofía. ¿Contrabando de tabaco turco? ¿Informaciones en Ragusa sobre las joyas de la zarina? ¿Compra de aviones en Siracusa a los italianos?

Hace ya años que se han confirmado las actividades espioneras de Pla. «Probablemente por necesidad económica y cobardía», asegura una de sus biógrafas. Lo primero, se comprende. Lo segundo, menos, porque de haberse negado a ello, no le habría ocurrido nada. Es lógico que la leyenda de Pla exija cierta aureola de miserable y misantrópico balzaquiano, pero es un abuso retratarle como un «avaro, sucio, egoísta, maleducado y gorrón». La misma biógrafa se refiere, reprobándolas, a sus prácticas onanistas, tan perjudiciales como se sabe para los escritores, y se nos escapa en qué medida para las biografías.

Al acabar la guerra Pla publicó en la editorial Destino su *Historia de la Segunda República Española*, en cuatro tomos. La obra, que tengo delante, es pesada, con muchos discursos parlamentarios copiados directamente de *El Debate*, el periódico más reaccionario del momento. La *Historia*, a medio camino de la crónica, termina no siendo ni una historia ni un libro de autor, sino una especie de híbrido, más o menos escorado, previsible y arbitrario, pero, con todo, interesante, si se sabe leer entre líneas. La tendencia es Gil Robles y Calvo Sotelo, y la mecánica, el personalismo de Pla, no fanático pero sí lo bastante esquemático como para no permitir la reedición de esa obra, él, que lo reeditaba todo.

265. Después de financiar el más importante servicio de espionaje privado a favor de los rebeldes y montar una oficina de propaganda que trataba de contrarrestar la propaganda republicana en Europa, pagando de su bolsillo libros y periódicos, al señor Cambó también le resultó difícil encontrar un lugar entre los vencedores, que le pagaron con reticencias y desconfianza.

266-267. Primero de los cuatro tomos de la *Historia de la Segunda República*, de José Pla, que, como tantos escritores catalanes, se vio obligado por los vencedores a castellanizar su nombre. Pla escapó de la revolución en los primeros días de la guerra, lo que le convirtió en un viajero por las ciudades del mar y, después, en un estable más o menos inadvertido del San Sebastián franquista. A su vuelta a Cataluña, con las legiones de Yagüe, se recluyó en su masía ampurdanesa, bajo la advocación, como buen *anglófilo*, de Proust, Montaigne y Valéry. Uno de los más netos aspirantes a la tercera España que no pudo ser.

268-269. «¿Cataluña? La maté porque era mía». En la imagen de la izquierda, Ernesto Giménez Caballero en una de las arengas a las que cobró afición los últimos meses de la guerra y los primeros de la posguerra en teatros, patios de cuarteles y campos de concentración de prisioneros, y, como muestra la segunda imagen, delante de los micrófonos de las estaciones de radio.

En cuanto al estilo, está muy lejos del matizado, zumbón, rico, conciso y brillante que le llevará a libros como *Un señor de Barcelona*, *Lo infinitamente pequeño* o *La huida del tiempo*.

Durante unos años se dijo que Pla había preparado estos tomos cortando los periódicos originales de la hemeroteca del Vaticano con una cuchilla de afeitar. Otros creen que la cuchilla la metió en los fondos bibliográficos del Ateneo barcelonés. Son las veleidades de una leyenda. Los dos últimos volúmenes los terminó en los primeros meses de posguerra. La obra, que había cobrado ya de Cambó, se la vendió a Vergés, pero no se volvió a editar en sus *Obras completas*, entre otras razones porque ya en su día había sido muy mal recibida por los propios catalanistas de la Lliga. Todavía se tropieza uno con los últimos ejemplares descarriados por las librerías de viejo a precio de incunables, lo cual es uno más de los absurdos de los coleccionistas, porque el mamotreto, a estas alturas de la historiografía, tiene un interés relativo.

En 1938, después de sus viajes por media Europa, Pla decidió instalarse en Biarritz, recibido por Ridruejo y Montes, desde donde seguía cómodamente el curso de la guerra, y pasaba solo de vez en cuando a San Sebastián, porque, con prehistoria catalanista, tampoco se sentía seguro en la España nacionalista ni, desde luego, cómodo y tranquilo, seguramente a raíz del roce que tuvo con el general Saliquet que lo creía conmilitón de Companys. «No, de Cambó», se permitió corregir inútilmente Pla, aunque el general zanjó la discusión con un terminante «Companys o Cambó..., ¡da lo mismo!».

En San Sebastián Pla colaboró con Manuel Aznar, abuelo del que fue presidente de Gobierno, cuando aquél era director de *El Pueblo Vasco*, donde publicó, según nos informa Vergés en su *Imatge de Josep Pla*, doce o trece artículos, sin firmar, con unas X. X.

«Estuvo poco en la España nacional –evocará José María Fontana, con una gran agudeza crítica–, aunque su ánimo estuviera siempre. Y digo su ánimo (no su corazón o su alma) porque Pla es un producto escéptico y pesimista, hijo desengañado, pero no renegado ni infiel, de la democracia liberal. La Guerra Civil [...] provocó en él una crisis interna que lo desencajó para siempre de una inserción en lo colectivo o social, para dar paso al magnífico solitario que es, a un tipo de anarquista burgués que esconde su natural poético y romántico bajo un falso realismo literario. El Pla de antes de la guerra no existirá apenas para la posteridad, y, en cambio, quedará el gran escritor que nació en 1939».

Cuando, a finales de enero de 1939, se estaba preparando por el general Yagüe la entrada en Barcelona, Pla se sumó a la comitiva al frente de la cual se encontraba, como jefe de la Propaganda, Ridruejo, que tenía un meditadísimo plan de ocupación, ingenuo e inviable, como se demostraría a las pocas semanas, consistente en oficios religiosos en la lengua vernácula y algún que otro discurso también en catalán. Más realistas fueron las bestiales palabras que Giménez Caballero, presente también en aquella avanzadilla de guerra, echó por delante en un artículo de aquellos días, como un tanguista: «¿Cataluña? La maté porque era mía». Ridruejo confesaría años después que una de sus más amargas decepciones políticas fue la prohibición de usar el catalán en la primera arenga que tenía pensado echar en cuanto pisaran la Diagonal.

Sin duda a Pla no le perdonarían nunca en su tierra haber formado parte de las tropas de Franco que entraron en la ciudad de Barcelona, aunque él, como buen payés, lo hiciera entre las de retaguardia, con gran discreción.

Después de la toma de Barcelona, a Aznar le hicieron director de *La Vanguardia* y Pla empezó a colaborar en ese periódico ya con su nombre. Aznar se fue de *La Vanguardia* destinado a Roma, y Pla se retiró al Ampurdán, a su Llofriu, pese a lo cual no dejó de ser el infatigable viajero que fue siempre, como prueba esta dedicatoria autógrafa fechada en Portugal la Navidad de 1942: «A D. Eugenio Montes, mi viejo amigo en el Bloque Ibérico [sin duda una broma de Pla a Montes, entonces en el Instituto de España en Lisboa, sobre el pacto Franco-Salazar], con muchas ganas de verle», y otras dedicatorias de años sucesivos en libros del ampurdanés que uno ha ido comprando en los baratillos lisboetas.

A partir de entonces, primeros cuarenta, Pla unió su suerte a la de su editor Vergés, al que daba pintorescos consejos financieros y en cuyo semanario *Destino* empezó a publicar el 30 de septiembre de 1939 con un artículo titulado «La sonrisa española» en el que demostraba que a España no le convenía entrar en guerra, corroborando la posición anglófila que siempre tuvo, minoritaria entonces e incluso peligrosa.

Con los años su carácter se fue haciendo cada vez más misantrópico, y parecía sometido a arrebatos de malhumor. Reaccionó furioso contra la Revolución de los Claveles de Portugal y la renovación democrática española, y eso ocasionó su salida de *Destino*, revista donde verdaderamente había escrito de todo, desde personales visiones del Vaticano o la guerra hasta líricas estampas sobre el paso del tiempo en su fértil y tramontanada tierra del Ampurdán. Luego supimos que la verdadera razón, lo cuenta Carlos Sentís en una bien traída semblanza, se debía a que el Banco de Portugal había congelado sus depósitos, y Pla, que tenía allí, bajo la custodia de un hermano suyo, unos millones ahorrados, no pudo sufrir la idea de quedarse sin ellos.

Hubo, por último, en la zona sublevada, dos grandes escritores catalanes, o para ser más exactos, mallorquines: los hermanos Villalonga, Miguel y Lorenzo. Miguel, muerto prematuramente, fue autor de una inolvidable *Autobiografía*, que se encuentra entre las mejores del género que se hayan publicado nunca en España; Lorenzo, con su *Mort de Dama* y *Bearn,* se colocaría, también, entre los más sutiles y exquisitos novelistas españoles de todos estos años.

Mallorca cayó dentro del bando de los nacionalistas desde muy al comienzo, así como Menorca permanecería republicana hasta última hora.

En el momento de la sublevación estaba al frente del Gobierno Civil balear el escritor republicano Antonio Espina, que fue inmediatamente encarcelado «en la ergástula del conde Rossi», el fascista italiano a quien se entregó la isla.

Años después de la sublevación, Lorenzo recordaría: «En Mallorca tuvimos que escoger entre los rojos y los azules. Como la mayoría no éramos rojos, fuimos, pues, azules. Yo, también vestí la camisa azul, y me fue útil para ayudar a una serie de gente, a catalanistas en concreto, cuya situación no era muy ventajosa». Se ve que tuvo más suerte que Rosales.

Igual que muchos, no podía pensar en todos aquellos otros a quienes las mismas camisas azules aniquilaron para siempre. Es lo que tiene la memoria: se da el mejor papel de la función. O el más discreto, al menos.

Los comienzos literarios de los dos hermanos fueron parecidos, escribieron en los mismos periódicos y revistas y bebieron en las mismas fuentes literarias, Proust sobre todo, Thomas Mann, Valéry o el Joyce de los cuentos dublineses, cosa muy rara no solo en unos escritores provincianos como ellos, sino en cualquiera de sus contemporáneos españoles de aquellos años.

Miguel hizo del provincianismo una cantera de reflexión y su primera novela, la admirable y extraordinaria *Miss Giacomini*, sucedía en la provincia, de la que se estudian en sus páginas, con sutilísimo humor, tics y venenos. La novela, que se publicó en 1934 en los folletines que aparecían en la revista *Brisas*, fundada y dirigida por Lorenzo, resultó un discreto fracaso.

Miguel había seguido la carrera militar, como su padre, aunque no llegaría como él al grado de general, sino de capitán, ni en la misma arma aristocrática de la Caballería, como le habría gustado, sino en la más plebeya de la Infantería, con la que se conformó.

Como militar participó en las campañas de África y conoció de cerca Castilla, y a su través, a los escritores del 98, también provincianos, también solitarios, que le impresionaron.

Es cierto que Miguel se acogió a la ley Azaña, aquella que posibilitó licenciar honrosamente a los militares desafectos con la República, y que a la postre constituyó el principal error de Azaña y acaso el fulminante del levantamiento militar del 36, pero su desilusión era muy anterior, como nos dice en su *Autobiografía*: «Sesteando el 1927 y poco antes de ascender a capitán, advertí que se me enturbiaba el espíritu militar y que vacilaba mi fe en las que hasta entonces juzgaba verdades absolutas y fundamentales de mi carrera castrense. Contribuía a ello, entre otras diminutas concausas, aquel tan desdichado como bien intencionado plumazo con que el dictador prolongara la permanencia en el fatigoso empleo de subalterno a los tenientes de la Escala Activa. Más de un año hube de tascar el freno de la espera, y aunque nunca lo hubiese creído, terminé por abandonar mis convicciones más entusiastas a impulsos de móviles y resentimientos personales. Y así ocurrió que, al llegar al ascenso porque sí retardado, ya el escepticismo prevalecía sobre las escasas supervivencias de mi extinguida vocación militar».

He traído a estas páginas tan larga cita no tanto porque interese saber que Villalonga se había desilusionado de su carrera militar, como por conocer la actitud moral que adoptó frente a sí y sus actuaciones, siempre con una honestidad grande.

Cuando Miguel se incorporó a la vida civil, colaboró en diversos periódicos de la isla, entre otras razones para redondear su magra paga de soldado retirado.

Es cierto que sus ideas políticas se hicieron más claramente conservadoras y monárquicas, pero en sus libros no se encuentran intervenciones exaltadas o violentas. Al modo de Chateaubriand, del que, por cierto, ambos Villalonga escribieron una modélica biografía, Miguel creía de veras en un orden natural aliado del divino, sin que ello menoscabara su inteligencia.

Al estallar la guerra se le nombró jefe de Prensa y Propaganda, pero el nivel intelectual de los camaradas con los que tenía que llevar a cabo su jefatura le desilusionó de tal manera, que prefirió incorporarse al ejército, que le destinó al frente de Villarcayo en Burgos, de donde volvería a los pocos meses enfermo.

No nos consta que Miguel tuviera contacto en esos primeros tiempos de su cargo político con Antonio Espina, pero es más que probable que conociese su caso.

Antonio Espina había empezado en las letras, como muchos de sus compañeros de generación, por la poesía, publicando primero un libro de corte modernista y luego otro, de naturaleza vanguardista y de fino humor ultraísta, que le publicó en la colección *Índice* Juan Ramón Jiménez, quien lo llamó «el Larra de nuestro tiempo».

Con el tiempo Espina, que provenía también de la Cripta de Gómez de la Serna, pasó a formar parte de la que se llamó generación de la *Revista de Occidente*, por alinearse en las filas de un Ortega que postulaba entonces su problemática «deshumanización del arte».

Los relatos, ensayos y poemas de Espina eran la puesta en práctica de las teorías de Ortega, hasta que en los años treinta desembocó en el «nuevo romanticismo» de la revista *Nueva España*, que dirigió con los politizadísimos Arderius y Díaz Fernández, los dos novelistas sociales más conocidos de la República, que literariamente desaparecieron en combate durante la guerra, sin escribir ni una línea. Había pasado su momento justamente en el momento por el que tanto habían suspirado: ya no era posible ser liberal, su romanticismo.

Por una vez están de acuerdo Bergamín y Juan Ramón, cuando tratan de enjuiciar la personalidad de Espina. El primero dijo en el epílogo que le puso a *El alma Garibay*: «Antonio Espina tiene la gran dicha (para él, desdicha para nosotros) de ser genial»; y «jenial, pero desaprensivo, irónico, quedó solo», diría Juan Ramón en sus *Españoles de tres mundos*.

270-271. Fue la deserción de Bernanos de las filas franquistas, donde tenía a un hijo combatiendo, una de las más dañinas a la causa de los rebeldes, que trataron de acallar las revelaciones de este relato sobre la represión en Mallorca incluso en la rebotica del Vaticano. La lectura de *Los cementerios bajo la luna*, impresionó incluso a Simone Weil: «¿Qué me importa que usted sea discípulo de Drumont? Me siento mucho más cerca de usted que de mis camaradas de las milicias de Aragón, a los que, sin embargo, quería».

272. «Jenial, pero desaprensivo, irónico, quedó solo», dijo J.R.J. de Antonio Espina, y eso fue exactamente lo que le ocurrió desde el minuto en que no entregó las armas el 19 de julio de 1936 cuando lo pidió el pueblo, siendo gobernador civil de Baleares. A partir de ahí la cárcel, la tortura, los intentos de suicidio y un infierno del que salió con el humor de siempre, si acaso más tenebroso.

273. Fraseología de uno de los escasos libros favorables a Franco en la propaganda europea: *Los cadetes del Alcázar*, de Henri Massis y Robert Brasillach.

Toda la obra de creación de Espina tiene algo, en efecto, de genial, como de juego brillante, que no se sabe si se trata de trozos de cuarzo o de diamantes en bruto. Son, en todo caso, de una inteligencia deslumbrante. Por las fotos que se han publicado de él, todo parece confirmar que nos hallamos ante alguien jovial y franco, con algo muy transparente y con algo muy firme y metido en la tierra, por encima de todas esas etiquetas de «nuevo romántico», o «deshumanizado» o «vanguardista», que tan poco nos dicen.

La prisión, que duró cuatro años, tanto como la conciencia de su error por no haber entregado las armas al pueblo, le quebrantó de tal modo que intentó suicidarse en varias ocasiones, para salvarse así de la pena de muerte a que fue condenado, si es que se le puede a eso llamar salvación. Azorín, desde París, y el propio Azaña, su amigo, desde Madrid y Valencia, hicieron todo lo posible por salvar su vida, canjeándolo primero por Sánchez Mazas (imposible por estar éste incurso en un proceso de espionaje) y luego por el hijo del general Goded, pero solo cuando se le dio por loco, a Espina se le conmutó esa pena máxima por otra de cárcel. Y como a loco lo visitó en la cárcel el psiquiatra Lorenzo Villalonga. Al terminar la guerra, Sánchez Mazas, que en otros muchos casos en los que se le solicitaban los consabidos avales, se había inhibido, testificó a favor de su viejo amigo el poeta, logró sacarlo de la cárcel y se lo trajo a Madrid, donde Espina consiguió colocar un gran número de ensayos en revistas y editoriales, de manera anónima o con seudónimo (como hicieron otros, entre ellos su amigo de la *Revista de Occidente* Fernando Vela, un muy fino escritor).

Se conoce que la vida de ese viejo republicano no fue ni mucho menos fácil y en 1946, hastiado y asfixiado, se pasó a Francia a pie, con unos contrabandistas, empezando una existencia llena de fatigas y penalidades que acabaron volviéndolo amargo e irritable, aunque nunca perdió ni su sagacidad literaria ni ese humor que le valió un día ser comparado con Larra.

Sí conocieron los Villalonga, en cambio, al ya célebre escritor francés Georges Bernanos, que llevaba viviendo en la isla desde 1934, porque en ella «nos alcanza para comprar bistecs». Lo conocieron y lo trataron. De él, y de su hermosa mujer, hizo Lorenzo un retrato insidioso, pero divertido. Bernanos, que era, como se sabe, un católico convencido y algo alborotado, con un hijo que se había ido voluntario con la facción nacionalista, permaneció en Mallorca unos cuantos meses, y al comprobar la sangrienta represión llevada a cabo por los militares y falangistas, salió de la isla horrorizado. «Ni demócrata, ni republicano, ni de izquierdas, ni de derechas, ¿qué soy acaso?, soy cristiano», se defenderá después. Cuando se publicó su célebre novela *Los grandes cementerios bajo la luna*, el mundo se conmocionó por el testimonio de Bernanos, del que nadie podía dudar, pues que tan severamente criticaba a los suyos: «¿Cuántos muertos?, ¿cincuenta?, ¿cien?, ¿quinientos?...». «A comienzos de 1937, después de siete meses de Guerra Civil, los asesinatos se calculaban en tres mil. Evidentemente cuesta leer esto. También me cuesta escribirlo. Más me ha costado verlo, oírlo». Este libro haría decir a Lorenzo Villalonga que Bernanos había ingresado «entre los grandes escritores de su país por la puerta falsa de la política». Como tantos, por otro lado, en los dos bandos. Pacelli, el futuro papa filofascista, quiso meter el libro de Bernanos en el *Index Librorum Prohibitorum*, aunque reconoció: «Quema, pero ilumina».

Esa era la isla que Miguel dejó para alistarse, quizá porque su caballerosidad militar encontraba justa y hermosa la muerte en una trinchera, tanto como repugnante y siniestra en la retaguardia.

Cuando volvió a Mallorca, fijó su residencia en Buñola, lugar del que, salvo en una ocasión y rumbo a una clínica de Barcelona, ya no saldría nunca.

Los últimos años de Miguel Villalonga fueron penosos y desdichados. La enfermedad degenerativa que padecía le ocasionaba muy agudos dolores que solo podía combatir con la morfina, cuya adicción le encadenó para los restos, aunque ello no le impidió llevar a cabo su proyecto literario, no por breve menos admirable.

El poco éxito que tuvo su *Miss Giacomini* antes de la guerra lo tuvo y grande después, en la reedición que hizo de la novela José Janés. El propio Miguel diría en el apéndice que llamó «Crítica de críticos» y que incluyó en otra de sus narraciones, *El tonto discreto*: «En el mundillo literario de Palma de Mallorca, la segunda edición de *Miss Giacomini* fue recibida con iguales precauciones que la primera. En tiempos de la República había sido peligroso hablar de un señor tan reaccionario como yo. Y en la primavera del año cuarenta y uno me enteré por el barómetro de la prensa local de que mi "peligrosidad" subsistía, aunque con signo opuesto. Sin darme yo cuenta, el reaccionario de 1934 había pasado a ser el revolucionario de 1941». Hubo alguien incluso que fue más lejos y dijo que «si después de ganar la guerra se seguían reeditando novelas como esa, la guerra no había servido para nada».

Y el revolucionario de 1941, podría decirse ahora, ha pasado a ser otro más de los fantasmas del castillo de la literatura de 1993 o de 2010, abierto de vez en cuando a turistas y curiosos.

Hace veinticinco años, tal vez más, compré en el Rastro madrileño un metro cúbico de *El Español*, uno de los periódicos fundados, al acabar la guerra, por Aparicio. Era la colección, casi completa, de los cinco o seis primeros años. Las secciones políticas, nacionales o extranjeras, son, sencillamente, un puro delirio. Pero entre los elevados y negros vacíes, brillan aún las colaboraciones de algunos escritores esforzados. Entre ellas, alguna página de Manuel Machado o de Cunqueiro, *Las cartas de Cosmosia* de Ángel María Pascual y las entregas de *El cuento de nunca acabar*, que Villalonga, ya enfermo, con el pie en el estribo y las ansias de la muerte, mandaba desde Buñola.

Toda la literatura de Miguel Villalonga está recorrida por un fino sentido del humor, del que ni siquiera sus propias convicciones aristocráticas se libran. Persiguió toda la vida un *tempo* provinciano, y creyó, antes que en la moral social, en la moral de la literatura, y ésta, como a un devorador de novelas de caballerías, siempre le pareció mejor que la realidad. Podría decirse de él que fue un provinciano veleidoso, como esos provincianos sudistas y confederados que tanto le fascinaban.

Y aquí, porque en otro lugar acaso no haya ocasión mejor de decirlo, ha de citarse a Salvador García de Pruneda, un escritor que hoy (2010) sigue siendo un desconocido, pese a que una de sus novelas, *La encrucijada de Carabanchel* (1963), obtuviera el Premio Nacional, y a José María Pérez Prat, que se dio a conocer con el seudónimo Juan Iturralde. Vidas y obras paralelas, otra vez más, en esta historia.

Resulta curioso constatar cómo dos de las novelas más singulares hoy de la Guerra Civil las han escrito dos «espontáneos» (el primero un diplomático, el segundo un abogado del Estado), aunque no lo sea tanto el hecho de su tardía aparición. ¿No hemos oído tantas veces que la literatura precisa distanciarse de los hechos que narra?

Pruneda había hecho la guerra como alférez provisional en una unidad montada del arma de Ingenieros y publicó en 1962 la que se-

274-275. Salvador García de Pruneda de alférez y (segundo a la izquierda) con su padre, el general García de Pruneda y Arizón (en el centro), en el frente.

276. En esta recomendable novela de Salvador García de Pruneda, escrita veinticinco años después de la guerra por alguien que la hizo, y acaso la única en la que no se menciona una sola vez ni a Franco ni a Azaña o Pasionaria, ha pasado el tiempo de la retórica y de la propaganda: todo sucede en no-lugares, los únicos en los que no es posible despojar a los enemigos de su dignidad como personas.

277. Escrita por Juan Iturralde cuarenta años después de los hechos que narra, y heredera en parte de *Checas de Madrid*, significó, a diferencia de la obra de Borrás, la primera exculpación de la izquierda en la responsabilidad de la checas de Madrid, dando a entender que el terror fue obra únicamente de los incontrolados. La tesis le valió una favorable e interesada acogida, al margen de su encomiable sobriedad y equidistancia en pos de la reconciliación nacional que la sociedad española demandaba en el momento de su publicación.

guramente es una de las novelas sobre la guerra civil española más singulares y notables, *La soledad de Alcuneza.* A esta seguirían otras dos, *Ceuta en el umbral* y *La encrucijada de Carabanchel,* con las que cerraba un ciclo que tanto recuerda la estructura de *La forja de un rebelde,* de Barea: guerra colonial, turbulenta República con jóvenes partidarios de la dialéctica, de las pistolas o de ambas cosas a la vez, y, por fin, la guerra. Su propia vida, en fin: Pruneda, que tenía veinte años, acudió el 18 de julio al Cuartel de la Montaña, donde pidió un uniforme, que no le dieron. Cuando el cuartel se rindió logró escapar y refugiarse en casa de una tía, pero al ser denunciado por la portera, tuvo que huir de nuevo y refugiarse en la embajada de Noruega, donde estuvo hasta agosto de 1938. En esa fecha, y ayudado por la quinta columna, logró pasar las líneas y alistarse hasta que lo hirieron en enero de 1939.

Al revés de lo que ocurría en la trilogía de Barea, es la última parte, la dedicada a la Guerra Civil, *La soledad de Alcuneza,* la más interesante. Al modo de las narraciones renacentistas, sus personajes, oficiales de caballería destinados en la que sería una de las últimas unidades de esa arma, llamada a desaparecer, hablan y actúan con espíritu aristocrático, y caballerosa y noblemente tratan al enemigo, que no aparecerá en estas páginas ni vituperado ni insultado (y debe de ser también la única novela sobre la Guerra Civil en la que no se habla ni una sola vez de Franco, Azaña o Pasionaria). Ha pasado, diríamos, el tiempo de la retórica y, por tanto, el de la propaganda. No hallaremos aquí tampoco ni la banalidad salvaje ni la cursilería frecuentes en la literatura de su bando. Todo sucede en no-lugares, remotos destinos alejados de los frentes prestigiosos en los que la muerte, no obstante, no es menos implacable. El tono: romántico, elegiaco, acorde a los paisajes fantasmagóricos, líricos, solitarios. Y el resultado: una novela notable por su misteriosa originalidad. El lenguaje del narrador, un joven que dudó hasta semanas antes de la sublevación si se alistaba con los comunistas o los falangistas, parece corresponderse con la sobriedad de un tono altivo que algunos han comparado a aquellos otros relatos de la caballería roja que hicieron célebre a Isaac Babel, un hombre que supo, como sin duda García de Pruneda, que el supremo romanticismo es el de aquellos que hacen una guerra a sabiendas de que la perderán, incluso ganándola.

Y si el protagonista de *La soledad de Alcuneza* perteneció como Pruneda a una unidad montada, el de *Días de llamas* pertenecía, como el propio Iturralde, a la carrera de Derecho.

También tenía este cuando estalló la guerra veinte años. Se alistó como requeté y acaso esto le permitió decir que la suya no era una novela autobiográfica, «aunque sin duda ahí están muchas de las vivencias de aquel tiempo. Sobre todo, el miedo. Viví el horror, y lo otro lo conocí por otras gentes. Saber que lo que había vivido como miedo en la zona roja iba a seguir siéndolo en la zona nacional...».

Podría decirse que Iturralde se limitó a poner un tenue y folletinesco argumento a la Causa General, el conocido y aterrador informe elaborado por los servicios policiales y jurídicos de los vencedores sobre los crímenes cometidos durante «la dominación roja», de la que la izquierda no ha querido oír hablar... ni en pintura durante años, aduciendo sus muchas irregularidades y manipulaciones.

Así *Días de llamas* es la historia de dos hermanos, contada por uno de ellos, juez, en forma del diario que lleva durante su permanencia en una checa en Madrid (gran licencia poética esta y caso único en la historia de las checas, inducido acaso por el ejemplo de un Cervantes escribiendo el *Quijote* en una cárcel). La vida en la ciudad de una familia tradicional de militares a la que la sublevación ha desbordado y llenado de contradicciones. Trata se ser a un tiempo el relato veraz de los hechos (aparecen, como en un *hit parade* o en las tradicionales novelas históricas, todos los relevantes: el asalto al cuartel de la Montaña, el incendio de la cárcel Modelo, la toma del Alcázar, la quema de conventos, las sacas de Paracuellos, los Tribunales Populares, los paseos, la vida de las checas...), y es, en este sentido, heredera directa de *Tres días de julio* de Luis Romero y, claro, nieta de *Checas de Madrid*, de Borrás.

Su publicación tardía, en plena transición, la convirtió pronto en una novela de culto. Abordaba el tema de las checas de Madrid, hasta entonces tabú o monopolio de la literatura franquista, con una perspectiva diferente e intentando arrebatarle la exclusiva a la derecha: las víctimas de las checas no sólo fueron los fascistas y sublevados, sino... los mismos izquierdistas. Engañosa simetría, sin duda: por cada víctima republicana hubo mil monárquicas, falangistas, fascistas o sólo católicas. O sea, aunque no de modo tan grosero y tosco, el argumento que Cela había dado ya en *San Camilo 1936* vuelve a aparecer: todos los asesinos son iguales, lo que equipara, por extensión, a todas las víctimas. La victimización en *Días de llamas* la lleva a cabo su protagonista, un hombre un tanto confuso, intelectual y nihilista amante de las grandes frases («todas las mujeres llevan dentro una zorra»), y lo hace recurriendo a un estilo literario simultaneísta y torrencial, tan de moda aquellos años, que acaso lastre hoy un poco su lectura, toda vez que la novedad (la divulgación de hechos históricos sobre las checas o el mismo Terror) ha quedado sobrepasada por los nuevos estudios históricos o la divulgación de documentos de época infinitamente más valiosos y más veraces, como *España sufre* de Morla Lynch. El resto en *Días de llamas*, podemos decir, es literatura, o lo que algunos habían querido oír para acallar su mala conciencia histórica: el juez de esos Tribunales Populares, víctima él mismo de la checa y con síndrome de Estocolmo, acaba, si no justificando el Terror, sí entendiéndolo, y, por supuesto, al atribuírselo a unos bandidos descontrolados, eximiendo de su responsabilidad a los partidos de izquierda y a la República, implicados o cómplices del Terror, *quod erat demonstrandum*. Etcétera.

Y después de este paréntesis necesario, por *La soledad de Alcuneza,* una novela que tan poco gustó a la derecha, y por otra, *Días de llamas,* que en cambio entusiasmó a ciertos clubs exclusivos de la izquierda, sigamos con el hermano de Miguel Villalonga.

La personalidad de Lorenzo, que fue médico y ejerció como psiquiatra toda su vida profesional, no era menor que la de Miguel, y en cuanto a obra pudo dedicarle más atención, cuidados y tiempo en su maduración.

Para el período que nos interesa puede valer lo dicho de su hermano. Durante la enfermedad de éste incluso le ayudó a redactar algunos artículos y, desde luego, a ordenar su *Autobiografía*, complemento de las no menos amenas *Falsas memorias de Salvador Orlan*, del propio Lorenzo.

Las novelas de éste, con relación a las de su hermano, ofrecen no pocas semejanzas, tantas como diferencias. Más aún que aquél, desarrolló Lorenzo un sentido finísimo para cierta visión poética de la realidad, y más que el provincianismo, conoció como nadie los secretos de una sociedad rural y tradicional, enquistada en las viejas e inamovibles estructuras urbanas. Es una literatura de lo sutil: las relaciones sociales, las relaciones familiares, las amorosas... cada una de ellas con su perfume particular de melones maduros, o que exhala de un granero, o de los duros geranios o de manzanas agrias, para enmarcar el fin que sus obras persiguen siempre: el retrato moral de ciudades y hombres.

Les tocó elegir y eligieron un bando, como cuenta el mismo Lorenzo, pero su literatura salió bastante indemne, para situarse en muy otra altura, de exigencia y maravilla, después de haber hecho de aquella tierra y de su tiempo lo que a muy pocos creadores les es concedido: un pequeño mito, o sea, algo llamado a pervivir más allá de la muerte y de las guerras.

ИЛЬЯ ЭРЕНБУРГ

ИСПАНСКИЙ ЗАКАЛ

ГОСЛИТИЗДАТ 1938

CAPÍTULO DÉCIMO

... DEDICADO AL II CONGRESO INTERNACIONAL DE ESCRITORES PARA LA DEFENSA DE LA CULTURA, QUE CELEBRÓ SUS SESIONES EN JULIO DEL AÑO 1937, Y A OTROS ESCRITORES Y CORRESPONSALES EXTRANJEROS.

Other wars consist of a succesion of battles; this one is a succesion of tragedies.

Arthur Koestler, *Spanish Testament*

LLEGARON de todas las partes del mundo. Algunos eran casi niños, otros, abuelos, la mayoría, hombres a merced de sus sueños. Muchos, como los apóstoles, dejaron en costas lejanas sus redes, barcas y mujeres para predicar y activar la revolución. Otros, aventureros románticos, venían a plantar en este duro solar las banderas de Missolonghi, y sus canciones eran melodiosas y tristes como una despedida. Les unía la voluntad de acabar con el fascismo, pero hay algo en sus rostros, cuando les vemos en las viejas películas y fotografías, en que puede leerse ese oscuro fracaso que mueve a todos los soñadores. Así les sorprendemos todavía: bromean, fuman, sostienen la mirada o la esconden tras de grandes periódicos llegados de sus patrias remotas, mudos ellos, vergonzosos ante las cámaras que los agrupan junto a mudo farol de negras luces. Y les vemos desfilar y contestar con una sonrisa las miradas donde leen la palabra gratitud. Donde pisan, crecen las flores que ellos vuelven a pisar. Lo dijo John Cornford, prometedor poeta que perdería la vida en esta guerra con veintiún años: «This is a fine war». Una bonita guerra. Al proyectarse sus sombras en las sombras de la pantalla, tiemblan de una luz ilusoria, a punto de consumirse en un fuego muy puro, en la derrota que era ya el blanco y negro. Ellos fueron los brigadistas internacionales voluntarios. Aventureros, idealistas, manipuladores, manipulados, ingenuos, resabiados, mercenarios, generosos... Una Europa y América en crisis económica con miles de parados, una guerra «en directo» (la primera) en todos los noticiarios, periódicos, radios y cines y la posibilidad de hacer posible la utopía, reclutaron en todo el mundo a unos cincuenta mil voluntarios extranjeros –clase de tropa–

278. *La forja española*, de Ilya Ehrenbug (Moscú, Literatura Artística, 1928).

que se pusieron bajo las órdenes de aquel André Marty, «el carnicero de Albacete» que ridiculizó Hemingway y que alardeó ante Stalin «de que las ejecuciones ordenadas por mí no sobrepasan las quinientas» (brigadistas en su mayor parte).

Junto a ellos, bien para engrosar las filas de las Brigadas Internacionales, bien como observadores, bien como propagandistas, vino a España un gran número de escritores y periodistas de todo el mundo, y muchos, que no vinieron, hicieron público su apoyo a la República.

279. Brigadas Internacionales en Madrid, noviembre de 1936.

280. «Solo conozco España como turista y lector de periódicos. La "legitimidad" del Gobierno de Valencia no me impresiona más de lo que impresionan a los comunistas ingleses la legitimidad de la Corona y el Parlamento. Creo que era un mal Gobierno que se deterioraba rápidamente. Si fuera español estaría luchando a favor de Franco. Como inglés no me encuentro en el apuro de elegir entre dos males. No soy fascista ni me haré tal, excepto si fuese la única alternativa al marxismo. Es una canallada insinuar que esta elección sea inminente», escribirá uno de los pocos escritores extranjeros que se decantó claramente por los sublevados, Evelyn Waugh.

Contrastando con los pocos escritores de cierta valía que apoyaron a los nacionalistas, reducidos a Brasillach, Céline, Drieu La Rochelle, Evelyn Waugh, Claudel, Maurras, Roy Campbell, la lista de los que se sumaron a la causa republicana era muy extensa, desde Rabindranath Tagore, Faulkner, Upton Sinclair, John Steinbeck, Thomas y Heinrich Mann, Thornton Wilder, Romain Rolland, Bernanos, Virginia Woolf, Joseph Peyré, André Gide, Léon-Paul Fargue, Regler, Saint-Exupéry, Louis Aragon, Paul Éluard, François Mauriac, por citar a los ya entonces consagrados, hasta los más jóvenes como la comunista (antiestalinista) Simone Weil, Claude Simon o Albert Camus.

A veces las declaraciones de alguno de ellos expresan la ambigüedad que sentían otros. Fue el caso de Evelyn Waugh en su *Autors take side*, de 1937: «Solo conozco España como turista y lector de periódicos. La "legitimidad" del Gobierno de Valencia no me impresiona más de lo que impresionan a los comunistas ingleses la legitimidad de la Corona y el Parlamento. Creo que era un mal Gobierno que se deterioraba rápidamente. Si fuera español estaría luchando a favor de Franco. Como inglés no me encuentro en el apuro de elegir entre dos males. No soy fascista ni me haré tal, excepto si fuese la única alternativa al marxismo. Es una canallada insinuar que esta elección sea inminente». Otros, como James Joyce o Bernard Shaw fueron más explícitos. El primero dijo: «No me interesa esa guerra. Es política». Y el segundo: «Que decidan los españoles».

Sobre la República española y sobre la guerra se pronunció la mayor parte de los escritores e intelectuales de fuera, tanto si simpatizaban con la derecha como si lo hacían con la izquierda, aunque fueron éstos una mayoría aplastante. Quizá fue eso lo que movió a Céline a escribir en su violento panfleto *Bagatelles pour une massacre* que «los ardientes de fe y de apostolado soviético que no se encuentran actualmente en las trincheras ante Madrid o Zaragoza, en el fondo no son más que unas equívocas "cotorras charlatanas"».

Diez años después de publicado este libro, apareció *La llamada de España: Escritores en la Guerra Civil* (2004), de Niall Binns, apasionante trabajo de síntesis y de interpretación, cuántas vidas, cuántas claves, cuántas palabras que desconocíamos, que tiene en cuenta, desde luego, el clásico de Stanley Weintraub *The Last Great Cause. The intellectuals and the Spanish Civil War*.

Solo en Inglaterra, 148 escritores e intelectuales colaboraron en una publicación, *Authors Take Side of the Spanish War*, que congregaba desde celebridades como Shaw, Wells o Pound hasta los más jóvenes. Qué duda cabe: la única victoria incontestable de la República fue la de la propaganda, dentro y, sobre todo, fuera de España. En el caso de Cyril Connolly fue más explícito: «It was impossible to remain an intellectual and admire Fascism», opinión con la que Pound se permitió ironizar: «España es un lujo emotivo para un puñado de diletantes sin cabeza». Acaso se refería a quienes como el joven Julien Bell, sobrino de Virginia Wolf, o Esmond Romilly, sobrino de Winston Churchill, parecían venir a España en busca de exotismo y notoriedad.

Entre los ingleses el tiempo se encargó de hacer célebres a dos prosistas y dos poetas por su relación directa con la guerra. Los prosistas fueron Arthur Koestler y George Orwell; Stephen Spender y W.H. Auden fueron los poetas.

Spender, que se había afiliado por aquellos días al Partido Comunista, hizo por Gibraltar, Tánger y Orán una investigación sobre el *Komsomol*, un barco ruso que se suponía desaparecido y desviado hacia puerto nacionalista por un submarino italiano a la postre, y que acabó hundido por la armada rebelde y originando infinidad de campañas y cuestaciones republicanas. Esas fueron casi todas las actividades militares de Spender.

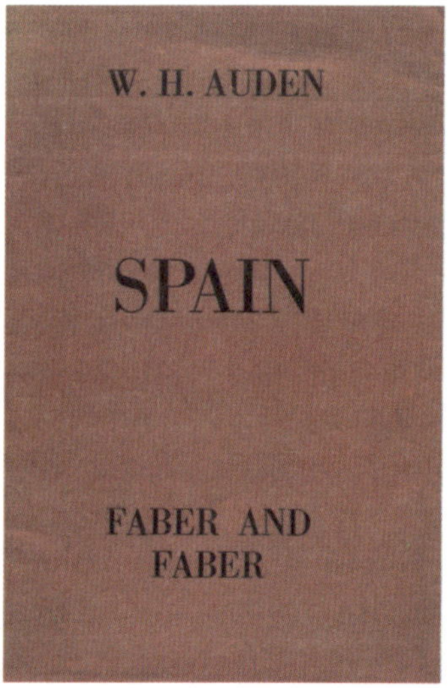

281-282. Al primer impulso revolucionario de muchos de los voluntarios ingleses, siguieron las acusaciones y descalificaciones. Mientras que «Spain 1937», el célebre poema de Auden, representaba para los intelectuales el «espíritu de la época», para otros, como Graves, «Auden fue a la guerra de España como otro camarada más, lleno de ardor combativo. Como Tennyson, no vio ni un solo combate, pero, al contrario que Tennyson, estuvo todo el rato jugando al ping-pong en un hotel de Sitges». W.H. Auden fotografiado por Carl Van Vechten, febrero de 1939.

«En pocas semanas –nos dice el autor de los *Poems for Spain*–, España se había convertido en el símbolo de la esperanza para todos los antifascistas. Ofrecía al siglo XX un 1848: es decir, un tiempo y un lugar en los cuales una causa que representa un grado de libertad y de justicia más alto que el de su reaccionario oponente lograba alcanzar victorias. Se hizo posible contemplar la lucha entre fascismo y antifascismo como un verdadero conflicto de ideas y no solo como el experimento de unos dictadores para arrebatar el poder a unos débiles antagonistas. España elevó, desde la condición de patética catástrofe hasta las alturas de la tragedia, el destino de los antifascistas. Dado que la zona de los combates en España era limitada y relativamente restringidos los métodos de guerra, las voces del individuo no quedaban apagadas, como quedaron en 1939, por la gran máquina militar y la propaganda. Tanto dentro como fuera de España, la Guerra Civil fue en cierto modo un importante debate y en él las tres grandes ideas políticas de nuestro tiempo (fascismo, comunismo y socialismo liberal) eran escuchadas y discutidas».

Luego Spender, en 1951, escribió, cuando ya era un público y notorio anticomunista, unas memorias de la guerra que tituló *World Within World* en las que viene a confesar, en un tono menos solemne y programático, que la mayor parte del tiempo que estuvo en España lo dedicó a la liberación de un amante homosexual, encarcelado por desertor. «Mariquitas elegantes», los llamó Orwell. ¿Escepticismo, cinismo, esnobismo, alejamiento de las viejas causas? Incluso aborda con humor en ese libro el excesivo protagonismo de algunos compañeros de letras, dispuestos a salir fotografiados en los periódicos a cualquier precio. Y lo hace con retranca porque es la única manera esta de abordar la vanidad que padecen los escritores, tanto cuando la conjugamos en primera persona como cuando se hace en el resto de las personas del verbo. Ellos, frente a tantos voluntarios proletarios, artesanos, empleados que vinieron a jugarse la vida por un ideal, fueron los señoritos de izquierda, precursores de «la gauche caviar», ruso naturalmente.

La evolución de Spender fue en cierto modo la que experimentó W. H. Auden, que vino a España a conducir una ambulancia que nunca condujo. Tampoco quiso hablar nunca de su experiencia en la guerra, «para no hacer el juego a Franco».

Auden, que había estado en el 5.º Regimiento, publicó su célebre *Spain* en 1937. Era un poema «considerado –nos dirá el crítico Murray A. Sperber– como la gran llamada a las armas por la República; y aunque probablemente no persuadió a mucha gente para la lucha (la inmensa mayoría de los voluntarios ingleses venían de la clase obrera y apenas estaban familiarizados con las experiencias de Auden en prosodia), *Spain* representaba para los intelectuales el espíritu de la época».

El poema, de tiro épico y vagamente surrealista, al modo del *Waste Land* de Eliot («espero que no haya muchos surrealistas en España», había dicho con sorna al venir), era torrencial, enumerativo y de comprensión difícil, o al menos ambigua, como cuando sostiene «la aceptación consciente de culpa ante el asesinato necesario; / Hoy el desgaste de energías / En el torpe panfleto efímero y el mitin aburrido».

El poema, en especial la estrofa en la que abordaba tales crímenes «necesarios», sería contestado implícitamente por Orwell en su *Inside the Whale* cuando afirmaba que solo un hombre que nunca ha visto morir a otros puede decir que el crimen es «necesario». Y que Auden no vio muchos muertos puede desprenderse de estas líneas de Robert Graves en *The Crowning privilege* de 1955. Son de un pasaje un tanto malvado y hacen alusión a quienes como Spender, Auden o el mismo Cyril Connolly se constituyeron en «autores-turistas», muy de moda en la España republicana, modalidad de turismo muy criticada por no pocos de sus colegas de izquierdas como Graves o Brenan (quien se pasó la guerra primero en zona republicana y luego en zona nacional, experiencia que aprovecharía en su hermoso y honesto *The Spanish Labyrinth. An Account of the Social and Political Background of the Civil War,* de 1943), o de derechas, como Pound. Pues bien, Graves revelaba: «Auden fue a la guerra de España como otro camarada más, lleno de ardor combativo. Como Tennyson, no vio ni un solo combate, pero, al contrario que Tennyson, estuvo todo el rato jugando al ping-pong en un hotel de Sitges». Orwell había ido más lejos; atacando a Auden, quien había publicitado su poema, cediendo los derechos de autor que generase su publicación (?) al Medical Aid of Spain, del que dependían, supongo, las ambulancias: «Por la mañana un par de asesinatos políticos, un interludio de diez minutos para calmar remordimientos "burgueses" y luego una comida apresurada, y una tarde y noche ocupadas en pintar muros y repartir panfletos». Esa era la vida, para Orwell, de aquellos militantes y simpatizantes comunistas. Mucho más lírico lo dijo Hemingway: «Nuestra maravillosa y terrible guerra civil». O sea, como María Teresa León: «Los mejores años de nuestra vida»; o en palabras de su marido: «La belle époque». Una bonita guerra.

Es una opinión extendida la que sostiene que los mejores poemas sobre la Guerra Civil los escribieron los españoles, y las mejores novelas, los extranjeros, la celebérrima *Por quién doblan las campanas* (resultona, gracias a sus aires hollywoodienses) o *La quinta columna* de Hemingway, o *L'Éspoir* de Malraux (novela de ejemplaridad revolucionaria, especulativa, emocional y sentimentalista, que se llevó al cine con el título *Sierra de Teruel*, con la colaboración de Max Aub) y su tangencialmente opuesta *Gilles*, de su íntimo y compadre Drieu La Rochelle, o *Les grands cimetièrs sous la lune* de Bernanos, novelas a medio camino entre el reportaje, el testimonio, el compromiso y la ficción. En la lista podrían caber los *Campos* de Aub o *La llama*, tercero de los volúmenes de *La forja de un rebelde* de Barea, pero, a falta de una *Guerra y paz* de esos años, es sin duda el *Homenaje a Cataluña*, del inglés Orwell (más que *Testamento español*, de Arthur Koestler, excelente también, pero tal vez demasiado mesiánico y maximalista (lo mejor de la historia de Koestler es su propia y rocambolesca historia, contada por él mismo en su *Diálogo con la muerte*, y por Chalmers en *Mi casa en Málaga*; Koestler acabó en una cárcel sevillana, en una celda con el bandolero ex socialista Agapito García Atadell de novelesca peripecia, mientras miraban cómo levantaban en el patio el cadalso donde le agarrotarían a este último), o el *Diario de la guerra española*, de Mijail Koltsov (en el secreto de los asesinatos de Paracuellos y asesinado él mismo a los pocos años por Stalin, y para Hemingway «uno de los hombres más inteligentes que haya conocido [...] y mejor informados de lo que acontece en la guerra»), el que parece destacar entre todos esos libros, y uno de los pocos que aún puede leerse con gusto, bien porque Orwell era en aquel momento ya una minoría, o mejor, un individualista (se alistó a las milicias del POUM, quizá por afinidad al *Independent Labour Party*, una de tantas organizaciones de la época a la que él pertenecía, a medio camino entre la Tercera y la que sería Cuarta Internacional), bien porque su mirada no está dispuesta a enajenarse ni cautivarse con la ortodoxia de la realidad. Se ha dicho que el secreto de la eficacia de su prosa es considerar al lector como parte importante del asunto de la narración. Puede ser. El libro de Orwell es un documento autobiográfico y, por tanto, el yo está muy presente, pero no es infrecuente que el yo del narrador, por uno de esos milagros de la literatura, es el tú del lector, el tú esencial del que nos habló Machado. Ese *yo* le hermana a Koestler. La España que nos presenta Orwell en su libro (Cataluña no es sino una trasposición de un todo no muy diferente) está vista con absoluta imparcialidad, siguiendo la tradición de esos viajeros ingleses del siglo XIX, como Borrow, capacitados como nadie para describirnos un

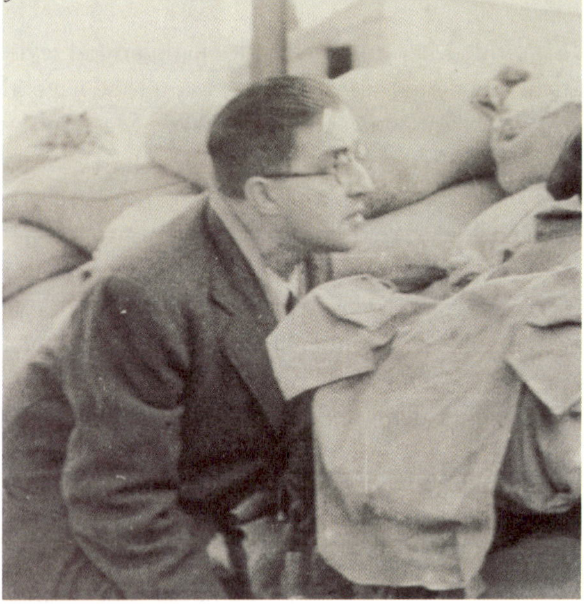

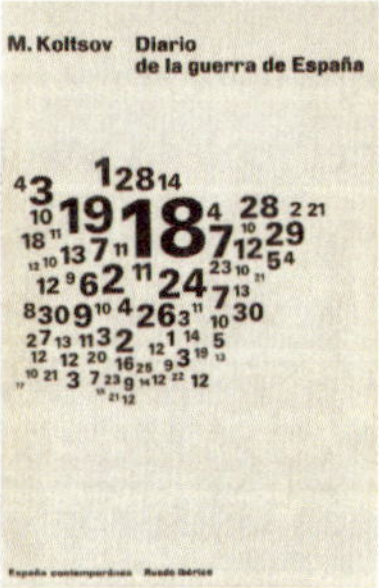

283-285. «Koltsov era enteramente nuestro, parte inseparable de nuestra guerra [...]. Nunca podré entender, ni perdonar, la supresión de un hombre tan estupendo», diría de él su amigo Álvarez del Vayo. El escalofrío proviene en esta frase no del asesinato del periodista ruso, sino de la utilización de ese verbo: *suprimir*. Mijail Koltsov, uno de los personajes más complejos e interesantes de cuantos vinieron con la delegación soviética a dirigir la guerra española. El *Diario* que escribió y publicó en vida (la tuvo corta, lo ejecutaron, al poco de volver a la URSS, como enemigo del pueblo, aunque lo cierto es que fue porque Stalin desconfiaba de su cinismo) está lleno de anotaciones inteligentes y mordaces, desde aquella en la que retratara a los Alberti gimoteando ante la pistolita de plata con la que escenificaban su suicidio, hasta reflexiones como esta, más serias y preocupantes: «Exigimos del escritor una respuesta honesta: ¿con quién está? ¿De qué lado del frente se halla? Nadie tiene derecho a imponer una línea de conducta al artista y al creador. Pero todo el que quiera ser considerado hombre honrado no se permitirá andar de un lado para otro de las barricadas. Esto se ha hecho peligroso para la vida y mortal para la reputación». En la imagen, Koltsov en una trinchera frente al Alcázar de Toledo. A la derecha, las primeras ediciones, rusa (Moscú, 1938) y española (París, 1963), del *Diario de la guerra en España*.

gitano, por ejemplo, pero como nadie incapaces para comprenderlo, pese a lo cual podrán amarlo tanto o más que «los nativos». Esa es la grandeza del pueblo inglés sobre cualquier otro, y de ahí que hayan sido los grandes viajeros de la historia: han viajado sin dejar de ser ellos mismos un solo instante y sin buscar que los otros se les parezcan. «No hay nadie que haya pasado unas semanas en España sin resultar en cierto modo desilusionado», había escrito. Se diría que alguien así no conoce el amor, pero los ingleses llegan a amar tanto el medio en que viven y las personas nuevas con las que se relacionan, y Orwell no es la excepción, que raramente vuelven a su patria sombría o, si lo hacen, es a costa de un doloroso sacrificio.

El hecho de que la guerra para Orwell sea algo «lejano» le permite ironizar y mostrarse escéptico sobre esos mismos hechos que a sus camaradas les han llevado a las trincheras del frente de Aragón o a las ba-

286-288. George Orwell escribió uno de los mejores libros sobre la Guerra Civil, *Homenaje a Cataluña*, vista con absoluta imparcialidad, siguiendo la tradición de esos viajeros ingleses del siglo XIX, como Borrow, capacitados como nadie para describirnos un gitano, pero como nadie incapaces para comprenderlo, pese a lo cual podrán amarlo tanto o más que «los nativos». Escribió también algo que compartirían también muchos españoles: «No hay nadie que haya pasado unas semanas en España sin resultar en cierto modo desilusionado». En la imagen superior, Orwell (el más alto) en el frente entre nativos del POUM.

rricadas frente a la Telefónica de Barcelona, irritado por la incompetencia de las milicias y de la desorganización de la retaguardia. El libro tuvo, claro, críticas negativas, y cuando su autor murió, en 1950, aún quedaban ejemplares de los dos mil quinientos de la primera edición.

Junto a Orwell, en las mismas trincheras del POUM, estuvo su amigo Benjamin Péret, según testimonio de Eugenio Granell, pintor poumista español, que los sorprendió juntos un día en las Ramblas.

La vida de Péret durante la guerra, de la que nos informa el ex luxemburguista Juan Manuel Bonet en un apasionante relato, es novelesca donde las haya. Llegó a Barcelona, comisionado por el Secretariado Internacional trotskista para controlar al POUM y atraerlo a la ortodoxia trotskista, lo que prueba que el POUM no era, como se ha afirmado tantas veces, trotskista, y pisó con ese partido los frentes de Madrid y de Aragón, pero terminó rompiendo con él, y entrando, con los anarquistas, en la División Durruti. También de esos días, septiembre de 1936, se conserva una carta suya, que dirige a André Breton, en la que le pregunta a éste «si puede encargarse de vender objetos de culto antiguo, de metales preciosos (¡en beneficio de la revolución, naturalmente!)». No sabemos lo que le contestará desde París el santo padre del surrealismo. Al cabo de un tiempo, después de los sucesos de mayo de 1937, Péret regresó a París con la pintora Remedios Varo, otra alhaja, a la que había conocido entonces, y que se convirtió en su compañera.

Caso aparte sería la joven escritora francesa, de origen judío, Simone Weil, en cuyos *Cahiers* menudean reflexiones de la Guerra Civil. Sorprende siempre en ellos, sobre otras virtudes, su honestidad y finura espiritual.

Simone Weil se había encuadrado en una de las milicias aragonesas anarquistas, la célebre columna Durruti, y participando en algunas acciones de guerra fue testigo del fusilamiento de un joven falangista, lo que le llevará a decir en su diario de esos días: «Me tumbo de espaldas, miro las hojas, el cielo azul. Es un día precioso. Si caigo presa, me matarán... Pero lo tengo merecido. Los nuestros han vertido sangre de sobra. Soy moralmente cómplice. Se están produciendo formas de control y casos de inhumanidad absolutamente contrarios al ideal libertario». Meses después se dirigirá a Bernanos: «Nunca nadie ni entre los españoles ni los franceses que estaban en España combatiendo o de visita –estos últimos casi siempre intelectuales inofensivos–, habló de las matanzas inútiles con repulsa, disgusto o rechazo siquiera. Sí, es verdad que el miedo desempeña un papel importante en la carnicería; pero donde yo estaba no parecía tener tanta importancia [...]. Mi teoría es que una vez que las autoridades temporales y espirituales han decidido que las vidas de ciertas personas carecen de valor, nada es tan natural en el hombre como matar. Tan pronto como los hombres saben que pueden matar sin temor a represalias, empiezan a matar, o al menos, animan a los asesinos con sonrisas de aprobación». Tiempo después volvería a insistir sobre los «crímenes de los nuestros», pues no se cerró para ella, con la derrota, el tiempo de reflexión, y volvería a pensar en aquella guerra cuando se le planteaban los mismos problemas, las mismas preguntas sin respuesta, en pos de lo que ella llamó *La Gravedad y la Gracia*. La que tuvo Laurie Lee, quien nos dio acaso, en sus memorias, en tres tomos, de los cuales los dos últimos se ocupan de España y el tercero, *Un instante en la guerra*, de la Guerra Civil, páginas de gran alucinación para una retaguardia de brigadistas alucinada y absurda. Contra alguna opinión en contra, por desgracia valen poco.

Caso aparte fue este personaje extraordinario, sir Peter Chalmers Mitchell, célebre zoólogo inglés y amigo de Gerald Brenan, a quien la Guerra Civil había sorprendido en Málaga. Brenan hace de él un retrato malvado: le presenta como un viejo vestido con un traje de lino blanco y una pajarita, que al tiempo que comparte las ideas y la amistad de algunos revolucionarios peligrosos, se dedica a predicar entre su servidumbre y a su cocinera las ventajas de no tener dinero y cocinarse uno mismo la comida que ha de comer, sin que él relevara en su puesto, naturalmente, a su cocinera. La verdad tenía, sin embargo, algunos matices importantes.

En 1936 Chalmers tenía setenta y dos años y llevaba afincado en Málaga dos, jubilado y escribiendo sus memorias en la más desahogada de las posiciones económicas. Había traducido ya *Siete domingos rojos*, de Sender, de quien también era amigo, y traduciría de este mismo en 1937 *La guerra de España*. Al estallar la guerra sus simpatías, cosa infrecuente tratándose de un noble, se inclinaban inequívocamente por la República y las organizaciones anarquistas, lo que no le impidió acoger como refugiados a sus vecinos, una extensa y conocida familia de aristócratas a los que avaló en múltiples ocasiones, pese a su convicción de que le mentían del modo más artero respecto

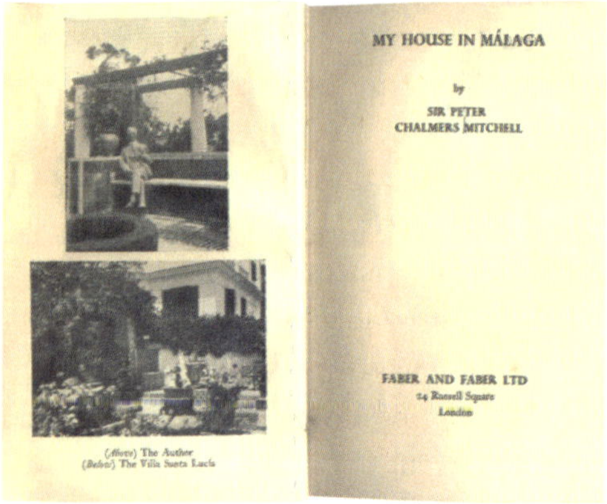

289-292. Sir Peter Chalmers Mitchell dio a la perfección el tipo de viajero inglés: rico, valiente, incoherente y extravagante, cualidades a las que ha de añadirse su condición de científico, lo que le permitió escribir un libro singular sobre la revolución en Málaga. Su simpatía y apoyo a los anarquistas no le impidió refugiar en su casa a los miembros de una familia de aristócratas fascistas a los que salvó la vida y que le pagaron con el desprecio. Fue traductor de Sender y de Barea y amigo de Arthur Koestler, a quien dedicó *My House in Málaga* y con el que rompió violenta y públicamente al escribir este *El cero y el infinito*. Primeras ediciones inglesa y española.

de su implicación en la sublevación. De los meses de guerra en Málaga, provincia especialmente significada en el terror revolucionario, Chalmers Mitchell dejó un libro asombroso que se publica estos días en España: *Mi casa en Málaga*. Es un libro escrito con ingenuidad y demasiada buena fe en algunos pasajes, pero es el apasionante testimonio de quien, con mentalidad de científico, aplica su flema británica sobre la realidad: registros, crímenes, cárceles, asentamientos, ingratitudes, hambre, racionamiento, represalias...

Chalmers nos dejó este hermoso libro en el que alienta su admiración por España y el pueblo español, siguiendo la estela de Borrow y otros ilustres hispanófilos.

Cierto que Chalmers se refirió únicamente a un pequeño rincón de Málaga, el de su privilegiado mundo, pero es suficiente para apreciar la voluntad que le guió en todo momento: la verdad de los hechos. Chalmers, por el contrario, era un zoólogo, buen observador, y ni los más salvajes de los hechos, que Chalmers nunca escamotea, le impedirán apartarse ni un solo momento de sus ideales republicanos y anarquistas. Todo terminó con la entrada de las tropas de Queipo, quien completaría con creces el terror iniciado siete meses antes, del que Chalmers pudo, sin embargo, ponerse a salvo en Gibraltar, no así su amigo Arthur Koestler, conducido primero a la cárcel de Sevilla, canjeado más tarde y repatriado a Inglaterra, donde Chalmers le retiró el saludo cuando Koestler publicó su célebre *El cero y el infinito*. Pero esa es otra historia.

Y tan importantes como los escritores anglosajones que vinieron a España como figuras estelares y camilleros, y que fueron profusamente publicitados desde la primera hora, han sido para la literatura aquellos

293. Arthur Koestler comprendió, antes que ninguno de los extranjeros venidos a la guerra, la tragedia de España, la tragedia de un mundo que adoraba por igual los totalitarismos. Cuando decidió escribir de la Guerra Civil, iba en serio. Pudo haber dicho, como Robert Capa, que si una foto no es buena, es porque el fotógrafo no se ha acercado lo suficiente. Se metió en todo momento en la boca del lobo, y los franquistas juraron matarle. Escribió, como Orwell, una de las mejores crónicas de la Guerra Civil, *Testamento español*, en la que destaca su «Diálogo con la muerte». Lo canjearon y al poco tiempo escribió su obra maestra, *El cero y el infinito*, la demoledora denuncia del totalitarismo soviético y de todos los partidos comunistas europeos, que desde entonces lo trataron como un apestado, condenándole al ostracismo y al mundo de la sospecha.

294. A veces alguien ve por todos nosotros, como el autor (¿anónimo?) de esta fotografía en la que aparece Arthur Koestler en el momento de su detención en Málaga. ¿Conoció Koestler esta instantánea? Es probable. Las últimas palabras de su libro así lo hacen suponer: «Pilate did not say "Ecce vir"; he said "Ecce homo"».

295. *Por quién doblan las campanas*, la novela más famosa de la Guerra Civil. También la más folklórica y *méjico-hollywoodiense*. «Muchos compatriotas míos exiliados», escribirá en sus memorias el escritor y ministro republicano Julio Álvarez del Vayo, «se sintieron indignados por el libro de Hemingway. A mí no me sorprendió. Había hablado con él en Madrid y me había dado cuenta de que la guerra de España le era en el fondo extraña. Su novela no refleja el verdadero espíritu que mantuvo en pie al pueblo español durante tres años de dificultades inimaginables». Tampoco comprendió la posguerra, que vio desde la barrera, como mostraban los *Nodos* franquistas. Virgilio Botella Pastor, que centró toda su novelística en la Guerra Civil, le respondió con otro libro: *Por qué callaron las campanas*.

296. *Tierra de España. Artículos de la guerra de España*, que John Dos Passos escribió antes de conocer la suerte de su amigo y traductor Robles Pazos, asesinado durante la Guerra Civil por los servicios secretos soviéticos.

otros procedentes de Sudamérica. Entre los primeros fueron habituales las grandes figuras o los espontáneos, unidos en parte por su desconocimiento de un país que hallaban en el fondo exótico y africano. El modelo sería el ya entonces consagrado Hemingway de *Por quién doblan las campanas*, novela en la que lo español se tiñe de un cierto aire mejicano-hollywoodiense, Dos Passos y sus crónicas previsibles o ese desconocido Humphrey Slater, cuya novela *Los herejes*, sobre la guerra en Málaga, ha sido exaltada entre nosotros recientemente por quienes creen que ninguna visión mejor sobre España que la que tienen de ella los ingleses (pese a que asegure en ella que los españoles tienen por costumbre pasearse con un clavel entre los dientes y llegar al grado de coronel antes de los veintisiete años y sin saber, el 17 de julio de 1936, que España estaba al borde de una guerra civil).

Bien diferente es el caso de los escritores sudamericanos, cuyas obras han pasado generalmente desapercibidas. Sin duda el idioma común y las raíces hispánicas les pusieron en una situación ventajosa frente a quienes ni conocían el idioma ni sabían de las costumbres españolas.

Hemos hablado ya del chileno Morla Lynch y de su extraordinaria *España sufre* y la no menos interesante *Memoria* dirigida al Gobierno chileno, o de Chacón y Calvo, ambos tan tardíamente publicados, modelos de diarios y documentos excepcionales para conocer lo sucedido aquellos tres años. En algún momento nos referimos al peruano César Vallejo y su *España aparta de mí este cáliz*, acaso el libro de poemas más hermoso nacido de la Guerra Civil, y se han mencionado a otros protagonistas, consagrados como Pablo Neruda, Vicente Huidobro, o desconocidos como los jóvenes Elena Garro, Octavio Paz o Nicolás Guillén, y a algunos volveremos a mencionarlos.

Pero hubo más con los que la posteridad no se mostró tan generosa. ¿Cómo no mencionar al sobrino de Huidobro, Joaquín Edwards Bello y sus crónicas de la Guerra Civil para *La Nación* de Santiago de Chile? Él era un patricio, pero también un hombre liberal, y sus crónicas, por su amenidad, su cultura y su perspicacia están llenas de observaciones sagaces, como esta, sólo una semana después de la sublevación: «España marcha hacia la dictadura de izquierda o de derecha»; o esta otra de septiembre de 1936: «El presidente Azaña, que es, antes que nada escritor, debe pensar: ¡con tal de que pueda escribir todo esto! ¡Qué libro más estupendo voy a hacer!». Trata siempre de buscar la verdad en las paradojas: «Por paradojal que ello parezca, la guerra actual nos presenta el caso que sigue: donde llegan los revoltosos hay orden; donde los leales dominan hay desorden», o «segurísimo estoy de que Ortega y Gasset es enemigo de Azaña y de sus secuaces. Pero firmó el papel izquierdista. Firmó y se fue a París... Firmó porque no estaba en Burgos, sino en Madrid». No hay crónica suya que no resulte interesante por su punto de vista, por las anécdotas que cuenta o por la desprejuiciada y discreta indiscreción con la que suele mirar las cosas, acaso porque también él las escribió... lejos de España, donde «si estuviera, es posible que fuese izquierdista [...] ni fascista ni comunista». Y a menudo resultan discutibles, pero su valor está en hacernos pensar, no tanto en lo que piensa su autor. Como nos ocurre con el también comunista y también chileno Luis Enrique Délano, cuyas crónicas de la guerra, si llenas están de pequeñas anécdotas, superficiales a menudo, también lo están de detalles exactos stendhalianos (fue él el que recogió el número de pares de zapatos que encontraron en el palacio de los Heredia Spínola).

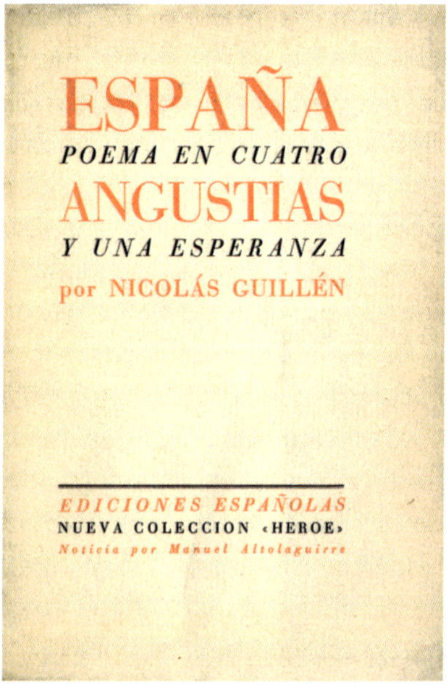

297-298. La apariencia bellísima de este libro –que, como los que Nicolás Guillén y Octavio Paz escribieron sobre la guerra, cuidó Manuel Altolaguirre– ha hecho que pasaran inadvertidas algunas impresiones de su autor, el escritor comunista cubano Juan Marinello, como aquella que se refería a sus buenos camaradas en Madrid: «Tenían que hacer el duro trabajo en la Checa de segar vidas».

Entre los cubanos hemos de recordar en primer lugar a Pablo de la Torriente-Brau. Su muerte, combatiendo en la sierra madrileña en diciembre del 36, impresionó a todos. Tanto por su juventud, tenía treinta y cinco años, como por la fatalidad de ver cómo los jóvenes milicianos caían a racimos por la incompetencia de sus jefes militares. Era periodista y afiliado al Partido Comunista, y las crónicas que había enviado desde Madrid se publicaron póstumamente con el título de *Combatiendo con los milicianos*. Saberlas de un hombre al que esperaba un puñado de metralla, convierte el enardecimiento y la fe en la victoria que rezuman en una triste elegía. Uno de los que más le lloró fue Juan Marinello. Había compartido con él país y partido, literatura y cárcel. Tenía tras de sí una larga experiencia en la lucha política de su país y nos dejó su *Momento español* (que el propio Altolaguirre, su tipógrafo español, le ampliaría en una segunda edición habanera, tras la guerra), una reunión de ensayos híbridos, búsqueda de la raíz revolucionaria de los clásicos como Jorge Manrique o memorias del tiempo ido, inicio del culto a la personalidad típica de la galaxia estalinista, de Pasionaria o Caridad Mercader (o su revés, con un Unamuno, «escritor traidor, el tránsfuga lamentable», que no corrige la segunda edición) o el lado más atractivo del conjunto: sus re-

299. Las crónicas de Luis Enrique Délano están llenas de pequeñas anécdotas, superficiales a menudo, pero también de exactos detalles stendhalianos.

300. Pablo de la Torriente-Brau, cuya muerte en el frente de Madrid en septiembre de 1936, a los treinta y cinco años, conmovió al mundo porque su esforzada vida había merecido mucho más.

301. *Tres meses en las fuerzas de choque*, crónicas del gallego-cubano Carlos Montenegro.

cuerdos de Juan Ramón, de Machado, de los poetas de la República y de los verdaderos personajes del drama español, por encima de su loa permanente al terror y a quienes «tenían que hacer el duro trabajo en la Checa de segar vidas». Y cubano también, aunque nacido en una aldea gallega en 1903, fue Lino Novás Calvo, de novelesca vida. Amigo de Chacón y Calvo, que le empleó en Madrid, escritor, traductor y periodista, la guerra le sorprendió en el norte haciendo un reportaje sobre las cárceles españolas. Pudo volver a tiempo a Madrid, y allí se incorporó a las milicias con las que participó en registros e incautaciones, hasta que fue acusado, en una asamblea de la Alianza de Intelectuales y ante cientos de compañeros, de haber escrito contra los mineros asturianos. Logró a duras penas salvar la vida, por intercesión de Bergamín y Zambrano, pero el hecho lo marcaría para siempre. Dejó de aquellos años de guerra un rastro de crónicas de tono barojiano, como su compatriota gallego-cubano Carlos Montenegro, que dejó unas interesantes crónicas, *3 meses en las fuerzas de choque*, las mismas en las que perdió la vida su amigo Pablo de la Torriente.

Igual interés tienen el peruano César Falcón y el argentino Raúl González Tuñón. A César Falcón le debemos uno de los libros sobre

302. *Madrid*, de César Falcón, un libro de crónicas, tan ingenuo como exaltado, a la altura de una gran cubierta (¿de Amster?), ejemplo de lo que Machado llamó «retórica de guerra». Fue otro más de los que no concebían su trabajo periodísitico y literario alejado de su trabajo político de agitación y militancia.

303-304. En *Las puertas del fuego* y *La muerte en Madrid*, de Raúl González Tuñón, se hallan no sólo alguno de los poemas más hermosos de su autor, sino alguno de los mejores que se escribieron en la guerra, en los que, en medio de las verdades oficiales, él, comunista, se atreve a reconocer la verdad más allá de la propaganda.

Madrid más característicos de la guerra, tan ingenuo como exaltado, y una crónica novelada, *Por la ruta sin horizonte*, en la que la propaganda se impone a toda consideración literaria. Había llegado a España diez años antes, deportado por su trabajo revolucionario, y fue otro más de los que no concebían su trabajo periodísitico y literario alejado de su trabajo político de agitación y militancia.

El caso de González Tuñón es parecido y diferente de los anteriores. Parecido, porque llegó a España como profesional de la política, diferente porque tenía más talento poético que la mayoría. Era un verdadero poeta, como lo fue Miguel Hernández, de quien fue amigo, comunista como él y comprometido con la revolución desde la de octubre de 1934, a la que dedicó los poemas de *La rosa blindada* («el primero que blindó la rosa», diría Neruda, a quien González Tuñón dedicó varios poemas) y a la guerra dedicó los de *La muerte de Madrid*, en los que, en medio de las verdades oficiales, él, comunista, se atreve a reconocer la verdad más allá de la propaganda: «De pronto por el frío de las colas del hambre / centenares de voces nacen junto a la aurora». Por mucho menos que ese «colas del hambre» fueron acusados de intoxicadores y derrotistas los militantes del POUM. Son los dos primeros versos de «Escombros», el poema dedicado a los Alberti. Su poesía salmódica de guerra está aún lejos del hermoso libro que titularía veinte años después proustianamente *A la sombra de los barrios amados*, pero la simiente se esconde en ella, como está la de las nanas de la cebolla en *Viento del pueblo*. Y, desde luego, su mejor libro de la guerra, *Las puertas del fuego*.

Pero estábamos hablando hace un rato de los brigadistas. Muchos de esos escritores, los brigadistas de la literatura y colmeneros de la utopía, vinieron a España, cuando Bergamín y Alberti, por parte española, y Koltsov y Ehrenburg, por la soviética, convocaron al II Congreso Internacional de Escritores para la Defensa de la Cultura, dispuestos a atajar la ascensión de los fascismos europeos.

Nunca antes, ni siquiera en la Revolución Rusa, había arrancado una guerra tantas adhesiones de escritores e intelectuales, quizá porque jamás hasta entonces los pueblos habían tomado conciencia del papel determinante que las ideas publicitadas tenían en la marcha de la historia.

En cierto modo la opinión de muchos de estos congresistas era la de que aquella guerra no era enteramente civil, pensando no que era un enfrentamiento de pueblo contra pueblo, como nos decía Moreno Villa, sino una guerra, como dirá Neruda, en la que se agrupaban los moros, los alemanes, los italianos y los falangistas (que se supone que, alineados con los demás, no podían ser, lógicamente, españoles) por un lado y, por el otro, en primer lugar, los comunistas y brigadistas, y luego, tal vez, los españoles, con anarquistas, republicanos y demás fuerzas políticas, cuya desorganización e indisciplina contemplan unos, como Orwell, con benévola y hasta simpática curiosidad, y otros,

305-306. Cubierta de la edición rusa de *No pasarán-España* (Moscú, 1936), del periodista Ilya Ehrenburg, y de una rara edición argentina traducida por alguien de los servicios de propaganda soviéticos que no sabía castellano y probablemente tampoco ruso, viniendo a demostrar que en la retórica de guerra no es necesario la inteligibilidad de las consignas, sino la potencia del grito.

como Ehrenburg, el escritor y periodista soviético, con nada disimulada indignación e irritación creciente.

En realidad aquel congreso sirvió para lo que suelen servir los congresos, pero vino, en cambio, a demostrar que si la República española había sido preocupación y proyecto de los intelectuales más senatoriales, la guerra lo era de los escritores, poetas, periodistas y novelistas más jóvenes.

Dentro de España fue aquel Congreso de Valencia tal vez el acontecimiento cultural más importante de la guerra, como lo fue, fuera, la participación española, con el *Guernica* de Picasso a la cabeza, en la Exposición de París, también en 1937.

Antes de seguir adelante es necesario, no obstante, situar históricamente aquella reunión de intelectuales.

Se llegaba a ella después de un año de guerra. Un año de combates en una guerra que ya todos adivinaban larga era un lapso de tiempo suficiente para mostrarse todavía optimistas. Salvo Azaña, todos los intelectuales y escritores de la República tenían, o mostraban aún (y eso era lo importante) una fe inquebrantable en la victoria y, como nos cuenta Hemingway en una de las ingenuas crónicas de guerra que enviaba para su periódico norteamericano, en aquella primavera de 1937, la seria posibilidad de ganar la guerra les hizo felices como nunca volverían a serlo. Llegó incluso a comparar la batalla de Brihuega con Watterloo. Cosas de las hipérboles.

Justamente porque las ideas en la Europa del momento tenían un peso que no habían conocido antes, los intelectuales españoles y sus amigos de Europa y América confiaban en que sus palabras persuadieran a los comités y organismos internacionales, que estaban manteniendo una hipócrita política de no intervención, de la necesidad de ayudar con armas a la República.

No fue una reunión para convencerse entre sí de lo que ya estaban convencidos, sino para movilizar a las conciencias del mundo hacia la causa del antifascismo. En líneas generales. Quedan los matices, los detalles exactos que conforman las novelas, que hacen que la realidad sea real.

Naturalmente las posiciones de cada uno de los asistentes eran muy distintas y estaban con frecuencia enfrentadas. Es cierto que los responsables del congreso, Alberti y Bergamín, trataron de presentar a los republicanos cohesionados y unidos, pero a nadie se le escapaba que por lo que luchaban los anarquistas, comunistas, republicanos o poumistas españoles no coincidía en todo momento ni en cada uno de los frentes ni en según qué regiones. Para los escritores extranjeros la causa republicana podía resumirse genéricamente como la causa del antifascismo. Para el ejército popular español la complejidad de la lucha pasaba, como es natural, por ganar la guerra en primer lugar, pero ni siquiera en la manera de ganarla estaban de acuerdo quienes lo integraban.

De hecho había un grave precedente: los llamados *sucesos de mayo* de ese mismo 1937.

Intervinieron en ellos fuerzas anarcosindicalistas de la FAI y poumistas enfrentadas a los comunistas catalanes, y se saldó con la detención y ejecución de sus principales dirigentes, con la disolución del POUM y con la persecución a muerte de sus militantes por parte de los comunistas y sus aliados los agentes del servicio secreto soviético, adscrito a su embajada en España.

Fue este uno de los más turbios sucesos de toda la guerra. El POUM (Partido Obrero de Unificación Marxista) era una organización desgajada de la Internacional Comunista y de un firme antiestalinismo, lo que hizo que muchos la tomasen por trotskista, lo cual era de una inexactitud absoluta, como demuestra el hecho de que el propio Trotski, tan estalinista en eso como Stalin, hubiese calificado a los poumistas españoles de aventureros políticos.

Es sabido que Trotski llevaba ya años errante por Europa, como un apátrida, luchando por la revolución tanto como denunciando los bárbaros e innúmeros crímenes de su antiguo camarada Stalin, olvidados los suyos propios en la década del terror leninista. Por todo ello, el autócrata supremo de Moscú había desatado una batalla encarnizada contra él y los trotskistas, y la libraba en todos los rincones de la tierra, con la ayuda de todos y cada uno de los partidos comunistas del mundo, infectándolos de agentes, asesinos a sueldo y juramentados en el fanatismo, en un momento en que el entreguismo y sumisión al ruso eran absolutos por parte de sus filiales.

Sobre los sucesos de mayo trata el libro excepcional, ya parcialmente comentado, de George Orwell, titulado *Homenaje a Cataluña*. En ese libro, Orwell, que fue testigo casual de la revuelta o pequeña revolución dentro de la revolución y la guerra, abordaba el núcleo ideológico del enfrentamiento: «Exceptuando a los pequeños grupos revolucionarios que existen en todos los países, el mundo entero estaba decidido a evitar que se produjera la revolución en España. Sobre todo el Partido Comunista, y tras él la Rusia soviética, habían puesto en juego toda su influencia para impedir la revolución. Se trataba de la teoría comunista de que la revolución, en esta fase, tendría consecuencias desastrosas, y que en España el objetivo no era el gobierno de los trabajadores, sino la democracia burguesa». Si fue así, la mayor parte de los comunistas del frente estaban engañados. Ninguno hubiera entregado el poder a Lerroux, pongo por caso, después de ganar la guerra. Ni a Azaña, por supuesto.

En España el odio entre comunistas y poumistas se venía larvando de antiguo por estas diferencias en los planteamientos estratégicos, y bastó un hecho accidental, como la ocupación militar de la Telefónica barcelonesa por parte de anarquistas, a los que apoyaron Nin y sus militantes poumistas, para que la NKWD, la policía secreta soviética, mandada por Lelaiev y Orlov desde la embajada de la URSS, con la ayuda de elementos del Partido Comunista, aprovechase para liquidar de una vez una fuerza que le era tan abiertamente hostil como los propios y verdaderos trotskistas.

El final es conocido. Se sofocó la rebelión en Barcelona y los principales dirigentes poumistas fueron detenidos (su secretario general, Joaquín Maurín, había sido ya encarcelado por los rebeldes). Uno de ellos fue Andreu Nin.

Nin, que era maestro de escuela, después de un período como militante de la CNT, había pasado unos años en Rusia, en calidad de dirigente comunista, y allí conoció a la mayor parte de sus gobernantes. Al volver a España en 1929, su dominio del ruso le permitió vivir de las traducciones, y su experiencia directa de la URSS, criticar los métodos estalinistas y fundar un nuevo partido de inspiración trotskista (aunque nunca se integraría en la Cuarta Internacional, sino en algo que se llamó humorísticamente la Tres y Media).

Tras los sucesos de mayo, a Nin se le detuvo, se le trasladó a Madrid y jamás se volvió a saber de él. Desde el Gobierno, que presidía el socialista Negrín, muy bien avenido con los comunistas, nunca se dio una explicación a este hecho. Según unas versiones, fue conducido a Rusia, y allí, asesinado; según otras, que buscaban la exculpación, Nin fue llevado a una checa comunista de Alcalá de Henares, donde sería torturado y, más tarde, asesinado. La verdad, siempre más novelística, acaba superando la ficción: Nin fue torturado en el chalet que Constancia de la Mora e Hidalgo de Cisneros, jefe de la aviación republicana, tenían en Alcalá, y finalmente fue conducido a Valencia con el propósito de sacarlo de España y llevarlo a Moscú. Sin embargo, viendo que Nin se moría a consecuencia de las torturas, sus secuestradores evacuaron consultas telefónicas con Madrid desde La Roda, donde tenían enlaces del partido, y allí mismo lo remataron con la herramienta del coche, para enterrarlo acto seguido en la cuneta. «No gastamos en él ni una bala». Su cuerpo nunca apareció y su búsqueda se abandonó cuando las autoridades madrileñas que la emprendieron hace unos años conocieron la verdad, a saber, que estaba enterrado en otra comunidad autónoma. Quien relató esta historia, hijo de uno de los asesinos, acogido en la URSS tras la guerra, advirtió que negaría siempre haberla contado. Oscuridad perpetua. Lo mismo que le sucediera a Robles, también traductor y amigo de Dos Passos, a quien Ignacio Martínez de Pisón dedicó su exhaustivo e inquietante *Enterrar a los muertos*. Muchos años después, el destacado ex dirigente comunista Fernando Claudín diría: «La represión contra el POUM, y en particular el odioso asesinato de Andreu Nin, es la página

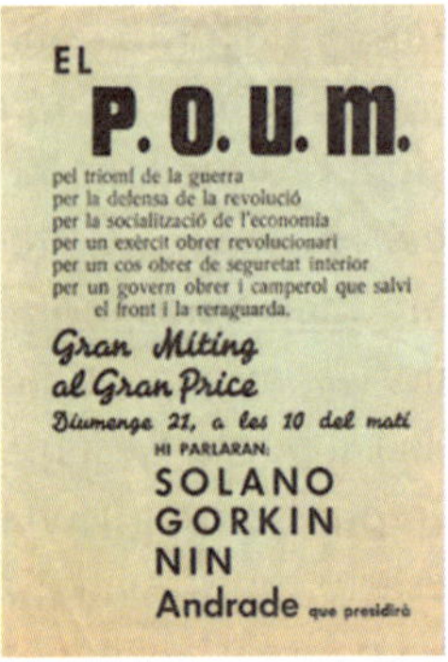

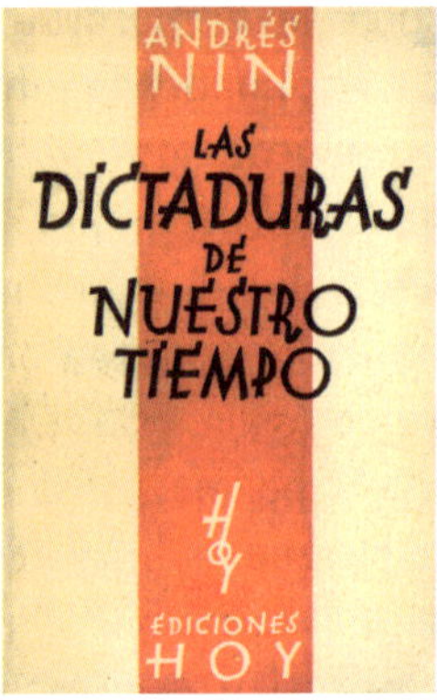

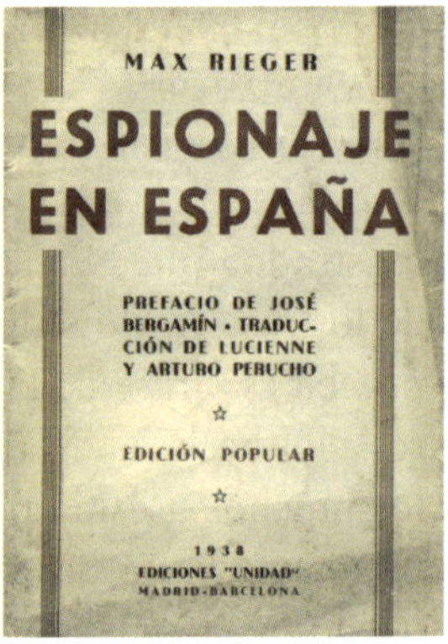

307-309. «Los trotskistas usan florida fraseología y falsa verborrea revolucionaria como mampara de la putridez, egoísmo y ambiciones personales de su inspirador, el bandido Trotsky [...]. Estos malditos enemigos del proletariado y de la revolución se han vendido en cuerpo y alma al fascismo y a los enemigos del proletariado», escribirá Pasionaria en *Frente Rojo*, a comienzos de febrero de 1937. Acababa de trazar el camino que conduciría al asesinato de Nin y al exterminio de los antifascistas trotskistas españoles. Le ayudó en esa tarea el célebre Pedro Checa, de nombre tan premonitorio como aquel Máximo Cuervo, que se hizo cargo de la Dirección General de Prisiones tras la guerra. «Hay que exterminar a Nin y a su grupito de amigos», se leerá en el periódico *UHP* de Lérida, firmado por el dirigente Manuel Valdés. Treinta años después, la propia Pasionaria suprimiría sigilosamente de su pasado, como quien borra las huellas de un crimen, estos artículos y discursos. El asesinato de Nin a manos de comunistas españoles bajo las órdenes de agentes soviéticos incluso hizo buenos sus propósitos totalitarios recogidos en *Las dictaduras de nuestro tiempo*.

310. *Espionaje en España*, de Max Rieger [Wenceslao Roces], que debe su triste celebridad a un prólogo de José Bergamín, quien, pocos años después, en su *Disparadero español*, celebraría con alborozo el asesinato de Trotsky a manos del agente inmolado Mercader.

más negra de la historia del Partido Comunista de España, que se hizo cómplice del crimen cometido por los servicios secretos de Stalin...». Independientemente de que Claudín trabajó por entonces a las órdenes de Carrillo, y algo más sabía de todo ello. Algo más que nunca contó.

La versión que el propio Partido Comunista dio en el momento fue muy diferente. A los pocos meses de la desaparición de Nin se publicó un libro, *Espionaje en España*, de un misterioso Max Rieger, nombre de humo tras el que se escondía, con toda probabilidad, Wenceslao Roces, misterioso personaje, viejo correspondiente del Unamuno desterrado en Fuerteventura y París, cofundador de *Cenit* con Giménez Siles antes de la guerra y jerarca en la guerra del Ministerio de Instrucción Pública, dirigido por un comunista, y, tras él, los servicios secretos soviéticos, que, a su vez, utilizaron como tapadera a Lucienne y Arturo Perucho, disciplinados comunistas que figuran como traductores de la obra. La publicación reunía en 230 páginas, amañadas, falsificadas, trucadas, las pruebas por las cuales «quedaba demostrado» que Nin era, en realidad, un agente de... Franco, a sueldo de los fascistas. Esto se extendió como la pólvora, hasta hoy, como prueba esa frase de Francisco Ayala, en sus memorias, muy posteriores a los hechos: «Más tarde supe que, infiltrada la FAI por la Gestapo, los muchos asesinatos de burgueses liberales y republicanos no habrían sido palos de ciego», algo más bien innecesario, pues Ayala, al que los nacionales de Burgos fusilaron en la guerra padre y hermanos, burgueses liberales y republicanos, sabe que los de la FAI, para tales cometidos, no precisaron jamás consejos de nadie.

El libro de Rieger-Roces-Perucho, que reproduce abundantes documentos, cuartillas, periódicos, firmas, manuscritos, recortes, incluye una fotografía. Se ve una pared blanca y dos acacias sin hojas, y pasando junto a ellas, como una sombra desdibujada, la silueta de un transeúnte que vuelve la cabeza para leer la pintada sobre la cal. El pie de la foto dice: «Mientras los espías del POUM llenaban las paredes de las casas con esta pregunta provocadora "Gobierno Negrín, ¿dónde está Nin?", el buen sentido popular respondió con esta acertada rima: "En Salamanca o Berlín"». No, estaba en una cuneta de La Roda.

Todo este episodio habría caído fuera de los límites de un libro básicamente literario como es este, no histórico, si no figurara como *prefacio* del panfleto antipoumista un texto de José Bergamín, aquel, ¿recuerdas, lector?, a quien había dado la presidencia de la Alianza de Escritores Antifascistas... Wenceslao Roces, personaje al que se le vio, en Asturias, su tierra natal, en las primeras elecciones democráticas de 1979, en las que saldría elegido senador, para volver tiempo después a Méjico.

Ha sido y es la poesía de Bergamín, con su voz de candil, una de las más hondas, puras y románticas de cuantas se escribieran en su tiempo, y su autor uno de los personajes más fascinantes y seductores que haya conocido y tratado uno, lo cual no quita para que se deba

311. El escultor Ángel Ferrant, Wenceslao Roces y el ministro de Instrucción Pública, el comunista Jesús Hernández, en un depósito de obras de arte requisadas.

añadir sobre él lo que Claudín señaló del Partido Comunista: «Es la página más negra...», etc. Bergamín, artista del birlibirloque, era también, como quijotesco de pro, amante de la verdad, y sabía que la verdad es el principal aliado de la libertad, de manera que tampoco habría puesto objeción a las páginas que siguen.

No sabemos si el prólogo lo escribió cautivo del Partido Comunista, o de buena fe. Hablar de fe a propósito de un católico estalinista como él es siempre complicado. Una de las muchas frases que le hicieron célebre (como a Foxá en la otra parte) fue aquella de «con los comunistas hasta la muerte. Ni un paso más». Seguramente lo hizo urgido por el estupor e indignación de escritores e intelectuales extranjeros, que exigían procesos limpios y justos para los detenidos poumistas y un esclarecimiento inmediato sobre el paradero de Nin. Al lado del contenido de su escrito, sin embargo, esas serían siempre cuestiones secundarias, pues que sus palabras, en tan graves momentos, no solo estaban justificando un asesinato, sino quién sabe si alentando otros muchos, incurriendo, de paso, en una descalificación habitual en la otra zona: la de los intelectuales.

312. «La guerra española dio al trotskismo internacional al servicio de Franco su verdadera figura visible de caballo de Troya [...]. Verdades que por su evidencia real no son susceptibles de deformación o transformación mentirosa. Ni siquiera por la pluma *mágica* y engañosa del embaucador Trotsky, cabeza visible de sus esparcidas organizaciones de espionaje y falsificación revolucionaria, al servicio del fascismo internacional». La frase es de Bergamín, para el prólogo de *Espionaje en España*, de Max Rieger, pero seguramente tiene Ilya Ehrenburg una igual en alguno de sus libros. Con afición podría rastrearse. Ambos en una fotografía de guerra.

«Esta leyenda negra que quiso forjarse falsamente contra la República española [...] ha podido prender tan solo en algunas zonas pequeñas de sedicentes revolucionarios, e intelectuales sobre todo, ya preparados para ello por un cierto contagio mental y sentimental de la mentira que suele denominarse con el nombre genérico de trotskismo [...].

»La organización trotskista española del POUM se reveló por la traición de mayo de 1937 como una eficacísima instrumentación fascista dentro del territorio republicano [...]. Otras veces he señalado cómo los hechos que se producen en plena guerra en uno de los dos campos que combaten, por algunos combatientes, causando grave daño, a veces mortal daño, a aquellos mismos con quienes combate, sea cual fuere su motivación psicológica o política, son hechos de traición [...]. De ese modo, sostener una campaña demagógica contra el Gobierno popular [...], es el hecho de traición más viva que puede verificarse en una guerra [...]. Los sucesos de mayo de Barcelona, en 1937 revelaron al POUM y a sus directivos como un pequeño partido que traicionaba. Pero la discriminación de estos sucesos ha mostrado que no era tal partido, sino una organización de espionaje y colaboración con el enemigo; es decir, no una organización en connivencia con el enemigo, sino el enemigo mismo, una parte de la organización fascista internacional en España.

»La advertencia es clara para todos. Tomar la defensa de unos hombres acusados de delito de tal naturaleza es algo que no puede hacer un partido ni un hombre libre. La defensa del delincuente la hace, ante el Tribunal, su abogado. Pero hacer la defensa del delincuente como tal, traidor o espía, no es hacer la defensa del hombre, es hacer la defensa de su delito. Y, en este caso de la guerra, es identificarse totalmente con el enemigo.

»Defender el trotskismo español, como a los trotskistas españoles procesados por delitos tales, es pasarse al enemigo; y cuando eso se hace debe tenerse la sinceridad moral de decirlo.

»No hace mucho tiempo algunos intelectuales franceses pedían por telégrafo, con ansiosa urgencia, al Gobierno popular español, medidas que garantizasen la defensa de tales procesados. Pedían *formalidades jurídicas*. A un Gobierno que, prácticamente, las lleva con exceso y que, en este caso concreto, lo viene demostrando, diríamos que exageradamente. Olvidaban tal vez los angustiados formalistas que hubiera sido más urgente para los españoles ver formalizada esta demanda ante el propio Gobierno de su país para el cumplimiento de aquellas otras *formalidades jurídicas* internacionales con cuyo voluntario incumplimiento se derrama la sangre, se destruye la vida de pueblos enteros de España [...]. Y es que hay muchas más cosas sobre el suelo, bajo el cielo de nuestra España, de las que entiende cierta delicada, e intelectual a veces, sensibilidad europea.

»Las manos lavadas de los Pilatos no responden más que del juego sucio de la traición, de la sangre inocente vertida.

»La guerra española dio al trotskismo internacional al servicio de Franco su verdadera figura visible de caballo de Troya [...]. Verdades que por su evidencia real no son susceptibles de deformación o transformación mentirosa. Ni siquiera por la pluma *mágica* y engañosa del embaucador Trotski, cabeza visible de sus esparcidas organizaciones de espionaje y falsificación revolucionaria, al servicio del fascismo internacional».

De aquel Bergamín iba a decir un incondicional suyo, Ramón Gaya: «Inmediatamente después, la guerra, la guerra de España contra ella misma. Es entonces, quizá, cuando más alejado pude sentirme de esa persona que admiraba. Lo veía..., "demasiado político". No era propiamente que me disgustaran sus "ideas" políticas –pues más bien las de uno y otro venían a coincidir–, sino que me disgustaba su "excesividad política"».

El hecho de que el modesto POUM se enfrentase al poderoso comunismo soviético, y fuese su víctima, le valió, durante muchos años, la simpatía internacional, pero si se leen los programas poumistas no son, en el fondo, muy diferentes de los de sus verdugos. Quizá se refiriese a ello la poeta Marina Tsveitáieva al decir: «Lobos de la misma camada», y el propio Orwell, pese a que su *Homenaje* está escrito inmerso aún en los acontecimientos, se alejará a menudo de tales presupuestos ideológicos que encuentra, precisamente, «inhumanos». Pero esa es ya otra cuestión.

Los intelectuales europeos, a los que Bergamín tachaba de blandos, solo pedían que se cumpliesen unas elementales reglas democráticas con quienes aseguraban luchar justamente por la democracia.

El libro de Rieger y el prólogo de Bergamín estaban escritos en 1938, cuando la posibilidad de perder la guerra empezaba a ser tenida muy en cuenta y, por tanto, la crispación era mayor, pero al congreso de julio de 1937 se llegó con una profunda brecha entre los intelectuales y escritores, que solo se haría visible tiempo después, a veces solo muchos años después.

André Gide fue la primera manzana de la discordia. El Primer Congreso Internacional de Escritores se había celebrado en París, en 1935, y allí Gide, que había apoyado públicamente el régimen soviético, fue aclamado como ejemplo de escritor comprometido. En 1937,

El pabellón de España en la Exposición Internacional de París
ABC
DIARIO REPUBLICANO DE IZQUIERDAS

313. Picasso, que al empezar la guerra había sido nombrado director del Museo del Prado en sustitución de Pérez de Ayala, huido, aparece en esta foto pintando el *Guernica*. Picasso no puso los pies ni en el museo ni en España ni rebajó al pueblo español un céntimo sus honorarios –los más altos de los que colaboraron en la Exposición de París– por el que sería el cuadro más celebre de la Guerra Civil. «Setenta años después, lo que hoy nos sigue recordando la tragedia de un pequeño pueblo vasco es una obra de arte, *Guernica*, y no la prensa de la época ni la historia erudita de los manuales», escribirá Jean Clair.

314. Cartel publicitario de Joan Miró para recabar fondos.

315. Doble página del *Abc* republicano con algunas fotografías del pabellón español de la Exposición de París y la visita al general Miaja de algunos asistentes al Congreso de Valencia, entre los que están Nicolás Guillén, Juan Marinello, Elena Garro (blusa de lunares) y Rafael Alberti.

tras la aparición de su libro *Retour de l'URSS*, de 1936, pero sobre todo sus *Rétouches à mon retour de l'URSS*, escritos a raíz del viaje realizado a la Unión Soviética por el jefe de *croupiers* de las letras francesas, y en el que se hacían serias reservas sobre la moralidad de la revolución, Gide fue proscrito en Valencia, donde algunos llegaron a la infamia de utilizar la homosexualidad del escritor francés, que había sido tolerada oportunistamente hasta entonces, como argumento para su descalificación personal (como, en cierto modo, le ocurrió a Vitín Cortezo, al que detuvieron en Valencia «por conducta sospechosa»).

Octavio Paz, asistente a aquel congreso, reconoció años después que «solo los escritores de *Hora de España* se atrevieron a expresar en público su inconformidad». No es exacto. En público no se atrevió nadie de manera clara. En privado, quizá. En público pudo, como la de León Felipe, haber algunas opiniones disidentes, pero nunca críticas abiertas.

Al finalizar el congreso de 1935 se había acordado que el siguiente se celebraría en Madrid, pero nadie pensaba entonces que Madrid, en 1937, sería una ciudad sitiada y en guerra.

La celebración de un congreso de esas características en la España republicana y en guerra era una baza propagandística de primer orden. A tal fin se trasladaron a París Bergamín, Alberti y María Teresa León, los cuales obtuvieron el compromiso de los organizadores y responsables de celebrarlo en España en la fecha prevista, si bien, por razones de seguridad, en la ciudad de Valencia, aunque a Madrid hicieron un viaje los congresistas, en el que visitaron no solo la capital sino diversos frentes y pueblos.

Acudieron al congreso sesenta y seis delegados de todo el mundo. En un libro como este seguramente habría que incluir la relación completa, pero el lector agradecerá sin duda que la demos abreviada. Vinieron delegados de unos treinta países, de Europa y América, así como una legación de la China, y entre los delegados más conocidos hoy estaban Alejo Carpentier, Nicolás Guillén, Malraux, Tristan Tzara, W.H. Auden, Stephen Spender, Octavio Paz, los citados Vallejo, Neruda, Huidobro, Ehrenburg y Koltsov y muchos rusos; la delegación española, compuesta por Alberti, Álvarez del Vayo, Ricardo Baeza, Jacinto Benavente, Bergamín, Corpus Barga, Tomás Navarro Tomás, León Felipe, María Teresa León, Margarita Nelken y Antonio Machado, era, con la rusa, la más numerosa. Algunos, que habían comunicado su asistencia, no pudieron venir en el último momento, como Romain Rolland, Thomas Mann, Louis Aragon, John Dos Passos, Ernest Hemingway y Upton Sinclair. En *Memorabilia* se dice que «Ni Ehrenburg ni Malraux tomaron parte en el congreso». «André Malraux,

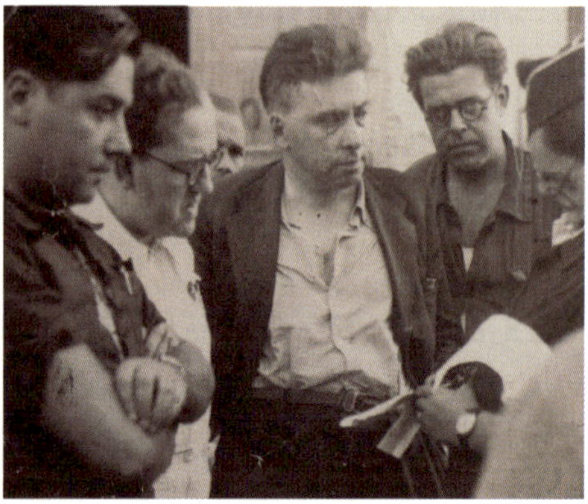

316-317. André Malraux y Jaume Miravitlles, responsable del Comisariado de Propaganda de la Generalidad catalana. A la izquierda, Miravitlles y Ehrenburg.

318. Congreso Internacional de Escritores para la Defensa de la Cultura. En la mesa, entre otros, María Teresa León, Max Aub y Rafael Alberti.

por lo demás –nos dirá Gil-Albert–, no parecía prestar, a nuestras "letras", atención alguna. Para él España era una coordenada geográfica y mental por la que pasaba, en aquel momento, la aventura del mundo. Esa aventura que, a su debido tiempo, lo encontró en China y...». No es tampoco muy favorecedor el retrato que hace Rafael Sánchez-Guerra de Ehrenburg, a quien tiene por presuntuoso y espía: «Histriónico y sospechoso personaje de maneras suntuosas y jesuíticas, que pasó casi toda la guerra en los más elegantes hoteles o viajando en los más lujosos automóviles. Todo a costa del pueblo español». Nada, claro, de esa vida pasó a su célebre *No pasarán*.

También a Malraux, que se hizo nombrar teniente coronel de una tacada, el honesto y fiable Chaves Nogales le saca en uno de sus relatos, llorando de miedo cada tarde en el rincón de un café, adonde acudía con los nervios rotos después de cada bombardeo en el que participaba como aviador, y Gide, en su *Journal*, se lo reencuentra en París, de regreso de Madrid y antes de su proyectado viaje para la toma de Oviedo, insomne e irritable. Lo esperable en quien llevó a su Escuadrilla España de mercenarios de lujo al mayor de los fracasos militares: «Al señor Malraux», escribió el teniente coronel Camacho al ministro de la Guerra, Indalecio Prieto, «tras su actuación y actitud cabe aplicarle tres medidas: reducirle a disciplina, expulsarle o fusilarle».

Muchos de los delegados al Congreso de Valencia eran periodistas y un gran número de ellos nos son desconocidos.

Algunos de estos extranjeros se habían citado en París, y desde allí hicieron juntos el viaje en tren, del que hay una descripción de Neruda.

Neruda sería una de las voces importantes del Congreso, pero aún habría de serlo más en años futuros, con el papel preponderante que adquirió en diversos foros poéticos y políticos, que le llevaron, Cenicienta de sí mismo, del abrazo de Stalin al del rey de Suecia en una carrera llena de exotismo y apasionamiento.

Sobre Neruda, al que J.R.J. llamó siempre, con malicia, «un mal gran poeta» (un juicio, pese a las apariencias, no enteramente negativo: ¿cómo olvidarnos de sus poemas de Isla Negra, de sus evocadores inventarios, de sus desolados monólogos con las cosas humildes?), vienen a parar siempre opiniones encontradas, positivas y negativas, de entusiasmo o de indiferencia, tanto sobre el poeta como sobre el político y propagandista que fue siempre. Neruda, que abandonó en noviembre de 1936 el consulado, por miedo a la entrada de las tropas de Franco (al tiempo que abandonaba mediante engaño a su mujer y a su hija discapacitada), se encargaría de propagar que en realidad fue destituido por el Gobierno de Chile cuando se supieron sus simpatías con el Gobierno republicano.

Había llegado a la España republicana con el sombrero panamá de los agentes diplomáticos sudamericanos. Como tal se presentó al cónsul general de Chile en España, que residía en Barcelona, y éste lo devolvió a Madrid.

En la capital se relacionó Neruda con los poetas del 27. Conoció y trató íntimamente a Lorca y a Alberti, a Aleixandre y a Altolaguirre, al que Neruda llamaba Manolito, como algunos más a los que Cernuda se refirió, años después, en el amargo y vindicativo poema de la *Desolación de la quimera* al que ya nos hemos referido. Tras el cese de Gabriela Mistral en 1936 como cónsul de Chile por el escrito crítico con la

República que publicó ésta en su país, nombraron a Neruda cónsul. Morla lo trató mucho. Sus diarios abundan en comentarios como mínimo sarcásticos. Ya se habló de todo esto cuando lo hicimos de Morla. Neruda se vengó años después en el Parlamento chileno y en sus memorias acusándole sin ningún fundamento de haberse negado a darle asilo a Miguel Hernández. Hablaremos de ello más adelante.

No estaba todavía Neruda afiliado por aquellos años al Partido Comunista, que le entregaría el carné después de la Segunda Guerra Mundial, como a Picasso, cuando el PC era ya el caballo ganador, pero ya entonces se confesaba abiertamente simpatizante y proestalinista, y como tal posaba en los salones y en las redacciones de los periódicos, adonde a veces se hacía acompañar por algún obrero-vestido-de-obrero, consciente de su provocación para *épater le bourgeois*, o acudía a los cócteles vistiendo él mismo «una boina, al parecer sobreusada, metida hasta las orejas, y una especie de pelliza proletaria en franco desacuerdo con el modo de vestir natural de gentes que se reunían para tomar un trago y cambiar conversación en una casa particular en compañía de señoras. Claro que había dejado el Oldsmobile a la puerta, lujo inaudito, creo, para todos los allí presentes», nos referirá Juan Larrea de sus posteriores y complicadas trifulcas con el chileno.

En sus memorias, que interrumpió la muerte, Neruda nos proporciona datos interesantes sobre su relación con España, los poetas españoles y la guerra.

Muchos, como el solitario Juan Larrea, vieron en él la encarnación de las ambiciones literarias sin medida y el maquiavelismo siniestro y totalitario, lo que le impedía tal vez juzgar con total ecuanimidad una obra que acaso excedía en calidad a la persona.

Las relaciones de Neruda con J.R.J. parecen confirmar la opinión de Larrea y no son pocos quienes imputan la enemistad entre el grande y exigente Juan Ramón Jiménez y los poetas jóvenes españoles a las tercerías interesadas de Neruda.

¿Qué le molestaba a Neruda de J.R.J., a quien no conocía? ¿Quizá su privilegiado e indiscutido puesto entre los poetas más jóvenes de España en los años en los que él, todavía un desconocido, desembarcaba de América para descubrir y conquistar Europa? Es curioso que en el relato que Neruda nos hace de ese viaje en tren hacia la Valencia republicana aproveche para dejarnos, traído por los pelos, un retrato en el que Huidobro, en cuyo yoísmo jamás se puso el sol, queda como un pobre imbécil en una discusión con Malraux, que lo tacha de cretino a cuenta de una maleta... Como nos informa Larrea en su *Recordatorio español*, él, Tzara, Bergamín y otros más intentaron una reconciliación entre Huidobro y Neruda, acérrimos enemigos de hacía muchos años: «Queremos pedirles, pues, que a partir de hoy den Uds. el alto ejemplo de olvidar cualquier motivo de resentimiento y división para que con entusiasmo acrecido y dentro de una sola voluntad militemos todos bajo la bandera del pueblo víctima por el triunfo material y moral sobre el fascismo».

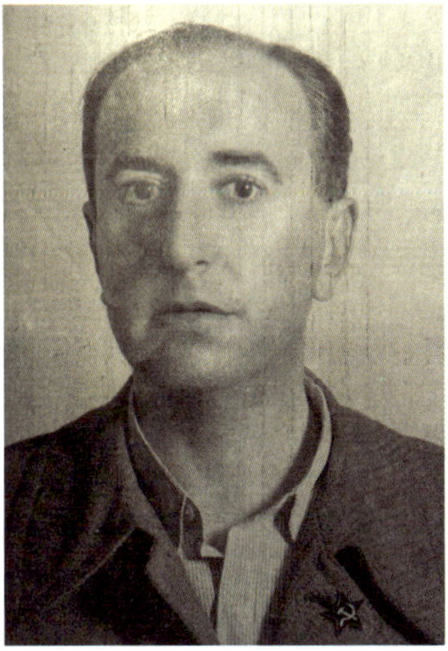

319-320. Huidobro con estrella roja, Valencia, 1937. A la derecha, con Juan Larrea.

Después de esa carta una de las dos parte se avino, Huidobro, y la otra, Neruda, desdeñó el ofrecimiento.

Huidobro era, como Neruda, chileno, comunista y poeta, y Neruda no cesó de agredirlo, ya para los restos, con inusitada violencia y artero libro «falso», hasta arrinconarle poética y políticamente en todas las cortes del mundo, y confinarle en un destierro en el que Huidobro, millonario arruinado, trataba de aclimatar ruiseñores en las tierras de Chile...

No fue mejor la relación de Neruda con otro de los asistentes al congreso, César Vallejo, uno de los grandes poetas latinoamericanos y quizá el que escribiera sobre la guerra alguno de los más personales, estremecidos, graves y misteriosos poemas, que se publicaron póstumos con el religioso título de *España, aparta de mí este cáliz*. La frustración en la que se sumieron muchos tras la derrota de la guerra, debería convertirse en orgullo legítimo y victoria ante un libro como el suyo, una de las pocas obras maestras nacidas de la guerra.

Larrea, íntimo de Vallejo hasta la muerte de éste y su albacea espiritual, nos refiere el origen de la enemistad de Vallejo y Neruda: «En enero de 1937 volvimos Neruda y yo a encontrarnos en París. A mí me había sorprendido el estallido en Francia, y él venía desde Marsella donde había permanecido tres meses. Se había desembarazado de su mujer, regresaba a Holanda con su hijita deforme, donde se le dio trabajo en la Propaganda española. A Delia y a él los acontecimientos les habían inducido a dedicarse a las actividades políticas que hasta entonces les habían traído sin cuidado, al punto de que Neruda se negó a firmar algún manifiesto de intelectuales en defensa de la Cultura poco antes de la guerra. No tardó mucho en producirse su adhesión al marxismo. Aunque con distinta ideología, militábamos en la misma trinchera, porque yo también, apolítico hasta entonces, había sentido en mis entrañas la causa republicana y popular. Nuestra relación se reanudó, ahora en un terreno diferente, más de compañeros que de amigos, actuando yo como secretario de la Junta de Relaciones Culturales adscrita a la embajada de la República.

»Mas de inmediato surgió un nuevo germen de disconformidad: César Vallejo. En una ocasión –seguirá contándonos Larrea–, vaso en mano, Neruda empezó de pronto a reprochar a Vallejo sus convicciones y actitudes, indicándole, como quien tuviera autoridad para hacerlo, cómo habría que comportarse en aquella circunstancia. Vallejo trató de eludir la querella, pero Neruda insistía tozudamente en sus recriminaciones. Cuando llegaron las cosas a un grado de tensión difícilmente soportable, intervine resueltamente para recordarle a Neruda que él era un novicio en cuestiones marxistas, mientras que Vallejo había estudiado y practicado la materia durante años. Lo más acertado que podía hacer, por tanto, era callarse. Lo hizo así. Pero el caso es que desde entonces Neruda se portó mal con Vallejo. Lo acusó públicamente de trotskista [...] y lo peor, impidió que se le confiara un trabajo retribuido que le correspondía por muchas razones y que quizá le hubiera salvado de aquella su lastimosa muerte. A él y a Delia les eché en cara en más de una ocasión que no se dieran cuenta de que Vallejo no se encontraba bien, posiblemente a causa de sus contrariedades y privaciones, y necesitaba comprensión y ayuda de sus amigos para sobreponerse y hasta para independizarse un tanto de su mujer y mantenerse a flote. Fue inútil. Otra vez volvió a faltarle a Neruda la humana fibra amistosa. Antes de cumplir el año, Vallejo fallecía».

Larrea se extiende algunas páginas más donde pormenoriza la ruptura de él con Neruda, de Neruda con Bergamín y de Bergamín con él, hasta el extremo que tales emboscadas le hacen escribir a Larrea: «So-

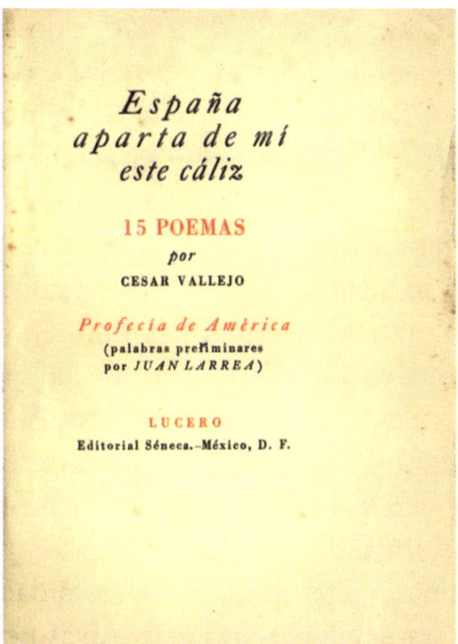

321-322. *España, aparta de mí este cáliz*, de César Vallejo, uno de los más hermosos libros de la Guerra Civil. Lo editó Manuel Altolaguirre ya en Méjico.

bre el fondo de la tragedia española, todo ello sería para llorar, si no invitara irreprimiblemente a reír».

Las memorias de Neruda, que tituló *Confieso que he vivido*, desde un punto de vista literario, lastrado por la propaganda de sí mismo, tienen un interés limitado. Resulta gracioso que, como las de Laín, hayan recurrido en el título a la jerga sacramental y católica. Uno se confiesa y el otro hace examen de conciencia. Es como si ninguno de los dos la tuviese tranquila. Sus memorias están montadas sobre el prestigio de los nombres y el exotismo de los lugares. Sin esos nombres de personajes rutilantes y famosos ni esos lugares exóticos, Singapur, Delhi, París, Valencia, quedaría todo reducido a algo viciado y local, con una visión de estereotipos. Con ellos, quedan como si se tratara de un cosmopolitismo muy provinciano y un *gran mundo* pequeño y asfixiante. Cambió la provincia de su infancia, de la que escribió páginas en efecto muy hermosas, por los camarotes de algo que creyó «gran mundo». Leyendo las memorias de Neruda uno recuerda aquel inapelable oxímoron: «La vida literaria: o es vida o es literaria».

Hay en ese libro nerudiano algo que, supongo, no debería figurar en un libro de memorias: ajustes de cuentas y adulaciones. Cuando se leen por primera vez parecen las memorias de un hombre vanidoso y petulante. Al releerlas, esa impresión se vuelve a sentir. Decididamente: Neruda es un Laín de izquierdas, como Laín fue un Neruda de derechas. Neruda no tiene empacho en afirmar de Miguel Hernández, después de haber subrayado diez veces con gran paternalismo la condición de cabrero del joven oriolano, que «vivía y escribía en mi casa. Mi poesía latinoamericana, con otros horizontes y llanuras, lo impresionó y lo fue cambiando». Estas frases de un jesuitismo repelente son las que alguien como Bernardo Soares, un hombre que también habló de sí mismo y de rebaños, no se habría permitido jamás, pero quizá fuesen necesarias para preparar el camino a otras de mayor elevación: «Con esas filas que marchaban al destierro –nos contará el escritor chileno en otro pasaje relacionado con la guerra de España–, iban los sobrevivientes del Ejército del Este, entre ellos Manuel Altolaguirre y los soldados que hicieron el papel e imprimieron *España en el corazón*. Mi libro era el orgullo de esos hombres que habían trabajado mi poesía en un desafío a la muerte. Supe que muchos habían preferido acarrear sacos con los ejemplares impresos antes que sus propios alimentos y ropas. Con los sacos al hombro emprendieron la larga marcha hacia Francia», lo cual no le impediría a Neruda declarar, algunas páginas después, que «siempre me he considerado una persona de poca importancia». Teniendo en cuenta que sólo se conservan tres ejemplares de esa edición, hay que suponer que los milicianos se los comieron para no morir de hambre o los usaron en sus vivacs para no morir de frío.

En los días en los que le sorprendemos en Valencia, delegado por Chile, junto a su enemigo Huidobro, la visión de Neruda sobre la guerra, su visión de la literatura, era entonces la del comunismo ortodoxo: «Mientras esas bandas pululaban por la noche ciega de Madrid, los comunistas eran la única fuerza organizada que creaba un ejército para enfrentarlo a los italianos, a los alemanes, a los moros y a los falangistas. Y eran, al mismo tiempo, la fuerza moral que mantenía la resistencia y la lucha antifascista».

323. Escritores hispanoamericanos asistentes en 1937 al Congreso de Escritores de Valencia, entre los que figuran César Vallejo (a la izquierda), Nicolás Guillén, Juan Marinello y Pablo Neruda. Acaso la única vez que se retrató a Neruda y a Vallejo juntos. «Neruda se portó mal con Vallejo», dirá Juan Larrea. «Lo acusó públicamente de trotskista [...] y lo peor, impidió que se le confiara un trabajo retribuido que le correspondía por muchas razones y que quizá le hubiera salvado de aquella su lastimosa muerte. [...]. Necesitaba comprensión y ayuda de sus amigos para sobreponerse y hasta para independizarse un tanto de su mujer y mantenerse a flote. Fue inútil. Otra vez volvió a faltarle a Neruda la humana fibra amistosa. Antes de cumplir el año, Vallejo fallecía».

El análisis nerudiano era, en cierto modo, correcto. Se refería Neruda a las bandas de anarquistas y forajidos que se dedicaban por la noche a las siniestras sacas y «paseos». Recuerda incluso una de estas brigadas, la llamada del Amanecer, la hora en que perpetraban sus crímenes. Es la misma a la que se refiere Foxá en un poema de *El almendro y la espada*. Por eso los comunistas organizaron sus propias checas como la de Bellas Artes, y aquí remitiríamos al lector al libro *Madrid-Moscú*, de Carlos García-Alix, donde queda perfectamente aclarado lo de la fuerza moral y lo del orden de unos disciplinados esbirros que acabarían purgados por Stalin, por no volver a atollarnos en Paracuellos del Jarama y en *Espionaje en España*.

Durante muchos años la mención de tales asesinatos en la retaguardia republicana, así como la implacable actividad de las checas, fue un tema que explotaron únicamente, como ya he dicho, los escritores

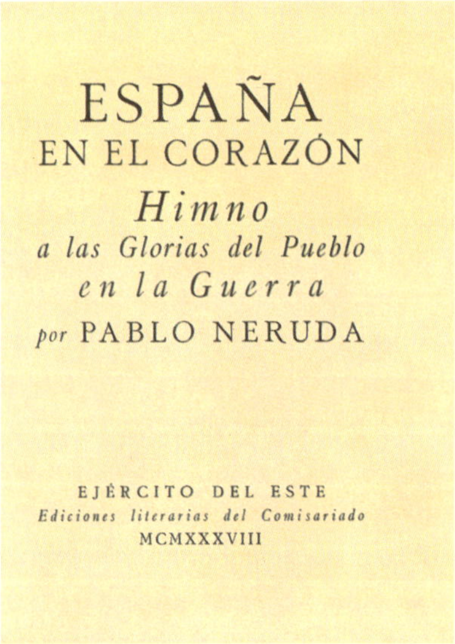

324. Uno de los tres ejemplares conservados de la mítica edición de *España en el corazón* de Neruda, hecha por Altolaguirre en el frente por milicianos ya en retirada. Este, dedicado en 1938 por el autor a «Rafaelita Barga», hija de Corpus Barga, «en estos tiempos de destierro y esperanza».

325-326. Segunda edición de *España en el corazón*, hecha en Chile (1938) y uno de los *collages* que se intercalan en los poemas. «Con esas filas que marchaban al destierro –nos contará su autor–, iban los sobrevivientes del Ejército del Este, entre ellos Manuel Altolaguirre y los soldados que hicieron el papel e imprimieron *España en el corazón*. Mi libro era el orgullo de esos hombres que habían trabajado mi poesía en un desafío a la muerte. Supe que muchos habían preferido acarrear sacos con los ejemplares impresos antes que sus propios alimentos y ropas. Con los sacos al hombro emprendieron la larga marcha hacia Francia».

del otro bando, generalmente en una subliteratura de pornografía política a lo Guillén Salaya o *El Caballero Audaz* o de la Causa General. (De otro modo han de considerarse la novela-crónica *Checas de Madrid* y el más tardío *Madrid teñido de rojo*, de Tomás Borrás, complementos necesarios de otras visiones del Madrid revolucionario. En su novela hincha las cifras y circula lugares comunes, pero da en muchas páginas el tono y el habla revolucionarios de esos dias. Muy bien escrita, cuando no es ñoño, en ella es útil casi todo: lo que dice y lo que calla, su verdad y sus mentiras, llegando muchas veces a decir involuntariamente lo contrario de lo que se proponía. Si hubiese que buscarle un *pendant* del otro lado, podrían valer los *Campos* de Max Aub, parecido a Borrás en casticismo y voluntad de estilo). Las voces que desde el propio bando republicano denunciaron tales atropellos, de la misma manera que en la otra zona silenciaban los atropellos pacenses o granadinos, fueron silenciadas o distraídas, como si con esa denuncia estuviesen justificando el Alzamiento Nacional. Podían, es cierto, darle cobertura, pero el principio sobre el que se asienta la ilustración es el de que la verdad es siempre revolucionaria. Por elementales cuanto injustos comportamientos políticos, se pasó de la verdad al silencio, y del silencio a la complicidad –como se sabe– solo hay un paso, de ahí que el reconocimiento tan tardío del terror por parte de Neruda no es tanto una muestra de valentía y coraje político (lo mismo que el *Abc* de los años ochenta *asumiendo* que muchos de sus suscriptores eran los hijos de aquellos a los que el asesinato de Lorca no les parecía mal), como un bochornoso descaro oportunista, y así lo demuestra el hecho

327. «El manjar literario más prodigado durante años», llamó José-Carlos Mainer a esta clase de literatura, la preferida de los agitados vencedores. La descripción de la manifestación del primero de mayo (véase la primera imagen de este libro, p. 26) es uno de sus pasajes más llamativos: «¡U, hache, pe! ¡U, hache, pe! ¡U, hache, pe! La manifestación inundaba la glorieta de Atocha. El suburbio afluía, marea de la miseria y el andrajo [...]. Mujeres aviejadas, saco liado al esqueleto; pingo en la pelambre, manos encarnadas de coger ladrillos en el tejar; vendedoras de verduras, y aguardiente, y gallinejas; comadres de casa de vecindad con críos al pecho; hampones en traje de prendería; tizne de obreros de andamio, el pozo negro y la fragua; niños encanijados, en camisa, vientre inflamado y piernecillas de hilo [...], palurdos satisfechos [...], achulados capitaneando cortos rebaños de hembras, lúbricos mascarones de afeite barato; tipos de Casas del Pueblo...». Contrariamente a lo que pretendía su autor, «la marea de la miseria y el andrajo», solo por la descripción que hace de ella, parecía estar de sobra justificada para intentar cualquier revolución que la arrancara de su postración inveterada.

328-329. En el Congreso Internacional de Escritores de Valencia. A la derecha, Malraux, Castelao, María Teresa León y Alberti, entre otros. Arriba, Altolaguirre, Margarita Nelken, Bergamín, María Teresa León y Alberti.

330. Koltsov entre María Teresa León y Alberti, entre otros, en la sede de la Alianza de Intelectuales. **331.** Louis Aragon, Bergamín, María Teresa León y Alberti, entre otros, en la sede de la Alianza de Intelectuales.

de haberse detenido en sus reflexiones y exámenes de conciencia, como tantos, a las mismas puertas del POUM.

El clima de crispación a causa de los libros de Gide era, como hemos visto, grande, y muchos de los congresistas, entre ellos Bergamín, trataron de arrancar a la asamblea una descalificación, por «traidor y trotskista», del escritor francés que había escrito que «sé muy bien que desde el punto de vista del marxismo la Verdad no existe; cuando menos como absoluto; no existe más que la verdad relativa que vosotros falseáis [...]. La URSS no es lo que nosotros esperábamos que fuera ni lo que había prometido ser y se esfuerza en parecer; ha traicionado todas nuestras esperanzas».

Unos y otros comprendieron con buen juicio, sin embargo, que no podía comprometerse el éxito de aquel congreso a una cuestión que podía dividir a los delegados, y se pasó, desde el primer día, a la lectura de las ponencias.

Las sesiones, que empezaban o terminaban con el canto de «La Internacional» o el «Himno de Riego» (con los nombres de los *caídos* o asesinados en dos cartelones del fondo, que, jugadas de la retórica, recordaban los «¡presente!» que llenaban los muros de la otra zona), fueron en general tediosas y no aportaron soluciones concretas ni al problema de la guerra ni al más concreto del compromiso de los escritores con la causa popular.

«No sé por qué despropósito, hijo del desajuste general –nos dirá un Gil-Albert humorístico en su *Memorabilia*–, quedamos investidos como secretarios [del Congreso] Emilio Prados, Arturo Serrano Plaja y yo».

II CONGRESO INTERNACIONAL DE ESCRITORES
PARA LA
DEFENSA DE LA CULTURA
ARCHIVO ESPAÑA RUSIA 1927 1937
SALÓN DE ACTOS DEL AYUNTAMIENTO
TARJETA DE DELEGADO
Nombre:
POR EL COMITÉ DE ORGANIZACIÓN

332. Alberti (a la derecha, con mono azul y cinturón de gala) muestra una bandera en el Congreso de Escritores de Valencia.

333-334. Cubierta de *7 romances de guerra*, de Gil-Albert, y acreditación de Ovady Savich, el traductor de Miguel Hernández, al Congreso de Escritores de Valencia, firmada por Gil-Albert.

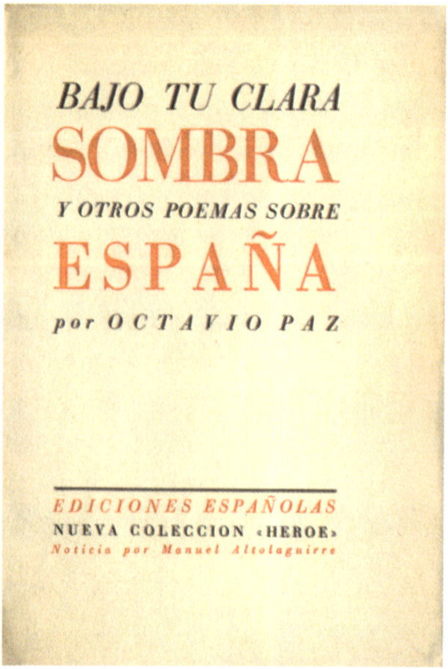

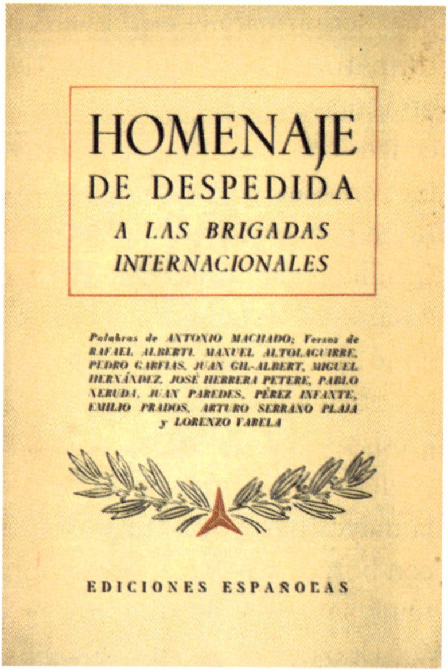

335. Elena Garro y Octavio Paz en Madrid.

336. Asistentes al Congreso de Escritores, en Madrid, 1937. Entre ellos, Nicolás Guillén, Max Aub, Pablo Neruda y, en primer término, Octavio Paz (con el puño en alto).

337. *Bajo tu clara sombra y otros poemas sobre España*, de Octavio Paz.

338. Cubierta de *Homenaje de despedida a las Brigadas Internacionales*, Barcelona, 1938.

Fue, con todo, la ponencia de los más jóvenes, titulada «Ponencia colectiva», una de las más interesantes, por realista y poco retórica (pese a las concesiones hechas al momento: «Éramos revolucionarios antes de poseer una concepción concreta de la revolución») y reunió a Serrano Plaja, Sánchez Barbudo, Ángel Gaos, Antonio Aparicio, Souto, Prados, Eduardo Vicente, Gil-Albert, Herrera Petere, Lorenzo Varela, Miguel Hernández, Prieto y Gaya, quedando excluido de ella, por represalias bajo sospechas de simpatizar con los trotskistas, Dieste, y Cernuda, ocupado en sus baños de mar.

Muchas de las ponencias se publicarían al mes siguiente en *Hora de España*. Destaca, entre tantas voces más militantes, más exaltadas, la de un Juan de Mairena silencioso, antidemagogo, honesto: «Escribir para el pueblo (decía mi maestro) ¡qué más quisiera yo! [...]. Escribir para el pueblo es, por de pronto, escribir para el hombre de nuestra raza, de nuestra tierra, de nuestra habla, tres cosas de inagotable contenido que no acabamos de conocer. Y es mucho más, porque escribir para el pueblo nos obliga a rebasar las fronteras de nuestra patria, es escribir también para los hombres de otras razas, de otras tierras y de otras lenguas [...]. El señoritismo ignora, se complace en ignorar jesuíticamente, la insuperable dignidad del hombre. El pueblo, en cambio, la conoce y la afirma, en ella tiene su cimiento más firme la ética popular. "Nadie es más que nadie", reza un adagio de Castilla... Para nosotros, defender y difundir la cultura es una misma cosa: aumentar en el mundo el humano tesoro de conciencia vigilante...».

El congreso, que se desplazó unos días a Madrid y paseó a los congresistas por diversos pueblos manchegos, donde se les festejó con paellas y bailes tradicionales, celebró su clausura en Barcelona; luego, la mayor parte de los asistentes a él salieron de España para celebrar con borgoñas y burdeos las últimas sesiones en París, y la guerra continuó su curso ineluctable.

Uno de los que también partió de Valencia fue Larrea.

Larrea era uno de los personajes más llamativos de la vanguardia. Durante algunos años se pensó incluso que se trataba de un seudónimo de Gerardo Diego, cuando éste quería firmar los textos más provocativos y obtusos.

La guerra le había alcanzado en Dijon, Francia, pero participó en ella en grado sumo, comisionado para varios asuntos por el Gobierno de la República, a la que Larrea donó entonces su importante y valiosa colección de arte incaico como homenaje al pueblo español combatiente.

Existe, y se ha publicado, una copiosa correspondencia entre Larrea y Diego, al que la guerra también sorprendió en Francia y quien como tantos había recibido alborozado la República; «Hay que animarse. España libre está admirable y más bella que nunca. Este mes de abril fue algo inolvidable», escribirá en 1931 a un amigo desconocido en carta que se subastó hace años en Durán. Mientras Diego, católico e impresionado desagradablemente por los incendios de conventos e iglesias, se iba decantando por los nacionales, a Larrea se le veía luchar denodadamente por impedir que su amigo cayera en las garras de «la bestia fascista». Son cartas sumamente pintorescas, cuajadas de extravagantes teorías, etimologías y análisis de la guerra, aunque algunos de estos, encaminados a inclinar la tibieza de Diego por el platillo republicano, son interesantes, no tanto en lo acertado, profético, de su diagnóstico, como en la sintomatología que describe: «Hoy *entre otras cosas*, luchan en España, resumen del viejo mundo, las dos fuerzas internacionales que se lo disputan: fascismo y comunismo, y que a mi ver ambas serán vencidas. Son las izquierdas mas no el comunismo internacionalista ruso el que vencerá. Lo que no quiere decir que económicamente no accedamos en su día a adoptar ciertas formas comunistas con otro sentido muy nuestro». Al tiempo, Larrea no dejaba de proporcionarle, junto a la doctrina, consejos de tipo práctico, como este de septiembre de 1936: «Mientras puedas no vayas a España y [evita] toda ocasión de tomar partido públicamente. La ocasión se te ha dado de poder hacerlo; aprovecha las ventajas que esto supone, que la Vida más tarde no dejará seguramente de utilizarlas. ¿Qué es lo que va a venir? No lo sabemos». Eso fue al principio. Poco a poco, sin embargo, Larrea no será tan cauto y tratará desesperadamente de atraer a su amigo a su propia causa.

Diego, que estaba en julio de 1936 en Sentaraille, cerca de Toulouse, pueblo de su mujer, contestaba estas cartas con suma cordialidad, pero nada pudo evitar que al año, tomadas Santander y Oviedo por los nacionales, decidiera incorporarse a la zona nacional. «Yo estaba allí transtornado de angustia», dirá años después (1958) al *Arriba*. «Sentía que se me moría España, que algo se perdía que no debía perderse». Lo mismo que sintió años después, pero en el exilio, por la misma comarca, su amigo soriano Bernabé Herrero, el fino poeta de una obra depurada, que la guerra y el exilio truncaron para siempre. El tributo que Diego pagó no fue, con todo, de los más gravosos (algunos versos para las coronas de rigor y otros poemas: al general Aranda, al alcázar de Toledo, a la División Azul, a Arrese), si se exceptúa el poema que dedica a la Legión Condor por el bombardeo de Guernica, «Hallazgo del aire», que se publicó en la revista *Occi-*

dent. Poema que en revisiones futuras iría transformando hasta dejarlo irreconocible. Luego volvería a sus clases, sus poemas, sus conferencias y recitales de piano, todo dentro de una decorosa discreción. Desde 1937, en su Santander «reconquistado», y tras la guerra en Madrid, a donde se llevó el «Judas» con el que su amigo Larrea le motejó. Quince años después J.R.J. le dedicó desde el exilio «Espacio», una de las cumbres de la lírica castellana: «A Gerardo Diego [...] con agradecimiento lírico por la constante honradez de sus reacciones».

Larrea, en cambio, después de abandonar Valencia en 1937, no volvería a España sino muchos años después, muerto ya Franco, para presentar su libro sobre el *Guernica*.

Muchas obras de las que se escribieron entonces, en la emoción del momento, homenaje y tributo a aquel lejano Congreso de Escritores, las vemos olvidadas. Otras en cambio, que tenían por fondo la lucha civil, y no solo como centro, permanecen en el recuerdo, como aquel poema del viejo irlandés Yeats, que tituló *Política* con mayor motivo del que pueda pensarse, y que encabezaba con una cita de Thomas Mann, «En nuestro tiempo el destino del hombre toma su significación en términos políticos»:

> ¿Cómo puedo yo, estando allí esa joven,
> concentrarme
> en la política romana,
> en la rusa o la de España?
> Y sin embargo, aquí está un viajero que sabe
> de lo que habla,
> y allí un político
> que ha leído y pensado,
> y tal vez lo que dicen es verdad
> acerca de la guerra y las alarmas de la guerra;
> Mas, ay, ¡ojalá fuese yo joven
> y tenerla en mis brazos!

CAPÍTULO UNDÉCIMO

... PARA RECORDAR A AQUELLOS ESCRITORES QUE NO ENCONTRARON UN LUGAR MÁS APROPIADO EN OTROS CAPÍTULOS PRECEDENTES.

UNA guerra civil como la española, con un nivel generalizado de participación, era lógico que comprometiera a todo el que pudiera sostener un fusil o una aguja o una idea, si antes no se le había quitado de en medio. Por esa razón la mayor parte de lo que se ha escrito sobre ella constituye una sucesión de casos reales, sucedidos, experiencias vividas en primera persona; es decir, una literatura de testimonios. Puede decirse, pues, que, al menos en la prosa, lo testimonial suele terminar imponiéndose a lo puramente literario, como si el arte no pudiera sobreponerse a la formidable y poderosa naturaleza. ¿Por esa razón se ha dicho que aún no se ha escrito *una gran novela* de la Guerra Civil? Es posible: la literatura aún tiene los *hechos* demasiado cerca, sin mencionar la peculiaridad determinante: aquella guerra fue civil. ¿Qué novela sobre ella podrá contentar a todos por igual, como *Guerra y Paz,* el ejemplo que se pone como paradigma de gran novela de guerra o, recientemente, *Vida y destino?* Olvidamos que éstas dos describen la guerra que los rusos mantuvieron con dos invasores: franceses y alemanes. Fueron, pues, guerras de afirmación nacional, no civiles. Por eso advertimos con frecuencia que las verdaderas «novelas» de la Guerra Civil son las memorias, los diarios, los ensayos, los libros de historia. El estatuto de verdad lo encontramos en esta clase de escritos, en tanto descubrimos que la mayor parte de la ficción que se ha escrito sobre la Guerra Civil es solo eso: una pobre ficción que trata de apuntalar *ideas* y justificar *actos*, o sea, propaganda bajo el siempre aparatoso estandarte de la filosofía de la historia.

339. Ametrallamiento de milicianos. Koltsov había vaticinado en su *Diario* que aquella sería la guerra de las palabras y de las imágenes. Se equivocó en parte, y por eso es valiosa esta, una de las escasas y raras muestras del «terror azul», nada propenso ni a dejar ni a conservar las huellas de sus crímenes. En la imagen, dos milicianos abatidos, otro que acaba de caer contra la pared, otro al que acaban de alcanzarle las balas y el quinto aún de pie, con la muerte a su espalda.

Hemos sido testigos a lo largo de este libro de la vida de muchos escritores que lograron durante la guerra un lugar propio, alineándose con unos o con otros, o quedándose solos, pero en un lugar bien visible, merced a lo destacado de sus obras o personas.

Hubo muchos, en cambio, que no sabríamos muy bien dónde situar, como si hubiesen atravesado la guerra un poco fantasmalmente. Por otro lado, se tiene la impresión, leyendo la literatura de o sobre esta guerra, de asistir a una sucesión de flashes inconexos, pero muy expresivos y marcados: mujeres con el pelo al cero, momias y esqueletos con sotana y mitra, viejos campesinos llorando y con el brazo en alto, un perro famélico buscando peladuras entre los escombros de los bombardeos...

Las vidas de no pocos escritores también se nos aparecen entre perdidas instantáneas, amarillentas ya como viejas fotos, sin un lugar donde encontrar sosiego. ¿Dónde incluir, por ejemplo, a un Cela, poeta entonces y autor años después de una de las novelas de guerra más conocidas, sus camelescas *Vísperas, festividad y octava de San Camilo del año 1936 en Madrid*, firmante de aquella triste y célebre carta-instancia en la que se ofrecía como delator a la policía franquista, en 1938, a cambio de un traslado militar? ¿Qué relación guarda aquel joven con el que, ya viejo, publicaba en 1993 sus memorias, en las que abordaba su época de años de mocedad, milicia y guerra, sin mencionar siquiera tan capital asunto? ¿Son, tal vez, dos hombres distintos?

¿Cómo no ocuparse de cuantos escritores recalaron en San Sebastián? Esther de Andreis contaba en unas acuareladas memorias el clima de aquellos años en la capital del Cantábrico donde las gentes mezclaban ideología, sueños y proyectos, con las comidas en la Perla, Xauen, Kursaal y los whiskis John Haig en el bar Basque. ¿Dónde ha quedado aquella ciudad en la que se cruzaron las vidas de Halcón, Samuel Ros, Miquelarena o Zunzunegui, que años después escribiría también sus recuerdos de guerra en *Las ratas del barco*?

Cada ciudad española, durante la guerra, vivió su particular infierno, y todas tienen una pequeña crónica sangrienta y dolorosa en relación con sus hombres de letras. En todas podremos encontrar infamia y delación, heroísmo y grandeza. ¿No ocurrió así en las islas Canarias? Antes de la guerra había sido aquel lugar paradisíaco frente a las costas de África, uno de los centros más activos de las vanguardias artísticas y literarias. La revista que allí se publicaba, *Gaceta de Arte*, reunía a lo mejor de España y de Europa en el terreno artístico. ¿Cómo, pues, no recordar a los hombres que la hicieron? ¿A aquel Domingo López Torres, asesinado por los sublevados en los primeros días; o al pintor surrealista Óscar Domínguez, que días antes del 18 de julio había protagonizado un escandaloso acto sacrílego, y que logró salir de las islas en un mercante bananero; o al poeta Pedro García Cabrera, encarcelado; o al también poeta Agustín Espinosa, no menos surrealista, autor de algunas páginas evocadoras y hermosas de su Puerto de la Cruz y sus palanquineadas callejas, y al que las circunstancias llevaron a asparse de correajes, mientras veía cómo represaliaban a sus viejos amigos y leía en el periódico local un artículo titulado «Ayer lo vi con la camisa azul» que lo delataba? ¿Cómo no recordar sus vidas, imagen especular, en cierto modo, de las de todos aquellos que en las remotas y levíticas provincias españolas sucumbieron a las armas a causa de sus letras? Piensa uno en su León nativo y en la checa de San Marcos, y se me hiela la sangre.

Terminada la guerra, la disgregación fue aún mayor; personas que se perdían en el exilio de fuera, otros enterrados en el de dentro, los que volvían discretamente a España, o aquellos que venían para volver a irse, unos que entraban en prisión, otros que seguían luchando en el exilio con la voz y la palabra, otros silenciosos, otros silenciados..., demasiadas vidas distintas que parecen brotar de ese mismo torrente que fue la guerra. Todos, tras ella, tenían eso..., una vida singular, dramática, donde antes apenas eran parte indiferenciada de una masa. Y por eso teniendo vida vinieron a tener una novela que a menudo la guerra vino a hacer... inverosímil, de puro real.

En la República se saludó al poeta onubense José María Morón, autor de un único libro, *Minero de estrellas*, que entusiasmó a Antonio Machado, como la encarnación del nuevo poeta proletario y del intelectual nuevo y comprometido. Su aparición tundió el firmamento literario y poético español con poderoso aldabonazo. Durante la guerra, y después de ella, fueron muchos los que le creyeron muerto en el frente republicano o asesinado por las autoridades nacionalistas. Se le escribieron elegías como a Lorca. Al mismo tiempo él escribía odas a Franco y a Arrese, su protector. Solo treinta años después, alguien le descubrió llevando una vida gris y silenciosa, primero como contable de una imprenta, luego como funcionario de tercera: había luchado con los franquistas desde el primer día para salvar su vida, como secretario forzoso de FE, después de haberlo sido de Izquierda Republicana.

En las historias de este período vemos con qué dificultad se ubican los escritores de derechas que no pertenecieron a Falange o que no estuvieron próximos a los falangistas poderosos, y los escritores de izquierda que se mantuvieron a una prudente distancia del Partido Comunista o de los dos o tres centros intelectuales prestigiosos.

Es el caso, entre estos últimos, de un novelista que ya antes de la guerra empezaba a ser popular y que llegaría a ser uno de los más fecundos escritores del exilio: Ramón J. Sender.

Sender había servido, como alférez, en la guerra de Marruecos, de donde volvió con una novela, *Imán*, que le proporcionó cierto lustre. Era un hombre apasionado, de ideas impetuosas y un tanto extravagantes, al menos en esos comienzos. *El verbo se hizo sexo* fue un estudio que dedicó a Santa Teresa de Jesús por cuyo título puede imaginarse el lector el perfil de su autor y sus teorías, tentadas por el sensacionalismo.

Desde el principio se adscribió a la que entonces ya se llamaba literatura social, que capitaneaban Arderius y Díaz Fernández, y escribió su libro sobre las matanzas de Casas Viejas, que precipitaron la caída de Azaña del Gobierno.

Puede decirse que lo que Sender pensaba de la novela en esos años no era muy diferente a lo que escribió su amigo Arderius en 1931: «Nada de literatura pequeñoburguesa. La novela revolucionaria no puede ser otra que proletaria. Es ya momento de que los escritores que sientan conciencia de clase empiecen a escribir en forma y defensa proletaria».

En 1934 Sender visitó Rusia. Sender siempre sostuvo que jamás había tenido carnet de ningún partido, pero lo cierto es que durante un tiempo fue lo que entonces se llamaba un fiel *compañero de viaje*, después de un transitorio pasado anarcosindicalista.

En julio de 1935, un jurado compuesto por Machado, Baroja y Répide le concedió el Premio Nacional de literatura a *Mister Witt en el cantón*, novela histórica sobre Cartagena en la Primera República. En julio de 1936, y después de que Sender volviera de Madrid desde la sierra, su mujer se marchó a Zamora, su pueblo natal, donde creyó quedar a salvo. Como le sucedió a Lorca con Granada. La noche en que la asesinaron los falangistas, en el cementerio, quiso confesarse, pero le negaron un cura por no estar casada por la Iglesia. Dejó una nota a su marido: «No perdones a mis asesinos, que me han robado a Andresina [su hija], ni a Miguel Sevilla [su cuñado], que es el culpable de haberme denunciado. No lo siento por mí, porque muero por ti. Pero ¿qué será de los niños? Ahora son tuyos. Siempre te quise». Su asesino fue un joven que la había cortejado, sin éxito, unos años antes.

Sender, que conocería esta noticia meses después, se enroló en el ejército republicano, donde le nombraron, primero, capitán, dada su condición de veterano africanista, y luego jefe de Estado Mayor en la 1.ª Brigada Mixta, en la defensa de Madrid. Y estaba, según testimonio de Max Aub, que lo confirma, con Wenceslao Roces, afiliado al PCE.

Hay un relato brutal de Líster de la actuación del novelista en la guerra, acusándolo de cobarde: «Sus nervios no estaban hechos para resistir los tiros y las bombas», dirá en su libro *Nuestra guerra*. Tampoco debemos fiarnos de Líster. Aún lo conocimos en sus postrimerías y no había perdido nada de aquellas maneras que le hubieran hecho pasar por cuñado de Stalin: violento, fanfarrón y provocador. Hoy sabemos que todo fue una calumnia de Líster orquestada por el PCE como venganza por abandonar sus filas.

En 1937 tuvo Sender que ausentarse (Líster dice irónicamente *replegarse*) a Francia por asuntos de familia (los nacionalistas ya le habían asesinado, como hemos visto, a su mujer, así como a dos cuñados y a un hermano) y a la vuelta los comunistas, que también le habían decepcionado, le negaron el mando por razones políticas, lo que aceleró su salida al exilio, en 1938. Doble exilio: de los otros y de los suyos. En París, encargado por la propaganda republicana, publicó una revista, *La Voz de Madrid,* que, hastiado por las luchas intestinas de las facciones, acabó abandonando, como el país, yéndose, tras un breve paso por un campo de refugiados, a Méjico, con sus hijos, rescatados hacía tiempo por la Cruz Roja. Todo eso lo cuenta en su primera novela de la guerra (tema al que volvería en muchas ocasiones), que tituló *Contraataque*, un libro «más próximo a un reportaje realista y superficial que cualquier otro libro de Sender», diría de él Barea, extremoso e inmisericorde juicio que no alcanza a algunas magníficas obras posteriores, como su *Réquiem por un campesino español,* que en la primera edición se tituló *Mosén Millán*, de este escritor interesante y fecundo cuanto desdeñado con frecuencia, al que podría considerarse el Cela del exilio como fue Cela el Sender del interior (y la vida les de-

340-341. Cubiertas de la edición rusa de *España al contraataque* y de *Crónica del pueblo en armas*, de Ramón J. Sender.

342. Sender y su mujer, Amparo Barayón, asesinada en Zamora por los sublevados a las pocas semanas de empezada la guerra. Dejó una nota a su marido: «No perdones a mis asesinos, que me han robado a Andresina [su hija], ni a Miguel Sevilla [su cuñado], que es el culpable de haberme denunciado. No lo siento por mí, porque muero por ti. Pero ¿qué será de los niños? Ahora son tuyos. Siempre te quise».

343. Edición inglesa de *Contraataque*, de Sender, traducido por su amigo sir Peter Chalmers Mitchell.

344. Ramón J. Sender había sido uno de los autores de izquierda más conocidos, celebrados y traducidos. Su enfrentamiento en la guerra con los comunistas, en general, y en particular con su jefe, Enrique Líster, que lo acusó mendazmente de cobarde, no frenaron ni su inventiva ni su facundia, pero le situó para siempre en el bando de los *sospechosos*, esa tierra de nadie entre vencedores y vencidos.

345-346. Como otros escritores de su generación, la Guerra Civil fue determinante en la literatura de Sender, a quien le cupo escribir uno de los mejores relatos, *Mosén Millán* (Méjico, 1953), titulado en sucesivas ediciones *Réquiem por un campesino español*, y esta *Crónica del alba* (Méjico, 1942).

pararía un escandaloso altercado). El *Réquiem por un campesino español,* que muchos consideran la obra maestra de su autor y una de las más importantes escritas sobre la Guerra Civil, se publicó, como tantas otras, quince años después de que su autor saliera de España, necesarios acaso para sedimentar recuerdos, experiencias y sentimientos. Es un relato expresionista de trazos firmes –a la manera del

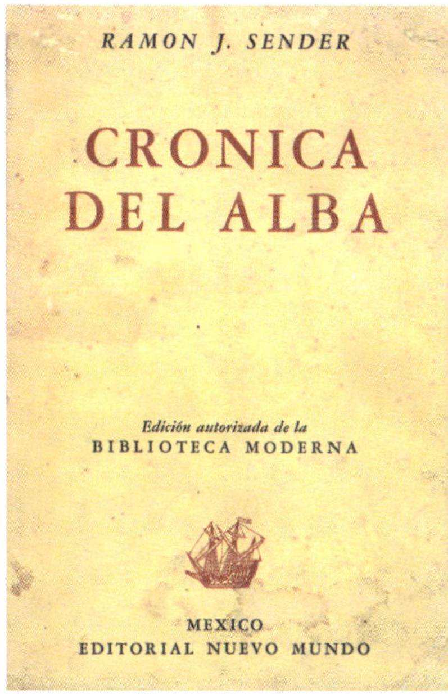

tremebundo *Pascual Duarte*– que desemboca en los asesinatos falangistas al principio de la guerra en un pueblo aragonés. Los protagonistas, un joven cuyo único delito había sido ponerse al frente de los vecinos más pobres que exigían las tierras al terrateniente de la región, y el cura del pueblo, que pasa por ser su amigo leal y que acabará delatándolo, trenzan sus respectivas y opuestas perspectivas. Estas llevarán al primero al paredón y al segundo a la vergüenza y a la miseria moral reservada a los cobardes y pusilánimes. La armazón de los hechos es sobria, lo que redunda en la verosimilitud de lo narrado, y, como sucede en algunas películas, el verdadero interés lo encontramos, pasado el tiempo, no tanto en su *naïveté* (la irrebatible brutalidad de los crímenes lleva por lógica a la irreprochable condena de los mismos por parte del lector) como en los detalles antropológicos (bodas, bautizos, funerales) que avivan la pintura realista de ese fantasmagórico rincón de la España profunda. Como en el caso de *Madrid de Corte a cheka,* importa más lo que en ellos hay de documento que de literatura.

Barea se haría célebre, también después de la guerra, por su obra *La forja de un rebelde*, novela autobiográfica de agradecida lectura y corte barojiano.

347. Se podría decir de este libro, *Valor y miedo*, el primero de Arturo Barea, escrito y publicado en guerra, lo que su propio autor dijo de *Contraataque* de Ramón J. Sender: un libro «más próximo a un reportaje realista y superficial que cualquier otro libro suyo».

348. *La llama*, tercera parte de *La forja de un rebelde*, dedicada a la Guerra Civil.

Antes de 1936, sin embargo, el nombre de Barea era, como creador, desconocido, aunque, seguramente por equivocación y desplazando al de Arderius, que sí asistió a él, se encuentra reproducido en un ensayo sobre el Congreso para la Defensa de la Cultura, de 1935, junto al de Valle-Inclán, Alberti, María Teresa León y Bergamín, que acudieron a París convocados por la Asociación de Escritores y Artistas Revolucionarios.

Durante la guerra, las Publicaciones Antifascistas de Cataluña le publicaron su libro *Valor y miedo*. Cuando vio la luz, en 1938, Barea ya había salido de España presa de la depresión y la neurastenia que le habían causado los bombardeos y el trabajo como censor de periódicos a las órdenes de Roces. Los de *Valor y miedo* son relatos cortos, a veces estampas solanescas: un hombre que le pega un tiro en la cabeza a su hijo herido, para que éste no caiga en manos del enemigo, y luego se lo pega él; un barrendero de la Gran Vía al que destripa una bomba, mientras queda en el suelo la manga riega en cómicas convulsiones a causa de la presión del agua; una mosca que es el entretenimiento de un centinela en una de las garitas de Argüelles... Es como si el tema impusiera sus tiránicas leyes a la literatura, y no a la inversa.

De la novela de Barea, *La forja de un rebelde*, tan sencilla y bien intencionada, son sus dos primeras partes, infancia y juventud, las

349. Arturo Barea, escritor tardío, hijo en cierto modo de la guerra, ante los micrófonos de la BBC.

350. Cubierta de la primera edición de *La forja de un rebelde*, que Barea escribió en inglés con su mujer Ilsa.

más interesantes. Corresponde una a sus orígenes humildes, fundamentales en la conciencia social del protagonista, lo mismo que la guerra de África le llevará a su militancia política en tiempos de la República. Sin que pueda decirse que la tercera, dedicada a la guerra, sea inferior a las anteriores, la viveza de la primera, la de su infancia y primera mocedad, es, como a menudo sucede en las obras autobiográficas, la que justifica la celebridad de una obra cuyo interés no ha decrecido con el paso del tiempo. Todo en la literatura de Barea resulta de una gran modestia, y sus propias limitaciones, que lo convierten en un artesano concienzudo, son sin duda parte esencial de su atractivo para miles de lectores que, generación tras generación, hallan en Barea el más noble camino de iniciación a la literatura.

Hubo, no obstante, muchos más intentos para crear, sobre el terreno, la epopeya que la guerra estaba pidiendo.

Desde luego no se sustrajo a ellos el prosista más fecundo de su generación, la del 27, el narrador Benjamín Jarnés, que ya desde 1937, hasta 1948, en que murió, estuvo trabajando en el original de una novela sobre la guerra, que tituló *Su línea de fuego*.

Era mayor que todos sus compañeros, había sido seminarista y militar, en el cuerpo administrativo del ejército, de 1909 a 1926. Es muy posible que el hecho de que fuese de un origen muy modesto le lanzara a ganarse la vida con una obra literaria ingente en la que hay un poco de todo, biografía, novelas, cuentos, críticas, como un verdadero forzado de la literatura.

Bien por su ímpetu vanguardista, bien por su fe en el arte nuevo, el hecho es que Jarnés se convertiría en muy poco tiempo en el escritor más asiduo de la *Revista de Occidente*, y más que nadie, en aquel que encarnaba mejor los principios estéticos de Ortega.

Ortega, como es cosa sabida, pudo poner su revista al servicio de sus viejos conmilitones políticos, los de su generación, Azaña, Araquistáin, Rivas Cherif, pero no solo no lo hizo, sino que, de alguna manera, la *Revista de Occidente* contribuyó de manera eficacísima a enterrar la revista de aquéllos, *España*. Ortega prefirió poner su *Revista* a disposición de los del 98, Azorín, Machado o Baroja, que abrírsela a escritores del 14. Y, desde luego, la entregó, sobre todo, a los del 27. Era una manera de sembrar generosidad para recoger algún día gratitud.

En ese sentido, Jarnés podía muy bien representar a los más jóvenes, no siéndolo él ya entonces.

No es fácil saber si podrían recomendarse sus libros a un lector inapetente, pero sí es más que comprensible que existan quienes, dado su elevado grado de exigencia y rigor, no pueden pasarse mucho tiempo sin volver a alguno de ellos. Son obras, en efecto, muy *literarias*, mecanismos de relojería brillantes, inteligentes, con una maestría verbal infrecuente, líricas, un poco frías y tediosas, pero sutiles como ingleses de las colonias y castizas como viejos de la plaza de la Cebada.

En 1934, Jarnés dio una conferencia en el Ateneo. Decía en ella cosas muy sensatas: el artista está al margen del partidismo, «y en último término, si el fragor de la pelea no permite oír su voz, abrir los brazos en cruz y dejarse flechar como san Sebastián». Se ve que la literatura, en sobredosis, le hace ponerse a uno estupendo.

Arconada, desde la revista de Alberti, le salió al paso. Eso es de tontos, vino a decir. Tampoco aceptaba Jarnés la división de la sociedad en clases, ni era partidario de la revolución. A lo sumo, creía, muy orteguiano, en «el sentido aristocrático de la vida». Puede que Jarnés aspirase a eso honestamente porque su origen social fuese humildísimo, pero también porque ya era, él mismo, un aristócrata del espíritu.

Como se puede suponer, alguien como Jarnés en la guerra iba a tener poco porvenir. Pero se quedó en Madrid, se sumó al Servicio de Propaganda del Ministerio de una manera discreta, con los brazos en

351. «¿Podemos estar seguros de que en adelante los hombres, redimidos, por nuestro dolor, han de vivir un poco más humanamente? –dirá uno de los personajes de *Su línea de fuego*, de Benjamín Jarnés–: Si con nuestro sacrificio, con el de tantos como el mío, la vida humana va a continuar tan llena de mezquindades, ¿por qué nos los exigieron? Y aunque solo fuese por el respeto que merecen los que definitivamente cayeron, tantos como quedaron destrozados, ¿por qué no borrar ya para siempre tanta inútil querella? ¿Cuándo va a interrumpirse esta sangrienta cadena de venganzas?».

cruz, y no salió hasta que la guerra estuvo definitivamente perdida, con una mano detrás y otra delante, como muchos. Lo hizo en 1939, por la frontera francesa. Luego París y luego Méjico, de donde volvería muy enfermo en 1948, para morir al poco tiempo en España.

Jarnés había empezado novelando la vida de un hermano suyo cura en *Mosén Pedro* y terminaría haciéndolo con la suya propia en *Su línea de fuego*. Es esta una novela menos intelectual que la mayor parte de las suyas, pero mucho más nihilista y desoladora. Pese a estar contra toda clase de totalitarismos, contra toda forma de violencia: «¿Podemos, al menos, estar seguros de que en adelante los hombres, redimidos, por nuestro dolor, han de vivir un poco más humanamente? –dirá uno de sus personajes–: Si con nuestro sacrificio, con el de tantos como el mío, la vida humana va a continuar tan llena de mezquindades, ¿por qué nos los exigieron? Y, aunque solo fuese por el respeto que merecen los que definitivamente cayeron, tantos como quedaron destrozados, ¿por qué no borrar ya para siempre tanta inútil querella? ¿Cuándo va a interrumpirse esta sangrienta cadena de venganzas?».

Cómo se hace el periódico de los milicianos

Diariamente se reparten veinticinco mil ejemplares de "Milicia Popular" en los cuarteles, en los hospitales y en el frente de guerra

La Redacción de «Milicia Popular», en el Cuartel General del 5.º Regimiento (Fot. Fortis)

Todas las tardes, en el amplio despacho del Comité de Cultura del 5.º Regimiento, unos cuantos muchachos, reunidos en torno a una mesa larga, redactan el diario de las Milicias, que al día siguiente irá a los cuarteles y a los hombres que luchan en los frentes de la guerra.

Tras las ventanas del despacho se ve, al pie, el patio en que los nuevos milicianos hacen su instrucción militar. En esta sala de Redacción, mientras llegan desde abajo las voces de mando y el ruido de los pasos rítmicos de los hombres, se hace el periódico, que luego, en las pausas de la lucha, leerán los que combaten. Dibujos de sentido satírico, hondo y expresivo; notas de información, entrefiletes, reportajes esquemáticos... Sobre todo—*Milicia Popular* es el diario del 5.º Regimiento—, el fervor y la exaltación de cuanto se relacione con esta organización popular miliciana.

El diario lleva de vida una veintena de números. El primero nació el domingo 26 del pasado Julio, a los pocos días de iniciarse el movimiento. Era una simple hoja, con texto por uno solo de los lados. Hoy, el diario cuenta seis páginas, con grabados. Y es ya popular en el frente, en los hospitales y en los cuarteles, a los que diariamente se envía.

—Queremos, naturalmente—nos dice uno de estos muchachos que lo hacen—, ampliarlo, mejorarlo. Queremos publicar los domingos un número especial, con huecograbado. Iremos a ello en cuanto nos sea posible, para que los milicianos tengan un diario total y específicamente suyo; un diario que sea, al mismo tiempo, el boletín de las Milicias y el canto fervoroso de cuanto en ellas hay de valor y de gesto.

Los que hacen *Milicia Popular* son Eduardo Ugarte, Luis Lacasa, Benigno Rodríguez, Miguel Pérez Ferrero, José Herrera Petere, Miguel González. Como dibujantes, Alonso, Puyol, Peinador... Continuamente llegan ofrecimientos de trabajo y de colaboración. El joven gran escritor Ramón J. Sender, que está en el frente de la Sierra, envía unas «tarjetas de campaña» de gran valor anecdótico como índice y reflejo del espíritu que anima a los que luchan allí.

Tipográficamente, el diario se hace merced a la aportación voluntaria de los compañeros del Arte de Imprimir que trabajan en la Casa de *A B C*. La tirada de *Milicia Popular* es actualmente de veinticinco mil ejemplares, que a primera hora de la mañana son repartidos entre los hospitales de sangre, los cuarteles de Asalto, Guardia civil y Milicias y los frentes de combate. Ya a las siete de la mañana sale una camioneta con ejemplares para la Sierra.

De aquel primer número de *Milicia Popular*, con sólo una carilla de texto, a estos de ahora, hay una gran diferencia. Son ya seis páginas, con un dibujo en la portada, con textos políticos, con reportajes de los milicianos, con titulares y entrefiletes de aliento, con noticias, con un largo e interesante trabajo—un fragmento en cada número—sobre *El moderno combate de infantería*.

—Como es natural—dice ahora uno de los que lo redactan—, nuestro diario no se vende, no tiene ningún precio. Se reparte gratuitamente en los sitios indicados antes. Lo que hay es que muchos obreros, muchos pequeños comerciantes de las barriadas proletarias, se suscriben a él voluntariamente y por la cantidad que ellos mismos quieren fijar.

—¿Cómo acogen en el frente el periódico?

—Cuantos milicianos nos llegan de allí nos hablan de la atención y del interés con que se lee *Milicia Popular*, que quiere ser primordialmente la exaltación de aquellas fuerzas combatientes. Pero, como es lógico, nuestro diario les sabe aún a poco. Su contenido es breve todavía, y por eso todo nuestro esfuerzo de hoy tiende a ampliar y mejorar el periódico. A hacer, en fin, algo verdaderamente digno del temple y del esfuerzo de todos esos hombres, para que en los altos del combate llegue a ellos el reflejo de la emoción con que seguimos su labor los que estamos en la retaguardia.

J. M. A.

352. José Herrera Petere en la redacción de *Milicia Popular* en el Cuartel General del 5º Regimiento (*Mundo Gráfico*, Madrid, 19 de agosto de 1936).

Si esta breve semblanza sirviera para allegarle a Jarnés algún lector, algunos a su *Viviana y Merlín*, a los cuentos de *Salón de estío* o a ese un tanto anguloso homenaje a Stendhal que fue *Lo rojo y lo azul*, si hubiese servido de algo esta pequeña escaramuza en el papel, habríamos dado por buena y breve la jornada.

Tal vez el título más largo que ha llevado nunca una revista de literatura y uno de los más sorprendentes sea este: *En España ya todo está preparado para que se enamoren los sacerdotes*. Se lo pusieron el poeta y novelista José Herrera Petere y el pintor Díaz Caneja en 1931, año en el que el primero entraba en el Partido Comunista.

Antes de la guerra, Petere, que venía del surrealismo, publicó un libro de cuentos, *La parturienta*, al que le dio una cita muy significativa de Marx que le servía de pórtico: «La violencia es la partera de

353-355. *Acero de Madrid* (con cubierta de Amster e ilustraciones de Eduardo Vicente), de José Herrera Petere, saludada con generosidad por Antonio Machado, y *Cumbres de Extremadura*, la novela del frente extremeño.

toda sociedad antigua que lleva en su entraña otra nueva». Era hijo del general y científico Emilio Herrera, el único gentilhombre de Alfonso XIII que fue fiel a su juramento de lealtad a la República y uno de los hombres más fascinantes de su tiempo, entre visionario a lo Verne y aventurero a lo Tintín.

Cuando estalló la guerra alguien como Petere, con esa convicción profunda, tenía que estar entusiasmado, y se alistó en el célebre Quinto Regimiento. Testimonio de esa alegría, a un tiempo ingenua y mesiánica, fue su libro *Acero de Madrid*. Debajo hizo constar una palabra: *Epopeya*. Para entonces ya había muerto su hermano menor, veintidós años, aviador, en un combate contra pilotos italianos.

Estaba llamada a ser la novela que podríamos oponer a *Madrid de Corte a cheka*. Apareció como ésta en 1938, y participa también, como la de Foxá, de un lenguaje común, telegráfico, poético, vivaz y no menos elemental.

356. Los republicanos, para evitar que se quejase de que no le dejaban salir de España, mantuvieron a Jacinto Benavente entre algodones y le dedicaban las cubiertas de sus periódicos. No fue suficiente. En cuanto los sublevados tomaron Valencia, corrió a subirse al estrado de los generales para ver el desfile de la Victoria. Y tampoco fue suficiente. Lo condenaron unos años al ostracismo y prohibieron citarle por su nombre en los periódicos. Pasó a ser «el autor de *La malquerida*».

357. *Santa Rusia*, el óbolo de Benavente a la Revolución. «Por mi gusto, ya me habría marchado al extranjero [...]. Creen que si paso a Francia, voy a hacer allí declaraciones contra todo esto».

La primera edición de *Acero de Madrid*, que llevaba una hermosa cubierta del gran grafista Mauricio Amster y estaba ilustrada con unos dibujos negros, goyescos y solanescos de Eduardo Vicente, fue saludada con generosidad por Antonio Machado, sensible tal vez a las partes más poéticas del libro.

Le diferencia de la novela de Foxá el hecho de que Herrera Petere renunciara a un hilo argumental, dejándolo todo como un libro muy próximo a lo versicular profético o celebratorio, y pese a que, a la postre, sus recursos literarios resulten algo ramplones condenándola al peor infierno literario: el de las buenas intenciones. Se la premiaron con el Premio Nacional que la víspera le había sido otorgado a Gil-Albert por su libro *Son nombres ignorados*, del que fue fulminantemente despojado en veinticuatro horas por los responsables comunistas del ministerio del ramo. Pesaron en esta decisión, a partes iguales, dos hechos: que Herrera Petere era comunista y que Gil-Albert era homosexual.

Otra de esas vidas un tanto zarandeadas por la guerra fue la de Jacinto Benavente. Le sorprendió en Barcelona, lo mandaron a Valencia, y allí, levantando de vez en cuando el puño, la pasó todo lo discretamente que pudo, escudado en su Premio Nobel y en su papel de Gloria Nacional, pasándose y consumiéndose más y más, como los higos. Unos años más tarde, en 1942, en el prólogo a una edición a *La venganza de Don Mendo*, se acordó de aquellos días: «De Muñoz Seca, excelente amigo, guardo muy gratos recuerdos, y no menos grato, el de la última vez que nos vimos. Fue en la Jefatura de Policía de Barcelona. Yo estaba allí detenido [lo estuvo seis o siete días]; allí lo llevaron a él también. ¿Quién podía decirnos que nos veíamos por última vez? Los que habían empezado grotescos acabaron trágicos. No perdonaron a Muñoz Seca sus burlas, como todas las suyas, sin saña y sin odios, más bien compasivas, de saludable advertencia; pero la barbarie no sabe reír. A Muñoz Seca le asesinó la barbarie en complicidad con la envidia. La envidia sabe buscar sus aliados. Pedro Muñoz Seca: Presente en el teatro español y en la Historia de España». Pero antes de los «¡Presente!» de rigor Benavente representó en Valencia una obra de tema revolucionario, *La Santa Rusia*, escrita en tiempos de la República, o *Los malhechores del bien*, «portento de demagogia barata», y esperó. A él, que había dicho siempre «que las virtudes verdaderas se encuentran en la clase popular», nunca le faltaron los habanos durante la guerra, que pasó en compañía de Amalia de Isaura y Miguel de Molina, como nos cuenta el exiliado Santos Martínez Saura, y Salazar Chapela, en su *En aquella Valencia*, completa su retrato de 1937: «Por mi gusto», dice Benavente, «ya me habría marchado al extranjero. He ido varias veces a ver a los ministros y todos dan largas a mi asunto. Creen por lo visto, que si paso a Francia, voy a hacer allí declaraciones contra todo esto, o que me voy a pasar a la zona fascista... Pero yo he sido toda la vida un liberal». Lo había escrito ya a propósito de la guerra del 14: «Sea de unos o de otros la victoria / ¡para tanto dolor, qué poca la gloria!». Cuando en 1939 el autor de *La malquerida* se volvió a Madrid (donde, por cierto, su nombre estaba vetado en los periódicos, que se referían a él precisamente como «el autor de *La malquerida*»), tuvo que soportar durante los primeros años que ridiculizaran sus maneras y porte femeniles, pero su gracejo, su talento social y su lengua vivaz le llevaron de nuevo al centro de la actualidad, los teatros y los salones, como si nada hubiese pasado.

Peor fortuna, como autor teatral, tuvo Alejandro Casona, que antes de la guerra había tomado parte en las admirables Misiones Pedagógicas y se había revelado como renovador del teatro poético y social, con la cursilería que siempre le fue propia. Le sorprendió la sublevación en Oviedo, donde tenía en cartel su comedia dizque revolucionaria *Nuestra Natacha*. El ruido de las bombas y el silbido de las balas, sin embargo, según testimonios fidedignos, le asustaron de tal manera, que metido en los baúles de la compañía teatral de Manolo Collado y Pepita Díaz tomó el primer barco que pudo, en febrero de 1937, camino de Villadiego, en América del Sur. «No pueden con el miedo», escribirá Juan Antonio Cabezas, que lo sacó junto a Ovidio Gondi.

Vidas huidas, en escorzo, fogonazos de existencias. El hijo del pintor Echevarría fue prófugo de las dos zonas. Juan Chabás, en Madrid, tuvo que defenderse de quienes le acusaron de fascista desde las páginas del periódico *Claridad*; en realidad no se defiende, da humildes explicaciones: bastante triste. Quizá en evitación de males mayores, pidió el ingreso en el Partido Comunista. Comunista también fue Pedro Garfias, una vida que naufragó en Méjico, como la de Verlaine, en tabernas oscuras y veladores tristes. Arconada, que se quedó al pie de Oviedo, desde donde enviaba unas crónicas periodísticas llenas de entusiasmo y fe en la victoria; el conceptista Domenchina, Quiroga Pla, Duyos, Federico de Urrutia, Pérez Ferrero, un Blas de Otero falangista, el fino humorista Antoniorrobles, el poeta Celso Emilio Ferreiro, de veinticuatro años, futuro antifranquista, haciendo versos frente a la Covadonga «liberada» en honor de Franco... Cada cual con su guerra a cuestas, con su novela.

358. «Ortega, usted, don Ramón y tantos otros podrán volver a España más o menos pronto; yo no podré volver en una decena de años», le escribió Sánchez Albornoz a Marañón. Se quedó corto. En la imagen, don Claudio Sánchez Albornoz.

Jóvenes, viejos, todos marcados por el desastre.

El liberal, republicano y católico Sánchez Albornoz le confesó a Marañón en plena guerra: «Ortega, usted, don Ramón y tantos otros podrán volver a España más o menos pronto; yo no podré volver en una decena de años [...]. En Ávila siguen en pie los odios más brutales contra mí y aún están medio enterrados un par de miles de amigos míos y en las cárceles más todavía». Cuando las autoridades portuguesas poco menos que le obligaron a dejar la embajada de Portugal, que le había confiado la República, don Claudio se instaló en Burdeos como profesor, durante la guerra, y cuando esta ciudad quedó bajo la ocupación alemana, partió hacia Argentina, Mendoza primero y luego Buenos Aires. Años después aceptó ser presidente del Gobierno de la República en el exilio. Más trozos irreales de una existencia, que resumió con exactitud: «Yo no he podido subirme al carro de los vencedores y no he querido subir al carro de los vencidos. Si llegamos a ganar la guerra nosotros, se hubiera establecido el comunismo en España. [Y, entonces] ¿Cómo

359. «Ahí están –miradlos– / ahí están, los conocéis bien. / Andan por toda Valencia, / están en la retaguardia de Madrid / y en la retaguardia de Barcelona también. / Están en todas las retaguardias. / Son los comités, / los partidillos, / las banderías, / los Sindicatos, / los guerrilleros criminales de la retaguardia ciudadana. / Ahí los tenéis. Abrazados a su botín reciente, / guardándole, / defendiéndole, / con una avaricia que no tuvo nunca el más degradado burgués. / ¡A su botín! / ¡Abrazados a su botín!». Tal vez *La insignia* no sea un gran poema, pero su autor fue el primero en denunciar los crímenes de la izquierda. No hay ejemplos tan señalados ni parecidos en los poetas de la otra zona, donde sólo eran admisibles las adhesiones. León Felipe no tuvo que esperar como Neruda y tantos la muerte de Stalin para hacer su denuncia. Y firmó su sentencia de muerte. *Solidaridad* la publicó en marzo de 1938. Imprimió en Valencia quinientos ejemplares, que las autoridades retiraron de la circulación. Negrín lo protegió y lo pasó a Francia, de donde volvió a las pocas semanas, para abandonar España definitivamente en agosto de 1938.

podía estar yo al lado de una gente que ha matado a doce mil curas? ¿Cómo? Soy liberal y por eso estoy aquí solo, pobre y viejo...». Palabras de 1975, una vida que llegaba al final...

¿Dónde ha quedado aquel León Felipe, tan mal tratado por J.R.J. en sus recuerdos de guerra (¡aquel abrigo de pieles!), y tan cariñosamente recordado por uno de sus mejores amigos de entonces? Y cuando no un abrigo de pieles, una capa española que estuvo a punto de costarle la vida al principio de la guerra, según cuenta Neruda, a manos de pistoleros anarquistas, aunque fueron en realidad comunistas, según cuenta Finisterre. «Mi contradictorio compañero, el poeta nietzscheano León Felipe –nos decía Max Aub–, era un hombre encantador. Entre sus atractivos el mejor era un anárquico sentido de la indisciplina y de burlona rebeldía. En plena Guerra Civil se adaptó fácilmente a la llamativa propaganda de la FAI (Federación Anarquista Ibérica). Concurría frecuentemente a los frentes anarquistas, donde exponía sus pensamientos y leía sus poemas iconoclastas. Éstos reflejaban una ideología vagamente ácrata, anticlerical, con invocaciones y blasfemias». Y desde luego a él se debe uno de los poemas más libres de la guerra, «La Insignia», que avanzó incompleto en *Hora de España* y que solo pudo publicar y difundir plenamente en Méjico, 1938, poema en el que denunció de manera crudísima el afán de lujos y de riquezas de todos cuantos se entregaron al latrocinio y al saqueo en los primeros meses de la guerra en las filas republicanas y que no se explica cómo no le condujo a él mismo a una checa. Bueno, sí, se explica: ya estaba fuera. Dos años antes, en su célebre *Goodbye, Panama*, publicado como pasquín radiofónico antes de volver a España en 1936, decía: «Me voy porque no es posible por más tiempo seguir viviendo entre el aullido, la mentira y la difamación [...] Hoy algo en Dinamarca huele a podrido. Hay algo en el mundo que es necesario cambiar. El orden y la calidad de las cosas no es lo que debe ser. ¡Y aún se discuten las revoluciones. Y se execra la guerra, y la destrucción, y los grandes cataclismos! Es mil veces preferible la destrucción, la anarquía, el caos, el comenzar de nuevo otra vez, a este orden monstruoso aceptado sin repugnancia y sin protesta: yo no sé lo que resultará de esta guerra y del conflicto universal que se aproxima, pero el hombre no puede ser ya más vil de lo que es». *Ubi est? Ubi sunt* todos ellos?

Existencias igualadas por la derrota, por el exilio, Madariaga, Américo Castro, Sánchez Albornoz, Corpus Barga... que forjaron contra viento y marea su obra en el exilio, pero que jamás dejaron de ser españoles. Les debemos cientos de horas de lectura y una visión abierta y libre de las cosas y sentimientos que atañen al alma humana y les debemos, sobre todo, su irreductible resistencia a dejarse arrastrar por ninguna de las dos Españas que estaban tanto como en liza, en boga.

De otros, que pertenecieron al bando que se quedó con España, podemos ver su incierta efigie, cada vez más borrosa, pese a que también les debamos el tiempo sin tiempo de amenas y recordadas lecturas, el Castroviejo que cazaba urogallos en los bosques negros de Orense, el Marquerie de los versos segovianos que gustaban tanto a don Antonio, el Samuel Ros de *Marcha atrás*, el Miquelarena de *Don Adolfo el libertino*...

En la zona norte de Madrid, en el barrio de la Prosperidad, en un chalet de la Ciudad Jardín, vivían el historiador Ramón Carande y el crítico José María de Cossío, que tanto lucharía para salvar a Miguel Hernández. Ni siquiera los obuses obstaculizaron su bibliofilia de Moyano y el Rastro. A la casa de estos dos señores de derechas iban todos aquellos a los que la guerra había copado en Madrid, Mourlane e Isaac del Vando Villar, entre ellos. Se reunían también en el Madrid sitiado para comentar los partes de Salamanca en la librería Los Galeotes junto a Joaquín Álvarez Quintero, Fernández Ardavín, Camba, Manuel Abril, el pintor Benedito o el escultor Juan Cristóbal. A la mayoría de estos debemos la elegancia, tras la guerra, de no echar más leña a la hoguera de los derrotados ni hacer de ellos árbol caído. Mantuvieron una discreta distancia con sus recuerdos. Alguno, por las privaciones, llevaba vida de mendigo, en pensiones misérrimas, con patronas y criadas que les chantajeaban con la delación. De vez en cuando, a esos escritores e intelectuales de derechas, iba a verles Miguel Hernández. Hernández se veía también con Aleixandre. Aleixandre soportaba su enfermedad... ¿Quién podrá reconstruir todas esas vidas? ¿Cómo podremos restituir la literatura a la literatura, lo de ayer en el caz del ahora? Quizá tenga razón Ridruejo cuando decía que «el testimonio vivo de la guerra (lo diré de paso) es poco probable que lo refleje un historiador, porque más bien es tarea del novelista, ya que la rememoración imaginativa de lo que es complejo no la expresan los datos que se pueden buscar en las hemerotecas o en los relatos parciales de los testigos políticos, sino que exige una imaginación evocadora y, al mismo tiempo, distanciada». O como decía en plena guerra el marqués X., octogenario y liberal incorregible, desde una página de *Incierta gloria*, de Sales: «Ahora quisiera tener tanto [talento] como Stendhal para escribir una novela que se titularía: *Ni el rojo ni el negro*». Pero ¿qué ha pasado entonces para que tan pocas novelas de ese tiempo nos parezcan verdaderas y por qué de las que nos parecen verdaderas casi ninguna resulta aceptable?

El poeta Miguel Hernández, recitando ante sus compañeros en un frente de Extremadura. (Foto Altavoz del Frente.)

Miguel Hernández, poeta y soldado

VIENTO DEL PUEBLO

Sentado sobre los muertos
que se han callado en dos meses,
beso zapatos vacíos
y empuño rabiosamente
la mano del corazón
y el alma que lo mantiene.
Que mi voz suba a los montes
y baje a la tierra y truene,
eso pide mi garganta
desde ahora y desde siempre.
Acércate a mi clamor,
pueblo de mi misma leche,
árbol que con tus raíces
encarcelado me tienes,
que aquí estoy yo para amarte
y estoy para defenderte
con la sangre y con la boca
como dos fusiles fieles.
Si yo salí de la tierra,
si yo he nacido de un vientre
desdichado y con pobreza,
no fué sino para hacerme
ruiseñor de las desdichas,
eco de la mala suerte,
y cantar y repetir
a quien escucharme debe
cuanto a penas, cuanto a pobres,
cuanto a tierras se refiere.
Ayer amaneció el pueblo
desnudo y sin qué ponerse,
hambriento y sin qué comer,
y el día de hoy amanec
justamente aborrascado
y sangriento justament
En su mano los fusiles
leones quieren volverse
para acabar con las fie
que lo han sido tantas
Aunque te falten las a
pueblo de cien mil pod
no desfallezcan tus hue
castiga a quien te mal
mientras que te queden
uñas, saliva y te quede
corazón, entrañas, trip
cosas de varón y diente
Bravo como el viento
leve como el aire leve,
asesina al que asesina,
aborrece al que aborre
la paz de tu corazón
y el vientre de tus mu
No te hieran por la es
vive cara a cara y mu
con el pecho ante las
ancho como las parede
Canto con la voz de lut
pueblo de mí, por tus
tus ansias como las m
tus desventuras, que t
del mismo metal el llar
las penas del mismo te
y de la misma madera
tu pensamiento y mi
tu corazón y mi sangr
tu dolor y mis laureles
Antemuro de la nada
esta vida me parece.
Aquí estoy para vivir
mientras el alma me su
y aquí estoy para mori
cuando la hora me lleg
en los veneros del pue
desde ahora y desde si
Varios tragos es la vid
y un solo trago es la m

Le escuchan sus compañeros, lo dos. Frente de . Des romance, le oirán recitar "Esco voz", "El niño yuntero" o "Jor ¿Qué saben de él los que le es ¿Qué sabemos de él los que le hem do en las revistas "Cruz y Raya" y ta de Occidente", que publicaban sos? Sabemos que es de Orihuela, cante; que es hijo de unos pobres de cabras y que también él ha cu ganado y labrado la tierra; que las primeras letras en una escuel pueblo nativo; que bien pronto se dientemente, a la lectura, primero las por entregas, y luego, en la b de un círculo obrero, de los clásic llanos. Más tarde, tendrían sus v gravedad de las octavas de Góngor derón y la dulzura de Garcilaso. tantos jóvenes coetáneos de muc vincias españoles, las lecturas de lo contemporáneos Juan Ramón Ji Antonio Machado le exaltaron. Est ras y las de Góngora, con ocasión tenario, en 1927, fecha decisiva últimas promociones literarias, co ron su formación primera.

Su producción poética, que pub mero en un periódico local y que a lo largo de su primer libro, de crito bajo el recuerdo de Góngor auto sacramental editado en 193 papel de color de la revista "Cruz y de un libro de sonetos que lleva p "El rayo que no cesa", no se ha i pido con la guerra. Cuando estalló guel Hernández se inscribió en el miento. En un principio trabajó en trucción de fortificaciones, pero lu tinado a Infantería, ha combatido c liciano en la brigada del "Campesi ne veinticinco años. Miguel Hern terna hoy el fusil con la pluma y taciones. ¿Quién no ha leído sus v timos en "El Mono Azul", "Al "Frente Sur", "Ayuda" o los perió rales? No sabemos si ha sido por pobre, áspera y difícil o por aquell dición—condición tan española—de hierba aunque se sea encina; pero poeta de esta hora de España u tanto al lector o al oyente con la del pueblo español como el poeta y Miguel Hernández.

CAPÍTULO DUODÉCIMO

... Y ÚLTIMO, QUE TIENE POR ESCENARIO LA CIUDAD
DE BARCELONA, Y COMO PROTAGONISTAS A ALGUNOS ESCRITORES
QUE PASARON LA GUERRA ALLÍ O UNOS MESES DE ELLA,
HASTA LLEGAR AL FINAL DE TODO.

SE iniciaba este libro en Salamanca, donde empezó la guerra. Justo es que acabe en Barcelona, donde tocó a su fin (lo de Madrid, Valencia y Alicante ya sólo fue un epílogo).

Hubo quienes denunciaron el poco ardor y convencimiento de algunas autoridades catalanas, que parecían tener aquella guerra por un asunto más de España que de Cataluña.

Se publicó en 1967 una extensa novela, parte de una trilogía, *Tres días de julio*, del escritor catalán Luis Romero, enteramente dedicada a los primeros días de la guerra. Su autor la había vivido de joven. Fue en su momento una de esas obras con las que la tardía censura franquista transigió, como transigió en su día con *Los cipreses creen en Dios* de Gironella. Muchas de las cosas de aquella guerra ha costado sudor y sangre saberlas. La mayor parte de los sublevados que intervinieron en la guerra, sólo recientemente, y muy a duras penas, se han avenido a hablar de ellas, siempre que se admita el «todos fuimos iguales», y el «en los dos bandos hubo excesos y atropellos». Por su parte, muchos republicanos creen haber pagado suficientemente los errores y crímenes de la República con la derrota, el exilio y la represión franquista, encargada de airearlos y hacérselos purgar, y se niegan a hablar de ellos en tanto no se reparen satisfactoriamente los agravios, las ofensas y penas que les infligieron. De modo que unos y otros, entre los pocos que quedan vivos, o sus herederos directos, siguen teniendo una memoria prodigiosa para los errores y crímenes de sus contrarios, y poca o ninguna para los suyos. Curiosamente las novelas y crónicas de la guerra suelen

360. Una de las fotos más conocidas de Miguel Hernández, en su papel de comisario político del 5º Regimiento. Representa el entusiasmo y la fe en la victoria. Apareció publicada en el *Abc* republicano, acompañada por un poema de *Viento del pueblo* y una crónica. Se la hizo, además, un gran fotógrafo, David Seymour, *Chim*.

361-362. Manuel D. Benavides debió su celebridad al libro que escribió antes de la guerra sobre Juan March, «el pirata del Mediterráneo», personaje sobre el que se equivocó poco. Esta crónica, una de las mejores que se escribió sobre la Barcelona en guerra, espera, como tantas, una resurrección que tarda en llegar, lo mismo que su novela sobre la historia de la Armada republicana, temática dejada de lado por lo general en el interés de los escritores y novelistas, al igual que el lado clerical del levantamiento, al que dedicó *Curas y mendigos*, estupendo friso sobre Ángel Herrera y Gil Robles.

tener casi siempre más interés cuando sus autores hablan del bando contrario que del suyo propio. Lo demás es sólo cuestión de tiempo y de paciencia: cortar, pegar y hacer un relato con la totalidad. Arrancarles a unos y otros la verdad ha costado, metafóricamente, un millón de muertos. Hasta hoy mismo (2010), en que algo tan elemental como dar sepultura digna a los muertos enterrados en las cunetas ha dividido al país en cínicas porfías, y una vez más... en dos bandos. La novela de Romero fue el primer intento de tratar con objetividad lo sucedido. Es decir, «todo» lo que en 1967 se podía decir se trató de pasar como todo lo que se sabía. Aunque esté más cerca del reportaje periodístico, la novela de Romero le permite al lector comparar las distintas ciudades que en ella aparecen, de uno y otro bando, y cómo se produjo en cada una de ellas el levantamiento o la defensa de la República, dando a entender que todo cuanto ocurrió esos tres días bastará para comprender lo que ocurrió después durante tres años. Barcelona, por razones obvias, teniendo en cuenta el origen de su autor, es la mejor representada.

Barcelona, la industrial y la de los sindicatos de pistoleros, pagados por curas y empresarios, y la Barcelona vivero de anarquistas y dinamiteros, exportados a media España. La culta, la burguesa, la laboriosa. La nacionalista, la agraviada, la represaliada. Durante años habían tenido lugar en ella toda clase de luchas sociales y proletarias, incluso una efímera independencia, en 1934. Al estallar la guerra, el entusiasmo revolucionario, al igual que en Madrid, se apoderó de todos, y sofocada la sublevación de unos cuantos regimientos y unas centurias de Falange, la ciudad se aprestó a su nueva condición. Tres factores parecieron determinar su futuro. Su proximidad con la frontera francesa y su salida natural al mar, que permitió que muchos pudieran abandonarla antes de que las detenciones y paseos alcanzaran la cifra de Madrid; la idea de hacer la revolución, antes que la guerra, que vació la ciudad de miles de voluntarios que partieron con entusiasmo hacia donde pudieran llevar a efecto las colectivizaciones y, por último, hallarse lejos del frente, lo cual, y pese a los bombardeos, hizo de Barcelona una ciudad en la que muchos días de muchos meses podía llegar a pensarse que seguía siendo una ciudad en paz.

Al tiempo que las autoridades catalanas trataban de conquistar nuevas cotas de autonomía, amparadas en la confusión que dividía a los sucesivos gobiernos de guerra de Madrid y de Valencia, la mayor parte de las instituciones culturales catalanas siguieron funcionando con cierta normalidad, sin contar todas aquellas que por razones de guerra se habían desplazado a Barcelona desde Galicia, Madrid o Valencia. La potente industria editorial, la más importante del país, se puso al servicio de la propaganda republicana, en catalán y en castellano, y Barcelona, en muy poco tiempo, quedó convertida en la principal factoría de carteles, fascículos, libros y revistas. Así nos lo confirman las interesantes memorias de Mariano Rawicz, el tipógrafo apátrida que acabaría preso de las tropas franquistas que entraron en la ciudad, y las inencontrables de Giménez Siles.

¿Y los escritores? Hemos visto cómo todos aquellos que se alinearon con los sublevados, salían de Cataluña, olvidaban sus veleidades nacionalistas y abandonaban el catalán. Quienes permanecieron en Cataluña, lo hicieron casi siempre en Barcelona, y les ocurrió a muchos acaso lo que a tantos allí: incluso una victoria republicana no garantizaba sus aspiraciones nacionales, lo que sin duda entibió mucho su ardor guerrero y propagandista. Que la guerra propiamente no llegara a Cataluña hasta bien entrado 1938, cuando ya muchos la daban por perdida, tampoco contribuyó a despertar la conciencia patriótica de sus intelectuales, algunos de los cuales habían empezado ya a abandonar el país, haciéndolo la mayoría al final, por la frontera, y evitando, como sucediera en Madrid, el ser copados y que la represión franquista alcanzara las exorbitantes cifras que alcanzó en Madrid. Después del Congreso de Valencia, o sea, a partir del otoño de 1937, puede decirse que los combatientes de uno y otro bando, conscientes de lo que la propaganda podía dar de sí, redoblaron sus esfuerzos para ganar la guerra en el campo de batalla, antes aún que en el campo de las letras.

Incluso se observa que así como algunos intelectuales se iban sumando a los nacionales, de las filas republicanas empezaron a ausentarse paulatinamente algunos escritores señalados, sobre todo a lo largo de 1938, y no tanto para desertar o pasarse de bando, sino por voluntad de mantenerse al margen, a veces explícitamente, a veces amparados por las invitaciones que les cursaban desde el extranjero para que se ocupasen de cátedras en las universidades, conferencias o cualquier otra actividad cultural. Fue el caso de Pedro Salinas, de Cernuda, de Guillén...

Por otro lado la guerra imprimió a su dinámica un movimiento parejo, que al tiempo que hacía disminuir el territorio de la zona republicana, lo aumentaba en la nacionalista, salvo los contados reveses o síncopas que pudieron dar al traste con esta inercia, como fue la batalla del Ebro.

Los escritores agrupados en *Hora de España* en Valencia siguieron a finales de 1937 en Barcelona, adonde también se había trasladado la presidencia de la República y el Gobierno, y muchos de entre ellos fueron llamados a filas y destinados al frente, con lo cual la revista tuvo que pasar a manos de un comité directivo, como ya hemos visto.

Al contrario que en Madrid, donde la guerra se había instalado a las puertas de la ciudad, Barcelona era una ciudad de la retaguardia con sus cafés, sus teatros y su vida de medio normalidad y, naturalmente, su quinta columna. Pese incluso a racionamientos y bombardeos, menos persistentes, con todo, que en Madrid, al menos en los primeros tiempos; luego todo cambió y, hacia 1938, Barcelona fue tan o más hostigada y castigada desde el aire que la capital.

De la ciudad catalana, en sus primeros meses de guerra, hay una descripción, casi pictórica, en las páginas del libro de Orwell: «No había coches particulares, todos habían sido requisados, y todos los tranvías y taxis y la mayoría de los demás transportes públicos estaban pintados de rojo y negro. Por todas partes se veían carteles revolucionarios llameando desde las paredes en límpidos rojos y azules que hacían que los anuncios restantes parecieran como manchas de barro. A lo largo de las Ramblas, la amplia arteria central de la ciudad, donde riadas humanas subían y bajaban sin cesar, los altavoces atronaban el aire con canciones revolucionarias durante todo el día y hasta bien entrada la noche. Pero lo más sorprendente de todo era el aspecto del gentío. A juzgar por su apariencia exterior, era una ciudad en la que las clases adineradas habían dejado de existir. Exceptuando a un reducido número de mujeres y extranjeros, no se veía a gente "bien vestida". Casi todo el mundo llevaba ropas muy sencillas propias de la clase trabajadora, o monos azules o alguna variante del uniforme de los milicianos. Todo aquello resultaba extraño e impresionante. Muchas de las cosas que veía no las comprendía, en cierto modo ni siquiera me gustaban, pero inmediatamente comprendí que era un estado de cosas por el que valía la pena luchar. Por otra parte, yo creía que todo era como aparentaba, y que todos los burgueses, o habían huido, o habían muerto, o se habían pasado voluntariamente al bando de los obreros; no me daba cuenta de que había muchísimos burgueses acomodados que se limitaban a tratar de pasar inadvertidos y a disfrazarse de proletarios en espera de tiempos mejores».

Como ocurrió en Madrid en las primeras semanas de guerra, los escritores que en Barcelona estuvieron a favor del levantamiento, o se sumaron a él o trataron de salir de la ciudad o se quedaron, más o menos camuflados, como dice Orwell, «en espera de mejores tiempos».

Entre los primeros, los que trataron de amparar y extender la rebelión, los más notables fueron los falangistas Luys Santa Marina y Félix Ros. Entre los que salieron, hay que hablar de Pla, Ignacio Agustí, Gaziel o Tomás Garcés, a quien socorrió el poeta rosellonés Josep-Sebastià Pons; Marià Manent, Mario Verdaguer, Foix, Brunet o Junoy fueron algunos de los que (con posiciones que iban desde el ultranacionalismo fascista de Foix al liberalismo conservador de Manent o al de Junoy, ex vanguardista convertido al catolicismo) se quedaron en Cataluña tratando de pasar inadvertidos. Como Manuel Brunet. Tenía cuarenta y siete años cuando empezó la guerra. Era de Vic, la más levítica de las ciudades catalanas. Había sido, como casi todos los de Vic en aquel entonces, seminarista. Luego fue periodista en catalán y en catalán escribió la cautivadora novela *El maravilloso desembarco de los griegos en Ampúrias*. Antes de la guerra era un personaje bastante conocido, revolucionario incluso y amigo de Nin, y en la guerra le mataron a un hijo... los suyos mismos. Se convirtió a la fe de sus mayores y se desdibujó cuanto pudo, hasta después de la guerra. Entonces empezó a escribir artículos furibundos y exaltados en la prensa, entre san Francisco de Asís y Maurras, así como prosas muy finas, religiosas, para purgar su barbarie, que le llevó también a muy acres polémicas con Dalí, que a partir de entonces llamó a todos sus enemigos «los brunets».

Como es sabido, la rebelión en Barcelona, a cuyo mando estaba el general Goded, contó, como en otras ciudades españolas, con la ayuda armada de los falangistas, quienes corrieron a ponerse bajo las órdenes de los rebeldes militares. La sublevación fracasó en los primeros días, los militares fueron reducidos y la mayor parte de ellos pasados por las armas o, los que tuvieron más suerte, encarcelados.

Este fue el caso de Luys Santa Marina. De la y griega de su nombre se podría decir lo mismo que de la V de JERARQVÍA: una delación barroca, manierista, en sus manifiestos gustos eruditos.

Santa Marina, jonsista de primera hora, había sido uno de los fundadores de la Falange barcelonesa, y quien aportó al traje de los falangistas la camisa azul.

Era un hombre extraño, vegetariano (los del Ateneo decían que en Navidad «mataba una coliflor»), vehemente y misántropo orgulloso y expeditivo. Incluso en las fotografías que de él se conservan, sus ojos delatan esa febrilidad de los padres del desierto que han de combatir la pujante rebelión de la carne con un puñado de mijo seco y ayunos y vigilias estratégicamente apostados.

Poseía una fabulosa colección de libros de los místicos españoles, que guardaba, primero, en su buhardilla de la calle de Fernando, y en la casa de la plaza de Medinaceli después de la guerra, donde vivía rodeado de gatos, papeletas, sus (decían) trescientas mil fichas, y un gran número de objetos de chamarilero. Hay descripciones de aquel personalísimo refugio (la de Guillermo Díaz-Plaja en *Memoria de una generación destruida* es breve, pero precisa) entre gabinete de marino y sacristía de erudito, con casullas y objetos curiosos que parecían haber llegado allí después de mil inciertas travesías. La mezcla tenía también mucho de fumadero de opio y del paraíso artificial que al parecer fue con él más hospitalario que la política de sus viejos camaradas.

Santa Marina se sublevó, con las armas en la mano, el 18 de julio, en una de las columnas que salieron del cuartel del Bruc, y al frente de una sección de falangistas tomó por sorpresa las dependencias militares de Capitanía. Cuando la sublevación fracasó, Santa Marina logró huir, pero terminaron por detenerle en la calle a los pocos días. Fue juzgado y condenado a muerte. Después de aquella primera pena capital, aún le caerían otras dos, y tres calaveras se hizo él bordar en la camisa, donde otros lucían tres luceros.

Sus amigos de Barcelona, entre ellos Félix Ros, quintacolumnista todavía en libertad, Riba, Josep Janés y Palau i Fabre elevaron suplicatorios, en los que pusieron su firma Joan Oliver, Mercè Rodoreda y Xavier Benguerel, para que se le conmutara la pena de muerte por la de cadena perpetua. El propio Riba lo intentó también, personándose el día de Navidad de 1936 en el despacho del *conseller* de Cultura, Ventura Gassol, y Pompeu Fabra presidió una reunión de escritores en el Ateneo con el fin de obtener la conmutación de la pena. Incluso intentaron que Bergamín, que había publicado ensayos de Santa Marina en *Cruz y Raya*, intercediera por él, lo que consiguieron, ya que días después Companys, en su despacho, le mostró al poeta José Jurado Morales el telegrama que el director de *Cruz y Raya* le acababa de enviar solicitando gracia para su viejo amigo. Meses antes, y en papel de *Cruz y Raya,* Bergamín había enviado a Santa Marina esta carta, inédita hasta hoy (2010): «17 de junio 1936. Querido amigo: He recibido por conducto de José María de Cossío su nuevo *Retablo* que me es imposible publicar por razones que lealmente quiero que conozca. En la situación actual española su significación, deseo que pasajera, de fascista, pesa más que la de escritor. En otras circunstancias, los originales publicados de V. y de mi querido amigo Rafael Sánchez Mazas, podían eludir esta resonancia política; ahora no. Y créame muy de veras que lo siento, precisamente por ser ahora. Pero es algo que afecta, no solamente a la dirección y sentido de *Cruz y Raya*, sino a mi propia conciencia de cristiano. Téngame siempre por verdadero amigo. José Bergamín». Resulta llamativo que su conciencia de cristiano fuese tan perezosa (Santa Marina y Sánchez Mazas eran fascistas casi desde el comienzo de *Cruz y Raya),* pero nos alegra ver que esa carta contenía al menos una verdad: Bergamín lo tenía por amigo verdadero, y en la guerra lo demostró.

A Santa Marina lo metieron preso primero en el vapor *Uruguay* (donde también estaría Sánchez Mazas), y luego lo llevaron al castillo de Montjuic, a la cárcel Modelo de Barcelona, a la de Sabadell, al penal de Figueras, a la *presó d'inadaptats* de Vic, al cuartel de Ausiàs March, al penal de Chinchilla y a la cárcel de Mislata; en total estos presidios se repartieron más de dos años de su vida. A uno de estos penales le llegó, montado en la ola del surrealismo bélico, y por correo ordinario, el nombramiento de jefe de la Falange en Cataluña, expedido en Burgos.

El final de la guerra le sorprendió en el penal de San Miguel de los Reyes, donde logró sublevar a la población reclusa, y con los presos comunes y con la ayuda de los quintacolumnistas no encarcelados consiguió hacerse con esa plaza, antes de que pudiera tomarla el general Aranda, a quien se la rindió cortésmente.

363-364. El penal del pueblo manchego de Chinchilla está en un alcor, y en ese penal, condenado a muerte, pasó Luys Santa Marina buena parte de la guerra, que destiló en estos poemas de naturaleza a menudo machadiana y romántica de la mejor ley. Fue uno de los más misteriosos y sugerentes hombres del falangismo español, que evolucionó desde una violencia rifeña a las formas sutiles de cierto misticismo pasado por la morfina. Empezó escribiendo cosas como: «La navaja es una cosa / que se mete y que se saca, / ¡una alhaja! // La navaja es una cosa / que se saca y que se mete, / ¡un juguete!». Para acabar al final de su vida en la mayor melancolía: «Los que hicieron a diario cosas propias de arcángeles / los niños hechos hombres de un estirón de pólvora, / los que con recias botas la vieja piel de toro / trillaron, en los ojos quimeras y romances, / ¿adónde están ahora? (decidme) ¿qué se hicieron?».

Causa estupor la vida del hombre que debajo de las calaveras de su camisa se había hecho bordar también un lema latino, «*mortui morituros sperant*», «Los muertos saludan a los que van a morir», traducción del no menos castizo «No pasa nada, y cuando pasa no importa», que también se le atribuye.

Durante el tiempo que pasó en el penal de Chinchilla escribió un librillo de poemas, que se publicó después de la guerra, por las mismas fechas y en la misma colección donde aparecerían las *Elegías y canciones*, primer libro en castellano de Cunqueiro.

Santa Marina tituló el suyo *Primavera en Chinchilla* y sus versos recuerdan a veces las letrillas machadianas de *Nuevas canciones*, apuntes del paisaje manchego y poemas de una gran sencillez, quizá no memorables, pero en absoluto malogrados.

Su primer libro había sido *Tras el águila del César (Elegía del Tercio. 1921-1922)*. Es este un libro sobre la Legión, extremadamente violento y racista, con un lirismo muy canalla, a lo Malaparte o Céline, y lleva, a manera de pórtico, un soneto de José del Río Sáinz, santanderino como el propio Santa Marina y poeta-marino autor de magníficos versos de tono simbolista.

José del Río Sáinz había hecho con Sánchez Mazas, otro poeta simbolista, la campaña de África, donde ambos trabajaban como reporteros, pero el destino no les había ligado aún con aquel joven legionario Santa Marina.

Todo aquel primer libro que algunos creyeron de un impostor legionario, está montado sobre estampas, versos y prosas, algunas veces mechadas de apologías del degüello y coplas insensatas: «La navaja es una cosa / que se mete y que se saca, / ¡una alhaja! // La navaja es una cosa / que se saca y que se mete, / ¡un juguete!».

O capítulos que rezan: «Un gumiazo más y algunos moros menos» o «Lo que costó la cabeza de un moro», con escenas salvajes de mutilaciones y excesos patibularios que decidieron a la censura franquista a secuestrar la segunda edición, cuando vio la luz en 1939, por temor a irritar a «la morisma aliada». ¿O era todo una leyenda? Cuando se reeditó el libro, muerto ya Santa Marina, su viuda confesó que su marido no había estado nunca en África, y que el libro lo había escrito a partir de los recuerdos de su cuñado (hermano de ella), que sí había estado.

Como ocurre con muchos otros escritores falangistas, las obras de Luys Santa Marina son de dos clases: unas, políticas, entusiastas y violentas, con la mirada puesta en la victoria y el aplastamiento del enemigo; otras, en cambio, románticas, silenciosas, fracasadas ellas mismas, con la conciencia profunda de todo lo que apenas tiene porvenir. Unas parecen las páginas rabiosas de un hombre vesánico, la insania de un reaccionario exaltado; otras, por el contrario, parecen una sonata, casi pastoral, arcaicas y legendarias, como su *Italia mi ventura*, cuya prosa anuncia la ferlosiana de las *guerras barcialeas*.

A pesar de la advertencia que en cierta ocasión dirigiera a Luis Rosales, «sépanlo de una vez esos *desengañados* (no son más que unos maricas), que se creen listos, y se pasan de listos», él mismo no tardaría mucho en entonar su propio y elegíaco *ubi sunt* de una gran melancolía: «Los que hicieron a diario cosas propias de arcángeles / los niños hechos hombres de un estirón de pólvora, / los que con recias botas la vieja piel de toro / trillaron, en los ojos quimeras y romances, / ¿adónde están ahora? (decidme) ¿qué se hicieron?». Recogió este poema su amigo Max Aub en *Una nueva poesía española* (1957), quizá para poder lanzarle desde Méjico: «Sí, ¿qué se hicieron?, pero no como las nieves y los hielos. Se pudrieron. Son ceniza, basura». ¿Todos? ¿Los J.R.J.? ¿Las Campoamor? ¿Los Gaya? ¿Los Azaña, Morla, Albornoz o Chaves Nogales?

El franquismo le premió (a Santa Marina, no a Max Aub), tras la guerra, con la dirección del periódico *Solidaridad Nacional* (antes *Solidaridad Obrera*, de los anarcosindicalistas) y una diputación en las Cortes, y todos los testimonios hacen pensar en un Santa Marina que jamás desmayó su entusiasmo por la obra de Franco, pero su final, en medio del olvido, induce a ver en él a uno de tantos hombres que, habiéndole ganado la partida a la muerte, en su juventud, había perdido todo lo demás ante la vida.

Los libros ideológicos, sus biografías sobre Cisneros, José Antonio, Zurbarán o los místicos y clásicos españoles es posible que cueste leerlos hoy. No así su *Karla y otras sombras,* ni *Italia mi ventura,* que él consideraba su mejor libro, ni su *Perdida Arcadia*, libro este fragmentario, evocativo y melancólico, como «nostálgicos y apagados sones de una fantasmal caja de música», que Santa Marina refirió a su infancia. Arcaizante o coloquial, consiguió hacer de su castellano algo a un tiempo robusto y delicado, el eco de la campana que no pudo fundir en *El gato sin botas*, proyecto de unas memorias solo planteadas.

Como muy pocos de sus camaradas falangistas, la suya es una biografía en cierto modo atípica, a la que el silencio y el fracaso de los últimos años nimbó de cierto hálito de leyenda, pues nada como las sombras y el olvido para esculpir una leyenda que desafíe, al margen incluso de su obra, los venideros años.

Cuando Ridruejo le recordaba en sus memorias, dijo de él que «era una paradoja. Pues la verdad es que hablando parecía un fanático y actuando resultaba un liberal [...]. Eficaces o ineficaces, Santa

Marina despachó en Barcelona centenares de avales. Y la cosa tenía mayor mérito si se piensa que él se había pasado la guerra en la cárcel con tres penas de muerte encima [...]. En cualquier caso su obstinación militante (que a mí me resulta extraña) merece, a su vez, un aval que nadie tiene que extenderle: el de su espartana sobriedad y su ascética recusación de todo provecho».

Santa Marina, antes de la guerra, había dirigido también la revista *Azor*, que él llenó de vanguardistas y republicanos, y llevaba la voz cantante en una tertulia en el Lyon d'Or de Barcelona, a la que siguió otra en el bar Los Caracoles.

Los asistentes a estas tertulias estaban escogidos, también, en todas partes: Martín de Riquer, Masoliver, Xavier de Salas, Félix Ros, Guillermo Díaz Plaja (un depurado en la posguerra, que la recordó en unas pequeñas memorias que dedicó a su *generación destruida*, y luego un gubernamental que se reconstruyó bastante bien), José María de Cossío en sus viajes a Barcelona, y uno de sus mejores amigos entonces, el republicano Max Aub.

Max Aub volvió del exilio en 1969. Sobre aquel viaje escribió un libro, a modo de diario, que tituló *La gallina ciega*. Un monumento al resentimiento y la amargura. Cuenta la noche en que quedó citado con Luys Santa Marina, uno de esos encuentros a los que nadie puede negarse, pero que llevan escondido en lo más recóndito su más triste fracaso. Según Max Aub apenas pudieron hablar. ¿De qué lo habrían hecho, de la derrota, de la victoria? De modo que la cena se resolvió en silencios y risas. Silencios por el presente, risas por los viejos tiempos. Santa Marina, sin embargo, recordó aquel encuentro como algo divertido. No le gustaba Aub, pero le tenía aprecio. La necrológica que hizo de él, dos semanas después del último encuentro, está llena de cariño. Es sincera, agridulce, de un amigo.

Max Aub fue, en literatura, como en la vida, un poco de todo. Era de origen judío, hijo de un bisutero alemán que se instaló en Valencia y para el cual trabajó el escritor durante unos años como viajante. En literatura empezó, como tantos, siendo modernista, luego fue vanguardista y como tal escribió *Geografía*, curiosa mezcla de prosa deshumanizada y estilo asturiano. Su primera frase: «Los mástiles de los barcos traíanle los palotes que hiciera, cuando niña, en el colegio». Luego sale casi todo el *atrezzo* vanguardista: grúas, gabarras, muelles de hierro, y un largo etcétera de turbinas, archipiélagos y espumas.

Fue por entonces cuando Santa Marina le publicó su *Álvarez Petreña*, que conoció en 1934, y pese a su modestia, una de las más exquisitas ediciones de la literatura de entonces.

Escribió novelas (una de ellas sobre las cartas de una baraja), dirigió revistas en las que él era el único redactor, fue poeta, crítico, antólogo y creador de un pintor apócrifo, amigo de Picasso, que intentó pasar por bueno, aunque si como falsificación o mixtificación literaria resultó eficacísima, como pintor, que era de lo que se trataba, resultó un fiasco que se delataba a distancia, como la carne de ballena.

A los pocos meses de estallar la guerra se le nombró delegado cultural en la embajada de París, y luego comisario adjunto del Pabellón Español en la Exposición de París de 1937.

Entre las comisiones no desdeñables que Max Aub tuvo que llevar a cabo como comisario adjunto, estuvo la de montar el estreno de *Así que pasen cinco años*, de Lorca, y la de pasarse por el estudio de Picasso para ver cómo iba el cuadro, el *Guernica*, que Renau le había encargado para el pabellón español al pintor malagueño. Picasso, como se sabe, realizó en París su célebre *Guernica* y Max Aub fue el responsable de pagarle en nombre de la República doscientos mil francos, «cantidad considerable en aquel momento y que suponía un diez por ciento del coste total del pabellón, que ascendió a dos millones de francos», según se nos informa en reciente monografía sobre dicho cuadro, y cantidad, por cierto, que el futuro comunista Picasso tuvo el santo cuajo de cobrarle al pueblo español, a quien dijo servir en ese cuadro.

Durante la guerra Max Aub, que se había encargado de El Búho, una especie de La Barraca en Valencia, escribió algunas breves dramatizaciones, que llamó «teatro de circunstancias», y colaboró en las publicaciones habituales del momento, pero fue después de la guerra, en el exilio mejicano, cuando se ocupó por extenso de aquellos tres años, que novelό, como un tema recurrente, en muchos de sus libros, viniendo a ocupar, tal vez, el mismo lugar que en España García Serrano, jóvenes belicópatas a los que la guerra dio un contenido y una obsesión para el resto de sus vidas o, como decía Gaya, para quienes la guerra, más que una tragedia, fue su gran oportunidad, de la que siempre vivirían, como rentistas. El mismo Max Aub vendría a estar de acuerdo, cuando afirmó que «sin la guerra habría sido solo un estilista». La guerra le convirtió en un conspirador casuista, sin embargo, y el exilio, en absoluto benévolo con él, en un ser amargo con su victimismo a cuestas.

Una serie completa de sus novelas, *Laberinto mágico*, que comprende sus seis conocidos *Campos* [*Campo cerrado* (1943), *Campo de sangre* (1945), *Campo abierto* (1951) *Campo francés* (1955), *Campo del moro* (1962) y *Campo de los almendros* (1968)], a la guerra está dedicada, así como otras narraciones cortas entre las que se encuentra una muy divertida sobre un atentado que le habría costado la vida a Franco y otra, ingeniosa, enrevesada y sarcástica, que reproduce su ingreso en la Real Academia, en caso de no haberse interrumpido la República, y ante la mirada atenta de sus compañeros de corporación: Lorca, Salinas, Guillén, J.R.J., Giménez Caballero, Pemán, Ridruejo, Bergamín... A nadie, sino a Max Aub, se le podía ocurrir una «cosa» como esa de «volver las tornas»... ¡en la Academia! Es decir, ganar una guerra revolucionaria para acabar siendo... académico. Eso tienen que ser cosas de vanguardistas.

En general las suyas son siempre crónicas vivas, periodísticas, en las que se delata un pesimismo que termina por empañar, cuando los hay, los rasgos de humor. O sea, un humor que se le corta a menudo en cinismo o biliosis, viáticos de supervivencia para un escritor como él. Pero están siempre trazadas por un novelista, a lo Baroja, a lo Galdós, aunque le sobre para ser Baroja entusiasmo, y le falte, para ser Galdós, aquella misericordia suya que se posaba sobre las criaturas con la misma suavidad de la aurora.

Cuando Max Aub tituló a sus particulares memorias de aquellos años *La gallina ciega*, no sabía el porqué de tal epígrafe, pero quizá no sea descabellado suponer que Aub proyectaba inconscientemente el tapiz goyesco del mismo nombre hacia otro de los cuadros de Goya, la pelea a bastonazos de dos hombres hundidos en la tierra hasta las rodillas, y ciegos, ellos sí, de odio y cierta feroz fatalidad.

Pese a la forma de diario, es más bien este de su *Gallina ciega* un monólogo con los fantasmas del pasado, muy cerca del ajuste de cuentas de alguien que tiene aún abierta la herida y, por tanto, pendiente su proceso particular contra la historia.

Los *Campos* pueden adscribirse al modelo de crónica que otros ensayaron con parecida o superior fortuna, como Manuel D. Benavides, acaso por lo que el propio Aub confesó, a saber, que la mayor parte de los hechos narrados le fuesen relatados por los verdaderos protagonistas o por terceros. Es friso de casos, sucedidos reales, muertes y supervivencias milagrosas donde si no todos son héroes o traidores, grandes

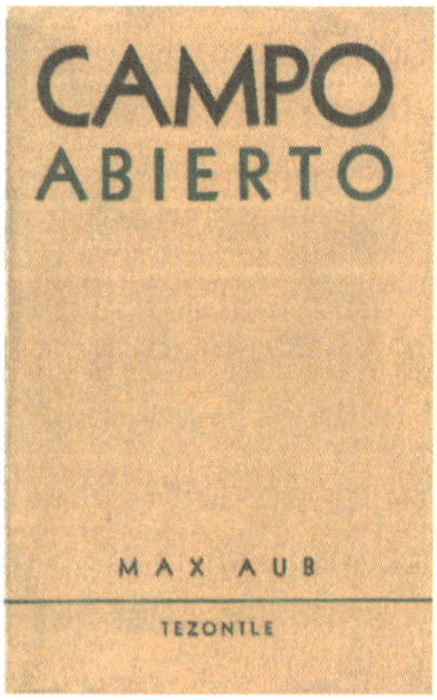

365. Max Aub y André Malraux (con la cámara) durante el rodaje de la película *Sierra de Teruel*, basada en la novela del segundo, *L'Éspoir*.

366-368. «Toda historia da cabida a la ficción, del mismo modo que yo doy en mis novelas y cuentos cabida a la historia. Todas las novelas, las buenas novelas, son históricas. Es imposible reconstruir la realidad objetiva e imparcialmente porque todos la vemos e interpretamos de manera distinta. Un historiador es siempre un novelista [...]. Lo que yo hago en esta novela y en las otras que tratan de la guerra civil, puede calificarse, históricamente, como la "visión de los vencidos"». Cubiertas de *Campo cerrado*, *Campo abierto* y *Campo de sangre*.

369-370. La guerra y la posguerra acabó siendo parte fundamental de la narrativa de Max Aub, como esta sátira, *La verdadera historia de la muerte de Francisco Franco*, una de sus obras más felices, que vio la luz al tiempo que uno de sus libros más amargos, *La gallina ciega*, crónica de su primer viaje a España después de la guerra.

o mezquinos, a todos por igual puede señalar el dedo de la fortuna. En estos *Campos* antes que la Necesidad (práctica, ideológica, moral) parece campear sobre cuerpos y almas el Azar, tan omnipotente cuanto insobornable. Son, junto con los libros de Eduardo de Guzmán, o de Castro Delgado, o el de Morla, o los de Baroja, o el de Chaves, o el de Foxá, o el de Pruneda, de lectura obligada para todo aquel que quiera asomarse a la Guerra Civil. Y sin embargo... «No existe una diferencia tajante entre historia y ficción», dirá Aub en una entrevista de 1963. «Toda historia da cabida a la ficción, del mismo modo que yo doy en mis novelas y cuentos cabida a la historia. Todas las novelas, las buenas novelas, son históricas. Es imposible reconstruir la realidad objetiva e imparcialmente porque todos la vemos e interpretamos de manera distinta. Un historiador es siempre un novelista [...]. Lo que yo hago en esta novela y en las otras que tratan de la guerra civil, puede calificarse, históricamente, como la "visión de los vencidos"».

Con esta declaración Aub trataba de ganar el cielo por el camino de las buenas intenciones. Así no es sencillo ser historiador sin traicionar a la verdad ni novelista sin traicionar a la historia. Finalmente los *Campos* acabarían por ser otro modo de propaganda, tal vez más desesperada, perdida ya la guerra como estaba, y un modo también acaso vano de reescribir la historia. Sus novelas de la guerra, barrocas, broncas, especiadas y por momentos arcaizantes recuerdan un ruedo ibérico sin la cadencia musical de Valle; no podrán ser tenidas en cuenta como crónicas y acaso tampoco como novelas; la literatura no determina quién es el vencedor o el vencido; sí la vida, desde luego. Aub terminaría siendo de los vencedores; acabó entrando en la academia, como quería, y de forma aún más apoteósica: sin tener que presentarse, después de muerto, en un discurso y con muchos fracs alrededor.

La gallina ciega, desde un punto de vista documental, tiene indudable interés, pues todo él aparece cuajado de datos e informaciones sobre los protagonistas dc la guerra y los figurantes en la escena española de los sesenta, a los que Max Aub juzga desairado, a veces rencoroso, a menudo altanero. El libro, sin embargo, aspiraba a más, y es ahí donde nace la desilusión, esta vez grande: delante tenemos a un hombre avinagrado al que lo único que parece preocuparle de esa España que reencuentra es que no se conozca en ella «el santo de mi nombre», que no se hayan leído sus libros o que sea un perfecto desconocido. ¿Se leían en aquella España los libros de Pla, de Cunqueiro,

371. Este libro de Félix Ros (uno de los asaltantes a la casa de J.R.J. que robaron sus libros y manuscritos) incluye en su segunda edición un prólogo de José Janés, uno de los mejores editores españoles del siglo XX. Relata en él la visita que le hicieron a Machado pidiéndole ayuda para Ros, encarcelado en una checa de Barcelona, el Preventorio D, y lo que aquél les contestó. Aunque el libro no sea gran literatura, se ajusta bien a lo que dijo de la guerra Lorenzo Villalonga: «Creo que es mejor no hablar de estas cosas, aunque quizá sea peor el olvidarlas».

372. Corpus Barga había sido un fino periodista antes de la guerra y siguió siéndolo después en el exilio, humorado, decente, liberal. Uno de los que pasó la frontera con Antonio Machado en 1939. Su nombre aparece siempre asociado a los más nobles gestos, se hable de su labor periodística o de sus actuaciones humanas.

de su amigo Santa Marina, por citar a «los vencedores» de su tiempo? Lugar destacado lo ocupan también las comidas y cenas de cada día, de las que nos da los menús completos. En general (hay, por suerte, excepciones), habría que desconfiar siempre de aquellos que anotan con delectación minuciosa los menús que trasiegan. Delectación *menuciosa*, cabría decir. Y no por superficiales. Al contrario. Por haber hecho de la comida algo profundo, serio, con su liturgia, como una religión. Como quien la hace de los ayunos, más saludables, por otra parte. Max Aub, que descree de España en *La gallina ciega*, de la España viva y honda, parece creer, sin embargo, y con fanatismo, en el besugo al horno y en la crema catalana, que le producen más alegría que los encuentros con sus antiguos amigos y camaradas, falangistas o exiliados de dentro o fuera.

Con todo, el esfuerzo de Max Aub por fundar la memoria histórica en dignos pilares literarios es quizá el más notable de cuantos se llevaron a cabo en el campo de la narrativa republicana.

Hubo también otros escritores falangistas que, como se ha dicho, no pudieron salir de Barcelona en los primeros meses de la guerra y tuvieron que quedarse, como Félix Ros.

Desde un punto de vista literario, la importancia de Félix Ros es mucho menor que la de Santa Marina y, desde luego, que la de Max Aub. Ros había escrito, antes de la guerra, un libro de versos y dos de prosas, más o menos evocadoras y romántico-vanguardistas, que tituló *Una lágrima sobre la Gaceta* y *Un meridional en Rusia*. También, como el mismo Santa Marina, había sido colaborador de *Cruz y Raya*.

Como falangista se encuadró, al estallar la guerra, en lo que se vino a llamar entonces, por una alusión de Mola, la Quinta Columna, la organización que espiaba los movimientos republicanos dentro de las ciudades y los pueblos, socorría a los perseguidos, escondiéndolos o ayudándoles a evadirse, y saboteaba, en la medida de sus posibilidades, instalaciones estratégicas.

Al cabo de un año de actividades Félix Ros fue detenido y llevado a una checa conocida como Preventorio D, nombre con el que tituló un libro, al que añadió el subtítulo de *Ocho meses en el SIM*, obra más interesante por el argumento que por la literatura, imprescindible, no obstante, para conocer los hechos. Finalmente sus amigos lograron sacarle de la checa, principalmente Corpus Barga. Un juez firmó la orden, salió y fue detenido de nuevo y llevado a la checa. Los milicianos tampoco estaban de acuerdo con el juez ni con los «hechos».

El editor Josep Janés, enterado de la suerte que corría su amigo por segunda vez, fue a interceder por Ros a Antonio Machado, a quien intentó persuadir relatando las torturas a las que estaba siendo sometido, tales como que le habían arrancado las uñas. Machado le espetó a Janés: «Pues ¿qué? –me interrumpió–. ¿Quiere usted que nos arranquen las uñas a los antifascistas?». Lo contó poco después Janés en su artículo «Intelectuales en la zona roja», que publicó Santa Marina en *Solidaridad Nacional*. Este episodio, grave, es omitido por los historiadores de Machado, a quienes, una vez más, no cuadran los «hechos». Ros fue liberado por los nacionales a su entrada a Barcelona. Janés recuerda también que cuando intercedió por él su amigo Bergamín, de quien Ros había sido secretario en la revista *Diablo mundo*, aquél, sabiendo que era un quintacolumnista, dijo con cinismo: «En la checa por lo menos comerá mejor que en su casa».

Fue también Ros uno de los tres «maleantes» que, acabada la guerra, y haciéndose pasar por una patrulla de la Delegación Nacional de Prensa y Propaganda, asaltaron y saquearon el piso de Juan Ramón Jiménez de la calle Padilla, en Madrid, del que se llevaron manuscritos y libros que le eran preciosos al poeta de Moguer (los otros dos fueron

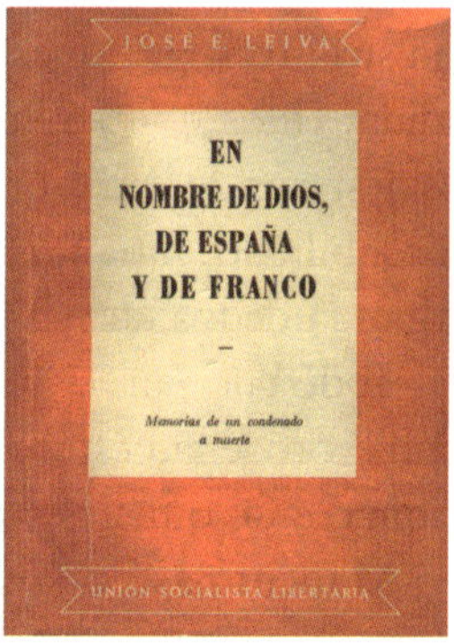

373-378. Ninguno de los que aquí comparecen eran propiamente escritores antes de la guerra, y sin embargo escribieron sobre ella libros que no tienen nada que envidiar a los de novelistas y poetas consagrados. Hicieron buena la frase cervantina: «Lo que se sabe sentir se sabe decir». El primero de ellos, Castro Delgado, con Valentín González *El Campesino* y Jesús Hernández, antiguo ministro de Instrucción Pública, el más ilustre de los relapsos comunistas. Su vida la vertió en dos libros que valen lo que muchas novelas, porque no cree como Max Aub que la historia y la verdad son una rama de la ficción. Los otros cuatro son crónicas de las cárceles franquistas. Cubiertas de *Mi fe se perdió en Moscú*, de Enrique Castro Delgado (en el centro, en el frente, donde fue comandante del famoso 5.º Regimiento); *En las prisiones de Franco*, del secretario general del POUM, Joaquín Maurín; *Mis prisiones*, del político republicano Rafael Sánchez-Guerra; *Yo he sido marxista*, de la periodista Regina García, y *En nombre de Dios, de España y de Franco*, del también periodista José E. Leiva.

Carlos Sentís y Martínez Barbeito), al que le serían restituidos en parte, meses después, por la enérgica intervención del entonces poderoso José María Pemán. «Me gustaría mucho saber por ustedes mismos –le escribiría J.R.J. con zumba diplomática al poeta catalán– que estas cosas les han sido útiles y agradables». Tan útiles, que la primera edición de las *Soledades* de Machado dedicada a Juan Ramón Jiménez les sirvió de regalo de boda para un amigo. Lo conserva la viuda de éste, y acaba de publicarse la dedicatoria que lo confirma.

Junto a Santa Marina y Ros, quedaron en Barcelona, como hemos adelantado, una serie de escritores que se mantuvieron alejados de los hechos, durante la guerra y después de ella, a una prudencial distancia, aunque sus convicciones religiosas nos hagan suponer que se encontraban más próximos de quienes se las respetaban que de quienes les perseguían por ellas.

Dice el *Diccionari de la Literatura Catalana* que las actitudes que los escritores catalanes adoptaron en la guerra fueron «diversas y contradictorias. Unos, emigraron al extranjero y se inhibieron de la lucha desencadenada; otros, emigrados morales, enmudecieron o prosiguieron sus investigaciones; otros, en fin, intervinieron de una manera decidida. Unos, por su vinculación al franquismo, se desentendieron de los destinos de la cultura catalana; otros, que aceptaron puestos de responsabilidad, intentaron convertirse en instrumentos eficaces de propaganda de los ideales debatidos».

Todo ello parece de una gran inexactitud y desviación. ¿Se desentendieron de la cultura catalana escritores como Foix, Pla, Martín de Riquer? ¿O, quienes como Manent, «enmudecieron»?

Manent pasó casi toda la guerra en un pueblecito a las faldas del Montseny, con frecuentes visitas a Barcelona; años después publicó el diario que llevaba entonces, al que tituló *El velo de Maia (Diario de la guerra, 1936-1939)*.

Es un diario muy hermoso, donde se mezclan visiones de la naturaleza y visiones trágicas, hecatómbicas, de la guerra. «Hace cerca de dos años que paso –nos dirá–, en bruscas alternativas, del más dulce idilio geórgico a la más dura obsesión bélica [...]. De la horrible caza de los antiaéreos al júbilo de las calandrias entre los trigos o al monólogo leve, neblinoso, de los mirlos dentro de las barrancas florecidas de espinos y violetas». Son las «investigaciones» a las que se refería el redactor del *Diccionari*.

No se encontrarán páginas sobre la guerra menos estridentes que las de Manent. Su mirada, siempre piadosa, recorre el mundo con infinita misericordia, de manera que al leer ese diario uno llega a sospechar que nos hallamos ante un alma que ve con anteojos ingleses los bombardeos sobre la ciudad, y con lentes chinos, los mínimos y cíclicos batacazos de la naturaleza, mientras consigue seguir el hilo acostumbrado de sus lecturas sobre Stefan George o Proust o sus conversaciones con el joven poeta Vinyoli acerca del novelista francés. Como a Otero Pedrayo en el *finis terrae*, Virgilio no le hurtó el brocal del pozo.

También logró pasar inadvertido, literalmente camuflado de pastelero, en su barrio de Sarriá, enharinándose de vez en cuando las orejas, el poeta J.V. Foix, pese a que sus antecedentes de catalanismo fascista eran notorios desde la publicación de su libro *Revolució catalanista*, que escribió con Josep Carbonell. Pero se ve que los catalanistas de izquierda miraban con más indulgencia a un catalanista fascista que a muchos españoles de izquierda. Más o menos como ahora, aunque, por suerte, sin sangre de por medio. Al acabar la guerra parece que le ofrecieron la dirección de una revista falangista, que Foix estaba dispuesto a aceptar con la condición de que se publicase en catalán. Obviamente le dijeron que no (ya se lo habían negado a Ridruejo), pero tampoco sabemos que protestara mucho.

Hubo otros escritores cuyas simpatías se inclinaban por el mismo bando, y que lograron más o menos desdibujarse, tanto que ni siquiera figuran en el centón de *Literatura fascista española*, como el ya citado Manuel Brunet, o el vanguardista José María Junoy, que empezó en la literatura haciendo caligramas, y luego, tras su conversión al orden y al catolicismo, unas prosas poéticas, azorinianas, muy bien traídas, y críticas de arte. Otros, en fin, como Guillermo Díaz-Plaja, terminarían integrados de tal manera en el paisaje de la cultura española oficialista, que en ningún momento hacían recordar las breves depuraciones franquistas que sufrieron tras la guerra.

La mayor parte de los escritores a los que la guerra sorprendió en Cataluña, sin embargo, y, concretamente, en Barcelona, se sumaron señaladamente, como había sucedido en Madrid, a la causa de la República, entre otras razones porque ésta amparaba y amplificaba, mediante el gobierno de la Generalitat, sus aspiraciones lingüísticas y culturales.

Entre ellos hay que contar, en primer lugar, a Sebastián Juan Arbó, a López-Picó y a Carles Riba. Riba era entonces, y pese a su relativa juventud, uno de los patriarcas de la poesía catalana, en un momento en que la mayoría de los escritores catalanes de cierta valía eran poetas.

En muy pocos años Riba, que había acometido prestigiosas versiones, como la de *La Odisea*, se labró una sólida reputación de un hombre clave en la cultura catalana. A esas versiones siguieron pronto otras de Goethe, Jammes, Dickens, Browning, que servirían tanto o más que su propia poesía, algo repuntada, parnasiana y solemne, a la fijación literaria de la lengua catalana, siguiendo la estela de d'Ors.

Al estallar la guerra, y pese a haber firmado un año antes un manifiesto a favor de la intervención de Mussolini en Etiopía, Riba se puso al servicio de las autoridades culturales de la Generalitat que le llevaron a la dirección de la prestigiosa Fundación Bernat Metge, en la que pasó esos tres años, así como a la universidad, donde daría clases de Griego, y a la participación en la creación de la Institució de les Lletres Catalanes y en la revista institucional *Revista de Catalunya*, aunque el ardor con que realizó estos y otros cometidos (pudo leer su tesis en pleno 1938: sobre Maragall) no debió de ser tan grande ni tan señalado que le impidiese, tras un corto exilio, volver discretamente a Cataluña en 1943 y continuar su labor como poeta y erudito, tal y como había hecho también Otero Pedrayo y, en su caso, con un sentimiento religioso que antes no tenía.

Pla, que lo incluyó en uno de sus *homenots*, escribió de él páginas llenas de admiración y gratitud, conmovido tanto por su bondad como por su ciencia.

El caso de Carner para Pla, sin embargo, era muy diferente. Pero hablemos antes de los otros dos, de Arbó y de López-Picó. Arbó, payés de las tierras del Ebro (a las que dedicó sus mejores libros), era de origen muy humilde. Antes de la guerra ya era un novelista, en catalán, muy conocido. Llegó la guerra y trabajó en la Generalitat, sin mayor entusiasmo, en el Palau Robert. Cuando publicó sus memorias, Franco ya había muerto y él hacía más de cuarenta años que escribía en castellano. Por todo ello es comprensible que se confesase en ellas como un pesimista nato, un tanto amargado, como tantos también, aunque nada fanático políticamente.

López-Picó era otra cosa. Eterno funcionario de la Diputación, de vida sosegada, padre de familia, muy devoto, hombre de orden, «noucentiste» y prolífico. Tenía en 1936 cincuenta años. Hace poco publi-

379-380. *Nabi*, el poema en el que Josep Carner recogió sus experiencias de la guerra. «Jo estaria amb el darrer bandoler i la darrera prostituta contra el darrer general». Se comprende que Pla hiciese de él uno de sus mejores *homenots*.

caron sus diarios inéditos y en ellos cuenta con horror las incautaciones que sufrió su biblioteca a manos de los anarquistas, que dijeron aquella memorable frase: «Demasiados libros para un hombre solo». López Picó no supo si querían decir que eran muchos sólo para un hombre o muchos para un hombre solo, en cuyo caso todos saben, hasta los anarquistas, que nunca son demasiados. La persecución religiosa también le anonadó, así que se hizo franquista convencido durante la guerra. No le duró mucho. En 1939 quedó desengañado de los nuevos amos de Cataluña. La venganza fue clara: lo condenaron al ostracismo, y aunque a veces es un poeta latoso, tiene a menudo páginas notables y un gusto tipográfico excepcional.

Y, ya, pasemos a hablar de Carner. De hecho, para la literatura, para la poesía, el caso de Carner es muy diferente del de Riba, si no con más talento que éste, sí con más gracia o, para decirlo en términos lorquianos, con mayor duende. «No podria pas dir que he conegut Josep Carner. ¿Qui l'ha conegut en el nostre país i en el nostre temps en realitat?», se pregunta Pla. Por eso quizá se siente más fascinado por él que por Riba. Y es natural.

No solo porque su poesía fuese más brillante, más sugestiva, llena siempre de una chispa inesperada y milagrosa, sino porque su biografía era más extraña, y Pla, como buen novelista sin novelas, era sensible a las biografías misteriosas y complicadas. Carner era, en esa línea de personaje novelesco, un dandi y un gran noctámbulo, y en segundo lugar, el mejor conversador con el que se cruzó en su larga vida. ¿Podría desearse algo mejor? Noches y palabras.

Carner fue cónsul en muchas ciudades de Europa y Oriente Medio, desde Génova (donde Pla lo frecuentó) y El Havre (también aquí) a Beirut (donde le sorprendió la guerra) o Bruselas: «Vestit d'smoking (era rar el vespre que no es veiés obligat a posar-se'l), Carner era un home satisfet (o almenys ho semblava)», seguirá diciendo Pla.

Antes de la carrera diplomática Carner se había dedicado al periodismo, al tiempo que publicaba desde poemas a estudios filológicos de la más variada naturaleza. De hecho, sus comienzos fueron fulgurantes: empezó a publicar a los doce años. Daba vértigo. Es, con mucho, el poeta catalán más versátil y con un registro temático y formal más amplio. En catalán y en castellano. Usó los dos.

La valoración de Carner como poeta la hizo Pla bastante aproximada: «Carner és un gran poeta; és una afirmació tòpica, fonamentada i autèntica. Però potser hauria pogut ésser encara més gran si el seu esperit no hagués estat saturat de tanta ironia. La poesia vol candor més que ironia». Pese a todo, la admiración de Pla hacia Carner era ilimitada, lo mismo que la que sentía por sus traducciones (su *Pickwick*, su Shakespeare, su *Les floretes de sant Francesc*) y, sobre todo, admiración por su parla; naturalmente, todo lo ilimitada que podía ser una admiración en alguien como Pla.

Decía Marià Manent en la edición que preparó de los poemas de Carner, que éste, como verdadero poeta lírico, había hecho depender su obra de su propia vida, cosa muy cierta; pero jamás le cargó esa vida a nadie.

La guerra le sorprendió, como decíamos, de cónsul en Beirut, (donde acababa de perder a su mujer); al poco la República le nombró secretario de embajada en Bruselas, después fue a París y en el 1939 emigró a Méjico con su segunda mujer, una belga con la que acababa de casarse, Émilie Noulet, famosa comentarista de Mallarmé. Allí fue profesor de la universidad y uno de los puntos referenciales para el exilio catalán, que él tutelaba, hasta que decidió volver a Bélgica, también para dedicarse a la enseñanza. Al contrario que Riba, no visitó España sino hasta pasados muchos años, unos meses antes de que muriese en Bruselas, en 1970 (una visita «breu i patètica», nos dirá un biógrafo). La mayoría de los críticos admiten que Carner, a pesar de ser tenido por el «príncipe de los poetas», quedó completamente oscurecido. Como tantos, dentro y fuera. Catalanes o españoles. El exilio fue como un perfume: no en todos olía del mismo modo: en Alberti a multitudes, en Carner a violetas. Y así.

Tan cosmopolita y mundano como Carner fue Josep Maria de Sagarra. Abandonó Barcelona en 1936, cuando los anarquistas mataron a su amigo el escritor José María Planas, y le amenazaron a él de muerte; así que se instaló en París, donde escribió *La ruta blava*, ajeno por completo a la guerra. Era un tipo extraordinario, vital, múltiple y rebosante de facultades, muchas veces despilfarradas, un gran señor

381. Josep Maria de Sagarra y Eduardo Marquina, después de la guerra.

382. Mercè Rodoreda. *La plaça del Diamant* es una gran novela acaso porque no trata sólo de la Guerra Civil, sino de aquellas mujeres condenadas a una vida sórdida y a otra guerra civil con sus maridos dentro de sus propias casas, dejadas de la mano de Dios y de los hombres.

(de lo cual quizá estaba demasiado orgulloso). Así que cuando se fue de la España en guerra, lo hizo con un ostensible corte de mangas, parodiando sangrientamente nada menos que «L'emigrant». Cuando volvió, después de la guerra, lo hizo escribiendo en castellano, para *Destino*, aunque reservó el catalán para sus espléndidas memorias, y siguió escribiendo de todo, desde traducir la *Divina Comedia* hasta versos de circunstancias.

Al contrario que Sagarra, no menos genial, o que Gabriel Alomar que huyó, al empezar la guerra, como ministro plenipotenciario en El Cairo, y que podría haber vuelto de no haber muerto en 1941, tanto antes de la guerra como durante y después de ella, Carner fue de un catalanismo acendrado, aunque en realidad vivía fuera de Cataluña desde 1921. Como Riba, y pese a haber sido consejero de la Generalitat en el exilio en 1945, podría haber regresado seguramente antes, pues sus ideas políticas no fueron nunca extremadas o violentas, pero se lo impidieron tanto sus circunstancias familiares como sus convicciones morales. No hay que olvidar lo que le había dicho a su amigo Ferran Soldevila en 1938, en línea con la anarquía burguesa común a otros escritores como Baroja: «Jo estaria amb el darrer bandoler i la darrera prostituta contra el darrer general».

Unos años antes había vuelto de Chile Pere Quart, seudónimo que respondía al nombre del poeta Joan Oliver, a quien encontramos no solo en todas las publicaciones catalanas, como *Mirador* y su sucesora *Meridià*, sino en alguno de los números de *Hora de España*.

Era una especie de Bernard Shaw del terruño, ingeniosísimo, sin pelos en la lengua y muy dinamitero (autor en verso de una parodia de Maragall, que terminaba diciendo: «Jo sóc la vaca de la mala llet». Se le permitió casi todo por su ardiente patriotismo.

Pere Quart escribió un buen número de poemas y obras de teatro con el tema de la guerra, que se llegaron a representar entonces. Son creaciones como su *Oda a Barcelona, Himne a l'Exèrcit Popular*, de 1936, y la comedia dramática *La fam*, que obtuvo el premio del Teatre Català de la Comèdia, de 1938, y que se pensaría que está escrita de broma, si no alentase por debajo un solemne espíritu revolucionario y populista. También, póstumo, un brulote (que tuvo que publicar una editorial separatista y marginal, del que nadie quiso hacerse eco), en el que ajustaba cuentas a todo el mundo, empezando por Tarradellas, una de sus bestias negras, a sus colegas, a amigos y enemigos.

Al llegar enero de 1939 salió al exilio hacia Chile en compañía de todos los jóvenes escritores catalanes que habían compartido el trabajo intelectual de aquellos años, entre ellos Armand Obiols y la compañera de éste, Mercè Rodoreda.

Años después Rodoreda escribiría una de las novelas más célebres, *La plaça del Diamant*, basada en parte en sus recuerdos de la guerra, pero entonces solo era una mujer un tanto a la deriva de sus propias experiencias personales.

La primera de todas, que le marcó para siempre, fue la relación que mantuvo, ya casada, desde 1931, con Andreu Nin, del que se enamoró perdidamente. Solo el día en que conoció la muerte de éste, o su desaparición en Madrid, se atrevió a enfrentarse con la verdad, reveló la naturaleza de sus sentimientos a su marido, primo suyo, catorce años mayor y con el que se había casado con veinte años y medio forzada por la familia, y se separó de él, llevándose con ella a su hijo de diez años.

Rodoreda, que en 1937 era una literata conocida, pues uno de sus libros, *Aloma*, había sido premiado con el prestigioso Joan Creixells, se entregó por entero a las labores intelectuales en el Comissariat de Propaganda y dentro de la Institució de les Lletres Catalanes, donde conoció a Francesc Trabal y Armand Obiols, casado con la hermana de Trabal y director de la *Revista de Catalunya*, con el que Mercè mantendría, pese a la diferencia de caracteres, una larga y no siempre idílica relación amorosa, no desprovista de refinadas crueldades ni de su final triste, de novela. La verdad es que todo en la vida de Rodoreda es bastante novelesco y atormentado.

Al caer Barcelona y tras un breve paso por los campos de refugiados, Trabal consiguió cuarenta plazas para los escritores españoles en el idílico castillo de Roissy-en-Brie, a veinticinco kilómetros de París, de las cuales reservó veinte para los catalanes, el matrimonio Benguerel, Joan Oliver y su primera mujer, Obiols y Rodoreda, Pere Calders y Rosa Artís, Sebastià Gasch y Anna Murià y Agustí Bartra, que en 1968 publicaría una novela de éxito llena de retratos de refugiados españoles en el campo de Argelés y sus guardianes senegaleses, *El Crist de 200.000 braços*, basada en otra novela suya de 1943 que se titulaba *La xabola*.

Durante muchos años, en su exilio ginebrino, luchó Rodoreda por abrirse camino como escritora, cosa que no logró plenamente hasta que un libro suyo, titulado en un principio *Colometa* y más tarde *Plaza del Diamante*, no se tropezó en 1960 con dos escritores catalanes, también exiliados, que habían regresado a España hacía más de una década: Xavier Benguerel, autor de múltiples páginas sobre la guerra, como los cuentos que recogió en *Sense retorn* o las novelas *Els vençuts*, *El desapareguts* o *Els fugitius*, de un catolicismo a lo Mauriac, y unas *Memòries, 1905-1940*, fundamentales para conocer estos años en la cultura catalana, y Joan Sales, un joven que en 1936 no era más que un ferviente comunista catalanista.

Éste, ya en los años cincuenta, dirigía una colección en Barcelona, «El Club dels Novel·listes», a través de la cual, y por indicación de Joan Fuster, jurado del Premio Sant Jordi que había rechazado *Colometa* (en el que también estaba Pla), conoció a su autora (que había vuelto ya a España de visita en 1949) y entabló tratos con ella, con miras a la publicación de aquella novela sobre los años de la guerra, a la que él cambió el título.

Pasados los años, fueron muchos los que reprocharon a Sales sus injustificadas y drásticas intervenciones en los manuscritos de los autores que publicó, que modificaba, cortaba o alargaba según creía conveniente. «Quiero pertenecer –sostenía éste al final de su vida–, a la escuela fundada por el editor de Mark Twain. Era un hombre tan interesado por la literatura como por los lectores. Tenía enmarcadas en lugar preferente de su despacho dos cartas que le habían dirigido dos autores. Una decía, aproximadamente: "Señor editor, estoy desolado con los cambios que ha hecho usted en mi manuscrito. Todo ha acabado para mí y me suicido". La firmaba un desconocido. La otra decía: "Señor editor, dejo en sus manos mi manuscrito. Haga con él lo que crea más necesario. Atentamente...". La firmaba Mark Twain...». Aunque *La plaza del Diamante*, no sea propiamente una novela de o sobre la guerra, ésta la atraviesa de tal modo que viene a subrayar la fatalidad que trajo la guerra consigo. Contada por una mujer con tono coloquial y fingida ingenuidad, es un alegato contra los lugares comunes y un desolador relato del papel de las mujeres en aquella sociedad que no distingía de bandos para marginarlas y maltratarlas. Eso es lo que respetó Sales en su corrección. Desde entonces sería éste ya siempre el editor de Rodoreda en España, y *La plaça del Diamant*, una de las espléndidas cumbres novelísticas de la literatura catalana y acaso la obra más célebre sobre la Guerra Civil de esa literatura, vería la luz en la España franquista, a la que, a esas alturas, no parecían inquietarle especialmente esas obras, aunque en muchas de ellas no dejara de ejercer su especial derecho de pernada: la censura.

Como se ve, Sales tenía una fuerte personalidad y la tuvo en toda época. Aparte de que escribiese en la posguerra, ya convertido al catolicismo, una de las más interesantes novelas sobre la Guerra Civil, *Incierta Gloria*, publicó, en 1975, la voluminosa correspondencia que mantuvo con el poeta Màrius Torres durante los años que van de 1936 a los primeros cuarenta, documento muy necesario para conocer el alma de ambos escritores.

Màrius Torres llevaba desde diciembre de 1935 en el hospital antituberculoso de Puig d'Olena, cerca de Sant Feliu de Codines y Centelles. Desde el sanatorio se veía toda la llanura del Vallés hasta el mar. Era un edificio en medio de un bosque, entre flores y árboles, en un paraje que Màrius Torres describiría muchas veces en sus admirables poemas.

Salvo cortas escapadas a Barcelona, permaneció en ese sanatorio hasta su muerte, en diciembre de 1942.

Durante la guerra empezó a llevar un diario, en principio para cuando su hermano volviese del frente: «Podràs tenir una idea de la meva campanya», y colaboró en el periódico político leridano *L'Ideal* con el seudónimo de Gregori Sastre. El desastre sobrevendría luego. Antes de la caída de Barcelona, su familia, que había llegado de Lérida, tuvo que desplazarse a Montpellier, donde ya estaban Riba y otros exiliados, y él quedaría solo. No regresarían hasta después de la muerte del poeta.

En el sanatorio había conocido a Joan Sales.

Al estallar la guerra Sales era un hombre de pensamiento marxista y de un catalanismo radical. A los pocos meses sintió la necesidad de encuadrarse en alguno de los partidos políticos de izquierda y se afilió al de los comunistas catalanes, recién fundado, del que le atraía la disciplina y los métodos drásticos contra los desma≤nes anarquistas: «La dialéctica de los puños y las pistolas de José Antonio –dirá a la novia de Màrius Torres–, ¿no será la "acción directa" tan pregonada por los anarquistas?».

En las cartas se trasluce el entusiasmo del joven Sales por el momento histórico, convencido de la victoria no solo de la República sino de la nación catalana y las instituciones catalanas. Son cartas llenas de observaciones agudas, reflexiones, cotidianidad y miradas críticas que tratan de contagiarle el entusiasmo a su amigo, enfermo en un hospital y acuciado por frecuentes momentos de duda y desaliento: «Pasarse al otro bando sería un error descomunal, si aquí tenemos la FAI, allí tienen la Falange».

Como es de suponer, las cartas empiezan a teñirse de preocupación en cuanto Sales comienza a conocer de primera mano la marcha de la guerra en el frente, adonde fue de brigada del ejército de Cataluña y de donde salió de capitán.

Incierta gloria, que relata en primera persona y desde diversos puntos de vista, los avatares de un grupo de militares catalanistas (el propio Sales; un cínico que termina pasándose a los franquistas y luego quitándose de en medio, y, por último, un seminarista republicano), sucede en el frente de Aragón, y gran parte de los recuerdos, frases, sentimientos de esa correspondencia, proceden de la correspondencia Sales-Torres. Hay algo en esta novela, una de las mejores que se hayan escrito de la guerra, que la asemeja a *La soledad de Alcuneza*. Cada una en su bando, señalan que la literatura no es el lugar de los vencidos, ni por supuesto el de los vencedores, sino el de los esperanzados.

Vino luego la hecatombe, Sales, su mujer y su hija cruzaron la frontera por Francia y tras una breve estancia en París, fijaron su destierro en las tierras caribes de San Pedro de Macorís, en República Dominicana, y luego, en Coyoacán.

383-384. Joan Sales encarnó la complejidad de las personas y la complejidad de aquella guerra: católico, nacionalista y de izquierdas. Fue, además del editor de alguna de las mejores obras en catalán y en Cataluña después de la guerra, autor de una de las novelas más logradas sobre la guerra. Y alguien de extraordinaria lucidez: «Pasarse al otro bando sería un error descomunal, si aquí tenemos la FAI, allí tienen la Falange», le había dicho en una carta a su amigo Màrius Torres, cuando nadie podía saber todavía que buena parte del Sindicato vertical y único que se montaría tras la guerra lo sacarían adelante, entre otros, algunos antiguos militantes de CNT. Cubierta de su novela *Incerta glòria*.

385. «Estoy convencido de que, con el tiempo, cuando se vean desde la distancia y con serenidad los horrores y los estragos de la última guerra civil española, el fenómeno de esta incomprensible traición de los intelectuales será el más inexplicable de todos», se dice en este lúcido y amargo libro en el que Agustí Calvet, *Gaziel*, antiguo director de *La Vanguardia*, trata de la guerra y la posguerra.

Volvió Sales a España a finales de los años cuarenta, y el hombre, que había sido de un extremismo marxista llamativo, regresó convertido, de modo no menos llamativo, a un catolicismo militante y ultramontano, en absoluto incompatible con su feroz antifranquismo. En el viaje Sales es posible que perdiese muchas cosas, pero no su militancia catalanista, a la que entregó los mejores esfuerzos de su vida y una empresa editorial que acogió alguno de los mejores títulos de la literatura catalana de esos años, publicados todos en los años más tristes y oscuros del franquismo, para tribulación y desconcierto de los futuros historiadores de la literatura.

También volvió a España Gaziel, a quien debemos uno de los testimonios más estremecedores de la España «nueva» surgida de la guerra.

Gaziel, seudónimo de Agustí Calvet, era un periodista y escritor algo mayor que Pla, y de su misma estirpe liberal. Tanto que su liberalismo le llevó a escribir en castellano, después de que Prat de la Riba le desdeñase unas crónicas de la Primera Guerra Mundial para *La Veu de Catalunya*. Había dirigido *La Vanguardia* en la sombra durante más de diez años, hasta 1933, y lo hizo luego de facto, hasta la guerra. Periodista a su pesar (había empezado como filósofo, asistiendo a las clases de Bergson en París), la palabra «periodista» es imprecisa para el vario contenido que encierra en el caso de Gaziel: intelectual, ensayista, politólogo. Xavier Pericay, al hacer la antología de sus crónicas republicanas, lo definió muy bien: «Gaziel no es republicano. O mejor dicho, lo es por simple coyuntura histórica. Gaziel es un burgués liberal que, pongamos por caso, sería republicano en Francia y monárquico en Inglaterra». La voz de Gaziel «se fue volviendo cada vez más parca, más apagada, al punto de adquirir una gravedad testamentaria». Hablamos, pues, de otro más de los representantes de esa tercera España que laminó la guerra: «Yo creo mucho en los hechos, un poco en los hombres, nada en las palabras», escribiría. O sea, todo lo contrario de los que por esas fechas publicaban *Arriba* o *Claridad*. Al estallar la guerra, obviamente le relevan de su puesto de director de *La Vanguardia*, y ha de esconderse de las patrullas de la FAI que le buscan. Logra al fin salir en un barco, y en Génova se reúne con otros catalanes huidos, al amparo de Cambó, de quien escribió en su diario un encendido y sincero elogio y para cuyas organizaciones de zapa y propaganda trabaja en París hasta el final de la guerra. Dispuesto a no regresar jamás a España, Gaziel sólo abandona Bélgica, donde se había instalado, cuando se produce la ocupación alemana. Después de saber que no lo encarcelarán, entra en España en 1940, pero no se libra del expediente correspondiente de depuración de responsabilidades políticas que le llevará a trabajar en una editorial hasta su jubilación. Y entonces ese hombre cansado escribe durante su «exilio» madrileño la que será su gran obra, apenas un librito: *Meditacions en el desert*, al que califica de «un dietario muy íntimo», lo cual no le impide publicarlo en 1974.

Nos cuenta en él que pasó la guerra «por completo en el exilio y sin mezclarme para nada en la escalofriante matanza, ni con unos ni con otros».

Visto desde hoy no es difícil mostrarse de acuerdo con su diagnóstico: «Los periódicos se habían convertido en órganos de propaganda oficiosa, dirigidos y controlados por el Gobierno, y los periodistas, uniformados por el régimen, en agentes de la dictadura. Pero un instinto irreprimible me empujaba a seguir comentando, aunque lo hiciera solo, los acontecimientos».

¿Y de qué acontecimientos hablará en esas notas que abarcan siete años, de 1947 a 1953? Principalmente de uno, el más grave, que desencadenó toda la amargura posterior, tras la victoria de los ejércitos aliados, y «pasará a la historia y pesará en ella: la democracia, de manera infame, traicionó a sus amigos de España y renegó de ellos».

Reproduciríamos aquí de ese libro decenas, centenares de frases y pasajes. Sus retratos de escritores e intelectuales son, con frecuencia, tan certeros como cáusticos: «12 de mayo de 1946. Ortega y Gasset ("una especie de Séneca menor, de unos tiempos muy inferiores [que aceptó inaugurar el curso bajo el retrato de Franco]"), en la conferencia que dio hace pocos días en el Ateneo de Madrid, dijo que España había salido de la Guerra Civil con una salud a prueba de bombas. "Una salud a prueba de bombas", creo que dijo. Sí; debe de ser aquella salud que ya definía Jules Romain, en boca del doctor Knock: *C'est un équilibre instable qui n'annonce rien de bon*».

Su idea de una «tercera España» la expuso, con estas mismas palabras, en los primeros meses de la guerra, ante un grupo de exiliados, entre los que se encontraba, cómo no, Ortega, «pontífice de la intelectualidad castellana», y «casi todos, trataban de nadar y guardar la ropa».

«La burguesía española –que debería ser, como lo ha sido en todas partes, el apoyo más firme de un régimen democrático– es políticamente tan inepta y corta de miras [...] [que] no es capaz de ver nada más, si cae el general Franco, que el retorno del Dr. Negrín [...], partiendo siempre del supuesto simplista y falso, como el de todos los melodramas, de que nos encontramos ante un fatal dilema: Franco o Negrín. Es sencillamente infantiloide, es estúpido; pero es así, porque ni dentro ni fuera de España se ha intentado en serio que sea de otro modo». Y acabará diciendo: «Estoy convencido de que, con el tiempo, cuando se vean desde la distancia y con serenidad los horrores y los estragos de la última guerra civil española, el fenómeno de esta incomprensible traición de los intelectuales será el más inexplicable de todos»

Meditaciones en el desierto (existe traducción castellana) es un pequeño milagro de la literatura española, el testimonio irreductible de un hombre liberal a quien su extrema lucidez («la causa de los males de España ha sido, desde 1936, la decepcionante actuación de sus intelectuales», dirá) sólo pudo llevarle al ostracismo y al silencio al que le condenaron primero la República, después la dictadura y siempre... los intelectuales.

También editor como Sales fue el poeta Josep Janés i Olivé, conocido después de la guerra como José Janés. Había sido hasta 1939 un editor en catalán, y después de esa fecha uno de los más importantes que haya tenido España de literatura castellana o en castellano. Como si la guerra hubiese matado a un Janés y dado vida a otro bien distinto. La importancia que llegó a tener este segundo Janés fue infinitamente superior a la del primero, cuajando la mejor y más refinada editorial literaria de su tiempo.

Antes de la guerra Janés era un poeta exquisito de cierto nombre y el editor que empezaba a revolucionar el mundo editorial con su proverbial buen gusto. Cuando llegó la guerra trabajó en las publicaciones de la República, *Presència de Catalunya*, *Amic* y algunas otras, como *La rosa dels vents*, donde publicó casi un centenar de libros ¡todos literarios! Debió de hacerlo, dede luego, de una manera discreta, hasta enero de 1939 en que salió para Francia, donde se tropezó con d'Ors, que, tras darle algunas garantías, le animó a que volviera.

Regresó Janés a Cataluña, lo detuvieron, le formaron un consejo de guerra y lo condenaron a muerte, pero tanto Santa Marina como Ros, a favor de los cuales Janés había testificado tiempo atrás, le devolvieron el favor, y Janés fue puesto en la calle, libre de cargos. Eran años, sabemos, en los que la justicia valía menos aún que la vida. Desde ese día Janés apenas si escribió. No se puede llamar escribir al artículo que Janés entregó a Santa Marina en julio de 1939 para la *Solidaridad*, en el que insinuaba que había trabajado con los quintacolumnistas del grupo Luis Ocharán; era un tributo y una autoexculpación. A partir de entonces toda su contribución a la literatura española, como editor, fue una de las más ejemplares que jamás se hayan realizado aquí, tanto por su buen criterio como por su conocimiento del oficio, que aplicaba siempre con infalible buen gusto.

No menos muerto, no menos resucitado que Janés, debemos considerar al poeta Salvador Espriu, que siempre se refirió a 1936 «com mort només civil».

A Espriu lo movilizaron en 1936, y a la experiencia de las muertes del frente, hubo de añadir otras dos, de capital importancia en su vida, la de su íntimo amigo el poeta Rosselló-Pòrcel en 1938 (el mismo año en que publicó éste su *Imitació del foc*, que contenía el hermoso poema que dedicó «a Mallorca durant la Guerra Civil») y la de su padre, en 1939.

Las experiencias de la guerra, de las que escribió en *Les hores* y en un breve texto de arte, *Aproximació, tal vegada el·líptica, a l'art de Pla Narbona*, y la guerra misma, le convirtieron en uno de esos oscuros y dolientes exiliados del interior, en cuya mirada podía sorprenderse, hasta en sus últimos años de vida, el miedo, el dolor y el silencio, de donde supo arrancar una de las poesías más personales e intensas de toda la posguerra, pese a la solemnidad de su liturgia.

Las vidas de todos estos catalanes quedaron, pues, interrumpidas o marcadas para siempre, como las de todos aquellos a los que Cataluña acogió en los meses que precedieron a la derrota definitiva. El regreso de los exiliados catalanes a Cataluña, tras la guerra, como el de los gallegos a Galicia, tuvo acaso mayor significación que el de otros escritores al resto de España, y fue, en la mayor parte de los casos, más temprano, aquejados unos por *l'enyorança* y otros por la morriña. Regresaban no sólo a un país sino a una lengua. Lo hicieron poco a poco, silenciosa e ininterrumpidamente, desde los primeros años, aunque a unos pocos (Castelao) se lo impidió la muerte y a otros (Carner) los malos consejeros y el qué dirán republicano. Y se diría que la Dictadura, que nunca permitió la enseñanza del catalán y del gallego ni su utilización en medios oficiales y públicos, acabó transigiendo con unas lenguas y unas culturas que debían de parecerle una extravagancia, y, aunque en sordina, fue tolerando poco a poco y con desdén sus editoriales, sus premios, sus juegos florales. Si durante la guerra la República española no consideró a muchos de los escritores catalanes especiales colaboradores, encuadrados como estaban en instituciones catalanistas, el franquismo tampoco los tuvo por peligrosos enemigos, tal vez porque éste olvidó peor lo que se dijo en su contra en la lengua castellana que en vascuence, catalán y gallego, calificados por él despectivamente como dialectos. Y así, si en el primer caso la República apenas pudo contar con los catalanes para la propaganda (menos incluso que con los gallegos, que imprimieron y escribieron en castellano la mayor parte de sus libros y revistas durante la guerra), el Régimen, en el segundo caso, tampoco, orillándolos a unos y otros durante cuarenta años, y por lo que respecta a los últimos meses de la guerra orillándolos en su escena-

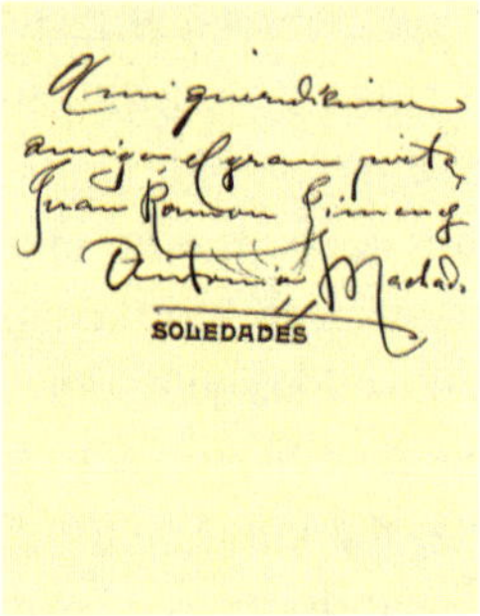

386. La guerra supuso para Antonio Machado no sólo una reactivación de sus tareas políticas (aquí le vemos en un mitin del 1º de Mayo de 1937 en Valencia), sino literarias, poéticas y epistolares, sin perder la compostura moral. Se lo dijo al final de la guera a Ilya Ehrenburg: «Todo está en el *cómo*. Hay que reír alegremente, hacer buenos versos, llevar una vida decente, tener una muerte digna... Si el actor se identifica con su personaje, le resulta fácil dejar la escena...».

387. Esta dedicatoria de Machado a Juan Ramón Jiménez estaba en las *Soledades* del primero, libro que le fue robado de su casa al segundo por Félix Ros al entrar los nacionales en Madrid. Después de devolverle algunos libros y manuscritos, negó a J.R.J. que se hubiera quedado con ningún otro. Ros mintió, y el ejemplar dedicado de *Soledades* fue el regalo de bodas de Ros a un amigo poeta que ignoraba la historia de la procedencia. La historia de su paradero actual es otra historia.

388. Antonio Machado reunió en este libro algunos poemas y prosas escritos hasta su publicación, en 1937. Aún le quedaba por escribir la mayor parte de lo que escribió en guerra. Por razones que desconocemos, los editores nunca lo distribuyeron y sólo circularon algunos pocos ejemplares, causa de su extrema rareza. Al terminar la guerra, la edición completa, guardada en los almacenes de Espasa-Calpe en Madrid, fue destruida.

rio, Barcelona, que lo volvía todo un poco más extraño. En Barcelona estaba también Antonio Machado.

Las últimas prosas de Antonio Machado, publicadas en *La Vanguardia,* bajo el título «Desde el mirador de la guerra» rezuman tristeza y presentimientos sombríos, como tristeza y presentimientos sombríos le habían suscitado a Gaziel, en ese mismo periódico, los últimos años de la República. La sensación de disolución social y militar debía de ser generalizada.

Incluso a veces es como si al viejo poeta le mantuvieran desinformado. Es lo que pensamos al leer la carta que en junio del año 1938 le escribe a Baroja. ¿Ignoraba Machado que seis meses antes había estado Baroja en Salamanca, con los «malsines»? ¿Sabía la opinión que Baroja tenía de los republicanos? Todo en Machado, en esos postreros meses, lo fue ocupando la guerra, la derrota, e incluso cuando preparó en Barcelona su prólogo a *La Corte de los Milagros* de Valle-Inclán, en la edición que cuidó Amster, no podrá sacudirse las impresiones de esa guerra ni la tentación de comparar guerras, causas y facciones.

A la prosa de Machado, con la de fray Luis una de las más admirables, tersas y clásicas de nuestra literatura, le fue atacando el orín de la retórica. Una de sus alocuciones a los soldados del Ebro, leída por el comandante de división Tagüeña, empezaba: «La España del Cid, la España de 1808, reconoce en vosotros a sus hijos...». Aunque con fines muy diferentes, son palabras que escribió, por esos mismos días, su hermano Manuel en Burgos para ser publicadas en el *Abc* de Sevilla, la Sevilla de Queipo, y como rescate de posibles y futuras prisiones. Mitos, símbolos y banderas para todos iguales.

En los últimos meses que Machado pasó en Valencia había trabajado febrilmente, recibiendo a periodistas y enviando a todas partes artículos, poemas y declaraciones. Dijo querer publicar incluso, con su hermano José, con el que había publicado *La guerra*, su inencontrable libro, una *Historia poética de la guerra,* de la que nada sabemos. Llevaba una vida familiar junto a sus tres hermanos, las mujeres de éstos y ocho sobrinos, y su madre, y se siente agradecido a la República que le permite mantener a tan extensa parentela. Pero ya entonces vive con su presagio: «Tengo la certeza de que un posible destierro sería para mí la muerte».

Ya en Barcelona menudearon las salutaciones de Antonio a los cuerpos de ejército, a los regimientos, a los soldados. Sus saludos, otrora tan virgilianos, se volvieron castrenses y desesperadamente patrióticos. «Mi más respetuoso saludo militar», le escribirá a Vicente Rojo el 19 de enero de 1939. Ver cuadrarse a Machado resulta tan extraño como triste.

En esos meses finales de 1938, Machado, que había dicho tan solo dos años antes que «tal vez porque soy demasiado romántico, por el influjo, acaso, de una educación demasiado idealista, me falta simpatía por la idea central del marxismo: me resisto a creer que el factor económico, cuya enorme importancia no desconozco, sea el más esencial de la vida humana y el gran motor de la historia», ese hombre, por simpatía ahora hacia una causa que le parecía justa y perdida, decide aceptar el carné del Partido Comunista, como leo en dos o tres libros, aunque a estas alturas no pueda uno fiarse de los datos de nadie. Su política, en cualquier caso, era lo bastante afín como para que pudiera considerársele un «compañero de viaje». Entre los testimonios de esos días contamos con el del periodista Carlos Sampelayo, tan poco sospechoso de desafección a la causa republicana. «Recuerdo a don Antonio en otro banquete que le dieron los comunistas antes de terminar la guerra en Barcelona. Se le advertía ya totalmente viejo. Parecía cansado de vivir, como ausente de lo que estaba pasando allí, que era muy importante. Se festejaba el ingreso del poeta en el partido, la firma y entrega de carné. Yo creo que no se daba cuenta de lo que firmaba, y si se la daba, le traía sin cuidado. Lo mismo hubiera firmado un carné del Partido Radical, de habérselo puesto delante, y no se podía desaprovechar la ocasión de mostrarle al mundo aquella baza publicitaria que representaba la catequesis de Machado. Los discursos, los himnos, las alabanzas le aturdieron. Era una sombra que se convertía en símbolo. Algunos espectadores neutrales sentían lástima. Luego le llevaron de aquí para allá haciendo política con su nombre y su poesía, pero a la hora de correr, aquellos comunistas le dejaron solo con su madre». Ian Gibson rechaza indignado en su prolija biografía de Antonio Machado este testimonio, y el de Castro Delgado, en *Hombres made in Moscú,* y el de Janés, que seguramente desconoce; se ve que le parece una ignominia que se trate de «intoxicar» la memoria de Antonio Machado. Intoxicar, ¿por qué? Gibson, que «dudaba» por falta de datos (el que le daba Celaya no debía de considerarlo suficiente) de la amistad de José Antonio con Lorca, calla el episodio relatado por Janés, Castro Delgado o Quintana, cuando en compañía de Janés, acuden al poeta sevillano para que intercediera en favor de Félix Ros. ¿Contradicen estos testimonios los abundantes textos de Machado escritos por él en esos tiempos? En absoluto. Hacen más compleja la realidad y nos ayudan a ver lo que también en ellos hubo de temor, de compromiso y de propaganda, y lo que hay de sincero y entregadísimo amor a España, su España republicana, laica y liberal, la España, la llamó él con razón, de la decencia.

Al periodista ruso Ehrenburg le hacía estas declaraciones dos meses antes de morir, hablando justamente de la muerte: «Todo está en el *cómo*. Hay que reír alegremente, hacer buenos versos, llevar una vida decente, tener una muerte digna... Si el actor se identifica con su personaje, le resulta fácil dejar la escena...».

Y al final, la lucidez absoluta, palabras que habría de rubricar con su quebranto definitivo: «Quizá, después de todo, nunca aprendimos a hacer la guerra. Además, carecíamos de armamento. Pero no hay que juzgar a los españoles demasiado duramente. Esto es el final; cualquier día caerá Barcelona. Para los estrategas, para los políticos, para los historiadores, todo está claro: hemos perdido la guerra. Pero humanamente, no estoy tan seguro... Quizá la hemos ganado».

Setenta años después las palabras de Machado parecen haber encontrado cumplimiento, sin contar con que desde nuestros más altos clásicos, Manrique, San Juan o Cervantes, no se encontrará obra más justamente enaltecida e inamovible que la suya. Machado, desde luego, ganó crecida, merecidamente su guerra.

Cayó Barcelona, como vaticinaba, y salieron cientos de miles de hombres y mujeres hacia el exilio.

Montones de fotografías y decenas de películas recogen el momento desolador en el que un ejército y un pueblo desgarrado, acosado por los vencedores, cruza bajo la nieve la más triste frontera de la tierra: la de la derrota. Los hombres, sin afeitar, tienen miradas como de vidrio: a muchos se les han helado las lágrimas antes de derramarse, y los niños y niñas, en calzones y faldas muy cortos, tienen las piernas amoratadas junto a hogueras que apenas encuentran aliento para elevarse junto a charcos de lodo helado.

Los nacionalistas, sin embargo, no contentos con la victoria, practicaban y deseaban la aniquilación. Lo dijimos al principio de este libro: Franco buscaba, desde que la empezó, una guerra de exterminio. No perseguía la curación de España, o sajar un absceso, como creyeron gentes como Unamuno, Baroja, Ortega y tantos otros, sino su amputación definitiva por lo más sano. Solo así se explica el bombardeo por la aviación alemana de la estación de Figueras, repleta de refugiados civiles que esperaban tomar los trenes que les conducirían a Francia.

Entre los que se dirigían a esa estación, a pie por la carretera, arrastrando una maleta por todo patrimonio, se encontraban Carmen Dieste y Fe Gaya. Fue entonces cuando se produjo el ataque aéreo contra quienes solo trataban de ganar un tren y el reposo. Escenas similares han sido tantas veces llevadas al cine, que resulta ocioso describirlas. Fe Gaya llevaba en brazos además a su hija de un año. Cuando los aviones se perdieron en el horizonte, quedaron en una cuneta dos cuerpos: uno, el de la madre, destrozado, y otro, el de la niña, a quien la madre preservó de la metralla cubriéndola con el suyo. Cuenta esta terrible escena Gil-Albert en su *Memoriabilia*. Carmen Dieste, que lo cuenta también en desgarradoras cartas a su marido, se hizo cargo de la niña y consiguió que una ambulancia se llevase a su amiga agonizante. No hubo siquiera tiempo de despedidas. Murió, supieron, a las pocas horas. Cuando, a través de Carmen Dieste, llegó la noticia al campo de concentración, los amigos decidieron ocultársela al joven Gaya, en tanto siguieran allí.

Fue aquella muerte inesperada, última, ociosa, más inútil que toda muerte, símbolo de una muerte mayor, la de una España que salía de la guerra bañada en sangre, y bañada en sangre ponía el primer pie en una paz inicua y dudosa.

Otros tuvieron mejor suerte, si así puede llamarse. Machado, enfermo y viejo, con su madre y su hermano José, sale de España en el mes de enero. El 27 cruzaban la frontera, junto a Navarro Tomás, Riba, Corpus... De ese viaje se conserva una fotografía en la que varios hombres hacen un alto en el Mas Faixat del Ampurdán. Todos guardan silencio, sentados bajo unos árboles sin hojas, y hacen tiempo. Machado parece entretenerse en dibujar en la tierra con la contera de su bastón Dios sabe qué enigmáticas cifras de lo que había vivido y lo poco que habría de vivir. De todo ese penoso viaje a ninguna parte hay un relato estremecedor de uno de los testigos y miembro de la comitiva, el filósofo Joaquín Xirau, *Por un camino claro*, minucioso de detalles, de noticias, de fervoroso y devoto recuerdo para el maestro sevillano. Una mujer, Nuria Folch, aseguró pasar la noche en un tren «atestado de gente, cerca de la frontera», junto a Machado, y recordaba que «el poeta, ya muy enfermo, era acunado como un niño por su madre, de noventa años».

Llegó la comitiva al pequeño pueblo costero francés de Collioure y Corpus Barga le buscó al poeta acomodo en un hotelito familiar, el hotel Bougnol Quintana.

Desde allí le escribe Machado a Bergamín, al que agradece las gestiones que éste hizo para llevárselo a Inglaterra de profesor. «Así pues, el problema queda reducido –le dirá en esa carta– a la necesidad de un apoyo pecuniario a partir del mes que viene, bien para continuar aquí en las condiciones actuales, bien para trasladarme a alguna localidad no lejana donde poder vivir en un pisito amueblado en las condiciones más modestas». Había vivido en Barcelona en el palacio de los duques de Muragas, pero Machado, como muy bien lo conocía J.R.J., era el hombre más indiferente a tales lujos.

La carta lleva fecha del 9 de febrero de 1939. El 20 de ese mes moriría uno de los más grandes poetas de todos los tiempos, y dos días después, su madre. Trabajaba esos días en un prólogo que debería ponerse al frente de cuatro discursos de Manuel Azaña que no pudieron publicarse, como estaba previsto, en Barcelona; y en un nuevo poema, escrito en versos alejandrinos. El prólogo, concluido, es ejemplo de lealtad y admiración hacia el presidente de la República; del poema solo llegó a terminar el primer verso, un verso que, sabiéndolo el último, cierra admirable, enigmáticamente su obra y su vida, abriéndonosla a la poesía y a la vida de todos y de siempre: «Estos días azules y este sol de la infancia...». Sampelayo asegura en su crónica que a ruegos de la madre, Zugazagoitia, Cruz Salido y él mismo lo amortajaron con un hábito franciscano y a falta de cordón se sirvieron de una liza que facilitó la patrona del hotel, a quien previamente Zugazagoitia convenció con dinero para que permitiese que el velorio se pudiese organizar allí mismo. Este hecho también suele ser omitido en las biografías del poeta. La madre, que moriría dos días después, como se ha dicho, quería que a su hijo Antonio se le enterrase como se había enterrado a Demófilo, su padre, y a su abuelo, con aquel sayal frailuno. Nada de esto fue referido por ningún otro de los presentes. La mujer de José, Matea, aseguró que le amortajaron con una sábana. ¿Se lo inventó todo Sampelayo? Quién sabe ya a estas alturas. Manuel Machado sería amortajado con ese hábito, y de ello sí hay constancia.

Cuando Antonio murió, tuvo lugar uno de los episodios sin duda más conmovedores en la vida de ambos hermanos, Manuel y Antonio, en la vida de uno y en la muerte del otro..., cuando uno y otro, en

1935, habían escrito ya *El hombre que murió en la guerra*, drama que se quedó sin representar a falta de un buen actor, cuando iba a haberlos tan buenos para ese papel un año más tarde.

De modo casual se enteró Manuel Machado por la prensa francesa, que se recibía en la Oficina de Propaganda en Burgos, de que el poeta español Antonio Machado había muerto en un pequeño pueblo del sur de Francia. Consiguió Manuel salvoconductos y llegó a Collioure en coche oficial y una escolta, desde Burgos. El viaje duró dos días. Allí le esperaba la noticia de que también acababa de morir su madre, enterrada con él en el mismo cementerio. Sabemos que Manuel pasó un día en Collioure, que agradeció a la dueña del hotelito donde murieron los últimos auxilios que esta dispensó a su hermano y a su madre, y que permaneció la mayor parte de la jornada en el cementerio, junto a sus tumbas. ¿Se encontró allí con su hermano José, el dibujante, también exiliado? De ser así, nadie supo jamás de lo que se trató entre ambos. Ni Manuel lo contó ni José, que años después escribiría un opúsculo sobre la muerte de Antonio, mencionaría los pormenores de aquel encuentro, de haberse producido. Existe, o existía, una extensa carta de Manuel Machado a José María Alfaro contándole ese viaje y su estancia en Collioure. Pasó por las manos de un avinagrado aljabibe del Campillo del Mundo Nuevo, a quien vimos romper otras, igualmente importantes dirigidas todas ellas a ese diplomático español, lo que le valió el sobrenombre de «El Atila del Rastro». La de Machado acabó, al parecer, en manos de un coleccionista, que debe de tenerla aún.

No es tan solo la muerte de Antonio en Collioure, como se ha supuesto y repetido hasta la saciedad, sobre todo en estos últimos años, el símbolo de la mejor España, la más decente, pura y libre, con ser Antonio uno de los más puros, libres y decentes españoles que hayan nacido en ella, sino que también lo es ese largo viaje de Manuel, en absoluto desamparo, a reunirse con Antonio. El encuentro con el hermano muerto, con la madre muerta, con el hermano superviviente acaso... Deberían interesarnos a todos los pensamientos de Manuel junto a las tumbas de ese pequeño cementerio, sus sentimientos y su dolor, y los pensamientos más hondos y vivos de un Antonio ya muerto en aquel mismo lugar y desde donde lo estuviera viendo, si acaso esas cosas suceden... Ahí es donde deberíamos ver el arranque de la reconciliación nacional, si es que alguna vez estuvieron enfrentados sus corazones mientras duró la guerra. No en una victoria de las armas, o de las ideas, sino en la muerte. La reconcilia-

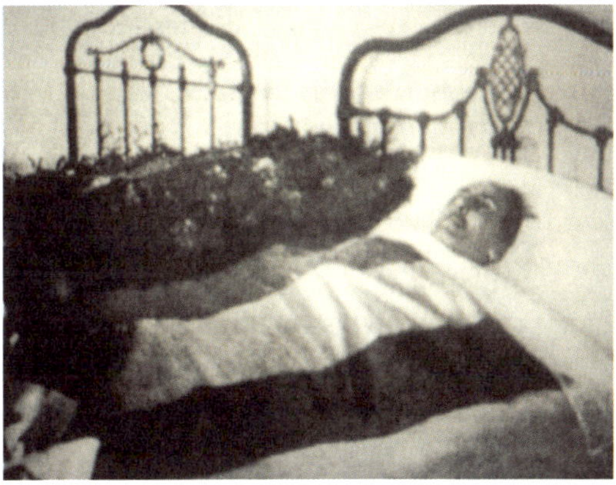

389. Machado le había dicho también a Ilya Ehrenburg: «Quizá, después de todo, nunca aprendimos a hacer la guerra. Además, carecíamos de armamento. Pero no hay que juzgar a los españoles demasiado duramente. Esto es el final; cualquier día caerá Barcelona. Para los estrategas, para los políticos, para los historiadores, todo está claro: hemos perdido la guerra. Pero humanamente, no estoy tan seguro... Quizá la hemos ganado». En la imagen, Antonio Machado (con bastón) con su hermano menor José (de pie a la derecha), el doctor José Sacristán, Enrique Rioja y Juan Roura en el *Mas Feixa*, camino del exilio, 1939.

390. Antonio Machado, todo él un siglo de oro, en el hotelito de Collioure donde murió desterrado, enfermo y en la mayor pobreza.

391. Último retrato de Antonio Machado, el poeta que encarnó como nadie, en la literatura y en la vida, la suprema dignidad del hombre frente a las circunstancias adversas, que no siempre le respetaron.

392. Antonio Machado en su lecho de muerte, bajo la bandera republicana. Aun enfermo, había estado hasta días antes haciendo planes para él y su familia. Como había vaticinado, murió desnudo, como los hijos de la mar. No dejó otros bienes materiales que un trozo de papel, encontrado en el bolsillo de su chaqueta, su último verso: «Estos días azules y este sol de la infancia».

ción solo se produce cuando las dos partes han perdido ya todo lo que tenían que perder, y en Collioure los dos hermanos perdieron la vida. Antonio la suya; Manuel, la de su hermano tanto como la suya propia. Ambos, ante la muerte, habían perdido la retórica.

Algunos años después Manuel escribiría uno de sus más hermosos poemas y tal vez uno de los más hermosos de nuestra lengua. En cierto modo está escrito a medias con su hermano Antonio. Lo tituló «Ecos», y estaba encabezado por un verso de éste: «¡Chopos del camino blanco, álamos de la ribera!», que glosaba, y parece como si le hubiese sido dictado por la voz de su hermano, quien acaso guiaría la mano de Manuel sobre la cuartilla, hasta llevarle a presencia de su madre muerta, a la que el poeta pregunta:

¿Qué tiene este verso, madre,
que de ternura me llena,
que no lo puedo decir
sin que el corazón me duela...?

¡Chopos del camino blanco, álamos de la ribera!

¿Qué tienen, madre, qué tienen
estas palabras que suenan
tan adentro de mi pecho,
y tan lejos y tan cerca...

¡Chopos del camino blanco, álamos de la ribera!

¿Qué dicen, sin decir nada...?
Sin contar nada, ¿qué cuentan...?
De estas palabras sencillas
¿qué puso Antonio en las letras?

¡Chopos del camino blanco, álamos de la ribera!

Cuando en mis labios las tomo
y hasta mis oídos llegan...
¿por qué lloro sin consuelo?
y ¿por qué lloro sin pena?

¡Chopos del camino blanco, álamos de la ribera!

Podemos entender estos versos como la respuesta de Manuel a aquellos otros bellísimos, escritos también en plena guerra, que Antonio le dirigió desde los huertos valencianos:

Otra vez el ayer. Tras la persiana,
música y sol; en el jardín cercano,
la fruta de oro; al levantar la mano,
el puro azul dormido en la fontana.

Mi Sevilla infantil, ¡tan sevillana!
¡cuál muerde el tiempo tu memoria en vano!
¡Tan nuestra! Aviva tu recuerdo, hermano,
No sabemos de quién va a ser mañana.

393. Al enterarse de la muerte de su hermano por la prensa francesa, Manuel Machado corrió a Collioure, donde también le esperaba la noticia de la muerte de su madre. Relató ese viaje a José María Alfaro en una larga carta que pasó hace unos pocos años por el Rastro y hoy en paradero desconocido; las impresiones las puso en uno de los poemás más hondos de la lengua castellana, en el que Manuel abrochó a un tiempo a su madre y a su hermano Antonio.

En la confusión de la diáspora, muy cerca de la frontera, mientras Machado, Corpus Barga, los de *Hora de España*, y miles de españoles la cruzaban y otros morían ejecutados por la miseria en la otra parte, tenía lugar en ésta un fusilamiento: el del falangista Sánchez Mazas.

¿Fue Sánchez Mazas un hombre valeroso? No lo parece. Ledesma Ramos, por ejemplo, lo definió por escrito como «hombre no muy provisto de heroísmo». En todo caso durante la guerra no le dieron lugar a demostrarlo, porque la pasó la mitad en la embajada de Chile, en Madrid, y la otra mitad en cárceles catalanas.

Como se recordará, antes de la sublevación Sánchez Mazas había huido de Madrid, hacia Portugal, aprovechando un permiso carcelario que se le dio para conocer a su hijo recién nacido, permiso del que se beneficiaba bajo palabra de honor de no ausentarse de la capital. Solo la autoridad de José Antonio le obligó a regresar, lo que hizo sin prisas, pero el levantamiento le evitó tener que presentarse en la cárcel, como quería su jefe, y le llevó, tras ser detenido en la calle en un primer momento y puesto en libertad al hacer creer a la patrulla que llevaba un mensaje secreto a su amigo Prieto, a pedir asilo primero en la embajada de Polonia, que fue asaltada y de la que logró salir huyendo por una ventana, y luego en la embajada de Chile, cuyo embajador simpatizaba, sin recato, con las ideas de la rebelión y que por ello fue objeto de múltiples amenazas de asalto.

Durante el año que pasó en la embajada, Sánchez Mazas, por entretener el ocio de sus compañeros de cautiverio, escribió su novela *Rosa Krüger*, que se editó cincuenta años después, muerto ya su autor, espléndida, aunque inacabada novela, homenaje a Extremadura, el Pirineo y el corazón de Europa, con páginas memorables. La estructura bizantina de la obra recuerda las condiciones en que salió de la cabeza de su autor: capítulos cortos que escribía durante el día y leía al grupo de amigos por la noche, para hacerles corta la espera y liviano el encierro. Morla refiere que Sánchez Mazas le contó (julio 1937) que había escrito allí dentro «tres libros». Estaba desaseado y sucio (aunque una primera vez le había visto aseado e incluso perfumado). Cuenta Morla también que Sánchez Mazas le aseguró que Lorca vivía: «Pasear a este pez gordo sería rematar con un broche de oro su obra», le dijo con ese cinismo, desprecio y resentimiento tan españoles. Finalmente Sánchez Mazas, que desistió por miedo a pasar las líneas por la sierra madrileña, se fugó en un camión a Barcelona, y allí le detuvieron, recluyéndole a continuación en el barco-prisión *Uruguay*, el 19 de enero de 1938. La embajada de Chile no pudo hacer nada por él, al haberla abandonado. Morla dice que «siempre estaba asustado». Salió de la embajada sin decirle nada a nadie. Con un plan que le habían preparado desde fuera. Y todo salió mal.

Se dijo entonces que Azorín medió para librarle de una pena de muerte. Hay algún testimonio que lo confirma. También se propaló que se había intentado canjearle por los cuadernos del *Diario* de Azaña sustraídos en Ginebra, o, a través de su amigo Indalecio Prieto, por algún otro prisionero, lo que no se consiguió.

Entre los compañeros de Sánchez Mazas en la embajada estaba Samuel Ros, un escritor que había frecuentado a Ramón Gómez de la Serna y al Giménez Caballero de *La Gaceta*.

Los cuentos, novelas y crónicas de periódico del joven Ros tienen la espuma de las vanguardias y el picor de las burbujas, que si en París eran de champán, al llegar a la estación del Norte eran ya de sifón.

Ros salió de la embajada hacia Chile, país al que llegó en 1937 y en el que publicó un libro con sus experiencias de guerra y de la muerte de su novia, al que tituló ramonianamente *Los vivos y los muertos*. La novelita *Meses de esperanza y lentejas* que aborda su paso por la embajada de Chile es decepcionante, como lo es *La vida inmóvil* que escribió el también refugiado Joaquín Calvo Sotelo durante el tiempo que permaneció en la embajada de Chile durante la guerra.

Volvió Ros de Chile en 1938 y sustituyó a Halcón en la dirección de *Vértice*. De Sánchez Mazas no se sabría nada hasta el final de la guerra. Cómo logró salvar el manuscrito de *Rosa Krüger* es cosa que no he podido averiguar con detalles. Cómo se salvó él mismo, tampoco. Ni yo ni nadie.

Esta novela nada tiene que ver con la guerra ni nada de ella hace pensar en los dramáticos momentos por los que atravesaba España. Curioso personaje Sánchez Mazas. En cierto modo aquélla era una guerra a la que él había contribuido como pocos, pero en la que apenas intervino unas semanas, al final, en la retaguardia. Al igual, recuérdese, que la mayoría de los fundadores de Falange; empezando por su propio jefe, todos sus jerarcas intelectuales dejaron, lejos del frente, que la guerra se la ganaran otros.

Sánchez Mazas fue, sin duda, el intelectual por el que más respeto y simpatía sintió José Antonio, que le encargó su célebre *Oración de los muertos*; con él fundó la Falange y con él, en el piso que el primero ocupaba en el paseo de Rosales, discutió una tarde si FE debería presentarse con las izquierdas o con las derechas en las elecciones de 1933. Sánchez Mazas: un hombre, medio judío de origen extremeño, cuyo talante de aristócrata arruinado le había llevado a declarar antes de la guerra, y después de ella, que la política era cosa de muleros. Así estaban las cosas entonces, en 1933. Alguien presente en aquel cenáculo, su mujer Liliana Ferlosio, resumió la conspiración: «Pudo el señorito que llevaban dentro, y apoyaron a las derechas».

Sánchez Mazas apenas había publicado antes de la guerra un puñado de versos, un libro de memorias infantiles y, con seudónimo, un libro sobre el Vaticano que él mismo retiró de la circulación por temor a que la Iglesia se incomodara y le retirara a él los sacramentos; pero su prestigio como articulista era grande y le había llevado, en muy poco tiempo, a los puestos más altos del periodismo, que ejerció durante años en Roma, como corresponsal de *Abc,* enviado allí por su condiscípulo Juan Ignacio Luca de Tena, que volvería a emplearle después de la guerra.

Los años romanos le proporcionaron un conocimiento directo del fascismo, al que asistió desde la marcha mussoliniana sobre la capital italiana en 1922, y antes que nadie en España, incluso antes que Giménez Caballero, prestó atención a los nuevos vendavales que soplaron sobre la política italiana.

Muchos de los mitos y símbolos del futuro falangismo español, así como buena parte de su retórica, se los proporcionó Sánchez Mazas: modelos históricos, interpretaciones del clasicismo literario y artístico y conceptos de la nueva catolicidad y europeidad carlomagnista, obtenidos de la ciudad imperial.

Si de alguien puede decirse lo que Payne afirmó de todo el falangismo español, es de Sánchez Mazas: «Su contenido ideológico era, en definitiva, menos importante que su tono emocional». Eso que se conoció como «el estilo» de Falange, entre la cursilería y la rudeza: la afectación como patología.

«Sánchez Mazas era caso aparte –nos dice de él Ridruejo–. Sin duda [José Antonio] tenía por él alta estimación literaria y valoraba la ayuda que le prestaba como escritor e inventor de fórmulas. Pero no tenía nada de hombre de acción. Doctrinalmente era un nacionalista maurrasiano, mucho más conservador que su jefe, aunque quizá era el único que, por aversión temperamental, comprendía los escrúpulos de este a los métodos violentos que casi todos los demás le exigían y a los que él mismo se oponía más por reflexión que por impulso espontáneo».

Durante esos tres años que fueron de 1933 al 1936, escribió Sánchez Mazas para los dos periódicos falangistas toda su literatura política, si es que a algo político podemos llamarlo literatura. Él mismo se refirió a ella con desdén llamándola «literatura de munición». Una vez instalado en la victoria raramente volvió a descolgar la péñola de su espetera ni mojarla en la tinta de la circunstancia militante. Aquellas viejas colaboraciones las reunió en un libro que tituló *Fundación, Hermandad y Destino*. Libro extraño éste, como extraño debió de ser su autor. Todo en uno y otro resulta anacrónico, tal la estampa de un viejo carlista. Se publicaba, en primer lugar, dieciocho años después de ganada la guerra. Eran, como se ha dicho, artículos más antiguos aún, de veintidós y veintitrés años atrás. Llevaba un prólogo del propio Sánchez Mazas de seis palabras: «Ni me arrepiento ni me olvido»; llevaba un pórtico de Eugenio Montes, fechado en... Burgos el 14 de febrero de 1939. Y una carta de José Antonio dirigida la víspera de su muerte al autor desde la cárcel de Alicante el 19 de noviembre de 1936. Es una carta que recuerda la semblanza que del fundador de Falange hizo el socialista Zugazagoitia: «Su conducta era liberal, cariñosa, y en las horas de encierro tejía sueños de paz, esbozaba un Gobierno de concordia nacional y redactaba el esquema de su política. Temía una victoria de militares. Eso era, para él, el pasado». En la carta a Sánchez Mazas, decía José Antonio: «Querido Rafael: Voy a escribir muy pocas cartas, pero una ha de ser para ti [...]. Perdóname (como me tenéis que perdonar cuantos me conocisteis) lo insufrible de mi carácter. Ahora lo repaso en mi memoria con tan clara serenidad que, te lo aseguro, creo que, si aún Dios me evitara el morir, sería en adelante bien distinto. ¡Qué razón la tuya al reprender con inteligente acierto mi dura actitud irónica ante casi todo lo de la vida! Para purgarme quizá se me haya destinado esta muerte en la que no cabe la ironía. La fanfarronada, sí; pero en ésta no caeré. Te confieso que me horripila morir fulminado por el trallazo de las balas, bajo el sol triste de los fusilados, frente a caras desconocidas y haciendo una macabra pirueta. Quisiera haber muerto despacio, en casa y cama propias, rodeado de caras familiares [...]. Abraza a nuestros amigos de las largas tertulias de La Ballena, empezando por el tan querido canciller don Pedro Mourlane. Dos abrazos especiales para José María Alfaro y Eugenio Montes [...]. Y que a ti, a Liliana y a tus hijos os dé Dios las mejores cosas. Un fuerte abrazo, Rafael. José Antonio».

394. Sánchez Mazas leyendo *Rosa Krüger* a refugiados de la embajada de Chile en Madrid, 1936. A su derecha, Samuel Ros.

395. «Durante más de un año fuiste libre en las cárceles, como nunca. Un día te sacaron de la prisión, te sacaron al bosque con otros muchos compañeros y te fusilaron. Te levantaste ileso de entre los muertos y echaste a andar por el bosque, durante días. [...]. Vivías de limosna, dormías bajo las estrellas. Nadie te conocía, nadie sabía de tu nombre. Sólo tenías una obligación: vivir en cuerpo y alma. Era maravilloso. Eras un preso sin cárcel, sin carceleros, sin horario, sin campanas, con el sol, la luna y las estrellas y el viento entre los árboles. [...]. Eras un mendigo. Entonces descubriste que la Pobreza, la vida mendicante, humilde y anónima, era hermana gemela de la libertad aquella de la cárcel», escribió Sánchez Mazas a los pocos meses de resucitar de entre los muertos en este texto que permanecía inédito. En la imagen, con Pilar Primo de Rivera el día que lo encontraron los soldados del ejército de Franco.

396. Para Sánchez Mazas había pasado el tiempo de la «maravillosa Pobreza» a la que se había referido, el de la suprema Libertad, mientras estuvo preso, y entraba por la puerta de la muerte en la era de los vencedores, cuyo lema también escribió él: «Ni me arrepiento ni me olvido». En la imagen, llevando el féretro con los restos de José Antonio en El Escorial.

De no ser por este *Fundación, Hermandad y Destino* y la batería de fotos en las que se le ve con camisa azul y los correajes, nada haría pensar en Sánchez Mazas como el intelectual del fascismo español. Muy al contrario: sus poemas son los de un modernista tardío, llenos de viejas consolas, caracolas y marinos mercantes, poemas elegíacos y tristes que suenan a veces con esa música de las campanas rotas en medio de los campos. Y en su prosa, en la prosa de sus ensayos literarios, está tal vez uno de los mejores castellanos de toda su época. Sus fuentes fueron Bernal Díaz del Castillo, Feijóo, el padre Sigüenza, Unamuno, tal vez el fino Azorín. Sánchez Mazas, que tenía un universo propio, agrupaba, como en una sesión de viejos ilustrados, a los antiguos geógrafos españoles Ponz y Madoz, al relojero de Carlos V, al inventor del microscopio, al verecundo Dante, al amable Gavarni, al reaccionario Maurras, al liberal Jovellanos..., a todos ellos los metió en una prosa inconfundible que aún hoy asombra a la media docena que en España lo leen, esa prosa de la que puede decirse lo que de muy pocas: tiene los grados justos de un magnífico vino reposado y tranquilo, pero es sabrosa como solo sabe serlo el agua.

Seguramente su purgatorio ha llegado al final. Sería un error, y una mentira insostenible, negar su responsabilidad política en todo aquello y en los cuarenta años que siguieron, pero no nos sería perdonado que condenáramos su pequeña verdad literaria al eterno silencio. No hace falta ser un gran escritor para vivir en la memoria de un pueblo. A veces más útiles nos pueden resultar estos literatos que han llamado menores. De él, como diría Gaya, no puede afirmarse que sea ejemplo, pero sí, como escritor, puede sostenerse que es modelo.

Cuando terminaba la guerra, el ejército republicano arrastraba consigo a muchos prisioneros. Entre ellos iba Sánchez Mazas. Fue entonces, en el santuario de Collell, a primeros de febrero de 1939, cuando se le ametralló, junto a otros cuarenta y nueve presos, de los cuales murieron cuarenta y siete, que quedaron asesinados en aquel claro del bosque. La manera en que pudo salvarse pertenece a la leyenda y hubo ya otros lugares donde quedó contado, en lo que tenga de verdad, de ficción o de sueño, aquel episodio: en *Yo fui asesinado por los rojos* (Barcelona, 1981), de Jesús Pascual, amena e irritante crónica de la quinta columna barcelonesa y que fue centro en 2001 en *Soldados de Salamina*, un «relato real» de Javier Cercas de problemática catalogación,

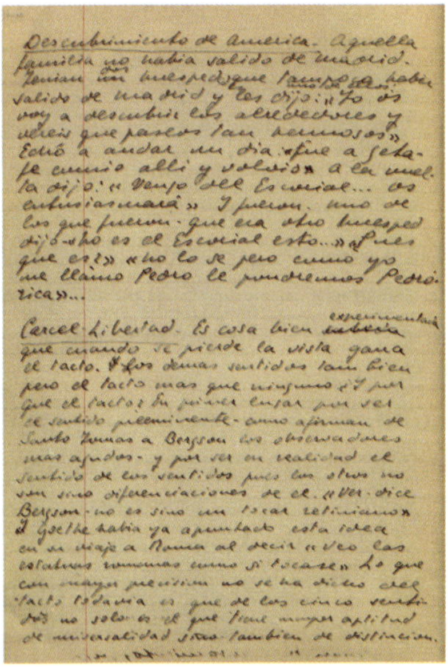

Descubrimiento de America. Aquella familia no había salido de Madrid. Tenían un huésped que tampoco había salido de Madrid y les dijo: «Yo os voy a descubrir los alrededores y veréis qué paseos tan hermosos» Echó a andar un día: «fue a Getafe comió allí y volvió» a la vuelta dijo: «Vengo del Escorial... os entusiasmará» Y fueron. Uno de los que fueron —que era otro huésped— dijo «No es el Escorial esto...» «Pues ¿qué es?» «No lo sé pero como yo me llamo Pedro le pondremos Pedrorica»...

Carcel-Libertad. Es cosa bien experimentada que cuando se pierde la vista gana el tacto. Y los demas sentidos tambien pero el tacto mas que ninguno ¿Y por que el tacto? En primer lugar por ser el sentido preeminente —como afirman de Santo Tomas a Bergson los observadores mas agudos— y por ser en realidad el sentido de los sentidos pues los otros no son sino diferenciaciones de el. «Ver —dice Bergson— no es sino un tocar retiniano» Y Goethe habia ya apuntado esta idea en su viaje a Roma al decir «Veo las estatuas romanas como si tocase» Lo que con mayor precision no se ha dicho del tacto todavia es que de los cinco sentidos no solo es el que tiene mayor aptitud de universalidad sino tambien de distincion.

397. Página del cuaderno inédito donde se incluye el pequeño ensayo «Cárcel y libertad», en el que Sánchez Mazas relata la experiencia de su prisión y su posterior fusilamiento.

398. Si de alguien puede decirse lo que afirmó Stanley Payne de todo el falangismo, es de Sánchez Mazas (en la imagen): «Su contenido ideológico era, en definitiva, menos importante que su tono emocional».

dada su ambigüedad maxaubiana en la defensa de que la historia y la ficción acaban siendo una misma cosa.

En 1994, en la primera edición de este libro, se aseguraba que Sánchez Mazas jamás se había referido por escrito a «su» guerra y a «su» ejecución. Estaba equivocado. En 2005 me apareció, entre otros papeles, cierto libro inédito y misceláneo de Sánchez Mazas que, tras la muerte de Liliana Ferlosio, creíamos perdido o extraviado. En uno de los fragmentos que lo componen, el más extenso, titulado «Cárcel y libertad», se ocupa por extenso de la guerra, de sus prisiones y de su ejecución: «Es cosa bien experimentada que cuando se pierde la vista se gana el tacto [...]. "Ver", dice Bergson, "no es sino un tocar retiniano"». El texto, que sigue una sutilísima y paradójica argumentación, concluye unamunescamente sosteniendo que la privación de libertad ha sido para él, con todo, una liberación desde muchos puntos de vista: «He aquí que en la cárcel hemos hallado, virgen y desnuda, aterida, infinitamente maltratada e infinitamente dolorida a la Dulcinea de nuestra alma, a la dama sin par de nuestros pensamientos, a la Libertad [...]. Casi estamos por bendecir a nuestros carceleros y perseguidores. Estamos ya con ellos en la situación de quien herido en la guerra, por la herida encontrase su verdadero amor en la enfermera maravillosa que le cura y cantase como en aquella balada de mi juventud:

> Balas que me hicieron sangrar
> de la tierra, el aire o el mar
> no las disparó el enemigo...
> He pensado que fue castigo
> que la suerte me quiso dar
> pero si me unieran contigo
> yo desde ahora las bendigo
> balas que me hicieron sangrar.

»Tu cárcel era perfecta porque además estabas condenado a muerte, y la muerte era la única que a la puerta te esperaba, era tu única preocupación, la única que te reclamaba. Figúrate la infinita libertad de un hombre, cuya única preocupación es ya la muerte», seguirá diciendo. «Así durante más de un año fuiste libre en las cárceles, como nunca. Un día te sacaron de la prisión, te sacaron al bosque con otros muchos compañeros y te fusilaron. Te levantaste ileso de entre los muertos y echaste a andar por el bosque, durante días. Pero como dijo San Francisco de Sales, este tiempo tan agradable no podía durar mucho. No estabas en la cárcel y sin embargo seguías siendo libre, porque tu cárcel y tu libertad las llevabas aún contigo mismo y eran el mundo entero. Vivías de limosna, dormías bajo las estrellas. Nadie te conocía, nadie sabía de tu nombre. Sólo tenías una obligación: vivir en cuerpo y alma. Era maravilloso. Eras un preso sin cárcel, sin carceleros, sin horario, sin campanas, con el sol, la luna y las estrellas y el viento entre los árboles. Pero separado de la sociedad como un preso, desligado de toda ligadura civil y doméstica, sin nada que te atase a las personas, a las cosas, a las acciones. Eras un mendigo. Entonces descubriste que la Pobreza, la vida mendicante, humilde y anónima, era hermana gemela de la libertad aquella de la cárcel, era esencialmente ella misma...». ¿Cuánto de literatura había en todo esto? Pese a lo sublimado de su romanticismo, este texto que permanecía inédito es por su sinceridad y emotividad uno de los más extraños que escribió aquel hombre que abandonaría justamente entonces toda la violencia en sus escritos. Ya no le hacía falta: mientras estaba refugiado y preso, le habían ganado la guerra. Otros la perdían, o se la perdían, a pesar de haberla hecho. Pero la idea no era nueva. Estaba en el ambiente, y también en el prólogo de *Musa redimida*, la penosa antología de poesía escrita por los presos políticos (en la que figuran Jesús Cancio, Valentín de Pedro o Germán Bleiberg entre otros) y publicada en 1940 por José María Sánchez de Muniain para la editorial Redención que a más de uno, como al escritor y periodista Juan Antonio Cabezas, libró de penas más severas: «Si la personal e íntima experiencia de todos nos enseña que la escuela del dolor es parte de las resoluciones más nobles y de las ideas más levantadas, ¿ha de extrañarnos que la incomodidad y la estrechez de la cárcel alumbre pensamientos generosos? Tres nombres de nuestras Letras –Cervantes, fray Luis de León, Quevedo– bastarían para recordarnos cuánta gratitud debe el espíritu a la transitoria sujección del cuerpo, y cómo el alma se enciende, purifica y robustece en la fragua del sufrimiento». El párrafo era generoso; admitía que como con Cervantes, fray Luis y Quevedo, podían estar cometiéndose injusticias gravísimas con los presos políticos que habían perdido la guerra y a los que, al igual que sucedió con Miguel Hernández, el sufrimiento no sólo purificó y robusteció, sino que les quitó la vida.

Y más suerte que Sánchez Mazas tuvo su compañero de cautiverio José María Alfaro, que logró pasar las líneas al final de la guerra. Se llevaba consigo la «novela» que también había escrito en la embajada de Chile, *Leoncio Pancorbo*. Al llegar a Burgos, la radio franquista dio cuenta de su feliz arribada con la contraseña convenida: «Leoncio Pancorbo en Burgos», jugando a pensar acaso, como Aub, que la realidad y la literatura eran una misma cosa. No es propiamente una novela, sino algo que recuerda al *pequeño filósofo* azoriniano, versión falangista. Es la plantilla de lo que un intelectual falangista entendía por un joven comprometido. El retrato, muy dorsiano también, le sale como fuera del tiempo, pasmado, místico, militar, un tanto confuso y vaporoso sin el menor anclaje en los hechos que describe, todos anteriores a la guerra. Llegó a ser tras la guerra la cartilla del perfecto «flecha» pijo. El anuncio de lo que venía comiéndose el mundo.

Derrotados, la mayoría de los escritores republicanos, sin embargo, buscó la senda del exilio. Era la senda de la pobreza, de la incertidumbre, para muchos la de la muerte, pero en todo caso la de la escapatoria. Hubo otros, sin embargo, con menos fortuna, que quedaron copados y atrapados.

A todos los que o no pudieron o no consiguieron huir, cuando ése fue su deseo, les representa sobradamente Miguel Hernández. Sus penalidades son espejo de las de todos ellos y su muerte, injusta y brutal, un eco siniestro y no extinguido de la de Lorca.

Miguel Hernández había sido el poeta revelación de la guerra, alguien hecho a medida de ella. Desde luego, como tal fue aprovechado en muchas ocasiones, como propaganda viva, activa, lista para ser distribuida. Recordemos cómo en la ponencia que Serrano Plaja lee ante los congresistas de Valencia era presentado Miguel Hernández como un poeta del pueblo, precisamente en un momento en que el pueblo y los valores del pueblo eran punto de mira de los ejércitos republicanos y de muchos de sus intelectuales en la que se pensaba una revolución popular.

Era Miguel Hernández alicantino de muy modesto origen, hijo de un cabrero y, en relación a la literatura y la poesía, un autodidacta.

Había publicado *Perito en lunas* en 1933, había fundado con Sijé una revista, *El Gallo Crisis*, de orientación católica muy reaccionaria, y luego en 1936, *El rayo que no cesa*, pero esos libros, de un barroquismo surrealizante, no obstante sus portentosos sonetos quevedescos, no dejaban adivinar al poeta en el que se convertiría.

En 1936 Juan Ramón Jiménez saludaba desde las páginas de *El Sol* la aparición de su hermosísima elegía a Ramón Sijé y seis sonetos, «que tienen su empaque quevedesco, es verdad, su herencia castiza. Pero la áspera belleza tremenda de su corazón arraigado rompe el paquete y se desborda, como elemental naturaleza desnuda. Esto es lo escepcional poético, y ¡quién pudiera esaltarlo con tanta claridad todos los días! Que no se pierda en lo rolaco [*sic*], lo "católico" y lo palúdico (las tres modas más convenientes de la "hora de ahora", ¿no se dice así?) esta voz, este acento, este aliento joven de España».

Antes de la guerra conoció a José María de Cossío, que lo protegió desde su llegada a Madrid y le buscó una colocación en la Editorial Espasa-Calpe, donde el erudito santanderino preparaba la edición de su obra monumental sobre los toros.

Aparte de Aleixandre, fundamental en su vida, en Madrid Hernández conoció a Neruda y a Alberti, y la amistad que les unió hubo de ser determinante para él: lo convirtieron al comunismo y en muy poco tiempo, como se vería en *Viento del pueblo*, la violencia verbal y la exaltación poética del alumno superaría con creces las de los maestros en una poesía que fue durante años el emblema de la militancia comprometida de izquierdas. Años después, Jorge Semprún, cuando abordaba con Federico Sánchez el problema de militancia y poesía, diría: «No es posible olvidar que el precursor de todos nosotros, el maestro inigualable, fue Miguel Hernández. Su poema de *Viento del pueblo* dedicado a *Pasionaria* es prototípico. Y es muy interesante de estudiar, porque es del año 1937, momento en que se desarrolla impetuosamente el culto a la personalidad en la Unión Soviética, después de los grandes procesos políticos que han

399-400. Cubierta de *Teatro en la Guerra*, de Miguel Hernández, un hombre puro y un poeta cuyos mejores poemas de guerra, de posguerra y de derrota fueron unas nanas. A la derecha, el poeta con su mujer, Josefina Manresa.

eliminado a todos los posibles oponentes a la política de Stalin. Interesante también porque en Miguel Hernández, de origen católico y campesino, se expresan con fuerza (y con eficacia poética) todos los tópicos religiosos del culto a los líderes propios de una cultura católica y campesina, que ha venido a fundirse en la cultura marxista, pervirtiéndola».

Al empezar la guerra se enroló en el 5.º Regimiento, donde actuó, con Herrera Petere y Alberti, como «miliciano de la cultura». Pero su amistad con Alberti tenía los días contados. Lo contaremos dentro de un momento. También por entonces asesinaron en Elda a su suegro, guardia civil. En plena guerra visitó Rusia en una de aquellas comitivas que se organizaban tanto con fines instructivos como propagandísticos, y a su vuelta fue comisario político con El Campesino y agregado, como miembro del Partido Comunista, al Comisariado del Grupo de Ejércitos de la Zona Central.

Nos hemos referido ya a lo que en aquel momento Ramón Gaya opinaba de la poesía de Miguel Hernández, algo perdido, ya que no en lo católico, en lo rolaco y lo palúdico. Mucho escribió de la guerra y sobre la guerra y no todo, en poema o en teatro, es memorable.

Solo al final, cuando tal vez entreveía su derrota, empezó a escribir el que sin duda será su mejor libro, *Cancionero y romancero de ausencias*, de 1938 a 1941, y otros poemas últimos, entre los que figuran sus célebres «Nanas de la cebolla», escritos desde la cárcel.

A la altisonancia guerrera, a los gritos, ha sucedido una voz muy queda:

Tristes guerras
si no es amor la empresa.
Tristes, tristes.
Tristes armas
si no son palabras.
Tristes, tristes.

Tristes hombres
si no mueren de amores.
Tristes, tristes.

O aquella bellísima «Canción última», que empezaba diciendo: «Pintada, no vacía; / pintada está mi casa / del color de las grandes / pasiones y desgracias...».

Miguel Hernández estaba justo en ese momento en que su poesía, cada vez más honda, necesitaba del silencio; pero no tuvo suerte. No la tuvo ni en la guerra, ni después de ella. Durante ella había visto nacer a su hijo, suceso, en alguien como él, trascendental, pero también lo había visto morir de hambre con apenas ocho meses.

La muerte de su hijo, unida a la marcha de la guerra, parece que lo sumió en constantes depresiones. En Madrid sabemos que frecuentaba a Aleixandre y a su antiguo amigo y protector José María de Cossío, con el que fue detenido de manera fortuita en la Ciudad Lineal de Madrid, después de los sucesos en que los comunistas atacaron al Gobierno de emergencia de Casado, partidario de la rendición de la capital. Según Guerrero Zamora esa revuelta había llevado al poeta a romper su carné del partido y a desear, más que nunca, que todo terminase.

401. José Herrera Petere (con el barbero) y Miguel Hernández (con la máquina de escribir) en el frente de Jaén, 1937.

402-403. A diferencia de la mayor parte de los escritores de su bando, Miguel Hernández pasó la guerra en el frente. A diferencia de la mayor parte de los escritores del bando contrario, hay algo extremadamente conmovedor en su vida, acaso su propia inmolación. A menudo se han buscado diferencias entre las obras literarias de los escritores de uno y otro bando, no siempre manifiestas: la retórica es la misma. Sí, por el contrario, y cuántas y qué significativas, las hallaremos en sus vidas, y sobre todo en sus muertes. De algunos escritores quedan sus obras, de otros sus vidas o sus muertes, pero sólo de unos pocos nos sobrecoge el testimonio de su obra, de su vida y de su muerte: Federico García Lorca, Antonio Machado y Miguel Hernández. He ahí todas las diferencias juntas.

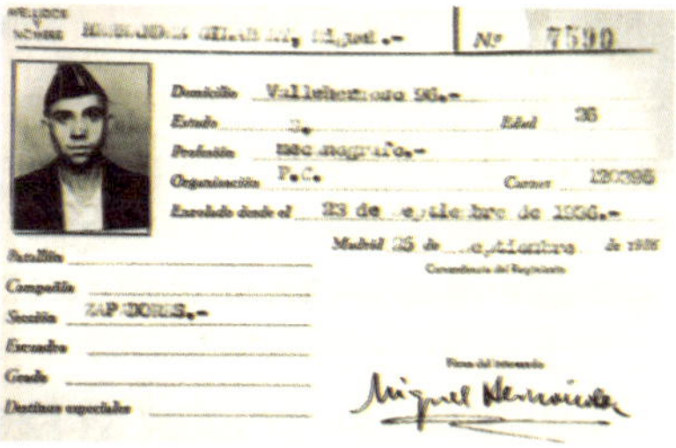

Nº 7590

Domicilio Vallehermoso 96.-

Edad 26

Organización P.C.

Carnet 120396

Madrid 25 de septiembre de 1936

Sección ZAPADORES.-

Miguel Hernández

404. Carnet de Miguel Hernández del 5.º Regimiento.

Fue entonces a visitar a Morla en la embajada de Chile, que ya había concedido el asilo a otros republicanos. Lo cuenta este en sus *Informes diplomáticos*: «Acompañado de Juvencio Valle acude a mi despacho el poeta pastor Miguel Hernández. Lo conozco y aprecio. Ha escrito mucho a favor de los leales: un folleto lleno de odio, en extremo funesto para él ante la situación que se avecina, titulado *Franco traidor*; es autor, además, de muchas otras publicaciones en contra de los nacionalistas y el peligro en que se encontrará en breve es inminente». Hernández prefiere salir de España a asilarse, pero Morla le ofrece la embajada en caso de que no consiga un pasaporte. Pasados unos días, Juvencio Valle le hace saber a Morla que Hernández le ha dicho que no se albergará en sitio alguno porque lo considera «como una deserción de última hora», y Morla recibe una carta de Alberti, que ya le había recomendado a Aleixandre, pidiendo que asile a tres miembros de la Alianza de Intelectuales: Fernando Echevarría, Pablo de la Fuente y Joaquín Miñana. Ninguna mención a Miguel Hernández.

El final de la guerra le sorprendió en Cox, según su último biógrafo, Eutimio Martín. Según Alberti, en Monóvar. ¿O quiso decir Elda? Se hallarían ambos en el campo de aviación de este pueblo alicantino. La multitud se movía confusa. Los fascistas se encontraban ya a pocos kilómetros. Todos querían escapar. La evacuación era imposible para las masas. Los barcos prometidos ni llegaban ni llegarían. La solución aérea solo les estaba reservada a unos pocos privilegiados. Hernández vagaba errático entre la gente. Le descubre Alberti. Llevaban sin hablarse más de dos años, desde aquel lejano otoño de 1936, cuando Hernández, que venía del frente, recaló por el palacio de los Heredia Spínola donde tenía su sede la Alianza de Intelectuales, que presidía Bergamín. Hernández vio en una mesa los restos de un banquete, y se indignó porque mientras los milicianos pasaban penalidades en las trincheras, allí corría el vino a discreción. El poeta, colérico, escribió en aquella misma sala en un encerado: «Aquí hay mucho hijo de puta y mucha puta». La única mujer presente, María Teresa León, se dio por aludida, se lanzó sobre Hernández y le propinó un puñetazo que le tiró de espaldas y le rompió un diente. Dejaron de hablarse. Ese día en Monóvar (o en Elda) Alberti le pidió disculpas como solo podía pedirlas un caballero español: «Ya sabes, Miguel, cómo son las mujeres». A continuación añadió: «Pero si quieres puedes venir con nosotros, en el avión que nos llevará a África». Miguel Hernández rehusó secamente. Dijo, «yo me vuelvo a mi pueblo...». El avión, pilotado por el jefe de la aviación republicana, Hidalgo de Cisneros, era el de Pasionaria, quien al descubrir que subirían también a él los Alberti, masculló con indiscreto disimulo a un edecán, como en el aparte de una obra de teatro: «¿Qué hacen aquí estos piquitos de oro?»; era como llamaba ella a los intelectuales. O sea, por ella, los hubiese dejado en tierra.Todo esto lo contó el propio Alberti a unos amigos, ya en España, al regreso del exilio, pero jamás quiso hablar de ello en su frondosa *Arboleda perdida*. Así me lo refirió hace años Benjamín Prado, uno de esos amigos. Según él, Alberti seguía creyendo que de no haber estado peleado con Hernández quizá le hubiera evitado la muerte. Nada grave. María Teresa León menciona ese hecho en sus memorias, pero lo ubica en un aeródromo madrileño: el destino, Elda. Y Hernández habría dicho: «Yo me vuelvo al frente». Eutimio Martín, que desconoce la versión prado-albertina, se pregunta perplejo en su exhaustiva biografía la razón por la cual Hernández rehuiría un sitio en un avión que le iba a dejar en Elda, al lado de su casa, adonde llegaría días después «unas veces a pie y otras andando», según confesó, y sorteando las patrullas y controles; y Martín se pregunta también que a qué frente querría volver, si ya no había frente. La razón es elemental: no estaban en Madrid y no se dirigían a Elda, sino en Levante y con destino a Orán. María Teresa León sabría las razones de su mistificación. Nada como las mentiras salpimentadas con algunos hechos ciertos. Llega uno a sospechar que los Alberti nunca le ofrecieron nada. Ni en Madrid ni en Elda ni en Monóvar ni en parte ninguna. Quizá todo fue una reconstrucción posterior e interesada de la memoria. En cuanto Hernández murió, Alberti enarboló su bandera, que agitó enardecido en el viento del pueblo: «Camarada del alma, camarada». Hernández y las cabras, Hernández y el Partido, Hernández y Alberti. «[Hernández] no apreciaba a Alberti como poeta y menos como dramaturgo. Personalmente no parecía tenerle mucha simpatía. Yo creo que la antipatía era mutua, por más que se hable ahora del cariño que se profesaban», le confesará en 1993 a Eutimio Martín Luis Rodríguez Isern, amigo íntimo del poeta y compañero suyo en la prisión de Porlier. De Monóvar, Hernández, de nuevo a pie o andando, volvió a Alicante, donde visitó a Juan Guerrero, «el cónsul general de la poesía», amigo de Juan Ramón y confidente de muchos de los poetas del 27. Y de allí a Cox.

Un mes más tarde consigue un salvoconducto, y vuelve a Madrid. ¿Por qué no le pidió asilo a Morla esta vez, perdida ya la guerra? Morla había acogido a otros comunistas como Antonio Aparicio y no le habría costado asilar a Hernández, contra lo que difundió Neruda. Neruda, enemigo de Morla, por haberse puesto éste al lado de su mujer cuando el poeta la abandonó con su hija enferma, y sin duda por ser testigo de la cobardía que le llevó a abandonar el consulado, que dirigía, en cuanto cayeron las primeras bombas sobre Madrid, se vengó propagando que Morla había sido el culpable de la muerte de Hernández negándole asilo en la embajada, falso de lesa falsedad, en una de las campañas más injuriosas y nauseabundas contra el que fue una especie de Schindler, o mejor, de Sanz Briz de la guerra civil española.

Hernández pidió entonces auxilio al poeta sevillano, antiguo director de la revista *Mediodía*, Eduardo Llosent, y éste, un hombre rico, le escuchó. Hernández quería que le colocase como pastor en una de las fincas que aquél tenía en Huelva, pero parece ser que tampoco Llosent pudo disponer de la colocación que le pedía, por temor a que el encargado de la finca, un hombre peligroso, denunciara al poeta.

Apareció entonces Miguel Hernández en Sevilla para demandar socorro del alcaide de los Alcázares, el también poeta Romero Murube, con peor fortuna todavía, porque en el momento en que cruzaba una de las puertas de los Alcázares, entraba por la otra Franco, quien acaso envió entonces a Murube y a García Valdecasas a Granada a enterarse de lo ocurrido con Lorca, cosa que hicieron.

No le pudo Murube auxiliar entonces y no se sabe que lo hiciese después, de manera que el oriolano, acosado, decidió huir por Portugal, pero fue detenido en Rosal de la Frontera, Huelva («¡Qué nombre más poético!», diría después), por autoridades portuguesas y entregado a la Guardia Civil. Esto ocurría a primeros de mayo de 1939. No el poeta, pero sí su viuda, Josefina Manresa, dejó testimonio de aquella primera detención: «Cuando le preguntaron (a Salinas, propietario del Cine Salinas y de la Banca Salinas, de Callosa de Segura) si conocía a Miguel, que no lo conocía para nada, le sacaban a las dos de la mañana durante cinco días seguidos y le daban una paliza. Querían que confesara que él mató a José Antonio...». Hernández advierte a los torturadores que no cometan con él el crimen de Lorca, que tanto disgustó a Franco, «nuestro inmortal caudillo», leemos en su declaración ante la Guardia Civil.

De Huelva fue trasladado a la prisión madrileña de la calle Torrijos y luego a la cárcel de Porlier, adonde le iba a visitar su amigo Cossío. Cuando ya desesperaban de verlo fuera, fue puesto en libertad en

405. Si la derrota fue para todos la misma y causó en todos parecida tristeza y desolación, el exilio fue para cada exiliado algo singular y único, al igual que la vuelta del exilio y las condiciones en que decidieron ponerle fin fueron en cada exiliado únicas y singulares. Tras la guerra todos se exiliaron por una sola razón común y pública, salvar la vida, pero cada cual volvió del exilio, a menudo para morir, por razones tan diferentes como íntimas, si acaso no murieron en el exilio, ese lugar de la no-vida y la no-muerte. «Eran ya diferentes», dirá de ellos María Zambrano. «Tuvieron esa revelación: no eran iguales a los demás, ya no eran ciudadanos de ningún país, eran exiliados, desterrados, refugiados... Vencidos que no han muerto, que no han tenido la discreción de morirse, supervivientes». Los fascistas habían ganado la guerra y los republicanos. la propaganda. Sólo el tiempo demostraría que ni los unos habían ganado la paz ni los otros se habían llevado la palabra. En la imagen, una columna de camiones con refugiados españoles camino de la frontera francesa, febrero de 1939.

el mes de septiembre por error y pese a reconocer ante el juez todos sus «ideales antifascistas y revolucionarios». Su biógrafo no cree que lo hiciese por romanticismo suicida, sino por creer que su celebridad como poeta –comparable a la de Lorca– le salvaguardaba. Neruda y María Teresa León se postularían años después como sus libertadores, faltando a la verdad.

Todos sus biógrafos se muestran de acuerdo en que el poeta, desde el momento en que se vio libre, cometió error tras error. En vez de salir de España o guardarse en sitio en que no lo conocieran, se dirigió, contra todo consejo, contra toda prudencia, a su pueblo, Orihuela. Y allí, como Lorca por los suyos, fue detenido por sus paisanos, y devuelto a Madrid. Quien haya leído la denuncia que el alcalde escribió en su día, sentirá lo que es el asco en su más aguda manifestación.

Aleixandre se ocupaba de mandarle alimentos a la cárcel y dinero a la mujer del poeta y a su hijo, al igual que el también poeta José Antonio Muñoz Rojas.

Fue juzgado y condenado a muerte. Cossío se movilizó de inmediato y con José María Alfaro y Sánchez Mazas, a la sazón ministro, le visitaron en la cárcel para tranquilizarle. Mientras pesó sobre él esa pena de muerte, Miguel dio muestras de extraordinaria entereza. Basta con leer sus cartas de entonces. Al cabo de unas semanas, y por intervención directa de Sánchez Mazas que solicitó personalmente la clemencia a Franco («pero, ¿es un buen poeta?», parece que le preguntó quien no quería otro Lorca entre sus crímenes), su pena fue conmutada por la de doce años de prisión menor, lo que fundamentaba la esperanza de conseguir pronto la libertad. Pero tampoco entonces tuvo suerte y empezó para él un penoso peregrinaje por las cárceles españolas: desde la de la calle del Conde de Toreno, en Madrid, se le trasladó al Reformatorio de Adultos de Palencia, de aquí a la Sección de Transeúntes de la prisión de Yeserías y de ésta al penal de Ocaña. De aquí pasaría a la de Alicante, donde, pese a las solicitudes de que se le trasladase a un hospital, murió a causa de una grave afección pulmonar. Corría el año 1942 y fue aquella triste muerte como un tributo más de la poesía a la guerra, de las letras a las armas:

Llegó con tres heridas:
la del amor,
la de la muerte,
la de la vida.

Con tres heridas viene:
la de la vida,
la del amor,
la de la muerte.

Con tres heridas yo:
la de la vida,
la de la muerte,
la del amor.

Manuel Azaña, Tarrasa (Barcelona), 1938. En esta foto inédita hasta hoy, el nombre de la finca donde se tomó (La Barata), las labores de poda, la escalera mal sujeta y el alto seto que le impide ver el otro lado, todo, en fin, se diría una suma cervantina de ironía y metáfora.

FINAL

> Se hundirán otros dioses en la sombra
> y saldrán a la luz los infortunios,
> pero aquello que fue de veras grande,
> grande será por siempre.
>
> Nikolái Tijonov

NADIE duda hoy de que la muerte de Azaña fuese consecuencia, como lo fue la de su enemigo político Unamuno o la de Machado, del inmenso dolor que le produjo la tragedia española. Uno moría al principio de la guerra; los otros, al final.

Es deliberado el lugar que a don Manuel Azaña se le reserva en este libro: solo, sin acompañamiento, porque solo le dejaron y solo se le ve en toda la guerra; y al final de él, porque recoge y abriga, como ninguno, lo que de acabamiento tuvieron para España aquellos tres años.

No es tan solo que el 1 de abril de 1939 muriese para España la libertad de sus pueblos, sino que ese día acababa también una España antigua, romántica, muy pura, de ciudades desde las que se veía el campo, y campos en los que aún reinaba aquel «maravilloso silencio» cervantino. Moría esa España casi medieval y empezaba otra desfigurada, una España en los huesos. Moría una España soñadora, pobre, pero más o menos libre, y nacía otra ciega o con anteojeras. Acababa una vida, un modo de vivir, y empezaba otro, bien distinto, en el que la libertad solo puede gozarse en las pequeñas cosas, oxigenando la vida de cada cual. La guerra de Europa, que abrió las compuertas de la desolación y el caos en septiembre de ese año, vino a confirmar todo cuanto en la vieja piel de toro se había cumplido.

De todo «el laberinto español», de aquel dédalo de lo hispano, ha sido Azaña el hombre más incomprendido, con ser uno de los más extraordinarios que le nacieron a esta tierra en el siglo. Y es caso más extraordinario aún si se tiene en cuenta el fracaso absoluto que constituye su vida: como escritor y como político.

Su nombre va unido a muy controvertidas leyes de la República. Unas, como su ley del divorcio, acertadas; otras, como la secularización de los cementerios, inconvenientes y gratuitas o peor, insen-

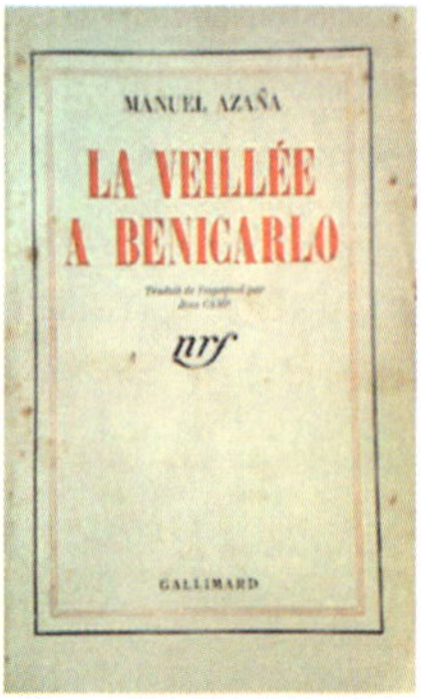

406-408. Frente a los políticos, intelectuales y militares de su tiempo, a quienes retrató despiadadamente en su *Diario*, la soledad será acaso el principal rasgo del carácter y de la vida pública de Azaña, hasta su muerte. De las muchas fotografías que se le hicieron, dos de ellas resultan simbólicas: en una se diría que un hombre juega solo en el tablero de España contra sí mismo y en la otra, solo también, asomado a los binoculares de trinchera, parece columbrar una realidad a la que no puede encarar directamente, por encontrarse la realidad muy por encima o por debajo de él.

407-409. La historia vino a darle la razón a Unamuno. Azaña, un escritor sin lectores, tuvo tiempo en la guerra, mientras la iba perdiendo, de pensar en ellos y escribió esta obra de teatro, por lo demás notable. En la imagen, la primera edición (francesa) de 1939, y la edición argentina de 1942.

satas y temerarias, como la de licenciar a todos los militares desafectos a la República que así lo deseasen. Fue una manera de ocuparles en la preparación de la sublevación militar, pese a que en abril de 1936 había dicho proféticamente que «esta es quizá la postrera coyuntura que tenemos no sólo de desenvolvimiento pacífico y moral

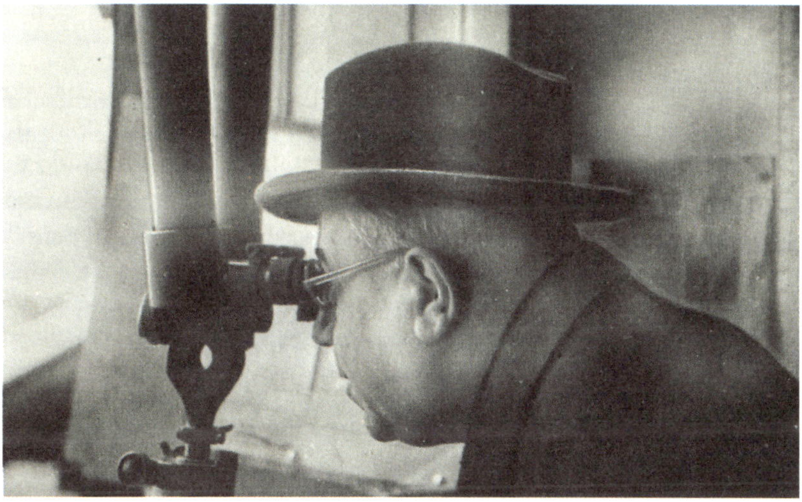

410-412. Hasta cuando lo retrataron en sus mítines, los más multitudinarios conocidos hasta entonces, los fotógrafos parecían adivinar y subrayar en Manuel Azaña el carácter de un solitario que fue paradójicamente y según todos los testimonios el orador más inteligente y fascinante de su tiempo.

de la política republicana y del asentamiento definitivo del régimen republicano en España –quiero decir, definitivo, pacífico–, sino también del régimen parlamentario».

Como literato, el diagnóstico de Unamuno es bastante exacto: Azaña era un escritor sin lectores.

Fue Azaña el personaje más hondamente tolstoiano de aquellos tres sangrientos años de guerra. Como el Pierre de *Guerra y Paz*, vemos a Azaña cruzar el campo de batalla, aturdido, alucinado, colérico ante la estupidez del mundo, tanto como conmovido por el dolor de los pobres y la tragedia de los desposeídos. Quizá pensara, cuando ya se había desatado la mayor tempestad de todo el siglo, que él no era sino un involuntario sembrador de vientos. Ahora bien: si lo pensó, nunca lo dijo. Siempre echó la culpa a alguien.

«Mi primera intención –escribe el 8 de julio de 1933– es siempre retraerme, esquivarme, renunciar. ¿Timidez, indolencia, apatía?».

¿Qué habría ocurrido si Azaña hubiese añadido a éstas la palabra miedo? ¿Qué habría ocurrido si hubiese confesado su miedo? De haber ocurrido así, habría convertido sus *Memorias políticas y de guerra* en unas *Confesiones*. Pero el valor que parece no tuvo en la vida, tampoco lo tuvo en la literatura.

Sobran hoy testimonios que nos muestran a un presidente de la República empavorecido, paralizado por el miedo físico ante la guerra.

Así nos lo describe, como ya se ha dicho, el *conseller* Tarradellas, asomado a una de las ventanas de palacio, sobre el Campo del Moro, oteando el frente cercano, a merced de su terror y su desmoralización. Zugazagoitia, Sbert, Miravitlles, Miguel Maura, Indalecio Prieto, Largo Caballero... nos han hablado de ese miedo, que le vencía, que le desencajaba, que le aplastaba contra la durísima realidad.

Pero que nadie se llame a engaño: hasta los toreros saben que el miedo se ha coronado en éxito algunas grandes tardes.

Hace unos años, cuando se conmemoraba el cincuentenario de su muerte, uno pergeñó algunas líneas, que se abrieron paso, como pudieron, en el torrente de los elogios rituales de rigor: ministros, políticos, periódicos...

De no haber sido por sus responsabilidades políticas, primero como ministro de la Guerra, luego como jefe de Gobierno y, al final, como presidente de la República, no es fácil que nadie se acordase, cincuenta años después, de la literatura de Azaña.

Ni sus ensayos sobre *Pepita Jiménez* ni sus críticas literarias ni su teatro ni sus colaboraciones en *La Pluma* o en *La Avispa* ni su participación decisiva en *España* ni en *El jardín de los frailes* serían leídos hoy, de no haber escrito él sus *Memorias políticas y de guerra*. De no haberle tocado esa vida, nadie se interesaría ahora por su literatura, porque ésta tuvo además «la desgracia» de compartir espacio y tiempo con la de escritores de talla infinitamente superior, integrantes de la nueva Edad de Oro.

«¿Qué es, pues, lo que nos sigue atrayendo de la figura de Azaña? Sin duda su fracaso», afirmaba uno allí.

Entre las confidencias de *La velada en Benicarló*, la estremecedora obra teatral que Azaña escribió en la guerra y sobre la guerra, se encuentran estas otras palabras, que bien podrían representar al propio

413-414. Cipriano Rivas Cherif, su cuñado, y su mujer, Dolores (con él en la imagen), tal vez las dos únicas personas en las que el presidente Azaña confiaba plenamente.

Azaña: «Nada tengo que hacer en la vida pública. No es desengaño. De nada tenía que desengañarme. Me reconozco ajeno a este tiempo. Los hombres como yo hemos venido demasiado pronto o demasiado tarde. A no ser que nuestra inutilidad pertenezca a todos los tiempos, a todas las situaciones».

Es esa la condición del melancólico por excelencia, como nos confirmaba Benjamin a propósito de la transitoriedad de Baudelaire: o muy pronto o muy tarde.

Todo ese pavor azañí ante la muerte, del que nos hablan diversos testigos, desaparece, no obstante, apenas aquel hombre se colocaba delante de una cuartilla, en la soledad de su gabinete, o ante la muchedumbre del mitin o la invisible inmensidad de la audiencia de la radio. Es decir, su pavor ante la muerte desaparecía en presencia de la vida. O su teatro: al salir a escena, como los grandes actores. Las bambalinas, en cambio, lo mataban. Sostenía Machado, hablando de los discursos del político, cómo Azaña era de los pocos que sabía decir no solo lo que quería, sino lo que debía decirse. Y entonces, de nuevo, aquel ateneísta burgués que tanto caricaturizaron, era un hombre valeroso, arrojado, audaz. Sus *discursos en campo abierto* en Mestalla, Madrid y Baracaldo, que pronunció tras su breve encarcelamiento por el Gobierno de las derechas conservadoras, habían llegado a reunir la entonces insuperable e insuperada cifra de medio millón de seguidores. Sus palabras públicas eran las propias de un hombre de acción, y sabían enardecer, convencer, conmover. Pero su drama más íntimo, cuando leemos sus diarios, uno de los monumentos literarios de esa guerra, fue lo contrario: era un hombre calculador, vagamente ácido, descreído y distante, que solo parecía confiar, como el pobre dictador que nunca fue, en su mujer y su cuñado, el también escritor y director teatral Cipriano Rivas Cherif.

El día 16 de diciembre de 1938, a dos meses de exiliarse para siempre y renunciar a su cargo, Azaña anota en su diario que asiste a un concierto en el Liceo. Una semana más tarde, el 23, vuelve Azaña al concierto en el Liceo y a consignar el evento en su cuaderno de bitácora. Lo normal es que un presidente de la República no pueda ganar una guerra que está perdiendo, llevando un diario y yendo al teatro. Se nos podrá argüir diciendo que iba al teatro y a los conciertos para olvidar que ya la tenía perdida. Según.

Algunos entusiastas del personaje sostienen que Azaña pudo llevar su diario porque los sucesivos Gobiernos fueron vaciando su cargo de contenido político, hasta dejarle en la ociosidad política más absoluta, en papeles puramente decorativos, palaciegos, besamanos y púlpito. Pero eso no debe de ser así, porque incluso cuando no solo gobernaba, sino que mandaba, el volumen de sus diarios era ya muy abultado. ¿Por qué los escribía, pues? ¿Quizá para ganar en el mito y en los sueños una batalla que tenía perdida en la historia y en la vida?

Azaña era lector y conocedor como pocos del *Quijote*, al que dedicó uno de los más admirables, agudos y definitivos ensayos que nadie haya escrito nunca sobre Cervantes y su libro. De manera que bien pudo aprender del loco de la Mancha esa suprema lección; seguro: pasan las armas, pasan las guerras, derrotas y victorias, pero quedan los libros. En ocasiones, para siempre. Tuvieron razón ambos, Unamuno y Joaquín Edwards Bello: la República proporcionó a Azaña materia novelesca para sus diarios, y la guerra, lectores.

Es muy posible que la visión que de España y de la guerra nos da Azaña en sus *Memorias* no sea del todo completa ni convincente, pero antes que a libro ninguno sobre esos años, a ése han de encaminarse los pasos de aquellos que de veras quieran conocer fondos y forros muy verdaderos del alma española: hay en ellos humor (un humor serio, es verdad, cáustico, triste y desengañado, quevedesco y barroco, pero humor al fin, tan raro en España), abundan las observaciones psicológicas acertadísimas y no son infrecuentes sus agudos diagnósticos de las pasiones humanas. Y de la misma manera que el libro del padre Sigüenza sobre la construcción del monasterio del Escorial estaba llamado a ser un clásico de nuestra literatura, los *diarios* de Azaña, sobre la destrucción de España, igualmente están destinados a la posteridad y a su construcción ideal. Lo decíamos a propósito del libro de Vallejo. Repitámoslo aquí. Ninguna guerra vale un libro, pero ninguna ha sido en vano si ha propiciado unos diarios como esos. Se olvidará antes la guerra que los originaron que a ellos. Más exactamente aún: ellos recordarán aquella guerra, como la del Peloponeso fue recordada por Tucídides, y si este los escribió en el exilio, Azaña lo hizo en el cruel confinamiento de su perpetua desconfianza.

Es verdad que Azaña fracasó en su literatura, tan acicalada siempre, con brillantina casticista, de barbería de pueblo, que deja su pelambre un tanto apelmazada y dulzona, lista para que se posen allí las moscas. No es menos cierto también que su política no encontró la manera de evitar la guerra, primero, ni de ganarla, después. Pero, aun así, está ese Azaña que creyó, como ninguno, en las palabras. Nadie en la literatura española y en la vida civil creyó tanto en las palabras como Azaña, con la excepción de Unamuno. De ahí que esos dos hombres estuviesen llamados a incomprenderse, pues sus fes en la palabra eran fes excluyentes y fatales.

Nos consta que quiso dimitir como político muchas veces, tantas como le hicieron desistir de la idea, por cuanto tenía ésta de inoportuna y desmoralizadora. Su dimisión literaria, más secreta y larvada, tuvo en él dimensiones de disolución permanente y cotidiana. El propio Indalecio Prieto participaba en privado de ese desaliento, al menos en privado. En Buenos Aires, y antes de terminar la guerra, alguien le preguntó cómo era posible estar perdiendo la guerra, teniendo todo el dinero del Banco de España. Prieto resumió en una frase memorable la situación: «Señora, es bien sencillo; en el lado nacional, los ricos han sabido ser pobres, y en el nuestro los pobres no han sabido ser ricos». No fue muy distinto de lo que había dicho el joven falangista Torrente Ballester: «En esta guerra los señoritos han combatido como proletarios, y los proletarios como señoritos».

Solo cuando Inglaterra y Francia reconocieron al régimen de Burgos, comprendió Azaña que su puesto como presidente de la República no era sino decoración y tránsito.

¿Qué le quedó entonces, tras su renuncia? De nuevo sus escritos. Era su bien más preciado y los arrastró consigo allá donde fue, palacio o cortijo de payeses. Solo a ellos se confiaba: demasiado escéptico para los tiempos que corrían y demasiado idealista como para no dejar a la historia un testimonio, no se resignó a que le juzgasen los políticos de entonces ni los catedráticos del porvenir.

Un escritor de diarios es un seductor fracasado. Seduce a muertos. «Azaña mismo se convirtió en lo que decía no ser, puesto que no era nada: en un político, en un episodio más de la fantasía de Valle-Inclán», dirá María Zambrano.

En una carta a Prieto habla Azaña del «desaliento sobre el futuro de la República». Es de 1935.

Eso es Azaña: el hombre, no del desengaño, pues que nunca aparece entregado, volcado, cegado por España, sino el hombre del desaliento. Es cierto que en nadie podrá encontrarse una España soñada con más puros perfiles, enaltecida por los sacrificios más generosos, pero, cuando se leen los diarios del gobernante sin Gobierno, del escritor sin lectores, nos encontramos con que en la España de Azaña no hay españoles. No encuentra Azaña a nadie a la altura de ese sueño, sus colaboradores son «ineptos», sus compañeros políticos, «lobos», «vesánicos, ridículos»; incluso para sus amigos tiene una frase doble, un doble sentido. «Veo en los sucesos de España un insulto, una rebelión contra la inteligencia», le dirá en una carta a Ángel Ossorio en 1939.

No era un hombre desengañado, pues en ninguno de sus contemporáneos había depositado él ni un gramo de confianza, de ilusión. Es solo un hombre desalentado. Honesto y decente como pocos, pero desalentado.

«Azaña era –nos contará Sánchez Albornoz en su *Españoles sin fronteras*–, cuando yo lo visité dos años después en Valencia, un prisionero. Azaña, liberal, republicano, agnóstico, se encontraba dominado por anarquistas y comunistas. [Y me dijo]: "Mire, Albornoz: la guerra está perdida; pero si la ganamos, por milagro, en el primer barco que saliera de España tendríamos que salir los republicanos, si-nos-de-ja-ban"». Cuánto desaliento en esas palabras. Cuánto en las de José Castillejo, el institucionista autor de uno de los análisis más desoladores y exactos sobre la guerra civil, sus causas y sus causantes.

415-416. Lleva un diario íntimo quien ha de relatar en él todo aquello que no ha podido o sabido o querido decir en público. En la vida de Azaña se daban esas dos realidades. Por un lado los discursos. Por otro sus íntimas ideas y convicciones. Así lo confirmaría años después, en sus memorias, Álvarez del Vayo, su ministro de Estado: «El presidente Azaña nunca creyó en nuestra victoria contra el fascismo. En septiembre de 1936, al ir a Ginebra a defender desde la tribuna de la Sociedad de Naciones una causa apoyada entonces por una gran parte de la opinión pública mundial, no se privó de comentar: "Cuando usted vuelva, todo esto estará perdido"».

¿Por qué, pues, sabiéndose así, un hombre sin aliento, comprometió su vida en la política? Azaña no fue sino un político a medias, faltándole la principal mitad. Pudo, como el san Manuel de Unamuno, su feroz antagonista, prender la ilusión y la fe en su feligresía, pero a ese hombre que creía en las palabras le faltaba la fe en las suyas propias. Su drama residió en que nunca pudo engañarse a sí mismo, ni por tanto desengañarse.

A Azaña la historia podrá redimirle de sus ideas políticas. Eso no lo sabe nadie, y de saberlo, poco importa: ¿quién hace caso de un político de hace cien años? Pero es seguro que le salvará por sus palabras, esas en las que no creyó, y le salvará su desaliento en el que siempre encontrarán aliento todos los desalentados del mundo.

Los diarios de Azaña, escritos a salto de mata, con grandes lagunas, terminaron siendo no tanto lo que él quiso que fueran, un alegato de su inocencia, como la obra que persiguió en vano toda su vida; no más que literatura, eso tan culpable. Al leerlos ahora, no siendo historiadores, no nos importa si tenía o no razón contra éste o aquél, contra esto y aquello, de nuevo. Es difícil que nos mintamos en las páginas de un diario, y aquí Azaña, un hombre pudoroso como pocos, se nos da al desnudo. O casi.

La literatura es lo contrario de la política, y Azaña parece saberlo. La política persigue el éxito. La literatura nace siempre de un fracaso, o tiende a él.

En ellos, un hombre apartado de la vida por la vida tan intensa que llevaba vuelve de nuevo a la vida callada y reflexiva, de buen burgués, inteligente y un tanto suspicaz. En un escritor la vida no es más que esto: el camino más corto entre una idea y una palabra.

A un hombre así, como se puede suponer, le atacaron de todas partes, de la izquierda, de la derecha y del centro; militantes o independientes, entusiastas y agnósticos. Tampoco dejó nunca de contar con sus partidarios incondicionales. Uno de estos fue Sánchez Albornoz, que le definió como «un regalo de la Providencia para España; un regalo no aprovechado por el energumenismo de los españoles». Otros, en cambio, le atacaron incluso con arbitrariedad, como Giménez Caballero.

Giménez Caballero había escrito su libro *Azaña*, en los años en que iba de Prieto a Largo Caballero buscando un Lenin salvador para España, y creyó encontrarlo en el escritor alcalaíno, al que aduló sin tasa. Luego, cuando la política española se metió en la República, Giménez Caballero sostuvo que «Azaña no era tampoco el hombre para una revolución trascendente en España; era demasiado burgués, oficinista y feo», lo cual, dicho por alguien de las trazas físicas y morales de Giménez Caballero, le hace meditar a uno en la aleatoria ciencia de la fisiognómica y en la no menos arbitraria de la psicología.

Durante unos años, sobre todo a raíz de la guerra, el odio de las derechas españolas por Azaña fue desmedido, y eran pocos los que no se creían con derecho a vejarle e infamar su nombre.

«Me figuré un tiempo que Azaña era de diferente textura y tejido más noble –le escribirá Pérez de Ayala a Marañón en 1939, y sigue–: No podía contar yo con que la ausencia de la hormona testicular estragase hasta tal punto una buena inteligencia natural. En octubre de 1934 tuve

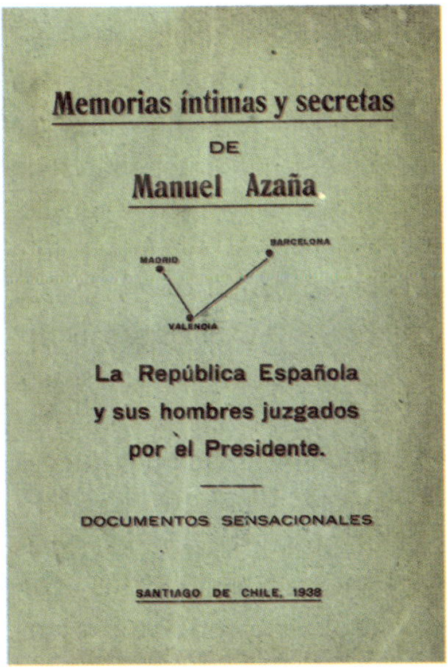

417-418. Robados en 1938 en el consulado español de Ginebra a su cuñado Rivas Cherif por un agente doble y publicados en Santiago de Chile por el servicio de propaganda franquista, después de múltiples intentos fracasados para canjearlos por prisioneros en poder de los republicanos, estos cuadernos de las memorias íntimas de Azaña causaron a un tiempo desolación en el bando republicano y regocijo en el de Franco, que los conservó en su biblioteca personal de El Pardo toda su vida, como venganza acaso o sólo por complejo de inferioridad. Un año después serían publicadas de nuevo en España con las mismas mutilaciones y glosas inaceptables, a las que se añadieron caricaturas insultantes, en una edición a cargo del que fue el apologeta de la Cruzada, Joaquín Arrarás, el mismo que había preparado de forma anónima la edición chilena.

la primera premonición de lo que verdaderamente era Azaña. Leyendo luego sus memorias del barco de la guerra (tan ruines y afeminadas) me confirmé. Cuando le vi y hablé siendo ya presidente de la República, me entró un escalofrío de terror al observar su espantosa degeneración mental, en el breve espacio de dos años, y adiviné que todo estaba perdido para España, con aquella gente». Y habla de testículos alguien que no pisó España ni un minuto, mientras duró la guerra. Y que volvió a ella con la cabeza gacha, sin decir ni mu.

Para completar el retrato deberíamos acudir ahora a las palabras que Azaña dedicó al autor de *A.M.D.G.* Quizá lo más desolador no tenga un valor político o histórico, sino moral: nos remiten a los no tan lejanos tiempos en que ambos, detestándose, se tendían la mano, sonreían y, al despedirse, se palmeaban la espalda. Estos rasgos de introspección y análisis, incluso de desesperada sinceridad tanto como de estudiado cinismo, por encima incluso de su valor histórico, convierten el libro de Azaña en un monumento de la literatura memorialística española.

Las memorias tenían, como se comprende, también un gran valor incluso para los vencedores, que llegaron a combinar la manera de hacerse con ellas, en un robo rocambolesco con espías de los servicios secretos que lograron hacerse con uno o dos cuadernos, episodio del que ya se ha hablado en este libro.

Aquellos cuadernos, fragmentados, manipulados, se publicaron de inmediato, primero en Chile, y luego en España, con caricaturas adjuntas y exégesis, como ejemplo de la disolución moral de un político y un régimen.

Han pasado ya muchos años. La derecha política que ayer lo condenaba como la bestia negra de la izquierda, ha querido hacerlo suyo hoy, interesadamente fragmentado, y la hija de Franco, al fin, sesenta años después, restituyó al Estado aquellos cuadernos que jamás se fueron del lado del dictador (este, sí, verdadero faraón de El Pardo) que lo derrotó con las armas, pero que al fin no pudo con sus letras, y que quiso tenerlas cerca toda su vida tal vez para resarcirse de secretas frustraciones, temiendo que Azaña le ganara la batalla un día después de muerto, como el Cid. Aunque quién sabe. Juan Marichal, recopilador de las obras de Azaña, acabó llamando ofuscadamente «ángel providencial» a la hija del dictador.

Sería suficiente con que se leyeran sus memorias y sus discursos: la lección de libertad y tolerancia que contienen es bandera más que suficiente para izquierdas y derechas. O sea: es ya un clásico.

La derrota le dio a Azaña, contrafigura de don Miguel, el otro gran donquijotesco, la dimensión y lucidez que a don Quijote le alcanzó en su lecho de muerte, cuando el presidente de la República, el

18 de julio de 1938, aventó a los siglos estas palabras suyas, ya indelebles: «Es obligación moral, sobre todo de los que padecen la guerra, cuando se acabe como nosotros queremos que acabe, sacar de la lección y de la musa del escarmiento el mayor bien posible, y cuando la antorcha pase a otras manos, a otros hombres, a otras generaciones, que se acordarán, si alguna vez sienten que les hierve la sangre iracunda y otra vez el genio español vuelve a enfurecerse con la intolerancia y con el odio y con el apetito de destrucción, que piensen en los muertos y que escuchen su lección: la de esos hombres, que han caído embravecidos en la batalla luchando magnánimamente por un ideal grandioso y que ahora, abrigados en la tierra materna, ya no tienen odio, ya no tienen rencor, y nos envían, con los destellos de su luz, tranquila y remota como la de una estrella, el mensaje de la patria eterna que dice a todos sus hijos: Paz, Piedad y Perdón».

Paz para vivir, piedad para olvidar y perdón para recordarlo todo, sin dañar ni dañarnos, y alcanzar, con más letras que armas, el noble y nada fácil oficio de ir tirando, con libertad y justicia, cosas todas ellas que encierran las palabras del salmista: «Pasan nuestros días y acaban nuestros años [...] como quien cuenta un cuento».

419. «Mire, Albornoz, la guerra está perdida; pero si la ganamos, por milagro, en el primer barco que saliera de España tendríamos que salir los republicanos, si-nos-de-ja-ban». Constataba Azaña de ese modo el fracaso, en la República, de una tercera España que no pudo ser y que únicamente pareció emerger en 1978, con una monarquía parlamentaria. En la imagen, Azaña en Collonges-sous-Salève tras firmar su dimisión como presidente de la República en 1939.

LAS PERSONAS DEL DRAMA*

* Se incluyen aquí datos biográficos, con posterioridad a la guerra, de algunos protagonistas, así como imprescindibles referencias bibliográficas de libros que el lector podría juzgar de utilidad, referidos, casi siempre, al período que nos ocupa o mencionados en estas páginas.

Ignacio Agustí (Llissà de Vall, Barcelona, 1913-Barcelona, 1974). Novelista y periodista. Dejó de escribir en catalán a partir de 1937, para hacerlo en castellano. Se dedicó, tras la guerra, como antes de ella, al periodismo y a la literatura, donde destacó con su saga *La ceniza fue árbol*, a la que pertenecen sus más importantes novelas: *Mariona Rebull*, 1944; *El viudo Rius*, 1945; *Desiderio*, 1957; *Diecinueve de julio*, 1965, y *Guerra civil*, 1972, estas dos últimas dedicadas a la Guerra Civil. Contó con el elogio sincero de Azorín y del Juan Ramón Jiménez de la posguerra.

BIBLIOGRAFÍA: *Ganas de hablar* (Barcelona, Planeta, 1974). Participó en la *Corona de sonetos en honor de José Antonio Primo de Rivera* (Barcelona, Ediciones Jerarquía, 1939). Se incluyen poemas de Ignacio Agustí, José María Alfaro, Manuel Augusto, Álvaro Cunqueiro, Manuel Díez Crespo, Gerardo Diego, Carlos Foyaca, Román Jiménez de Castro, Eduardo Llosent y Marañón, Pedro Laín Entralgo, Manuel Machado, Eduardo Marquina, Eugenio Montes, Alfonso Moreno, Leopoldo Panero, José María Pemán, Pedro Pérez Clotet, fray Justo Pérez de Urbel, Dionisio Ridruejo, Félix Ros, Luis Rosales, Juan Sierra, Adriano del Valle y Luis Felipe Vivanco.

Rafael Alberti (El Puerto de Santa María, Cádiz, 1902-1999). Poeta. Vivió con su mujer, María Teresa León, en Madrid hasta finales de febrero de 1939, dando por cerrada «la belle époque»; pasaron luego unos días en Elda, volaron a Orán y al llegar a París Picasso les encontró un trabajo como locutores en la Radio Paris-Mondiale, de donde fueron expulsados por orden expresa de Pétain. Seis meses después de estallar la Segunda Guerra Mundial, embarcaron para Buenos Aires, donde se quedarían hasta 1964, año en el que se trasladaron a Roma, de donde regresarían a España, muerto ya Franco, en 1977, cumpliendo así lo que él mismo había escrito en 1975, como prólogo a la reedición de *El Mono Azul*: «Otra vez la primavera / avanza alegre y florida. / Madrid nunca fue vencida. / ¡Pronto! Madrid nos espera». Durante todo el largo exilio la voz de Alberti contra la Dictadura fue una de las más señaladas, y la guerra y sus consecuencias, una de sus principales fuentes de inspiración y de ingresos. Un profesional. El poeta exiliado Tomás Segovia hizo de él y de su poesía un juicio sincero en la temprana fecha de 1955: «Me deprime mucho ver el hundimiento lento e irremediable de un poeta. Los tres primeros libros tienen frescor. No son gran poesía, pero son poesía. Luego se va haciendo cada vez peor, más falso, amanerado y vulgar. *Sobre los ángeles* tiene todavía algo. Pero los libros de combate son malísimos. "Participar de los himnos futuros", dice en cierta ocasión. Un caso más de poeta vendido a la Historia con mayúscula. Creo que si de veras un poeta llega a convencerse de que todo lo que escapa a la Historia es culpable o mentiroso, lo que debe hacer es no escribir más poesía. [...] Lo que la Historia sabe de nosotros será siempre mentira, y precisamente si la poesía es casi la única verdad humana que perdura, es porque perdura al margen de la Historia, porque hace hablar en la Historia a una voz que no es de su reino. La poesía es la rebeldía ante la Historia». Fiel hasta el final con sus ideas, participó como diputado del Partido Comunista en innumerables y clamorosos mítines por toda España. Sus últimos años no le libraron de algunas divertidas contradicciones y contrariedades: cortesanías con el rey, quebradura del PCE o tangos con el presidente de un Gobierno de derechas, dando con ello tal vez la razón a su amigo José Bergamín, que dijo de su regreso a España, en su tono acostumbrado: «Mandamos al exilio a un joven poeta, y nos han devuelto a una puta vieja». Después de esto, otra vez amiguísimos.

BIBLIOGRAFÍA: *La arboleda perdida* (Buenos Aires, Fabril, 1959); *La arboleda perdida. Libros III y IV* (Barcelona, Seix Barral, 1987); *De un momento a otro (poesía e historia; 1932-1937)* (Buenos Aires, Editorial Bajel, 1942); *El burro explosivo* (Madrid, Ediciones del Quinto Regimiento, 1937); *Poesías de guerra* (Madrid, Ediciones del Quinto Regimiento, 1937); *El poeta en la calle* (Poesía civil, 1931-1965; selección con un poema de Pablo Neruda, Editorial Ebro). *Coplas de Juan Panadero* (Montevideo, Ed. Pueblos Unidos, 1949). Incluido en el *Romancero general de la guerra española*. Selección y prólogo de Rafael Alberti (Buenos Aires, Patronato Hispano Argentino de Cultura, 1944); incluye poemas de Rafael Alberti, José Herrera Petere, Antonio Aparicio, Juan Paredes, Pla y Beltrán, Jorge Renales, Rosa Chacel, Luis Pérez Infante, Emilio Prados, E. Ortega Arredondo, Lorenzo Varela, José Moreno Villa, Vicente Aleixandre, Felipe Ruamora, Francisco Giner, Moisés G. Matilla, Quiroga Pla, Pedro Garfias, Arturo Serrano Plaja, Altolaguirre, Gil-Albert, Rivas Penedas, Miguel Hernández, José Bergamín, Ramón Gaya, José Antonio Balbontín, Rafael Morales Casas, Leopoldo Urrutia [Leopoldo de Luis]; en el *Romancero general de la guerra española*. Selección y prólogo de Emilio Prados y A.R. Rodríguez Moñino (Madrid-Valencia, Ediciones Españolas, 1937). Poemas de Rafael Alberti, Mariano de Alcázar, Antonio Agraz, Francisco Alfaro, Miguel Alonso [Ramón de Garciasol], Manuel Altolaguirre, Antonio Aparicio, José Antonio Balbontín, R. Beltrán, José Bergamín, Vicente Blanco Fontalva, Teófilo Blázquez, V. de Boada, Vicente Carrasco, Ramón Castellanos, Bernardo Clariana, Luis Corbalán, Rafael Dieste, A. Echegaray, Fernando Fernández, Mariano G. Fernández, Roger de Flor, Pedro Garfias, J. Garrigues Peris, Ramón Gaya, Miguel Hernández, José Hernández Rico, José Herrera Petere, L.H.A., María Luisa de Iriarte, Ernesto López Parra, Moisés G. Matilla, A. Montero, Rafael Morales Casas, Gabriel G. Narezo, Lino

Novás Calvo, Antonio Oliver Belmas, E. Ortega Arredondo, Félix Paredes, Emilio Prados, Félix V. Ramos, José Rivas Penedas, Felipe C. Ruanova, Diego San José, Gonzalo Sánchez Vázquez, Arturo Serrano Plaja, Santos Soriano, Antonio Sánchez-Barbudo, Luis de Tapia, Juan Téllez Moreno, Leopoldo Urrutia, Lorenzo Varela, Jose María Viu y Alfonso Yuste Álvarez. Incluido también en el *Romancero de la Guerra Civil* (Madrid, Ministerio de Instrucción Pública y Bellas Artes, 1936), en el que colaboraban, junto a Alberti, Vicente Aleixandre, Manuel Altolaguirre, Antonio Aparicio, Rafael Beltrán Logroño, José Bergamín, V. de Boada, Rafael Dieste, Mariano G. Fernández, Antonio García Luque, Pedro Garfias, Ramón Gaya, Miguel Hernández, José Herrera Petere, Luis Pérez Infante, Pla y Beltrán, Emilio Prados, José María Quiroga Pla, Felipe C. Ruanova, Arturo Serrano Plaja, Antonio Varela; y en *Poetas de la España Leal*. Selección y prólogo de la redacción de *Hora de España* (Madrid-Valencia, Ediciones Españolas, 1937). Incluye poemas de Antonio Machado, Rafael Alberti, Manuel Altolaguirre, Luis Cernuda, Juan Gil-Albert, Miguel Hernández, León Felipe, José Moreno Villa, Emilio Prados, Arturo Serrano Plaja y Lorenzo Varela. Incluido en el *Homenaje de despedida a las brigadas internacionales* (Ediciones Españolas, 1937). Prólogo de Antonio Machado y poemas de Rafael Alberti, Manuel Altolaguirre, Pedro Garfias, Juan Gil-Albert, Miguel Hernández, José Herrera Petere, Pablo Neruda, Juan Paredes, Pérez Infante, Emilio Prados, Arturo Serrano Plaja y Lorenzo Varela.

Vicente Aleixandre (Sevilla, 1898-Madrid, 1984). Poeta. En los primeros meses de guerra fue denunciado por un capitán, de nombre Santarrana, y acusado de fascista. Familiares de Aleixandre recurrieron a Alberti, quien no quiso mover un dedo. Fue Neruda, cónsul de Chile, quien le sacó de la comisaría donde pasó uno o dos días detenido. Tras este incidente, que refirió Agustín, primo de Aleixandre, éste paso discretamente la guerra en Madrid y en la sierra o siesta madrileña. Terminada aquélla, Aleixandre, al que una dolencia tan crónica como recurrente mantenía apartado de la vida social, vino a representar lo que muchos años después se llamaría «el exilio interior», que alivió sin desmayo con epistolarios incalculables y diarias visitas de todos los poetas de España, exilio al que se podría definir como algo que comprendía a un tiempo representar el papel del hijo primogénito y comerse los corderos que el padre tenía destinados para el pródigo, de ninguno de los cuales se privaron. Durante los primeros años de la posguerra las autoridades obstaculizaron la circulación pública de sus libros. Eso pasó pronto. Se le nombró académico de la Española en 1949 y se le concedió el Premio Nobel de Literatura en 1977, como figura para la reconciliación. Ambas cosas se las tenía merecidas.

BIBLIOGRAFÍA: *Los encuentros* (Madrid, Guadarrama, 1958).

José María Alfaro (Burgos, 1905-Fuenterrabía, 1994). Escritor y diplomático. Hacia 1930 había sido un vanguardista en la órbita de Alberti y Herrera Petere, luego fue promotor del periódico *El Fascio* y terminó de socio fundador de Falange, en la composición de cuyo himno intervino. Hasta la guerra mantuvo buenas relaciones con los camaradas de izquierdas, como prueban las dedicatorias de los libros que, provenientes de su biblioteca, se esparcieron por las aceras del Rastro. Pasó la guerra en diversas embajadas, para terminar en la de Chile. En esta combinó a favor de la Falange y de Franco, tratando, según se dijo, con el coronel Casado. Salió de ella un mes antes de terminar la guerra, pasando las líneas por Madrid. Al llegar a Burgos, la radio franquista dio cuenta de su feliz arribada con la contraseña convenida: «Leoncio Pancorbo en Burgos», lo que quizá, contra lo que pensaba, no mejoró el libro que con ese mismo título había escrito durante su asilo bajo pabellón chileno. Después de la guerra lo publicó. Va sobre un hombre al que redimen de su abulia el fascio y las balas, el estilo y el sport. Dirigió *Vértice* y ocupó importantes cargos en el régimen franquista. Acabó de diplomático; y parte de su biblioteca, en el Rastro.

BIBLIOGRAFÍA: *Leoncio Pancorbo* (Madrid, Editora Nacional, 1942).

Dámaso Alonso (Madrid, 1898-1990). Poeta y ensayista. Con Ortega y otros intelectuales, estuvo refugiado durante las primeras semanas de la guerra en la Residencia de Estudiantes, por miedo a represalias (sus cuñados eran conocidos facciosos). Como Aleixandre, pasó la guerra discretamente, en su caso en Valencia, donde colaboró de manera poco destacada en *Hora de España*, discreción que le permitió quedarse en Madrid a partir de 1939, para poder hacer «el exilio interior», aunque sin demasiadas tribulaciones. Pidió ayuda a Giménez Caballero y éste se la brindó. Tras la guerra, su poesía, de raíz juanramoniana, dio un giro hacia el «desarraigo». En uno de sus más célebres versos, «Madrid es una ciudad de más de un millón de cadáveres...», se ha querido interpretar el opresivo sitio moral a que estaban sometidos los españoles de la posguerra. Pertenece al libro *Hijos de la ira* (1944). En 1945 entró en la Academia, de la que fue director a partir de 1969 y su autoridad en el hispanismo internacional fue indiscutida, así como su simpatía personal, no exenta del halo bohemio y noctívago.

Manuel Altolaguirre (Málaga, 1905-Burgos, 1959). Poeta y editor. Salió al exilio por Figueras, al caer Cataluña. Trabajó como impresor hasta el último día de la guerra. En un campo de refugiados los guardias y campesinos lo tomaron por fascista y aristócrata camuflado, y él, indignado, se quitó las ropas, se quedó desnudo y lo creyeron loco. Se lo llevaron a un manicomio, de cuya estancia nos dejó un conmovedor relato: «Una tarde creí sentirme al borde de la muerte. Me desnudé para morir desnudo». Después del hospital vivió en París; le ayudaron los Éluard, en cuya casa vivió él, su mujer la poetisa Concha Méndez, y su hija. Durante un tiempo y con escritores como Jarnés, Prados, León Felipe, Imaz, Bergamín o Casona, apoyó iniciativas políticas del PCE o de inspiración comunista, como la Junta de Unión Nacional, de los primeros años cuarenta. Luego partió a La Habana y a Méjico, donde siguió durante un corto tiempo con su labor editora. En Latinoamérica se separó de Concha Méndez para vivir con una rica heredera, María Luisa Gómez Mena, quien financió no pocos de los proyectos cinematográficos que ocupaban por entonces la mayor parte del tiempo del poeta. Volvió a España en 1950 para una breve estancia, y volvería en 1959 para presentar en el Festival de San Sebastián su película *El Cantar de los cantares*. En el viaje de San Sebastián a Madrid, en tierras burgalesas, él y su nueva mujer se mataron en un accidente de coche: «A las tres y cuarto en punto de la tarde, domingo 26 de julio, festividad de Santa Ana –nos dice su hermano–, expiró. Yo le cerré los ojos. Murió besando el crucifijo que un hermano de San Juan de Dios le ofrecía». En su entierro solo estuvo presente de sus compañeros de generación Dámaso Alonso.

BIBLIOGRAFÍA: Véanse sus memorias *El caballo griego*, incluidas en el primer tomo de sus *Obras completas* (1986).

Julio Álvarez del Vayo (Villaviciosa de Odón, 1891-Ginebra, 1975). Periodista y autor de libros y novelas de tema político. Acabó de lleno en la política con la República, y fue diplomático, diputado socialista y finalmente, durante la guerra, ministro de Estado. Sus memorias, *En la lucha* (Grijalbo, Méjico, 1973) son el testimonio de un hombre convencido de llevar siempre la razón, que la vida se empeñaba no obstante en quitársela de continuo. Fue expulsado del PSOE en 1946 junto a otros militantes y readmitido a título póstumo en 2009, junto a Negrín y Max Aub. Convertido los últimos años de su vida en maoísta convencido, fundó el Frente Revolucionario Antifascista y Patriódico, partido marxista-leninista partidario de la lucha armada. A comienzos de los años ochenta se vendió en una librería de viejo de la calle San Bernardo de Madrid un ejemplar de la rarísima primera edición de *La guerra* que le estaba dedicado por Antonio Machado con profusa y extensísima pleitesía.

Mauricio Amster (Polonia, 1908-Santiago de Chile, 1980). Tipógrafo, impresor y editor. Durante la guerra trabajó, como Puyol o Arturo Ballester, en labores de propaganda con los republicanos, y a él se deben algunas de las más extraordinarias muestras de su oficio en la literatura española. Sus ideas sociales no le impidieron realizar, pasados los años, la tal vez más exquisita y elitista edición del *Manifiesto Comunista* en el mundo, en una tirada de setenta y cinco ejemplares, por supuesto no venales, para amantes del lujo y la voluptuosidad bibliófilas, encuadernados en piel (confiemos que no de obrero).

Antoniorrobles (Robledo de Chavela, Madrid, 1897-San Lorenzo del Escorial, Madrid, 1983). Escritor. Fue de los escasos humoristas que se quedaron en zona republicana, lo cual está dicho aquí sin malicia. Dirigió en la guerra la editorial Estrella, de literatura infantil. Tras la guerra se exilió en Méjico, de donde volvió tras un largo exilio. Su particular visión de la guerra la dejó en un libro disparatado y divertido, *El refugiado Centauro Flores* (Ediciones Minerva, Méjico, 1944).

Antonio Aparicio (Sevilla, 1916-Caracas, 2000). Poeta. Publicó durante la guerra una *Elegía a la muerte de Federico García Lorca*, (Editorial Signo, Madrid, 1938), que ilustró Santiago Ontañón, y a ambos los asiló en la embajada de Chile al terminar la guerra su amigo Carlos Morla, que había musicado alguno de sus poemas. Ese día salieron de la embajada los que habían estado refugiados durante la guerra, y entraban los que la habían perdido. Volvió en 1964, pero como tantos exiliados no pudo sufrir un país en el que ya no se reconocía, y regresó a Venezuela.

Juan Aparicio (Guadix, Granada, 1906-Madrid, 1987). Escritor y periodista. Empezó próximo al Partido Comunista hacia 1930, siguió por las JONS y la fundación de *La Conquista del Estado* en 1931, se afilió a Falange, se apartó de ella en 1935 y volvió a reintegrarse en plena guerra. A partir de 1939 fue una figura clave en la reorganización de la prensa franquista, a la que impuso rígidas normas ideológicas y de censura, y fue en ocasiones, desde su cargo oficial, valedor de escritores y periodistas republicanos depurados. Merecen destacarse por su interés literario los periódicos *El Español*, *Fantasía* y la *Estafeta literaria*, que él controlaba.

BIBLIOGRAFÍA: *Españoles con clave* (Barcelona, Luis de Caralt, 1945).

Luis Araquistáin (Bárcena de Pie de Concha, Santander, 1886-Ginebra, Suiza, 1959). Periodista y escritor. Su dedicación a la literatura cedió sitio a la política a partir de los años treinta, en que empezó una labor ensayística, copiosa y sostenida en un exilio que le llevó a Londres, Méjico y Suiza. Director de importantes empresas periodísticas y primer teórico importante español del marxismo, estudió desde la perspectiva de su militancia socialista.

BIBLIOGRAFÍA: *Sobre la Guerra Civil y en la emigración* (Ed. de Javier Tusell, Madrid, Espasa-Calpe, 1982).

César M. Arconada (Astudillo, Palencia, 1898-Moscú, 1964). Escritor y periodista. Después de escapar en un barco inglés a la caída de Asturias, volvió al frente y a colaborar en la prensa comunista, «aunque obviamente sin excesivo entusiasmo». Guillén Salaya, el escritor vanguardista, lo acusó de haberlo delatado a las milicias del Oviedo de 1936. En 1938 le dieron el Nacional de la Literatura por su novela *Río Tajo*, episodio nacional, didáctico y propagandístico. Después, consecuente como pocos con sus ideas comunistas, se estableció en Moscú desde 1939, donde se integró en el equipo de la revista *Literatura internacional*. Publicó dos libros de relatos sobre la guerra: *España es invencible* (1941) y, póstumamente, *Cuentos de Madrid* (2007).

BIBLIOGRAFÍA: *Romances de guerra* (Santander, Ediciones Unidad, 1937); *La guerra en Asturias (Crónicas y romances)* (Madrid, Editorial Ayuso, 1979). *Río Tajo* (Akal, Madrid, 1978).

Joaquín Arderius (Lorca, Murcia, 1885-Méjico, 1969). Novelista. Durante la guerra ocupó la presidencia del Socorro Rojo, que lo mantuvo alejado de ocupaciones literarias. Se exilió en Méjico y al igual que la mayor parte de los novelistas sociales, con la excepción de Sender, no volvió a publicar prácticamente nada después de la guerra. Como Díaz Fernández, que murió en 1941, en el exilio en Francia, desaparecido en combate, podríamos decir.

Carlos Arniches (Alicante, 1866-Madrid, 1943). Después de la guerra, que pasó en el lado republicano, volvió a Madrid, siendo el suyo un caso similar al de Benavente. Se anunció en *El Mono Azul* que trabajaba en 1936 en una obra de asunto revolucionario, encargo tal vez de quien era su yerno, José Bergamín, y que, de escribirse, no llegó a estrenarse.

Max Aub (París, 1903-Méjico, 1972). Tras el paso por un campo de concentración en Francia, del que hablaría en una de sus novelas, fue deportado a Argelia, de donde logró fugarse a Méjico. En Méjico desarrolló en incontables libros una activa labor literaria como novelista, poeta, cuentista, antólogo, guionista y editor de sus propias revistas. La Guerra Civil ocupó, desde 1937 hasta su muerte, no pocas de sus obras. Otras, como *Las buenas intenciones* (1954) y *La calle de Valverde* (1961) se encuentran no solo entre las mejores de su autor, sino entre las mejores de todas las que se escribieron en el exilio. Volvió a España, donde le irritó lo indecible que nadie le conociera y acaso no poder entrar en la Academia, en lo que se ve había pensado ya mucho.

BIBLIOGRAFÍA: *El laberinto mágico* (1943-1968): *Campo cerrado* (Méjico, Tezontle, 1943), *Campo de sangre* (Méjico, Tezontle, 1945), *Campo abierto* (Tezontle, Méjico, 1951), *Campo francés* (Ruedo Ibérico, París, 1965), *Campo del moro* (Joaquín Mortiz, Méjico, 1963) y *Campo de los almendros* (Joaquín Mortiz, Méjico, 1968); *No son cuentos* (Méjico, Robredo, 1944); *Morir por cerrar los ojos* (Méjico, Fondo de Cultura Económica, 1944); *Diario de Djelfa* (Méjico, Unión Distribuidora de Ediciones, 1944); *Sala de espera* (Méjico, Tezontle, 1951); *Cuentos ciertos* (Méjico, Robredo, 1955); *El teatro español sacado a luz de las tinieblas de nuestro tiempo. (Discurso leído por su autor en el acto de recepción académica el día 12 de diciembre de 1956.)* (Madrid, Tipografía de Archivos, 1956) [Apócrifo]; *La verdadera historia de la muerte de Francisco Franco y otros cuentos* (Méjico, Libro Mex Editores, 1960); *La gallina ciega* (Méjico, Joaquín Mortiz, 1971).

W.H. Auden (York, 1907-Viena, 1973). Poeta. Estuvo en la guerra en el bando republicano, experiencia que le sirvió para escribir su célebre poema «Spain» y practicar lo que Stanley Weintraub llamó «turismo de guerra» en su imprescindible *The last great cause. The intellectuals and the Spanish Civil War*. Con el tiempo fue suprimiendo o corrigiendo muchos de sus poemas sobre la guerra de España.

Francisco Ayala (Granada, 1906-Madrid, 2009). Novelista, sociólogo y ensayista. Tras un exilio que le llevó como profesor universitario a Buenos Aires, Puerto Rico y Estados Unidos, regresó por vez primera a España en 1960, donde se instalaría definitivamente en 1980.

BIBLIOGRAFÍA: *Los usurpadores* (Buenos Aires, Sudamericana, 1949); *La cabeza del cordero* (Buenos Aires, Ed. Losada, 1949); *Recuerdos y olvidos* (Madrid, Alianza Editorial, 1988).

Manuel Azaña (Alcalá de Henares, Madrid, 1880-Montauban, Francia, 1940). Político y ensayista. Solo cuando Inglaterra y Francia reconocieron al régimen de Burgos, comprendió que su puesto como presidente de la República no era sino decoración. Dedicó la mayor parte de su corto exilio a poner en orden sus papeles y a una breve, pero intensa y amarga correspondencia con alguno de sus antiguos amigos y correligionarios. Una pequeña parte de sus memorias le fueron robadas a su cuñado Rivas Cherif en Ginebra y publicadas en 1938 en Chile y luego en 1939 en una edición infamantemente anotada por Joaquín Arrarás, que mutiló los originales como le convenía.

BIBLIOGRAFÍA: *La velada de Benicarló. (Diálogo sobre la guerra de España.)* (Buenos Aires, Losada, 1939); *Memorias íntimas y secretas de Manuel Azaña* (Santiago de Chile, 1938); *Memorias políticas y de guerra* en *Obras completas* (Méjico, Oasis, 1966).

Azorín (Monóvar, Alicante, 1873-Madrid, 1967). Escritor de vario género. Tras la guerra, que pasó en París, volvió a Madrid en agosto de 1939. En el libro *El último Azorín (1936-1967)* imprescindible, de Llorenç García, se cuentan todos estos avatares con minucia. Según este estudioso, el regreso de Azorín a España fue posible porque acató ser maestro de falangistas y vocero del régimen y de sus consignas en la prensa del Movimiento. Al margen de esto, en estos años escribirá algunos de sus mejores libros, los más grandes y misteriosos de su generación. Durante los dos primeros años se dio orden de que no se le dejase publicar en los periódicos de España, «porque Azorín era un tránsfuga». Por esa fatalidad de ser «gubernamental» a la que aludía Baroja, Azorín paulatinamente se fue tiñendo del régimen y acercándose a los escritores falangistas de *Escorial*, lo que no le puso a salvo de los informes policiales de aquel momento, uno de los cuales terminaba: «¿Hasta cuándo se va a permitir a este esperpento que actúe en periodismo y política? Apartándole definitiva y violentamente, ganaría mucho la patria, la prensa e incluso la literatura». Azorín vivió bien, en buena posición económica, desde el principio de su regreso, sin tener que empeñar el anillo que llevaba por dandismo (raro en un hombre tan morigerado) en su dedo meñique.

BIBLIOGRAFÍA: *París* (Madrid, Biblioteca Nueva, 1945), *Memorias inmemoriales* (Madrid, Biblioteca Nueva, 1946).

Ricardo Baeza (Bayamo, Cuba, 1890-Madrid, 1956). Ensayista y traductor. Primer presidente de la Alianza de Intelectuales Antifascistas para la Defensa de la Cultura. Durante la guerra se exilió en Buenos Aires. Regresó a España en 1952.

Mauro Bajatierra (Madrid, 1884-1939). Uno de los anarquistas que parecían hacer la guerra por su cuenta. Tuvo una muerte legendaria. De otros, con mucho menos, se ha hecho una película. Había nacido en Madrid en 1884. Era panadero, y como tal militó desde muy joven en el grupo anarquista Los Iguales y en la Sociedad de Obreros Panaderos (luego Sociedad de Artes Blancas) de la UGT de Madrid, que estuvo adscrita a la Casa del Pueblo, probablemente con doble militancia. Fue masón en la logia La Cantoniana, y se le juzgó sin consecuencias como colaborador en el intento de regicidio que Rafael Sancho Alegre perpetró en 1913 y por el asesinato de Dato, ambos hechos falsos. Se exilió durante la dictadura de Primo de Rivera en Francia, Bélgica y Alemania, donde continuó su actividad revolucionaria. Fue también uno de los fundadores de la Federación Anarquista Ibérica (FAI), y por sus colaboraciones en el diario *La Tierra* y otros folletos fue detenido y juzgado durante la República. Al producirse la rebelión del 36, Bajatierra se procuró un atuendo adecuado y acudió como corresponsal del periódico de la CNT a todos los frentes de batalla. El libro que le editó la propia CNT en 1938 y que hoy resulta inencontrable es representativo de otras publicaciones anarquistas y confederales, a las que el tiempo ha oscurecido, acaso por no haber contado con un fuerte aparato de propaganda detrás. El suyo es un libro escrito a la diabla, ligero y con extraño estilo deportivo, crónicas de guerra ilusionadas y llenas del sabor de la primera línea y eso que se llama color local. Bajatierra trata a los milicianos más que como soldados como a nietos, entre los que suele repartir cacahuetes y coñac. De no ser por el final de Bajatierra, sus crónicas se habrían olvidado. El mismo 28 de marzo de 1939 esperó en la puerta de su casa con su arma a los primeros soldados franquistas que entraban en Madrid, sobre los que disparó hasta la última bala. Allí mismo lo abatieron. A pesar de sus cincuenta y cinco años, tenía el aspecto bonancible de aquellos viejos anarquistas que soñaban desde niños con su Revolución Social y un paraíso lleno de mariposas que poder cazar con redecilla y salacot. Admirable.

BIBLIOGRAFÍA: *Crónicas del frente de Madrid. La guerra en las trincheras de Madrid.* (Oficinas de Propaganda y Prensa, CNT. Madrid, 1938).

Arturo Barea (Madrid, 1897-Londres, 1957). Novelista y ensayista. Al término de la guerra se exilió en Londres, donde trabajó como periodista y crítico literario. Allí apareció la versión inglesa de su trilogía autobiográfica *La forja de un rebelde*, escrita en inglés por su mujer, Ilsa, y publicada en español en 1951, traducida del inglés.

BIBLIOGRAFÍA: *Valor y miedo* (Barcelona, Publicaciones Antifascistas de Cataluña, 1939); *La forja de un rebelde* (Buenos Aires, Losada, 1951): *La forja*, *La ruta* y *La llama*; *La raíz rota* (Buenos Aires, Santiago Rueda, 1955).

Pío Baroja (San Sebastián, 1872-Madrid, 1956). Novelista. Regresó a España cuando los alemanes ocuparon Francia, donde vivía. Desde entonces vivió entre Vera de Bidasoa y Madrid, dedicado a su literatura prácticamente hasta el final de su vida y vigilado estrechamente por la policía, que llegó a interceptar alguna de sus cartas. En 1955 Baroja entregó a su sobrino una novela escrita en 1940, *Los saturnianos*, que trataba de la guerra civil española, y le recomendó que no la publicase hasta que no pasase cierto tiempo. La obra consta de cinco cuadernos: «Tiempo de inquietud y revolución», «Los saturnianos» «Los caprichos de la suerte», «La Guerra Civil en la frontera» y «Pasada la tormenta». Con el título *La Guerra Civil en la frontera*, se publicó un volumen en 2005 por su sobrino, y se vio que se trataba del VIII tomo de sus memorias. Cuenta en él historias pequeñas de la región, y no vale gran cosa. Se ocupa mucho de tipos curiosos, pero de su propio comportamiento en la guerra, cuando pasaba la frontera para rezar en las sesiones de la Academia de la Lengua que se celebraron en San Sebastián, no cuenta nada. Cuenta, sí, que tanto rojos como fascistas eran estúpidos, viles, inútiles. Sólo Baroja parece quedar siempre por encima de unos y otros. De la guerra trata, también, de pasada, la novela que escribió en 1938, *Laura o los cazadores de moscas*, y de una manera particular *El cantor vagabundo*, de la trilogía *Saturnales*. La censura que impusieron a sus obras y la que el propio don Pío se impuso, no consiguieron mermar el brío y la personalidad, o al menos el encanto, con que siempre estaban escritas, incluso las de su decadencia.

BIBLIOGRAFÍA: *Comunistas, judíos y demás ralea*. Prólogo de Ernesto Giménez Caballero (Valladolid, Ediciones Reconquista, 1938); *Ayer y hoy* (Santiago de Chile, Ercilla, 1939); *Desde la última vuelta del camino*, memorias (Madrid, Biblioteca Nueva, 1944-1949); *El cantor vagabundo* (Madrid, Biblioteca Nueva, 1950); *Aquí París* (Madrid, El Grifón, 1955); *Desde el exilio* (Caro Raggio, Madrid, 1999); *La Guerra Civil en la frontera* (Madrid, Caro Raggio 2005); *Miserias de la guerra. Las saturnales* (Madrid, Caro Raggio, 2006).

Ricardo Baroja (Riotinto, Huelva, 1871-Vera de Bidasoa, Navarra, 1953). Pintor y escritor. La guerra destruyó muchos de sus cuadros y grabados, que se encontraban en la casa familiar de los Baroja en Madrid, Mendizábal, número 36, cuando fue bombardeada. Durante la guerra, en Itzea, Baroja pintó setenta tablas con temas bélicos, tal vez la más extensa aportación de ningún artista a los desastres de 1936. La posguerra la pasó en el pueblo navarro pintando y escribiendo. Una de sus novelas de entonces, *El Dorado*, con las setenta preciosas xilografías que la ilustran, se la vendió al editor catalán Bartrés, un falangista que le dio por todo dos mil duros, lo que nos hace suponer que no debió de estar perseguido. En 1940, nos cuenta su sobrino Pío Caro, Ricardo escribió esta carta a Fernando Labrada: «La ruina de mi casa y la pérdida de todo lo que poseía en ella más me invitan a permanecer en este rincón del mundo que a contemplar de cerca el destrozo sufrido. Además, tanto amigo desaparecido, unos en la emigración, otros muertos; el espectáculo de un nuevo estado de cosas al que un viejo ya quizá no pueda acostumbrarse fácilmente contribuyen a que por ahora prefiera permanecer metido en mi mechinal [...]. Ahora no pinto, escribo y he enviado obras a distintos editores de Barcelona y Madrid. La censura literaria no tacha mucho mis entelequias literarias, sino que casi las ha admitido íntegras».

Eduardo Barriobero y Herrán (Torrecilla de Cameros, Logroño, 1875-Barcelona, 1939). Periodista y novelista político. Otro caso de mala suerte. Fue un republicano convencido, conspirador, anarquista y partidario de la acción directa. En su condición de relevante abogado, se puso, durante la guerra, al frente de un Tribunal Revolucionario de Barcelona. La experiencia la contó en un libro apasionante (en la medida que puede serlo un testimonio así) donde señalaba las irregularidades de tales tribunales populares, lo cual le llevó a la cárcel, casi al empezar la guerra, en 1937. En realidad lo acusaron de robo y evasión de ocho millones de pesetas, obtenidos mientras presidió la Oficina Jurídica de la Audiencia de Barcelona, delito del que, al parecer, fue absuelto. Alguno más debía de quedar pendiente, porque no lo soltaron. Allí lo encontraron los franquistas, que tampoco tuvieron piedad con él, y lo fusilaron por haber colaborado con la justicia revolucionaria. Como en un relato de Kafka.

BIBLIOGRAFÍA: *Un tribunal revolucionario* (Barcelona, Imp. Aviñó, 1937).

Jacinto Benavente (Galapagar, Madrid, 1866-1954). Tras pasar la guerra en zona republicana, donde se representó a menudo su obra *Santa Rusia*, empezó la paz presidiendo, en la tribuna de honor, el desfile de la Victoria en Valencia. Al llegar a Madrid no le tuvieron muy en cuenta lo primero, pero su nombre estuvo vetado un tiempo de los carteles y periódicos donde se le citaba como «el autor de *La malquerida*». Poco después, en 1945, desde Argentina, declaró de una manera vergonzosa y repulsiva y para hacerse perdonar por los nuevos gobernantes, y refiriéndose a los antiguos de la República, a los que había servido con entusiasmo, que «en nación alguna, en revolución alguna del mundo, se han juntado, para ignominia del pueblo, hombres más desalmados, más incapaces intelectual y moralmente... cobardes hasta temer más el triunfo de los suyos que el de los enemigos, porque sabían que el triunfo de los suyos podía ser un peligroso rendimiento de cuentas, y el del contrario, una cómoda fuga al extranjero, bien provistos de fondos saneados para darse buena vida». Cuando consideraron que había purgado sus faltas, nuestro premio nobel de 1922 volvió a los escenarios y «a la eterna comedia de la vida», que decía Victor Hugo.

Manuel D. Benavides (Puenteareas, Pontevedra, 1895-Méjico, 1947). Periodista y escritor. Debió su celebridad, antes de la guerra, al libro que dedicó al contrabandista don Juan March, uno de los políticos que financiaron la sublevación del 36: *El último pirata del Mediterráneo*. Sus libros de la guerra y publicados en guerra, híbridos entre la crónica, la novela y el libro de historia, son un claro antecedente de la literatura que popularizarían después Max Aub y Barea. Especialmente interesantes son los que dedicó a la Barcelona de la guerra (plagado de «detalles exactos») y a la Armada española; el primero una crónica histórico-periodística y el segundo una novela histórica.

BIBLIOGRAFÍA: *La Revolución fue así. Octubre rojo y negro. Reportaje* (Imprenta Industrial, Barcelona, 1935); *Curas y mendigos. Prólogo de la Guerra Civil* (Imprenta Industrial, Barcelona, 1936); *El crimen de Europa. Nuestra guerra* (Ed. Sopena, Barcelona, 1937); *La escuadra la mandan los cabos* (Luz Sobre España, Méjico, 1944); *Guerra y revolución en Cataluña* (Ed. Tenochtitlán, Méjico, 1946).

José Bergamín (Madrid, 1895-Fuenterrabía, 1983). Poeta y ensayista. Tras la guerra llevó una vida errabunda por Méjico, Caracas y Montevideo, países donde enseñó como profesor y dirigió empresas editoriales y publicó una gran parte de sus libros, de carácter ensayístico. De vuelta a Europa, vivió en París, de donde regresó a España en 1959, pero tuvo de nuevo que exiliarse en Francia; de allí volvería definitivamente en 1970. «Apurar –como se dice hasta las heces– el fracaso total de mi vida (de padre, de escritor, de español, etc., hasta de creyente) es cosa que debo de hacer en Europa; y si puedo, en España. Prefiero ser enterrado vivo, que desterrado muerto», había dicho en los años cincuenta. Jamás se arrepintió de su pasado estalinista, y fue un activo militante antifranquista, lo que le valió infinidad de multas y detenciones, frente a tantos del «exilio interior», cómodamente parapetados en sus academias, sus periódicos y sus cátedras. En 1979 presentó su candidatura como senador por la coalición de Izquierda Republicana. Al final de su vida, al tiempo que escribía alguno de los libros de poemas más hondos y románticos de la poesía española contemporánea, como *Apartada orilla* (1976), *Velado desvelo* (1978) y *Esperando la mano de nieve* (1982), su radicalismo político le llevó a dejar Madrid, instalarse en el País Vasco, proclamar su visceral antimonarquismo borbónico y acercarse a las posiciones ultranacionalistas vascas, que despertaron en él la primitiva violencia: «¿Qué haría yo si fuese dictador durante venticuatro horas? Sin reflexionar, fusilaría al director, redactores y colaboradores, aunque algunos sean muy amigos míos, de las revistas de más de un millón de ejemplares.

O tal vez a su millón de lectores». En una carta a María Zambrano de 1957 había dicho: «Yo sé, aún más y peor que tú (tú lo sabes) lo que es –lo que ha sido– ser utilizado. Y casi siempre tan torpemente..., ¡tan torpemente! ¿No recuerdas mi exclamación dolorida en España? («¡Ay Dios! Qué buen clavo... "Si oviese" buen martillo!»), y es que, tal vez me equivoqué de martillo». En 1963 y a propósito de su intervención en los hechos de la huelga de Asturias, encabezando entonces una célebre carta al Ministerio de Información que detentaba Fraga Iribarne, el periódico *El Español*, instigado por el ministro, publicaría extractos de su prólogo al libro *Espionaje en España*, donde justificaba tanto los asesinatos de los trotskistas como los de los religiosos españoles. Hacia 1980 Bergamín nos contó que Pérez Ferrero, el biógrafo de los Machado, de Baroja y de Ramón, preparaba unas «vidas paralelas» con la de Giménez Caballero y la de Bergamín, libro que pensaba titular *El rojo y el negro*. Bergamín añadía malicioso que se equivocaría quien aventurase quién sería en ese libro el rojo y quién el negro. Y a Fernando Savater solía decirle, según éste: «Desengáñate, la única solución es otra guerra civil, y que esta vez ganen los buenos».

BIBLIOGRAFÍA: *Espionaje en España*, de Max Rieger. Prefacio de José Bergamín, traducción de Lucienne y Arturo Perucho (Barcelona, Ediciones Unidad, 1938).

Georges Bernanos (París, 1888-Neuilly-sur-Seine, 1948). Escritor. Residió varios años en Mallorca. De la Guerra Civil, que le sorprendió en la isla, escribió un libro célebre, que los nacionalistas recibieron como una traición del que consideraban un aliado natural.

BIBLIOGRAFÍA: *Les grands cimetières sous la lune* (París, Plon, 1938).

Tomás Borrás (Madrid, 1891-1976). Escritor y autor de teatro. Antes de la guerra había sido vanguardista del círculo de Gómez de la Serna. La guerra le sorprendió en Madrid, de donde logró evadirse a los pocos meses asilado en la embajada de Checoslovaquia. Su mujer, una tonadillera llamada *la Goya*, actuó clandestinamente como enlace entre los jefes de la Falange, a la que también pertenecía él, y José Antonio, mientras este estuvo en prisión. Salvó la vida, al comienzo de la revolución, escondido en una carbonería, en la que acumuló en cantidades ingentes un pánico que se acabó destilando en forma de rencorosa memoria, pese a haber salvado la guerra. Una vez en el lado franquista, empezó a colaborar en *Vértice* y otras publicaciones nacionalistas con unos artículos violentos y demagógicos, aunque fue un libro suyo, *Checas de Madrid*, el que le proporcionó celebridad. Al libro, expresivo, eficaz y heredero del de Foxá, y hermano literario de los de Aub, que conoció un gran número de ediciones (ese fue, como dijo Mainer, «el manjar literario más prodigado durante años»), lo encabezaba una cita de Lenin: «Contra las almas, la mentira; contra los cuerpos, la violencia». Si su autor tenía alguna razón, la pierde desde la primera página a causa del tono, literario y moral, de la obra, que, no obstante, conviene haber leído. Por sus virtudes, que las tiene, y lo inesperado de alguno de sus pasajes: basta un solo párrrafo de esa novela (la descripción de los asistentes a una manifestación proletaria, «marea de la miseria y el andrajo») para comprender las tropelías que Borrás denuncia. Por lo demás, muchos de sus pasajes estremecen por demasiado verdaderos.

BIBLIOGRAFÍA: *Checas de Madrid* (Madrid, 1939); *La sangre de las almas* (Madrid, Ed. Radar, 1948) y *Madrid teñido de rojo* (1962), libro mucho más serio y solvente que los dos anteriores, lleno de datos y detalles exactos (como los precios de las cosas, los alimentos que se encontraban en Madrid y muchos aspectos de la vida cotidiana).

Robert Brasillach (Perpiñán, 1909-Montrouge, 1945). Escritor. Uno de los pocos escritores extranjeros que apoyaron sin ambages la facción de los rebeldes. Escribió un libro sobre el Alcázar de Toledo, una *Historia de la Guerra Civil* (1939) sin gran interés y unos *Poèmes de Fresnes*, que recuerdan, y citan, los del romántico André Chenier. Colaboró con los alemanes y fue fusilado al final de la guerra en el fuerte militar de Montrouge.

Manuel Brunet (Vic, 1889-Figueras, 1956). Al estallar la guerra fue perseguido por conservador y logró huir a Francia, donde se puso a las ordenes de Cambó y sus organizaciones de zapa. De allí pasó a Roma, donde coincidió con Pla y con él y otros catalanes institucionalizaron una tertulia en el café Greco. Al volver a Barcelona encontró su casa saqueada y algo aún peor: la orden de escribir en castellano. Incluso cartas, como esta a Sentís: «Perdona el retraso. He tenido que ocuparme de varios asuntos urgentes, entre ellos el de un rojillo condenado a muerte. He podido salvarle con pruebas documentadas de su inocencia. Conste que ni lo conocía. Estoy muy contento de la buena obra realizada. Los rojos querían matarme. Me he vengado, salvando la vida de un inocente». Tras la guerra, convertido al catolicismo y al franquismo al mismo tiempo, firmó como «Romano» incontables artículos en *Destino* sobre temas de política internacional.

Javier Bueno (Madrid, 1891-1939). Periodista. Dirigió en la guerra el diario *Avance* en Gijón, y, desde la caída de Asturias, *Claridad*, el periódico madrileño más radical, de orientación largocaballerista y temible en los primeros meses de la guerra. La llegada de Bueno trajo al periódico una no siempre perceptible moderación. Había sido uno de los instigadores de la Revolución de Octubre, por lo que fue juzgado y condenado a cadena perpetua y a pagar a las víctimas la astronómica cifra de setenta millones de pesetas de la época, la misma cantidad aproximadamente que Alfonso XIII sacó del país cuando se exilió en 1931 («¿al contado o a plazos?», preguntó cáustico Bueno al tribunal militar que lo juzgaba y que desoyó la denuncia de las múltiples torturas que sufrió en las prisiones militares, a consecuencia de las cuales quedó cojo). Salió libre de ese proceso en 1936. Evadido de Gijón en 1937, retornó a Madrid. Socarrón y de vida folletinesca, fue también un iluminado izquierdista. Lo apresaron al acabar la guerra en el asalto fascista a la embajada de Panamá, donde se había refugiado. Acabó su vida en Porlier, de donde salió para ser fusilado. Según su amigo y compañero de prisión Juan Antonio Cabezas, pasó su última noche con el capellán de la cárcel «hablando y discutiendo en latín, maravillado el cura de su cultura, de su noble estoicismo, del respeto para las ideas y las creencias que no compartía». Algún tiempo después de fusilado, su viuda obtuvo permiso para sacar de la fosa común sus restos y llevárselos a una sepultura familiar.

Manuel Bueno (Pau, Francia, 1874-Barcelona, 1936). Escritor y periodista. Esta figura menor de la generación del 98, célebre por haberle causado a Valle-Inclán las heridas que le costaron el brazo, mostró, antes de la guerra, su simpatía por las ideas falangistas, que le costaron a él la vida delante de una pared, al poco de la sublevacion. Sus primeros libros regeneracionistas son preciosos, pero se ve que no se beneficiaron de la muerte vil que le dieron a su autor en un descampado a manos de una patrulla. Su cuerpo fue arrojado con los de otros seis a la puerta de un hospital.

José Caballero (Huelva, 1916-Madrid, 1991). Pintor. Íntimo amigo de Lorca y colaborador en su teatro de La Barraca. Al estallar la guerra, que le sorprendió en zona nacional, se enroló en las labores de propaganda, donde destacó como ilustrador y portadista de *Vértice*, *Laureados* y la segunda edición de *Madrid de Corte a cheka*, y figurinista y decorador del teatro de La Tarumba, remedo falangista de La Barraca. Participó en el proyecto literario de *Escorial* y como ilustrador de gran número de libros de poesía. En los años sesenta volvió a relacionarse, y colaborar en algunos casos, con sus amigos Alberti, Bergamín y Neruda. Ejemplo tristísimo de la mala conciencia y de la doble moral, hijas de la mala memoria que amargó su vida.

Juan Antonio Cabezas (Cangas de Onís, 1900-1993). Periodista y escritor, redactor de *Avance*, en Gijón. Con peor suerte que otros que lograron huir, fue apresado tras la caída del frente asturiano. Pasó por diferentes cárceles y contó su experiencia de la guerra y la prisión en *Asturias: catorce meses de la Guerra Civil* (G. del Toro, Madrid, 1975), interesantísima crónica de ese tiempo, y *Morir en Oviedo* (Ed. San Martín, Madrid, 1984). Protegido por Máximo Cuervo, director general de Prisiones en el sistema penitenciario franquista, fue el primer redactor de *Redención*, periódico de las cárceles franquistas, gracias a lo cual salvó su vida. Salió libre en 1945 y volvió al periodismo y la literatura.

Francisco Camba (Villanueva de Arosa, Pontevedra, 1882-Madrid, 1948). Escritor. Al igual que otros, desde el Aub de los *Campos* al Borrás de *Checas de Madrid*, hizo de su novela *Madridgrado* una síntesis de ficción y crónica histórica, que repitió en sus galdosianos *Episodios contemporáneos*. Su novela, como tantas de esos años, bebe en las mismas fuentes que la mayoría (Causa General, prensa y propaganda republicanas y leyendas urbanas) y nos resulta acaso *déjà vu*, pero contiene algunos pasajes memorables.

BIBLIOGRAFÍA: *Madridgrado: documental film.* (Madrid, Ediciones Españolas, 1939).

Julio Camba (Villanueva de Arosa, Pontevedra, 1882-Madrid, 1962). Hermano del anterior. Escritor en periódicos. Escribió en la guerra, para el *Abc* de Sevilla, furiosos artículos de propaganda. La victoria le tranquilizó y le permitió volver a sus temas, costumbristas, ligeros y flemáticos, que sembró en miles de colaboraciones de buena y honesta factura, tan inteligentes como únicos.

BIBLIOGRAFÍA: *Haciendo de República* (Espasa-Calpe, Madrid, 1934)

Alfonso Camín (La Peñuca, Asturias, 1890-Porceyo, Asturias, 1982). Poeta y novelista. Su paso por la guerra fue discreto. Diez meses con los sublevados, la novela que habla de esa experiencia, *España a hierro y fuego* (Ed. Norte, Méjico, 1938) y el exilio del que vuelve en 1969. Escribió mucho, y es ya sólo una sombra. Su novela a medio camino de la crónica, es para conocer «el terror negro» en escenarios escasamente tratados, en novela nunca: Palencia, León, Valladolid, Asturias, Burgos, ciudad esta que emparenta esta obra con la obra de Antonio Ruiz Vilaplana, *Doy fe. Un año de actuación en la España nacionalista* (1937).

Roy Campbell (Durban, Sudáfrica, 1901-Setúbal, Portugal, 1957). Poeta. Un gran reaccionario y antisemita. Uno de los pocos que apoyó a Franco, lo que no le impidió alistarse para combatir, en la Segunda Guerra Mundial, contra Hitler ni traducir a Lorca, a quien había llamado, en la guerra, «cobarde». Ganó las dos guerras, pero perdió doblemente su prestigio, pese a la calidad que todos le conceden. Como Auden, también retocó tras la guerra su poema *Fusil floreciente.*

Clara Campoamor (Madrid, 1888-Lausana, 1972). La participación e importancia de las escritoras republicanas en la guerra está a la espera de un estudio exhaustivo, como hemos visto que ya se han hecho respecto de la mujeres en general. Nos encontraremos páginas adelante a María de Maeztu. No menos importante es María de la O Lejárraga, conocida como María Martínez Sierra (San Millán de la Cogolla, Logroño, 1874-Buenos Aires, 1974), maestra en cierto modo de Clara Campoamor en las luchas feministas. En 1900 se casó con el dramaturgo y empresario teatral Gregorio Martínez Sierra, del que se separó en 1922. Hoy sabemos ya que la inmensa mayoría de las obras firmadas por su marido habían sido escritas por ella. Fue diputada del PSOE durante la República y empleada en la embajada suiza durante 1937 y 1938. Tituló sus memorias *Una mujer por los caminos de España* (1952). Hablaremos dentro de unas páginas de Margarita Nelken. Constancia de la Mora, aristócrata nieta de Maura, militante socialista y pariente de Manuel Altolaguirre, íntima de Zenobia Camprubí hasta la guerra, fue la mujer de Hidalgo de Cisneros, jefe de la aviación republicana, publicó unas memorias escandalosas (*Doble esplendor*, Méjico, Atlante, 1944), que le escribió otro y que tuvieron un gran éxito en el gran mundo del que nunca renegó, pese a su atrezo revolucionario. Todas ellas fueron, sobre todo, ensayistas a las que debemos sumar otras tantas novelistas. Luisa Carnés tenía ya abundante obra antes de la guerra, llevó una vida complicada y laberíntica y publicó una novela sobre el maquis en España, *Juan Caballero* (Méjico, Atlante, 1956); Isabel de Palencia, *En mi hambre mando yo* (Méjico, Libro Mes, 1959) y *Smouldering Freedom* (Londres, 1946), «La historia de los republicanos en el exilio»; Paulina Brook con su *La espiga y el racimo*, que publicó también en Méjico, Aquelarre, 1951; Cecilia G. de Guilarte o la más conocida de todas estas novelistas, Elena Fortún (Madrid, 1886-1952), a quien la guerra alcanzó con una gran celebridad, proporcionada por sus libros para niños, protagonizados por sus personajes *Celia* y *Cuchifritín*; se exilió en Argentina, donde escribió en 1943 *Celia en la revolución*, publicada en 1987, valiente, veraz y extraordinaria crónica autobiográfica, a modo de diario, sobre el terror revolucionario en Madrid y las penurias en la retaguardia de Valencia y Barcelona, que nada tiene que envidiar a otras de Aub, Barea o Sender. Recuerdos y memorias suyos pueden rastrearse en dos tomos, de deliciosa lectura, *Pues señor... cómo debe contarse el cuento y cuentos para ser contados* (Buenos Aires, Marcos Sastre, 1941) y *El arte de contar cuentos a los niños* (Buenos Aires, Inst. C. Joaquín V. González, 1947). Silvia Mistral y su diario *Éxodo* (Méjico, 1940), testimonio importante para reconstruir el largo viaje del *Sinaia*. O Victoria Kent, que recurrió a la novela *Cuatro años en París* (Buenos Aires, 1947) para contarnos su experiencia personal. Pero de todas las escritoras que tienen relación con la Guerra Civil desde la literatura fue Clara Campoamor la que acaso mejor y más dignamente podría representarlas a ellas y a todos cuantos creyeron en una España posible que no pasaba por la guerra. De origen humilde, alcanzó los puestos más relevantes del parlamentarismo republicano liberal tras años de luchas y estudios. Su trabajo, frente a otras parlamentarias contrarias a ello como la socialista Margarita Nelken, resultó decisivo en la legalización del voto femenino. Bien porque muchos la culparon de que las elecciones de 1933 las perdiera la izquierda por haberse dado entrada a las mujeres en el sistema democrático, bien porque se resistió a ser engullida por la espiral totalitaria que inició la guerra, de la que se quitó de enmedio a principios de 1937, bien por resabios machistas (Azaña la llamó siempre «la pedante», él, tan llano), su nombre quedó rápidamente oscurecido hasta fecha reciente. Su libro, que debería ocupar un lugar señero en las historias de la Guerra Civil, junto al de Chaves o al de Morla Lynch, fue publicado en Francia y en francés, en 1937, y no sería reeditado y traducido hasta un tardío 2002. Según su editor, la edición de su libro, primera en España y en español, no tuvo en los periódicos españoles ni una sola reseña apreciable.

BIBLIOGRAFÍA: *La révolution espagnole vue par une républicaine* (Plon, París, 1937). Existen versiones españolas de Neus Samblancat Miranda (Universidad Autónoma de Barcelona, 2002) y de Luis Español Bouché (Renacimiento, Sevilla, 2004).

Rafael Cansinos Assens (Sevilla, 1883-Madrid, 1964). Literato. Se han publicado sus memorias con el título de *Memorias de un literato*, en cuyo tercer volumen daba una ácida visión de la República: «Es curioso observar la reacción que el advenimiento de la República ha provocado en los escritores; una verdadera reacción. Casi todos los que el día antes eran por lo menos liberales, como Marquina, ahora estrenan obras pietistas en competición con Pemán. Otros coquetean con José Antonio y Ledesma Ramos. La República abre un concurso para premiar un himno nacional republicano y tiene que declararlo desierto y contentarse con ese «Himno de Riego» tan chabacano de letra como de música. Ortega y Gasset declara en el Parlamento que la República es agria y triste, se inhibe y se dedica a flirtear con duquesas en salones del barrio de Salamanca. Pérez de Ayala se va a Londres de embajador, y ahí queda eso... La República mima a sus enemigos». Su existencia después de 1939, gris y silenciosa, la consumieron colosales y meritorias traducciones de las obras completas de Goethe, Balzac y Dostoievski, entre otros, que vertió a un castellano de 1880, traspapelado como él mismo, pero no exento de hallazgos, talento y sabor. Durante la guerra, que pasó en Madrid con la mayor discreción, escribió un diario que ocupa unas dos mil páginas, camufladas en inglés, francés y alemán, por si acaso. Aquí se publican unas pocas, pero en breve podrán consultarse gratuitamente en la página web que dirige su hijo Rafael Cansinos. Después de la guerra sufrió expediente de depuración, «por judío» y «llevar una vida bastante rara», quedando «invalidado para ejercer la profesión periodística».

Ricardo Carballo Calero (Ferrol, La Coruña, 1910-Santiago de Compostela, La Coruña, 1990). Después de pasar la guerra como teniente en la defensa de Madrid, fue encarcelado y liberado en 1941. Depurado, se ganó la vida en la enseñanza privada. Sus estudios de literatura gallega le llevaron en 1958 a la Academia gallega. Sus recuerdos de la preguerra y de la guerra los dejó en una novela tardía, *Scórpio* (Sotelo Blanco Edicións, Santiago de Compostela, 1966).

Josep Carner (Barcelona, 1884-Bruselas, 1970). Poeta y diplomático. Llevaba muchos años fuera de España antes de la guerra, por razones de trabajo. Fue cofundador del Colegio de Méjico, institución central para el exilio mejicano, y de la revista *Romance*, en la que colaboró el exilio literario español en Méjico. Por razones políticas no volvió a Cataluña sino unos pocos meses antes de morir. En su libro *Nabi*, un largo poema, dejó constancia de alguno de los recuerdos de la guerra.

BIBLIOGRAFÍA: *Nabi* (Séneca, Méjico, 1940).

Emilio Carrere (Madrid, 1881-1947). Escritor. Se dieron durante la guerra en Madrid casos desgraciados de escritores viejos que morían de tristeza, dejación e indigencia. En general fueron escritores de ideología conservadora. Uno de ellos fue Armando Palacio Valdés (Entralgo, Asturias, 1853-Madrid, 1938). Lo encontramos en Madrid pasando frío y hambre, enfermo. Pedro Luis de Gálvez lo había estado buscando con unos de la FAI para darle el paseo. Los hermanos Quintero lo atendían con los escasos víveres que podían reunir. Palacio Valdés, el amable, el otrora célebre y celebrado, vanidosillo y fecundo escritor, moría en el olvido, sin ayuda, en 1938. Meses después bajó con él a la tumba uno de los Quintero, Joaquín. Casi de lo mismo. Loco, en Valencia, trastornado por los acontecimientos de la guerra, terminó el poeta coplero Luis de Tapia (Madrid, 1871-Quart de Poblet, Valencia, 1937). Las ediciones del Socorro Rojo le editaron sus coplas revolucionarias. La descripción de su internamiento y entierro es una sombría estampa que pone los pelos de punta a las mismas escarpias. Arturo Mori en su muy interesante y raro *La prensa española de nuestro tiempo* trazó su retrato así: «El poeta satírico de la República sintió tan hondamente el derrumbamiento de las libertades españolas, que enloqueció y, conducido a un sanatorio cerca de Valencia, terminó su vida acusando a la Compañía de Jesús de todos sus males, como un gran actor al final del drama». El caso de Carrere no es sino una variación de los anteriores. Se dijo que *El Caballero Audaz* se escondió muchas noches en una tumba. Ante el temor de ser paseado en Madrid, Carrere prefirió pasar por loco y consumir la espera en deprimentes establecimientos frenopáticos. Al término de la guerra, se despulgó el miedo, se sacudió las congojas en la puerta y apareció campante de nuevo en Madrid, cuyas calles reconocieron pronto su estampa de bohemio. Toda esa experiencia la contó en una novelita por la que pasa, naturalmente, Pedro Luis de Gálvez silbando un himno de fraternidad proletaria.

BIBLIOGRAFÍA: *La ciudad de los siete puñales* (La Novela del Sábado, Madrid, 1939).

Ánxel Casal (La Coruña, 1895-Teo, La Coruña, 1936). Editor. Fundó la editorial galleguista Nós. Fue el editor de los *Seis poemas galegos* de Lorca, de quien fue amigo. En agosto del 36 era alcalde de Santiago. Lo asesinaron el mismo día que a su amigo, y por parecidas causas.

Alejandro Casona (Besullo, Asturias, 1903-Madrid, 1965). Autor de teatro. Se exilió en Argentina en los primeros meses de la guerra. En Latinoamérica siguió su carrera teatral, coronada siempre con un gran éxito de público, pero fustigado a menudo por la crítica más politizada y comprometida. Regresó a España en 1962, con ocasión del estreno madrileño de uno de sus grandes éxitos latinoamericanos, *La dama del alba*, de 1944.

Alfonso R. Castelao (Rianxo, La Coruña, 1886-Buenos Aires, 1950). Médico, pintor y escritor. Católico ferviente como tantos compañeros suyos del galleguismo. Tanto antes de la guerra, como impulsor del nuevo nacionalismo gallego; durante ella, como diputado y promotor de empresas literarias y de propaganda específicas dentro de la política galleguista, y después, como faro de irradiación política y cultural para la emigración y el exilio gallego en Latinoamérica, Castelao es la figura indiscutida y patriarca de la Galicia que quedó prematuramente malograda en 1936. Durante la guerra estuvo próximo a las posiciones comunistas, sobre todo a raíz de su viaje a la URSS en 1938, de las que se fue alejando con el tiempo. Le cabe el honor de haber contribuido, como dibujante, a fijar una tipografía netamente gallega.

BIBLIOGRAFÍA: *Sempre en Galiza* (Buenos Aires, As Burgas, 1944).

José Castillejo (Ciudad Real, 1877-Londres, 1945). Jurista y director de la Junta de Ampliación de Estudios, vinculada a la Institución Libre de Enseñanza y decisiva en la modernización de la enseñanza y la investigación científica españolas. La sublevación militar le sorprendió en Suiza. Logró volver a España, y después de sacar a su familia, que veraneaba en Benidorm, se dirigió a Madrid, que tuvo que abandonar a los pocos días para salvar su vida, como ocurrió con tantos intelectuales de su generación, republicanos y liberales como él. Se instaló entonces en Inglaterra, país con el que mantenía vínculos familiares, desde donde apoyó de una manera decidida la causa de la República. En 1937 publicó su libro *War of Ideas in Spain*, estudio de la historia de la enseñanza en España desde sus orígenes hasta la Revolución, y trabajó hasta su muerte en otro, *Democracies Dethroned in the Light of de Spanish Revolution, 1823-1939*, inédito hasta 2008, en que se publicó traducido al español. Acusado por Serrano Súñer como el hombre «más funesto que había visto nacer España», lo cierto es que su personalidad y su magisterio lo señalan como uno de los más extraordinarios, inteligentes, tolerantes y eficientes que ha dado este país. En ese su póstumo, lúcido, exhaustivo e imprescindible libro, el diagnóstico y el análisis que hizo de la República y de la guerra explican sobradamente el orillamiento que sufrió su memoria y su obra durante tantos años, al igual que la de quienes, como Américo Castro, Albornoz, Campoamor o Azaña, hubieran compartido sus palabras: «La guerra civil no fue una lucha entre dos mitades geográficas o raciales de la Península, ni siquiera entre dos mitades de sus ciudadanos que mantuvieran doctrinas opuestas claramente definidas. Fue la consecuencia natural de una revolución de más de doce años que comenzó cuando Primo de Rivera violó la Constitución. [...] Para salvar la Monarquía, los monárquicos tomaron medidas que o causaron, o aceleraron, o no fueron capaces de impedir su caída. Para defender la democracia, los republicanos utilizaron métodos que la hacían imposible. ¿Cómo podría haber sido de otra manera? El talento, el instinto, la prudencia, la experiencia, la educación política no pueden ser dones reservados a los hombres de un partido político y negados a los otros. El nivel medio de incomprensión e intolerancia tenía que ser obligatoriamente el mismo entre los monárquicos y entre los republicanos. Puede ser que los republicanos quisieran algo totalmente imposible, o algo que no era factible en las condiciones que se daban en España en aquel momento, o que escogieran los métodos equivocados para llevar a cabo un plan viable. [...] Es difícil creer que en media España el espíritu de justicia hubiese, súbitamente, pasado a morar en los corazones de los trabajadores, mientras en la otra mitad se hubiese vestido con uniformes militares y camisas azules. [...] El carácter, los vicios y las virtudes de la España republicana no podían ser muy diferentes de los de la zona nacional [...]. Ha sido más bien un cisma interno de conciencia como fueron las guerras de religión, hasta el punto de que la escisión se produjo dentro de cada familia, en cada pueblo o ciudad y en cada provincia, por toda la Península. Lo único que hizo la guerra civil fue delimitar el mando: en una parte de España el control cayó en manos de aquellos partidos que estaban sojuzgados en la otra, y los que en una zona eran las víctimas eran los jefes en el otro lado. Los asesinatos y las ejecuciones a millares alteraron gradualmente, y hasta cierto punto, el peso estadístico de cada fuerza en ambas zonas; pero después de dos años y medio de lucha había todavía millones de fascistas en los territorios controlados por los republicanos y millones de rojos en el campo opuesto. Cualquier solución a la que se llegase a través de una victoria implicaría el sometimiento forzoso de aproximadamente la mitad de la población; sin embargo, una solución basada en la tolerancia mutua y en concesiones era prácticamente impensable teniendo en cuenta las creencias fanáticas existentes, fortalecidas por el apoyo moral y material que ambos bandos encontraban en países extranjeros». Y si su diagnóstico político era devastador, no lo fue menos la idea que tuvo de los intelectuales en guerra: «La opinión pública fue totalmente amordazada. La libertad de expresión era proporcional al número de fusiles que había detrás de cada escritor; pero no había armas ni partido alguno que respaldase la igualdad para todos los ciudadanos. La mayoría estaba aterrorizada y buscaba la seguridad en el silencio o en la aquiescencia fingida. Desde el inicio de la revolución no existieron mecanismos para verificar las verdaderas corrientes de opinión y su volumen. No pocos apologistas de la causa republicana se retractaron enérgicamente una vez cruzada la frontera francesa. Para evitar este riesgo y esta afrenta a la España que se suponía estaba luchando por la libertad, el Gobierno se vio espoleado a hacer más severas las restricciones sobre la emigración, una medida anticonstitucional que convirtió el país en una enorme prisión para millones de personas aterrorizadas y muertas de hambre. [...] Hombres que se autoproclamaban demócratas ordenaron la ejecución de ciudadanos por el crimen de haber votado a candidatos de partidos contrarios, o por haber sido elegidos miembros del Parlamento en las últimas elecciones. Escritores que hasta entonces habían defendido la libertad de conciencia y de prensa publicaron en sus periódicos "listas negras" de individuos que serían librados a asesinos profesionales por haberse atrevido a publicar artículos denunciando lo que ellos consideraban errores políticos». Su visión de la zona nacional no fue menos terrible: «La estructura política real en la España nacional era similar a la del lado republicano, excepto en que en este último había más facciosos compitiendo unas con otras por el predominio. En cada ciudad, uno o más caciques se hicieron con el apoyo de grandes partidos o de las autoridades centrales y se convirtieron en los amos: controlaban los instrumentos de la fuerza y ejercían un poder omnipotente al margen de la ley. Cuando eran hombres honestos su poder arbitrario era una bendición, pero cuando eran unos maleantes los ciudadanos honestos eran las víctimas. Estaban auxiliados por espías voluntarios que, con celo apostólico, o con un ruin espíritu de venganza o de ambición, denunciaban a las personas sospechosas. [...] La mayoría de los intelectuales fueron tratados como peligrosos agitadores en el bando nacional, y como reaccionarios poco prácticos o ambiguos en el republicano. Fueron denunciados como cobardes o como traidores. A esto siguió la persecución; algunos cayeron en ambos lados y aquellos que pudieron escapar iniciaron la gran diáspora». Estas ideas hicieron de él uno de los más silenciosos, nobles y conspicuos representantes de una tercera y tolerante España, posible únicamente para él si nacía de las escuelas.

BIBLIOGRAFÍA: *War of Ideas in Spain*. John Murray, Londres, 1937. *Democracias destronadas*, Editorial Siglo XXI, Madrid, 2008.

Américo Castro (Cantagallo, Brasil, 1885-Lloret de Mar, Gerona, 1972). Historiador. Se exilió en París al comienzo de la guerra, donde vivió en el Colegio de España con Baroja, hasta pasar, definitivamente, a Estados Unidos y a Latinoamérica. Allí escribió su obra capital bajo la experiencia del destierro: *La realidad histórica de España* (Méjico, Porrúa, 1948) y *España en su historia. Cristianos, moros y judíos* (Buenos Aires, Losada, 1952). Uno de los pocos liberales verdaderos que ha dado España. En 1963, en carta a Max Aub, su visión de la guerra seguía invariable: «Me confirmo cada vez más en la idea de que no comenzará a haber vislumbre de arreglo para el callejón sin salida español, hasta que alguien no diga que la matanza de 1936-1939 y la entrega de la tierra propia a extranjeros para que en ella satisficieran sus necesidades, careció de sentido».

«Durante la guerra», contará su hija Carmen, casada con el filósofo Zubiri, «había corrido el rumor de que a Xavier y a mí nos habían fusilado en ambas partes. A mi padre, desde luego, le destituyeron en las dos zonas; los franquistas, por su vinculación a la República, y los republicanos porque le acusaron de que había huido». Regresó a España en 1969.

Enrique Castro Delgado (Madrid, 1907-1964). Primer comandante del mítico Quinto Regimiento y, tras perder la guerra, una de las más sonadas deserciones políticas, junto a la del Campesino o a la del ministro de Instrucción Pública Jesús Hernández, autores todos ellos de libros de memorias que, pasado el escándolo en el que se vio envuelta su publicación, pueden ser leídos aún con indudable interés. Pero los apasionantes son, sin duda, los de Castro Delgado, este *Mi fe se perdió en Moscú* (Horizontes, Méjico, 1951) y *Hombres made in Moscú* (Luis de Caralt, Barcelona, 1963). Más allá de la obscena utilización de que fueron objeto por el régimen de Franco y de los ajustes de cuentas, son hoy una inapreciable fuente de datos y de conductas de quien ostentó durante la guerra importantísimos cargos que le permitieron estar en contacto con los máximos dirigentes políticos, culturales y militares de la República durante la guerra y luego en el exilio. De sus libros de memorias puede decirse lo que no puede decirse de muchas novelas: la realidad excede a la ficción.

José María Castroviejo (Santiago de Compostela, La Coruña, 1909-Tirán, Pontevedra, 1983). Escritor y periodista. Fue jonsista de primera hora, vocación que combinó con sus veleidades carlistas, y desde 1937, director de *El pueblo gallego*. En su libro *Altura*, que editó Jerarquía y prologó Juan Aparicio, éste afirma que se trata de «poemas de guerra dedicados a los muertos por el Imperio y la revolución», aunque no debe de referirse al que también se incluye en esas páginas, dedicado a García Lorca, segundo que un poeta nacional le ofrendaba al poeta granadino ya muerto. Sus colaboraciones fascistas dieron pronto paso a una muy estimable literatura de trasgos, ánimas y brétemas, emparentada con la de su gran amigo Álvaro Cunqueiro.

BIBLIOGRAFÍA: *Altura* (Barcelona, Ediciones Jerarquía, 1939).

Camilo José Cela (Iria Flavia, La Coruña, 1916- Madrid, 2002). Novelista. No esperó a que terminara la guerra para escribir una de las cartas más ignominiosas. En 1959 fundó una magnífica revista, *Papeles de Son Armadans*, donde acogió tan generosa como oportunistamente a los escritores del exilio español, de Cernuda a Gaya, de Prados a Max Aub, Sender, Zambrano o Sender, los mismos a los que se hubiera perecido por delatar veinte años atrás. Un libro como este es el lugar adecuado para incluir un documento que aún hoy produce entre asco y pena, toda vez que su autor tuvo cincuenta y cuatro años para arrepentirse o reconocer su fechoría, cosa que no hizo jamás, ni cuando salió a la luz públicamente este monumento a la vileza.

«Con fecha de registro de entrada de 4 de abril de 1938.

»EXCELENTÍSIMO SEÑOR COMISARIO GENERAL DE INVESTIGACIÓN Y VIGILANCIA.

»El que suscribe, Camilo José Cela y Trulock, de 21 años de edad, natural de Padrón (La Coruña) y con domicilio en esta capital, Avenida de la Habana 23 y 24, Bachiller Universitario (Sección de Ciencias) y estudiante del Cuerpo Pericial de Aduanas, declarado Inútil Total para el Servicio Militar por el Tribunal Médico Militar de Logroño en cuya Plaza estuvo prestando servicio como soldado del Regimiento de Infantería de Bailén (n.° 24), a V.E. respetuosamente expone:

»Que queriendo prestar un servicio a la Patria adecuado a su estado físico, a sus conocimientos y a su buen deseo y voluntad, solicita el ingreso en el Cuerpo de Investigación y Vigilancia.

»Que habiendo vivido en Madrid y sin interrupción durante los últimos 13 años, cree poder prestar datos sobre personas y conductas, que pudieran ser de utilidad.

»Que el Glorioso Movimiento Nacional se produjo estando el solicitante en Madrid, de donde se pasó con fecha 5 de Octubre de 1937, y que por lo mismo cree conocer la actuación de determinados individuos.

»Que no tiene carácter de definitiva esta petición, y que se entiende solamente por el tiempo que dure la campaña o incluso para los primeros meses de la paz si en opinión de mis superiores son de utilidad mis servicios.

»Que por todo lo expuesto solicita ser destinado a Madrid que es donde cree poder prestar servicios de mayor eficacia, bien entendido que si a juicio de V.E. soy más necesario en cualquier otro lugar, acato con todo entusiasmo y con toda disciplina su decisión.

»Dios guarde a V.E. muchos años.

»La Coruña a 30 de Marzo de 1938. II Año Triunfal.

Fdo. Camilo José Cela.»

Dedicó a la Guerra Civil dos novelas, *San Camilo 1936* (1969), inaceptable astracanada y vano intento de diluir responsabilidades con un «todos fueron iguales», y la nada memorable *Mazurca para dos muertos* (1983). Fue Premio Nobel en 1989. Tuvo un entierro digno de algún rincón del *Ruedo Ibérico*. Murió gritando, al parecer, «¡Viva Iria Flavia!».

BIBLIOGRAFÍA: *Memorias, entendimientos y voluntades* (Barcelona, Plaza & Janés, 1993).

Luis Cernuda (Sevilla, 1902-Méjico, 1963). Poeta. Vivió en Inglaterra como profesor hasta 1947, en que se trasladó a Estados Unidos, de donde pasó a Méjico en 1950, aunque sin abandonar la docencia en Norteamérica. Su personalidad, difícil y retraída, perjudicó la difusión de su obra, que, no obstante, ha llegado a ser, entre las generaciones siguientes, la preferida de una gran parte de los poetas más jóvenes y de la crítica. Sufrió por igual la homofobia furiosa de ambos bandos, de Salinas o de Torrente Ballester, si bien sólo la de éste parece recordarse.

BIBLIOGRAFÍA: *Las nubes* (Buenos Aires, Rama de Oro, 1943); *Ocnos* (Oxford, Dolphin Books, 1942; Madrid, Ínsula, 1949); *Historial de un libro* (Palma de Mallorca, *Papeles de Son Armadans*, febrero de 1959).

Juan Chabás (Denia, Alicante, 1900-La Habana, 1954). Poeta, novelista y crítico. Tras la guerra, en la que actuó activa y decididamente a favor de la República, se exilió en Cuba, donde dio clases en la universidad.

BIBLIOGRAFÍA: *Literatura española contemporánea, 1898-1950* (La Habana, Ed. Cultural, 1952).

Rosa Chacel (Valladolid, 1898-Madrid 1994). Novelista. Después de un breve exilio en París, Atenas y Ginebra, vivió en Buenos Aires y Río de Janeiro, donde su marido, el pintor Timoteo Pérez Rubio, que había ejercido de director del Museo del Prado en la guerra, emprendió algunos negocios mineros. Regresó a España en 1974 con una obra caracterizada por su pureza y exigencia, y una pequeña obra maestra: *Memorias de Leticia Valle*.

José María Chacón y Calvo (Santa María del Rosario, 1893-La Habana, 1969). Conde de Casa Bayona. Diplomático y erudito. Pasó los primeros meses de la guerra en España. Ayudó lo que pudo y pese a su condición social y su talante de hombre conservador jamás olvidó de parte de quién había que estar. Escribió un diario de aquellos meses lleno de revelaciones comprometedoras, que hacen más extraño aún el hecho de que se lo haya publicado la Revolución cubana. Fue amigo de los mejores y alguien de quien todos hablaron bien.

BIBLIOGRAFÍA: *Diario íntimo de la revolución española* (Instituto de Literatura y Lingüística, La Habana, 2006).

Manuel Chaves Nogales (Sevilla, 1897-Londres, 1944). Escritor. Murió en Londres, a consecuencia de una intervención quirúrgica, con la discreción y dignidad con las que había vivido. Le esperaban cincuenta años de olvido, que resumió Francisco Casares en *Azaña y ellos* (1938), uno de los más nauseabundos panfletos publicados en la posguerra franquista: «Ambicioso, vacío, extravagante, la hora de Chaves Nogales pasó. Ni fue, ni ha sido, ni volverá a ser nada».

BIBLIOGRAFÍA: *El maestro Juan Martínez que estaba allí* (Madrid, Estampa, 1934); *A sangre y fuego. Héroes, bestias y mártires de España* (Santiago de Chile, Ercilla, 1937).

Manuel Ciges Aparicio (Enguera, Valencia, 1873-Ávila, 1936). Novelista. La República le nombró gobernador de Baleares, Santander y Ávila, ciudad donde lo fusilaron los fascistas al estallar la guerra.

Corpus Barga, seudónimo de Andrés García de la Barga y Gómez de la Serna (Madrid, 1887-Lima, Perú, 1975). Periodista. Al acabar la guerra colaboró un tiempo en *Reconquista Española* y otras publicaciones cercanas al PCE. Se escapó del campo de refugiados de Saint-Cyprien. Después de su exilio en Francia, donde trabajó como corresponsal de *La Nación* durante la Segunda Guerra Mundial, primero en la zona ocupada y luego en la libre, se fue a Lima en 1948. Su labor literaria no decreció en ningún momento, y sus colaboraciones de «alto periodismo» aparecieron con frecuencia en múltiples diarios y revistas de toda la América hispana. En Lima recibió la visita de los embajadores culturales de la España franquista, que ponderaron su liberalidad. Se vinculó a la Facultad de Periodismo de Lima, de la que fue catedrático, y a la Facultad de Letras de la Universidad de San Marcos, que llegaría a dirigir. Su gran libro lo escribió en esos últimos años de su vida, unas excelentes memorias en tres tomos, con el título general de *Los pasos contados* (1963-1973). Quiso regresar definitivamente a España en 1975, pero no consiguió reunir el dinero del pasaje.

BIBLIOGRAFÍA: *Los pasos contados: 1. Mi familia. El mundo de mi infancia*; *2. Puerilidades burguesas*; *3. Las delicias* y *4. Los galgos verdugos* (Edhasa, Madrid, 1963, 1964, 1967 y 1973).

Francisco de Cossío (Sepúlveda, Segovia, 1887-Segovia, 1975). Escritor y periodista. Perdió un hijo en la guerra, en el bando nacional, al que dedicó su novela *Manolo.*

BIBLIOGRAFÍA: *Manolo* (Valladolid, Santarén, 1937); *Guerra de salvación. Del frente de Madrid al de Vizcaya* (Valladolid, Santarén, 1937); *Hacia una nueva España. De la revolución de octubre a la revolución de julio* (Editorial Castilla, Valladolid, 1937); *Confesiones. Mi familia, mis amigos y mi época* (Madrid, Espasa-Calpe, 1959).

José María de Cossío (Valladolid, 1892-1977). Erudito y bibliófilo. Amigo y protector de Miguel Hernández, al que empleó en su monumental obra *Los toros*, en la casa editorial Espasa-Calpe. Capeó el temporal en Madrid, donde siguió viviendo tras la guerra, así como en su casona de Tudanca, en Santander, en la que atesoró sus incontables tesoros bibliofílicos. Consiguió siempre estar «au dessus de la mêlée» sin irritar a ningún bando. Un hombre bondadoso, un «bon vivant».

Álvaro Cunqueiro (Mondoñedo, Lugo, 1911-Vigo, Pontevedra, 1981). Novelista, poeta y articulista. En 1939 figuraba en la *Antología poética del Alzamiento*, de Jorge Villén (Cádiz, 1939), junto a Foxá, Manuel Machado, Marquina, d'Ors, Pemán, Rosales; coautor del libro *Laureados*, donde aparecían todos los que en la guerra obtuvieron la muy codiciada Laureada de San Fernando. En 1970, preguntado por el poema que dedicó a José Antonio, respondió: «¡Ah, sí! Un soneto mío muy malo. Me lo pidieron Rosales y Laín... No tengo que avergonzarme. Es algo que haría también por Lord Byron, porque siempre que un hombre joven muere por sus ideas, se merece un soneto por lo menos». Ya en 1979 declaró: «Nunca fui franquista», dándoles la razón a quienes piensan que la vida no es lo que fue, sino como se recuerda. Como tampoco recuerda que fue expulsado en 1944 del Colegio de Periodistas por haber cometido «actos indignos de su calidad de profesional». Por esas fechas fue también dado de baja de Falange. Fue autor, tras la guerra, tanto en castellano como en gallego, de una de las obras literarias más inclasificables y sobresalientes, al tiempo que dirigía algunas empresas periodísticas en las que fue publicando su copiosa, magnífica y personalísima producción articulística. Sobrevivió a los escándalos, que se le perdonaron en atención a su gastronofilia.

BIBLIOGRAFÍA: *Elegías y canciones* (Barcelona, Azor, 1940).

Salvador Dalí (Figueras, Gerona, 1904-Púbol, Gerona, 1989). Pintor y escritor. Poco antes de la guerra pintó su cuadro *Construcción blanda con judías cocidas. Premonición de la guerra*, y en el transcurso de ella, su actitud política ambigua le hizo romper con los surrealistas, después de que Éluard y Parrot tradujesen la *Ode à Salvador Dalí*, de Lorca. Al acabar la guerra vino a España con el incensario cebado. El hecho de que Breton fuese izquierdista y Picasso se adhiriese a la República, seguramente le llevó a él al campo de los franquistas, donde su farsa surrealista no siempre tuvo gracia.

Luis Enrique Délano (Santiago de Chile, 1907-1985). Escritor y diplomático chileno. La guerra le sorprendió en Madrid, adonde había llegado 1934 para estudiar leyes. Próximo a los comunistas y amigo personal de todos ellos, escribió un libro durante la guerra y otro, años después, de recuerdos también sobre aquel Madrid. Cuando era embajador de su país en Suecia, le fue concedido a Neruda el Premio Nobel.

BIBLIOGRAFÍA: *4 meses de guerra civil en Madrid* (Antares, Santiago de Chile, 1937). *Sobre todo Madrid* (Ed. Universitaria, Santiago de Chile, 1969).

Gerardo Diego (Santander, 1896-Madrid, 1987). Poeta. Volvió de Francia a España en cuanto los nacionales tomaron Santander, lo que ocasionó la ruptura con su amigo Larrea, y, al acabar la guerra, se incorporó en Madrid a su trabajo como catedrático en el Instituto Beatriz Galindo, hasta su jubilación en 1966. En 1947 le nombraron académico de la Española y compartió en 1979 el Premio Cervantes con su amigo de juventud Jorge Luis Borges. Fue su sino: había compartido en 1925 el Nacional con el Alberti de *Marinero en tierra*. Llevó una vida silenciosa, dedicado a su obra poética, una de las más extensas de la generación del 27.

Rafael Dieste (Rianxo, La Coruña, 1899-Santiago de Compostela, La Coruña, 1981). Poeta, narrador y ensayista. Salió de España por la frontera francesa con sus compañeros de *Hora de España* en 1939, para exiliarse después en Buenos Aires, donde publicó sus magníficos relatos, que tituló *Historias e invenciones de Félix Muriel*. Trabajó allí en la Editorial Atlántida y colaboró en diversas empresas editoriales fundadas por otros exiliados gallegos. Dio clases también en Cambridge y en Monterrey (Méjico), y regresó a Galicia en 1961, donde se dedicó a una labor ensayística que lo sitúa a medio camino entre la poesía y la filosofía.

Enrique Díez-Canedo (Badajoz, 1879-Cuernavaca, Méjico, 1944). Poeta y crítico. Había sido embajador en Montevideo antes de la guerra y después de participar activamente durante ella en la política cultural de la República, se exilió en Méjico en 1938, donde trabajó como profesor. Allí siguió escribiendo sus ensayos sobre literatura, que hacen de él uno de los grandes críticos españoles (su *Juan Ramón Jiménez en su obra*, de 1944, así lo confirma), y uno de sus más hermosos libros de poemas, *El desterrado* (Méjico, 1944), él, que tan escogidos y hermosos libros de versos había publicado casi en secreto en su juventud simbolista.

Manuel Díez-Crespo (Sevilla, 1910-Madrid,1993). Poeta y periodista. Durante la guerra desempeñó tareas de propaganda en Sevilla y después, también en su ciudad, dirigió el periódico FE, que se llamaba antes de la incautación *El Liberal*. Fue una de las personas que protegieron a Jorge Guillén durante los dos años en que éste permaneció en la capital andaluza.

BIBLIOGRAFÍA: *Memorias y deseos* (Madrid, Editora Nacional, 1951); *Via Crucis*, de Paul Claudel; trad. de M. D.-C. (Sevilla, 1938).

Juan José Domenchina (Madrid, 1898-Méjico, 1959). Poeta. Durante la guerra, que pasó en zona republicana, trabajó incansablemente en labores de propaganda, aunque a prudente distancia del resto de sus compañeros de la generación del 27, que lo maltrataban injustamente sin consideración. Su relación personal con Azaña, del que fue secretario, le procuró diversos cargos oficiales. Desarrolló en su exilio mejicano una intensa, arbitraria y discutida actividad literaria y poética, que quedó ostensible y definitivamente marcada por la experiencia de la guerra.

BIBLIOGRAFÍA: *Antología de la poesía española contemporánea* (Signo, Méjico, 1941 y 1946).

John Dos Passos (Chicago, Ilinois, 1896-Baltimore, Maryland, 1970). Novelista. Llegó a España como comunista y la guerra le devolvió a América decepcionado. Vino en 1937 para hacer un documental sobre la guerra con Hemingway. Choque de egos y una mayor decepción: el asesinato de su amigo y traductor de sus obras José Robles a manos del servicio secreto soviético, que veía trotskistas, espías y enemigos de Stalin por todas partes. Escribió crónicas de la España negra, como aquella del mitin americano en Santander, donde soltaron dos palomas blancas con un lazo rojo en el cuello, de las cuales una, medio moribunda, fue incapaz de levantar el vuelo.

Pierre Drieu La Rochelle (París, 1893-1945). Novelista. Con Robert Brasillach, los escritores más notables franceses que apoyaron a Franco. Su trágico fin, tras la guerra mundial, en la que colaboraron con la Alemania nazi, les hermana. El primero escribió una novela, *Gilles,* al estilo de las de Céline, que acaba en la guerra de España, y se puede leer con más provecho que las crónicas del segundo, pura exaltación fascista.

Joaquín Edwards Bello (Valparaíso, Chile, 1887-Santiago de Chile, 1968). Escritor. De familia patricia, debió su celebridad al modo en que fustigó en novelas y crónicas periodísticas a la clase dirigente, tanto como al amor por la verdad y la independencia de su juicio. Las crónicas de la Guerra Civil, por su amenidad y sencillez, han de tenerse por lo más valioso salido de la pluma de un extranjero sobre el tema.

BIBLIOGRAFÍA: *Corresponsal de guerra. Guerra civil. Segunda guerra mundial* (Ediciones Universitarias de Valparaíso, Valparaíso, 1981).

Ilya Ehrenburg (Kiev, 1891-Moscú, 1967). Periodista y escritor. Su libro sobre los primeros meses de la República española, *España, república de trabajadores* (1932), le proporcionó una gran celebridad en España. Comunista como Raúl González Tuñón (*La muerte en Madrid*) o Córdova Iturburu (*España comando del pueblo*), al estallar la guerra, el partido le envió de nuevo a España, donde hizo labores de corresponsal. La guerra le inspiró sus libros *¡No pasarán!* (1936) y *Guadalajara: una derrota del fascismo* (1937). En 1947 se le concedió el Premio Stalin y formaría parte, poco después, del Soviet Supremo. Un superviviente con tanto talento como suerte. Hay que leerle siempre entre líneas, como a todo el que sorteó las purgas de Stalin formando parte del aparato y de la nomenklatura.

BIBLIOGRAFÍA: *¡No pasarán!* (Buenos Aires, Editorial Pampa, 1938); *¡Qué más queréis!* (Barcelona, Publicacions Antifeixistes de Catalunya, 1938).

Antonio Espina (Madrid, 1894-1972). Poeta y novelista. Después de que le fuese conmutada la pena de muerte que le impusieron los sublevados en Mallorca, donde le sorprendió la guerra como gobernador civil de Baleares, y tras cuatro años de cárcel, se instaló en Madrid, donde intentó vivir de sus colaboraciones en *Abc*. Amparado en diferentes seudónimos –hasta diecisiete ha contabilizado su biógrafo Óscar Ayala– publicó toda clase de colaboraciones periodísticas y editoriales. En 1944 escribiría a Ortega y Gasset: «Hago literatura industrial, traducciones, libros de encargo, artículos garbanceros pudorosamente calzados con el borceguí del pseudónimo o descalzos del todo, que es más sano». Asfixiado por el ambiente de la posguerra española, ganó la frontera francesa a pie, y desde allí partió hacia Méjico, donde tampoco se acomodaría, para volver definitivamente a España en 1955, y seguir con sus penalidades.

Pese a la finura de sus escritos de esos años, que le confirman como el nuevo Larra, a su entierro en el cementerio civil solo asistieron cuatro amigos, y la noticia de su muerte no apareció en ningún periódico. «La muerte es cuestión de frío. / A tu corazón ceniza / Opongo, de hielo, el mío», había escrito en 1927.

Concha Espina (Santander, 1877-Madrid, 1955). Escritora. Siguió escribiendo abundantemente tras la guerra, libros sobre la guerra, *Retaguardia, Esclavitud y libertad. Diario de una prisionera, Primavera de martirio, Luna roja, Las alas invisibles,* extremadamente desabridos, aunque sus éxitos literarios y populares le habían llegado todos con anterioridad.

Manuel de Falla (Cádiz, 1876-Alta Gracia, Córdoba, Argentina, 1946). Músico. Fue el primer director del Instituto de España creado por d'Ors en enero de 1938 en Salamanca, a cuyo acto constitucional no asistió, pretextando motivos de salud. Pasó la guerra en zona nacional, pero los excesos cometidos por los nacionales le repugnarían hasta el extremo de exiliarse al acabar la guerra en Argentina, donde murió. Repatriaron sus restos en 1947.

Wenceslao Fernández Flórez (La Coruña, 1885-Madrid, 1964). Novelista. Pasó el primer año de la guerra refugiado en una embajada de Madrid, como relató a los pocos meses en una novela-reportaje que tituló *Una isla en el Mar Rojo* (1939). También sobre la guerra, en clave grotesca, escribió *La novela número 13* (1941). Como Camba y muchos otros, la posguerra lo licenció de las gabelas propagandistas y lo devolvió a la tarea literaria, recompensado por su magnífica novela *El bosque animado* (1943).

BIBLIOGRAFÍA: *O terror vermelho* (Lisboa, ENP, 1938) [Artículos de guerra no incluidos en sus obras completas ni editados en España]; *Una isla en el Mar Rojo* (Madrid, Ediciones Españolas, 1939); *La novela número 13* (Zaragoza, Librería General, 1941).

J.V. Foix (Barcelona, 1893-1987). Poeta. Su catalanismo extremista de corte fascista de la preguerra debió de moderarse en la posguerra y, en cualquier caso, no le impidió ni editar en catalán sus primorosos, surrealizantes y arcaicos poemas ni regentar las dos pastelerías que le sirvieron de coartada obrerista durante los años de la guerra.

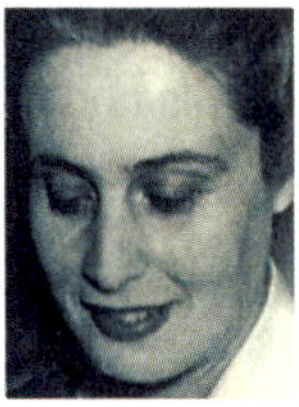

Mercedes Fórmica (Cádiz, 1918-Madrid, 2002). Escritora. Tras salir de Málaga en los primeros días de la guerra, vivió en Sevilla, donde se ocupó de asuntos culturales y sociales, dentro de la Sección Femenina, a la que pertenecía. Después de la guerra alternó su labor literaria con la abogacía y «el gran mundo madrileño», si acaso puede decirse algo así.

BIBLIOGRAFÍA: *Monte de Sancha* (Barcelona, Luis de Caralt, 1950); *Visto y vivido* (Barcelona, Editorial Planeta, 1982); *Escucho el silencio* (Barcelona, Editorial Planeta, 1984).

Agustín de Foxá (Madrid, 1906-1959). Poeta y escritor. Uno de los que ganó la guerra y perdió los manuales de literatura. En el último *Diccionario de Literatura Española e Hispanoamericana* (1993), dirigido por Ricardo Gullón, se le dedican veinticinco frías líneas (las mismas, ni una más ni una menos, que las que tiene Sánchez Mazas), la mitad de las que se emplean, por ejemplo, para Laín, o una sexta parte, a ojo, de las dedicadas a Maeztu. Sirvió Foxá a Franco como diplomático en diversos países de Europa y de Sudamérica (donde procuró siempre darse la gran vida), jamás abandonó la poesía, quizá porque en su vida privada no fuese feliz, y sus frases, cínicas, mordientes y brillantes le hicieron célebre, pero fueron la causa de su destino en Filipinas, de donde volvió muy enfermo para morir, si acaso no murió días antes de su muerte «oficial».

BIBLIOGRAFÍA: *Madrid de Corte a cheka* (San Sebastián, Jerarquía, 1938); *Misión en Bucarest* (Madrid, Prensa Española, 1965); *Diarios*, en tomo III de *Obras completas* (Madrid, Prensa Española, 1976); *El almendro y la espada (Poemas de paz y guerra)* (San Sebastián, Editora Internacional, 1940); poemas suyos se incluyen en *Lira bélica* de José Sanz y Díaz (Valladolid, Santarén, 1939), con M. Machado, F. Cortines y Murube, Eduardo de Ory, Pemán, Marquina, Marquerie, Pérez Clotet, José María Souvirón y Celso Ferreiro Mínguez.

Pedro Luis de Gálvez (Málaga, 1882-Madrid, 1940). Poeta. Un bandido. Con talento; de bandido y de escritor. Uno de esos personajes pintorescos e imprescindibles en una novela, pero capaces de amargarle la vida al que se cruza con él.

En la cárcel, Gálvez escribió, de su puño y letra, para que se incluyese en el sumario del consejo de guerra que le esperaba, el alegato de su defensa, verdadero pliego de descargo de todos los gravísimos crímenes que se le imputaban. Consta éste de siete cuartillas escritas a mano por él en apretada caligrafía, elegante y helénica, sin correcciones apenas, que pude ver en el archivo militar donde se guardan. La última de esas hojas terminaba de la siguiente manera: «Añado a esta breve declaración, por si algo pueden beneficiarme: una fotografía (1929) donde, sobre mi mesa de trabajo, se alza la Cruz. [La fotografía es acaso el mejor retrato que se conserva de Gálvez; se le ve con su hijo en brazos, pero la fotografía ha sido rota por un costado, por el propio Gálvez, para proteger con ello a su mujer, retratada junto a él.] Mi soneto "Al Pueblo", inserto en el diario anarquista *Nosotros* los días en que esa plebe que tanto desprecio, se creyó fuerte y poderosa. Nótese la advertencia del terceto último. Un comentario de *La Nación*, y el retrato dedicado a mí por Ricardo Zamora el 5 de noviembre de 1936. Mucho puedo añadir, pero baste lo dicho. Mi posición frente al momento que padecemos la expresa este soneto: "TEMBLORES DE AMANECER: Si la oliva de paz brinda la mano, / mete al herido pecho la esperanza, / logra raer el crimen y la holganza / de las ruinas del solar hispano; // si al trabajo conduce al artesano / todo lo pesa con igual balanza, / trueca en arado el hierro de la lanza / y el troje colma con el propio grano, // venga en buena hora el yugo del Caudillo, / partan las cinco flechas, en un vuelo, / contra la corva hoz y su martillo... // La enemistad, del corazón se borre, / y el águila de Juan baje del cielo / para colgar su nido en nuestra torre...". ¡Ojalá yo pudiera contribuir a la gloria de España! Lo digo de todo corazón. Madrid: Prisión de Yeserías, 24 de junio de 1939. La acusación que se me hace sobre las monjas, es tan absurda que no merece ni respuesta». El soneto no figura en su poesía completa, y tampoco le libró del garrote vil.

BIBLIOGRAFÍA: *Buitres* (Barcelona, La Prensa, 1923); *Sonetos de guerra* (Valencia, Socorro Rojo, 1938).

Regina García (Valtravieso, Asturias, 1898-Madrid, 1942). Periodista socialista. Durante la guerra fue directora de *La Voz del Combatiente*, periódico adscrito al Gobierno. Su *Yo he sido marxista. El cómo y el porqué de una conversión* (Editora Nacional, Madrid,1946) fue escrito y publicado después de pasar en la cárcel seis años y entregado a las autoridades del nuevo régimen como propaganda. El tono adulatorio y servil, con frecuencia penoso e irritante, pueden hacerle sospechosa de venalidad y oportunismo, pero las informaciones que proporciona acerca de la quinta columna, la vida del Estado Mayor o las actuaciones del SIM en la retaguardia en el Madrid de la guerra son de primera mano y a menudo muy valiosas y no recogidas en ninguna otra parte (como esas misas que celebraba en las Calatravas en 1938 un cura republicano), así como su pintura de las prisiones y de la España franquista, tanto o más demoledoras que si hubiesen sido escritas por una antifranquista, hacen de él un testimonio valioso y por momentos angustioso.

Federico García Lorca (Fuente Vaqueros, Granada, 1898-Víznar, Granada, 1936). Poeta. El más doloroso ejemplo de lo que es una guerra civil, y la sacralización de una memoria improbable: al poco tiempo de su muerte, fueron muchos los que aseguraban que habían estado con él la víspera de su partida hacia Granada en julio de 1936, en número muy superior al que sin duda pudo el poeta granadino satisfacer, advirtiéndole que hiciese lo que quisiera menos ir a Granada. Su nombre, y su muerte, se han visto envueltos en enconadísimas porfías a propósito de la búsqueda de sus restos mortales. Sólo recientemente se ha comprobado, tras una excavación en Víznar, que sus restos no se hallan donde se había creído durante setenta años y donde había indicado con vehemente contumacia su biógrafo Ian Gibson, quien tras la decepción ha interpretado sonadísimos zapateados exigiendo al Estado que no ceje la búsqueda, pues de lo contrario él podría perder el juicio. Nada de todo esto podrá empañar, por fortuna, ni su memoria ni su deslumbrante obra.

Salvador García de Pruneda (Madrid, 1912-1996). Diplomático y escritor. Hizo la guerra como alférez provisional en una unidad montada del arma de Ingenieros. Desde los primeros años cuarenta hasta su jubilación pasó por diferentes puestos diplomáticos: embajador en Túnez, Addis Abeba y Budapest, entre otros. Autor de cinco novelas, su ciclo sobre la preguerra y la guerra no siguió orden cronológico. Recuerda, sin duda, a *La forja de un rebelde*: *Ceuta en el umbral* (1977), que trata de las guerras de África; *La Encrucijada de Carabanchel* (1963) recoge las incertidumbres de su protagonista –un joven estudiante– a la hora de inclinarse por la Falange o el comunismo, con final en el cuartel de la Montaña, y la última, que fue la primera en cuanto a su publicación, *La Soledad de Alcuneza* (1961), la mejor del ciclo, sobre la Guerra Civil, contada por un oficial de Caballería, una novela singular y atractiva muy alejada de los tópicos y la retórica habituales en esta clase de literatura bélica.

BIBLIOGRAFÍA: *La Soledad de Alcuneza: historia de espuela y espada* (Madrid, Ediciones Cid, 1961); *La encrucijada de Carabanchel* (Madrid, Ediciones Cid, 1963).

Rafael García Serrano (Pamplona, 1917-Madrid, 1988). Novelista y periodista. Al contrario que la mayor parte de los escritores e intelectuales de su bando, como Miguel Hernández en el otro, pasó la guerra combatiendo en el frente. La mayor parte de su literatura fue escrita sobre la Guerra Civil o la «revolución pendiente», en novelas vigorosas y en un tomo fundamental, su *Diccionario*. Como otros representaron a los nostálgicos de izquierda, fue él el gran nostálgico de la derecha. Izquierdas y derechas reconocieron que no escribía mal, pero terminó haciéndolo en el único lugar donde le dejaron, el periódico que amparaba a los golpistas del 23-F. Al contrario que para Byron, para él romántico y antidemócrata eran una misma cosa.

BIBLIOGRAFÍA: La trilogía «La guerra»: *Eugenio o la proclamación de la primavera* (Bilbao, Ediciones Jerarquía, 1938), *La fiel infantería* (Madrid, Editora Nacional, 1943), y *Plaza del Castillo* (Madrid, Editorial Saso, 1951); *Diccionario para un macuto* (Madrid, Editora Nacional, 1964); *La gran esperanza*, memorias (Barcelona, Planeta, 1983).

Pedro Garfias (Salamanca, 1901-Méjico, 1967). Poeta. Se exilió después de la guerra, en la que fue comisario político y en la que escribió no pocos poemas y romances dictados por las circunstancias, de los que no está ausente el espíritu de la vanguardia, siquiera como un eco, y que le valieron el Premio Nacional de Literatura de 1938. Se exilió primero en Gran Bretaña, que le inspiró su mejor libro de versos, *Primavera en Eaton Hastings* (1940), y luego en Méjico. Sus últimos años, escribiendo en tabernas y cafés, aureolan su figura con nimbos etílicos y verlenianos.

BIBLIOGRAFÍA: *Héroes del Sur* (Madrid, Ediciones Nuestro Pueblo, 1938); *Poesías de la guerra española*. Prólogo de Juan Rejano (Méjico, Minerva, 1941).

Elena Garro (Puebla, Méjico, 1916-Cuernavaca, Méjico, 1998). Escritora. Se casó con Octavio Paz en 1937, antes de venir a España, donde participó en el Congreso de Intelectuales Antifascistas de Valencia. De su estancia en España dejó un testimonio tan devastador como orillado, sin duda por devastador: *Memorias de España 1937* (1992), espléndidas.

Ramón Gaya (Murcia, 1910-Valencia, 2005). Pintor y escritor. Tras su paso por el campo de refugiados de Saint-Cyprien y después de perder a su mujer en el bombardeo de la estación de Figueras y dejar a su hija con unos amigos, partió exiliado hacia Méjico, a bordo del *Sinaia*, en una travesía ya mítica en la historia del exilio español y que dio origen a la novela *Días y noches*, de quien escribe estas líneas. De Méjico no regresó a Europa hasta 1952. Fijó su residencia en Roma en 1956 y en 1960 visitó España, donde se instalaría definitivamente a mediados de los años setenta. Compartió exilio en Roma con los Alberti durante largos años, pese a lo cual el antiguo simpatizante trotskista evitó durante todo ese tiempo cualquier encuentro o contacto con el poeta comunista y su mujer. Autor, como pintor y escritor, de una de las obras más personales, admirables y valiosas, tanto en pintura como en literatura, y amigo de Juan Ramón Jiménez, Cernuda, Bergamín o María Zambrano, a quien Ramón Gaya vio a diario mientras estuvieron juntos en Roma; perteneció, como sus amigos, a la estirpe de los solitarios y libres, a la «generación de los difíciles», por contraste con la que se publicitó como «generación de la amistad».

BIBLIOGRAFÍA: *Obras completas* (4 vols., Valencia, Ed. Pre-Textos, 1990, 2001).

Agustí Calvet, *Gaziel* (Sant Feliu de Guíxols, Gerona, 1887-Barcelona, 1964). Durante la guerra colaboró en la oficina de *Occident*, el aparato de propaganda franquista financiado por Cambó en París. Tras la guerra, depurado del periodismo, funda y dirige la editorial Plus Ultra. Autor de *Meditacions en el desert*, libro póstumo en el que analiza de muy lúcido modo por qué las naciones democráticas abandonaron a los demócratas españoles, antes, durante y después de la guerra. Demoledoras las páginas en las que analiza el comportamiento de los intelectuales de la derecha, en especial el de Ortega, a quien dedica un retrato incontestable. Durante años vivió de su trabajo en la editorial Plus Ultra. A él le debemos una de las pinturas más descarnadas y veraces de los intelectuales que se quedaron en España, después de 1939: «Ortega y Gasset inauguró, no hace mucho, la cátedra del Ateneo de Madrid, bajo el retrato de Franco y aceptando la presidencia del Delegado de Prensa y Propaganda del Movimiento. Benavente ha insultado de forma grosera, desde las páginas del *Abc*, a Léon Blum, el hombre que fue encarcelado por los nazis, mientras elogiaba a Pétain, al que utilizaron como monigote. Pérez de Ayala, autor de *A.M.D.G.*, publicaba hace poco (1948) en *Arriba,* el órgano falangista, una especie de *mea culpa* en descargo de la Compañía de Jesús. Y esos espejos de la intelectualidad española pueden hacer todo eso, mientras –o mejor dicho, porque– no hay en España ni un solo diario, ni una sola pluma, ni una sola voz libres; lo que rige es una censura gubernamental que tiene por norma las disposiciones de la congregación romana del *Índice*; la enseñanza pública está totalmente en manos de las órdenes religiosas, y, en catalán, no se puede publicar una sola revista literaria ni rezar el padrenuestro. Ninguno de los más destacados escritores actuales ha adoptado, frente a un régimen como este, una actitud viril, ni ha manifestado una protesta, ni ha querido correr el más mínimo riesgo. Muerto Unamuno, la intelectualidad española liberal parece capada. Al diluvio de sangre y fuego que fue la Guerra Civil ha sucedido un diluvio de conformismo en estado de putrefacción».

BIBLIOGRAFÍA: *Meditacions en el desert* (Edicions Catalanes de París, París, 1974).

Juan Gil-Albert (Alcoy, Alicante, 1904-Valencia, 1994). Poeta. Exiliado en Méjico y Argentina, donde publicó algunos de sus libros más importantes, regresó a España en 1947. Desde entonces y hasta los años setenta, en que poetas más jóvenes como Gil de Biedma, Luis Antonio de Villena o Abelardo Linares lo reivindicaron, llevó una existencia de verdadero y férreo ostracismo, sin academias ni otros reconocimientos públicos.

BIBLIOGRAFÍA: *Siete romances de guerra* (Valencia, Editorial Nueva Cultura, 1937); *Son nombres ignorados* (Barcelona, Ediciones Hora de España, 1938); *Memorabilia* (Barcelona, Tusquets, 1975); *Crónica general* (Barcelona, Seix Barral, 1974).

Ernesto Giménez Caballero (Madrid, 1899-1988). Escritor y propagandista. Ejemplo de un genio a medio camino. Después de la guerra, y tras un breve período como arengador por los campos de concentración y «procurador del pueblo» proponiendo que los presos políticos del Valle de los Caídos trabajaran con música de Wagner y cosas por el estilo, Franco lo envió, como embajador, al destino más remoto entonces disponible: al Paraguay. Publicista infatigable de lo suyo propio y de los lugares por donde pasó, sus libros, folletos y artículos son casi infinitos. En los cócteles a los que acudía al final de su vida nadie quería quedarse un minuto seguido a su lado, por ser la suya una compañía comprometedora y contaminante, lo cual, dicho sea en su honor, no le importó, o si le importó, no lo manifestó. Según desde donde se mire, su personaje literario resulta atractivo e incluso simpático, o, por el contrario, ni atractivo ni simpático. El personaje político ni siquiera resulta.

BIBLIOGRAFÍA: *Genio de España* (Madrid, Ediciones de La Gaceta Literaria, 1932); *Arte y estado* (Madrid, 1935); *Memorias de un dictador* (Barcelona, Editorial Planeta, 1979); *Retratos españoles (Bastante parecidos)* (Barcelona, Editorial Planeta, 1985).

Rafael Giménez Siles (Málaga, 1900-Méjico, 1991). Editor. Había fundado en 1928 Cénit, editorial de catálogo político y de temas sociales, y la revista *Nueva España*. En la guerra dirigió *Nuestro Pueblo*, de orientación comunista, por expreso deseo del PCE que le pidió «un plan que fuese la base de la futura editorial, única, del Estado, una vez alcanzado el triunfo». Al frente de la editorial Nuestro Pueblo realizó tiradas espectaculares de libros de Galdós y del *Romancero gitano* de Lorca (cien mil ejemplares de cada). Tras la guerra se exilió en Méjico, donde trabajó vinculado siempre a la industria editorial. Dejó tres libritos, hoy rarísimos, en los que relata sus experiencias como editor, trufados de ideas utópicas que contradicen la fabulosa fortuna que amasó y el modo de amasarla, nada de lo cual le impidió seguir siendo comunista.

José María Gironella (Darnius, Gerona, 1917-Arenys de Mar, Barcelona, 2003). Novelista. Se alistó en el ejército nacional desde el principio de la guerra. Escribió el primer best seller de la posguerra, superando incluso a los de Blasco Ibáñez, una novela sobre la Guerra Civil, *Los cipreses creen en Dios* (Ed. Planeta, Barcelona, 1953). Ésta y las secuelas, *Un millón de muertos* (1961) y *Ha estallado la paz* (1966) fueron en su día un jarabe para todos los paladares y cuanto la censura franquista estuvo dispuesta a conceder en materia histórica. Prosa de cinemascope. Una reliquia. Fue el precursor de *Tres días de julio* (1967), de Luis Romero, mucho más exigente, mejor escrita y una nueva cota en la libertad que se le arrancó a la censura de esos años. La novela de Romero conoció también un éxito notable en una sociedad ávida de saber lo que había ocurrido en «la otra zona», ya que de la propia tenía cada cual su propia idea. Esta novela-crónica simultanea sucesos de las ciudades más importantes españolas, sublevadas o republicanas.

Ramón Gómez de la Serna (Madrid, 1888-Buenos Aires, 1963). Escritor. Colaboró con frecuencia, tras la guerra, en los periódicos españoles, donde sus adhesiones a Franco y al franquismo fueron frecuentes: preparaba su desembarco de nuevo en España. Sus cartas de entonces a las jerarquías son tristes y rebajantes. Para el meritoriaje ni siquiera reparó en infames automutilaciones. En carta a Giménez Caballero de octubre de 1942, le decía: «Por cierto que no sé por qué aun siendo *Pombo* libro ortodoxo, cuidado en sus partes escabrosas, corregidas y suprimidas muchas figuras, conducido desde el prólogo hasta las últimas palabras hacia una moraleja de orden, no ha podido entrar en España. Invariable pese a lo que sea, aquí estoy como adelantado de nuestra Castilla nueva vieja o vieja nueva. La peligrosidad aumenta y el otro día al marcharse Ortega fui yo el señalado como único "compadre" del "Silencioso" y la prensa aprovechó para meterse conmigo como adorador visible de la España actual. Que la excelsa España no se deje engañar por los ambiguos ni por mucho que disimulen en las afueras de la ciudad nueva de categorías. Ya rondan sus fronteras, ya alguno disfrazado de balandrán ha entrado por el portillo (con el solo fin de abrirles desde dentro a los otros) [...]. Me he dado cuenta de que el Generalísimo les ha irritado y que les va a ser inútil su embozado rondar [...]. Usted, inspector de alcantarillas voluntario persiga a ese nefario y nefasto subterraneísmo». Cuatro años después, viendo que sus ofrecimientos no le rentaban ventaja alguna, el que había sido campeón de lo nuevo insistía con la vieja cantinela otra vez, ahora a Pérez Ferrero: «Políticamente soy *un bueno* y [...] me someto gustoso a que me dirijan los mejores, los más patriotas, los que no quieren deshacer ni desintegrar mi mundo de alrededor». Llegó en 1949, le recibió el alcalde de Madrid, la peña superviviente de *Pombo* y el ¡Generalísimo!, pero nadie le aseguró la subsistencia, de manera que Ramón tuvo que volverse de nuevo a Buenos Aires. Según Díez Crespo, en aquella entrevista Franco le preguntó por qué se volvía a Latinoamérica, y Ramón contestó: «Pues porque sufriría, mi general, a los que aquí hablan mal de usted». La frase tiene todo de apócrifa. No lo es esta otra: «Franco es la imagen de la confianza de un augusto que sabe lo que quiere. Posiblemente un augusto, por ser el último que vamos a tener en Occidente». Ramón no era un cínico como Foxá, así que terminó yéndose a Buenos Aires a sufrir lo suyo y allí murió oyendo llamarse genio en todos los periódicos de habla hispana. O sea, murió pobre: es decir, medio olvidado. Eso no le impidió que antes, y requerido por el escritor Tomás Borrás, donase el célebre cuadro de Gutiérrez Solana *Pombo* al Museo de Arte Moderno. Su fervor franquista no le libró tampoco de la vigilancia y los informes de los servicios secretos españoles, los cuales, siempre tan perspicaces, le suponían rico en Latinoamérica, merced a «posibles manejos masónicos», a sus publicaciones o a su matrimonio con una judía, y calificaban «su conducta moral» de «pésima, ya que tuvo relaciones ilícitas con varias mujeres». Sus restos volvieron a Madrid, fueron recibidos con banda de música por el alcalde y archivados en consabida Sacramental, Sección Hombres Ilustres, junto a Fernando Villaespesa, Larra y otros, etcétera.

BIBLIOGRAFÍA: *Automoribundia* (Buenos Aires, Sudamericana, 1948).

Manuel Gómez del Valle (La Habana, 1906-Orense, 1936). Poeta comunista. El primer escritor asesinado por los sublevados. Había escrito en los años treinta poesía de naturaleza social y de denuncia.

César González Ruano (Madrid, 1903-1965). Escritor. Después de la Guerra Civil, que pasó en Roma, marchó a París, donde el «faux marquis» fue detenido por la Gestapo (a causa de turbios asuntos jamás esclarecidos referidos a pasaportes falsos, divisas y un brillante grande como un riñón) y llevado a la cárcel de Cherche-Midi. Allí escribió *Balada de Cherche-Midi*, el que será tal vez su mejor y más sentido poema. Después de su liberación, en la que intervinieron, entre otros, Marañón y el embajador de España, Ruano se instaló, primero en Sitges y más tarde en Madrid, donde sentó plaza del mejor periodista literario de la época. Si de alguien puede decirse que el país y su tiempo no favorecieron su mucho talento, es de él.

BIBLIOGRAFÍA: *Fermín Galán* (Madrid, Prensa Moderna [193?]) *Siluetas de escritores contemporáneos* (Madrid, Editora Nacional, 1949); *Mi medio siglo se confiesa a medias* (Barcelona, Noguer, 1951).

Raúl González Tuñón (Buenos Aires, Argentina, 1905-1974). Poeta. Antes de la guerra había ya publicado *La rosa blindada*, homenaje a la Revolución de Asturias desde su militancia comunista. Vino a la guerra como corresponsal. Escribió varios libros sobre la guerra, pero es el de poemas *La muerte en Madrid* (1939) el más interesante y hermoso pese al tono exaltado y panfletario que aqueja a sus poemas en ocasiones.

Jorge Guillén (Valladolid, 1893-Málaga, 1984). Poeta y catedrático. Tras dos años de guerra en Sevilla, se exilió en Norteamérica, donde enseñó como profesor. Menudeó sus visitas a España a partir de 1949, y se instaló de manera definitiva a partir de los años setenta, para llevar una existencia pacífica y prolífica, de la que no estuvieron ausentes los enjuagues sobre su pasado ni los ripios.

BIBLIOGRAFÍA: *A los mártires españoles*, de Paul Claudel (trad. de Jorge Guillén, Sevilla, Secretaría de Ediciones de la Falange, 1937).

Nicolás Guillén (Camagüey, Cuba, 1902-1989). Poeta. Asistió al Congreso de Valencia y allí le editó Altolaguirre sus poemas de la Guerra Civil. Con el tiempo llegaría a ser un poeta de la Revolución cubana, que lo veneró.

BIBLIOGRAFÍA: *España (Poema en cuatro angustias y una esperanza)* (Valencia, Héroe, 1937).

Francisco Guillén Salaya (Segovia, 1899-Madrid, 1965). Escritor, anarcosindicalista en su juventud, ex legionario y pistolero. Dirigió antes de la guerra una revista interesante, *Atlántida*, y después no le bastó ganar la guerra, sino que nos la tuvo que contar en dos libros, muy del agrado del profesor Martínez-Cachero, autor de *Liras entre lanzas. Historia de la literatura «nacional» en la Guerra civil,* (2009).

BIBLIOGRAFÍA: *Más allá del infierno. La vida de Asturias bajo el marxismo* (1939). Un libro sin el menor interés, ni documental ni literario. Solo un montón de insultos junto a otro de adulaciones. Rabioso y servil al mismo tiempo. Mala mezcla. En *Los que nacimos con el siglo* (1953), sus memorias, de prosa falangista, el *estilo* es tan viril que acaba afectándose con una mano en la cadera, como el Duce en sus arengas; habla mucho en ellas de «la dominación roja», «la piojera marxista», «la chusma», y «la tiranía roja». Dijo que le detuvieron por una denuncia de Arconada. Pasó la guerra en Oviedo, preso, cavando fortificaciones, y en un barco, temiendo su ejecución. Se explica así el nerviosismo posterior. *Anecdotario de las J.O.N.S.* (Imp. Higinio Coronas, Pamplona, 1938).

José Gutiérrez Solana (Madrid, 1886-1945). Pintor y escritor. Al terminar la guerra volvió de París, donde había seguido pintando escenas de los arrabales y escribiendo algunos trozos de su prosa expresionista. Pese a la carta de adhesión a Franco, que envió como salvoconducto, fue un hombre de naturaleza anarquista, lírica y barbárica, al que todo el mundo concedió el privilegio de situarle por encima de las circunstancias. La reedición de su libro *La España negra,* un libro de 1920, aún conoció en 1961 salvajes mutilaciones de la censura.

Eduardo de Guzmán (Villada, Palencia, 1908-Madrid, 1991). Periodista. Su militancia anarcosindicalista le llevó a la dirección de *Castilla libre*, de la CNT, durante la guerra. Convencido o ingenuo, creyó en el triunfo hasta el final, y así lo escribiría en su periódico el 16 de febrero de 1939, aniversario del triunfo en las elecciones del Frente Popular: «Solamente cuando los revolucionarios franceses comenzaron a guillotinar aristócratas y monárquicos, y cuando los rusos fusilaron sin piedad a los oficiales enemigos que cogían [...], Francia y Rusia salvaron su independencia y su revolución. Los españoles estamos a tiempo todavía de hacernos respetar». Al acabar la guerra, fue apresado en el puerto de Alicante y posteriormente encarcelado en diferentes campos de concentración. Condenado a muerte, se le conmutó la pena. Ni él mismo se lo llegará a explicar. Salió de la cárcel en 1948. Tuvo que ganarse la vida escribiendo, con seudónimo, noveluchas policíacas y del Oeste. Paulatinamente normalizó su situación y se incorporó al periodismo, principalmente de investigación sobre la Guerra Civil. Si sus libros nunca destacaron por su primor literario, son, en cambio, imprescindibles como fuente de información de primera mano, y así lo prueba *El honor de las injurias,* la personal reconstrucción de la vida de Felipe Sandoval que ha hecho Carlos García-Alix, extraordinario documental sobre la guerra civil española que no tiene parangón en nuestra filmografía. Según quienes conocieron a Guzmán, sostienen que ni los padecimientos de la cárcel ni las adversidades de la vida «le convirtieron nunca en persona vengativa, sino que vivió siempre sin odio ni rencor», mucho más escéptico respecto de la guillotina y de la justicia de los soviets.

BIBLIOGRAFÍA: *La muerte de la esperanza* (Ed. G. del Toro, Madrid, 1973); *El año de la victoria* (Ed. G. del Toro, Madrid, 1974); *Nosotros los asesinos* (Ed. G. del Toro, Madrid, 1976).

Manuel Halcón (Sevilla, 1903-Madrid, 1989). «Labrador y literato», decía de sí mismo. Durante la guerra dirigió *Vértice* y se empleó en diversas empresas periodísticas, aunque sean tal vez sus *Recuerdos de Fernando Villalón, poeta de Andalucía la Baja y ganadero de reses bravas*, primo suyo y también aristócrata como él, lo poco que no pulverice el tiempo. La vejez le sumió en una depresión que le llevó a adelantarse a la muerte de una manera trágica.

Ernest Hemingway (Oak Park, Illinois, 1899-Ketchum, Idaho, 1961). Uno más de aquellos frívolos intelectuales que vinieron a la guerra española como a un safari. Fue una estrella. Los anarquistas, de los que era admirador, lo llevaron al frente a pegar tiros de pega delante de los fotógrafos en la retaguardia para que pudiera pavonearse de su valor. Hizo la guerra, como reportero, con los republicanos, escribió una célebre novela sobre ella, y, al final, tampoco parece que le importara mucho quién la había ganado, porque su amor por España le traía cada año a ver los toros o a Baroja moribundo, delante de las cámaras del No-Do. Como al anterior, el destino le tenía reservado un trágico final.

BIBLIOGRAFÍA: *The Fifth Column.* Cuentos (Londres,1938; trad. en Buenos Aires, Santiago Rueda, 1950; existe versión teatral); *For whom the bell tolls* (Nueva York, C. Scribner's Sons, 1940).

Miguel Hernández (Orihuela, Alicante, 1910-Alicante, 1942). Poeta. Su vida, tras la guerra, fue una conjunción de su mala estrella y la crueldad ilimitada del nuevo Estado surgido de 1939, sin contar la utilización de la que fue objeto por sus antiguos camaradas, con los que había roto hacía tiempo. «María Teresa León», dirá Neruda a la revista chilena *Ercilla* en 1953 «se había acordado de que Miguel Hernández había sido un poeta católico y que había escrito un auto sacramental. Marie-Anne Conmène se puso a buscar por todo París un ejemplar de ese auto sacramental y acabó por encontrar uno, y se lo pasó al cardenal Baudrillart, que hablaba español y que era muy amigo de Franco. El cardenal estaba ya completamente ciego y hubo que leérselo. Le impresionó tanto que pidió inmediatamente a Franco la libertad de Miguel Hernández. Así fue como Miguel Hernández salió de la cárcel». María Teresa León, la rompedientes, acordándose de la beatería católica de juventud del poeta... Del resto del cuento, circulado en 1953, mejor que se ocupen otros, después de que se ocupara ya Morla Lynch, a quien Neruda acusó con falsedad y contumacia de haberle negado asilo en la embajada. Su muerte será siempre un testimonio lancinante, y su poesía, un símbolo de aquellos años tempestuosos en los que el poeta encontró a menudo la veta lírica y silenciosa de la más alta poesía: «Como una fontana que, / eterna, en brotar persiste, / como un sendero, me iré... / y no acabaré de irme». Acaso el poeta más puro de su bando: prefirió jugarse la vida en las trincheras como soldado a medrar en la retaguardia como poeta.

BIBLIOGRAFÍA: *Viento del pueblo* (Valencia, Ediciones Socorro Rojo, 1937); *Teatro en la guerra: La cola. El refugiado. Los sentados* (Madrid, Editorial Nuestro Pueblo, 1937); *El labrador de más aire* (Valencia, Ed. Nuestro Pueblo, 1937); *Cancionero y romancero de ausencias (1938-1941)* (Buenos Aires, Lautaro, 1958); *Obras completas* (Buenos Aires, Losada, 1960).

José Herrera Petere (Guadalajara, 1909-Ginebra, Suiza, 1977). Poeta y novelista. Tras la guerra, se exilió en Francia, Méjico y, a partir de 1947, en Ginebra, donde trabajó en organismos internacionales. Dedicó gran parte de su obra, en verso, prosa o teatro, al tema de la guerra, para cambiar en los últimos años de su vida por vetas más líricas. La correspondencia del final de su vida es desoladora: un *ubi sunt?*

BIBLIOGRAFÍA: *Acero de Madrid. Epopeya* (Madrid, Nuestro Pueblo, 1938); *Puentes de sangre. Narración a propósito del paso del Ebro* (Madrid, Editorial Nuestro Pueblo, 1938); *Guerra viva. Romances* (Valencia, Ediciones Españolas, 1938); *Cumbres de Extremadura (novela de guerrilleros)* (Méjico, 1945 y reeditada en 1986, con prólogo de María Zambrano); *Niebla de cuernos (Entreacto de Europa)* (Méjico, Séneca, 1940); *Carpio de Tajo*, drama (Buenos Aires, Editorial Ariadna, 1967).

Bernabé Herrero (Soria, 1903-Daz, Francia, 1957). Poeta. La guerra le sorprendió en su puesto de juez en un pueblecito de Jaén. Volvió a Madrid para ponerse al servicio de la República, siendo como era un hombre de izquierdas. Los asesinatos de aquellos primeros meses le decidieron por el exilio a primeros de 1937. Su íntimo amigo Adolfo de Miguel, fiscal de la Causa General, le allanó el camino de vuelta. Lo hizo en 1953. Pero regresó para finiquitar sus asuntos. Murió entonces en el pueblecito francés donde había vivido un exilio duro y triste que le había sumido en constantes depresiones, hasta destruirlo. Dejaba una obra poética ejemplar escrita antes de la guerra y un librito, *Orillas*, que le inspiró el exilio. Un devastador testimonio de lo que la guerra hizo con la gente común.

José María Hinojosa (Campillos, Málaga, 1904-Málaga, 1936). Poeta. Antes de su paso por el surrealismo había cultivado una poesía neopopularista, pura, de amor por el campo y las cosas y gentes del campo. Su condición de terrateniente y su militancia en un partido agrario de derechas le llevaron al paredón, junto a su padre y un hermano, sin que le valiera su amistad con todos sus amigos del 27, republicanos, a los que editó en *Litoral.*

Antonio de Hoyos y Vinent (Madrid, 1885-1940). Marqués y anarquista. Tras la guerra, que pasó escribiendo en periódicos sindicalistas y de la Confederación, la familia le hizo pagar por marqués y los fascistas por anarquista. Fue de los que perdió la guerra y los manuales de literatura al mismo tiempo, si acaso estos no los había perdido hacía ya mucho tiempo, pese a lo cual no le arredró bajarse de los coturnos desde los que había contemplado la vida hasta 1936. Apresado por los franquistas en 1939, fue encarcelado primero en Astorga, acusado de haber pertenecido al partido de Pestaña. Su hermano lo visitó en Porlier para humillarlo, y Hoyos, en su papel, «lo mandó a la mierda». Lo cuenta Sánchez-Guerra. Autoridades, viejos parientes y conocidos aristócratas le dejaron morir en la cárcel de Porlier viejo, solo y enfermo. Estaba con él en ese momento el escritor Diego San José, quien nos da noticia de ello en su interesante libro *De cárcel en cárcel.*

BIBLIOGRAFÍA: *La trayectoria de las Revoluciones del ayer, el hoy y el mañana español* (Hispania, Madrid, 1925).

Vicente Huidobro (Santiago de Chile, 1893-Llolleo, Chile, 1948). Este brillante vanguardista vino, como tantos, al Congreso de Valencia de julio de 1937, pero Neruda, entre otros, impidió que llegase su hora política, cuando ya la hora poética se le había pasado en los felices veinte.

Juan Iturralde (Salamanca, 1917-Madrid, 1999). Seudónimo de José María Pérez Prat. Abogado del Estado y escritor. Requeté. Su novela tardía *Días de llamas* fue suficiente para incluirle en este libro.

BIBLIOGRAFÍA: *Días de llamas* (La Gaya Ciencia, Barcelona, 1979).

Josep Janés (L'Hospitalet de Llobregat, 1913-Els Monjos, 1959). Dirigió durante la guerra las exquisitas ediciones La Rosa dels Vents, una de la pocas editoriales exclusivamente literarias. Condenado a muerte tras la guerra por los nacionales, lo libraron de la cárcel Santa Marina y Ros, a quienes él había librado antes de parecidas condenas. Con su nombre castellanizado, José Janés se convertiría poco después en el portentoso y ejemplar editor que España no había tenido hasta entonces, refinado y popular, atento a los clásicos y a los mejores escritores de su tiempo, españoles y extranjeros. Su catálogo de mil seiscientos títulos, publicados en una vida profesional muy corta y trágicamente interrumpida por un accidente de coche, lo acreditan como uno de los grandes editores españoles del siglo XX. Pese a todos los condicionantes que tuvo en contra, materiales y políticos, que su probidad intelectual logró burlar tantas veces, hizo más llevadera aquella España negra a los *happy few*.

Enrique Jardiel Poncela (Madrid, 1901-1952). Autor de teatro y novelista. El gran renovador del humor, pasó los trece primeros meses de la guerra amedrentado, sorteando detenciones, interrogatorios y sospechas, en Madrid, Valencia y Barcelona, donde los anarquistas de la CNT se entusiasmaron con él y le encargaron que formase una compañía de teatro. Jardiel les pidió dinero, casa, pasaporte, y cuando se los proporcionaron, incluido el permiso de Miaja para salir de Barcelona, se largó con todo, menos con la casa, que no cabía en el barco. En Marsella consiguió un contrato ficticio en la compañía de Lola Membrives, que actuaba en Buenos Aires. Allí Jardiel hizo durante unos meses doble juego, hasta que unos republicanos disfrazados de capitalistas, con obispo incluido, le tendieron una celada, y Jardiel, confiado en el ambiente, empezó a ensalzar a Franco, cayó en la trampa y fue desenmascarado y varapaleado. Fue uno a los que se refirió Antonio Espina en una carta de 1936 a su amigo Santos Martínez: «Y a propósito de miserables: creo que Gómez de la Serna está en falangista repugnante. Los nuestros me escriben indignados por las mamarrachadas de Ramón. Parece que capitanea o casi la pandilla intelectualoide franquista de Buenos Aires». Poco antes de acabar la guerra llegó a España, donde volvió a cosechar éxitos tan resonantes como polémicos, tanto en el teatro como en el cine.

Benjamín Jarnés (Codo, Zaragoza, 1888-Madrid, 1949). Novelista. Tras la guerra, que terminó de capitán de intendencia, se exilió en Méjico, de donde volvió gravemente enfermo para morir en Madrid. Traía una novela inédita, *Su línea de fuego*, sobre la Guerra Civil, que se editó muchos años después.

BIBLIOGRAFÍA: *Cartas al Ebro* (Méjico, Ed. de la Casa de España en Méjico, 1940); *Su línea de fuego* (Zaragoza, Guara, 1980).

Juan Ramón Jiménez (Moguer, Huelva, 1881-San Juan de Puerto Rico, 1958). Poeta. Se exilió al comienzo de la guerra en La Habana y de ahí pasó por diversos lugares de Norte, Centro y Sudamérica. Al entrar las tropas franquistas en Madrid, los falangistas asaltaron su piso de la calle Padilla en abril de 1939: «C.S. y otros adláteres maleantes», los califica J.R.J.: «el joven ratero catalán F.R.» (Félix Ros, Carlos Sentís y C. M. B. Carlos Martínez Barbeito). En el exilio portorriqueño se negó a saludar a Segundo Serrano Poncela, jefe universitario de Zenobia: «Yo no me he exiliado para darle la mano a un asesino». Tampoco dejó de denunciar el «guirigay [...] de quienes pretenden rescatar a los muertos. Para ellos, Unamuno es de ellos, Antonio Machado, de ellos, y hasta Lorca de ellos. Como que [ellos] no pueden hablar [...] Unamuno, Antonio Machado, García Lorca están "disfrutando" ahora una fama basada en la guerra, gracias a la actividad pululante de tales aprovechadores de cadáveres y famas». Ya lo había denunciado antes: «Se les está oyendo en la intimidad de cualquier retaguardia: "¡Caramba qué suerte de guerra me he encontrado, chico! ¡Lo que esta guerrita va a ser para mí, poetazo de la guerra, lo que me va a servir!"». Jamás interrumpió J.R.J. su relación con los poetas españoles, en cuyas revistas es frecuente encontrar su colaboración en la posguerra, ni con España, una de sus principales fuentes de inspiración en esos años; rechazó, sin ambages, honores oficiales, como cuando algún representante oficioso fue a proponerle que presentase su candidatura a la Academia de la Lengua. En 1954 publicó un decisivo poema, *Espacio,* en el que se contienen numerosas referencias a la guerra civil española. Su poesía, acusada de narcisista en los años treinta (lo que le obligó a salir de la *Segunda Antología* de Gerardo Diego) fue de nuevo preterida en los años cincuenta y sesenta, y calificada como de «señorito de casino de pueblo» por alguno de los más influyentes críticos y uno de los poetas del momento más señoritos de Barcelona. Se han publicado los diarios de su mujer, Zenobia Camprubí, páginas desoladoras y tristes de los años del exilio y la fundamental correspondencia de ésta con Juan Guerrero. Recientemente ha sido reeditado con ampliaciones fundamentales su libro *Guerra en España*, uno de los documentos imprescindibles para conocer los hechos. Cuentan que en sus últimas horas dio grandes voces llamando a su madre y a Moguer. Sus restos mortales y los de su mujer fueron trasladados al cementerio del pueblo natal del poeta, donde los recibió el alcalde, etcétera.

BIBLIOGRAFÍA: *Españoles de tres mundos* (Madrid, Aguilar, 1969); *España en guerra* (Barcelona, Seix Barral, 1985-Point de Lunette, Sevilla, 2009); *Diario 1. Cuba (1937-1939)*, de Zenobia Camprubí (Madrid, Alianza, 1991).

Alberto Jiménez Fraud (Málaga, 1883-Madrid, 1964). Editor y fundador y director de la Residencia de Estudiantes de Madrid, que refugió a tantos en el comienzo de la sublevación. Se exilió en los primeros meses de la guerra en Inglaterra, donde dio clases en Oxford y Cambridge. Al llegar a Londres el embajador Azcárate se refirió a él y a otros dos ilustres exiliados (José Castillejo y Salvador de Madariaga), recordando que «Solón, en una de sus famosas leyes, castigaba al que en medio de una sedición no optaba por alguno de los bandos contendientes». Desde luego Jiménez Fraud ya había optado, aunque quizá no con el entusiamo ni la inmunidad de otros. Volvió a España en 1964, sin perder por ello su condición de caballero ejemplar.

José María Junoy (Barcelona, 1887-1955). Poeta y crítico de arte. Después de haber sido un vanguardista furioso, se convirtió al catolicismo y pasó, tras la guerra, que capeó como pudo, a posiciones de gran intransigencia españolista.

Máximo José Kahn (Frankfurt, 1897-Buenos Aires, 1953). Escritor sefardita. Uno de los personajes más desdibujados y atrayentes. Fue cónsul, durante la República, en Salónica y Atenas. Durante la guerra publicó en *Hora de España*, se exilió en Méjico, donde aparecieron algunas novelas suyas, y todos los que le conocieron apenas pueden referir otra cosa de él que su infinita bondad.

Arthur Koestler (Budapest, 1905-Londres, 1983). Escritor húngaro de origen aristocrático y nacionalidad británica. Extraordinario personaje, audaz, romántico, valiente. Agente de la Komintern y aventurero y después anticomunista sin concesiones. Su fundamental crónica *El cero y el infinito,* 1940, sobre los procesos de Moscú, aún hiela la sangre, y le condenó al ostracismo internacional y a la eterna sospecha de trabajar para dudosos contubernios. Fue corresponsal de guerra del *News Chronicle* en España y autor de una de las obras más significativas al respecto: *Testamento español*, que publicó un año después de abandonar el Partido Comunista. La mayor parte de las crónicas que envió desde la Sevilla de Queipo eran inventadas. Lo apresaron en 1937 en Málaga, y lo llevaron preso a Sevilla. Lo contó en su *Diálogo con la muerte.* Compartió las últimas horas de García Atadell. Salió de la cárcel canjeado por la mujer de un militar faccioso. Esa clase de escritores que tienen la virtud de entrar en el lugar equivocado y la suerte de salir siempre de él para poder contarlo. Si hubiese escrito mejor estaríamos hablando de Chateaubriand.

BIBLIOGRAFÍA: *Spanish testament* (Londres, V. Gollancz, Ltd., 1937).

Mijail Koltsov (Kiev, URSS, 1898-Moscú, URSS, 1942). Periodista y correponsal de *Pravda*. El hombre de Moscú en Madrid que controlaba todo. En su *Diario español,* crónicas de la guerra, hay de todo, bueno y malo, verdad y propaganda. Siempre interesante. Su sombra se proyecta sobre Paracuellos. Hemingway lo saca en *Por quién doblan las campanas* como una de las personas más inteligentes y con más memoria que conoció (lo que dicho por alguien que se pasó la vida entre elefantes, es mucho). Eso no le libró de ser detenido a su vuelta a Moscú y acusado de ser espía a las órdenes de Malraux, con Saint-Éxupéry. Fue fusilado y enterrado en una fosa común. Para saber de los soviéticos en España: *Madrid-Moscú*, de Carlos García-Alix.

Pedro Laín Entralgo (Urrea de Gaén, Teruel, 1908-Madrid, 2001). «Un hombre del Renacimiento». Académico de Medicina en 1946, de la Lengua en 1954 y de Historia en 1956, aunque, al contrario que el anterior, con mala memoria.

BIBLIOGRAFÍA: *Descargo de conciencia* (Barcelona, Seix Barral, 1976).

Juan Larrea (Bilbao, 1895-Córdoba, Argentina, 1980). Poeta y ensayista. Tras la guerra, que pasó en Francia, donde vivía desde 1926, se exilió en Méjico, Estados Unidos y Argentina. Autor de algunos herméticos y desconcertantes poemas, su nombre está unido a una de las grandes revistas de literatura del exilio español, *España peregrina*, de la que fue fundador, y al de su amigo el poeta César Vallejo, a cuyo estudio dedicó cientos de páginas exegéticas al tiempo que necesitadas de exégesis ellas mismas, como muchas de las que escribió sobre el surrealismo, el Bien o el Mal.

BIBLIOGRAFÍA: *El surrealismo entre Viejo y Nuevo Mundo* (Méjico, Cuadernos Americanos, 1944); *Guernica* (Madrid, Edicusa, 1977); *Ángulos de visión* (Barcelona, Tusquets, 1979).

Ramiro Ledesma Ramos (Alfaraz, Zamora, 1905-Madrid, 1936). Ensayista, discípulo de Ortega (y colaborador en *Revista de Occidente*) y fundador de las Juntas de Ofensiva Nacional Sindicalistas, cuyos símbolos eran el yugo y las flechas y su grito de rigor el «¡España una, grande y libre! ¡Arriba España!». (Manuel Rubio Cabeza atribuye también el «¡Arriba España!» a Sánchez Mazas en su, por lo demás, notabilísimo, muy útil y excelente *Diccionario de la guerra civil española*, que publicó en dos volúmenes la Editorial Planeta, 1987. Para los amantes de los detalles exactos se dirá que la exclamación de los escritos ledesmistas era la de «¡Arriba los valores hispánicos!».) Los falangistas nunca le reconocieron nada «ni antes, ni entonces, ni después», pese a haber sido el carné número uno de FE de las JONS. Su ruptura con la Falange le aisló de todos. Fue detenido y asesinado en Madrid al comienzo de la guerra. Fue uno de los falangistas que no ganó ni la guerra ni la posguerra ni la literatura.

Laurie Lee (Slad, Gloucestershire, 1914-1997). Poeta y novelista. Cruzó España con un violín de pueblo en pueblo en los años treinta. Al empezar la guerra se alistó con los republicanos, aunque muchos cuestionaron que así fuese. En todo caso escribió de la guerra dos libros destartalados, *Una mañana de verano de 1934* y *Un instante en la guerra*, probando, una vez más, si fue así, que Homero llevaba razón: no es preciso haber estado en Troya para escribir la *Ilíada*. Es lo que hicieron la mayoría de los extranjeros que visitaban España en esos años, aunque con resultados menos logrados que el griego.

León Felipe (Tábara, Zamora, 1884-Méjico, 1968). Poeta. Se contaban de él cosas que lo aureolaban antes de la guerra con vida novelesca: boticario en la Alcarria, vecino de Fernando Póo, de Panamá y Méjico; cómico de la legua en bojigangas de provincia y meritorio balulú. La guerra y el exilio determinaron su poesía, una de las más combativas, significativas y populares del exilio: «No hay más que una causa: la del hombre. Y, por ahora, la de la miseria del hombre». Dejó España a finales de 1938, al parecer, según cuenta su albacea Finisterre, amenazado por un oscuro complot contra su vida, del que nunca habló. En 1958, en el prólogo a *Belleza cruel*, de Ángela Figuera Aymerich, hizo acaso la confesión más desgarradora hecha por nadie en el exilio: «Con estas palabras quiero arrepentirme y desdecirme [...]. Ahora estoy avergonzado. Yo no me llevé la canción. *Nosotros* no nos llevamos la canción... Al final todo se hizo grito vano, lamento hinchado, blasfemia sin sentido [...]. Y nos quedamos luego todos mudos [...]. De este lado nadie dijo la palabra justa y vibrante. Hay que confesarlo: de tanta sangre a cuestas, de tanto caminar, de tanto llanto y tanta injusticia... no brotó el poeta. [...] Y ahora estamos aquí, del otro lado del mar, nosotros, los españoles del éxodo y el viento, asombrados, atónitos oyéndoos a vosotros cantar [...]. Los que os quedasteis en la casa paterna, en la vieja heredad acorralada... Vuestros son el salmo y la canción». En una conferencia de 1937 ya había dicho: «Hay dos Españas y siempre ha habido dos Españas, y nosotros los revolucionarios españoles queremos que no haya más que una, una sola».

BIBLIOGRAFÍA: *La insignia* (Méjico, Editorial Insignia, 1938); *El hacha. Elegía española* (Méjico, 1939); *Español del éxodo y del llanto* (Méjico, La Casa de España, 1939); *El gran responsable* (Méjico, Tezontle, 1940).

María Teresa León (Logroño, 1903-Madrid, 1988). De todas las escritoras republicanas fue María Teresa León, junto con Margaritra Nelken, la única que le disputó la escena, quien mejor representó el tipo de escritora revolucionaria y comprometida. «La señorita María Teresa León», la llama Azaña con ironía. Durante la guerra dirigió el Teatro de Arte y Propaganda, que dio más de doscientas representaciones por todos los frentes. Apareció profusamente en las páginas ilustradas de los periódicos y revistas, tras los primeros nueve meses raramente con el mono azul, sino de forma más favorecedora. Siguió a su marido en el exilio y regresó con él de nuevo a España, pero no de la misma manera. Murió en un geriátrico con la cabeza ida y con pocas visitas. Sus memorias son hijas y hermanas, al tiempo, de *La arboleda perdida*, de Alberti; dedicó muchos de sus libros al recuerdo de aquellos años cruciales, a los que consagró el resto de su vida. «Allí donde cuatro españoles se encuentren, ¿de qué van a hablar sino de la guerra? ¿No comprendéis que son combatientes de una guerra no concluida? Es asombrosamente cierto que nada ha terminado [...]. Cada uno tiene su guerra personal y sus enfoques y sus porqués. No se los toquemos, porque de ellos se vive», escribirá en su memorias, dándole la razón a Gaya: la guerra vino a darle un contenido que su vida no tenía. Los años de la guerra fueron «los mejores de nuestra vida», escribió. Acaso se la recuerde en el futuro sólo por haberle dado un puñetazo a Miguel Hernández y romperle un diente, y, de ser cierto lo que ella misma contó, por haber salvado de los bombardeos todas las pinturas de Solana, a ruego de éste, que las había abandonado en su casa madrileña, preso del miedo.

BIBLIOGRAFÍA: *Cuentos de la España actual* (Méjico, Editorial Dialéctica, 1936); *Una estrella roja* (Madrid, Ediciones Ayuda, 1937); *Contra viento y marea* (Buenos Aires, Aipe, 1941); *Morirás lejos* (Buenos Aires, América lee, 1942); *Memoria de la melancolía* (Losada, Buenos Aires, 1970); *Juego limpio* (Buenos Aires, Goyarte, 1959).

José Expósito Leiva (Úbeda, Jaén, 1918-Venezuela, 1978). Periodista anarquista. En 1936 tenía diecisiete años y trabajaba en una librería. Otro más de los que perdió la guerra y la historia de la literatura al mismo tiempo. Después de pasar por el frente de Sigüenza, se enroló como periodista en los periódicos cenetistas. Pero su contribución a la literatura vino años después con la historia de su vida, *En nombre de Dios, de España y de Franco. Memorias de un condenado a muerte* (Unión Socialista Libertaria, Buenos Aires, 1948). Su relato pormenorizado del paso por las cárceles franquistas y checas azules de Madrid, sencillo, emocionante y realista, hace pensar en algunos libros de la literatura clásica del siglo XVI. Desgraciadamente su minuciosa memoria cuando retorna al pasado se detiene en 1939. Una crónica suya de la guerra habría resultado impagable.

Ricardo León (Málaga 1877-Torrelodones, Madrid, 1943). Novelista y académico. Literariamente hubiera podido casarse con Concha Espina. Vivió la guerra en el consulado de Haití, después de cruzarse con Gálvez, compañero suyo de colegio en Málaga, que le salvó de las patrullas. Le buscaban acaso por haber escrito *Bajo el yugo de los bárbaros*. Gálvez le salvó de una manera ingeniosa, haciéndole pasar por el asesino de Ricardo León, de cuya documentación se había incautado. Pasó toda la guerra en el consulado. Era académico desde 1912. Y acaso su mejor obra, tan mediocre, sea la que escribió sobre la Guerra Civil, *Cristo en los infiernos*, 1941, en la que aparece el grupo Cervantes, capitaneado por Gálvez y dedicado al ojeo de escritores y autores fascistas, y todo el léxico que estereotipa a los rojos: «bizcos, tuertos, cojos, matarifes, golfos, proxenetas», y ellas «golfas, cocotes, putas, desgreñadas, culebronas», confirmando una vez más que el odio suele incubar en la retaguardia. Era el novelista predilecto de Franco, lo que éste entendía por un clásico.

José María Luelmo (Valladolid 1904-1991). Poeta. Uno de tantos de los que tuvieron que brindar por la victoria con una copa de ricino, aunque no fuese demasiado a disgusto.

Eduardo Llosent y Marañón (Sevilla, 1905-1969). Poeta. Durante la guerra colaboró en tareas de propaganda con los franquistas, y después fue nombrado por d'Ors director del Museo de Arte Moderno de Madrid. Dirigió la segunda etapa de la revista *Mediodía*. Aunque resultó inútil su ayuda, se la brindó a Miguel Hernández cuando éste lo buscó en el Madrid de las depuraciones y fusilamientos.

Antonio Machado (Sevilla, 1875-Collioure, Francia, 1939). Uno de los más grandes poetas. Murió pobre y sin conocer el final de la guerra, tras su breve y doloroso exilio de Collioure, en cuyo cementerio descansan en paz sus restos junto a los de su madre, y pese a las periódicas tentativas de diversos alcaldes españoles por desenterrarlos y organizar con ellos una procesión, con banda de música, etcétera.

BIBLIOGRAFÍA: *La guerra (1936-1937)* (Madrid, Espasa-Calpe, 1937); *Obras completas* (Madrid, Espasa-Calpe, 1989).

Manuel Machado (Sevilla, 1874-Madrid, 1947). Poeta. Su nombre aparece al frente de todas las antologías fascistas del momento, entre ellas *La Alemania eterna* (1940), donde junto al suyo, sobre la Legión Cóndor, se publican poemas de d'Ors, Ridruejo, Carrere, Marquerie o José del Río Sáinz, entre otros. Se incorporó, tras la guerra, a su cargo de director de la Hemeroteca y del Museo Municipal de Madrid, del que se jubilaría al poco tiempo. Siguió escribiendo poesía, la mayor parte de carácter religioso. Al morir, su mujer, que había hecho con él en Burgos, durante la guerra, el papel de verdadera santa Mónica en cuanto a la reactivación de su catolicismo, ingresó en una congregación religiosa dedicada al cuidado de niños abandonados y con graves enfermedades mentales.

BIBLIOGRAFÍA: *Horas de oro. Devocionario poético* (Valladolid, Santarén, 1938); *Poesías completas* (Sevilla, Renacimiento, 1993).

Salvador de Madariaga (La Coruña, 1886-Locarno, Suiza, 1978). Ensayista, novelista, poeta y conferenciante. Autor de una ingente obra literaria, en todos los géneros, Madariaga, que había desempeñado varios cargos políticos con la República, se marchó a Ginebra apenas empezada la guerra. Elegido académico en 1936, leyó su discurso en 1976, tras cuarenta años de exilio. Fue durante toda su vida esa clase de republicano del exilio exterior con el que los monárquicos españoles del exilio interior estaban encantados. Después de la guerra estuvo en todas las conspiraciones antifranquistas y contubernios, incluido el de 1962. Aunque la idea de «las tres Españas» la tuvieron otros antes, como Gaziel, a él se le atribuye el haberla publicitado, lo cual no fue en absoluto una ventaja para la consolidación de su prestigio, debido a la enorme desconfianza intelectual con que se veía a Madariaga en las otras dos Españas. Como por otra parte resulta lógico.

BIBLIOGRAFÍA: *Sanco Panco* (Méjico, Editorial Latino-Americana, 1964); *Memorias* (Madrid, Espasa-Calpe, 1974).

María de Maeztu (Vitoria, 1882-Mar del Plata, Argentina, 1948). Ensayista. De trayectoria católico-liberal, la guerra la lanzó de un extremo a otro como péndulo loco. Al enterarse del peligro que corría su hermano, ya encarcelado en julio de 1936, volvió a Madrid desde el extranjero, donde pasaba sus vacaciones. Al poco tiempo la destituyeron de su cargo de directora de la Residencia de Señoritas, equivalente de la Residencia de Estudiantes de Jiménez Fraud, y se fue a Buenos Aires desde donde escribía cartas de entusiasmo por Franco: «Ideológicamente yo me encuentro –sin que nadie me obligue a ello– en la extrema derecha y en el más ortodoxo catolicismo». Pese a esta pública adscripción al nuevo régimen, no regresó a España hasta 1945, con la pretensión de recuperar la dirección de la Residencia, en manos ya de la Sección Femenina. El no conseguirlo llevó a la autora de la *Historia de la cultura* de nuevo al exilio y a dejar escrito en su testamento: «No considero como enemigos míos más que a los que impidieron y estorbaron que yo volviese a ocupar mi puesto en España. Que hacen a España, fomentando la incultura, el mal irreparable que a mí me hicieron impidiendo la prosecución de mi obra educativa».

Ramiro de Maeztu (Vitoria, 1874-Aravaca, Madrid, 1936). Político y ensayista. Detenido en los primeros días de la guerra, fue sacado de la cárcel y fusilado. Los franquistas le convirtieron después de la guerra en uno de los escritores señeros de la «zona nacional».

BIBLIOGRAFÍA: *Don Quijote, don Juan y la Celestina* (1926); *Defensa de la hispanidad* (Madrid, Cultura Española, 1934); *La crisis del humanismo* (Barcelona, Minerva [1919]); *Defensa del espíritu* (1958).

André Malraux (París, 1901-Créteil, 1976). Escritor. Este célebre brigadista dedicó a la Guerra Civil su novela ejemplarizante *L'Éspoir*, a la que el tiempo no hace justicia, al menos en su línea argumental: un joven revolucionario, sin formación ni preparación, se abre camino hasta los más altos puestos de responsabilidad militar y militante porque tiene buen fondo y fe en la victoria. En *Le coeur battant: Josette Clotis-André Malraux*, Suzanne Chantal, su autora, hace el inventario de lo que encontró en la habitación de Malraux un periodista portugués que entraba con las tropas de Franco, periodista que acabaría siendo su marido (una novela): «Pato a la naranja, conejo con aceitunas, tordos confitados, caviar, patés y mostazas variadas», y otros peteretes que su Josette acababa de traerle de París unos días antes, y que ellos guardaban celosamente en un armario. Barcelona hambrienta. En los finales, cuando no son trágicos, siempre acecha involuntariamente lo grotesco. Sobre todo cuando alguien tiene la desconsideración de descubrirlo. «Sus novelas hoy se leen poco, pero en los libros en que habla de sí mismo (suponiendo que escribiera otros, porque era muy monotemático) es fascinante: tiene el empaque de la gran prosa, periodos rotundos y frases pensadas para recordarse», dirá de él Carlos Pujol.

BIBLIOGRAFÍA: *L'Éspoir* (París, Gallimard, 1937).

Marià Manent (Barcelona, 1898-1988). Poeta y traductor. Un hombre con la finura de un inglés y la sabiduría de un chino. O sea: con muy poco porvenir entre nosotros. Durante la guerra publicó sus *Versions de l'anglès*, traducciones de poesía lírica inglesa.

BIBLIOGRAFÍA: *El velo de Maia (Diario de la guerra, 1936-1939)* (Madrid, Trieste, 1984).

Gregorio Marañón (Madrid, 1887-1960). «Médico, historiador y moralista» (dijo de él Laín Entralgo, un hombre del Renacimiento). Persona de reconocida bondad y humanidad, su papel en la posguerra fue parecido al que había desarrollado en los últimos tiempos de la dictadura de Primo de Rivera y los primeros de la República, de personaje tan dialogante como influyente, y en ciertos círculos, tan respetado como respetable. Fueron célebres las violentas cartas que se cruzaron Bergamín y Victoria Ocampo, a propósito de la favorable acogida de ésta al médico español que había decidido exiliarse en Buenos Aires.Volvió del exilio en 1942. En marzo de 1939, había escrito a Madariaga: «Este veneno es la democracia, cuyo inicial dislate se ha convertido en droga de las más altas inteligencias. Ser demócrata ha llegado a ser, en la práctica, esto: creer todo lo que nos dicen en nombre de la democracia. Creer que Rusia representa la libertad; que Negrín es un sabio y un gran político, que el ejército rojo se rehace cada vez que lo derrotan y pierde una de sus batallas y de su territorio; que hay cien mil italianos en España, etc. Esto por lo que hace a nuestra guerra; pero la inmensa tragadera del demócrata se extiende a todo lo demás». En abril de 1939 le escribía a Natalio Rivas sobre sus próximos planes: «Nadie los sabe, ni mis propios familiares; ni Pérez de Ayala, que es como hermano mío. No quiero que mi marcha, hace tiempo decidida, se tome como un gesto de protesta, que aun siendo, por ser mío, insignificante, me pondría en actitud de hostilidad contra el Generalísimo y la nueva y grande España y me acercaría a gentes que, como hombre honrado, me repugnan [...]. El ambiente general allí es hostil a mí por diversas razones». Sus seres queridos tratan, cada cierto tiempo y desde innumerables e influyentes foros, de lavar su pasado con comprensibles astucias y enjuagues. Demoledor el escrito que le dedica María Zambrano en *Las palabras del regreso* o Gaziel en *Meditacions en el desert*. Con todo, a él se debe una gran verdad, que repetía: «Las guerras civiles duran cien años».

Antonio Marichalar (Logroño, 1893-Madrid, 1973). Ensayista. Marqués de Montesa. Debió de estar en Madrid los primeros días de la guerra, pues su firma, con la de otros intelectuales, aparece en el primer manifiesto de apoyo al Gobierno de la República, en julio de 1936. La desproporción entre él y sus compañeros en ese manifiesto se debió, sin duda, al cálculo de los promotores: convencer al mundo de que los aristócratas y católicos también apoyaban la República. Luego salió y se pasó toda la guerra en San Juan de Luz, donde coincidió el verano de 1938 con Ortega, su maestro y mentor. A partir de 1939 regresó a España, donde siguió trabajando en sus biografías y ensayos, próximo al núcleo de *Escorial*, como si nada hubiera pasado. Nadie le pidió responsabilidades por aquella firma, ni se le depuró por ello.

Alfredo Marqueríe (Mahón, Menorca, 1907-Minglanilla, Cuenca, 1974). Había sido un poeta sensible antes de la guerra, que hizo como falangista, y después, un crítico teatral discutido e inteligente. Escribió novelas, teatro y unas memorias modestas y deliciosas.

BIBLIOGRAFÍA: *Memorias informales* (1971).

Eduardo Marquina (Barcelona, 1879-Nueva York, 1946). Perteneció a la Agrupación al Servicio de la República. Le sorprendió la guerra en Buenos Aires. Cuando se incorporó a la zona nacional, se le nombró presidente de la Junta Nacional de teatros y música y de la Sociedad General de Autores de España. Escribió, como muchos, los consabidos artículos y poemas de exaltación patriótica, y desempeñó, tras la guerra, algunas misiones diplomáticas. Su posteridad ha conocido la más infamante de las ignominias: un teatro que lleva su nombre en el que nunca se ha representado ninguna de sus obras.

Ramón Martínez de la Riva (?-Madrid, 1936). Periodista. Crítico de cine en *Abc*. Lo fusilaron en Madrid el 25 de septiembre de 1936. Alberti lo señaló en una entrevista días antes, y la checa puso la bala, «su duro trabajo», según Marinello.

BIBLIOGRAFÍA: *El libro de la vida nacional* (Madrid, Tip. Giralda, 1920); *Tierra, mar y cielo* (Madrid, Biblioteca Rubén Darío, 1928).

Gregorio Martínez Sierra (Madrid, 1881-1947). Uno de los casos más desvergonzados de impostura literaria: todo lo que publicó con su nombre, casi un centenar de obras, miles de páginas, se lo escribió su mujer. Este conocido empresario teatral había sido tesorero del PCE en los años veinte y en los noventa se supo que tenía en los cuarenta una cuenta abierta en Suiza, descubierta cuando se estudiaron los fondos de dineros evadidos o secretos en la Segunda Guerra Mundial.

Paulino Masip (Granadella, Lérida, 1899-Cholula, Puebla, Méjico, 1963). Periodista, autor de teatro antes de la guerra y también guionista de cine después, publicó sobre ella, ya en el exilio, 1944, una novela, *El diario de Hamlet García*, personaje un tanto inane a quien los crímenes de ambos bandos, contados a la acuarela, parecen haberlo idiotizado.

Juan Ramón Masoliver (Zaragoza, 1910-Montcada i Reixac, Barcelona, 1997). Crítico y traductor. Dirigió, en la década de los cuarenta, una de las mejores revistas de su tiempo, en fondo y forma, que se llamó *Entregas de Poesía*, y publicó, algo después, una stendhaliana *Guía de Roma* (1950) y *Perfil de sombras* (1994), característico de su personalidad. Su amistad con Ridruejo, según confesión de éste, resultó providencial y determinante para el giro político que el poeta soriano dio en los años cuarenta.

Francisco Mateos (Sevilla, 1894-Madrid, 1976). Pintor y escritor. Pisó todos los terrenos, desde la cárcel hasta los salones oficiales de la posguerra española, que aprovechó para espiar por cuenta de su majestad la reina de Inglaterra. Más que una vida, una novela que puede leerse en el imprescindible *Diccionario de las vanguardias en España* de Juan Manuel Bonet.

Joaquín Maurín (Bonansa, Huesca, 1896-Nueva York 1973). Había sido eso que en los años veinte y treinta se conocía por un revolucionario y propagandista profesional, hasta llegar al secretariado del Bloque Obrero y Campesino, que él fundó tras su paso por el PCE y el POUM de Andreu Nin, partido por el que fue elegido diputado en las elecciones del 36. No hizo la guerra. Esta le sorprendió en Galicia donde fue apresado y conducido a presidio, con nombre supuesto que facilitó su puesta en libertad al año, para ser descubierta su verdadera identidad a los pocos días y encarcelado de nuevo, juzgado en 1944 y amnistiado en 1946. La cárcel le salvó acaso de ser asesinado por los de su propio bando como su amigo Nin. Tras la cárcel pasó un año en Madrid, trabajando como traductor de la editorial Janés y logró al fin salir para Méjico, a reunirse con su mujer y su hijo en 1947. Allí se dedicó al periodismo y a escribir algunos libros, entre ellos su excepcional *En las prisiones de Franco*, relatos autobiográficos, el libro más genuinamente cervantino de los que se hayan escrito sobre la Guerra Civil (y no sólo porque se principiara en una cárcel). Diríamos que estamos oyendo en él al Cautivo quijotesco que retorna del mundo de los muertos. El libro resulta de una finura literaria y poética excepcional, muy barojiano también en el tono, aparte, claro, de su valor testimonial: pocas veces la vida penitenciaria de la España franquista habrá sido narrada con tanta naturalidad, demostrando que la naturalidad (y su aliada la ironía) acaba siendo mucho más eficaz que el patetismo y la gesticulación con los que se ha solido hablar de todo ello. Cuando Maurín salió de la cárcel, su figura se desvaneció: no era comunista, no era socialista, ni siquiera era anarquista. Sólo un poumista que ni siquiera había hecho la guerra. Ni siquiera lo asesinaron como a Nin. No tuvo a nadie que reivindicara su memoria, pero nos dejó su melancólico, hondo y humanísimo *En las prisiones de Franco*, y él hará que su nombre perdure siempre que se hable de aquellos tristes años.

Ramón Menéndez Pidal (La Coruña, 1869-Madrid, 1968). Filólogo. Hablando de la guerra, se le echó a llorar a Chacón y Calvo en el Madrid del 36. Se exilió en diciembre de 1936 a Francia y vivió en París. En Salamanca, 1937, le conservaron la presidencia de la Real Academia. Se transigió con su vuelta a Madrid en agosto de 1939, pero no se le repuso ni en la cátedra ni en la dirección de la Academia de la Lengua hasta más tarde, 1947, rehabilitado por la la gestión de Pemán. En la primavera de 1937 le escribió a Marañón: «Si los rojos (ahora y siempre, comunistas, rusos) ganaran, yo no volvería a España. Si los otros ganan, con sus defectos y todo, iré. Prefiero la Inquisición a la Inquisición + pedantería + mentira + hipocresía».

Miguel Mihura (Madrid, 1905-1977). Autor de teatro, fundador, director y colaborador en 1937 de la revista *La Ametralladora* y, después de la guerra, de *La Codorniz*, que revolucionaron el humor español. De su teatro, «que el público ha aceptado ya (con varias décadas de retraso)», dice Andrés Amorós que «conserva intacto su ingenio verbal y de situaciones, su permanente frescura». La obra que dedicó a la guerra, que tiene poca gracia, lleva una de las cubiertas más viles de la historia del libro.

BIBLIOGRAFÍA: *María de la Hoz* (con Tono, Madrid, La Novela del Sábado, 1939).

Jacinto Miquelarena (Bilbao, 1891-París, 1962), después de salir de la embajada donde pasó los primeros meses de la guerra, y escribir una novela sobre ese asunto, *El otro mundo*, completada por el reportaje *Cómo fui ejecutado en Madrid*, volvió al periodismo. En 1937, instalado en Salamanca, se hizo cargo de la radio que con el tiempo se convertiría en Radio Nacional de España. El metro de París acabó con su vida.

BIBLIOGRAFÍA: *El otro mundo. La vida en las embajadas de Madrid* (Burgos, Editorial Castilla, 1938); *Unificación. (Diálogo)* (Tolosa, Delegación de Prensa y Propaganda, 1937).

Eugenio Montes (Bande, Orense, 1897-Madrid, 1982). Ensayista. Después de la guerra participó en diversas embajadas culturales oficiales por los países sudamericanos. Fue, en los cuarenta, director del Instituto de España en Lisboa y en 1963 se le nombró director de la Academia de España en Roma. La modestia de sus aspiraciones le llevaron a disfrutar como nadie de la victoria y de sus tranquilos menesteres diplomáticos lejos de su ilustre paisano ferrolano, quien le preguntó en cierta ocasión, no sabemos si con sorna o sin ella: «¿Y usted, Montes, cómo es que nunca fue ministro?».

BIBLIOGRAFÍA: *El viajero y su sombra* (Madrid, Cultura Española, 1940); *Melodía italiana* (Madrid, Editorial Cigüeña, 1944); *La estrella y la estela* (Madrid, Ediciones del Movimiento, 1953).

José Moreno Villa (Málaga, 1887-Méjico, 1955). Poeta y pintor. Pese al exilio, conoció los últimos años de su vida, al casarse, una vaga y serena felicidad. El desencanto que tras la guerra le produjeron cosas y personas jamás pasó el umbral de dos de sus libros más elegantes, ambos memorialísticos, y alguno de sus poemas más hermosos sobre el destierro.

BIBLIOGRAFÍA: *Puerta severa* (Méjico, Tierra Nueva, 1941); *Vida en claro* (Méjico, Fondo de Cultura Económica, 1944); *Los autores como actores y otros intereses literarios de acá y de allá* (Méjico, Colegio de Méjico, 1951).

Carlos Morla Lynch (París, 1885-Madrid, 1969). Diplomático chileno en Madrid desde 1928. Por su casa pasó la intelectualidad del 27, Cernuda, Salinas, Lorca... La amistad con éste, que le dedicó *Poeta en Nueva York*, fue especialmente intensa, íntima y cómplice. Con las experiencias de esos años publicó *En España con Federico García Lorca*, cuadro costumbrista de la vanguardia española y de los vanguardistas. Una edición aumentada de aquella verdadera Corte de los milagros (convertían las jitanjáforas en seguiriyas) apareció en 2007, a la que siguieron sus diarios de guerra mientras estuvo al frente de la embajada de Chile, que acogió a casi dos mil asilados, entre ellos Sánchez Mazas y José María Alfaro. Esa obra es fundamental para conocer lo sucedido en Madrid y un testimonio apasionante y vivísimo. Tras la guerra y la evacuación o salida de sus asilados, acogió a diecisiete republicanos, algunos relacionados con la Alianza de Intelectuales Antifascistas, como los comunistas Antonio Aparicio y Santiago Ontañón. En vista de ello, los franquistas pidieron su cabeza y Chile se la concedió destinándolo a Berlín en abril del 39. Ni los hunos ni los hotros.

BIBLIOGRAFÍA: *España sufre*. Prólogo de Andrés Trapiello (Editorial Renacimiento, Sevilla, 2008). *Memoria presentada al gobierno de Chile correspondiente a mi labor al frente de nuestra embajada en Madrid durante la Guerra Civil, 1937-1938-1939* (Berlín, 1939; Renacimiento, Sevilla, 2010, a la que se han añadido los diarios de Carlos Morla Vicuña; prólogo de A. Trapiello).

Pedro Mourlane Michelena (Irún, Guipúzcoa, 1888-Madrid, 1958). Escritor. «El cisne del Bidasoa» fue, tal vez, el único falangista al que los falangistas, que impusieron en España el tuteo, siguieron tratándole con el don del usted, pese a que en 1932 publicaba con el seudónimo J. Hurtado de Zaldívar en *Acción Española* y con su nombre en *El Socialista*. No aparece en ningún diccionario de la literatura, él que tanto los fatigó, pues siempre propalaron los malevos que sus doctos y pendolados artículos eran «fusilamientos» de diccionarios, enciclopedias y vademécums de la cultura. Después de la guerra, que pasó en la miseria en Madrid, volvió al periodismo, y seguirá siendo un misterio cómo lograron burlar él y otros, como José María de Cossío, Cañabate o Carande, las patrullas y los paseos. Ridruejo insinuó que le protegió Indalecio Prieto, del que era amigo. Había escrito: «Dar nuestro nombre a una calle, es poco; dársela a una estrella, demasiado; basta con que quede en el casco de un barco vagabundo». A su muerte le dieron una calle en Hondarribia. Hasta que se enteren allí, y se la quiten.

Pedro Muñoz Seca (El Puerto de Santa María, Cádiz, 1881-Paracuellos del Jarama, Madrid, 1936). Comediógrafo. Solo por *La venganza de Don Mendo*, parodia genial de los dramones decimonónicos y una obra llena de talento verbal, será recordado este autor de comedias cuya vida acabó trágicamente.

Margarita Nelken (Madrid, 1896-Méjico, 1968). Diputada socialista y escritora. Había escrito un libro sobre la Revolución de Octubre de 1934, *Por qué hicimos la revolución*, que apareció en Barcelona en 1936, en las Ediciones Sociales. Contraria como Victoria Kent a conceder el voto a las mujeres, durante la guerra se la relaciona con sucesos penosos de la represión revolucionaria administrada en algunas checas de su personal control. Con Sandoval y García Atadell, fue uno de los personajes más célebres de las noches madrileñas en el verano de 1936. «A las alimañas se las aplasta [...] El hombre debe suprimirlas para salvaguardia de la humanidad. Allí las tenéis, camaradas. Allí habréis de encontrarlas», dijo en los primeros meses de la guerra, en plena orgía revolucionaria, cómo no, en *Claridad*, refiriendose a las señoritas burguesas. Su vida sentimental y su ropa interior dieron lugar durante la guerra a canallescos ataques de quienes como Neville necesitaban purificar su pasado republicano, aunque fue precisamente cierto escándalo de alcoba el que oscureció su papel al final de la guerra. La muerte de su hijo en el frente ruso y de su hija después hicieron aún más duro y triste su exilio, en el que no dejó de trabajar en política, ya fuera del PCE, del que fue expulsada en 1942.

Pablo Neruda (Parral, Chile, 1904-Santiago de Chile, 1973). Poeta, político y diplomático. El Gobierno chileno del Frente Popular le nombró en 1939 cónsul en París, desde donde organizó el viaje del Winnipeg, barco fletado por el Gobierno de la República española para los refugiados españoles. Tras la Guerra Mundial se afilió al Partido Comunista en una ceremonia solemne, como había hecho d'Ors cuando se armó falangista. Desde entonces su vida literaria discurriría inseparable de la vida política y de la vida social. Tres vidas muy intensas y en los cincos continentes, que le llevaron a alcanzar los más altos galardones literarios, políticos y sociales.

BIBLIOGRAFÍA: *España en el corazón* (Santiago de Chile, Ercilla, 1937); *Canto general* (Méjico, Océano, 1950); *Confieso que he vivido* (Barcelona, Seix-Barral, 1974).

Edgar Neville (Madrid, 1899-1967). Después de ser él mismo depurado durante la guerra y conocer el encarcelamiento temporal de su novia, la actriz Conchita Montes, por republicana, Neville se dedicó, tras la guerra, al cine y a la literatura. Rodó en 1939 en Barcelona *¡Vivan los hombres libres!*, sobre las checas, y *Frente de Madrid*, en Italia. Sus películas *El crimen de la calle Bordadores, El último caballo* (sobre un alférez, que se niega a deshacerse del caballo en el que hizo la guerra) o *Nada*, sobre la novela homónima de Laforet, son parte ya de la historia cinematográfica de España, que llenó de humor y anécdotas con su desbordante humanidad. Libros como *Producciones García S. A.* o *Mi España particular*, exponentes de la finura de un escritor inteligente e ingenioso, o sus libros de poemas, líricos, intimistas y desgarrados, escritos en su mayor parte en la época de madurez, pueden ser todavía releídos con gusto y provecho. En un viaje de Barcelona a Madrid, en compañía de Elena Quintanar, fue secuestrado por los del maquis, que ignorantes de la identidad de los secuestrados, se limitaron a desvalijarlos y dejarlos atados a un árbol. Con ocasión del suplemento que dedicó el periódico *Abc* a la memoria de García Lorca, Neville envió hacia 1967 al periodista Miguel Pérez Ferrero estas cuatro cuartillas manuscritas de escritura apresurada que permanecían inéditas hasta hoy (2010) y a las que dio el título de *Otra vez Lorca*:

«A veces, circunstancias ajenas a la voluntad del autor, hacen que una obra de teatro o de cine o un simple artículo de periódico tenga que sufrir una merma aquí y otra allá y al verlo corregido no se dé cuenta de que lo que queda ya no quiere decir lo que se intentaba ni el estilo tiene la contundente claridad que pretendía tener y que la falta de un párrafo anulaba la base de la tesis sostenida. Últimamente me sucedió con mi artículo sobre [...] Lorca y su muerte. Y muchas gentes me han acusado de tibio, y con razón.

»Yo contestaba a otro periodista amigo que se quejaba que sólo llorásemos a nuestro poeta amigo y no lo hacíamos tanto con los que habían caído en el otro lado. Yo le contestaba diciendo que la diferencia fundamental es que a los del otro lado, aparte de nuestra pena, había habido una Causa General que había castigado en la medida de lo posible a los asesinos, mientras que los que mataron a Federico García Lorca gozaban de inmunidad inconcebible y nadie les había molestado lo más mínimo.

»Algunos pretendían que se dieran detalles del drama y nombres de los culpables sin darse cuenta de que aunque sabíamos detalles y nombres no es el momento oportuno de lanzarlos al vuelo... Ya se dirán si llega un tiempo en que sea propicio, y además esas son cosas que no se pueden hacer con ligereza sin las comprobaciones más minuciosas que nos lleven a la verdad y nos eviten el horror de un posible falso testimonio.

»Todos saben o creen saber quién denunció el refugio en que se hallaba, todos sabían que R.A. mandaba el pelotón que lo prendió, el procedimiento que emplearon para sacarle de la cárcel con otros 45 [sic; quizá quiso decir 4 o 5], el nombre del chófer que lo condujo hasta el lugar de la ejecución, quién pudo salvarlo y no quiso, quién recogió su cartera y su reloj y dio aire legal al crimen, se sabe su nombre y señas, pero...

»¿De qué servirá ahora el decirlo? Hacen falta unas seguridades y confirmar lo que dicen este o aquel, no es tan sencillo como parece... No hay que cejar en la investigación, pero no caer en posibles injusticias. Yo mismo en un poema que publiqué sobre su muerte hablaba de "la descarga" que puso fin a su vida, cuando no hubo tal descarga, sino un simple tiro de pistola en la nuca, pero no lo supe hasta después.

»Otros creen que *Abc* ha tenido el gesto elegante de hacer ese número homenaje con fines políticos, para librar a sus amigos del San Benito [sic] y colgárselo a otro grupo, y no es así; fue un crimen aislado en aquella isla que fue Granada los primeros meses de la guerra. El 19 de agosto no había gobierno en Burgos, una junta que sólo se ocupaba de cuestiones de guerra, se formó el gobierno 7 meses después de la muerte... y ordenó la formación de la causa y luego se le dio carpetazo, pero alguien, sabemos también quién, tendrá en su cajón el expediente.

»Por el mismo amor a la justicia que nos mueve a averiguar los detalles del hecho, queremos librar de una culpabilidad a quien no tuvo arte ni parte en aquella salvajada, y no dejar resquicio para que repitan aquello de "los españoles lo mataron"...

»No, no es cierto, unos cuantos miserables cuyo nivel intelectual era lo bastante elevado para saber el valor de su presa y su total inocencia e inocuidad política, se dieron el gusto de atravesar con un plomo aquella cabeza llena de ideas, de belleza y de bondad. Edgar Neville».

Antes, en el escrito que dio lugar al anterior, publicado en *Abc*, decía:

«A esta distancia nadie podrá creer que pretendemos atacar a un régimen que, como tal, no tuvo la culpa del drama. Cometió sólo la insensatez de dejarse arrebatar la bandera de su cadáver por los enemigos del movimiento, por gentes que no eran amigos del poeta [...]. Si a poco de comenzar la guerra, al estabilizarse el Estado, se hubiera hecho un proceso y castigado a los culpables, no habría habido tal bandera... Pero no se hizo por falta de instinto político. Parece ser que la mayor parte de los culpables han muerto ya, pero queda alguno que otro que esquiva el bulto cada vez que se intenta sacarlo a la vergüenza pública».

BIBLIOGRAFÍA: *Frente de Madrid* (Madrid, Espasa-Calpe, 1940).

Andreu Nin (El Vendrell, 1892-Alcalá de Henares, Madrid, 1937). Traductor y escritor, fundador del POUM. Algo más que un asesinato político.

Eugenio d'Ors (Barcelona, 1882-Villanueva y Geltrú, Barcelona, 1954). Fue en la posguerra pieza clave en el tablero literario español. Si, a diferencia de Ortega, no tuvo discípulos, puede decirse que supo rodearse de amigos, que conservó hasta su muerte. Lo que tenía de carnavalesco, él y su filosofía, es al tiempo, defecto y virtud, y la reunión de sus glosas en *Glosarios*, nuevos, novísimos o últimos, es monumento y legado inapreciable, antes o por encima que su otra obra mayor, que se abisma en la estratosfera angélica con la pesantez del buzo.

BIBLIOGRAFÍA: *La tradición* (Buenos Aires, Editoriales Reunidas, 1939).

José Ortega y Gasset (Madrid, 1883-1955). Filósofo y escritor. Después de haber rodado por Francia y Holanda, pasó las últimas semanas de la guerra en Portugal. Al enterarse de la entrada de las tropas franquistas en Madrid puso un telegrama a Marañón «de alborozo y felicitación», según recoge Marino Gómez Santos en su interesante libro *Españoles sin fronteras*. De Lisboa partió hacia Buenos Aires en 1939, de donde regresó a Lisboa en 1942, para volver a España en 1944, aunque no se instala en Madrid hasta 1945. Aquí fundó un Instituto de Humanidades, donde explicaba cursos libres para aficionados a la filosofía, uno de los pocos foros del momento para los librepensadores. En 1946 Ortega interviene por primera vez en un acto público, tras nueve años de silencio. Fue en la reapertura del Ateneo de Madrid, y dijo, entre otras cosas: «Mientras los otros pueblos están enfermos, casi todos, el pueblo español, lleno de defectos y de hábitos torpes, ha salido con una sorprendente salud». Fue muy aplaudido, aunque no por todos: el retrato que de él hace Gaziel es despiadado. Sus biógrafos nos aseguran que Ortega vivía muy modestamente de colaboraciones periodísticas. Su vida pública en la posguerra fue, paulatinamente, cobrando auge dentro y fuera de España, donde se le celebra y agasaja de continuo en las principales plazas como al gran pensador y escritor que era y es, sin discusión ni duda. Pese a su delicada salud, tuvo tiempo y humor incluso para asistir a unos carnavales alemanes disfrazado, destino de la filosofía española en esos años. Al morir, le fueron administrados los sacramentos *sub conditione* por el padre Félix García, sin que se sepa si Ortega estaba o no consciente ni en condiciones de recibirlos, lo cual dio origen en la desocupada prensa de entonces a chuscas controversias *post mortem*, muy del país. Aun para disentir, imprescindible la biografía que le dedicó Gregorio Morán, *El maestro en el erial*.

BIBLIOGRAFÍA: *Prólogo para ingleses (Obras completas)*.

George Orwell (Motihari, India, 1903-Londres, 1950). Novelista. Autor del más inteligente y hermoso testimonio de la Guerra Civil de cuantos dejaron los intelectuales extranjeros en España.

BIBLIOGRAFÍA: *Homenaje a Cataluña* (traducción de Carlos Pujol, Barcelona, Ariel, 1970).

Ramón Otero Pedrayo (Orense, 1888-1976). Escritor e historiador. Antes de la guerra había sido un diputado galleguista convencido, pese a su talante conservador y católico. Como a Risco, la guerra lo aniquiló moralmente. Tras la guerra y la consiguiente depuración, la mayor parte de sus trabajos de investigación y de índole creativa los escribió en castellano, así como su ingente labor periodística.

Juan Panero (Astorga, León, 1908-Carretera Astorga-León, 1937). Poeta. Al estallar la guerra se incorporó como oficial de complemento en el ejército franquista. Murió en un accidente de coche.

Leopoldo Panero (Astorga, León, 1909-Castrillo de las Piedras, León, 1962). Poeta. Fue después de la guerra, con Rosales, el «poeta oficial», lo cual no obsta para que sea autor de alguno de los poemas más hermosos escritos en todos aquellos tristes y oscuros años. En Londres, donde ocupó la dirección del Instituto de España, conoció y trató a alguno de los más insignes exiliados como Cernuda o Salazar Chapela, director a su vez del otro Instituto Español, dependiente de la República.

Ángel María Pascual (Pamplona 1911-1947). Su muerte prematura nos impide saber hacia dónde habría evolucionado y las obras que habría escrito uno de los escritores más finos del criptofalangismo, aunque, tras el barroquismo de la época, nos legó un puñado de poemas, prosaístas, sencillos y hermosos, al modo simbolista, donde está todo el espíritu de una ciudad provinciana en los años cuarenta, y que son, de por sí, legado más que generoso.

BIBLIOGRAFÍA: *Glosas a la ciudad* (Pamplona, Morea, 1963); *Capital de tercer orden* (Pamplona, 1947).

Octavio Paz (Méjico, 1914-1998). Poeta y crítico. Vino a España para asistir al Congreso de Valencia de 1937, en apoyo a los republicanos españoles, de cuyos poetas publicó una primera antología, *Voces de España* (Méjico, Letras de Méjico, 1938); a muchos de éstos los acogería, ya exiliados, en su propio país, donde les brindó revistas, periódicos y ayuda, convirtiéndose, por su amistad con ellos y por su propia valía, en una de las figuras clave para el exilio español en Méjico. De la guerra sacó un librito que le imprimió Altolaguirre, *Bajo tu clara sombra y otros poemas sobre España* (1937) y, con posterioridad, un gran anticomunismo. Los poemas más militantes sobre la guerra fueron «cayendo» poco a poco de sus *Obras completas*. Como el puño que levantó en una fotografía de época. Premio Nobel en 1990.

BIBLIOGRAFÍA: *Bajo su clara sombra y otros poemas sobre España* (Valencia, Hérvo, 1937).

Valentín de Pedro (Buenos Aires, Argentina, 1896-1966). Amigo de Cansinos y de Diego San José, que tutelaron su prolífica carrera literaria y teatral en España (había sido director de la mítica *La Farsa*), la guerra lo sorprendió en Madrid, donde trabajó como redactor jefe de *El sindicalista* y dirigió las Escuelas de Profesionales de Espectáculos Públicos. Fruto de su experiencia en Madrid sería su interesante novela, de corte autobiográfico, primera en su género en denunciar los crímenes del terror revolucionario a manos de las facciones más sanguinarias de la FAI, en la que aparecen personajes reconocibles como el marqués de Hoyos o Felipe Sandoval. Apresado tras la guerra, fue encarcelado en Porlier, desde donde escribió los poemas que publicó la antología *Musa redimida*, junto a los de otros escritores republicanos que trataban de redimir penas de ese modo. En su caso una condena de treinta años. Su condición de argentino facilitó su relativa pronta extradición en 1941. A su llegada a Argentina escribió y publicó su novela sobre «el Madrid rojo».

BIBLIOGRAFÍA: *La vida por la opinión. Novela del asedio de Madrid* (Córdoba-Buenos Aires, Aniceto López, 1942).

José María Pemán (Cádiz, 1897-1981). A él le estaba dedicado el libro de Jorge Villén *Antología poética del Alzamiento. 1936-1939* (Cádiz, Cerón, 1939), en el que se publicaban poemas de Manuel Machado, d'Ors, Rosales, Marquina y el propio Pemán, «poeta y alférez», entre otros. A Pemán, que había alcanzado entre las derechas antes de la guerra un gran éxito con *El divino impaciente* (1933), se le aclamó hasta el delirio cuando publicó, en plena guerra, su *Poema de la bestia y el ángel* (Ediciones Jerarquía, 1938), impreso también con negro y purpurina: «Franco, Calvo Sotelo, José Antonio, Sanjurjo, Mola, vuestros nombres con letras de oro en la primera página de este libro». Todo él es un exceso que hay que leer para creérselo. La crítica, sin embargo, salvo los propios poetas falangistas, lo celebró como un nuevo Milton. Sus profundas convicciones monárquicas le hicieron mantener siempre un difícil equilibrio con el régimen de Franco, que lo cultivó como a una orquídea. Fue persona cortés y elegante para todos los asuntos y su talante contrasta tanto con el de la mayor parte de sus conmilitones, que, pese a su conservadurismo en materia literaria o política, pasó toda la vida por un gran liberal, lejos, por fortuna, de aquel Pemán energúmeno y de semblante rencoroso que en 1937, después de la toma de Bilbao, escribía: «Hace breves momentos que Bilbao ha vuelto a ser español. Enardecido todavía por el alegre tumulto triunfal, escribo nerviosamente estas líneas sobre la mesa de la que fue secretaría de Aguirre [...]. Vale toda una vida este momento. ¡Qué emoción enorme poder desinfectar esta mesa escribiendo: ¡Viva España! Aquí, donde hasta hace unas horas se escribió tanta blasfemia contra nuestra Madre. La toma de Bilbao ha sido una hazaña del más glorioso aire español. Una alegría. Una majeza. Así tenía que ser. Lo que tenía que entrar en Bilbao era España en su más plena, total y acentuada manera. La mejor España: ¡La de la sublime locura!». Majeza que ocurría en el mismo momento en que Giménez Caballero, también en Bilbao, declaraba a *La Voz de España*: «Con todo, también ha sido indispensable en la ex invicta villa de Bilbao el expurgo post victoria, la limpieza, la depuración... estoy seguro de que no llegan a mil las existencias eliminadas en un mes; casi podría afirmar que no pasan de ochocientos... Las columnas rescatadoras, que Dios guía, no tenían por qué actuar con el ímpetu justiciero y purificador que en Badajoz y en Málaga...». En 1939, el «Año de la Victoria», Pemán dirigió la oración que se rezó en la Academia por los académicos muertos durante la guerra. No se olvidó de citar ni el nombre de Unamuno, ni, más raro, el de Machado. «Pululante Pemán», lo llamó Ortega en esos años de la preguerra. Está enterrado en una cripta de la catedral de Cádiz, junto a Falla, exceso que le han hecho pagar involuntariamente: al lado del primero, un sepulcro imponente, el de Pemán, pequeñito, parece el de un monaguillo. Los artículos de Pemán en la prensa de años posteriores se alejaron de ese tono, por suerte para él y para sus lectores, llegando a ser un maestro del género, aunque jamás se apartó de una sola de las ideas que le hicieron empuñar las armas en el bando en que lo hizo con las que aniquiló o asentó las bases para que otros acabaran con la gran labor de la Institución Libre de Enseñanza, una de las bestias negras por las que se sublevaron.

BIBLIOGRAFÍA: *Poema de la bestia y el ángel* (Zaragoza, Ediciones Jerarquía, 1938); *Por Dios, por la Patria y por el Rey* (Madrid, Ediciones Españolas, 1940); *Almoneda* (Comedia) (Cádiz, Cerón, 1937).

Pere Quart, seudónimo de Joan Oliver (Sabadell, Barcelona, 1899-Barcelona, 1986). Poeta y autor de teatro. Durante la guerra fue uno de los más destacados escritores catalanes en los trabajos de propaganda, y sus colaboraciones las acogieron las más importantes revistas catalanas y *Hora de España*. En 1939 se exilió en Francia, Buenos Aires y Chile, de donde regresaría a Barcelona en 1948 para continuar una obra, poética y teatral, no demasiado extensa pero casi siempre incisiva y burlona.

Benjamin Péret (Rézé, Francia, 1899-París, 1959). Poeta surrealista. Después de la guerra, en la que participó en el POUM y después con los anarquistas, vivió la política en grupúsculos que buscaban para dividirse y subdividirse congresos clandestinos en ciudades no menos clandestinas del Viejo y del Nuevo Mundo. En los años cincuenta entró camuflado en España, como agitador, y, después de ver el Valle de los Caídos, que le escalofrió, debió de pensar que la cosa iba para largo.

Ramón Pérez de Ayala (Oviedo, 1880-Madrid, 1962). Al final de la guerra, en 1940, pasó desde Biarritz brevemente por Madrid, que dejaría por Buenos Aires, donde se le adjuntó de manera oficiosa a la embajada de España. Vino a Madrid en 1949 para resolver algunos asuntos personales, aunque terminaría regresando a la Argentina. Diversos reveses familiares y sociales le sumieron en una aguda depresión. Cada vez más alejado de sus *muertos*, los libros, colaboraba cada vez menos en los periódicos, donde su firma ya no era requerida con el apremio de antaño. La amputación de la pierna del menor de sus hijos, primero, y la muerte, después, del mayor, fueron los golpes de gracia que hicieron del suyo un verdadero «dolorido sentir» y lo que le decidió a volver a Madrid, en diciembre de 1954. Había pasado fuera de España veinte años. Sus libros en la España nacional no tenían libre circulación y los latinoamericanos estaban prohibidos. A pesar de los esfuerzos que hizo para congraciarse con los nuevos gobernantes, éstos parece que le desdeñaron con la vieja frase de «Roma no paga a traidores».

Miguel Pérez Ferrero (Madrid, 1905-1978). Crítico. Solo una o dos veces se le cita en este libro, y de pasada. Fue uno más al que la guerra obligó a escoger. Era una persona liberal en el sentido liberal de la palabra. En algún sitio dijo que tenía el derecho político de no ocuparse de política, pero no pudo ejercerlo. En los primeros días de la guerra le vemos enrolado en el periódico del 5.º Regimiento, acaso como una manera de pasar inadvertido. Duró en este destino poco, unas semanas. Tras su paso por una embajada en Madrid (*Drapeau de France*, París, Sorlote, 1938, con prólogo de Marañón), miró la guerra desde San Sebastián y París, donde concibió la idea de escribir su indispensable *Pío Baroja en su rincón,* biografía «autorizada», pero no por ello menos valiosa. A la vuelta publicó la primera biografía de los hermanos Machado, reconciliándolos en un muy hermoso libro, y algo después, una galería afortunada de retratos.

Rafael Pérez y Pérez (Cuatretondeta, Alicante, 1891-Alicante, 1984). Muy prolífico y popular en su época. Hoy, en paradero desconocido por cuanto se refiere a su literatura. En cierto modo es el Corín Tellado masculino. Vendió cuatro millones de ejemplares de sus ciento veinte títulos. Sus libros de la guerra tienen alguna anécdota inédita.

BIBLIOGRAFÍA: *Dos Españas* (Madrid, Editorial Juventud, 1940); *Sexta bandera* (Madrid, Editorial Juventud, 1940).

Pablo Picasso (Málaga, 1881-Mougins, Francia, 1973). Se le nombró director del Museo del Prado dos meses después del estallido de la guerra. Nunca vino a Madrid. En treinta años Picasso había venido dos veces a España, en 1917, con Diaghilev, y en 1934. Durante la guerra d'Ors intentó, sin éxito, contar con él para el pabellón de la España franquista en la Bienal de Venecia. En 1937, tras el bombardeo alemán sobre el pueblo de Guernica, el Gobierno de la República le encargó un cuadro, sin que el artista, de privilegiada posición económica, fuese capaz de renunciar a sus elevados emolumentos, los más altos de cuantos participaron en aquel pabellón. Intervino también en las gestiones de evacuación del Prado (por carta, supongo), sin que eso le moviera tampoco a poner un pie en España. Se afilió al Partido Comunista francés en cuanto los norteamericanos ganaron la guerra y los alemanes, a los que agasajaba en su estudio, dejaron París. Su *Guernica*, descomunal, hoy célebre, tras un largo y errabundo exilio, regresó a España, no sin que antes fuese resuelto un enjambre de requisitos legales y testamentarios, entre jesuíticos y bizantinos por respetar la voluntad del pintor, que desde que había vendido su tela había perdido su derecho a decidir dónde debería acabar su obra. También a la guerra de España dedicó su serie de grabados *Sueño y mentira de Franco*. Siguió siendo comunista hasta su muerte, pese a conflictos políticos, como el que originó haberle hecho un retrato a Stalin en 1953, y brindar con él como si tal cosa.

Luis Pimentel (Lugo, 1895-1958). Poeta. Cuando se habló de Risco pudo haberse hablado también de Pimentel. En cierto modo fueron casos parecidos. Las circunstancias de la guerra y la posguerra atenazaron a este hombre que había pasado por la Residencia de Estudiantes. Vivió su provincia desde un muy moderno simbolismo y un silencio antiguo, de siglos, como sonido de campanas. Escribió en 1947 unos poemas sobre los muertos y asesinados en la Guerra Civil, que solo póstumamente vieron la luz.

BIBLIOGRAFÍA: *Cunetas* (Madrid, Entregas de la Ventura, 1981).

Francisco Pino (Valladolid, 1910-2002). Poeta. Vanguardista en literatura y conservador en la vida. Alguien para quien la expresión ostracismo es justa y certera, ostracismo impuesto acaso por él mismo para olvidarse de sus adhesiones inquebrantables de antaño, a las que dedicó dos libros de los que diría años después: «Están dentro de mi penar y fuera del hacer y del sentir que después serían míos».

BIBLIOGRAFÍA: *Asalto a la cárcel Modelo* (Valladolid, 1939); *Saludo y Arco de triunfo* (Valladolid, 1939).

Luis A. Piñer (Gijón, Asturias, 1910-Madrid, 1999). Poeta. Provenía de la vanguardia, donde veló armas, como secretario de las revistas *Carmen* y *Lola* de Gerardo Diego. La guerra le sorprendió con un primer libro de versos, *Suite Alucinada*, del mismo año 1936. Amigo personal de Arconada, a quien trató en la campaña de Asturias, la guerra le fue más adversa que a éste. Cárceles y confinamientos consumieron cuatro de los mejores años de su vida, pero no su fe en la poesía más pura.

Josep Pla (Palafrugell, Gerona, 1897-Llofriu, Gerona, 1981). Su retiro en un viejo caserón del Ampurdán no le impidió llegar a ser el gran escritor catalán del siglo, ni participar en la vida intelectual española, a través de abundantes libros y puntuales y muy frecuentes colaboraciones en diversos periódicos y revistas, en la que se ocupaba de temas varios: desde el inconfundible olor de los guisantes a la complejidad de la política internacional. De su entierro se comentaron, más que las asistencias, las ausencias, numerosas y notables, sobre todo dentro del nacionalismo catalán, que, nadie sabe por qué, se ha sentido, respecto del escritor ampurdanés, despechado o agraviado.

BIBLIOGRAFÍA: *Historia de la segunda República Española*, 4 vols. (Barcelona, Destino, 1940-1941).

Emilio Prados (Málaga, 1899-Méjico, 1962). Después de su activa participación en la guerra, se exilió en Méjico, donde vivió modestamente de la docencia, entregado a la intimidad de una obra poética de quintaesenciadas y vaporosas raíces místicas, apenas mitigadas por el patetismo de esta confesión a su *Diario*: «Daría la mitad de mi vida por poseer una gran cultura literaria y llegar a adquirir gloria con mi literatura; pero desgraciadamente no tengo lo primero ni mucho menos podré conseguir lo segundo». Resultó bastante aproximado.

BIBLIOGRAFÍA: *Llanto en la sangre (Romances, 1933-1936)* (Valencia, Ediciones Españolas, 1937); *Cancionero menor para los combatientes (1936-1938)*, selección y notas de Manuel Altolaguirre (Imprenta del Comisariado del Ejército del Este, 1938); *Romancero general de la guerra española*, con A.R. Rodríguez Moñino (Valencia, Ediciones Españolas, 1937); *Homenaje al poeta García Lorca contra su muerte* (Valencia-Barcelona, Ediciones Españolas, 1937), selección de Emilio Prados, con la colaboración de Antonio Machado, José Moreno Villa, José Bergamín, Dámaso Alonso, Vicente Aleixandre, Emilio Prados, Pedro Garfias, Juan Gil-Albert, Pablo Neruda, Rafael Alberti, Manuel Altolaguirre, Arturo Serrano Plaja, Miguel Hernández, Lorenzo Varela y Antonio Aparicio.

José Antonio Primo de Rivera (Madrid 1903-Alicante, 1936). Político. Su muerte y la victoria llevaron su fotografía a todas las escuelas de España, ayuntamientos y diputaciones, y su nombre, a los muros de cientos de iglesias y catedrales (sin contar calles, plazas y avenidas), en uno de los mayores excesos retóricos que ha conocido la historia de España y que inventó Ridruejo. Al estallar la guerra estaba preso no por sus ideas, como creían Cunqueiro y tantos, sino por instigador de «la dialéctica de las pistolas». Su presencia en este *dramatis personae* está justificado no tanto por los sonetos que escribió, sino por los que le escribieron, y por ser el único político español que sostuvo una corte de poetas.

Pere o **Pedro Pruna** (Barcelona, 1904-1977). Pintor. Uno más a quien los franquistas, con los que pasó voluntariamente la guerra, amargaron la existencia.

Luis Quintanilla (Santander, 1893-Madrid, 1978). Pintor y cronista. Participó en la Revolución de Octubre, por lo que fue encadenado. La experiencia la recogió en un libro de dibujos, *La cárcel por dentro* (1935), a medio camino entre George Grosz y Picasso, como toda su obra ilustrativa. Sus memorias, *Pasatiempo. La vida de un pintor* (Edicións do Castro, La Coruña, 2004) contienen páginas apasionantes de la República y de la guerra, en la que intervino en episodios decisivos (Cuartel de la Montaña, Alcázar de Toledo, o en el servicio de espionaje que operaba entre las filas franquistas asentadas en el sur de Francia). Tras la guerra, y amparado por su amigo Hemingway, se afincó en los Estados Unidos, donde gozó de cierta celebridad como pintor antifranquista con libros como *Franco's Black Spain* (Reynal & Hitchcock, New York [1948]).

José María Quiroga Pla (Madrid, 1902-Ginebra 1955). Poeta y ensayista. Yerno de Unamuno, del que publicó un gran número de poemas del *Cancionero* en *Hora de España*. Pertenecía a Izquierda Republicana, pero durante la guerra se afilió al Partido Comunista, que abandonó al firmarse el pacto germano-soviético, para incorporarse definitivamente a él de nuevo tiempo después. Tras la guerra, en la que ocupó cargos principales de la Administración republicana, marchó al exilio; allí murió cuidado por la mujer con la que se casó en 1948. Nos dejó un hermoso libro de poemas, *Morir al día* (1946), destilación del dolor que le produjeron la guerra y el exilio.

Josep Renau (Valencia, 1907-Berlín Este, 1982). Cartelista de ortodoxo stalinismo. Tras la guerra, en la que fue director general de Bellas Artes, se exilió unos años en Méjico, para instalarse, algunos después, en la República Democrática Alemana.

BIBLIOGRAFÍA: *Función social del cartel* (Valencia, Nueva Cultura, 1937).

Pedro de Répide (Madrid, 1882-1948). Escritor. Uno de tantos a los que la España de la posguerra, a la que volvió para morir, hizo pagar sus ideas políticas de izquierda humillándolo a cuenta de sus gustos personales de alcoba. Sus memorias, una lamentable inversión para poder volver a España y hacerse perdonar ideas antimonárquicas y gustos, no están ni mucho menos a la altura del personaje

BIBLIOGRAFÍA: *Memorias de un aparecido* (Tipografía Americana, Caracas, 1936).

Álvaro Retana (Batangas, Filipinas, 1890-Torrejón de Ardoz, Madrid, 1970). Escritor. Podría haberse hablado de él cuando se trató de Hoyos o de Répide, con los que compartía aficiones y tugurios en busca de pecados mortales, que le gustaban. Licencioso y galante, lo mismo que en su literatura, no declinó el compromiso político y moral, y pasó la guerra con los republicanos y, después de 1939, siete años de cárcel con los nacionales. Tras serle conmutada la pena de muerte, fue acusado, entre otros «delitos», de bailar vestido con casullas robadas y desnudo. En la cárcel (nueve años) tampoco le faltó humor para componer un chotis con letra alusiva, «La Pepa», nombre con el que se conocía a la pena de muerte. Murió asesinado en los años sesenta en un oscuro asunto de alhajas y sexo. La prensa jamás dijo nada de esa muerte, que acabaría novelando Luis Antonio de Villena.

Carles Riba (Barcelona, 1893-1959). Poeta. Después de la guerra, se exilió en Francia, donde vivió hasta 1943, año en que regresó a Barcelona.

BIBLIOGRAFÍA: *Elegies de Bierville* (1942).

Dionisio Ridruejo (Burgo de Osma, Soria, 1912-Madrid, 1975). Poeta y ensayista. Este escritor, que sedujo con su bondad e inteligencia a algunos de los hombres más inteligentes de su tiempo y a algunos de los más cucañistas, conoció tras la guerra, además de su despacho oficial que disfrutaba de antes, las trincheras nevadas del frente ruso, el destierro en Ronda y en la costa catalana, los salones del Pardo, el silencio, la cárcel, el exilio... Dividió su vida entre la poesía y la política y ésta, que también se escribe con «p», le sigue pasando al escritor la más gravosa de las facturas: la de que se recuerden, sobre todo, sus armas, cuando se habla de sus letras. Montes, a quien Ridruejo consideró siempre una gran persona, le espetó al ver su deriva antifranquista: «Cuando como tú se ha llevado a centenares de compatriotas a la muerte, y luego se llega a la conclusión de que aquella lucha fue un error, no cabe dedicarse a fundar un partido político: si se es creyente hay que hacerse cartujo, y si se es agnóstico hay que pegarse un tiro». Ridruejo jamás ni se hizo cartujo ni se suicidó ni cambió de opinión sobre su amigo. No dudó jamás en ponerse al lado de los perdedores: «El reparto del drama español entre buenos y malos me parece una injusticia o una hipocresía [...]. Y creo que sólo cuando los españoles hagamos historia más bien que leyenda, y empleemos el humilde nosotros a la hora de recontar las culpas, este país tendrá ante sí algo que se parezca a un porvenir», escribirá en una célebre carta a Luca de Tena en 1961, al paso de los ataques de este a Bergamín, «decidido a ponerme siempre junto a los que llevan la peor parte».

BIBLIOGRAFÍA: *Poesía en armas* (Ediciones Jerarquía, Madrid, 1940); *En once años* (Madrid, Editora Nacional, 1950); *Escrito en España* (segunda edición corregida, Buenos Aires, Losada, 1964); *Casi unas memorias* (Barcelona, Editorial Planeta, 1976); *El valor de la disidencia. Epistolario inédito de Dionisio Ridruejo. 1933-1975* (editor Jordi Gracia, Planeta, Barcelona, 2005).

Vicente Risco (Orense, 1884-1963). Escritor. Tras la alteración que supuso la guerra, volvió a tomar el pulso provinciano a una ciudad remota, oscura y sombría, de la que escribió memorables páginas.

BIBLIOGRAFÍA: *Mitteleuropa* (Santiago de Compostela, Nós, 1934); *Mitología cristiana* (Madrid, Editora Nacional, 1963); *Libro de las horas* (Orense, Tanco, 1961).

Cipriano Rivas Cherif (Madrid, 1891-Méjico, 1969). Escritor y director de teatro. Pasó la guerra como cónsul en Ginebra. *Sotto voce*, fueron muchos los que recriminaron a Azaña el favoritismo con su cuñado. Incluso amigos suyos, como Chacón y Calvo, que se lo encuentra en la estación en octubre del 36, se pregunta: «¿Por qué se va en estos momentos?». Fue a él a quien Azaña confió los diarios, varios de cuyos cuadernos le fueron sustraídos para publicarse, poco después, en 1938, en Chile, y, en 1939, en España, tras los oportunos cortes y con anotaciones indecentes de Joaquín Arrarás. En 1997 al fin se editaron completos. Pasó a Francia en 1939, pero durante la ocupación fue detenido por la policía franquista y la Gestapo, que lo condujeron a España. Fue juzgado y condenado a muerte. Se le conmutó la pena por la de treinta años de reclusión. Salvó la vida casualmente gracias a la enemistad coyuntural de Serrano Suñer y el general Varela, que probaron con él en un Consejo de Ministros su propia fuerza ante Franco. Pasó en la cárcel este atractivo personaje y escritor varios años, hasta que pudo, al fin, salir para Méjico en 1947, y vivió en Puerto Rico, Guatemala y nuevamente Méjico, donde murió.

BIBLIOGRAFÍA: *Retrato de un desconocido* (Barcelona, Grijalbo, 1980).

Mercè Rodoreda (Barcelona, 1909-Gerona, 1983). Después de un exilio ginebrino, que no interrumpió entonces, regresó por vez primera a Barcelona en 1949, adonde volvería definitivamente en 1972, sin que durante todo ese tiempo hubiese dejado de participar activamente en la vida literaria catalana de dentro y fuera de Cataluña.

BIBLIOGRAFÍA: *La plaça del Diamant* (Barcelona, Club dels Novel·listes, 1962); *Quanta, quanta guerra...* (Barcelona, Club dels Novel·listes, 1980).

Antonio Rodríguez Luna (Montoro, Córdoba, 1910-Córdoba, 1985). Pintor. Fue uno de los dibujantes que ilustraron *El Mono Azul* y publicó un cuaderno con *Dieciséis dibujos de guerra* (Valencia, Nueva Cultura, 1937), precedido de un texto autobiográfico. Pasó por los campos de concentración franceses y uno de los poetas del exilio, Juan Rejano, le dedicó una monografía.

Joaquín Romero Murube (Los Palacios, Sevilla, 1904-Sevilla, 1969). Poeta. Fue el primero que publicó en la zona nacional un poema homenaje a Lorca, en 1937, y a él, tras la guerra, acudió Miguel Hernández en busca de amparo. Al parecer, Franco le envió, junto a García Valdecasas, a Granada para informarse sobre lo ocurrido a García Lorca. Hoy se especula con la posibilidad de que el dictador ordenase exhumar los restos del poeta y hacerlos desaparecer. Sus ideas políticas conservadoras jamás le impidieron ser una persona liberal y uno de los escritores que han escrito más hermosas páginas de Sevilla.

Félix Ros (Barcelona, 1912-Estambul, 1974). Poeta. Tras la guerra, se ocupó de algunas empresas editoriales, alguna de las cuales, como la Editorial Tartessos, fue el inicio de la Editorial Planeta. Mintió cuando dijo que había devuelto todos los libros que robó en el saqueo del piso de Juan Ramón Jiménez.

BIBLIOGRAFÍA: *Preventorio D. Ocho meses en la checa* (Barcelona, Yunque, 1939).

Samuel Ros (Valencia, 1904-Madrid, 1945). Novelista. «Fue un romántico de la especie intimista –dijo de él su gran amigo Ridruejo, que lo adoraba– y así todo lo que puso fuera, en sus personajes, lo llevaba dentro, en su persona». La muerte de su novia en 1935, falangista como él, precipitó en él una tristeza que parecía arrastrarlo hacia la muerte. Durante la guerra se refugió en la embajada de Chile, donde coincidió con Sánchez Mazas. Si a alguien pueden aplicarse las palabras que Mainer refiere a la Falange de la posguerra, ese es Samuel Ros: «[Falange] se mantuvo al margen de los sórdidos intereses de la revancha burguesa. En una sociedad pragmática y despreocupada como la que se avecinaba, posiblemente su error estuvo en la distancia abismal que mediaba entre la fantasía creadora de sus poetas y sus novelistas y las dimensiones reales de un mundo cerril e interesado». Quizá porque proviniese de la vanguardia (fue amigo del pintor Alfonso Ponce de León, uno de los «paseados» en Madrid), quedaron en la mayor parte de sus cuentos y narraciones ecos de misteriosa poesía, que los hace discretos y silenciosos.

BIBLIOGRAFÍA: *Meses de esperanza y lentejas. La embajada de Chile en Madrid* (Madrid, La Novela del Sábado, 1939).

Luis Rosales (Granada, 1910-Madrid, 1992). Poeta. En la posguerra su nombre estuvo ligado a todas las empresas culturales oficiales relevantes, empezando por *Escorial*, en cuyo grupo fundacional estuvo. Con los años evolucionó desde el falangismo al monarquismo, dentro también de cierta oficialidad. Vivió siempre sitiado por la leyenda de la muerte de Lorca. Al final hemos sabido que guardó silencio para no delatar a su hermano Antonio, quien reveló el paradero de Lorca de donde se lo llevarían para asesinarlo. Académico desde 1962, conoció el reconocimiento del público y de la crítica, que recuerda sus obras con tanto respeto como indiferencia.

Luis Ruiz Contreras (Castellón, 1863-Madrid, 1953). A este escritor superviviente del 98 le confundieron con un clérigo y se lo llevaron para darle el paseo. Les sucedió a J.R.J., a Machado y a cuantos no sabían mirar como decía María Zambrano que había que mirar. A los de la patrulla les confundió el gorrito que usaba al estilo de Anatole France. Empezó sus memorias después de la guerra y no se privó de saludar la entrada del Caudillo en Madrid con un «Romance de José Antonio», que imprimió a su costa en formato postal y que dedicó «a mi generoso amigo D. Carlos M. Barbeito», a la sazón jerarca y saqueador de Juan Ramón Jiménez, y en el que se deslizó una errata por la que, tratándose sólo de una hoja de pequeño formato y una tirada de cien ejemplares, podría haberlo destruido e intentarlo de nuevo.

Josep Maria de Sagarra (Barcelona, 1894-1961). Abandonó Barcelona en 1936, después de que una patrulla de la FAI asesinara a su amigo el escritor José María Planas. Sagarra había atacado a la FAI en unos versos que habían aparecido anónimos en la revista *El Be Negre*. Los de la FAI lo fueron a buscar a su casa, pero Gassol, conocido como la *Pimpinela Escarlata*, logró sacarlo disfrazado de pescador. En París, bajo el patronazgo de Cambó, continuó la traducción de la *Divina Comedia* y la Generalitat le pasaba una ayuda.

Pedro Sáinz Rodríguez (Madrid, 1898-1986). Ensayista y político. Ministro de Educación en el primer Gobierno de Franco. El único monárquico que quedó en España en 1939, con don Juan de Borbón, si acaso. Su monarquismo le llevó al exilio portugués, de donde iba y venía, y sus libros de recuerdos, memorias y combinaciones conspiratorias, más políticos que literarios, pueden leerse como una novela.

Vicente Salas Viu (Madrid, 1911-Santiago de Chile, 1967). Compositor y musicólogo. Fue colaborador de *Octubre*, *Hora de España* y *El Mono Azul*. En la guerra publicó un *Diario de un soldado* (Barcelona, Ed. Populares, 1938). Vino en varias ocasiones a España.

BIBLIOGRAFÍA: *Las primeras jornadas y otras narraciones en la guerra española* (Santiago de Chile, Zig-Zag, 1940).

Esteban Salazar Chapela (Málaga, 1900-Londres, 1965). Periodista y escritor. Durante la guerra trabajó en el Servicio Español de Información del Ministerio de Propaganda, experiencia que contó en su novela *En aquella Valencia*. En 1937 fue nombrado cónsul en Glasgow. Ocupó durante unos años la dirección del Instituto Español de Londres, sostenido por el Gobierno de la República en el exilio para ocuparse de los republicanos españoles asentados en la capital inglesa, a los que Salazar dedicó su novela *Perico en Londres* (1947). Un ejemplar de este libro llegó hace años al Rastro, de donde lo redimimos. Está dedicado por su autor «A Ernesto Giménez Caballero con el afecto de siempre al amigo y la admiración al excelentísimo escritor. ¡Y con un abrazo! E. Salazar Chapela. Londres, febrero, 1949. 58, Princes Gate. Londres NWl». Para quienes la realidad es una historia en blanco o negro, este dato tendrá por fuerza que desazonarles. Al parecer, tras la guerra escribió a Montes y a Sánchez Mazas, que no le respondieron.

BIBLIOGRAFÍA: *Perico en Londres* (Buenos Aires, Losada, 1947); *Desnudo en Picadilly* (Buenos Aires, Losada, 1959); *En aquella Valencia,* (GEXEL, 1995).

Joan Sales (Barcelona, 1912-1983). Editor y escritor. Primero comunista, luego católico y siempre catalanista, fue Sales una de las personas que más bregó por la literatura catalana en los años del franquismo, desde su editorial, Club Editor, fundada con su mujer, en la que vieron la luz las principales novelas catalanas de entonces, *Bearn* y *La plaça del Diamant*.

BIBLIOGRAFÍA: *Incerta Glòria* (Barcelona, Aymá Editora, 1956; hay traducción al castellano, *Incierta Gloria*), la suya es una de las mejores obras sobre la Guerra Civil.

Pedro Salinas (Madrid, 1891-Boston, Estados Unidos, 1951). Poeta. Exiliado desde el comienzo de la guerra, que le sorprendió en Santander, enseñó de 1936 a 1940 en el Wellesley College, y de 1940 a 1951, año de su muerte, en la John Hopkins University. Su apartamiento del escenario de la guerra y de la literatura comprometida, no le impidió adherirse a la República de una manera terminante, lo que le llevó a un exilio, desde el que escribió: «Nosotros los desterrados estamos mejor, mucho mejor [...]. Nos hemos traído la libertad de espíritu; a ellos solo les queda la tierra, son los in-terrados». Siempre fue un hombre preocupado, como se ve, por los escalafones, no siempre académicos, y con dificultades para compatibilizar su moralidad pública y privada, su liberalismo público y su conservadurismo personal y burgués.

Diego San José (Madrid 1884-Redondela, Pontevedra, 1962). Un escritor menor, del pelotón literario de los años veinte, disciplinado, trabajador, sufrido. Después de la guerra pasó por diversas cárceles franquistas y nos dejó un documento importante para ese momento: *De cárcel en cárcel*, el libro que cuenta su peregrinaje penitenciario, penado por haber dirigido esos tres años la nada radical *Blanco y Negro*.

Claudio Sánchez Albornoz (Madrid, 1893-Ávila, 1984). Historiador. Católico liberal. Pese a su marchamo conservador, la dictadura le distinguió con sus ataques y desprecios. La guerra le sorprendió de embajador en Lisboa, donde el régimen salazarista cercenó su misión diplomática en Portugal. La guerra la pasó en Francia. Luego partiría hacia Buenos Aires. En 1959 se le nombró presidente del Gobierno de la República en el exilio, según el diccionario enciclopédico Larousse. Según el de la literatura española e hispanoamericana, de Ricardo Gullón, lo que en realidad se le nombró fue presidente de la República. Para el caso venía a ser lo mismo, pero se le alerta al lector del dato, a fin de que éste no se fíe mucho ni de diccionarios ni de *dramatis personae*. «Soy liberal, y por eso estoy aquí solo, pobre y viejo...», dijo en su exilio argentino. Volvió Sánchez Albornoz a España, en un corto viaje, en 1976, y aquí murió también. Había escrito: «Yo no he podido subirme al carro de los vencedores y no he querido subirme al de los vencidos. [...] No tengo donde caerme muerto, pero tengo orgullo en haber padecido muchos años de destierro por amor a la libertad y por mi invencible repugnancia a intervenir de ningún modo en la contienda fratricida de los hermanos españoles».

Antonio Sánchez Barbudo (Madrid 1910-Palm Beach, Estados Unidos, 1995). Profesor, novelista y crítico de literatura. Tras la guerra se exilió en Méjico y de allí pasó en 1945 a Estados Unidos, donde enseñó en las universidades de Texas y Winsconsin. Sus obras de creación, que no habían sido numerosas durante la guerra, crecieron algo más en el exilio con una novela y algunos cuentos.

BIBLIOGRAFÍA: *Entre dos fuegos. Narraciones (1937-1938)* (Barcelona, Ediciones Hora de España, 1938); *Sueños de grandeza* (Buenos Aires, Editorial Nova, 1946).

Rafael Sánchez-Guerra (Madrid, 1897-Villava, Navarra, 1964) Otro más de los que acabada la guerra escribieron sus memorias, pero las suyas, *Mis prisiones (Memorias de un condenado por Franco)* (Buenos Aires, 1946), son acaso uno de los testimonios más importantes del delirante sistema penitenciario español del primer franquismo. Hijo del político del mismo nombre, Sánchez-Guerra escribió un relato asombroso (acaso sólo lo afea la manía de las citas célebres: «Valgo poco cuando me considero, pero mucho cuando me comparo»), con páginas memorables, como su traslado desde la prisión de Cisne a la de Cuéllar, de lo mejor en su género. Y cuando Miguel Maura, que prologó el libro, decía que «una de las más lamentables características de los españoles, como colectividad, es la de no saber ganar ni saber perder», Sánchez-Guerra lo corrobó con creces en su vida. «La España que yo llevo dentro», confesará amargamente, «no es de izquierdas ni de derechas, sino la liberal... Una España tan lejana ya, que parece que nunca existió». Fue ministro del Gobierno en el exilio y acabó volviendo a España, donde acabó ingresando como hermano lego en un convento de dominicos.

Rafael Sánchez Mazas (Madrid, 1894-1966). Poeta y novelista. La confirmación de que a algunos escritores de derechas o fascistas sigue sin perdonárseles su buena literatura, por lo mismo que se indulta la de otros de izquierda, plúmbea. Tras la guerra, Franco le premió con un ministerio sin cartera, que le quitó al poco tiempo, en cuanto comprobó que no asistía a los Consejos de Ministros y que andaba enredado en conspiraciones contra su cuñado Serrano Suñer, que se lo «chivó» al Generalísimo. Le premiaron también con un sillón en la Academia Española, en el que tampoco quiso sentarse nunca, por decoro. Dijo que la política era una cosa de muleros, pero no se privó de celebrar en un soneto al general, entrados ya los años cuarenta. Favoreció, no siempre con la fortuna deseada, a algunos derrotados, como Miguel Hernández. La publicación de su novela *La vida nueva de Pedrito de Andía* le proporcionó un gran éxito, pero su gran novela, *Rosa Krüger*, de corte bizantino, quedó inacabada, y cuando se publicó, lo único que se subrayó en todos los periódicos fue que su autor había sido carné número 4 de Falange. Suyos son unos cuantos poemas memorables y algunas páginas sobre sus tierras de adopción, Vizcaya y Extremadura, no menos inolvidables. Fue con Foxá el mayor talento literario del falangismo. De sus tratados políticos mejor no hablar. El olvido en el que se sumió tras su muerte solo es comparable al poder y renombre de que gozó en vida. Él mismo los llamó cínicamente «literatura de munición».

BIBLIOGRAFÍA: *España Vaticano. Encuentro con el capuchino*, por Persiles (Madrid, Signo, 1932); *Fundación, Hermandad y Destino* (Madrid, Ediciones del Movimiento, 1957).

Luys Santa Marina (Colindres, Santander, 1898-Barcelona, 1980). Después de la guerra, que pasó en prisiones, volvió a Barcelona, donde le nombraron director de *Solidaridad Nacional*, cargo que desempeñó durante años, con el de presidente del Ateneo barcelonés, hasta desembocar en una vida retirada y sin brillo, que a su vez dio en el más tupido de los olvidos. Fue tal vez el único que llevó hasta el último día de su vida la camisa azul. Jamás tuvo coche, vivía en un viejo tercer piso, sin ascensor, y, como un hidalgo, tenía todas sus ideas de juventud en una panoplia, siempre a la vista, enmohecidas y anacrónicas. Tras la guerra pudo corresponder avalando a antiguos amigos, como Riba o Janés, que le habían avalado antes a él en 1936.

BIBLIOGRAFÍA: *Tras el águila del César* (segunda ed., Barcelona, Yunque, 1939); *Perdida Arcadia* (Barcelona, Rosas Bayer, 1952); *Karla y otras sombras* (Barcelona, Luis de Caralt, 1956); *Hacia José Antonio* (Barcelona, AHR, 1958).

Ramón J. Sender (Chalamera, Huesca, 1901-San Diego, California, 1982). Tras perder a su mujer, a la que fusilaron los nacionales en plena guerra, se exilió en Francia en 1938 después de haber publicado en Inglaterra su *The war in Spain*, traducido por Sir Peter Chalmers Mitchell. Un año más tarde marchó a Méjico y en 1942 a Estados Unidos, donde se instalaría definitivamente. Volvió a España en 1969, cuando le concedieron el premio Planeta haciendo unas declaraciones entusiastas hacia el sistema norteamericano. La izquierda del país, especialmente «la gauche caviar», no se lo perdonaría: eso le parecía incompatible con la guerra civil española y con la guerra de Vietnam. Dedicó buena parte de sus muchas novelas escritas a partir de 1936, a la Guerra Civil, como *El rey y la reina* (1949) y *Crónica del alba* (1942 y 1966) que le proporcionaron un gran número de lectores, aunque no terminaran de vencer las reticencias de la crítica, que lo encontraba un novelista poco exigente. Los últimos años de su vida fueron en él de un anticomunismo visceral que de algún modo sigue pagando.

BIBLIOGRAFÍA: *Crónica del pueblo en armas (Historia para niños)* (Madrid-Valencia, Ediciones Españolas, 1936); *Contraataque* (Madrid Barcelona, Editorial Nuestro Pueblo, 1937); *The war in Spain* (Faber and Faber, Londres, 1937); *El secreto*, drama (Ediciones de la 43 Brigada, 1937); *El viento en la Moncloa* (Madrid, 1939); *Crónica del alba* (Méjico, Ed. Nuevo Mundo, 1942; ampliada en 1966); *El rey y la reina* (Méjico, Ed. Jackson, 1949); *Mosén Millán*, publicada años después con el título de *Réquiem por un campesino español* (Méjico, Aquelarre, 1953); *Los cinco libros de Ariadna* (Nueva York, Ed. Ibéricas, 1959).

Arturo Serrano Plaja (San Lorenzo del Escorial, Madrid, 1909-Santa Bárbara, California, 1978). El exilio con él, como con tantos, fue implacable, y pese a la calidad de su obra, en verso y prosa, el olvido que lo acompañó en vida se extiende ahora, injustamente, sobre su muerte.

BIBLIOGRAFÍA: *El hombre y el trabajo* (Barcelona, Ediciones de Hora de España, 1938).

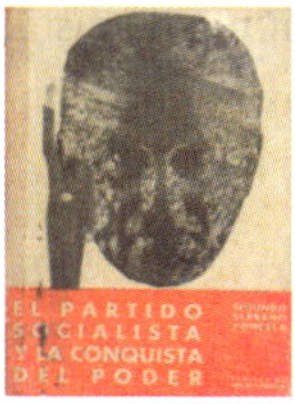

Segundo Serrano Poncela (Madrid, 1912-Caracas, 1976). Novelista. Su nombre se asoció siempre a las matanzas de Paracuellos del Jarama, en función del cargo que entonces ocupaba, como delegado de la Consejería de Orden Público en la Dirección General de Seguridad y subordinado inmediato de Santiago Carrillo, titular de dicha Consejería en la Junta de Defensa de Madrid. Antes, en 1936, como delegado de Orden Público, ordenó el asalto a la embajada de Finlandia y el apresamiento de todos los asilados. El exilio, que inició en Santo Domingo y Puerto Rico, terminó fijándolo en Venezuela donde se dedicó a la enseñanza universitaria y a una obra literaria tardía de muy destacada calidad y a menudo centrada en las experiencias de la Guerra Civil. Fue en Puerto Rico jefe directo de Zenobia Camprubí, mujer de J.R.J, quien se negó a saludarlo, «porque no había abandonado su país para acabar dando la mano a un asesino».

BIBLIOGRAFÍA: *La venda* (Buenos Aires, Sudamericana, 1956); *La puesta de Capricornio* (Buenos Aires, Losada, 1960); *La viña de Nabot* (1979).

Stephen Spender (Londres, 1909-1995). Poeta inglés. Militante comunista efímero, fue uno de los «milicianos turistas» a los que se refería Pound. Sus interesantes memorias *The world within the world* rememoran, con humor y cinismo, el tiempo que pasó en España, adonde volvió de nuevo ya en tiempos de la democracia.

BIBLIOGRAFÍA: *Poems for Spain* (antología de diversos autores ingleses y españoles entre los que se cuentan Neruda, Garfias, Herrera Petere, Auden y el propio Spender, preparada por éste; Londres, The Hogarth Press, 1938).

Tono, seudónimo de Antonio de Lara (Jaén, 1896-Madrid, 1978). Escritor. Compañero de Mihura, y otros en la fundación de *La Ametralladora* durante la guerra. Antes hizo en zona republicana algún cartel espléndido, por el que no sabemos si tuvo que purgar. Tras la guerra cultivó con éxito un humor cáustico, disparatado y absurdo.

Guillermo de Torre (Madrid, 1900-Buenos Aires, 1971). Ensayista. La guerra le sorprendió en España, pero se fue a París y, luego, y de manera definitiva, a Buenos Aires, de donde era su mujer, la pintora Norah Borges, hermana del escritor. En la posguerra dirigió empresas editoriales (entre otras la edición de *Obras completas* de García Lorca para el editor español, también exiliado, Gonzalo Losada) en las que acogió a buena parte de los escritores del exilio, pero la naturaleza de su carácter no le impidió seguir relacionándose con quienes, como Gómez de la Serna, no participaban de sus ideas.

Gonzalo Torrente Ballester (Serantes, El Ferrol, La Coruña, 1910-Salamanca, 1999). Novelista y crítico. Tras una etapa de fervor nacionalsindicalista en la guerra y la primera posguerra, la relativa indiferencia con que la sociedad acogía sus libros le ayudó a apartarse de la circulación política y dedicarse por entero a una obra literaria que le ha proporcionado, casi en la vejez, las mieles que le negó en la juventud, lo cual no solo no mermó el conocido y fino sentido del humor de que hizo gala siempre su autor, sino que lo acrecentó, como prueba que en 1964 se prestase a colaborar con nuevos textos en el proyecto «España. 25 años de paz», serie de folletos con los que la propaganda franquista inundó el país. Escribió un *Panorama de la literatura española* que pese a algunos excesos (contra Cernuda y su homosexualidad) sigue siendo fuente de información y vivero de agudas iluminaciones literarias, y los conocidos libros de texto escolares de la asignatura FEN (Formación del espíritu nacional) que fueron de obligado estudio hasta bien entrados los años setenta. Su firma junto a la de otros intelectuales que protestaron por los maltratos a las mujeres de los huelguistas mineros asturianos a comienzos de los sesenta le valió la represalia de su paisano Fraga Iribarne, ministro entonces de Información y Turismo, que le privó de antiguas prebendas y lo devolvió a su vieja profesión docente en un instituto de su tierra, animándolo acaso a su progresivo distanciamiento del régimen.

BIBLIOGRAFÍA: *Javier Mariño. Historia de una conversión* (Madrid, Editora Nacional, 1942), fue prohibida por «lasciva». De *Guadalupe Limón*, novela de trópicos y tiranos, publicada en 1946, desvelaría su autor mucho más tarde, en 1985, que se trataba de una novela en clave que tiene por protagonista en el papel de dictador sudamericano a Franco y a José Antonio como una mitificación.

Màrius Torres (Lérida, 1910-Puig d'Olen, Barcelona, 1942). Poeta. Persona liberal, mantuvo durante la guerra, que pasó en zona republicana, una intensa correspondencia con Joan Sales. Parte de su familia más cercana marchó al exilio, pero él, quizá a salvo en la gravedad de su enfermedad, se quedó para morir, dejando una obra poética breve y hermosa.

Antonio Tovar (Valladolid, 1911-Madrid, 1985). Profesor. Después de su destacado papel como intelectual con los nacionales en la guerra y la posguerra, que le llevaría como intérprete a la célebre entrevista Hitler-Franco en Hendaya, de la que se «cayó» en el último momento por imposición alemana, permaneció afecto al régimen hasta muy entrados los años cincuenta. A partir de entonces evolucionó hacia posiciones liberales y democráticas, que no le ahorraron enfrentamientos y expedientes de las autoridades franquistas, sus antiguos patronos. Vighi se refirió a él en uno de sus poemas humorísticos como «ex jerarca del Santo Oficio / a quien dio la patada Juan Aparicio».

Francesc Trabal (Sabadell, Barcelona, 1899-Santiago de Chile, 1957). Escritor y periodista. Fue la suya una trayectoria similar a la de sus amigos Pere Quart, Rodoreda, Obiols y otros con los que salió al exilio. Después de un corto tiempo en Francia, pasó a Chile, donde publicó en 1942 su novela *Temperatura*, que aparecería años después en castellano con un hermoso prólogo de Joan Oliver.

Miguel de Unamuno (Bilbao, 1864-Salamanca, 1936). Poeta y ensayista. Un solitario. Supo, hasta el día mismo de su muerte, estar a la altura de las circunstancias como ninguno.

BIBLIOGRAFÍA: *Cancionero. Diario poético* (Buenos Aires, Losada, 1953); *Del sentimiento trágico de la vida* (Madrid, Renacimiento, 1913); *El resentimiento trágico de la vida* (Madrid, Alianza, 1991).

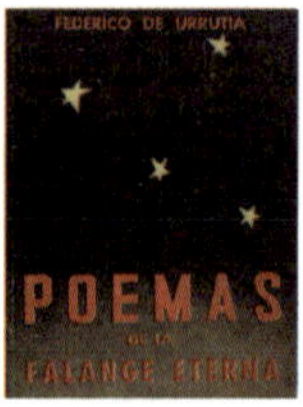

Federico de Urrutia (Madrid, 1907-Xátiva, 1988). Todos los estudios sobre literatura y poesía falangista, incluso actuales, empiezan por su libro *Poemas de la Falange eterna*, un conjunto de poemas irrelevantes y un lugar común que no admite siquiera ser repensado.

BIBLIOGRAFÍA: *Poemas de la Falange eterna* (Santander, Aldus, 1938).

Francisco Valdés (Don Benito, Badajoz, 1893-1936). Narrador, ensayista y poeta. Ese señorito fino e inteligente que suele o solía haber en cada pueblo grande. Compartió la colección de Cossío con Unamuno y Diego. Admiraba a Juan Ramón Jiménez, Ortega, Fernando Fortún o Fernando Villalón y colaboró en *La Gaceta Literaria* y otras revistas vanguardistas. El hacerlo en *Acción Española*, con todo lo que ello significaba, le llevó a un paredón en los primeros días de la guerra. Vida paralela a la del joven poeta surrealista José María Hinojosa, propietario rural, activista en partidos agrarios y asesinado en los primeros días de la guerra.

Adriano del Valle (Sevilla, 1895-Madrid, 1957). Poeta. Antes de la guerra no parece que le hubiera interesado lo más mínimo la política, pero los acontecimientos le arrastraron a ella y le convirtieron en uno de los poetas destacados del franquismo. Lo primero que hizo acabada la guerra, fue incautarse de la biblioteca de *Cruz y Raya*, que cargó en un camión con destino a una casa de su uso particular en la calle de la Montera. Con los años, esa biblioteca y la suya personal, con libros de Pessoa a él dedicados, volvieron al arroyo de Moyano y de algunos libreros, como un estrambote más de la justicia poética.

BIBLIOGRAFÍA: *Arpa fiel (Poesías, 1936-1941)*, prólogo de Dámaso Alonso (Madrid, Santo y Seña, 1941).

César Vallejo (Santiago de Chuco, Perú, 1892-París, 1938). Poeta. Tras asistir al Congreso de Intelectuales de Valencia, en julio de 1937, volvió a París, donde su circunstancia vital, tan bien relatada por Larrea, le llevó de la mano a una muerte presentida por todos. Dejó a la República española, y a la lengua española, un hermoso testamento, un libro póstumo de poemas, del que hizo una primera edición mítica Altolaguirre, hoy enteramente destruida, a excepción, según dicen, de dos ejemplares que se conservan en la biblioteca del monasterio de Montserrat. Dos años después José Bergamín en Méjico y el que entonces era aún amigo de este, Juan Larrea, reimprimieron esos poemas.

BIBLIOGRAFÍA: *Rusia en 1931. Reflexiones al pie del Kremlin* (Madrid, Ulises. 1931); *España, aparta de mí este cáliz* (Méjico. Ed. Séneca, 1940).

Fernando Vela (Oviedo, 1888-Llanes, Asturias, 1966). Ensayista. Fue la suya una más de las novelas de aquellos días. «No me cuente usted su caso», se decía, incluso en escarapelas impresas que se prendían de la solapa. El que fue hasta julio de 1936 secretario de redacción de *Revista de Occidente*, y director del periódico *Madrid*, estuvo escondido en una portería durante las primeras semanas de la guerra. En *Claridad* soltaron su nombre a las recovas de las brigadas del Amanecer (al parecer por instigación de «un rencoroso aspirante a filósofo, resentido por no haberse publicado un artículo, años antes, en *Revista de Occidente*») y por fin pudo alcanzar una embajada, la de Haití, de donde salió hacia Tánger, para dirigir el periódico pro franquista *España*. Sufrió, de todos modos, tras la guerra, alguna clase de depuración, que le impidió poner su nombre a algunas colaboraciones (su biografía sobre *Mozart*, de 1943, la firmó con el de Héctor del Valle). También nos lo encontramos, con el suyo real, colaborando en la monumental *Historia de la Cruzada*, que ilustraron Sáenz de Tejada y un espléndido Joaquín Valverde, obra que contiene abundante información de primera mano.

Josep Vergés (Palafrugell, Gerona, 1910-Barcelona, 2001). Editor. Compró, tras la guerra, la revista *Destino*, y fundó la editorial del mismo nombre, una de las que más contribuyeron a la consolidación de la nueva literatura española de los años cuarenta y cincuenta y al conocimiento en España de la mejor literatura extranjera contemporánea. Representante genuino de la tercera España.

Eduardo Vicente (Madrid, 1909-1968). Uno de los mejores y más activos y talentosos pintores en labores de propaganda con la República, junto a Arteta, Solana, Luna o Gaya. Tras la guerra se agazapó en una vida común de pintor de brocha gorda. Se lo encontró d'Ors en la calle, y lo redimió, haciendo que volviese al caballete. Conoció unos años de popularidad, que no le sacaron de la bohemia ni le restituyeron la alegría a su temperamento melancólico, amante de vagabundos y tipos populares. Le aguardaba una muerte triste y sórdida.

Francisco Vighi (Palencia, 1890-Madrid, 1962). Uno de tantos a los que la guerra y la posguerra, que pasó enteramente en España, silenciaron para siempre. Execelente poeta humorístico a quien el franquismo, que le encarceló y depuró, no despintó la eterna sonrisa de sus versos.

Lorenzo Villalonga (Palma de Mallorca, 1897-1980). Novelista. Supo, después de 1936, mantenerse distanciado de la política, entregado a una labor literaria ejemplar por su independencia y rigor.

BIBLIOGRAFÍA: *Falses memòries de Salvador Orlan* (Barcelona, Club dels Novel·listes, 1967).

Miguel Villalonga (Palma de Mallorca, 1899-Bunyola, Mallorca, 1946). Novelista. Dedicó parte de su retiro tras la guerra, de la que vino gravemente enfermo, a redactar unas memorias llenas de ternura, inteligencia y humor. Otro de los escritores a los que periódicamente se ensalza y celebra, y al que nadie lee.

BIBLIOGRAFÍA: *Miss Giacomini* (Barcelona, Janés editor, 1942); *Autobiografía* (Barcelona, Janés editor, 1947).

Luis Felipe Vivanco (San Lorenzo del Escorial, Madrid, 1907-Madrid, 1975). Poeta. Fue tras la guerra uno de los principales alentadores de la revista *Escorial,* tras de lo cual no tuvo ya mucho más que ver con el franquismo.

Simone Weil (París, 1909-Londres, 1943). Ensayista. Después de la guerra de España, esta admirable pensadora parece como si, ya en la Francia no ocupada, se hubiese echado a la espalda el peso de una lucha espiritual y social que la quebró definitivamente, como a veces se rompe un verso.

Fermín Yzurdiaga (Pamplona, 1903-1981). Un cura falangista que habría pasado por carlista, a tenor de su apariencia: dormía con el balandrán y el trabuco puestos.

Eduardo Zamacois (Pinar del Río, Cuba, 1873-Buenos Aires, 1971). Novelista. Después de la guerra salió hacia el exilio, de donde nunca volvió. Por sus memorias sabemos que la política ocupó un lugar muy secundario en su vida. Aunque en una carta a su nieto Ricardo le dice en 1963, al saber que la publicación de sus memorias se retrasan: «En el libro no digo nada de la guerra; ni una palabra; me la salto a la torera, por miedo a la censura, y salgo del paso diciendo "terminada la guerra, me fui a Francia..."».

BIBLIOGRAFÍA: *El asedio de Madrid* (Barcelona, Ediciones Mi Revista [1938]); *Un hombre que se va* (Buenos Aires, Santiago Rueda ed., 1969).

María Zambrano (Vélez, Málaga, 1904-Madrid, 1991). Ensayista. Representó como pocos la figura del exiliado, en un destierro que la llevó por tierras americanas y europeas, de donde no regresó hasta 1984, fecha que no interrumpió su poético y fecundo pensamiento.

BIBLIOGRAFÍA: *Los intelectuales en el drama de España* (Editorial Panorama, Santiago de Chile, 1937); *Hora de España XXIII*, prólogo a la reedición del número XXIII de *Hora de España* (Liechtenstein, Topos Verlag, 1977); *Delirio y Destino* (Madrid, Mondadori, 1989), acaso las memorias «más serias» escritas por nadie de su generación, libro bellísimo y esclarecedor para conocer sobre todo la época de la República y fundamental, pese a que del libro haya desaparecido o no conste ni una sola línea del largo período de la guerra, confirmando con ello la actitud de algunos escritores de no volver a aquellos años ni en la literatura, mientras otros no salieron de ella, con las armas, se diría, en las manos, hasta su muerte. Al anterior ha de añadirse *Las palabras del regreso* (Cátedra, Madrid, 2009), que recoge sus últimos escritos en los periódicos, dedicados a figuras que a menudo tuvieron papel principal en las armas y las letras de la Guerra Civil.

Julián Zugazagoitia (Bilbao, 1899-Madrid, 1940). Escritor y periodista, murió fusilado después de haber sido secuestrado por la Gestapo, al igual que Cruz Salido, también periodista y director de *El Socialista* durante la guerra. Su militancia socialista no le impidió ser uno de los más ponderados e imparciales observadores de la Guerra Civil, que trenzó con sus memorias personales en el juicioso libro *Historia de la guerra de España* (Buenos Aires, La Vanguardia, 1940), y en *Guerra y vicisitudes de los españoles* (Buenos Aires, 1940), de imprescindible lectura.

CRONOLOGÍA GENERAL DE LA GUERRA CIVIL ESPAÑOLA

(17-VII-1936 a 1-IV-1939)

1936

JULIO

LAS ARMAS

17 Sublevación militar, en el protectorado de Marruecos, contra el Gobierno republicano: la rebelión intenta prender en la Península ante la lenidad del Gabinete Casares Quiroga.

18 Sublevado en Canarias, el general Franco se traslada a Marruecos para encabezar el Alzamiento. Tras un golpe de mano, el general Queipo de Llano se hace con el control de Sevilla. Dimisión del Gobierno Casares Quiroga.

19 Los generales Saliquet (Valladolid), Mola (Pamplona) y Cabanellas (Zaragoza) se unen a los rebeldes. Dimite el efímero Gabinete Martínez Barrio tras intentar pactar inútilmente con los sublevados. Las organizaciones sindicales y políticas del Frente Popular declaran la huelga general y reciben armas del nuevo Gobierno Giral.

LAS LETRAS

18 La ya creada Alianza de Escritores Antifascistas cobra inusitada fuerza; tras ofrecer su presidencia a Antonio Machado y Juan Ramón Jiménez, que la rechazan, ésta recae en Ricardo Baeza para pasar, a los pocos días, a manos del escritor José Bergamín, director de *Cruz y Raya*, revista de orientación católica cuya publicación suspende.

20 Fracasa el Alzamiento en Barcelona y Madrid. Muere en Cascaes (Portugal) el general Sanjurjo cuando intentaba volar hacia España para dirigir la rebelión militar. Franco y Mola líderes de un pronunciamiento que degenera en larga y cruenta guerra civil. Los asesinatos proliferan en el frente y la retaguardia de ambas zonas, pronto «internacionalizada».

21 El Comité de Milicias Antifascistas catalán (disuelto el 26 de septiembre), poder sindicalista paralelo al del Gobierno de la Generalitat (de Companys).

23 Constituida en Burgos la Junta de Defensa Nacional presidida por Miguel Cabanellas.

24 Las columnas anarquistas catalanas fijan sus posiciones en el frente de Aragón sin alcanzar jamás Zaragoza. Fundado en Barcelona el PSUC bajo control comunista.

30 Aterrizan en Marruecos los primeros aviones italo-germanos con ayuda para los sublevados. Dificultades de la República para hacerse con armas en Francia.

21 Es detenido Baroja por unos requetés y conducido a la cárcel de Santesteban, de la que saldría al día siguiente.

30 Ramón Menéndez Pidal, Antonio Machado, Gregorio Marañón, Teófilo Hernando, Ramón Pérez de Ayala, Juan Ramón Jiménez, Gustavo Pittaluga, Juan de la Encina, Gonzalo R. Lafora, Pío del Río Hortega, Antonio Marichalar y José Ortega y Gasset suscriben, algunos coaccionados, una nota en la que declaran «estar al lado del Gobierno de la República y del pueblo, que con heroísmo ejemplar lucha por sus libertades».

AGOSTO

1 A instancias de Gran Bretaña, el Gobierno frentepopulista francés propugna la No Intervención europea en la guerra civil española.

5 Mola rechaza que don Juan de Borbón y Battenberg se aliste como voluntario en las filas nacionales. [Metaxas, dictador en Grecia.]

6 Ya en Sevilla, Franco encauza el paso del Estrecho por las tropas africanistas, pronto en campaña hacia Madrid vía Extremadura.

1 Aparece en Pamplona *Arriba España*, primer periódico diario de la Falange Española, dirigido por el cura Fermín Yzurdiaga.

2-7 Tras laboriosas gestiones y un viaje que dura días, Ortega y Gasset consigue salir de Madrid hacia Alicante y de aquí a Marsella y al exilio. También lo harán por esas fechas Azorín, Pérez de Ayala y Baroja.

16 Tropas republicanas desembarcan en Mallorca (se retirarán el 3 de septiembre). [El atleta negro norteamericano Jesse Owens, gran triunfador en los Juegos Olímpicos de Berlín.]

23 Los republicanos de Madrid —que ha sido bombardeada por la Aviación nacional— fusilan indiscriminadamente a presos de la cárcel Modelo.

25 [Zinoviev y Kamenev, víctimas de las trágicas «purgas» de Stalin.]

27 Alemania e Italia coordinan en Roma su ayuda a los sublevados, Franco *común objeto* de su apoyo.

19 La madrugada del 19 muere asesinado en Víznar, Granada, el poeta Federico García Lorca.

20 La República destituye a Miguel de Unamuno de su cargo de rector vitalicio de la Universidad de Salamanca y de cuantos cargos desempeñaba en el Ministerio de Instrucción Pública y Bellas Artes.

22 Juan Ramón Jiménez y su mujer Zenobia Camprubí salen para un exilio del que jamás volverán.

27 Se publica el primer número de *El Mono Azul*, periódico de la Alianza de Intelectuales Antifascistas para la Defensa de la Cultura, de Madrid, en cuyo primer número Juan Ramón Jiménez publica una declaración individualizada de apoyo al Gobierno legítimo de la República. También en *El Mono Azul* comienza a publicarse el *Romancero de la Guerra Civil*.

29 Sale de Madrid, para su exilio bonaerense, Ramón Gómez de la Serna.

SEPTIEMBRE

4 Largo Caballero sucede a Giral al frente del Gobierno social-republicano-comunista.

8 Las tropas nacionalistas de los frentes Norte y Sur convergen en Arenas de San Pedro (Ávila) antes de dirigirse hacia Madrid.

14 Los republicanos, denunciados por el Vaticano en su «odio satánico hacia Dios».

22 La Flota republicana es trasladada al Cantábrico.

Las armas

27 Siguiendo órdenes de Franco, el general Varela frena su avance hacia Madrid y libera el Alcázar de Toledo. Anulada la reforma agraria republicana por orden de Burgos, que prohíbe tajantemente cualquier actividad político-sindical en su zona.

29 Franco es nombrado Generalísimo de los Ejércitos y Jefe del Estado por la Junta de Burgos (será investido en el cargo el 1 de octubre).

30 El futuro cardenal primado Pla y Deniel *legitima moralmente* el Alzamiento, al que tildará de *Cruzada*.

Las letras

29 Manuel Machado es detenido en Burgos, a raíz de unas declaraciones a un periódico francés, y conducido a la cárcel, donde permanecerá tres días.

OCTUBRE

Las armas

3 Franco crea la Junta Técnica del Estado, su hermano Nicolás y el general Dávila, factótums de la misma.

7 José Antonio Aguirre, lendakari de Euskadi tras la aprobación del Estatuto vasco por las Cortes de la República.

12 Comienzan a llegar a Albacete los primeros interbrigadistas pro-gubernamentales.

15 Largo Caballero —auxiliado por los generales Asensio y Pozas—, jefe de las fuerzas militares republicanas. Nace el Comisariado de Guerra.

25 [Se reafirma el Eje Berlín/Roma tras reconocer el III Reich a Víctor Manuel III de Italia como emperador de Etiopía.]

26 Sale de Cartagena, rumbo a la URSS, el oro del Banco de España como garantía a la compra de armamento. Pacto CNT/ UGT. Decreto sobre Colectivización de Empresas por parte de la Generalitat.

Las letras

1 El general Cabanellas publica un decreto confirmando a Unamuno en todos sus cargos académicos.

3 Antonio Machado pronuncia un importante discurso ante los militantes de la Juventud Socialista Unificada.

12 Grave incidente entre Unamuno y Millán Astray en el paraninfo de la Universidad de Salamanca. Jorge Guillén pronuncia en el paraninfo de la Universidad de Sevilla un discurso ante Queipo de Llano.

22 Franco cesa a Unamuno de todos sus cargos académicos.

29 Es fusilado en Aravaca Ramiro de Maeztu.

NOVIEMBRE

2 Creación en zona nacional de los Alféreces Provisionales.

4 Las tropas franquistas en los arrabales de Madrid. La CNT/ FAI entra a formar parte del Gobierno Largo Caballero (le serán adjudicadas cuatro carteras).

6 Franco insta a los madrileños a la rendición y alienta a la *quinta columna* de la capital. El Gobierno republicano decide trasladarse a Valencia, dejando al general Miaja al frente de la Junta de Defensa local. Efectivos de la Aviación alemana desembarcan en Cádiz (Legión Cóndor).

7 Se inicia, por tierra y aire, el asedio de Madrid; pese a la dureza de los combates —milicias e interbrigadistas luchando codo con codo con los civiles—, el frente permanecerá *estabilizado* en sus aledaños hasta el fin de la guerra.

15 Entra en combate la Legión Cóndor.

18 Alemania e Italia reconocen el Gobierno franquista.

20 José Antonio Primo de Rivera, líder de la Falange, es fusilado en la cárcel de Alicante. Cae en el frente de Madrid el líder anarcosindicalista Buenaventura Durruti.

25 [Alemania y Japón firman el Pacto Antikomintern.]

4 Llega a Salamanca, evadido de Madrid, Ernesto Giménez Caballero, que se incorpora, bajo el mando del general Millán Astray, en labores de propaganda.

20 Jose Bergamín, Manuel Altolaguirre, Luis Cernuda, Miguel Prieto, Antonio Rodríguez Luna, Alberto Sánchez, Manuel Sánchez Arcas, Eugenio Imaz, Vicente Aleixandre, Miguel Hernández, Rodolfo Halffter, Salvador Bacarisse, Gabriel García Maroto, Vicente Salas Viu, Rafael Dieste, Arturo Souto, Antonio Aparicio, León Felipe, María Teresa León, Felipe Camarero, Rafael Alberti, Emilio Prados y Arturo Serrano Plaja suscriben el *Manifiesto de los Intelectuales Antifascistas*.

28 El Ministerio de Instrucción Pública decide evacuar de la capital de España con destino a Valencia a un grupo de intelectuales entre los que se cuentan el doctor don Pío del Río Hortega, el poeta Antonio Machado y su familia, y el escritor y pintor Moreno Villa, los pintores López Mezquita y Gutiérrez Solana, el crítico Juan de la Encina, el doctor Márquez, el escultor Victorio Macho, el filólogo Navarro Tomás y el psiquiatra doctor Sacristán. Es fusilado en Paracuellos de Jarama el comediógrafo Pedro Muñoz Seca.

29 Los intelectuales y artistas evacuados a Valencia son homenajeados por el Quinto Regimiento.

DICIEMBRE

1 Reunión en Valencia de las Cortes republicanas. [Tras ser reelegido presidente de EE.UU., Roosevelt inaugura

en Buenos Aires la Conferencia Panamericana de la Paz.]

5 Se inicia la depuración de funcionarios en la zona nacional. [Nueva Constitución de corte *democrático-staliniano* en la URSS.]

7 Don Juan de Borbón y Battenberg escribe al general Franco, Jefe del Estado, solicitándole incorporarse al crucero *Baleares* como voluntario.

15 El *Canarias* hunde al buque soviético *Komsomol*, que transportaba ayuda para los republicanos.

16 Masivos fusilamientos de prisioneros *nacionalistas* en Paracuellos de Jarama: el líder comunista Santiago Carrillo y el escritor Segundo Serrano Poncela, incriminados en los mismos por acción/omisión.

18 Trotsky es acogido en Méjico como refugiado político.

27 Ofensiva republicana contra Teruel.

16 [El Premio Nobel de Literatura para Eugene O'Neill.]

21 Aparece en Pamplona el primer número de «la revista negra de la Falange», *Jerarquía*.

31 Malquisto con republicanos y nacionales, muere en Salamanca don Miguel de Unamuno.

Se publican en 1936: *Oda a Barcelona*, de Pere Quart; *Cuentos de la España actual*, en Méjico, de María Teresa León; *Crónica del pueblo en armas (Historias para niños)*, en Madrid, de Ramón J. Sender.

1937

ENERO

4 Aumenta la popularidad de Dolores Ibárruri *la Pasionaria* tras sus vibrantes proclamas radiofónicas.

8 La nueva Ley del Embargo norteamericana, gravemente perjudicial para los republicanos españoles.

19 Méjico reitera su apoyo al Gobierno republicano.

27 El poderoso Quinto Regimiento, controlado por el PCE, se disuelve para integrarse en el Ejército republicano.

1 Empieza a editarse en Valencia la revista *Hora de España*, en la que Antonio Machado publica su *Juan de Mairena* póstumo.

19 Fundación de Radio Nacional de España, que comienza a emitir en Salamanca con ayuda técnica alemana.

FEBRERO

Las armas

3 [«Planes de obras públicas y contra el paro del presidente Roosevelt» (*New Deal*).]

9 Los nacionales toman Málaga con apoyo italiano: ametrallamiento de los fugitivos en la carretera que lleva a Almería.

23 La batalla del Jarama termina en tablas, pero los franquistas fracasan en su empeño de cerrar, por el sureste, el cerco a Madrid. Comienzan los ataques de la prensa comunista contra Largo Caballero. [Se recrudece en China la guerra civil entre nacionalistas y comunistas.]

27 La *Marcha Granadera* es restablecida como himno nacional en la zona franquista. Veinticuatro horas después se decreta en la misma la censura de filmes y/o actores norteamericanos simpatizantes con la República.

Las letras

1 Aparece en Valencia el primer número de *Madrid. Cuadernos de la Casa de la Cultura*.

MARZO

Las armas

5 Un pleno del PCE pide la unificación del ejército y la liquidación del trotskismo.

8-13 Frenada la ofensiva italiana en Guadalajara, donde los republicanos contraatacarán después con éxito limitado. El general Rojo, jefe del Estado Mayor Central por orden de Largo Caballero.

9 [Escalada racista en la Alemania nazi.]

14 [Pío XI condena las presiones a los católicos alemanes por parte del régimen nazi en su encíclica *Mit brennender Sorge* (publicada originalmente en alemán), y el comunismo en *Divini Redemptoris*, publicada cinco días después.]

Las letras

1 Se publica en el número de marzo de la revista *The Nineteenth Century* el ensayo «En cuanto al pacifismo...», de Ortega y Gasset.

16 Graves disturbios en París tras los enfrentamientos entre adversarios y partidarios del Frente Popular.

27 Dimiten los *consellers* anarquistas que forman parte del Gobierno catalán.

27 Editada en Burgos e impresa en Valladolid, aparece la revista *Destino*, dirigida por Ignacio Agustí.

31 Mola inicia su ofensiva en el norte con fuerte apoyo aéreo alemán.

ABRIL

7 [Muere Muley Hafiz, ex sultán de Marruecos.]

16 El jefe del Gobierno restringe, por decreto, las amplias atribuciones de los comisarios de guerra (mayoritariamente del PCE).

19 Promulgado el Decreto de Unificación en zona nacional. Nacen FET y las JONS bajo mandato de Franco (veinticuatro horas antes, Hedilla había sido nombrado líder de la Falange).

24 El saludo fascista, obligatorio en la zona franquista.

26 Guernica es arrasada por la Legión Cóndor.

30 El acorazado nacionalista *España* hundido en aguas de Santander.

1 Aparece en San Sebastián el primer número de la revista *Vértice*, dirigida sucesivamente por Manuel Halcón, Samuel Ros y José María Alfaro, y financiada por la Delegación Nacional de Prensa y Propaganda.

27 [Muere en el hospital penitenciario de Roma el teórico marxista italiano Antonio Gramsci.]

MAYO

1 Tras largo asedio, el santuario de Santa María de la Cabeza (Jaén), en manos republicanas.

7 Los graves disturbios en Barcelona ahondan las diferencias entre la CNT/FAI/POUM, por un lado, y el PSUC/Generalitat por otro.

12 Jorge VI coronado rey de Inglaterra; a la ceremonia asiste el líder socialista español Julián Besteiro (apartado de la política desde hace un quinquenio), al parecer en misión pacifista/negociadora entre Madrid y Burgos.

17 Presionado por los comunistas, Largo Caballero presenta su dimisión a Azaña; le sucede en la jefatura del Gobierno el doctor Negrín.

24 Continúan las evacuaciones de niños (hacia Inglaterra y la URSS) en zona republicana.

27 Suspendido en Barcelona el órgano periodístico del POUM (*La Batalla*).

29 La Aviación republicana ataca en Ibiza al acorazado *Deutschland*; en represalia, cuarenta y ocho horas después, la Flota alemana bombardea Almería; el Gobierno desestima un plan de Prieto para «internacionalizar» aún más el conflicto vengándose, ipso facto, del ataque germano.

11 Picasso empieza a trabajar un gran lienzo que titularía *Guernica*. Lanzamiento en San Sebastián de la revista de humor *La Ametralladora*, que coordina un equipo compuesto por Miguel Mihura, Antonio Lara *Tono*, Edgar Neville y Álvaro de Laiglesia.

JUNIO

3 Muere en accidente aéreo (en la provincia de Burgos) el general Mola.

5 Consejo de guerra contra Hedilla; condenado a muerte, la pena le será conmutada por Franco a la de cadena perpetua el 19 de julio.

11 Muere el general Lukacs en el transcurso de la ofensiva republicana sobre Huesca. [El general Tujachevski y otros dirigentes castrenses soviéticos son ejecutados por orden de Stalin.]

19 Los franquistas toman Bilbao. Las represiones comunistas contra el POUM se saldan con la desaparición en prisión de su líder, Andreu Nin.

1 Aparece en el número de junio de *Hora de España* la *Elegía a un poeta muerto*, de Luis Cernuda, mutilada por la censura.

23 Franco suprime los conciertos económicos con Vizcaya y Guipúzcoa y mantiene los de Navarra y Álava por su ayuda a la causa nacional.

27 Ramón Pérez de Ayala escribe desde Inglaterra a Franco para expresarle su adhesión incondicional.

JULIO

1 Carta colectiva del episcopado español en ayuda de Franco; se inhiben de firmar la misma el cardenal Vidal i Barraquer y el obispo Múgica.

8 [Se reactiva la guerra chino-japonesa.]

19 [Exposición itinerante —y posterior quema pública— del llamado «arte degenerado» contemporáneo en la Alemania nazi.]

25 Se mantiene el statu quo en el frente de Brunete tras las ofensivas y contraofensivas de nacionales y republicanos.

4-18 Se celebra en Valencia, Madrid, Barcelona y París el II Congreso Internacional de Escritores para la Defensa de la Cultura, al que asiste un gran número de escritores españoles y extranjeros.

12 Se inaugura el Pabellón Español en la Exposición Universal de París (abierta al público dos meses antes), en el que figuran el gran mural *Guernica* y obras de los más importantes artistas españoles a favor de la República, desde el propio Picasso, González y Alberto Sánchez a Gaya, Solana, Arteta, Miró o Eduardo Vicente.

AGOSTO

23 [Aumenta la tensión, en Palestina, entre árabes y judíos.]

26 Santander en manos de los franquistas. Creación del Servicio Nacional del Trigo en apoyo de los latifundistas agrarios.

29 Franco, rector honoris causa por la Universidad de Valladolid.

SEPTIEMBRE

6 Los republicanos culminan su ofensiva ocupando Belchite, que caerá en manos de los nacionales el 10 de marzo de 1938.

13 Negrín preside en Ginebra la Asamblea de la Sociedad de Naciones; y constata el fracaso del Comité de No Intervención tras proponer la retirada de todos los combatientes extranjeros en nuestra patria.

23 [Nacionalistas y comunistas chinos aúnan sus fuerzas frente al invasor japonés.]

25 [Primera visita oficial de Mussolini a Alemania, donde es recibido en Munich por Hitler.]

26 Las bibliotecas públicas nacionales depuradas por decreto.

OCTUBRE

1 Cortes republicanas en Valencia. Los nacionales ocupan Covadonga.

7 Creado en la zona nacional el Servicio Social obligatorio para todas las mujeres. Monseñor Antoniutti, encargado de Negocios del Vaticano ante Franco.

28 Con la entrada de los nacionalistas en Gijón se pone fin a la campaña del Norte. El Gobierno republicano decide trasladar su capitalidad a Barcelona. (El Gobierno autónomo vasco seguirá sus pasos el 2 de noviembre.)

NOVIEMBRE

1 El duque de Alba y sir Hodgson, representantes *comerciales* de la España nacional y de Gran Bretaña en sus respectivas capitales.

19 Institucionalizado, por decreto, el Consejo Nacional del Movimiento.

DICIEMBRE

1-2 Japón reconoce al Gobierno franquista. Raimundo Fernández Cuesta, nuevo secretario general de la Falange.

11 Muere en Begas (Barcelona) el líder anarcosindicalista Ángel Pestaña.

15 Inicio de la ofensiva republicana sobre Teruel. (Ocupada la ciudad el 8 de enero de 1938, los nacionales la tomarán definitivamente el 22 de febrero de ese mismo año.)

10 [Roger Martin du Gard, Premio Nobel de Literatura.]

Se publican en 1937: *Homenaje al poeta García Lorca contra su muerte*, en Valencia, antología preparada por Emilio Prados. *La guerra (1936-1937)*, en Madrid, de Antonio Machado. *Viento del pueblo, El labrador de más aire* (drama) y *Teatro en la guerra*, en Valencia, de Miguel Hernández. *Los intelectuales en el drama de España*, en Chile, de María Zambrano. *La cantata de los héroes y la fraternidad de los pueblos* y *De un momento a otro*, de Rafael Alberti. *Spain* (poema), en Londres, de W.H. Auden. *Romancero general de la guerra española*, en edición de Emilio Prados, y *Romancero de la Guerra Civil* y el *Homenaje de despedida a las Brigadas Internacionales. Función social del cartel*, en Valencia, de José Renau. *El burro explosivo* y *Poesías de guerra*, en Madrid, de Rafael Alberti. *Romances de guerra*, en Santander, de César Arconada. *A sangre y fuego. Héroes, bestias y mártires de España*, en Chile, de Manuel Chaves Nogales. *Caminos de la noche*, en Barcelona, de Sebastián Juan Arbó. *Retaguardia*, en San Sebastián, de Concha Espina. *El asedio de Madrid*, en Madrid, de Eduardo Zamacois. *Siete romances de guerra*, en Valencia, de Juan Gil-Albert. *A los mártires españoles*, de Paul Claudel, en Sevilla, oda traducida por Jorge Guillén. *Spanish Testament*, en Londres, de Arthur Koestler. *Una estrella roja*, en Madrid, de María Teresa León. *La insignia*, en Méjico, de León Felipe. *L'Éspoir*, en París, de André Malraux. *Llanto en la sangre (Romances, 1933-1936)*, en Valencia, de Emilio Prados. *Contraataque* y *El secreto*, en Madrid, de Ramón J. Sender.

1938

ENERO

1 [Getulio Vargas institucionaliza el Estado Novo corporativista en Brasil.]

5 Nace en Roma el príncipe Juan Carlos (actual rey español), hijo de doña María de las Mercedes de Borbón y Orleans y de don Juan de Borbón y Battenberg.

28 El Gobierno turco de Mustafá Kemal reconoce al Gobierno de Franco.

30 Constitución del primer Gobierno de Franco, tras la disolución de la Junta Técnica; Serrano Suñer se perfila como hombre fuerte del mismo y Pedro Sáinz Rodríguez, ministro de Educación.

1 La redacción de *Hora de España*, que ha dejado Valencia, comienza a publicar la revista en Barcelona.

6 Acto fundacional en Salamanca del Instituto de España, de inspiración dorsiana, donde se reúnen las Reales Academias bajo la presidencia de Manuel de Falla (que excusó su asistencia) y vicepresidencia de Pedro Sáinz Rodríguez.

30 Franco, en su primer Gobierno, nombra a Pedro Sáinz Rodríguez ministro de Educación, quien a su vez designa a Dionisio Ridruejo como director general de Propaganda. Éste se rodea de un equipo de colaboradores que incluye a Laín Entralgo, Tovar, Rosales, Vivanco y Torrente Ballester.

FEBRERO

1 Cortes republicanas en Montserrat bajo la presidencia de Martínez Barrio. Cesan las charlas del general Queipo de Llano desde la Unión Radio sevillana.

4 [Hitler jefe supremo del Ejército tras decapitar a la *Wehrmacht* germana.]

17 La ofensiva franquista sobre el Alfambra desmiente los rumores sobre posibles negociaciones entre ambos bandos.

20 [Lord Halifax sustituye a Eden como ministro de Exteriores británico (político de «apaciguamiento» de Chamberlain ante Hitler).]

27 Ofensiva comunista –contra Prieto y a favor de Negrín– para cercenar las «maniobras capituladoras» de ciertos líderes republicanos.

19 Suicidio del escritor Leopoldo Lugones, adelantado del modernismo vanguardista.

MARZO

2 La libertad de expresión y reunión abolida por decreto en la zona franquista.

2-15 [*Nuevos procesos* en Moscú; Bujarin ejecutado por orden de Stalin.]

3 Negrín asume plenos poderes —los castrenses incluidos— en zona republicana.

6 La Escuadra gubernamental hunde el crucero *Baleares* en aguas de Cartagena.

9 Promulgado en Burgos el Fuero del Trabajo, copia del sindicalcorporativismo fascista.

13 [Austria *incorporada* al III Reich (*Anschluss*).]

16 Se intensifican los durísimos bombardeos franquistas contra Barcelona.

18 [Lázaro Cárdenas —futuro protector de los exiliados republicanos españoles— nacionaliza el petróleo mejicano.]

22 Ofensiva nacional en el Maestrazgo: la campaña culminará con la entrada (15 de abril) de Alonso Vega en Vinaroz —partiendo en dos la zona republicana— y de Aranda en Castellón (13 de junio).

ABRIL

3 El general Yagüe entra en Lérida (donde se detendrá por orden de Franco).

5 El Gobierno franquista deroga el Estatuto de Cataluña; su política

1 Se publica en San Sebastián *Madrid de Corte a cheka*, de Agustín de Foxá.

15 Muere en París el poeta peruano César Vallejo.

antiautonomista la refrenda fusilando al líder católico-catalanista Carrasco i Formiguera (9 de abril), pese a las peticiones de clemencia vaticanas.

10 Daladier, nuevo *premier* galo, se aleja del frentepopulismo en la política de apaciguamiento de Londres y París frente a Berlín; al cerrar la frontera pirenaica (13 de junio), ocasionará irremediables daños a la República española.

19 Yagüe pide en Burgos «justicia social, perdón y caridad cristiana» para el adversario republicano: la difusión pública de su discurso, tajantemente prohibida.

30 Desesperados intentos de Negrín para salvaguardar las esencias democráticas republicanas de cara al futuro (los Trece Puntos).

MAYO

3-4 Restablecida en zona nacional la Compañía de Jesús; a las veinticuatro horas, el Vaticano reconoce oficialmente al Gobierno franquista.

4 [En Berlín, y víctima de malos tratos policiales, fallece el poeta Carl von Ossietzky, Premio Nobel de la Paz en 1936.]

JULIO

18 Resonantes, y contradictorios, discursos de Franco y Azaña al conmemorar el segundo aniversario del Alzamiento; el presidente de la República pide en el suyo «paz, piedad y perdón» para todos los españoles.

19 Ofensiva nacionalista en Extremadura.

21 [Bolivia y Paraguay acuerdan poner fin a la Guerra del Chaco.]

25 Los republicanos cruzan el Ebro; tras durísimos combates de desgaste

—en los que la superioridad logística nacional se impone al heroísmo republicano—, las tropas gubernamentales terminarán acorraladas tras sufrir cuantiosas pérdidas, dejando a sus adversarios libre el camino de Cataluña.

AGOSTO

5 Subsidio familiar en zona nacional.

17 El Gobierno Negrín acepta la dimisión de los ministros autonomistas Irujo y Aiguadé.

SEPTIEMBRE

21 Tratando de acercar su posición a la de las democracias europeas —en trance de abierto enfrentamiento con el nazi-fascismo de Berlín y Roma—, Negrín anuncia ante la Sociedad de Naciones la retirada unilateral de los combatientes extranjeros en zona republicana. Franco, ¿príncipe de Galicia?

26 El Generalísimo da seguridades a Berlín sobre la neutralidad de España en caso de conflagración europea.

30 [La suicida política de «apaciguamiento» de las democracias occidentales ante Hitler culmina con la entrega de Checoslovaquia al III Reich (Conferencia de Munich).]

OCTUBRE

1 Reconocida oficialmente en zona nacional la muerte de José Antonio Primo de Rivera.

17 [Muere exiliado en Ámsterdam el teórico socialdemócrata germano Karl Kautsky.]

28 Muerte de Ramón Franco cuando se dirigía a bombardear Valencia. Mientras se tramita el oscuro proceso contra el POUM, Barcelona despide entusiásticamente a las Brigadas Internacionales.

NOVIEMBRE

9 [Tras la Noche de los Cristales Rotos se endurecen en Alemania las persecuciones antijudías.]

DICIEMBRE

13 Alfonso XIII recobra por orden de Franco sus derechos como ciudadano español.

16 Nace la ONCE en la España nacional.

23 Se inicia la ofensiva franquista contra Cataluña; una Comisión de juristas dictamina la *ilegalidad* del Régimen republicano tras las elecciones generales de febrero de 1936.

10 [Pearl S. Buck, Nobel de Literatura; Enrico Fermi recibe el de Física por sus trabajos sobre energía nuclear.]

Se publican en 1938: *Memorias íntimas y secretas de Manuel Azaña*, en Chile, de Manuel Azaña. *Poema de la bestia y el ángel*, en San Sebastián, de José María Pemán. *The Fifth Column*, cuentos, en Londres, de Ernest Hemingway. *Acero de Madrid. Epopeya. Puentes de sangre. Narración a propósito del paso del Ebro* y *Guerra viva. Romances*, en Madrid, de José Herrera Petere. *Judíos, comunistas y demás ralea*, en Valladolid, de Pío Baroja. *Horas de oro*. Devocionario poético, en Valladolid, de Manuel Machado. Con prefacio de José Bergamín, en Barcelona, *Espionaje en España* de Max Rieger, pseudónimo del comunista Wenceslao Roces. *Les grands cimetières sous la lune,* de Georges Bernanos. *Eugenio o la proclamación de la primavera*, en Bilbao, de Rafael García Serrano. *Unitats de xoc*, en Barcelona, de Pere Calders. *Tres contes de guerra* (Premio Narcís Oller) en Barcelona, de Xavier Benguerel. *Imitació del foc*, en Barcelona, de Baltasar Rosselló-Pòrcel. *Cant corporal*, en Barcelona, de Agustí Bartra. *La fam*, en Barcelona, de Joan Oliver [Pere Quart]. *Poems for Spain*, antología preparada en Londres por Stephen Spender. *Manolo*, en Valladolid, de Francisco de Cossío. *¡No pasarán!* y *¡Qué más queréis!*, en Barcelona, de Illya Ehrenburg. *Entre dos fuegos. Narraciones (1937- 1938)*, en Barcelona, de Antonio Sánchez Barbudo. *Héroes del Sur*, en Madrid, de Pedro Garfias. *Son nombres ignorados*, en Barcelona, de Juan Gil-Albert. *La estrella*, de León Felipe.

1939

ENERO

2 [El físico italiano Enrico Fermi se refugia en EE.UU. huyendo del fascismo.]

15 Los nacionales ocupan Tarragona sin apenas resistencia republicana.

26 Yagüe entra en Barcelona veinticuatro horas después de que el Gobierno Negrín se instale en Figueras; a las cuarenta y ocho horas se celebran aquí las últimas Cortes de la República en tierra española, los Trece Puntos de Negrín condensados ahora en «Tres Puntos»: salvaguarda de la integridad territorial patria, autodeterminación regional y respeto a las libertades civicodemocráticas.

30 [Hitler adelanta su *solución final* al problema judío, los campos de exterminio *in mente*.]

21 Azorín dirige a Franco un *Memorial*, interceptado por Serrano Suñer, en el que propone una reconciliación nacional de intelectuales, artistas y escritores.

27 Antonio Machado y su familia, en compañía de otros intelectuales, cruzan la frontera francesa, camino del exilio.

FEBRERO

2 El coronel Casado y el líder socialdemócrata Besteiro inician, desde Madrid, negociaciones para una paz secreta con Burgos.

2-5 Sobrevive a un fusilamiento el falangista Rafael Sánchez Mazas, que se incorpora a la zona nacional.

5 Junto con casi medio millón de refugiados, Azaña y otros líderes republicanos pasan a Francia.

7-8 Negrín y el Ejército republicano cruzan la frontera. Los nacionales llegan a los Pirineos. Franco ordena la depuración de quince mil funcionarios de la Generalitat.

9 Mediante la Ley de Responsabilidades Políticas, Franco ajusta cuentas —arbitraria y cruelmente— con los vencidos.

10 Procedente de Francia, Negrín aterriza en Alicante (cuarenta y ocho horas después, y en Madrid, comprueba la renuncia de la mayor parte del Ejército republicano —y de la población civil— a continuar una lucha que solo apoya *tácticamente* el Partido Comunista). [Muerte de Pío XI; como Pío XII le sucede Eugenio Pacelli el 2 de marzo).]

16 Negrín da la callada por respuesta a las secretas propuestas de mediación y paz alentadas por Londres.

21 Franco preside en Barcelona el desfile de la Victoria.

25 Pese a estar al tanto de sus maniobras conspiratorias, Negrín asciende al generalato al coronel Casado.

27 Inglaterra y Francia reconocen oficialmente a Franco, a las veinticuatro horas, Azaña dimite como presidente republicano, cargo que *institucionalmente* recae en Martínez Barrio (que se muestra remiso). Tras una borrascosa reunión en Los Llanos (Albacete), Negrín constata que los militares con mando se niegan a continuar la lucha.

22 Miércoles de Ceniza, muere en Collioure, Francia, el poeta Antonio Machado.

Se publican en 1939: Manuel Altolaguirre imprime *España, aparta de mí este cáliz*, del peruano César Vallejo, edición que se pierde en la huida del ejército republicano. *España en el corazón*, también en el frente catalán, de Pablo Neruda. Se publica *La velada de Benicarló,* de Manuel Azaña. *Valor y miedo*, de Arturo Barea. *Una isla en el Mar Rojo*, en Santander, de Wenceslao Fernández Flórez. *Viento en la Moncloa*, en Madrid, de Ramón J. Sender. *La tradición*, en Buenos Aires, de Eugenio d'Ors. *Ayer y hoy*, en Chile, de Pío Baroja.

MARZO

3-4 En su afán de continuarla –el inminente estallido de la Segunda Guerra Mundial como esperanza para salvar su Régimen–, Negrín se rodea de militares adictos (la mayoría comunistas), dando de facto un golpe de Estado. Confusión en Madrid y Cartagena ante las divisiones cívico-castrenses sobre el final de la contienda.

5-6 Golpe de mano del coronel Casado, que constituye en Madrid su Consejo Nacional de Defensa enfrentado a Negrín y a los comunistas: la lucha terminará, el día 13, con el fusilamiento del coronel Barceló (del PCE), después de que la Flota republicana se refugie en Túnez. Fracasan los posteriores contactos de Casado para negociar con Burgos.

15 [Los alemanes entran en Praga.]

22-25 Ante la inflexibilidad de Franco –que se niega a avalar documento alguno que presuponga una *honrosa* capitulación de Casado–, los militares republicanos admiten su incondicional rendición.

24 Pétain presenta en Burgos sus credenciales como embajador francés.

26 *Motu proprio,* los combatientes republicanos abandonan los frentes en toda la Península.

28 Las avanzadillas nacionales del general Espinosa de los Monteros empiezan a entrar en Madrid sin hallar resistencia.

31 Carlos Morla Lynch termina sus diarios de guerra, que le servirán para redactar su *Memoria* publicada al mes siguiente en Berlín.

ABRIL

1 «En el día de hoy, cautivo y desarmado el ejército rojo, han alcanzado las tropas nacionales sus últimos objetivos militares. La guerra ha terminado» (Último parte de guerra firmado por Franco).

ÍNDICE ONOMÁSTICO

LOS NÚMEROS DE PÁGINA EN CURSIVA SE REFIEREN A LAS FOTOGRAFÍAS.

CRÉDITOS DE LAS IMÁGENES

Archivo del autor, AESA y Archivo Destino.

p. 168: izquierda y derecha © Salvador Dalí, Fundació Gala-Salvador Dalí, VEGAP (Barcelona 2010).

p. 190: centro, Prisma.

p. 314: de la fotografía de la derecha de Eugenio Montes, © Hermès Pato, EFE.

p. 448: de la fotografía de Josep Carner, © Oronoz.

p. 510: de la fotografía de Luis Araquistáin, Prisma.

p. 516: de la fotografía de Eduardo Barriobero, © Company/EFE.

p. 520: de la fotografía de Robert Brasillach, Contacto.

p. 521: de la fotografía de Juan Antonio Cabezas, EFE.

p. 522: de la fotografía de Alfonso Comín, EFE.

p. 523: de la fotografía de Clara Campoamor, Prisma.

p. 535: de la fotografía de John Dos Passos, Album.

p. 541: de la fotografía de Elena Garro, EFE.

p. 549: de la fotografía de Ernest Hemingway, Cordon Press.

p. 554: de la imagen de José María Junoy, © Acantilado / Quaderns Crema S.A.U.

p. 560: de la fotografía de María de Maeztu, Wikipedias.

p. 565: de la fotografía de Ramón Menéndez Pidal, © Gianni Ferrai, Getty Images.

p. 577: de la fotografía de Luis A. Piñer, © Gustavo Cuevas, EFE.

p. 578: de la fotografía de Luis Quintanilla, © Hans Knopf, Getty Images.

p. 594: de la fotografía de Simone Weil, Alamy/ACI.

El editor ha hecho todo lo posible por identificar y recabar la autorización de los propietarios de *copyrights* de todas las fotografías publicadas en esta obra. Si en algún caso no se ha logrado el editor ruega que le sea comunicado.